Wiki

WIKI

Herausgegeben von Christoph Lange

geschrieben von

Ulrich Cuber, Dr. Jens Gallenbacher, Walter Justen,
Christoph Lange, Alexander Mayer, Huy Hoang Nguyen
und Nikolaj Schumacher

Computer & Literatur Verlag GmbH

Die Deutsche Bibliothek – CIP-Einheitsaufnahme
Bibliografische Information Der Deutschen Bibliothek

Ein Titeldatensatz für diese Publikation ist bei
Der Deutschen Bibliothek erhältlich und im Internet über
http://dnb.ddb.de abrufbar.

2007   06   05

6   5   4   3   2   1

© 2005 by C&L Computer und Literaturverlag
Zavelsteiner Straße 20, 71034 Böblingen
E-Mail: info@cul.de
WWW: http://www.cul.de

Coverdesign: Hawa & Nöh, Neu-Eichenberg
Druck: PUT i RB DROGOWIEC
Printed in Poland

Dieses Buch wurde auf chlorfrei gebleichtem Papier gedruckt

ISBN 3-936546-28-2

INHALT

4 Wikis und das Recht **179**

5 WorldWideWiki – ein Überblick **191**

6 UseModWiki **245**

LIEBER LESER

Das Wiki hat den Aufbau von Webpräsenzen revolutioniert. Fünf Jahre nach dem World Wide Web wurde es erfunden, zehn Jahre nach dem World Wide Web waren mit Wikis schon vielfältige Einsatzgebiete erschlossen, und heute, nach über fünfzehn Jahren, hat fast jeder Netzbürger schon einmal etwas von Wikis gehört. Den Wikis ist es zu verdanken, daß das WWW zu seinen Wurzeln zurückgefunden hat. Schon in Tim Berners-Lees ersten Entwürfen des WWW war vorgesehen, Webseiten bearbeiten zu können; realisiert wurde davon immerhin die Möglichkeit, Webseiten nicht nur herunter-, sondern auch hochladen zu können. Ursprüngliches Ziel des WWW war ja, Forschungsergebnisse einfach austauschen zu können, doch davon entfernte sich das Web mit seiner fortschreitenden Kommerzialisierung ab Mitte der neunziger Jahre immer mehr und wurde zu einem reinen Lesemedium ohne Bearbeitungsmöglichkeit. Während das WWW immer ausgefeiltere Layout- und Multimedia-Funktionen bot, sah das erste Wiki, 1995 von Ward Cunningham entwickelt, recht trist aus. Technisch betrachtet, ist auch ein Wiki »nur« eine Sammlung von Webseiten, aber mit einer ganz anderen Arbeitsweise: Eine anspruchsvolle Seitenaufmachung ist nicht unbedingt seine Stärke, noch heute tun sich damit viele Wikis schwer, im Gegensatz etwa zu Content-Management-Systemen. Unschlagbar einfach ist es dagegen, eine Seite in einem Wiki zu bearbeiten – und das darf im Prinzip jeder. Damit erlauben Wikis das, was im WWW zwar möglich sein sollte, dann aber doch kaum umgesetzt wurde: den kreativen und dynamischen Austausch von Informationen.

Als ich 2001 dem ersten Wiki begegnete, reagierte ich mit Unverständnis. Auf der Seite wurde mir erklärt, daß ich sie einfach so bearbeiten könne. Mein erster Gedanke war: Warum? – und: Wo kämen wir denn hin, wenn das jeder täte? Ausprobiert habe ich es wohl, aber da mir der Kopf vor lauter »Wiki« und »WikiWiki« schwirrte und ich den Sinn des Ganzen nicht verstand, wandte ich mich wieder ab. 2003 fiel der Kulturschock schon wesentlich geringer aus, als ein Kommilitone auf seinem Webspace bei der Universität ein UseMod-Wiki installierte, um den Austausch unter den Studenten zu fördern und eine Wissens- und Linksammlung aufzubauen. An diesem Wiki beteiligte ich mich eifrig, gab jedoch irgendwann enttäuscht auf, nachdem mir klar geworden war, daß ich unter vielen Konsumenten fast der einzige Schreiber war – Die Community hatte versagt, indem sie sich gar nicht erst gebildet hatte.

Zur gleichen Zeit aber wurde ich auf die Wikipedia aufmerksam; damals umfaßte diese freie Enzyklopädie in Wiki-Form knapp fünfzehntausend Artikel in deutscher Sprache. Im März 2003 legte ich mir einen Benutzeraccount an, nutzte die Wikipedia mehr schlecht als recht als Nachschlagewerk und schrieb im folgenden halben Jahr eine Handvoll Beiträge, ehe ich im folgenden Winter richtig einstieg, meine ersten neuen Artikel schrieb, Aufräumarbeiten übernahm und im Frühjahr 2004, etwa zur selben Zeit, als in Deutschland der erste große Medienhype um die Wikipedia losbrach, erfolgreich für den Posten eines Administrators kandidierte, also eines Aufräumers mit etwas mehr Rechten als ein gewöhnlicher registrierter Benutzer, und spätestens damit voll in das Projekt integriert war.

Im August 2005 fand in Frankfurt/Main die Wikimania (http://wikimania.wikimedia.org) statt, die erste internationale Konferenz der Wikimedia Foundation, die die Wikipedia und verwandte Projekte betreibt. Dort feierten aber nicht nur die Wikipedianer sich selbst, sondern die ganze Prominenz der Wiki-Kultur war zu Gast – vom Softwareentwickler bis zum Community-Stifter. Man lernte Bekannte aus dem Wiki erstmals persönlich kennen, wagte Ausblicke in die Zukunft der Wiki-Technologie und deren Bedeutung für die Gesellschaft, war natürlich auch stolz auf das schon Erreichte. Kurz: Ich fühlte mich als Teil einer neuen Bewegung.

Wie Sie sich dieser Bewegung anschließen, wie Sie sich entweder an großen Wiki-Projekten beteiligen oder aber die Wiki-Technologie für private Zwecke nutzen oder im Unternehmen einsetzen, erfahren Sie in diesem Buch. Zum Einstieg erfahren Sie, was Wikis sind und wie sie sich etwa von Content-Management-Systemen unterscheiden. Dann lernen Sie, im Wiki zu arbeiten: Seiten anzulegen und zu verwalten, Texte zu formatieren, Informationen durch Hyperlinks zu verknüpfen und den Überblick über Änderungen zu behalten. Für die nähere Darstellung haben wir vier unterschiedliche Wiki-Systeme ausgewählt:

- UseMod – den Klassiker für kleine Wikis, der aus einem einzigen Perl-Skript besteht, seine Seiten im Dateisystem speichert und den Weg hin zu vielen anspruchsvolleren Lösungen bereitet hat.

- MediaWiki – die aus der harten Praxis des größten Wikis der Welt, der Wikipedia, entstandene PHP-Software, besonders geeignet für Wissenssammlungen und dank MySQL-Datenbankanbindung gut skalierbar.

- PmWiki – ein kleines PHP-Wiki mit Speicherung im Dateisystem, geeignet für mittelgroße Projekte und dank des modularen Aufbaus sehr einfach zu konfigurieren und zu erweitern.

- FlexWiki – ein noch in der Entwicklung befindliches, von Microsoft in C# für die .NET-Plattform geschriebenes Wiki mit einigen innovativen Ansätzen, das die Seiten wahlweise im Dateisystem oder in einer MS-SQL-Datenbank speichert.

Von der Software zu ihren Einsatzgebieten führen die folgenden Kapitel: Wir machen eine Rundreise durch große, öffentliche Projekte mit unterschiedlichen Themen und Zielen, die als Wikis realisiert wurden. Die Wiki-Kultur hat eine neue Form der Internet-Community mit neuen sozialen Verhaltensregeln geschaffen – und mit neuen rechtlichen Problemen: Als Betreiber eines öffentlich zugänglichen Wikis sollten Sie um Haftungs- und Urheberrechtsprobleme wissen und mit Lizenzmodellen für freie Inhalte vertraut sein; dabei hilft Ihnen dieses Buch. Wenn Ihnen solche offenen, schnell wachsenden Projekte, in denen jeder alles darf, zu sehr nach kommunistischer Revolution vorkommen, keine Angst: Wir zeigen Ihnen auch, wie Sie privat oder im Unternehmen von Wikis profitieren. Sie erfahren, wie Sie ein Wiki als Diskussionsforum, als privaten Notizblock oder als Sammlung für interne Informationen nutzen. Ob öffentliches oder privates Wiki, die Arbeit darin wird mit den beschränkten Möglichkeiten eines Browsers schnell unbequem. Sie lernen, wie Sie mit wikifähigen Texteditoren, Browser-Erweiterungen und Suchhilfen die Produktivität steigern.

Nun, da Sie in der Lage sind, mit Wikis zu arbeiten, erfahren Sie, wie sie jedes der vier eingangs behandelten Wikis installieren, konfigurieren und administrieren. Der Wiki-Markt ist jedoch wesentlich vielfältiger; deshalb wäre es Willkür, das Buch auf diese vier zu beschränken. In Kürze stellen wir Ihnen MoinMoin, TWiki und weitere Wikis vor. Zum Installieren eines

Wikis auf einem Webserver brauchen Sie noch ein wenig Grundwissen. Das vermittelt Ihnen ein Crashkurs zu Dateizugriffsrechten bei Linux/Unix-Systemen sowie zur Konfiguration des Apache-Webservers, der PHP- und Perl-Interpreter und des MySQL-Datenbankservers, denn in einer solchen Umgebung laufen die meisten Wikis. Windows-Administratoren wollen wir aber nicht zum Umstieg auf Unix missionieren, denn die meiste dieser Software kommt zwar aus der Unix-Welt, ist aber auch für Windows verfügbar.

Wenn Sie nun wissen möchten, wie ein Wiki technisch eigentlich funktioniert, laden wir Sie zum Hacken ein: Sie lernen ein kleines Wiki in nur dreihundert Zeilen PHP kennen, das mit grundlegender Textformatierung, Hyperlinks und Versionsverwaltung alle wichtigen Features bietet, aber noch genügend Raum für Erweiterungen läßt.

Merken Sie sich die Homepage zum Buch (http://www.cul.de/wiki.html)! Natürlich finden Sie dort den Quelltext des Demo-Wikis zum Download. Dem Wiki-Geist folgend, bauen wir aber auch – mit Ihrer Beteiligung! – in einem Wiki eine kleine Sammlung von Weblinks zu Wiki-Themen auf. Die Autoren freuen sich, wenn Sie das Wiki mit lobenden und kritischen Anmerkungen zum Buch füllen und uns auf Fehler im Text hinweisen.

Ich danke Rosa Riebl für die Unterstützung bei der Koordination der Arbeit am Buch und das Lektorat, den Co-Autoren Ulrich Cuber, Jens Gallenbacher, Walter Justen, Alexander Mayer, Huy Hoang Nguyen und Nikolaj Schumacher für die gute und kreative Zusammenarbeit, weiter Elisabeth Bauer vom Wikimedia Deutschland e.V. für die Anmerkungen zur Vorstellung der Wikimedia-Projekte und Dipl.-Jur. Felix Klopmeier für die Anmerkungen zum Kapitel zu Rechtsfragen. Weiter danke ich den Entwicklern der verschiedenen Wikis für die Bereitstellung ihrer Software als Open Source, vor allem aber den Gründern und Aktiven der im Buch vorgestellten Wiki-Communities für ihren Beitrag dazu, mit Wikis freie Informationen zu verbreiten.

Christoph Lange, Herausgeber

KAPITEL 1

EINLEITUNG

von Dr. Jens Gallenbacher

Als Ende der 1980er Jahre die ersten freien Softwareprodukte – allen voran Linux – in die EDV-Welt kamen, waren die Vorbehalte sehr groß:

Wie kann einem System getraut werden, dessen Quelltext frei verfügbar ist? Dessen Quelltext von unzähligen professionellen und hobbymäßigen Programmierern erweitert und fortgeschrieben wird? Wie wird sichergestellt, daß nicht irgend jemand eine Hintertüre eingebaut hat, über die er dann in alle Computer eindringen kann, auf denen das freie System läuft?

Die Antwort ist: Man kann das nicht sicherstellen! Wie jedes Programm weisen auch Open-Source-Systeme wie Linux und OpenOffice.org Lücken auf. Die vermeintliche Schwachstelle des offenen Quelltextes stellte sich jedoch auch als eine der Stärken heraus: Einem Hacker mit böswilligen Absichten stehen viele motivierte Anhänger der Open-Source-Community gegenüber, die die Fortentwicklung einer Software mit Interesse verfolgen und aufgrund ihres eigenen Know-hows nicht nur absichtliche Lücken in den Sicherheitsfeatures eines Programms schließen, sondern auch solche, die aufgrund von Programmierfehlern zustandekommen.

Heute sind Open-Source-Projekte salonfähig geworden. Viele Firmen legen den Quelltext ihrer Produkte offen und machen ihre Geschäfte nicht mehr mit dem Verkauf der Lizenzen, sondern mit der kundenspezifischen Fortentwicklung und der Pflege der Software.

Aus diesem Erfolg der gemeinschaftlichen Softwareproduktion ist ein neuer Trend entstanden: die gemeinschaftliche Erstellung von Wissensdatenbanken.

Prinzipiell gibt es das bereits sehr lange, denn Newsgroups und Foren sind schon in den Mailboxsystemen des Usenet seit den siebziger Jahren des letzten Jahrhunderts verbreitet. Jeder kann hier in thematischen Gruppen Meinungen, Fragen, Antworten und so weiter veröffentlichen. Archive speichern und indizieren alle Beiträge. Auf diese Weise bringt eine Recherche hierin auch sehr viele Informationen über ein Thema hervor. Der Ansatz ist jedoch indirekt: Viele Informationen sind redundant (mehrfach) enthalten. Es gibt kaum eine Möglichkeit, die Korrektheit einer Information zu überprüfen; manchmal widerspricht ein Leser des Forums einer geäußerten Meinung, aber andere Male bleiben falsche Daten auch einfach unkommentiert. Oft findet man nur einen Teil – und daher manchmal auch nur einen inkorrekten Teil der Informationen – zum gewünschten Thema. Auch die Aktualität der Angaben ist oft nicht sicher zu bestimmen.

1994 hat daher Ward Cunningham die nach eigenen Aussagen »einfachste Online-Datenbank, die funktionieren könnte« mit dem Namen *Wiki* entwickelt. Dieses Wort kommt aus dem Hawaiianischen und heißt soviel wie »schnell«.

Wikis brechen mit dem typischen Frage-und-Antwort-Paradigma der Foren und präsentieren sich gleich als Wissensdatenbanken:

Jeder Benutzer kann – nach Stichworten sortiert – Informationen einstellen. Er kann auch vorhandene Einträge komplett überarbeiten und auch teilweise oder ganz löschen.

Dabei ist ein Wiki so einfach wie ein Lexikon aufgebaut: Der Zugriff wird durch Stichworte ermöglicht. Im Text können Referenzen auf weitere Sichtworte gesetzt werden. Die Informationen selbst sind sachlich aufbereitet. Die Autoren können nur auf sehr wenige Gestaltungsmerkmale zurückgreifen, was das Lesen einheitlich und die Erstellung leicht macht.

Eines der größten Wikis und Vorbild für viele Systeme dieser Art ist Wikipedia. Spielen Sie am besten zur Einführung einmal damit herum und machen Sie die ersten Schritte in einem Wiki als Benutzer mit der folgenden kleinen Anleitung. Danach lesen Sie mehr über Verwendbarkeit, Nutzen und Grenzen, Chancen und Risiken.

1.1 EIN WIKI AUS BENUTZERSICHT: WIKIPEDIA

Wikipedia ist das Paradebeispiel eines Wikis. Hier sollen nach Art einer Enzyklopädie alle Informationen über alles zusammengetragen werden. So finden sich Techniken, Erfindungen, Personen, Epochen und vieles mehr darin. Die deutsche Hauptseite ist über *http://www.wikipedia.de/* erreichbar. Rufen Sie sie auf!

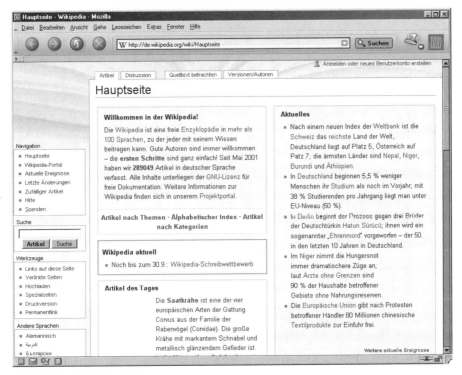

Bild 1.1: Die Hauptseite von Wikipedia

1.1.1 Die Recherche

Neben allgemeinen Informationen über das System und Wikis im allgemeinen finden Sie links das wichtigste Rechercheinstrument: Das *Suche*-Feld.

Suchen Sie zunächst nach einigen Begriffen. Beispiele sind *CMS, Content Management System* und *Wiki*. Sind die Begriffe hinreichend genau eingegeben, erscheint sofort der entsprechende Artikel. Insbesondere Abkürzungen sind jedoch nicht eindeutig, so daß aus einer Zahl von Möglichkeiten erst die gewünschte herausgesucht werden muß.

Bitte beachten Sie, daß Wikis sehr dynamische Systeme sind, die sich stündlich ändern. Die Abbildungen hier müssen also keinesfalls mit Ihren Recherchen übereinstimmen!

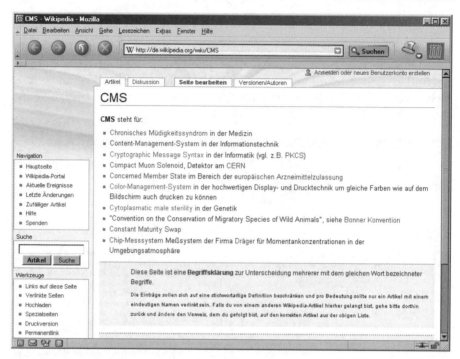

Bild 1.2: CMS ist die Abkürzung für mehrere Einträge

1.1.2 Viele Autoren...

Beim Probieren mit Wikipedia ist Ihnen sicherlich aufgefallen, daß jede Information oben über das Feld *Seite bearbeiten* verfügt. Jeder darf alles prinzipiell alles auch überarbeiten, ergänzen und weitgehend löschen.

Damit man diese Möglichkeit erst einmal testen kann, gibt es eine spezielle Seite: Suchen Sie nach *Wikipedia:Spielwiese* (bitte genau so schreiben). Hier können Sie sich austoben und das Überarbeiten von Seiten probieren, ohne jemanden zu stören.

Klicken Sie auf *Seite bearbeiten* am oberen Rand.

Im Dokument wird nun die Seite zur Überarbeitung in einem Textfenster angezeigt. Sie können beliebigen Text hineinschreiben. Wikis sollen jedermann einladen, neue Informationen einzustellen. Daher ist eine Formatierung – zum Beispiel in HTML – nicht erforderlich. Trotzdem kann man mit Fett- und Kursivschrift experimentieren. Hierfür wird die entsprechende Textpassage in einfache Anführungszeichen (') gesetzt. Zwei Anführungszeichen stehen für kursiv, drei Anführungszeichen für fett.

Tragen Sie nun einen kurzen Kommentar unter *Zusammenfassung und Quelle* ein, etwa *Test Anführungszeichen* und speichern Sie die Seite mit dem entsprechenden Knopf. Die Änderungen werden sofort sichtbar.

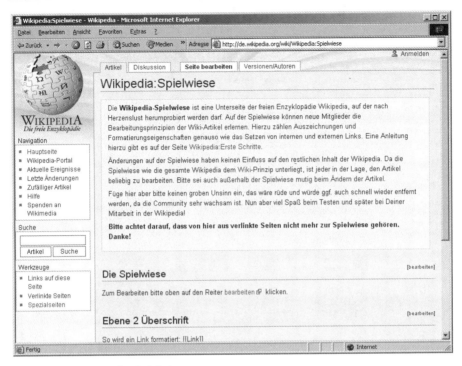

Bild 1.3: Die Wikipedia-Spielwiese

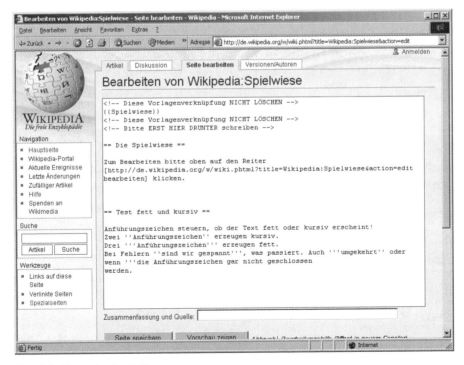

Bild 1.4: Versuche im Editor

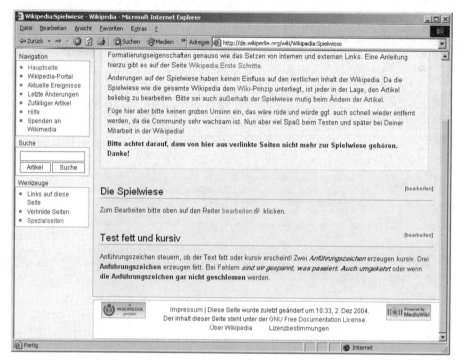

Bild 1.5: Geänderte Spielwiese

Eine hervorstechende Eigenschaft von Wikis ist die Organisation der Informationen sortiert nach einzelnen Schlüsselworten, ähnlich dem Aufbau eines Lexikons. Zu jedem Lexikon gehören Querverweise (Links) zu anderen Einträgen. Diese werden in Wikipedia vorgenommen, indem der referenzierte Begriff in doppelte eckige Klammern gesetzt wird.

Schreiben Sie einen Text wie den folgenden auf die Spielwiese:

```
Wir testen einen Verweis auf [[Rom]] und [[München]], beides Städte, die bekannt
sein dürften. Der Ort [[Hinterwaldhüpfburgingen]] sollte dagegen dem System
unbekannt sein.
```

Das Resultat zeigt die Städtenamen Rom und München in Blau, während Hinterwaldhüpfburgingen wahrscheinlich rot dargestellt wird.

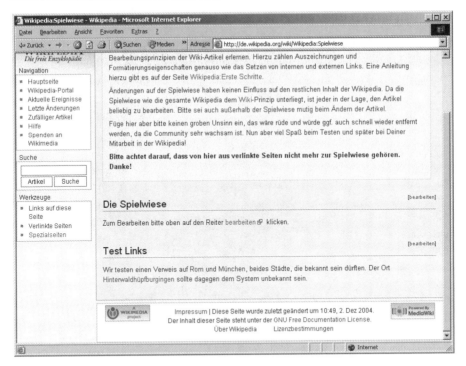

Bild 1.6: Verweise in Wikipedia

Da es (hoffentlich) keinen Ort des Namens Hinterwaldhüpfburgingen gibt, gibt es auch keine Information hierzu. Der Verweis ist rot markiert. Klickt man darauf, gelangt man zur Eingabeseite für einen komplett neuen Eintrag in Wikipedia. Sie könnten nun einen solchen Eintrag vornehmen. Da Sie sich jedoch außerhalb der Spielwiese befinden und auf diese Weise unsinnige Daten ins System bringen würden, die wiederum andere Benutzer entfernen müßten, springen Sie einfach mit *Zurück* wieder auf die Spielwiese.

Wikis bieten also an, bestimmte Hervorhebungen und Formatierungen ohne HTML-Kenntnisse zu erzeugen. Dazu gehören bei Wikipedia auch numerierte und nichtnumerierte Aufzählungen, Tabellen und Überschriften. Verweise auf vorhandene sowie neue Seiten sind ebenfalls möglich und erwünscht.

Eine Aufstellung der vereinfachten Format-Anweisungen finden Sie, wenn Sie nach *Wikipedia:Seite_bearbeiten* suchen.

Spielen Sie ein wenig herum und ergänzen Sie vielleicht sogar das Lexikon um ein paar sinnvolle Einträge!

Wikis sind offene Systeme: Durch einfache Bearbeitungsmöglichkeiten sowie die unkomplizierte Philosophie »jeder darf (fast) alles« soll der Informationsbestand des Wikis stetig erweitert werden.

1.1.3 Wikis und HTML

Für jemanden, der die »Websprache« HTML erlernt hat, sind die einfachen Möglichkeiten der Seitengestaltung mit Wikipedia vielleicht zu unbefriedigend. Kein Problem! Gehen Sie auf die Spielwiese und geben Sie direkt HTML-Code ein, zum Beispiel

```
<H1>Dagoberts Geldschrank</H1>
<H2>Bericht</H2>
<P>Wie die Polizei gestern mitteilte, wurde <EM>Dagobert Ducks</EM> Geldschrank
gestern ausgeräumt.</P>
<P>Sachdienliche <STRONG>Hinweise</STRONG> bitte an folgende Dienststelle
schicken:</P>
<ADDRESS>
Polizeipräsidium Entenhausen <BR>
Karlostraße 17<BR>
68839 Entenhausen
</ADDRESS>
<H2>Inventar</H2>
<P>Anbei die Liste der gestohlenen Münzen</P>
<TABLE BORDER="1">
   <TR><TH>Anzahl</TH><TH>Typ</TH></TR>
   <TR><TD>29.099</TD><TD>Mariatheresientaler</TD></TR>
   <TR><TD>11.345</TD><TD>Goldkronen</TD></TR>
   <TR><TD>62.001</TD><TD>Silberbarren</TD></TR>
</TABLE>
```

Speichern Sie die Änderungen. Aus dem Ergebnis sehen Sie, daß Wikis auch HTML erkennen, allerdings nicht vollständig: Die (in HTML standardisierte) *ADDRESS*-Markierung wird nicht umgesetzt, sondern einfach mit ausgegeben.

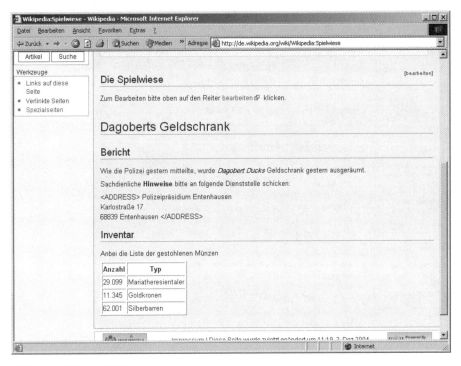

Bild 1.7: HTML in Wiki

1.1.4 Versionenkontrolle

Wie kann nun ein solches System funktionieren? Wenn jeder alles darf und sich dafür noch nicht einmal registrieren muß, dann könnten doch auch Chaoten die mühsam gesammelten Inhalte verfälschen oder kaputt-machen, oder?

Um dem zu entgegnen, wird in Wikis prinzipiell alles aufgehoben, was jemals erstellt wurde. Rufen Sie in Wikipedia einen beliebigen Artikel ab und klicken Sie auf *Versionen/Autoren* am oberen Rand.

Sie finden eine Übersicht aller Änderungen, die jemals vorgenommen wurden. Zu jeder Änderung ist der Ursprung durch Benutzernamen oder Quell-IP vermerkt. Die alten Seiten können Sie abrufen und gegeneinan-der vergleichen. Rufen Sie eine vorige Version ab, indem Sie auf das ent-sprechende Datum klicken. Auch hier gibt es dann wieder die Möglichkeit *Seite bearbeiten*. Wenn Sie nun *Seite speichern* sagen, haben Sie die offizi-elle Version wieder auf den alten Stand zurückgesetzt.

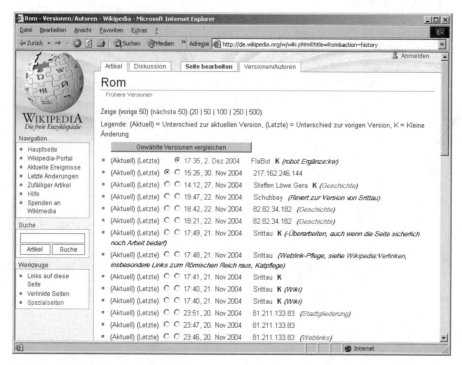

Bild 1.8: Versionen des Artikels über Rom

Wikis leben vom Prinzip, daß es mehr aufmerksame, interessierte und gut informierte Benutzer gibt als böswillige oder unfähige Autoren und auf diese Weise falsche Informationen oder mutwillige Verfälschungen recht bald wieder rückgängig gemacht werden.

Dafür gibt es allerdings keine Garantie – die dargebotenen Informationen müssen immer mit einem kleinen Fragezeichen versehen verstanden werden!

1.2 CONTENT-MANAGEMENT-SYSTEME

Neben dem Begriff Wiki taucht in ähnlichem Zusammenhang immer wieder *Content Management* und *Content Management System* (CMS) auf. Daher wird hier CMS kurz erklärt, später wird genauer darauf eingegangen, in welchen Bereichen die Stärken eines Wikis liegen und wo man besser auf ein sogenanntes *klassisches CMS* zurückgreift.

Was ist eigentlich Content Management, also direkt übersetzt »Inhaltsverwaltung«? Ist nicht die Verwaltung von Inhalten das, was wir beim Betreiben eines gewöhnlichen Webservers erledigen? Selbst das Schreiben eines Buchs, das Führen einer Bibliothek oder eines Archivs ist letztlich Content Management.

Archive benötigen Verwaltung! Stichwortverzeichnisse auf Karteikarten oder Computersystemen führen den Benutzer zu den Dokumenten und Informationen, die er sucht. Die Verwaltung geht jedoch oft noch weiter:

Wer darf hier überhaupt etwas recherchieren? Gibt es Informationen, die aus Datenschutzgründen oder anderen Umständen nicht jedem zugänglich gemacht werden? Wer darf etwas ausleihen? Wer bestimmt, welche Dokumente im Archiv aufgenommen werden, wo sie einsortiert werden? Wer darf Informationen produzieren?

Um diesen Verwaltungsaufwand zu unterstützen, gibt es Content-Management-Systeme (CMS). Sie helfen, insbesondere elektronisch abgelegte Informationen zu organisieren und damit einerseits zu bewahren und andererseits den leichten Zugriff darauf sicherzustellen.

Viele umfangreiche Webauftritte, vor allem großer Firmen und Universitäten sind inzwischen mit einem der zahlreichen CMS erstellt, aber auch kleinere Sites bedienen sich zunehmend der Technik.

1.2.1 Das klassische Content-Management-System

Das klassische CMS bildet im wesentlichen für Ihre Webseiten die hierarchische Organisationsstruktur eines guten Verzeichnisses nach.

Die Webseiten lassen sich in Kategorien und Unterkategorien aufteilen. Eine Benutzerverwaltung ermöglicht es, sehr fein zu bestimmen, wer welche Rechte an den Dokumenten erhält:

♦ Darf ein Dokument lesen.

♦ Darf den Inhalt ändern.

♦ Darf ein neues Unterdokument erstellen.

♦ Darf das Aussehen (Layout) eines Dokuments ändern.

♦ Darf seine Rechte einem anderen Benutzer übertragen.

♦ ...

Aus den Punkten ist eine weitere wichtige Funktion eines CMS ablesbar: In professionellen Systemen werden Inhalt und Aussehen (Layout) immer mehr oder weniger strikt voneinander getrennt. So wird sichergestellt, daß auch Seiten unterschiedlichen Inhalts immer nach gleichen Gestaltungsrichtlinien aufbereitet sind, was einerseits für eine geschlossene Außendarstellung einer Organisation wichtig ist (Corporate Identity), andererseits aber auch dem Benutzer hilft, sich besser innerhalb der Webseite zu bewegen.

Auch bestimmte Qualitätsmerkmale (wie Barrierefreiheit) lassen sich per CMS strikt durchsetzen, indem man den Redakteuren bestimmte gestalterische Freiheiten entzieht, die dem Qualitätsmerkmal entgegenstehen.

Diese Einschränkungen machen sich aber auch für die Redakteure positiv bemerkbar: Sie werden weitgehend von der Pflicht befreit, sich immer wieder um layouttechnische Feinheiten zu kümmern und können sich voll auf ihren Hauptjob konzentrieren, nämlich das Produzieren von Inhalten.

Weitere Funktionen von CMS sind

♦ Online-Shops,

♦ Foren,

♦ Generatoren für Umfragen,

♦ Online-Spiele

♦ Datenbankverknüpfungen,

♦ und vieles mehr.

Oft müssen solche Funktionen allerdings durch benutzerspezifische Erweiterungen erzeugt werden, so daß bei der Einrichtung zusätzliche Entwicklungskosten, später Wartungskosten entstehen.

Wie man auch von anderen Produkten weiß, bedeuten mehr Funktionen und mehr Gestaltungsmöglichkeiten auch fast zwingend eine höhere Komplexität bei der Bedienung! Dies wiederum ist mit höherem Personalaufwand und höheren Kosten verbunden. Ein schlecht gewartetes System kann ein Sicherheitsrisiko darstellen und inkonsistent werden, was dann den Nutzen in Frage stellt oder sogar Schaden anrichtet.

Die Hauptfrage ist daher bei der Einführung eines CMS, welche Funktionalität man eigentlich benötigt und wieviel Budget nicht nur für die Einführung, sondern insbesondere auch während des Betriebs zur Verfügung steht. Hier ist oft die Wahl eines einfachen, wartungsfreundlichen Werkzeugs, das sich weitgehend selbst verwaltet, günstiger als die Anschaffung einer eierlegenden Wollmilchsau, die dann jedoch auch nur sehr kostenintensiv zu warten und zu pflegen ist.

Hier ein (echtes) Beispiel aus der Praxis:

Eine Firma erhöht die Sicherheit ihres Systems, indem sie jedem Benutzer ein Zertifikat ausstellt, das dann einen verschlüsselten Zugang erlaubt. Der Benutzerkreis ist zwar groß (zirka tausend Personen), aber die Fluktuation hält sich in Grenzen, so daß man mit einem hohen Anfangsaufwand rechnet, aber wenig Kosten für die Pflege.

Entgegen den Erwartungen ist aber auch nach der Einführung ein Mitarbeiter mit rund einem Viertel seiner Arbeitskraft beschäftigt, Zertifikate neu auszustellen, weil die Besitzer ihr dazu gehöriges Paßwort vergessen haben. Andere Benutzer müssen beraten werden, weil sie immer wieder auf ungeahnte Probleme im Zusammenhang mit den Zertifikaten und ihrem Browser stoßen.

Grund genug, vor der Einführung gründlich über Alternativen nachzudenken.

1.3 WIKI VERSUS CMS? WIKI ALS CMS!

Vielleicht haben Sie sich beim Lesen des letzten Abschnitts bereits gefragt, wo denn der Unterschied zwischen einem Wiki und einem CMS ist. Auch ein Wiki kann Inhalte verwalten und den Benutzern einen leichten Zugang verschaffen. Also kann man sagen, daß ein Wiki die spezielle Form eines Content-Management-Systems ist.

Das Wiki kann daher allein bereits als CMS eingesetzt werden oder auch als Ergänzung zu einem anderen CMS. Das folgende Kapitel soll eine Entscheidungshilfe geben, in welchen Bereichen das Wiki sinnvoll ist und wo man über die Einführung besser zweimal nachdenken sollte.

1.3.1 Was leistet ein Wiki in puncto...

Zunächst wird erörtert, welches die Vor- und Nachteile eines Wikis in Bezug auf verschiedene Anforderungen sind, die in Organisationen und Unternehmen an eine Wissensdatenbank beziehungsweise einen Content-Manager gestellt werden.

Dabei werden nach einer kurzen allgemeinen Einführung Vor- und Nachteile eines Wikis genannt. Manchmal ergänzt ein fiktives Szenario die Erklärung, für das ein Wiki bezüglich einer Anforderung besonders gut beziehungsweise besonders schlecht geeignet wäre.

1.3.2 ...Wissensdatenbank

Dieses Kerngeschäft des Wikis sei zuerst genannt. Wikis weisen eine flache Struktur auf: Obwohl Inhaltsseiten prinzipiell eine Hierarchie aus Überschriftenebenen haben können (mit Inhaltsverzeichnis), liegen prinzipiell alle Informationen auf der gleichen hierarchischen Ebene. Es gibt im Prinzip nur einen Suchschlüssel!

Das impliziert die primäre Erschließung des Wissens durch einzelne Stichworte – so wie ein Lexikon aufgebaut ist.

Hierarchische Strukturen können prinzipiell realisiert werden, dies ist jedoch immer eine Von-hinten-durch-die-Brust-ins-Auge-Lösung. Sie machen jedoch das System unübersichtlich und man verliert die vielen Vorteile, wegen der man eigentlich ein Wiki einsetzt. Ähnliches gilt für Systeme, bei denen die Daten nach vielen verschiedenen Kriterien erschlossen sind.

Plus: Ein deutliches Plus bietet also das Wiki für alle Anwendungen, bei denen die Informationen auch in einem dicken Buch mit einem guten Index enthalten sein können oder Anwendungen, deren Informationen hauptsächlich aus Text bestehen, dem unter Umständen multimediale Elemente (hauptsächlich Bilder) beigeordnet sind.

Hier machen sich die Stärken des Wikis bemerkbar: Durch den Verzicht auf viele gestalterische und multimediale Möglichkeiten wird die Bedienung sehr leicht und für jeden erschließbar. Man darf damit rechnen, daß niemand vom Wiki überfordert und insofern auch nicht von der Benutzung ausgeschlossen wird.

Viele Benutzer werden angeregt, als Redakteure tätig zu werden und falsche Informationen zu korrigieren, unpräzise Informationen zu ergänzen.

Ein Beispielszenario: Eine Hilfsorganisation arbeitet mit Partnern aus aller Welt zusammen. Obwohl mit der Amtssprache Englisch eigentlich Einheitlichkeit geschaffen sein sollte, erweisen sich die verschiedenen Sprachgebräuche und lokal verwendeten Abkürzungen als großes Hindernis. So fällt es beispielsweise einem Neuling schwer, folgenden Satz aus einer Krisenregion zu deuten:»Assigned 100 HUs to RC. Need TS!«. Anstelle des ständig neu zu druckenden Glossars wird ein Wiki eingerichtet, in dem die gängigen Abkürzungen eingetragen werden. Findet ein Mitarbeiter mal einen Begriff nicht oder steht nur eine andere Bedeutung im System, ist er gehalten, das Wiki nach der Recherche zu aktualisieren. Die Information ist sofort für alle Mitarbeiter weltweit verfügbar.

Minus: Ein Wiki erfordert das Paradigma des Lexikons für die Wissenserschließung. Paßt dieses für eine Anwendung nicht mehr, wird der Einsatz schwierig:

Hierarchische Strukturen müssen über eine geschickte Nomenklatur der Stichworte abgebildet werden. Lange Wortketten wie *Firma:Vertretung:Filiale:Abteilung:Mitarbeiter* sind die Folge, die Suche nach Informationen per Schlagwort wird quasi außer Kraft gesetzt.

Wenn die Erschließung der Informationen über multimediale Elemente ermöglicht werden soll, stoßen Wikis ebenfalls an ihrer Grenze: Während man Text immer mit zusätzlichen Bildern versehen kann, ist es schwierig, zum Beispiel eine Art Bilderlexikon zu erstellen, bei dem die Bilder selbst die Suchschlüssel sind.

Ein Beispielszenario: Ein Automobilhersteller möchte den Zugriff auf seine Ersatzteilekataloge per Netzwerkzugriff realisieren. Einerseits soll der Zugang wie gehabt über eine Teilehierarchie erfolgen. Dabei können pro Hierarchieebene sowohl Produktnummern als auch -namen angegeben werden. Andererseits erfolgt der Zugriff aufgrund der Explosionsschaubilder einzelner Automobilkomponenten. Der Benutzer kann durch Klicken auf bestimmte Teile immer tiefer in einen bestimmten Autotyp sehen, bis er die gewünschte Komponente gefunden hat.

Technisch wäre ein solches Szenario prinzipiell durchaus mit bestimmten Wikis realisierbar, da es aber sehr stark an der Hauptanwendung vorbeigeht, ist die Einstellung und Veränderung neuer Seiten mindestens ebenso kompliziert wie in einem herkömmlichen CMS. Auf einige wünschenswerte Eigenschaften müßte man wahrscheinlich aufgrund der Einschränkungen des Wikis jedoch verzichten. Benutzer würden aufgrund des doch sehr komplizierten Inhaltsaufbaus sicherlich eher abgeschreckt, selbst als Redakteure zu arbeiten.

1.3.3 ...Präsentation der Inhalte

Das Wiki schränkt die Gestaltungsmöglichkeiten der Redakteure stark ein. Das führt einerseits zur sehr einfachen Editierbarkeit, aber auch zu einer sehr einheitlichen Darstellung der Inhalte.

Plus: Die einheitliche Darstellung erhöht die Lesbarkeit. Informationen sind für den routinierten Benutzer sofort erschließbar – er muß sich nicht jedes Mal an den Stil des entsprechenden Autors anpassen.

Gestaltungsmerkmale außerhalb der eigentlichen Informationen (»Seitenrahmen«) sind einheitlich die gleichen, weshalb hier auch für Firmen wichtige Kriterien wie Corporate Identity umgesetzt werden können.

Barrierefreiheit wird von vielen Wiki-Systemen direkt unterstützt.

Minus: Die Einschränkungen in der Gestaltungsfreiheit sind manchmal auch hinderlich, wenn es darum geht, etwa eine bestimmte Didaktik bei der Präsentation umzusetzen. Als Beispiel sei hier mathematischer Formelsatz genannt.

Corporate Identity kann bei einem Firmen-Wiki außerhalb der eigentlichen Informationen gewährleistet werden. Innerhalb der Informationen könnte sich jedoch ein Problem ergeben, wenn kompliziertere Stilmerkmale gefordert sind (zum Beispiel unterschiedliche Seitenhintergründe für unterschiedliche involvierte Abteilungen oder Produktreihen). Hier muß sich eventuell die Corporate Identity den technischen Möglichkeiten des Wikis unterwerfen.

Während Redakteure normalerweise mit den Möglichkeiten eines Wikis gut zurechtkommen, fühlen sich Gestalter oft unnötig eingeschränkt.

1.3.4 ...Sicherheit

Ein Wiki besteht wie auch ein konventionelles CMS aus einem umfangreichen Programmcode, der als webbasierte Anwendung auf einem Webserver abläuft.

Bei allen Systemen dieser Art besteht die Gefahr von Programmierfehlern und damit von irgendwelchen Sicherheitslücken, die geschickte Hacker ausnutzen können. Vor einem Einsatz sollte man sich daher zum Beispiel in Foren ausführlich über die zur Disposition stehenden Produkte informieren und während des Einsatzes muß das System immer auf dem aktuellen Stand gehalten werden.

Speziell ist die Situation des Wiki-Einsatzes in Bezug auf die verwalteten Informationen selbst: Wie bereits oben erwähnt, besteht immer die Gefahr von Sabotage, da ja jeder Benutzer (fast) alles selbst ändern oder löschen kann.

Plus: Durch die Möglichkeit jedes Benutzers, alles selbst zu ändern, werden falsche oder sabotierte Informationen nicht nur schnell entdeckt, sondern auch schnell wieder ausgemerzt. Jedes Wiki besitzt eine Historie sämtlicher Informationen – gelöschte oder sabotierte Inhalte müssen daher nicht völlig neu eingegeben werden, es reicht, wenn jemand sie auf einen alten Stand zurücksetzt.

Minus: Es besteht immer die Gefahr, daß kurzzeitig bestimmte Inhalte falsch oder sogar kompromittierend, mitunter sogar rechtswidrig im Wiki präsentiert werden. Hier ergibt sich nach Meinung des Autors nach die größte Gefahr für eine Firma. Einerseits ist der Betreiber einer Website weitgehend für juristische Konsequenzen verantwortlich. Hier ergibt sich durch ein Wiki eine ganz neue Möglichkeit des Betrugs.

Ein Beispiel:

Mitarbeiter Alfons fühlt sich von seiner Firma schlecht behandelt. Er läßt von einem Freund einen (anonymen) Eintrag ins öffentliche Firmen-Wiki erstellen, der Alfons verunglimpft. Jetzt verlangt Alfons von seiner Firma Schadensersatz wegen übler Nachrede und Verleumdung. Hier kommt die Firma in Argumentationsnöte, denn irgendwelche Klauseln, nach denen man für die Inhalte nicht verantwortlich sei, sind meistens ungültig und auch der Nachweis, daß Alfons indirekt selbst Hand angelegt hat, fällt bei hinreichender Verschleierung des Zugriffspfades schwer.

Neben juristischen Konsequenzen bereiten auch Vertrauensverlust bei Kunden und schlechtes Image für Firmen große Probleme. So könnte der Schaden etwa recht verheerend sein, wenn das Wiki Ihrer Firma für politische Parolen mißbraucht wird. Selbst wenn die Inhalte sehr schnell bereinigt sind, reicht die kurze Zeit unter Umständen, einen wichtigen Kunden abzuschrecken.

Geschickte Demagogen (zum Beispiel eingestellt von Mitbewerbern) können unter Umständen die Inhalte Ihrer Seiten kaum merklich so verändern, daß sie auf viele Leser eine ganz andere Wirkung haben. Die ursprünglichen Autoren überlesen solche Feinheiten oft und die Veränderung bleibt unentdeckt.

Letztlich sei noch erwähnt, daß selbst wohlgemeinte Einträge in ein öffentliches Wiki unter Umständen eine Firma schädigen könnten, wenn hier Mitarbeiter unzensiert und ohne Unrechtsbewußtsein Interna ausplaudern.

Auch in einem Wiki kann man den Zugriff einschränken, vom Benutzer die Authentifizierung per Zertifikat verlangen und so weiter. Das macht das System dann aber immer mehr zum konventionellen CMS, erhöht den Verwaltungsaufwand und schränkt die Flexibilität ein.

1.3.5 ...Administration

Plus: Der Urtyp des Wiki – jeder darf (fast) alles – kommt nach der Installation mit sehr wenig Verwaltungsaufwand aus. Unstimmigkeiten werden im besten Fall durch einen demokratischen Prozeß unter den Benutzern bereinigt.

Der Haupt-Administrator kann engagierte und vertrauenswürdige Benutzer zu Unter-Administratoren machen, die dann selbständig Saboteure sperren und verwerfliche Inhalte aus dem System löschen (auch aus der Historie).

Nach einer initialen Phase, in der man das Wiki sozusagen mit einer kritischen Masse an Informationen füttern muß, ist es für so viele Nutzer interessant, daß immer neue Inhalte generiert werden und die Selbstkontrolle über die Anzahl an Benutzern auch funktioniert.

Minus: Bei einem Wiki, bei dem die Menge der Besucher vergleichsweise gering ist, wird die Gefahr unentdeckten Mißbrauchs – und damit der zu betreibende administrative Aufwand – immer größer. Entweder man muß jemanden einstellen, der veränderte Inhalte immer wieder zyklisch überprüft und gegebenenfalls löscht oder der Zugang zum Wiki muß – zumindest was das Schreiben angeht – beschränkt werden, was den Aufwand beispielsweise für die Verwaltung von Paßworten wieder erhöht.

1.3.6 Fazit

Vor dem Einsatz eines Wikis sollte man ganz genau abwägen, ob diese Technik für die Anwendung »paßt« oder ob hier eher ein klassisches Content-Management-System oder ein ganz anderes System sinnvoll wäre. Auch in Fällen, in denen das Wiki bestimmte benötigte Eigenschaften nicht bietet, kann es trotzdem eine wertvolle Ergänzung zu einem konventionellen System darstellen.

In den folgenden Kapiteln erfahren Sie jetzt mehr über die verschiedenen existierenden Wiki-Systeme, ihre Feinheiten und wie man sie einrichtet und administriert.

KAPITEL 2

ARBEITEN IM WIKI

von Christoph Lange

Ein Wiki ist eine Sammlung von Webseiten, die online bearbeitet werden können. Von Anfang an war beabsichtigt, die Hemmschwelle zum Bearbeiten einer Seite möglichst niedrig anzusetzen. Bis heute gibt es jedoch kaum Wikis, die eine ganz intuitive WYSIWYG-Bearbeitung im Stil eines Textverarbeitungsprogramms ermöglichen. Um die technischen Anforderungen sowohl an den Client als auch an den Server gering zu halten, stellen fast alle Wikis den zu bearbeitenden Text in einem mehrzeiligen Textfeld (in HTML: *TEXTAREA*) dar. Auch dort sollte aber das verwendete Textformat für Anwender ohne besondere Computer- oder gar Programmierkenntnisse leicht verständlich sein.

Dieses Kapitel erklärt die Grundbegriffe eines Wikis aus der Sicht des Lesers oder des Bearbeiters. (Idealerweise ist jeder, der in einem Wiki etwas liest, auch ein potentieller Bearbeiter.) Um schnell das Wichtigste zu lernen, müssen Sie es nicht komplett von vorne nach hinten durchlesen, weil ich auf einige Themen im Detail eingehen werde, die für den Einstieg nicht so wichtig sind wie andere. So können Sie zum Beispiel den Abschnitt über Tabellen erstmal überspringen und direkt den Abschnitt über Links lesen. Jedes Thema wird anhand von Beispielen für UseMod, PmWiki, MediaWiki und FlexWiki erklärt. Nachfolgend wird davon ausgegangen, daß das Wiki bereits fertig installiert und konfiguriert ist.

2.1 SEITE, ARTIKEL UND TOPIC

Der Begriff *Seite* (englisch *page*) ist von Homepages bekannt, nicht zu verwechseln mit dem englischen *site* (Ort, Platz, Lage), das eine komplette Web-Präsenz aus vielen Einzelseiten bezeichnet. Es ist auch der allgemeinste Begriff für einen Eintrag in einem Wiki, weshalb er hier überwiegend verwendet wird. Eine andere Bezeichnungen für eine Wiki-Seite ist *Artikel*. So heißen zum Beispiel die Seiten der Wikipedia, denn sie sind ja in der Tat Enzyklopädie-Artikel. **FlexWiki** spricht von *Wiki Topics*, also von Themen. Sogar für ein ganzes Projekt, also eine *site*, gibt es einen schönen Namen: *Wiki Federation*.

2.1.1 Unterseiten

UseMod und **MediaWiki** ermöglichen mit einer von (Datei-) Verzeichnissen bekannten Namensgebung, einer Seite untergeordnete Seiten (englisch *subpages*) hinzuzufügen. Unter anderem auf Diskussionsseiten machen Wiki-Administratoren oft davon Gebrauch, um Übersicht zu schaffen. Aus der Seite *Diskussion:Thema* könnte ein Administrator alle älteren Beiträge nach *Diskussion:Thema/Archiv Juli 2005* verschieben. Sogar mehrere geschachtelte Ebenen sind möglich. Oben auf einer untergeordneten Seite erzeugt MediaWiki automatisch Links zurück zu den höheren Ebenen.

In der Voreinstellung sind von MediaWiki Unterseiten nur in den Namensräumen (siehe nächsten Absatz) Diskussionen und Benutzerseiten erlaubt. Im Hauptnamensraum gehört ein Schrägstrich erfahrungsgemäß oft zum Titel eines Artikels, zum Beispiel bei *OS/2*.

2.1.2 Namensräume

UseMod legt Seiten aller Art auf der obersten Ebene ab, der URL lautet meist *http://.../wiki.pl?SeitenName*. Nur durch Unterseiten ist eine weitere Strukturierung möglich. Andere Wikis gehen von verschiedenen Seitentypen aus, zum Beispiel normalen Seiten, Diskussionsseiten oder Benutzer-Homepages, und legen diese in verschiedenen Namensräumen (englisch *Name Spaces*) ab.

Bei **MediaWiki** sind achtzehn Namensräume hart in der Software codiert: der Hauptnamensraum (ohne Bezeichnung), außerdem Namensräume für Benutzer-Homepages (*User*, deutsch *Benutzer*), für Texte, die das Projekt selbst betreffen (nach dem Projekt benannt, zum Beispiel *Wikipedia*), für Bilder und ihre Beschreibungsseiten (*Image*, deutsch *Bild*), für die Texte der MediaWiki-Benutzeroberfläche (*MediaWiki*; diesen Namensraum dürfen nur Administratoren bearbeiten), für Vorlagen und Textbausteine (*Template*, deutsch *Vorlage*), für Hilfeseiten und Anleitungen (*Help*, deutsch *Hilfe*), für Seitenkategorien (*Category*, deutsch *Kategorie*) und für von der Wiki-Software generierte Spezialseiten (*Special*, deutsch *Spezial*). Schließlich gibt es für jeden Namensraum außer *Special* einen weiteren Namensraum mit Diskussionsseiten (*Talk, User talk, Image talk* und so weiter, deutsch *Diskussion*), denn MediaWiki sieht zu jeder Seite eine extra Diskussionsseite vor. Nicht-englische MediaWiki-Installationen erlauben neben den übersetzten Namen der Namensräume auch die Verwendung der englischen Namen – interessant für Administratoren, die mehrere Wikis in verschiedenen Sprachen administrieren. Zum dynamischen Strukturieren eines Projekts durch die Benutzer sind die starren MediaWiki-Namensräume also nicht geeignet, hier muß man auf Unterseiten ausweichen. Nur der Server-Administrator kann neue Namensräume einrichten (siehe *http://meta.wikimedia.org/wiki/Help:Custom_namespaces* im Meta-Wiki von Wikimedia). Dafür stehen die internen Nummern von 100 bis 65535 zur Verfügung. MediaWiki verlangt für jeden Namensraum einen Diskussions-Namensraum, dessen Nummer um 1 größer ist als die des eigentlichen Namensraums. Wer einen Namensraum *Archiv* mit der Nummer 100 einrichtet, muß also auch einen Namensraum *Archiv_Diskussion* (Leerzeichen werden intern durch Unterstriche dargestellt!) mit der Nummer 101 einrichten. Im MediaWiki hat ein Namensraum keine voreingestellte Startseite, dafür müssen sich die Wiki-Benutzer selbst einen Namen überlegen und die Seite geeignet verlinken.

PmWiki nennt die Namensräume *WikiGroups*. Neben dem Haupt-Namensraum *Main* und dem Namensraum *Site*, der zur Konfiguration des Wikis dient, kann man beliebige Namensräume zur Strukturierung seines Projekts anlegen. Als Trennzeichen zwischen Gruppen- und Seitennamen wird ein Punkt verwendet (*Gruppe.Seite*), ein Schrägstrich ist auch möglich (*Gruppe/Seite*). Im Gegensatz zu Unterseiten können Gruppen allerdings nicht geschachtelt werden. Wie bei den Unterseiten von UseMod und MediaWiki zeigt PmWiki allerdings oben auf einer Seite einen Link zur Hauptseite der Gruppe an. Wenn diese Seite noch nicht existiert, kann man sie *GruppenName.GruppenName*, *GruppenName.HomePage* oder aber *Main.GruppenName* nennen.

FlexWiki bezeichnet Namensräume als *Wiki Namespaces* oder *Wiki Bases*. Trennzeichen ist der Punkt, schachteln darf man beliebig tief, zum Beispiel *Microsoft.Projects.Wiki*. Beliebige Namespaces sind möglich, allerdings müssen sie vorher auf dem Server in der *Federation Configuration* eingerichtet werden. Der Server-Administrator kann allerdings ein spezielles Formular freischalten, mit dem Benutzer gewünschte Namensräume per E-Mail melden können (siehe *http://www.flexwiki.com/default.aspx/FlexWiki/NamespaceRequestTools.html*).

2.2 SEITEN BEARBEITEN

Bearbeiten kann man eine Seite fast immer, indem man auf den meist am oberen oder unteren Rand angebrachten Link oder Button *Seite bearbeiten*, *Seite ändern*, *Edit this page*, *Change text of this page* oder ähnlich klickt. Im **MediaWiki** lassen sich außerdem einzelne Absätze einer Seite bearbeiten: Dazu klickt man auf den *Bearbeiten*- oder *Edit*-Link neben der Absatzüberschrift. In manchen Wikis genügt auch ein Doppel- oder Rechtsklick irgendwo in den Bereich der Seite.

Wichtige Seiten wie zum Beispiel die Hauptseite eines Wikis können manchmal nur Benutzer mit Administratorrechten bearbeiten. Solche Seiten sind oft als »gesperrt« gekennzeichnet. An Stelle des Links zum Bearbeiten findet man hier meist einen Link, der den Quelltext der Seite zum Lesen anzeigt.

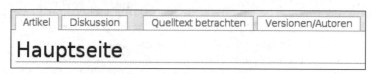

Bild 2.1: Link zur Betrachtung des Quelltextes...

Artikel	Diskussion	Quelltext betrachten	Versionen/Autoren

Quelltext betrachten

Diese Seite ist für das Bearbeiten gesperrt, dafür kann es diverse Gründe geben, siehe Wikipedia:Geschützte Seiten.

Du kannst jedoch den Quelltext dieser Seite betrachten und kopieren:

```
{| width="100%"
|-
|style="vertical-align:top" |
<div style="margin: 0; margin-right:10px; border: 2px solid #dfdfdf; background-color:#f8f8ff;">
<!--    Begrüßung    -->
<div style="padding: 0.3em 1em 0.7em 1em;">

'''Willkommen in der Wikipedia!'''
```

Bild 2.2: ... und die Anzeige desselben.

Wenn man eine Seite bearbeiten darf, erscheint im Browser ein großes Textfeld mit dem Quelltext der Seite. Das Format dieses Quelltextes soll erst mal nicht stören, es wird weiter unten in diesem Kapitel erklärt. Es besteht aber überwiegend aus lesbarem Klartext. In manchen Wikis, zum Beispiel beim PmWiki und MediaWiki, befindet sich über dem Textfeld eine kleine Knopfleiste mit den wichtigsten Formatierungen. MediaWiki zeigt außerdem unter dem Textfeld eine große Auswahl von Sonderzeichen an.

2.2.1 Bearbeitungsvermerke angeben

Bei **UseMod** und **MediaWiki** gehört es zur Wikiquette, in dem einzeiligen Feld unter dem großen Textfeld eine kurze Zusammenfassung der Bearbeitung anzugeben. Seit Version 2.0.beta44 ist dies auch bei **PmWiki** möglich. MediaWiki fügt beim Bearbeiten eines Absatzes an dieser Stelle bereits die Absatzüberschrift ein. Beispiele für solche Bearbeitungsvermerke aus der Praxis der Wikipedia sind:

Bearbeitungsvermerk	Erläuterung
typo	Abkürzung für »Tippfehler«, das heißt, jemand hat einen Schreibfehler korrigiert.
link [[Artikel]]	Der Bearbeiter hat einen Link zu einem anderen Artikel gesetzt. (Zwei eckige Klammern kennzeichnen im MediaWiki, das die Wikipedia verwendet, einen Link.)
linkfix	Der Bearbeiter hat einen falschen Link berichtigt.
korr, siehe Diskussion	Der Bearbeiter hat einen Fehler korrigiert und verweist auf die vorausgegangene Diskussion zu diesem Thema. (Im MediaWiki gibt es zu jeder Seite eine eigene Diskussionsseite.)
erw / erg	Erweiterung beziehungsweise Ergänzung
Quelle: http://...	Quellenangabe für eine neu eingefügte Information.
wiki / wikifiziert	Der Bearbeiter hat die Seite gemäß den Konventionen formatiert und ggf. Links zu anderen Seiten gesetzt.
kat	Die Seite wurde zu einer Kategorie hinzugefügt.
format	Sonstige Formatierungen wurden verbessert.
stil	Der Artikel wurde stilistisch verbessert.
/* Abschnitt */ Änderung	Der genannte Abschnitt wurde geändert. (MediaWiki fügt den Namen des Abschnitts automatisch ein.)
Änderungen von <Böser-Benutzer> rückgängig gemacht und letzte Version von <GuterBenutzer> wiederhergestellt	Hier hat jemand Unsinn geschrieben oder die Seite mutwillig beschädigt. Jemand anderes, meist ein Administrator, hat daraufhin eine ältere, korrekte Version der Seite wiederhergestellt.
rev / revert	Dasselbe in Kurzform
Ausgelagert nach [[Spezialthema]]	Der Bearbeiter hat einen Teil der (meist zu groß gewordenen Seite) in eine neue Seite ausgelagert.
von [[AndereSeite]]	Infos aus einer anderen Seite wurden hier eingefügt.

2.2.2 Den Autor nennen

Zu jeder Bearbeitung hält die Wiki-Software fest, wer die Änderung vorgenommen hat. Wenn der Benutzer sich angemeldet hat, wird sein Benutzername gespeichert, sonst die IP-Adresse. In vielen Wikis ist zwar eine
anonyme Bearbeitung möglich, trotzdem eine Anmeldung erwünscht.
UseMod und **MediaWiki** gehen davon aus, daß man sich entweder über
eine spezielle Login-Seite (oder automatisch per Browser-Cookie) im Wiki
angemeldet hat oder andernfalls anonym arbeiten möchte. **PmWiki** arbeitet nicht mit Benutzeranmeldungen (es sei denn, der Server-Administrator hat das Zusatzpaket *UserAuth* installiert), erlaubt dem Autor aber
bei der Bearbeitung, seinen Namen einzugeben. Der Server-Administrator
kann die Eingabe eines Namens erzwingen. **FlexWiki** schließlich kann
mit oder ohne Benutzeranmeldung arbeiten. Nicht angemeldete Bearbeiter können rechts vom Textfeld unter *Attribution* ihren Namen eingeben.

Benutzer-Homepages

Jeder Benutzer kann sich in einem Wiki eine eigene Seite anlegen, auf der
er sich selbst kurz vorstellt. **UseMod**, **MediaWiki** und **PmWiki** verlinken den Benutzernamen überall, wo er auftaucht (vor allem in der Übersicht der älteren Versionen, also der früheren Bearbeitungen, einer Seite),
auf die Homepage des Benutzers. UseMod legt die Benutzerseiten im
Haupt-Namensraum an, während PmWiki mit *Profiles* und MediaWiki
mit *User* (deutsch *Benutzer*) eigene Namensräume dafür anbieten und so
für eine bessere Übersicht sorgen.

2.2.3 Beiträge unterschreiben

Diskussionsbeiträge in einem Wiki sollte man mit seinem Namen unterschreiben. Natürlich kann man den einfach hinschreiben, aber in vielen
Wikis geht es noch leichter: Drei Tilden (~~~) fügen den Benutzernamen
ein, dazu einen Link auf die Seite des Benutzers, vier Tilden Benutzernamen und Zeitstempel. In **MediaWiki** und **PmWiki** ist diese Funktion
eingebaut; für **UseMod** gibt es einen »WikiPatch« namens AutoSignature
(*http://www.usemod.com/cgi-bin/wiki.pl?WikiPatches/AutoSignature*), den
man nachträglich einbauen kann, der aber keinen Zeitstempel einfügt und
keinen Link zur Seite des Benutzers setzt. Bei MediaWiki kann man
schließlich mit fünf Tilden einen vergessenen Zeitstempel nachtragen. In
vielen Wiki-Projekten, so zum Beispiel in der Wikipedia, ist es Konvention, die Unterschrift mit zwei Strichen vom übrigen Text abzutrennen
(Wer an seine E-Mails eine Signatur anhängt, kennt das), das heißt, so
unterschreibt man richtig:

--~~~~

Manche Benutzer fügen auch ein Leerzeichen zwischen den Strichen und den Tilden ein. **FlexWiki** kennt keine automatische Unterschrift mit Tilden, empfiehlt aber, mit dem Benutzernamen zu unterschreiben, ebenfalls durch zwei Striche abgetrennt. Wenn der Benutzername in *PascalCase* geschrieben ist (mehr dazu im Abschnitt über Links), wird er auf die Seite des Benutzers verlinkt, die bei FlexWiki allerdings auch im Haupt-Namensraum landet.

| Langec 14:29, 31 Juli 2005 (UTC) |

Bild 2.3: Eine Unterschrift im MediaWiki

2.2.4 Kleine und große Änderung

Bei **UseMod**, **MediaWiki** und **PmWiki** kann man bei einer Bearbeitung ankreuzen, ob diese nur klein (englisch *minor*) ist, MoinMoin spricht noch treffender von einer *trivialen* Änderung. Damit signalisiert man anderen Benutzern, speziell Administratoren, daß man nur eine Kleinigkeit geändert hat, vor allem nichts an der Aussage, die die Seite vermittelt. Die Bearbeitung muß also nicht unbedingt überprüft werden. Beim Blick in die letzten Änderungen im Wiki oder in die Versionsgeschichte eines Artikels (nicht bei MediaWiki) kann man kleine Änderungen auf Wunsch ausblenden, um nicht die Übersicht zu verlieren.

Trotzdem sind die »kleinen Änderungen« mit Vorsicht zu genießen, vor allem für Administratoren. Ich selbst markiere regelmäßig große Änderungen versehentlich als klein und kleine Änderungen als groß, und ein Bösewicht könnte auch den kompletten Inhalt eines Artikels löschen und diese Änderung trotzdem als »klein« markieren. In der Standardkonfiguration eines MediaWiki können deshalb nur angemeldete Benutzer eine Änderung als »klein« markieren.

2.2.5 Bearbeitungskonflikte und Editwars

Wenn zwei Benutzer zur gleichen Zeit eine Seite bearbeiten, gewinnt in einem Wiki ohne spezielle Schutzmaßnahmen derjenige, der als letzter speichert. Seine Bearbeitung überschreibt die des anderen. Die meisten Wikis erkennen dies, indem sie sich in jedem Bearbeitungsformular den Zeitstempel vom Anfordern des Formulars in einem versteckten Feld merken und diesen beim Versuch, die Seite abzuspeichern, mit dem Zeitstempel der aktuellsten Version auf dem Server vergleichen. Sie prüfen in einem solchen Fall, ob ein Bearbeitungskonflikt (englisch *edit conflict*) vorliegt. Ältere Wikis gehen immer von einem Bearbeitungskonflikt aus, während neuere Wikis (MediaWiki, PmWiki, MoinMoin und OddMuse) den diff3-Algorithmus verwenden und parallel vorgenommene Änderungen an unterschiedlichen Stellen des Textes zu einer neuen Version zusammenmischen können. Sie melden nur einen Bearbeitungskonflikt, wenn die Bereiche, die die beiden Benutzer geändert haben, sich überlappen.

UseMod und **MediaWiki** zeigen bei einem Bearbeitungskonflikt eine
Seite mit zwei Textfeldern an. Oben steht in einem Textfeld mit dem üblichen Knopf zum Speichern der Text, den der andere Benutzer schon abgespeichert hat, während Sie die Seite bearbeitet haben. In einem zweiten
Feld darunter steht Ihr Text, aus dem Sie nun die Änderungen, die Sie auf
jeden Fall durchführen möchten, in das obere Feld retten können.

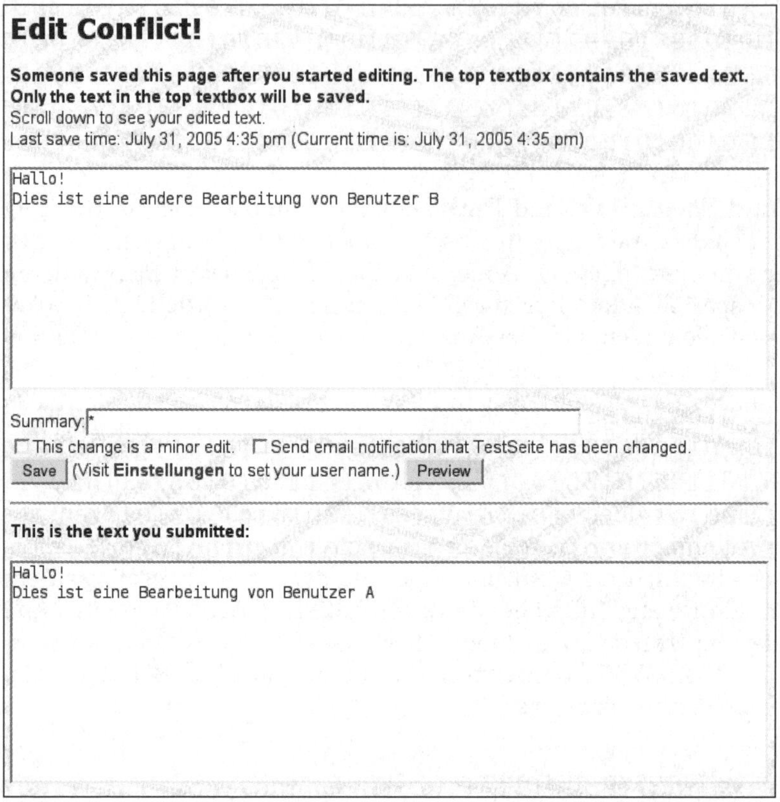

Edit Conflict!

**Someone saved this page after you started editing. The top textbox contains the saved text.
Only the text in the top textbox will be saved.**
Scroll down to see your edited text.
Last save time: July 31, 2005 4:35 pm (Current time is: July 31, 2005 4:35 pm)

```
Hallo!
Dies ist eine andere Bearbeitung von Benutzer B
```

Summary: *
☐ This change is a minor edit.   ☐ Send email notification that TestSeite has been changed.
Save | (Visit **Einstellungen** to set your user name.) Preview |

This is the text you submitted:

```
Hallo!
Dies ist eine Bearbeitung von Benutzer A
```

Bild 2.4: Bearbeitungskonflikt bei UseMod

MediaWiki zeigt zur Orientierung zwischen den beiden Textfeldern auch
die Unterschiede zwischen den beiden Fassungen an. **PmWiki** zeigt dagegen nur ein einziges Textfeld an. Darin befinden sich beide Versionen des
Textes; vom Konflikt betroffene Passagen sind wie folgt markiert:

```
<<<<<<
Ihre Version
=======
Vom anderen Benutzer gespeicherte Version
>>>>>>>
```

Editing Main.WikiSandbox

The page you are editing has been modified since you started editing it. The modifications have been merged into the text below, you may want to verify the results of the merge before pressing save. Conflicts the system couldn't resolve are bracketed by <<<<<<< and >>>>>>>. (View changes)

```
Feel free to use this page to experiment with the
[[PmWiki/Text Formatting Rules]].  Just click the
"Edit Page" link at the bottom of the page.
----
Hallo!
<<<<<<<
Bearbeitung von Benutzer A
=======
Andere Bearbeitung von Benutzer B
>>>>>>>
```

Author: BenutzerA   ☐ This is a minor edit

Save   Preview   Reset

Bild 2.5: Bearbeitungskonflikt im PmWiki

FlexWiki kann Ihnen zur Zeit noch nicht dabei helfen, Bearbeitungskonflikte aufzulösen. Es erkennt sie nur und zeigt die inzwischen gespeicherte Version mit der konkurrierenden Bearbeitung an, aber von da aus muß man selbst im Browser zurück zur Eingabe gehen und das, was man sich von der anderen Bearbeitung gemerkt hat, nach bestem Wissen und Gewissen in die Änderung einarbeiten.

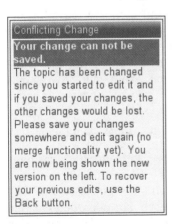

Conflicting Change

Your change can not be saved.
The topic has been changed since you started to edit it and if you saved your changes, the other changes would be lost. Please save your changes somewhere and edit again (no merge functionality yet). You are now being shown the new version on the left. To recover your previous edits, use the Back button.

Bild 2.6: FlexWiki warnt nur vor Bearbeitungskonflikten

Andere Wikis sperren eine Seite auf dem Server, sobald ein Benutzer beginnt, sie zu bearbeiten. Da HTTP ein zustandsloses Protokoll ist, in dem es keine Sitzungen gibt, kann es dabei allerdings passieren, daß ein Benutzer das Bearbeitungsfenster einer Seite öffnet, vergißt, sie zu speichern und irgendwann den Browser schließt oder den Zurück-Knopf drückt. Der Server merkt in einem solchen Fall nicht, daß der Benutzer die Bearbeitung abgebrochen hat. Eine Seitensperrung bei Bearbeitung muß deshalb mit Timeouts arbeiten; üblicherweise wird die Seite nach einigen Minuten wieder freigegeben, wenn innerhalb dieser Zeit nichts passiert ist. Auf eine solche Behelfslösung wollten sich die Entwickler von PmWiki nicht einlassen, sie begründen dies unter *http://www.pmwiki.org/ wiki/PmWiki/PageLocking*.

Die MoinMoin-Entwickler überlassen die Entscheidung für oder gegen Seitensperrungen dem Administrator (siehe Kapitel 10.2): Entweder wird versucht, Konflikte wie in anderen Wikis aufzulösen, indem das Wiki dem, der zu spät speichert, beide Versionen in einem Textfeld präsentiert, oder die Seite ist für eine gewisse (einstellbare!) Zeit gesperrt, wenn jemand beginnt, sie zu bearbeiten. Ein Kompromiß ist, die Seite nicht zu sperren, während sie jemand bearbeitet, sondern andere Bearbeiter nur zu warnen, daß es zu einem Bearbeitungskonflikt kommen könnte.

Wenn Sie testen wollen, wie Ihr Wiki mit Bearbeitungskonflikten umgeht, melden Sie sich am besten (wegen möglicherweise gespeicherter Cookies) in zwei verschiedenen Browser-Programmen mit unterschiedlichen Benutzerkonten an, zum Beispiel einmal als angemeldeter Benutzer und einmal anonym. Öffnen Sie nacheinander in beiden Browsern die gleiche Seite zum Bearbeiten, speichern dann im ersten Browser eine Änderung ab und versuchen dann, im zweiten Browser eine andere Änderung vorzunehmen.

Ein Editwar (*Bearbeitungskrieg*) ist kein technischer Bearbeitungskonflikt, sondern ein sozialer. Er tritt auf, wenn zwei Benutzer mit unterschiedlichen Meinungen eine Seite bearbeiten und mehrere Male hintereinander jeweils einer die Änderungen des anderen zurücknimmt (ein sogenannter *Revert*) und mit seiner eigenen Version der Seite überschreibt. Jedes Wiki-Projekt muß eigene Regeln festlegen, wie mit Editwars umzugehen ist. In der englischsprachigen Wikipedia wurde beispielsweise die »Three Revert Rule« (siehe *Wikipedia:Three-revert rule*) formuliert:

Revertiere keine einzelne Seite mehr als dreimal innerhalb von 24 Stunden.

Wer sich mit dem Revertieren länger Zeit läßt, dem fällt im Sinne des neutralen Standpunkts der Wikipedia vielleicht eine Formulierung ein, mit der beide Seiten zufrieden sind, oder er sieht nach einer gewissen Bedenkzeit, daß er mit seiner Behauptung einfach falsch lag oder der Gegner stellt dasselbe von seiner Behauptung fest. Trotzdem hält sich nicht jeder an diese Regel. Wer sie verletzt, darf von einem Administrator einen Tag lang gesperrt werden; alternativ kann ein Administrator das Schlachtfeld, also die umkämpfte Seite, sperren. Wer als Administrator Editwars führt, hat sich für sein Amt disqualifiziert und bekommt oft die Administrator-rechte vorübergehend entzogen.

2.2.6 Zum Ausprobieren: Vorschau und Sandkasten

Wenn Sie gerade erst üben, Wiki-Seiten zu bearbeiten oder sich mit der Formatierung nicht ganz sicher sind, sollten Sie es nicht gleich riskieren, eine vorhandene Seite aus Versehen zu zerstören oder zu verunstalten.

In fast jedem Wiki gibt es eine Seite, auf der man ohne Gefahr alles aus-probieren darf. Im **UseMod**-Wiki heißt sie *SandBox*, im **MediaWiki** *Wi-kiName:Sandbox*. Dort liegt sie im Projekt-Namensraum, der den gleichen Namen wie das Wiki hat. Manchmal trifft man die Sandbox auch in über-setzten Fassungen an. So hat die deutsche Wikipedia den *Sandkasten* et-was freier als *Spielwiese* übersetzt, sie befindet sich unter *Wikipe-dia:Spielwiese*. **PmWiki** nennt sie *Main.SandBox*, beim **FlexWiki** heißt sie *FlexWiki/PlayPage*; auch hier kommen Namensräume zum Einsatz.

Wikipedia:Spielwiese

Das hier ist die **Wikipedia-Spielwiese**. Auf dieser Seite kann und darf jeder nach Herzenslust herumprobieren und -spielen.

Eine Anleitung findet sich unter Wikipedia:Erste Schritte.

Sei mutig, aber achte bitte darauf, dass von hier aus verlinkte Seiten nicht mehr zur Spielwiese gehören.

Oben auf **Seite bearbeiten** drücken und los gehts!

Bild 2.7: Einladung zum Spielen auf der Wikipedia-Spielwiese

Der nächste Schritt besteht darin, Änderungen an einer »richtigen« Seite nicht sofort abzuspeichern, sondern vorher zu überprüfen. Dazu bietet jedes Wiki beim Bearbeiten einer Seite einen Vorschau-Knopf an. Dessen Benutzung sollten Sie sich auch als fortgeschrittener Wiki-Anwender zu Herzen nehmen, denn in großen Projekten wie beispielsweise der Wikipe-dia entstehen unnötig viele Artikelversionen, weil Anwender direkt nach einer Bearbeitung darin einen Fehler entdecken und diesen durch erneu-tes Bearbeiten beheben. Diese überflüssigen Zwischenversionen kosten entweder den Server-Administrator Speicherplatz oder den Wiki-Administrator Nerven, wenn er sie regelmäßig löschen muß. MediaWiki 1.5 kann dem Anwender alternativ zur Vorschau auch zeigen, was seine Bearbeitung an der Seite ändert – eine hilfreiche Funktion bei längeren Bearbeitungen.

```
== Raum für Experimente ==
'''Experimente bitte auf der [[Wikipedia:Spielwiese|Spielwiese]] machen!'''
```

Zusammenfassung und Quellen ⚓: `Test`

☒ Nur Kleinigkeiten wurden verändert. ☐ Diesen Artikel beobachten

| Seite speichern | Vorschau zeigen | Änderungen zeigen | *Abbruch* | *Bearbeitungshilfe* *(öffnet in neuem Fenster)*

Bild 2.8: Vorschau und Änderungsanzeige im MediaWiki

2.2.7 Die erste neue Seite

Zum Erstellen einer neuen Seite in einem Wiki gibt es zwei Möglichkeiten. Die bessere von beiden ist, einem Link zu einer noch nicht vorhandenen Seite zu folgen (siehe Abschnitt zu Links). Eine solche Seite wartet darauf, geschrieben zu werden, und wenn Sie das übernehmen, machen Sie der Wiki-Gemeinde meistens eine große Freude. Einen solchen Link erkennen Sie in vielen Wikis daran, daß hinter, seltener vor dem Linktext ein Fragezeichen steht. **UseMod** und **PmWiki** halten sich an diese Konvention. **MediaWiki** stellt solche Links rot statt blau dar, und bei **FlexWiki** sind sie unterstrichelt. Wenn man also einem Link auf eine noch nicht vorhandene Seite folgt, kommt man direkt zum Bearbeitungsfenster für diesen Artikel. Oft steht dann im Textfeld ein Hinweis wie »Schreiben Sie hier den neuen Inhalt der Seite rein.« Der Server- oder Wiki-Administrator kann auch einen ausführlicheren Text schreiben. Die Wikipedia gibt ein gutes Beispiel dafür, siehe Bild 2.9.

Bild 2.9: Bearbeiten einer neuen Seite

Wenn zu der Seite, die neu erstellt werden soll, noch kein Link gesetzt ist, kann man diesen Link vorher selbst auf einer anderen Seite einfügen und geht dann so vor wie oben beschrieben. Das hat den Vorteil, daß die neue Seite garantiert von irgendwo aus erreichbar ist.

Verwaiste Seiten, Index aller Seiten

Seiten, die von keiner anderen Seite aus verlinkt sind, werden verwaist (englisch orphaned) genannt. Sie lassen sich nur noch über die Volltextsuche auffinden oder über einen von der Wiki-Software automatisch generierten Index aller Seiten. Bei UseMod findet man den, indem man an den URL des Wiki-Skripts (meist *wiki.pl*) den sogenannten HTTP-Querystring *?action=index* anhängt. Das MediaWiki kennt dafür die Seite Special:Allpages. PmWiki und FlexWiki stellen eine solche Seite nicht automatisch zur Verfügung, bieten dem Administrator allerdings einige Hilfsmittel, um eine Index-Seite selbst aufzubauen (*Pagelists* beim PmWiki, *TopicIndexBehaviors* beim FlexWiki).

Um verwaiste Seiten aufzuspüren, stellt MediaWiki die Spezialseite Verwaiste Seiten (Special:Lonelypages) zur Verfügung, FlexWiki die in der Werkzeugleiste verlinkte Seite *Lost and Found*.

Wenn man zum Anlegen einer neuen Seite keinem vorhandenen Link folgen will, gibt man einfach direkt in der Adreßleiste des Browsers den URL ein, der zu der Seite führen soll. Da das Format eines solchen URLs je nach verwendeter Wiki-Software und sogar je nach Wiki-Projekt sehr unterschiedlich sein kann, öffnet man am besten einfach eine vorhandene Seite und ändert dann im URL den Namen dieser Seite in den gewünschten Namen der neuen Seite.

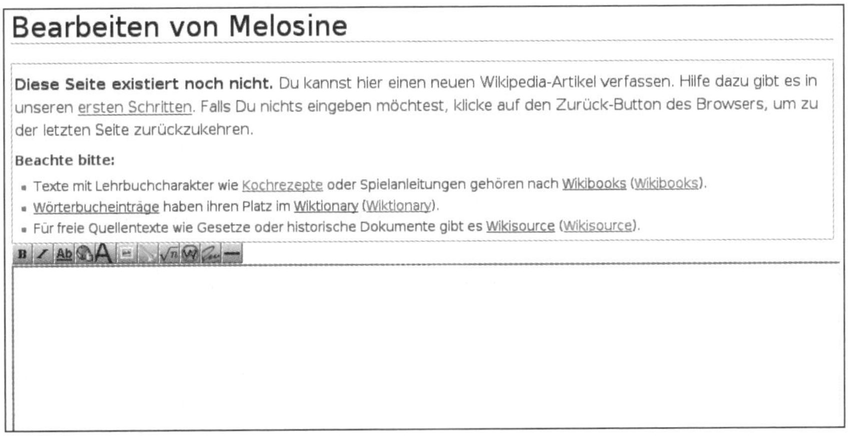

Bearbeiten von Melosine

Diese Seite existiert noch nicht. Du kannst hier einen neuen Wikipedia-Artikel verfassen. Hilfe dazu gibt es in unseren ersten Schritten. Falls Du nichts eingeben möchtest, klicke auf den Zurück-Button des Browsers, um zu der letzten Seite zurückzukehren.

Beachte bitte:

- Texte mit Lehrbuchcharakter wie Kochrezepte oder Spielanleitungen gehören nach Wikibooks (Wikibooks).
- Wörterbucheinträge haben ihren Platz im Wiktionary (Wiktionary).
- Für freie Quellentexte wie Gesetze oder historische Dokumente gibt es Wikisource (Wikisource).

Bild 2.10: Eine noch nicht vorhandene Seite

UseMod, MediaWiki und PmWiki werden in einem solchen Fall eine fast leere Seite anzeigen, die den Anwender dazu auffordert, sie zu bearbeiten. Der Server-Administrator kann den Text, der auf einer solchen Seite angezeigt wird, anpassen; ein gutes Beispiel dafür ist die Wikipedia.

FlexWiki schickt den Anwender sofort zur Bearbeitungsansicht, zeigt allerdings im Bearbeitungsfeld einen Hinweis an.

Hat man den Text für die neue Seite eingegeben, überprüft man am besten mit der Vorschaufunktion, ob alles korrekt ist, und speichert die Seite dann ab. Manchmal befindet sich dann noch die alte, leere Version der Seite im Browser-Cache, in diesem Fall muß man den Browser anweisen, die Seite neu zu laden.

Achten Sie beim Anlegen neuer Seiten auf die Namenskonventionen – auf diejenigen, die die Wiki-Software vorgibt, und auf diejenigen, die im jeweiligen Wiki-Projekt gelten (für die Wikipedia siehe zum Beispiel http://de.wikipedia.org/wiki/Wikipedia:Namenskonventionen). In den meisten Wikis können Seitennamen nur mit Großbuchstaben beginnen, was zum Beispiel in der Wikipedia dazu geführt hat, daß der Artikel zum iMac den Namen IMac hat. (Inzwischen heißt er Apple iMac.) FlexWiki unterscheidet sogar in bester Windows-Tradition an keiner Stelle eines Artikelnamens zwischen Groß- und Kleinschreibung. Beim MediaWiki kann der Server-Administrator die Unterscheidung zwischen Groß- und Kleinschreibung am Wortanfang konfigurieren (siehe Kapitel 8.3).

2.2.8 Seiten löschen

Darüber, wer in einem Wiki Seiten löschen darf, gibt es unterschiedliche Meinungen. Nach der »Jeder-darf-alles«-Philosophie sollte jeder Benutzer eine Seite löschen dürfen, ebenso wie er auch eine Seite anlegen darf. So handhaben es PmWiki und FlexWiki. Andere Wiki-Entwickler waren allerdings der Ansicht, daß mit einer allgemein verfügbaren Löschfunktion unbedarfte oder böswillige Benutzer zu viel Schaden anrichten könnten. UseMod und MediaWiki erlauben deshalb nur Benutzern mit Administratorrechten, eine Seite zu löschen. Bei allen Wikis außer UseMod lassen sich gelöschte Seiten allerdings recht einfach wieder herstellen.

Wer in einem **UseMod**-Wiki als Administrator angemeldet ist, hat am unteren Rand jeder Seite eine zusätzliche Link-Zeile mit einem Link *Delete this page*. Wenn man die folgende Sicherheitsabfrage mit *Confirm Delete* beantwortet, wird die Seite wirklich gelöscht. Eine Alternative ist der Administratoren-Link *Edit/Rename Pages*, der zu einem Textfeld führt, in das zeilenweise Befehle zum Löschen oder Umbenennen von Seiten oder aber zum Ändern von Links eingegeben werden können; *!SeitenName* löscht eine Seite. Bei UseMod dürfen aus gutem Grund nur Administratoren Seiten löschen, denn die Seiten werden unwiederbringlich vernichtet. Eine Besonderheit ist, daß auch gewöhnliche Benutzer Seiten zum Löschen vormerken können. Dazu ersetzen sie einfach den Seiteninhalt durch den Text *DeletedPage*, der gleichzeitig ein Link auf die spezielle Seite *DeletedPage* ist. Solche Seiten werden gelöscht, wenn der Administrator die Funktion *Run Maintenance* (deutsch *Wartung*) ausführt.

MediaWiki geht ähnlich wie UseMod vor, kann aber gelöschte Seiten wieder herstellen. Benutzer mit Administrator-Rechten haben in der Link-Zeile über dem Anfang des Seiteninhalts einen Link *Löschen*. Nach einer Sicherheitsabfrage, bei der man auch einen Grund für die Löschung angeben sollte, wird die Seite gelöscht. Wer als Administrator eine gelöschte Seite aufsucht, findet dort neben dem üblichen Textfeld zum Anlegen einer neuen Seite unter diesem Namen auch einen Link *Wiederherstellen*. Ein weiterer Link, der zum selben Ziel führt, zeigt sogar die Anzahl der gelöschten Artikelversionen an. Auf der Seite zum Wiederherstellen kann man einfach auf den Knopf *Wiederherstellen* klicken, um alle Versionen wiederherzustellen, oder aber einzelne Versionen gezielt auswählen.

Bild 2.11: Wiederherstellen bei MediaWiki

Seiten zum Löschen vormerken kann ein Benutzer im MediaWiki nicht über eine Funktion der Software. Wohl aber gibt es in vielen Wikis »Wunschlisten« zu löschender Seiten (in der Wikipedia die Seite *http://de. wikipedia.org/wiki/Wikipedia:Löschkandidaten*), die die Administratoren regelmäßig abarbeiten. In der Wikipedia ist dieser Prozeß zum Beispiel im Detail geregelt (siehe *http://de.wikipedia.org/wiki/Wikipedia:Löschregeln*). Wer glaubt, daß eine Seite nicht den Regeln der Wikipedia entspricht, fügt dort einen Löschantrags-Baustein mit Kommentar ein und listet die Seite bei den Löschkandidaten. Offensichtlichen Unsinn dürfen Administratoren *schnellöschen*, in allen anderen Fällen soll es eine Woche lang Gelegenheit zur Diskussion geben. Wenn bis dahin weder die Mängel der Seite behoben wurden noch von einem Benutzer begründeter Widerspruch eingelegt wurde, darf ein Administrator die Seite löschen.

PmWiki und **FlexWiki** sehen das Löschen ganz pragmatisch. Wer eine Seite löschen will, ersetzt ihren Text einfach durch *delete*. Nach dem Speichern ist sie verschwunden, aber nicht vernichtet. Über die Wiki-Software kann eine gelöschte Seite nicht wieder hergestellt werden, wohl aber zu Fuß vom Server-Administrator. Bei PmWiki bleibt die Seite im Verzeichnis *wiki.d* liegen, an den Dateinamen wird ein Zeitstempel angehängt, zum Beispiel *Main.TestSeite,del-1126627808*. Wenn der Server-Administrator dieser Datei ihren Namen ohne Zeitstempel zurückgibt, kehrt sie ins Wiki zurück.

Im FlexWiki läßt sich eine gelöschte Seite mit reinen Wiki-Methoden wieder herstellen, allerdings etwas umständlich. Dazu geht man auf die nicht mehr vorhandene Seite, tut so, als wolle man sie neu anlegen, und speichert sie ab. Daraufhin werden in der *History*-Leiste alle vorigen Versionen einschließlich der gelöschten wieder angezeigt. Davon zeigt man die gewünschte an und klickt auf *Restore Version*.

2.3 SYNTAX-STANDARDS

Für das in Wikis verwendete Textformat gibt es leider keinen wiki-übergreifenden einheitlichen Standard, nicht mal einen einheitlichen Namen. Hier soll es als *Wiki-Syntax* bezeichnet werden, andere Quellen nennen es *Wikitext* oder *Wiki-Markup*. Im Meta-Wiki gibt es zwar Bemühungen, wenigstens die Syntax des MediaWiki zu standardisieren (siehe den Artikel *Wikitext standard*), und im MeatballWiki (*http://www.usemod.com/ cgi-bin/mb.pl*) wird zum selben Thema eine allgemeinere, mehrere Wikis umfassende Diskussion geführt (siehe dort *WikiMarkupStandard*), aber aus Sicht des Anwenders ist alles halb so schlimm. Die Syntax fast aller Wikis stammt von Ward Cunninghams ursprünglichem *WikiWikiWeb* ab, weshalb zumindest bei den grundlegenden Funktionen die Ähnlichkeiten überwiegen.

UseMod ist ein direkter Abkömmling des WikiWikiWeb. MediaWiki wurde ursprünglich für die Wikipedia entwickelt, nachdem UseMod den großen Datenmengen nicht mehr gewachsen war. Technisch hat es mit dem vergleichsweise primitiven UseModWiki nichts mehr gemeinsam, aber die Syntax ist ähnlich geblieben. PmWiki und FlexWiki wurde von Grund auf unabhängig entwickelt und gehen deshalb über die wichtigsten Funktionen hinaus eigene Wege. Syntaktisch haben sie jedoch untereinander manche Gemeinsamkeiten.

Auf Unterschiede zwischen den verschiedenen Wikis wird in diesem Kapitel im Detail eingegangen. Haben Sie allerdings die Grundlagen verstanden sind sich bei irgendeiner Formatierung mal nicht ganz sicher, müssen Sie allerdings nicht immer in diesem Buch nachschlagen. Folgen Sie Ihrer Intuition und probieren die Syntax einfach im Sandkasten Ihres Wikis aus!

2.4 VERWANDTSCHAFT MIT HTML

Viele Wikis haben für die ganz grundlegenden Formatierungen eine eigene Syntax, die einfacher ist als die von HTML. Wenn diese Möglichkeiten nicht mehr ausreichen, ist aber oft die Verwendung bestimmter HTML-Elemente erlaubt. Rein optische Formatierungen sind in einigen Wikis auch mit Cascading Style Sheets (CSS) möglich.

Bei **UseMod** und **MediaWiki** gehören einige HTML-Elemente zum Standardumfang der Syntax, weitere können durch gezielte Konfiguration freigeschaltet werden. Nach Installation des Zusatzmoduls *enablehtml.php* ist dies auch in **PmWiki** möglich. Beim **FlexWiki**-Projekt diskutiert man zur Zeit noch über solche Möglichkeiten (siehe *http://www.flexwiki.com/ default.aspx/FlexWiki/HtmlSyntaxAllowedDiscussion.html*), bisher gibt es sie nicht. UseMod erlaubt auf Wunsch sogar uneingeschränktes HTML. Von dieser Möglichkeit wird jedoch in der Praxis aus Sicherheitsgründen kein Server-Administrator Gebrauch machen. Sie können davon ausgehen, daß sicherheitskritische HTML-Elemente wie das Element *script* zur Einbindung von JavaScript in keinem Wiki freigeschaltet sind, selbst wenn es technisch möglich wäre.

2.5 ZEICHENSÄTZE

Die ersten Wikis erlaubten nur Zeichen im 7-Bit-ASCII-Zeichensatz. Heute unterstützen alle Wikis zumindest einen 8-Bit-Zeichensatz wie Latin1 (ISO-8859-1), so daß man beispielsweise deutsche Umlaute direkt eingeben kann. Neuere Wikis kommen, zumindest optional, auch mit Unicode zurecht, meist in der Variante UTF-8.

So wurden zum Beispiel alle in jüngerer Zeit hinzugekommenen Sprachversionen der Wikipedia von vornherein auf UTF-8 eingestellt, schon länger bestehende Projekte wie die deutsch- oder französischsprachige Wikipedia wurden auf UTF-8 umgestellt. Nur in der englischsprachigen Wikipedia konnte man sich lange Zeit nicht zu einer Umstellung durchringen, aber mit der Umstellung auf **MediaWiki** 1.5, das keine 8-Bit-Zeichensätze mehr kennt, hat auch dort das Unicode-Zeitalter begonnen.

Die in diesem Buch genauer beschriebenen Wikis unterstützen allesamt UTF-8 für Seiten*inhalte*. Nur bei **FlexWiki** ist UTF-8 jedoch als Zeichensatz voreingestellt. **UseMod** verhält sich in der aktuellen Version 1.0 noch nicht ganz UTF-8-konform, so daß gegebenenfalls einige kleine Patches oder Hacks nötig sind (siehe *http://www.usemod.com/cgi-bin/wiki.pl?SupportForUtf8*). In Seiten*namen* beziehungsweise internen Links zu Seiten ist UTF-8 jedoch noch lange nicht selbstverständlich. Nur MediaWiki hat damit keine Probleme.

2.5.1 Spezielle Zeichen eingeben

Aber auch wenn die Wiki-Software jedes denkbare Zeichen kennt, kann nicht jeder Anwender immer das gewünschte Zeichen auf seiner Tastatur eingeben oder hat gerade kein Zeichentabellen-Programm zur Hand. Deshalb kann man in fast allen Wikis Sonderzeichen auch in der von HTML und XML her bekannten Schreibweise eingeben, zum einen mit symbolischen Namen (*Character Entity* in der XML-Spezifikation) wie *€* für das Euro-Zeichen oder mit ihren Nummern im Unicode-Zeichensatz (*Character Reference*). Numerisch heißt das Euro-Zeichen *€* (dezimal) oder *€* (hexadezimal). Ein einzelnes Und-Zeichen (&) wird im Gegensatz zur sauberen XML-Spezifikation auch als solches dargestellt. Um ganz sicher zu gehen, kann man es aber auch als *&* maskieren.

Das **FlexWiki** schließt Verwechslungen auf eine andere Art aus: Dort müssen solche Zeichenreferenzen in zweifache doppelte Anführungszeichen eingeschlossen werden, also zum Beispiel ""€"".

2.6 TEXT GLIEDERN UND FORMATIEREN

Nachfolgend werden die wichtigsten Möglichkeiten vorgestellt, Texte im Wiki zu formatieren. Beachten Sie, daß das, was man später davon im Browser sieht, nicht nur vom eingegebenen Quelltext abhängt, sondern auch von dem Stylesheet, das der Browser auf das von der Wiki-Software erzeugte HTML anwendet. In fast allen Wikis kann man auf dem Server eigene Stylesheets hinterlegen, die die Elemente einer Seite so darstellen, wie gewünscht.

2.6.1 Leerraum, Zeilenumbrüche und Absätze

Mehrere Leer- oder Tabulatorzeichen hintereinander werden von der Wiki-Software wie in HTML grundsätzlich wie ein einziges Leerzeichen behandelt. Einzelne Zeilenumbrüche ignoriert fast jede Wiki-Software, nur FlexWiki macht daraus schon einen neuen Absatz. In den meisten anderen Wikis ist dafür ein zweifacher Zeilenumbruch notwendig, also eine Leerzeile zwischen den Absätzen. Einen Zeilenumbruch innerhalb eines Absatzes erzwingt bei **UseMod** und **MediaWiki** das HTML-Element *BR*. Beim UseModWiki darf man <br> schreiben, für MediaWiki muß es XML-konform sein:

```
Erste Zeile<br/>
Zweite Zeile
```

Wer sich nicht sicher ist, ob die Wiki-Software HTML oder XML-basiertes XHTML erzeugt, kann mit der Variante *
* arbeiten, die in beiden Fällen akzeptiert wird.

Im **PmWiki** erzwingt man mit zwei Backslashes am Zeilenende einen Zeilenumbruch innerhalb eines Absatzes. Drei und mehr Backslashes fügen jeweils eine zusätzliche Leerzeile ein.

```
Dies ist\\
ein Zeilenumbruch.\\\\
Dies ist immer noch derselbe Absatz,\\
aber dazwischen kommen zwei Leerzeilen.
```

Praktisch ist bei UseMod und PmWiki die Möglichkeit, überlange Quell-textzeilen zu umbrechen, ohne daß sich dieser Umbruch auf die Formatie-rung auswirkt. Dazu beendet man den ersten Teil der Zeile mit einem Backslash (beim PmWiki alternativ mit [[<<]]. Die nächste Quelltextzeile wird dann als Fortsetzung dieser Zeile interpretiert:

```
Dies ist der Anfang\
einer einzigen Zeile, \
die zu lang für das\
Eingabefenster ist.
```

Das wird später bei Listen interessant, in denen normalerweise jedes Ele-ment in einer einzigen Zeile stehen muß.

Anders als am linken Rand ausgerichtete Absätze sind in den meisten Wikis nicht möglich. **UseMod** und **MediaWiki** erlauben hier jedoch die Verwendung des HTML-Elements *DIV*:

```
<div align="center">
  Dieser Absatz wird zentriert ausgerichtet.
</div>
```

2.6.2 Überschriften

Auf Wiki-Seiten sind meist sechs Ebenen von Überschriften möglich, die die Wiki-Software direkt auf die HTML-Elemente *H1* (Überschrift, eng-lisch *heading*, erster Ordnung) bis *H6* (Überschrift sechster Ordnung) abbildet. Überschriften erster Ordnung werden selten verwendet, denn für jede Seite generiert die Wiki-Software automatisch eine solche Über-schrift mit dem Namen der Seite. Zwischenüberschriften im Seitentext sind dann meist von zweiter Ordnung oder kleiner.

Zur Formatierung von Überschriften haben sich bei Wikis zwei Schreib-weisen durchgesetzt. Überschriften müssen stets am Anfang einer Zeile beginnen.

UseMod, MediaWiki:

```
= Überschrift erster Ordnung =
== Überschrift zweiter Ordnung ==
...
====== Überschrift sechster Ordnung ======
```

Beim UseMod-Wiki muß zwischen den Gleichheitszeichen und dem Text der Überschrift ein Leerzeichen stehen, beim MediaWiki gilt dies zumindest als guter Stil. Das MediaWiki generiert in der Standardkonfiguration aus den Überschriften einer Seite automatisch ein Inhaltsverzeichnis, das vor der ersten Überschrift angezeigt wird, und neben jeder Überschrift erscheint ein Link, um genau diesen Abschnitt der Seite zu bearbeiten. Diese beiden Funktionen sind auch innerhalb von Tabellen nutzbar: Beim MediaWiki darf man ausnahmsweise auch den Inhalt einer Tabellenzelle als Überschrift formatieren; in diesem Fall muß die Überschrift nicht am *Anfang der Zeile beginnen.

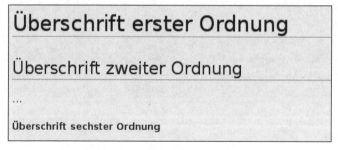

Bild 2.12: Überschriften im MediaWiki

PmWiki, FlexWiki:

```
! Überschrift erster Ordnung
!! Überschrift zweiter Ordnung
...
!!!!!! Überschrift sechster Ordnung
```

Generiert wird daraus folgender HTML-Code:

```
<h1>Überschrift erster Ordnung</h1>
<h2>Überschrift zweiter Ordnung</h2>
...
<h6>Überschrift erster Ordnung</h6>
```

Bei manchen Seitenlayouts würde ein automatisch erzeugtes Inhaltsverzeichnis stören. Um es abzuschalten, schreibt man irgendwo auf die Seite _NOTOC_ (TOC = table of contents), die Links zum Bearbeiten der Abschnitte werden mit _NOEDITSECTION_ deaktiviert.

2.6.3 Zeichenformate

Text, der von je zwei einfachen Anführungszeichen umschlossen wird, setzt die Wiki-Software *kursiv*:

```
''kursiver Text''
```

Text in drei einfachen Anführungszeichen wird **fett** gesetzt:

```
'''fetter Text'''
```

Unübersichtlich wird ***fetter und kursiver*** Text; der wird von fünf einfachen Anführungszeichen umschlossen:

```
'''fett ''und kursiv'''''
```

UseMod und **MediaWiki** erlauben auch die Verwendung der HTML-Elemente *I* und *B*:

```
<b>fett</b>, <i>kursiv</i> oder <b><i>beides</i></b>
```

Speziellere Formatierungen

Bei spezielleren Formatierungen unterscheiden sich die verschiedenen Wikis stark. Weder der Funktionsumfang noch die Syntax dafür sind einheitlich.

Beim **MediaWiki** kann man mit den HTML-Elementen *BIG* und *SMALL* die Schriftgröße ändern. Im **PmWiki** sorgt [+...+] für größeren, [-...-] für kleineren Text. [++...++] und [--...--] machen den Text noch größer beziehungsweise kleiner.

UseMod und MediaWiki erlauben Text in Festbreitenschrift und unterstützen zu diesem Zweck das HTML-Element *TT*. Beim PmWiki erreicht man das durch Einschließen des Textes in doppelte @-Zeichen:

```
Dies ist @@Schreibmaschinenschrift@@.
```

Beim **FlexWiki** haben einfache @-Zeichen einen ähnlichen Effekt. Optisch kommt meist dasselbe heraus, allerdings wird das HTML-Element *CODE* verwendet. Im Gegensatz zu *TT* sorgt *CODE* aber nicht für eine physikalische, sondern für eine logische Formatierung. Die physikalische Auszeichnung mit *TT* besagt: »Stelle diesen Text in einer schreibmaschinenähnlichen Schrift dar«, während die logische Auszeichnung mit *CODE* besagt: »Dieser Text ist so etwas wie Programmcode.« Und Programmcode wird ja meist in Festbreitenschrift dargestellt.

Alle Formatierungen, die mit Cascading Style Sheets möglich sind, können über das HTML-Element *SPAN* vorgenommen werden. **Media-Wiki** unterstützt es standardmäßig, bei **UseMod** kann es freigeschaltet werden:

```
<span style="color:#FF0000; font-size:24pt; font-weight:bold;">
  Rot, fett und groß
</span>
```

Die weiteren Zeichenformate des **FlexWiki** werden ähnlich geschrieben wie beim Online-Textformatierer Textile (*http://www.textism.com/tools/textile/*):

Quelltext	Erzeugtes HTML	Darstellung
hervorgehoben	hervorgehoben	*hervorgehoben*
verstärkt	verstärkt	**verstärkt**
??Zitat??	<cite>Zitat</cite>	Zitat
-gelöscht-	<del>gelöscht</del>	~~gelöscht~~
+eingefügt+	<ins>eingefügt</ins>	eingefügt
^hochgestellt^	^{hochgestellt}	hochgestellt
~tiefgestellt~	_{tiefgestellt}	tiefgestellt

Die HTML-Elemente *EM* (emphasize) und *STRONG* haben optisch dieselbe Wirkung wie *I* (kursiv) und *B* (fett), sind aber wiederum logische Auszeichnungen.

Beim **PmWiki** ist die Syntax teilweise ähnlich:

```
^hoch^, _tief_, {+eingefügt+}, {-gelöscht-}
```

Weitere Formatierungen in einer CSS-ähnlichen Syntax ermöglichen die WikiStyles des PmWiki (siehe Kapitel 7), die auch FlexWiki ab Version 1.8.1614 kennt.

2.6.4 Listen und Einrückungen

Einfache und numerierte Listen

Die Syntax für Listen ist in fast allen Wikis gleich, nur FlexWiki verhält sich hier ganz anders. Die Elemente einer Liste beginnen mit einem Stern (*) am Anfang einer Zeile; für Elemente von geschachtelten Listen werden mehrere Sterne hintereinandergeschrieben:

Quelltext:

```
* Erster Punkt der Liste
 ** ein Unterpunkt
 ** Zweiter Punkt der Unterliste
 * Wieder in der Haupt-Liste
```

Erzeugtes HTML:

```
<ul>
  <li>Erster Punkt der Liste
    <ul>
      <li>ein Unterpunkt</li>
      <li>Zweiter Punkt der Unterliste</li>
    </ul>
  </li>
  <li>Wieder in der Haupt-Liste</li>
</ul>
```

Darstellung:

- Erster Punkt der Liste
  - ein Unterpunkt
  - Zweiter Punkt der Unterliste
- Wieder in der Haupt-Liste

Numerierte Listenelemente beginnen mit einer Raute (#):

Quelltext:

```
# Der Vereinsvorstand wird alle zwei Jahre neu gewählt.
## Wahlberechtigt sind alle Vereinsmitglieder ab 18 Jahren.
## Gewählt werden darf jedes Vereinsmitglied ab 25 Jahren.
# Die Aufgaben des Vorstands sind: ...
```

Erzeugtes HTML:

```
<ol>
  <li>Der Vereinsvorstand wird alle zwei Jahre neu gewählt.
    <ol>
      <li>Wahlberechtigt sind alle Vereinsmitglieder ab 18 Jahren.</li>
      <li>Gewählt werden darf jedes Vereinsmitglied ab 25 Jahren.</li>
    </ol>
  </li>
  <li>Die Aufgaben des Vorstands sind: ...</li>
</ol>
```

Darstellung:

1. Vereinsvorstand wird alle zwei Jahre neu gewählt.

    1. Wahlberechtigt sind alle Vereinsmitglieder ab 18 Jahren.

    2. Gewählt werden darf jedes Vereinsmitglied ab 25 Jahren.

2. Die Aufgaben des Vorstands sind: ... -Liste

Gegenüber HTML hat man hier leider keinen Einfluß auf die Art der Numerierung; die Wiki-Software verwendet immer arabische Zahlen ab 1.

So weit ist die Syntax bei allen Wikis außer FlexWiki gleich. Nur Media-Wiki erlaubt es zusätzlich, die beiden unterschiedlichen Listentypen zu schachteln:

Quelltext:

```
* Die größten Städte in Deutschland sind:
*# Berlin
*# Hamburg
*# München
* Die größten Städte in Österreich sind:
*# Wien
*# Graz
*# Linz
```

Erzeugtes HTML:

```
<ul>
  <li>Die größten Städte in Deutschland sind:
    <ol>
      <li>Berlin</li>
      <li>Hamburg</li>
      <li>München</li>
    </ol>
  </li>
  <li>Die größten Städte in Österreich sind:
    <ol>
      <li>Wien</li>
      <li>Graz</li>
      <li>Linz</li>
    </ol>
  </li>
</ul>
```

Darstellung:

- Die größten Städte in Deutschland sind:

    1. Berlin

    2. Hamburg

    3. München

- Die größten Städte in Österreich sind:

    1. Wien

    2. Graz

    3. Linz

FlexWiki verwendet eine andere Syntax für Listen. Einfache Listen-einträge beginnen zwar auch mit einem Stern, allerdings muß am Anfang der Zeile ein Tabulator stehen beziehungsweise acht Leerzeichen. Ge-schachtelt wird mit weiteren Tabulatoren:

```
   * Erster Punkt der Liste
         * ein Unterpunkt
         * Zweiter Punkt der Unterliste
   * Wieder in der Haupt-Liste
```

Das Zeichen für numerierte Listen ist nicht die Raute, sondern eine 1, gefolgt von einem Punkt. Etwas gewöhnungsbedürftig, weil jede Zeile mit einer Eins beginnt:

```
   1. Dies ist Punkt 1.
      1. Dies ist Unterpunkt 1.1.
         1. Dies ist Unterpunkt 1.2.
```

Definitionslisten

Listen aus Begriffen und Begriffsdefinitionen werden von den verschiede-nen Wikis sehr unterschiedlich gehandhabt. Hier die Syntax von **Use-Mod**, gleich etwas komplexer mit einer geschachtelten Liste:

```
;CSS:Cascading Style Sheets
;HTML:HyperText Markup Language
;Wiki:Oberbegriff für:
;;WikiWeb:eine Sammlung interaktiv änderbarer Webseiten
;;Wiki-Engine:Software, die dies ermöglicht
```

MediaWiki hat die gleiche Syntax, nur ist die Schachtelung so nicht möglich. Statt dessen muß man mit vorangestellten Doppelpunkten einrücken (mehr zu Einrückungen weiter unten.)

```
;CSS:Cascading Style Sheets
;HTML:HyperText Markup Language
;Wiki:Oberbegriff für:
:;WikiWeb:eine Sammlung interaktiv änderbarer Webseiten
:;Wiki-Engine:Software, die dies ermöglicht
```

Quelltext:

```
;CSS: Cascading Style Sheets

;HTML: HyperText Markup Language

;Wiki: Oberbegriff für:
:;WikiWeb: eine Sammlung interaktiv änderbarer Webseiten

:;Wiki-Engine: Software, die dies ermöglicht
```

Erzeugtes HTML:

```
<dl>
  <dt>CSS</dt>
  <dd>Cascading Style Sheets</dd>
  <dt>HTML</dt>
  <dd>HyperText Markup Language</dd>
  <dt>Wiki</dt>
  <dd>Oberbegriff für:
    <dl>
```

```
    <dt>WikiWeb</dt>
    <dd>eine Sammlung interaktiv änderbarer Webseiten</dd>
    <dt>Wiki-Engine</dt>
    <dd>Software, die dies ermöglicht</dd>
  </dl>
 </dd>
</dl>
```

Darstellung:

CSS

      Cascading Style Sheets

HTML

      HyperText Markup Language

Wiki

      Oberbegriff für:
            WikiWeb: eine Sammlung interaktiv änderbarer Webseiten
            Wiki-Engine: Software, die dies ermöglicht

PmWiki verwendet auch für die Begriffe, also die erste Komponente, durchgängig Doppelpunkte:

```
:CSS:Cascading Style Sheets
:HTML:HyperText Markup Language
:Wiki:Oberbegriff für:
::WikiWeb:eine Sammlung interaktiv änderbarer Webseiten
::Wiki-Engine:Software, die dies ermöglicht
```

FlexWiki kennt solche Listen bisher nicht.

2.6.5 Einrückungen

Eine andere Art der Strukturierung, die manchmal eine Liste ersetzen kann, ermöglichen Einrückungen. **UseMod** und **MediaWiki** rücken Zeilen ein, die mit einem Doppelpunkt beginnen. Mehrere Doppelpunkte sorgen für eine tiefere Einrückungen. Einrückungen werden oft in Diskussionen verwendet, wobei jeder Diskussionsteilnehmer seinen Beitrag um 1 weiter einrückt als den Beitrag, auf den er antwortet:

Quelltext:

```
Was meint ihr? Ist Elvis tot oder nicht? --ElvisFan
:Elvis lebt, ich hab ihn gestern noch gesehen! --RockNRoll0r
::Wo denn? --ElvisFan
:::Natürlich in Memphis, Tennessee. --RockNRoll0r
:Der ist seit 1977 tot. Alles andere ist Lüge. --Besserwisser
::Woher weißt du's?? --Guitar
::Unsinn, der King lebt, siehe oben. --RockNRoll0r
```

Erzeugtes HTML:

```
<p>Was meint ihr? Ist Elvis tot oder nicht? --ElvisFan</p>
<dl>
  <dd>Elvis lebt, ich hab ihn gestern noch gesehen! --RockNRoll0r
    <dl>
      <dd>Wo denn? --ElvisFan
        <dl>
          <dd>Natürlich in Memphis, Tennessee. --RockNRoll0r</dd>
        </dl>
      </dd>
    </dl>
  </dd>
  <dd>Der ist seit 1977 tot. Alles andere ist Lüge. --Besserwisser
    <dl>
      <dd>Woher weißt du's?? --Guitar</dd>
      <dd>Unsinn, der King lebt, siehe oben. --RockNRoll0r</dd>
    </dl>
  </dd>
</dl>
```

Darstellung:

Was meint ihr? Ist Elvis tot oder nicht? --ElvisFan

      Elvis lebt, ich hab ihn gestern noch gesehen! --RockNRoll0r

         Wo denn? --ElvisFan

         Natürlich in Memphis, Tennessee. --RockNRoll0r

      Der ist seit 1977 tot. Alles andere ist Lüge. --Besserwisser

         Woher weißt du's?? --Guitar

         Unsinn, der King lebt, siehe oben. --RockNRoll0r

Die Umsetzung dieser Einrückungen in HTML ist je nach Wiki unterschiedlich. UseMod und MediaWiki verwenden etwas unsauber dieselben HTML-Elemente wie bei Definitionslisten; PmWiki arbeitet mit der eleganteren Alternative, mit CSS-formatierten *DIV*-Elementen. FlexWiki kennt bisher leider keine Einrückungen.

MediaWiki versteht auch Einrückungen, die mit Listen vermischt sind:

```
* Liste
*: mit eingerücktem Eintrag
*:# eingerückte Unterliste
*:# Punkt zwei
```

Das **PmWiki** hat eine etwas intuitivere Syntax für Einrückungen. Ein Pfeil mit einem Strich rückt einmal ein, zusätzliche Striche rücken tiefer ein:

```
Ohne Einrückung
->einmal eingerückt
-->zweimal eingerückt
```

Eine Spezialität von PmWiki sind Absätze, bei denen erst die zweite Zeile eingerückt wird (hängende Einrückung):

```
-<Dieser Absatz wird erst ab der zweiten Zeile eingerückt.
Dazu muß die erste Zeile natürlich lang genug sein, damit ein
Zeilenumbruch gemacht wird.
Dies wird mit Hilfe von Stylesheets realisiert.
```

2.6.6 Ohne Wiki-Syntax arbeiten

Wiki-Formatierung abschalten

Nachdem von der Wiki-Syntax schon viele Zeichen »besetzt« worden sind, muß es eine Möglichkeit geben, diese Zeichen als solche in einem Wiki-Text darzustellen, also ihre Sonderbedeutung aufzuheben. Das erreicht man bei **UseMod** und **MediaWiki**, indem man den entsprechenden Text als Pseudo-HTML-Element *NOWIKI* auszeichnet:

```
<nowiki>Drei Anführungszeichen machen den Text '''fett'''.</nowiki>
```

PmWiki liegt hier näher an der Wiki-Syntax als an HTML; dort muß man den Text in [=...=] setzen. Noch strenger ist [@...@], das den Text in jedem Fall in Festbreitenschrift formatiert, also besonders gut für Programmcode geeignet ist. FlexWiki hingegen verlangt zweifache doppelte Anführungszeichen (""...."") für nicht zu formatierenden Text.

Abschnitte auskommentieren

Von Programmiersprachen her ist das »Kommentieren« beziehungsweise »Auskommentieren« von Text bekannt. Entweder will der Programmierer einen erklärenden Hinweis zu einem Stück Programmcode schreiben oder aber einen Code-Abschnitt unwirksam machen, ohne ihn ganz aus der Datei zu löschen. Auch HTML kennt solche Kommentare, dort sind sie in <!-- ... --> eingeschlossen. UseMod und FlexWiki kennen gar keine Kommentare, bei UseMod kann der Server-Administrator allerdings Kommentare im HTML-Stil mit einem kleinen Hack freischalten[1]. MediaWiki erlaubt von Haus aus die HTML-Schreibweise; ein PmWiki-Kommentar hat die Form einer Direktive:

```
(:comment Dies ist ein Kommentar:)
```

Auch HTML-Kommentare kann man freischalten (siehe Kapitel 7.7).

Vorformatierter Text

Gerade um Programmquelltexte in Wiki-Seiten einzubinden, ist es wünschenswert, vorformatierten (englisch *pre-formatted*) Text eingeben zu können, dessen Leerzeichen und Zeilenumbrüche die Wiki-Software nicht mehr verändert. **UseMod** und **MediaWiki** verstehen zum einen das HTML-Element *PRE*, nehmen aber auch Leerzeichen und Zeilenumbrü-

---

[1] Wie Rob Stone unter *http://www.usemod.com/cgi-bin/wiki.pl?TextFormattingRules* erklärt, muß man etwa in Zeile 1630 des UseMod-Skripts genau eine Zeile vor der Ersetzung von <tt>...</tt> (kommentiert mit »# <tt> (MeatBall)«) folgende Zeile einfügen:
s/\<!--(.*)--\>/<!--$1-->/gs;
Das sieht etwas merkwürdig aus, weil schon ein paar Zeilen vorher < und > durch < beziehungsweise > ersetzt wurden.

che als gegeben hin, wenn die Textzeilen mit einem Leerzeichen beginnen. (Dieses Leerzeichen erscheint nicht in der Ausgabe, es hat eine ähnliche Bedeutung wie ein Stern als Anfang eines Listenelements.) Es gibt jedoch einen wichtigen Unterschied: Bei Text innerhalb von <pre>...</pre> werden auch alle anderen Zeichenformatierungen wie '''...''' ignoriert, bei mit Leerzeichen eingerücktem Text nicht. Das, was *PRE* bei UseMod und MediaWiki bewirkt, erledigt das schon bekannte [=...=] bei PmWiki, wenn die Zeile mit einem Leerzeichen beginnt:

```
Das Hallo-Welt-Programm in C:

[=void main() {
    printf("Hello, World!\n");
}=]
```

FlexWiki betrachtet ebenfalls mit Leerzeichen eingerückten Text als vorformatiert, ignoriert darin allerdings im Gegensatz zu MediaWiki alle Zeichenformatierungen. Zum Einrücken mit Leerzeichen bietet FlexWiki eine interessante Alternative, die es leichter macht, nicht eingerückten Text (zum Beispiel aus dem Quelltext-Editor einer Programmierumgebung) direkt ins Wiki zu kopieren: Text zwischen {@ und }@ als vorformatiert:

```
{@
10 REM Ein einfaches Basic-Programm
20 PRINT "Hello, World!"
@}
```

Um jedes Mißverständnis auszuschließen, kann man sogar zusätzlich ein Schlüsselwort angeben, das das Ende des vorformatierten Textes markiert:

```
{@Vorformatiert
Dieser Text ist vorformatiert. Hier ist
sogar "}@" am Anfang einer Zeile erlaubt:
}@
Dieser Text ist immer noch vorformatiert.
Erst jetzt ist Schluß damit:
}@Vorformatiert
```

Vorformatierter Text wird in Festbreitenschrift dargestellt, MediaWiki setzt ihn zusätzlich in einen grauen Kasten, dessen Optik mittels CSS angepaßt werden kann.

```
#include <stdio.h>

int main (void)
{
    printf("Hallo Welt!\n");
    return 0;
}
```

Bild 2.13: Vorformatierter Text im MediaWiki

2.6.7 Tabellen

Tabellen auf Webseiten dienen nicht nur zur übersichtlichen Auflistung und Gruppierung von Daten, sondern werden oft mangels einfacherer Alternativen mißbraucht, um ganze Seiten in verschiedene Inhaltsbereiche zu gliedern, um Navigationsleisten, Menüs oder Informationskästen hinzuzufügen. Die ersten Wikis kannten gar keine Tabellen, allenfalls HTML-Kundige konnten sie dank der freigeschalteten HTML-Elemente *TABLE* & Co. selbst basteln. Auch mit vorformatiertem Text in Festbreitenschrift waren primitive Tabellen möglich:

```
'''Wiki'''     |'''Datenspeicherung''' '''Homepage'''
---------+-------------------------------------
UseMod   |Dateien        http://www.usemod.com
PmWiki   |Dateien        http://www.pmwiki.org
FlexWiki |Dateien, MS SQL http://www.flexwiki.com
MediaWiki|MySQL          http://meta.wikimedia.org
```

Die Nachteile erkennen Sie schon an dieser einfachen Tabelle. Wie breit eine Spalte wird, sieht man erst, wenn alle Einträge stehen, und Formatierungen mit Wiki-Syntax, wie hier für fette Überschriften, machen den Quelltext extrem unübersichtlich.

Eine einfache Wiki-Syntax für Tabellen ist zunächst für Daten-Tabellen im ersteren Sinne entstanden. Diese Syntax verstehen heute UseMod, PmWiki und FlexWiki, jedes Wiki allerdings mit eigenen Erweiterungen. MediaWiki hat eine ganz andere Syntax, die allerdings genauso mächtig ist wie HTML, also neben Daten-Tabellen auch ineinander geschachtelte Tabellen und somit die Gliederung ganzer Seiten erlaubt.

Eine Tabelle bei **UseMod**, **PmWiki** und **FlexWiki** sieht in der einfachsten Form so aus:

```
||Wiki||Datenspeicherung||Homepage||
||UseMod||Dateien||http://www.usemod.com||
||PmWiki||Dateien||http://www.pmwiki.org||
||FlexWiki||Dateien, MS SQL||http://www.flexwiki.com||
||MediaWiki||MySQL||http://meta.wikimedia.org||
```

UseMod zentriert alle Tabelleneinträge und bietet, außer mit einem Patch
(siehe   *http://www.usemod.com/cgi-bin/wiki.pl?TableFormatting*),   keine
Alternativen dazu an. Tabellenüberschriften (HTML-Element *TH* = table
heading) werden nicht direkt unterstützt, können aber durch fette Formatierung simuliert werden. Einträge, die sich über mehrere Spalten
erstrecken, sind möglich. Wenn ein Eintrag beispielsweise zwei Spalten
einnehmen soll, läßt man einfach die erste dieser Spalten leer und schließt
direkt die nächste Spalte an, die dann den Eintrag enthält:

```
||||||'''Wikis'''||
||||Dateibasiert||mit Datenbank||
||UseMod||PmWiki||MediaWiki||
```

Einträge, die sich über mehrere Spalten erstrecken, sind nicht möglich.
UseMod stellt Tabellen immer mit Rand dar.

Einfache Tabellen schreibt man im **PmWiki** genauso wie im UseMod-
Wiki. Ein entscheidender Unterschied ist allerdings, daß nicht die Spalten
vor, sondern die Spalten *nach* einem mehrspaltigen Eintrag leer gelassen
werden. Der Inhalt einer Zelle wird zentriert, wenn er mit Leerzeichen
beginnt und endet. Inhalte, die mit Leerzeichen beginnen und am rechten
Rand der Zelle enden, werden rechtsbündig ausgerichtet, Inhalte, die links
beginnen (sie müssen nicht unbedingt mit Leerzeichen enden!), linksbün-
dig. Ein Ausrufezeichen am Anfang einer Zelle bezeichnet eine Überschrift. Im Gegensatz zu normalen Einträgen werden Überschriften zentriert, wenn sie nicht von Leerzeichen umschlossen sind.

Formatierungen im HTML-Stil, die die ganze Tabelle betreffen, können in
einer mit || beginnenden Zeile vor dem Tabelleninhalt stehen.

```
|| border=1 width=50% align=center
|||!Wikis ||||||
|||!Dateibasiert |||||! mit Datenbank||
|| UseMod || PmWiki || MediaWiki ||
```

Wikis		
Dateibasiert		**mit Datenbank**
UseMod	PmWiki	MediaWiki

Bild 2.14: Formatierte Tabelleneinträge beim PmWiki

PmWiki stellt Tabellen standardmäßig ohne Rand dar, für einen Rand muß man also einen *border*-Wert von mindestens 1 setzen.

Eine ganze Tabelle wird normalerweise am linken Rand ausgerichtet, wobei der nachfolgende Text erst unterhalb der Tabelle beginnt. Wenn *align* den Wert *right* hat oder wenn man explizit *align=left* setzt, fließt der nachfolgende Text um die Tabelle herum:

```
|| align=right
|||!Kurzinfo|||!Trier||
||Bundesland||Rheinland-Pfalz||
||Einwohner||100.000||
'''Trier''' an der Mosel ist eine Stadt im Südwesten von Rheinland-Pfalz. Trier
wurde von den Römern gegründet und ist die älteste Stadt Deutschlands. In Trier
wurde Karl Marx geboren.
```

Das Umfließen kann man mit einem Zeilenumbruch nach der Tabelle verhindern:

```
[[<<]] '''Trier''' an der Mosel ...
```

Mit Hilfe der Markup-Direktiven (siehe Kapitel 7) bietet PmWiki eine weitere, ganz anders aufgebaute Tabellen-Syntax an, die so mächtig wie HTML ist.

Der Einstieg in **FlexWiki**-Tabellen beginnt ebenfalls mit der oben vorgestellten einfachen Syntax. Hier werden im Gegensatz zu UseMod alle Inhalte links ausgerichtet. Weitere Formatierungen stehen am Anfang einer Zelle in geschweiften Klammern. Formatierungen, die die ganze Tabelle betreffen, müssen in der ersten Zelle der Tabelle stehen. Mehrere Formate kann man kombinieren, indem man sie einfach hintereinander in die geschweiften Klammern schreibt.

Die Formatanweisung $T\char`^$ in der ersten Zelle zentriert eine Tabelle, auch hier geht der Text unter der Tabelle weiter. $T[$ richtet eine Tabelle links aus, $T]$ rechts, wobei der Text um die Tabelle herumfließt:

```
||{T]}Kurzinfo||Trier||
||Bundesland||Rheinland-Pfalz||
||Einwohner||100.000||
'''Trier''' an der Mosel ist eine Stadt im Südwesten von Rheinland-Pfalz. Trier
wurde von den Römern gegründet und ist die älteste Stadt Deutschlands. In Trier
wurde Karl Marx geboren.
```

Trier an der Mosel ist eine Stadt im Südwesten von

Kurzinfo	Trier
Bundesland	Rheinland-Pfalz
Einwohner	100.000

Rheinland-Pfalz. Trier wurde von den Römern gegründet und ist die älteste Stadt Deutschlands. In Trier wurde Karl Marx geboren.

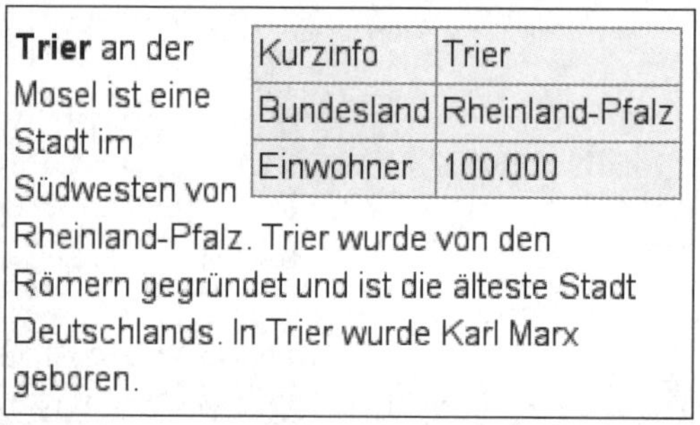

Bild 2.15: Eine vom Text umflossene Tabelle im FlexWiki

Im Gegensatz zu PmWiki zeichnet FlexWiki immer einen Rand der Dicke 1 um eine Tabelle. Die Formatanweisung $T\text{-}$ schaltet diesen ab. Die Breite einer Tabelle im Verhältnis zur ganzen Seite setzt man mit TW, gefolgt von einer Prozentangabe, zum Beispiel $TW33$ für ein Drittel.

Eine Zelle wird mit ! als hervorgehoben gekennzeichnet. FlexWiki gibt solchen Zellen eine andere Hintergrundfarbe und setzt den Zelleninhalt nicht fett, wie es andere Wikis bei einer Überschrift tun. Bei einer Zelle, die sich über mehrere Zeilen oder Spalten erstrecken soll, gibt man mit R (= *rows*) die Anzahl der Zeilen an, zum Beispiel $R2$, mit C (= *columns*) die Anzahl der Spalten:

```
||{!R2}Wikis||{!C3}Wiki||
||{!}Dateibasiert||{!C2}mit Datenbank||
||{!}Name||UseMod||PmWiki||MediaWiki||
||{!}Homepage||http://www.usemod.com||http://www.pmwiki.org||http://meta.wikimed
ia.org||
```

Wikis	Wiki		
	Dateibasiert	mit Datenbank	
Name	UseMod	PmWiki	MediaWiki
Homepage	http://www.usemod.com	http://www.pmwiki.org	http://meta.wikimedia.org

Bild 2.16: Zellen über mehrere Spalten und Zeilen

Die Ausrichtung eines Zellinhalts wird mit ähnlichen Formatanweisungen gesteuert wie die Ausrichtung der ganzen Tabelle, nur das T fehlt: [richtet links aus (das ist auch die Voreinstellung), ^ zentriert,] rechts.

Ähnlich wie die Breite einer ganzen Tabelle relativ zur Seitenbreite legt W die Breite einer Tabellenzelle relativ zur Tabellenbreite fest. So definiert $W25$ eine Zelle, die ein Viertel der ganzen Tabellenbreite einnimmt. Wie in HTML werden Zellen ohne Breitenangaben auf dem übriggebliebenen Platz gleich verteilt.

Auf Umwegen über die eingebaute Skriptsprache WikiTalk (siehe Kapitel 9) erlaubt FlexWiki auch strukturierten Inhalt in Tabellen – allerdings nur Absätze und Listen, keine geschachtelten Tabellen. Dazu läßt man WikiTalk ein Array ausgeben, das aus dem Wiki-Quelltext der einzelnen Zeilen des Absatzes beziehungsweise der Liste besteht. Dabei müssen alle Sonderzeichen wie Tabulator und Zeilenumbruch explizit angegeben werden:

```
||Wiki||FlexWiki||
||Homepage||http://www.flexwiki.com||
||Vorteile||@@[Tab, "* elegante Syntax", Newline, Tab, "* einfache
Konfiguration"]@@||
||Nachteile||@@[Tab, "* eingeschränkte Tabellen", Newline, Tab, "* braucht
Windows-Server"]@@||
```

Beim **MediaWiki** beginnt eine Tabelle mit den Zeichen {| in einer Zeile, gefolgt von einem Zeilenumbruch, und endet mit der Zeile |}. Es ist üblich, für jede Tabellenzelle eine eigene Zeile zu verwenden, Zellen beginnen mit einem senkrechten Strich, Überschriften mit einem Ausrufezeichen.

Wiki	FlexWiki
Homepage	http://www.flexwiki.com
Vorteile	• elegante Syntax • einfache Konfiguration
Nachteile	• eingeschränkte Tabellen • braucht Windows-Server

Bild 2.17: Liste in einer Tabellenzelle – nicht so einfach im FlexWiki

Die Quelltextzeile |- leitet eine neue Zeile in der Tabelle ein. Um zwei Tabellenzeilen im Quelltext optisch stärker voneinander zu trennen, darf hier man auch mehrere Striche verwenden, etwa so: |-----.

Damit ergibt sich folgende Syntax für die zu Anfang des Abschnitts gezeigte Beispieltabelle:

```
{|
!Wiki
!Datenspeicherung
!Homepage
|-
|UseMod
|Dateien
|http://www.usemod.com
|-
|PmWiki
|Dateien
|http://www.pmwiki.org
|-
|FlexWiki
|Dateien, MS SQL
|http://www.flexwiki.com
|}
```

Alternativ kann man mehrere Tabellenzellen in eine Zeile schreiben, dann muß man sie wie gewohnt mit || oder !! trennen:

```
{|
!Wiki!!Datenspeicherung!!Homepage
|-
|UseMod||Dateien||http://www.usemod.com
|-
|PmWiki||Dateien||http://www.pmwiki.org
|-
|FlexWiki||Dateien, MS SQL||http://www.flexwiki.com
|}
```

Vor der ersten Zeile einer Tabelle kann eine weitere Zeile mit einer Beschriftung (HTML-Element *CAPTION*) stehen. Die Beschriftung erscheint über der Tabelle.

```
{|
|+Der große Wiki-Vergleich
|-
!Wiki!!Datenspeicherung!!Homepage
|-
...
|}
```

MediaWiki stellt Tabellen standardmäßig ohne Rand dar. Überschriften
erscheinen fett und zentriert, andere Zellinhalte werden links ausgerichtet. Die Darstellung beeinflußt man mit den von HTML bekannten Attri-
buten, die jeweils vor der zu formatierenden Zelle oder am Anfang der
Tabelle stehen müssen, abgetrennt durch einen Strich. Ob man nun die
Werte der Attribute in Anführungszeichen setzt oder nicht, ist Ge-
schmackssache. Wer von HTML her kommt, wird daran gewöhnt sein,
aber bei MediaWiki muß man es nicht.

Hier nochmals das für FlexWiki bereits gezeigte Beispiel mit Zellen, die
sich über mehrere Zeilen oder Spalten erstrecken:

```
{| border="1"
! rowspan="2" | Wikis !! colspan="3" | Wiki
|-
! Dateibasiert !! colspan="2" | mit Datenbank
|-
```

```
! Name
| UseMod || PmWiki || MediaWiki
|-
! Homepage
| http://www.usemod.com || http://www.pmwiki.org
| http://meta.wikimedia.org
|}
```

Die Leerzeichen zwischen den Trennstrichen dienen hier nur der Übersicht, sie haben keinen Einfluß auf die Ausrichtung der Zellinhalte. Ausgerichtet wird mit dem HTML-Attribut *align*, zum Beispiel *align="center"*. Beachten Sie hier auch die unterschiedlichen Anwendungen der Zeilenumbrüche. Wenn eine Quelltextzeile einmal mit einer Überschrift beginnt, spielt es keine Rolle, ob die Zellen danach mit || oder !! angeschlossen werden, sie gelten immer als Überschriften. Das ist wohl ein Bug in der MediaWiki-Version 1.5. Nur eine neue, mit »|« eingeleitete Quelltextzeile kann wieder normale Zellen enthalten. In der letzten Tabellenzeile wurde noch einen weiterer Zeilenumbruch eingefügt, damit die Quelltextzeile nicht zu lang wird.

Die Breite einer Spalte wird mit dem HTML-Attribut *width* gesteuert. Dabei ist eine relative Angabe in Prozent der Tabellenbreite (zum Beispiel *width="25%"*) oder aber eine absolute in Pixeln (*width="300"*) möglich.

Mit Stylesheets ist noch mehr machbar; so gibt es in der Wikipedia die Vorlage *Prettytable*, die mit Hilfe einiger HTML-Attribute und CSS-Styles eine Tabelle schöner formatiert. Ihr Inhalt:

```
cellpadding="4"
cellspacing="0"
style="margin: 1em 1em 1em 0;
    background: #f9f9f9;
    border: 1px #aaa solid;
    border-collapse: collapse;
    font-size: 95%;
    empty-cells:show;"
rules="all"
```

In einer Tabelle verwendet man die Vorlage wie folgt:

```
{| {{Prettytable}}
...
|}
```

Wikis	Wiki		
	Dateibasiert	mit Datenbank	
Name	UseMod	PmWiki	MediaWiki
Homepage	http://www.usemod.com ⊡	http://www.pmwiki.org ⊡	http://meta.wikimedia.org ⊡

Bild 2.18: Eine »schöne Tabelle« im MediaWiki

Wie das FlexWiki kann auch das MediaWiki ganze Tabellen auf verschiedene Arten auf der Seite ausrichten. Dies geschieht mit dem HTML-Attribut *align* (*left*, *right* oder *center*), diesmal auf die ganze Tabelle angewandt:

```
{| align="right"
!Kurzinfo
|Trier
|-
!Bundesland
|Rheinland-Pfalz
|-
!Einwohner
|100.000
|}
'''Trier''' an der Mosel ist eine Stadt im Südwesten von Rheinland-Pfalz. Trier
wurde von den Römern gegründet und ist die älteste Stadt Deutschlands. In Trier
wurde Karl Marx geboren.
```

Bei *align="left"* und *align="right"* fließt der Text um die Tabelle herum. Um dies bei rechts ausgerichteten Tabellen zu unterbinden, setzt man nach der Tabelle einen harten Zeilenumbruch:

```
{| align="right"
| Erst nach der Tabelle geht's weiter
|}
<br clear="all"/>
Text unter der Tabelle
```

Wenn es keine Tabelle ist, die fließen soll, genügt oft schon ein *DIV*-Element mit einem *float*-Style:

```
<div style="float:right; border:1;">
kleiner Kasten<br/>
am rechten Rand
</div>
```

Im MediaWiki dürfen Tabellenzellen nahezu beliebigen Inhalt haben. Absätze und Listen sind kein Problem, ebensowenig geschachtelte Tabellen. Solche sind im Quelltext zwar recht unübersichtlich, ermöglichen aber elegante Seitengestaltungen. Ein schönes Beispiel für eine mit geschachtelten Tabellen gestaltete Seite ist das Projektportal der Wikipedia.

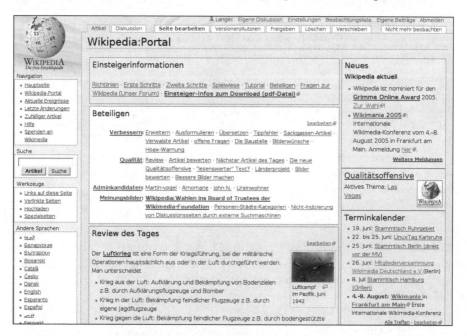

Bild 2.19: Geschachtelte Tabellen im MediaWiki

Auf die grobe Struktur reduziert, sieht diese Seite im Quelltext so aus:

```
{| cellspacing="6px"
| width="70%" valign="top" | Einsteigerinformationen
<br />
{{Portal Einsteigerinfos}}
| rowspan="4" width="30%" valign="top" |
{|
| Neues
{{Hauptseite Wikipedia aktuell}}
|-
| Qualitätsoffensive
Aktives Thema: Las Vegas
|-
| Terminkalender
{{Wikipedia-Terminkalender}}
|-
| Projekte und Portale
Wikipedia nach Themen
|-
| WikiKompakt
{{Hauptseite Wikipedia kompakt}}
|-
| Fehlende Artikel
{{Hauptseite_Fehlende_Artikel}}
|-
| Übersetzungen gewünscht
* Artikel
* Organisation
|-
| Tipp
|}
|-
| Beteiligen
{{Beteiligen}}
|-
| Review des Tages
{{Review des Tages}}
|-
| {{Portal_Linksammlung}}
|}
```

Diese Tabelle besteht auf der höchsten Ebene aus zwei Spalten mit je siebzig und dreißig Prozent Breite. Die rechte Spalte besteht aus nur einer

Zelle, die sich bis nach unten erstreckt, aber ihrerseits eine eingeschachtelte Tabelle enthält (von »Neues« bis »Tip«). Viele Zellinhalte wurden in Vorlagen ausgelagert, die oft auch in andere Artikel eingebunden werden. Diese Vorlagen enthalten oft wiederum Tabellen, wie bei der Vorlage *Beteiligen* im Bild deutlich zu erkennen ist. Sobald Tabellenzellen mehr als eine Zeile Text enthalten, wird das Attribut *valign* (*vertical align* = vertikale Ausrichtung) mit den möglichen Werten *top*, *middle* und *bottom* interessant. Standard in HTML ist *middle*, was aber meist unschön aussieht, wenn beispielsweise eine Tabellenzelle eine Zeile Text enthält und die Zelle daneben drei Zeilen. Meistens werden dann alle Zellinhalte mit *valign*="*top*" am oberen Rand ausgerichtet.

2.6.8 Vermischtes

Horizontale Linien

Um zwei Absätze deutlicher voneinander zu trennen, verwendet man in HTML gern horizontale Linien (*HR* = *horizontal rule*). In den meisten Wikis sorgen vier Striche (----) am Anfang einer Zeile dafür.

Smileys und Emoticons

Wie von einigen Mail- oder Chatprogrammen gewohnt, stellt **FlexWiki** Emoticons als Bilder dar. Das betrifft nicht nur die Standard-Smileys wie :-) oder ;). Der ganze vom MSN Instant Messenger bekannte Bildvorrat (siehe *http://messenger.msn.com/Resource/Emoticons.aspx*) steht bis auf wenige Ausnahmen zur Verfügung (siehe Bild 9.23).

Da PmWiki und MediaWiki die Einbindung von Vorlagen beziehungsweise Textbausteinen (siehe weiter unten) erlauben, kann man diese Funktion auch dort leicht nachrüsten. Dies unter Beachtung der Syntax zum Einbinden von Textbausteinen, die etwas umständlicher ist als die Emoticon-Syntax in FlexWiki. Auch FlexWiki kennt Textbausteine, der Emoticon-Vorrat ist also erweiterbar.

Formeln

In Wikis zu wissenschaftlichen Themen kommen viele mathematische Formeln vor. In jedem Wiki könnte man eine Formel natürlich mehr schlecht als recht als gewöhnlichen Text aufschreiben oder aber vorher mit einem Formeleditor schreiben, als Bild exportieren und dieses Bild einbinden (siehe unten). **MediaWiki** kann das besser: Es erlaubt innerhalb von $...$ TeX-Markup, wenn die nötige Software auf dem Server installiert sind, im einzelnen die Programme *latex*, *dvips* und *convert* (aus dem ImageMagick-Paket).

TeX, sprich: *tech*, ist ein besonders in Naturwissenschaft und Technik verbreitetes Textsatzsystem mit sehr guter Unterstützung für mathematische Formeln. MediaWiki erkennt alle in TeX und LaTeX sowie den AMS-Paketen eingebauten Makros für Formeln.

Auch für **PmWiki** stellt das »Kochbuch« (siehe Kapitel 7.4) zwei Ansätze vor, TeX nachzurüsten: LinuxTeX und MimeTeX, im folgenden wird jedoch auf TeX im MediaWiki genauer eingegangen. Eine Einführung in TeX würde an dieser Stelle allerdings zu weit führen, zum Weiterlesen verweise ich auf *http://de.wikipedia.org/wiki/Wikipedia:TeX*, *http://meta.wikimedia.org/wiki/Help:Formula* und die Literatur zu TeX. (Eher als ein Buch zu TeX selbst werden Sie ein Buch über LaTeX finden, ein Paket von Makros und Vorlagen für TeX. In LaTeX-Büchern wird der Formelsatz aber meistens auch behandelt.) Zwei Beispiele finden Sie in Tabelle 8.4.

Aus einfachen Formeln erzeugt MediaWiki HTML, aus komplizierteren Formeln werden automatisch PNG-Bilder erzeugt; in Zukunft wird es auch eine Darstellung in der mit HTML verwandten Sprache MathML geben, die speziell für Formeln geeignet ist.

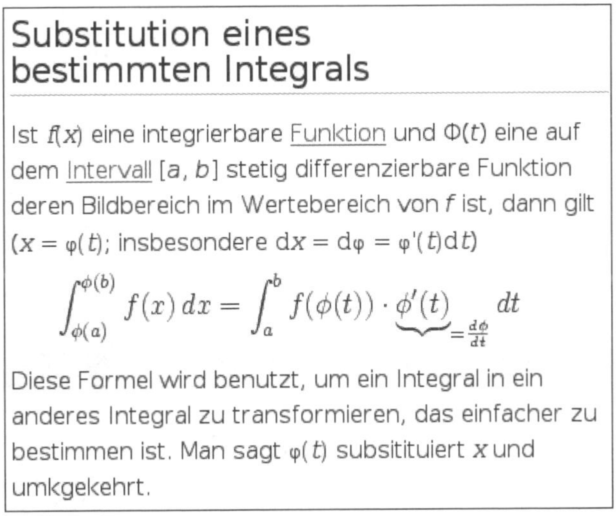

Substitution eines bestimmten Integrals

Ist $f(x)$ eine integrierbare Funktion und $\Phi(t)$ eine auf dem Intervall $[a, b]$ stetig differenzierbare Funktion deren Bildbereich im Wertebereich von f ist, dann gilt $(x = \varphi(t)$; insbesondere $dx = d\varphi = \varphi'(t)dt)$

$$\int_{\phi(a)}^{\phi(b)} f(x)\, dx = \int_a^b f(\phi(t)) \cdot \underbrace{\phi'(t)}_{=\frac{d\phi}{dt}} \, dt$$

Diese Formel wird benutzt, um ein Integral in ein anderes Integral zu transformieren, das einfacher zu bestimmen ist. Man sagt $\varphi(t)$ subsitituiert x und umkgekehrt.

Bild 2.20: Aus dem Wikipedia-Artikel »Integration durch Substitution«; im ersten Absatz sind einfache Symbole als HTML dargestellt

Die PNG-Bilder sind bisher schwarz auf weiß, an Bildern mit transparentem Hintergrund arbeiten die Entwickler. In den persönlichen Einstellungen kann jeder Benutzer genauer steuern, wann MediaWiki welches Ausgabeformat verwendet. Die sinnvollste Einstellung für die meisten Benutzer ist »Empfehlenswert für moderne Browser«. Damit versucht Media-Wiki, möglichst viele Formeln als HTML darzustellen. Wenn Ihr Browser dann noch Formeln falsch darstellt, können Sie statt dessen die Option »Einfaches TeX als HTML darstellen, sonst PNG« oder im allerschlimmsten Fall »Immer als PNG darstellen« wählen. Je mehr PNG-Bilder erzeugt werden, desto mehr Formeln werden auf jeden Fall lesbar dargestellt, desto länger dauern aber auch Download und Aufbau der Seite. In

Textmodus-Browsern bleibt von einer Formel nur der Alternativtext des Bildes zu sehen, dafür nimmt MediaWiki den TeX-Quelltext. Syntaxfehler in einer Formel meldet MediaWiki an Ort und Stelle in roter Schrift. Läßt man bei einer Formel, die korrekt so lautet, …

```
<math>\sum_{i=1}^n i=\frac{n(n+1)}{2}</math>
```

… etwas weg, beschwert sich MediaWiki sofort.

```
Eine einfache Summenformel:
Parser-Fehler (Unbekannte Funktion \summe): \summe_{i=1}^n i=\frac{n(n+1)}{2}
```

Bild 2.21: Ein TeX-Syntaxfehler in einer Formel

In einer TeX-Umgebung kann man nicht nur Formeln setzen, sondern den vollen Funktionsumfang von LaTeX nutzen. Davon ist allerdings abzuraten: Alles, was MediaWiki selbst auch an Textstrukturierung und -formatierung kann, sollte man in Wiki-Syntax eingeben. Außerdem ist es nicht möglich, TeX- und Wiki-Syntax zu mischen, innerhalb von $...$ ist keine Wiki-Syntax erlaubt.

Im Interesse der Lesbarkeit sollte man Formeln, vor allem längere, immer in einen eigenen, mit : eingerückten Absatz setzen. Formeln, die nicht als HTML dargestellt werden können, sind im Fließtext oft schwer lesbar, weil TeX andere Schriftarten verwendet als der Browser.

Formeln und mehr mit WikiTeX

Nicht nur Formeln wollen dargestellt werden, in fast jeder Wissenschaft gibt es eigene grafische Notationen. WikiTeX (*http://wikisophia.org/wiki/WikiTeX*) ist eine MediaWiki-Erweiterung, die dank weiterer LaTeX-Zusatzpakete und externer Programme viele zusätzliche Objekte darstellen kann:

– Mathematische Formeln
– Chemische Strukturformeln
– Schach- und Go-Stellungen
– Feynman-Diagramme
– Graphen (verwendet graphviz)
– Musiknoten (verwendet Lilypond)
– 2D- und 3D-Funktionsgraphen und -Diagramme (verwendet Gnuplot)
– Elektronische Schaltkreise
– Schriften:
  – Altgriechisch
  – Internationale phonetische Symbole
  – Tengwar (Elbenschrift nach Tolkien)

2.7 LINKS

2.7.1 Hyperlinks und Hypertext

Hyperlinks, kurz Links genannt, machen das Wesen des Hypertextes aus. Hypertext wird in der Wikipedia definiert als eine »nicht-lineare Organisation von Objekten, deren netzartige Struktur durch logische Verbindungen (Verweise, Links) zwischen Wissenseinheiten (Knoten, z.B. Texten oder Textteilen) hergestellt wird«. Den Nutzen von Hypertext beschreibt die Wikipedia im entsprechenden Artikel wie folgt:

Hypertexte bieten gegenüber der linearen Informationsdarstellung den Vorteil, eine größere Komplexität redundanzfrei oder zumindest vergleichsweise redundanzarm vermitteln zu können.

Die assoziative Struktur eines Hypertextes entspricht eher der Funktionsweise des menschlichen Denkens als lineare Texte.

Aber im bekanntesten Hypertext-System, dem WWW, klappt das bis heute nicht immer so gut. Informationen kann man nur dann redundanzarm darstellen, wenn man Absätze beliebig zwischen Seiten hin- und herschieben darf. Im WWW darf man das nur auf der eigenen Website, auf der anderer Leute normalerweise nicht. Will man also einem Thema, das auf einer fremden Website beschrieben ist, einen Aspekt hinzufügen, bleibt oft nur übrig, Teile des Inhalts auf die eigene Homepage zu übernehmen und dort zu ergänzen; somit wird Redundanz erzeugt. Ein weiteres Problem sind tote Links. Setzt man auf der eigenen Homepage einen Querverweis woanders hin, kann man, außer durch regelmäßige Kontrolle, nicht feststellen, ob die Zielseite noch existiert.

Ein Wiki ist ein relativ kleiner, in sich abgeschlossener Teil des WWW, in dem diese beiden Probleme nicht auftreten. Die Benutzer dürfen jede Seite bearbeiten und Informationen beliebig hin- und herschieben. So ist es üblich, Teilabschnitte aus zu langen Seiten in neue Seiten auszulagern und auf der Ursprungsseite durch kurze Zusammenfassungen zu ersetzen. Wenn ein Link innerhalb des Wikis auf eine nicht vorhandene Seite verweist, wird er optisch anders dargestellt als ein Link zu einer vorhandenen Seite. (UseMod und PmWiki setzen ein Fragezeichen hinter den Linktext, MediaWiki stellt den Link rot dar, FlexWiki unterstreicht ihn.) Der Benutzer hat dann die Möglichkeit, die nicht vorhandene Seite zu erstellen. (Für Links nach draußen ins WWW besteht das Problem der toten Links allerdings nach wie vor!) Je nach dem, wie gut die Gemeinschaft in einem wiki-basierten Projekt zusammenhält, entsteht dadurch eine große Dynamik: Wenn man sich eine Seite zu einem wichtigen Thema wünscht, die man aber mangels Wissen nicht selbst schreiben kann, kann man auf einer schon vorhandenen, thematisch passenden Seite einen Link zu dem gewünschten Thema setzen und sich darauf verlassen, daß sich irgendwann ein anderer engagierter Mitarbeiter darauf stürzt und anfängt, die neue Seite zu verfassen.

2.7.2 Wiki-interne Links

WikiWords

In den frühen Wikis gab es nur eine Möglichkeit, Links zu setzen: Ein Wort in gemischter Groß-/Kleinschreibung (zum Beispiel *HerzlichWillkommen*) wurde als Link auf die gleichnamige Seite interpretiert. Heute wird dies von UseMod, PmWiki und FlexWiki erkannt, nicht jedoch von MediaWiki. Für diese Schreibweise sind verschiedene Bezeichnungen üblich: UseMod und PmWiki bezeichnen solche Wörter als *WikiWords*; die Schreibweise an sich wird *CamelCase* oder *PascalCase* genannt, letzteres vor allem im FlexWiki-Umfeld. Die Bezeichnung *CamelCase* kommt vermutlich daher, daß ein solcher Text mit Großbuchstaben im Inneren an ein Kamel mit Höckern erinnert. *PascalCase* ist eine Anspielung auf die Programmiersprache Pascal, in der, wie in vielen anderen Programmiersprachen auch, Namen, die aus mehreren Wörtern bestehen, auf diese Weise geschrieben werden, zum Beispiel *DeleteFile*.

Was genau als WikiWort erkannt wird, ist von Wiki zu Wiki leicht unterschiedlich. UseMod interpretiert jedes Wort, das mindestens zwei Großbuchstaben enthält, zwischen diesen jedoch mindestens einen Kleinbuchstaben, als WikiWort. PmWiki und FlexWiki fordern mindestens einen Kleinbuchstaben irgendwo im Wort, aber nicht unbedingt zwischen den beiden Großbuchstaben.

Der größte Vorteil der Links durch WikiWorts ist die einfache Handhabung. Die Nachteile überwiegen allerdings, weshalb heute fast alle Wikis Alternativen anbieten. Grammatikalisch gesehen, sind die Namen von Wiki-Seiten meist Substantive im Nominativ. Im Englischen wird ein Substantiv kaum gebeugt, wird also in fast allen Zusammenhängen gleich geschrieben:

```
The WikiWord is the typical form of HyperLink in an OldFashionedWiki.
```

Im Deutschen, wo Substantive stärker gebeugt werden, lautet derselbe Satz dagegen:

```
Das WikiWort ist die typische Form des HyperLinks in einem AltmodischenWiki.
```

Somit laufen die Links *HyperLinks* und *AltmodischenWiki* ins Leere, weil die Seiten *HyperLink* und *AltmodischesWiki* heißen. Dieses Problem ließe sich allenfalls durch Einrichtung von Weiterleitungsseiten (siehe weiter unten) für jede gebrauchte Form eines Worts lösen.

Auch im Englischen zeigt sich ein Nachteil, wenn der Name einer Seite nur aus einem kurzen Wort besteht. Das kommt zum Beispiel in der Wikipedia vor und noch eher im Wörterbuch Wiktionary, in dem die Artikel oft Begriffe und Wörter aus dem alltäglichen Sprachgebrauch erklären wie »book« oder »this«. Solche Wörter werden durch die WikiWort-Schreibweise ziemlich entstellt; man müßte zum Beispiel »BooK« oder »ThIs« schreiben und es gäbe keine einheitliche Regel, wo der Großbuchstabe hingehört.

Ein weiterer Nachteil ist, daß der Text eines Links immer so heißen muß wie das Ziel des Links. Je nach Kontext, in dem der Link steht, ist das nicht immer erwünscht. So steht beispielsweise das Wort »Wiki« einerseits für ein WikiWeb, andererseits für die Wiki-Software. Nehmen Sie nun an, ein Wiki über Wiki-Technologien enthalte die beiden Artikel *WikiWeb* und *WikiSoftware* und einen Artikel *WiKi*, der diese beiden Bedeutungen des Begriffs erklärt. Dann könnten Sie in einem weiteren Artikel, der eine bestimmte Wiki-Software vorstellt, nicht schreiben: »MediaWiki ist ein datenbankbasiertes WiKi«, sondern müßten um der korrekten Verlinkung willen immer »WikiSoftware« schreiben, obwohl hier aus dem Kontext klar hervorgeht, daß mit *Wiki* eine Wiki-Software gemeint ist.

Und schließlich kommt es vor, daß ein Wort in gemischter Groß-/Kleinschreibung fälschlicherweise als WikiWort und somit als Link interpretiert wird. Wenn auf eine Wiki-Seite über Steuern häufig die Abkürzung *MwSt* für Mehrwertsteuer auftaucht, genügt es, den Begriff einmal zu verlinken, wenn es überhaupt nötig ist. PmWiki und FlexWiki interpretieren sogar schon eine Abkürzung aus Großbuchstaben mit angehängtem Plural-s wie zum Beispiel *PCs* als WikiWort. Die Interpretation eines Worts als WikiWort kann allerdings unterbunden werden, indem man für dieses Wort die Wiki-Formatierung abschaltet (zur Erinnerung: <nowiki>...</nowiki> bei UseMod, [=...=] bei PmWiki und ""...."" bei FlexWiki). Beim PmWiki genügt es auch, einem Wort ein Backquote-Zeichen (`) voranzustellen, um seine Interpretation als WikiWort zu unterbinden:

```
Unsere Preise enthalten 16% `MwSt.
```

Damit UseMod das Suffix (zum Beispiel das Plural-s) eines WikiWorts nicht in den Link einbezieht, kann es auch mit zwei doppelten Anführungszeichen vom übrigen Wort getrennt werden. Der Link im folgenden Beispiel führt zur Seite *WikiWort*:

```
Es gilt die Feinheiten eines jeden WikiWort""s zu beachten.
```

Bei UseMod und PmWiki kann man WikiWörter abschalten. FlexWiki empfiehlt sie sogar als bevorzugte Form für Links, obwohl es Alternativen gäbe.

Freie Links

Aufgrund der Nachteile der WikiWörter kennen heute alle Wikis flexiblere Links, genannt »Freie Links« (englisch *free links*). Die Idee dafür kommt vom HTML-Element *A* (*anchor*, deutsch *Anker*), wo die Adresse, auf die der Link verweist, einer bestimmten Syntax genügen muß, der vom Browser dargestellte Link-Text aber frei formuliert werden darf:

```
<a href="http://www.cul.de">Computer- und Literaturverlag
 GmbH</a>
```

In der einfachsten Form setzt man das zu verlinkende Wort bei UseMod, MediaWiki und PmWiki einfach in doppelte eckige Klammern:

```
Dies ist ein [[Link]] auf eine [[neue Seite]].
```

UseMod und MediaWiki wandeln Leerzeichen dabei in Unterstriche um und setzen den ersten Buchstaben groß; in diesem Beispiel führt der Link [[neue Seite]] also zur Seite *Neue_Seite*. Der Unterstrich erscheint allerdings nur im URL der Seite, nicht in der Überschrift oder im Fenstertitel.

PmWiki dagegen zieht durch Leerzeichen getrennte Wörter zu WikiWörtern zusammen; aus [[neue Seite]] wird *NeueSeite*.

Im **FlexWiki** muß man Links, die keine WikiWörter sind, in einfache eckige Klammern setzen. Leerzeichen sind dabei jedoch nicht erlaubt. Man kann sie durch Unterstriche simulieren, aber diese Unterstriche erscheinen dann auch im Browser. Richtig »freie« Links sind das noch nicht. Dafür hat FlexWiki eine ganz andere Syntax, die vom Textformatierer Textile übernommen wurde:

```
Dies ist ein "richtig freier Link":RichtigFreierLink.
```

Mit dieser Syntax kann der Link auch mit einem ganz anderen Text als dem Namen der Zielseite angezeigt werden. Das können andere Wikis auch: Bei **UseMod** und **MediaWiki** kann man eine alternative Beschriftung eines Links in die eckigen Klammern hinter den Namen der Zielseite setzen, abgetrennt durch einen senkrechten Strich:

```
In unserem Wiki heißen wir Sie [[Begrüßung|herzlich willkommen]]!
```

Im **PmWiki** lautet die Syntax genauso, aber wer es in umgekehrter Reihenfolge intuitiver findet, kann auf folgende Alternative ausweichen:

```
In unserem Wiki heißen wir Sie [[herzlich willkommen -> Begrüßung]]!
```

Arbeitserleichterungen

MediaWiki und PmWiki bieten weitere Erleichterungen beim Schreiben. Ein Wort im Plural kann auch ohne Alternativtext verlinkt werden. Statt ...

```
Die besten [[Wiki|Wikis]]: ...
```

... schreibt man einfach:

```
Die besten [[Wiki]]s
```

Der Link wird auch bei dieser Schreibweise bis ans Ende des Worts ausgedehnt. Nur darüber, welche Zeichen zu einem Wort gehören, herrscht Uneinigkeit: Buchstaben gehören selbstverständlich dazu, aber zum Beispiel ein Bindestrich? MediaWiki verlinkt bei *[[Wiki]]-Syntax* nur das Wort

»Wiki«, während PmWiki es wie *[[Wiki-Syntax]]* interpretiert. Im Einzelfall hilft nur gezieltes Abschalten der Formatierung an der Trennstelle, hier also *[[Wiki]][[=-=]Syntax*.

Wenn der Link erst später im Wort auftaucht, beziehen allerdings weder MediaWiki noch PmWiki den Wortteil vorher in den Link mit ein, das heißt, *Web[[server]]* ist etwas anderes als *[[server|Webserver]]*.

FlexWiki kapituliert vor Links in zusammengesetzten Wörtern: *[Wiki]-Link* und *Wiki-[Link]* werden nicht mal als Link erkannt, sondern als Klartext mit den eckigen Klammern ausgegeben.

Zwei aneinandergrenzende Teilworte können auch verlinkt werden: *[[Wiki]][[link]]* wird von UseMod, MediaWiki und PmWiki richtig interpretiert, ist aber nicht benutzerfreundlich, weil der Leser nur beim Überfahren der Links mit der Maus in der Browser-Statusleiste erkennen kann, daß das Wort aus zwei Links besteht.

Eine häufige Anwendung von Alternativtexten für Links besteht darin, Zusätze im Namen der Zielseite im Link-Text zu verstecken. Aus der Praxis der Wikipedia heraus ist im **MediaWiki** eine Abkürzung entstanden, um Klammerzusätze in Seitennamen zu verstecken. So gibt es in der Wikipedia die Artikel *Jupiter (Planet) und* Jupiter (Mythologie). Auf den Planeten verweist man bequem mit *[[Jupiter (Planet)|]]*, was die Software als *[[Jupiter (Planet)|Jupiter]]* interpretiert und in neueren Versionen auch gleich so abspeichert, um den nächsten Bearbeiter nicht damit zu verwirren. Dieselbe Abkürzung funktioniert bei Links zu Artikeln in anderen Namensräumen oder gar anderen Wikis (siehe auch den Abschnitt dazu): *[[Wikipedia:Hilfe|]]* ist gleichbedeutend mit *[[Wikipedia:Hilfe|Hilfe]]*, *[[en:shortcut|]]* gleichbedeutend mit *[[en:shortcut|shortcut]]*. Bei Links zu Artikeln in fremden Wikis, die nicht im Haupt-Namensraum liegen, entfernt der senkrechte Strich allerdings nur das Kürzel des fremden Wikis: *[[en:User:Jimbo Wales|]]* heißt so viel wie *[[en:User:Jimbo Wales|User:Jimbo Wales]]*.

Am flexibelsten ist da **PmWiki**, wo Klammerung bestimmter Teile eines Link-Ziels bewirkt, daß diese nicht angezeigt werden: *[[(Wiki-)Link]]* hat denselben Effekt wie *[[Wiki-Link|Link]]*. Leerzeichen werden dabei intelligent mit versteckt; so wird aus *[[(World Wide) Web]]* nicht *[[World Wide Web|_Web]]* (führendes Leerzeichen durch Unterstrich dargestellt), sondern *[[World Wide Web|Web]]*. Mit Klammerzusätzen in Artikelnamen verträgt sich diese Syntax allerdings nicht, weshalb der Autor einer PmWiki-basierten Enzyklopädie statt *Jupiter (Planet)* vielleicht den Seitennamen *Jupiter; Planet* gewählt hätte.

In Seitenstrukturen hineinlinken

In HTML kann man mit *<a name="sprungmarke">* auf einer langen Seite eine Sprungmarke setzen, die direkt per Link auf *seite.html#sprungmarke* erreichbar ist. **UseMod** setzt dieses Konzept 1:1 um: *[#sprungmarke]* setzt eine Marke, die mit *WikiSeite#sprungmarke* oder von außen per Weblink auf *http://www.usemod-domain.de/cgi-bin/wiki.pl?WikiSeite#sprungmarke* erreichbar ist. Als freien Link mit Alternativtext kann man den Link zur Sprungmarke allerdings nicht gestalten; nur ein Weblink (siehe unten) mit Alternativtext ist für Seiten mit Sprungmarken machbar, aber auch der wird immer in einfachen eckigen Klammern dargestellt.

Im **MediaWiki** kann man selbst keine echten Sprungmarken setzen. Zu jeder Überschrift wird allerdings automatisch eine Sprungmarke gleichen Namens erzeugt, zum Beispiel:

```
Wie Sie [[#Das Letzte|unten]] nachlesen können, ...

...

== Das Letzte ==
```

Hier sind im Gegensatz zu UseMod Links zu Sprungmarken bequem innerhalb derselben Seite möglich, außerdem als freie Links mit Alternativtext.

Für Sprungmarken an anderen Stellen kann man ein wenig tricksen und ein *DIV*-Element benutzen (*<div id="sprungmarke">*). Das geht aber nicht wirklich an jeder Stelle und hat möglicherweise Nebenwirkungen, weil man *DIV*s mit ID auch für Stylesheet-Formatierungen braucht.

Im **PmWiki** definiert *[[#sprungmarke]]* eine Sprungmarke. Links darauf setzt man genauso wie im MediaWiki; zusätzlich läßt sich mit *[[Seite(#sprungmarke)]]* die Sprungmarke elegant aus dem angezeigten Link-Text verbannen.

Eine sogenannte Page Property, also eine Seiteneigenschaft (Syntax: *Eigenschaft: Wert*), gilt im **FlexWiki** als Sprungmarke. Meist werden dazu Hidden Page Properties, also durch einen vorangestellten Doppelpunkt versteckte Seiteneigenschaften, verwendet, die nicht im Browser angezeigt werden. Zum Beispiel:

```
:SprungMarke: Dies ist eine Sprungmarke
```

Dorthin verlinkt man wie erwartet mit *WikiSeite#SprungMarke*; auch freie Links dorthin sind machbar:

```
Wie Sie "unten":WikiSeite#DasLetzte nachlesen können, ...

...

:DasLetzte: (Sprungmarke vor der Überschrift)
!! Das Letzte
```

Bei Links innerhalb derselben Seite darf man hier allerdings nicht auf die Angabe des Seitennamens verzichten.

Links zu Unterseiten der aktuellen Seite setzt man bei **UseMod** und **MediaWiki** kurz mit */UnterSeite*. Dieser Link darf ein freier Link sein oder bei UseMod auch ein WikiWort.

Bei den Wikis, die Namensräume kennen, zeigen Links ohne vorangestellte Namensraum-Bezeichnung immer in den Namensraum, in dem sich die aktuelle Seite befindet. Links in andere Namensräume muß der Namensraum vorangestellt werden. So etwas ist Ihnen vielleicht aus manchen Programmiersprachen bekannt, und **FlexWiki** treibt diese Analogie noch weiter: Dort kann in einen Namensraum *Hier* einen Namensraum *Dort* importieren, so daß von Seiten im Namensraum *Hier* die Seiten im Namensraum *Dort* einfach über ihren Namen erreichbar sind, sofern es nicht in beiden Namensräumen eine Seite gleichen Namens gibt. Diese Einstellung nimmt man in der *Content Base Definition* (dieser Name hat historische Gründe, heute wäre *Wiki Base Definition* korrekter) des Namensraums *Hier* vor, einer Spezialseite mit dem Namen *Hier/_ContentBaseDefinition*. Dort lassen sich verschiedene Page Properties definieren, unter anderem *Import*, deren Wert eine Liste zu importierender Namensräume ist, in unserem Beispiel also:

```
Import: Dort
```

Wenn man im Namensraum *Hier* ohne Angabe eines Namensraums zu einer Seite linkt, die es sowohl im Namensraum *Hier* als auch im Namensraum *Dort* gibt, zeigt FlexWiki ein Auswahlmenü an, das allerdings noch nicht in allen Browsern richtig funktioniert.

Nun noch zu einem interessanten Feature des **MediaWiki**: Links von einer Seite auf sich selbst (sogenannte *Selbstlinks*) werden nicht als Link dargestellt, sondern als fetter Text. Die Idee, von einer Seite aus auf diese Seite selbst zu linken, klingt zunächst unsinnig, wird aber dann praktisch, wenn eine Seite einen Textbaustein mit einer Navigationsleiste einbindet. So enthält beispielsweise in der Wikipedia die Navigationsleiste der EU-Mitgliedsstaaten Links auf die Artikel zu Belgien, Dänemark, Deutschland und so weiter. Wird diese Leiste nun in den Artikel *Deutschland* eingebunden, so enthält der Artikel einen Link auf sich selbst. Und der erscheint in der Navigationsleiste fett hervorgehoben, damit der Leser noch einmal ganz deutlich sieht, wo er sich befindet und wohin er navigieren kann.

	Mitgliedsstaaten der Europäischen Union	Einklappen
	Belgien | Dänemark | **Deutschland** | Estland | Finnland | Frankreich | Griechenland | Irland | Italien |	
	Lettland | Litauen | Luxemburg | Malta | Niederlande | Österreich | Polen | Portugal | Schweden |	
	Slowakei | Slowenien | Spanien | Tschechien | Ungarn | Vereinigtes Königreich | Zypern	
	Beitrittsverträge zum 1.1.2007 unterzeichnet mit: Bulgarien | Rumänien	

Bild 2.22: Artikel mit Selbstlink (fett) im MediaWiki

Weiterleitungen

Eine Wiki-Seite sollte idealerweise genau ein Thema behandeln. Oft ist dieses Thema jedoch unter mehreren Bezeichnungen bekannt als dem, das der Autor als Seitennamen ausgewählt hat, und manchmal wird es auch noch falsch geschrieben. Um den Leser, der über die Suchfunktion oder direkt über die Browser-Adreßleiste nach einer anderen Bezeichnung der Seite sucht oder einem inzwischen veralteten Link gefolgt ist, nicht zu enttäuschen, erlauben viele Wikis Weiterleitungen (englisch *redirects*). Dies sind Seiten, die nur aus einem speziellen Link auf eine andere (Ziel-) Seite bestehen. Diese Zielseite wird direkt an den Client geschickt, meist mit einem Hinweis, von welcher Seite man dorthin geleitet worden ist.

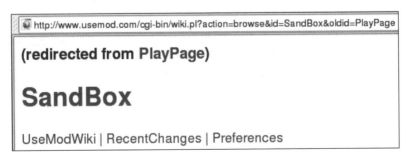

Bild 2.23: UseMod weist den Anwender darauf hin, daß er umgeleitet wurde

UseMod und **MediaWiki** interpretieren eine Seite, die das Schlüsselwort *#REDIRECT*, gefolgt von einem Link, enthalten, als Weiterleitungen. Der

Link kann ein freier Link (mit doppelten eckigen Klammern) sein, bei UseMod natürlich auch ein WikiWort. Wenn ein Wiki beispielsweise die Seite *Wiki-Software* enthält, könnte man darauf wie folgt eine Weiterleitung *Wiki-Engines* anlegen:

```
#REDIRECT [[Wiki-Software]]
```

Auf der Zielseite der Weiterleitung gestaltet die Wiki-Software die Information, von wo sie einen weitergeleitet hat, als Link. Wer darauf klickt, kann bei UseMod direkt, beim MediaWiki durch einen weiteren Klick auf *Bearbeiten* die Weiterleitung bearbeiten. Vorher zeigt MediaWiki die Seite mit dem speziellen Parameter *redirect=no* im URL an, der die automatische Weiterleitung unterbindet.

Beim **PmWiki** funktionieren Weiterleitungen genauso, nur werden sie anders geschrieben, nämlich als sogenannte Direktive:

```
(:redirect ZielSeite:)
```

Im **FlexWiki** sorgt man mit der Page Property *Redirect* im Titel einer Seite für eine Weiterleitung. Als Zielseite sind Wiki-Seiten erlaubt, aber auch URLs (siehe dazu Abschnitt 2.7.4 auf Seite 97).

```
Redirect: WikiSoftware
```

Auf der Zielseite zeigt einem FlexWiki leider nicht, von wo aus man umgeleitet wurde. Wer aber den Namen der Ausgangsseite kennt, kann mit der Maus auf die Seitenüberschrift klicken und in das daraufhin automagisch erscheinende Textfeld eingeben. Dann zeigt FlexWiki die Ausgangsseite mit dem Parameter *DelayRedirect=1* an, was die automatische Umleitung um zehn bis fünfzehn Sekunden verzögert.

Unter welchen Umständen Benutzer Weiterleitungen anlegen sollten, hängt von den Konventionen des jeweiligen Wiki-Projekts ab. Die Spielregeln der Wikipedia (siehe *http://de.wikipedia.org/wiki/Wikipedia:Redirect*) erlauben zum Beispiel keine Weiterleitungen zwischen unterschiedlichen Namensräumen. Weiterleitungen bei Falschschreibungen (zum Beispiel von »Eifelturm« nach »Eiffelturm«) sind im allgemeinen nicht erwünscht, außer wenn der korrekte Seitentitel Zeichen enthält, die nicht im deutschen Alphabet enthalten sind (zum Beispiel von »Lodz« nach »Łódž«).

Was zeigt hierher? – Rückverweise

Um die Link-Struktur eines Wikis zu überblicken, ist es hilfreich, feststellen zu können, welche Seiten Links auf die aktuell betrachtete Seite enthalten. Dies sind die sogenannten *Backlinks* (deutsch *Rückverweise*). Bei **UseMod** zeigt man diese durch einen Klick auf den Titel einer Seite an. Die technische Umsetzung ist primitiv, aber effektiv: Hier wird einfach mit der Volltextsuche (zum Suchen in Wikis siehe weiter unten) nach dem Namen der Seite gesucht, der ja beim UseMod meistens ein WikiWort ist. Einziger Nachteil: Auf diese Weise werden auch Seiten gefunden, die zwar den Namen der gefragten Seite enthalten, aber nicht als Link, sondern mit ausgeschalteter WikiWort-Erkennung (*<nowiki>SeitenName</nowiki>*). **MediaWiki** bietet dafür im Kasten »Werkzeuge« den Link »Links auf diese Seite« (englisch *What links here*) an. In dieser Liste werden auch Weiterleitungen berücksichtigt: Wenn *A* einen Link auf *B* enthält und *B* eine Weiterleitung auf *C* ist, erscheint *A* inklusive aller anderen Links auf die Weiterleitungsseite *B* auch in der Liste der Rückverweise von *C*.

PmWiki bietet eine Liste von Rückverweise nicht automatisch an, aber mit einer *pagelist*-Direktive kann man sie sich basteln. Wenn Sie auf einer bestimmten Seite deren Rückverweise sehen möchten, können Sie zum Beispiel schreiben:

```
(:pagelist link={$FullName} :)
```

... wobei *{$FullName}* durch den Namen der Seite inklusive Namensraum ersetzt wird. Weitere Erläuterungen dazu gibt's im Kochbuch unter *Backlinks*.

FlexWiki zeigt Rückverweise durch Klick auf »Find References« in der Werkzeugleiste an. Das ist wie bei UseMod mit einer Volltextsuche gelöst.

Rückverweise können Sie sich natürlich auch für nicht vorhandene Seiten anzeigen lassen. Das geht auf jeden Fall, indem Sie die Rückverweise einer vorhandenen Seite betrachten und dann den Seitennamen in der Adreßleiste des Browsers ändern. Einfacher geht's im MediaWiki: Dort enthalten auch noch zu schreibende Seiten den Werkzeug-Link »Links auf diese Seite«.

Interaktives

In den meisten Wikis passiert nicht viel, wenn man mit dem Mauszeiger über einen Link fährt. MediaWiki zeigt immerhin den Namen des Link-Ziels an, was sinnvoll ist, wenn der Link eine alternative Beschriftung hat. Nur **FlexWiki** hebt sich hier besonders ab: Es zeigt einen Tooltip mit einer kurzen Beschreibung der Seite an (bei Links mit alternativer Beschriftung aber leider nicht den richtigen Namen des Link-Ziels) und informiert, wann und von wem die Zielseite zum letzten Mal bearbeitet wurde. Die kurze Zusammenfassung einer Seite setzt man mit der Page Property *Summary*:

Summary: Hier erfahren Sie alles über unser Projekt

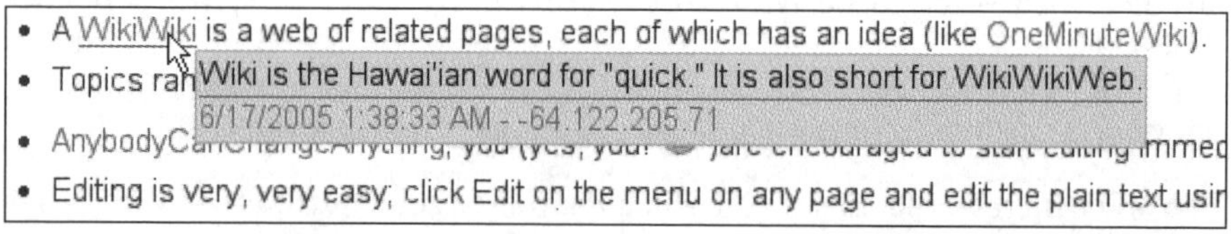

- A WikiWiki is a web of related pages, each of which has an idea (like OneMinuteWiki).
- Topics ra Wiki is the Hawai'ian word for "quick." It is also short for WikiWikiWeb.
  6/17/2005 1:38:33 AM - -64.122.205.71
- AnybodyCanChangeAnything, you (yes, you!) are encouraged to start editing immed
- Editing is very, very easy; click Edit on the menu on any page and edit the plain text usir

Bild 2.24: FlexWiki zeigt die Zusammenfassung einer verlinkten Seite an

2.7.3 Kategorien

In Wissenssammlungen auf Wiki-Basis will das Wissen strukturiert sein, da hilft ein gesundes Schubladendenken. Auch in einem Wiki, das außer Wikilinks keine anderen Strukturen kennt, kann man ein Kategorienschema einführen. So geschehen in einigen **UseMod**-betriebenen Wikis. Um zum Beispiel die Seite *UseModWiki* in die Kategorie *WikiEngine* einzuordnen, setzt man einfach an eine festgelegte Stelle, meist unten auf der Seite, einen Link auf die Seite *KategorieWikiEngine*. Wer diese Kategorienseite öffnet und ihre Rückverweise anzeigt, findet alle Seiten, die auf die Kategorienseite verweisen, also alle Seiten, die zu der Kategorie gehören. Die Kategorienseite sollte den Benutzer darauf hinweisen, daß er über die Rückverweise alle Seiten findet, die zu der Kategorie gehören. Auch eine Kategorienseite kann wieder zu einer Kategorie gehören, so werden hierarchisch geschachtelte Kategorien möglich. Die oberste Ebene einer solchen Hierarchie heißt meistens *KategorieKategorie* und erklärt die Kategorisierung, siehe zum Beispiel die Seite *CategoryCategory* im Meatball-Wiki. Diese Seite ist oft auch prominent verlinkt — im MeatballWiki wurde die Seite mit den Rückverweisen auf *CategoryCategory* gleich in die Navigationsleiste mit aufgenommen.

CategoryCategory

MeatballWiki | RecentChanges | Preferences | Indices | Categories

A category of all categories on this wiki. Click on the title to get the complete list of categories. This list also includes all pages that simply *mention* this page, even though they're not a category: the UseMentionProblem.

If you want to see a list of categories across many wikis, you might enjoy MetaWiki:category.

See CategoryCategoryDiscussion

1. About MeatBall

- CategoryMeatball -- The MeatballProject, minus the wiki.
- CategoryMeatballWiki -- Meta-discussion about MeatballWiki
- CategoryMeatballWikiProposal -- Proposals which broadly affect MeatballWiki.
- CategoryMeatballWikiSuggestion
- CategorySnapshot -- Rewritten pages with the objective of being released permanently to the public.
- CategoryWikiConventions -- Conventions on Meatballs use which enhance its value to all

2. About Computing

- CategoryAgent -- An agent is a software "representative" for a person
- CategoryCryptography -- Cryptography is keeping messages secure
- CategoryGame -- Online games
- CategoryGraphTheory -- Problems and ideas in graph theory, applied to Wikis and links
- CategoryHacking -- Those who enjoy programming
- CategoryPervasiveComputing -- Having a computer ... well ... everywhere

3. About Communities - online and off, WikiWiki and slow

3.1. Reused and reusable elements of wikis

- CategoryWikiDesignPatterns -- looking for markup patterns
- CategoryWikiPatternLanguage -- a pattern language in the ChristopherAlexander tradition, for building wiki for people

Bild 2.25: Die Mutter aller Kategorien im MeatballWiki

Zwei Nachteile hat diese Kategorisierung von Hand jedoch: Erstens ist es umständlich, daß der Inhalt einer Kategorie nur über die Rückverweise zugänglich ist, und zweitens können so auch Seiten fälschlicherweise in einer Kategorie landen, die dort gar nicht einsortiert werden sollten. Dazu muß eine Seite einfach einen gewöhnlichen Link auf eine Kategorienseite enthalten, denn das Wiki kann ja nicht unterscheiden, ob es sich um einen ganz normalen Link handelt oder einen Link mit der Bedeutung »Ordne mich in diese Kategorie ein«.

Im **FlexWiki** gibt es noch keine Kategorien, wohl aber erste Experimente, dies auf die UseMod-Art zu lösen, allerdings durch die Verwendung von Page Properties etwas vereinfacht.

PmWiki unterstützt Kategorien in der Art von UseMod, bietet aber einige Hilfestellungen, um die Arbeit damit zu vereinfachen (siehe auch *http://www.pmwiki.org/wiki/PmWiki/UsingCategories*). Für Kategorien ist

der Namensraum *Category* vorgesehen, die Beispielkategorie von eben
hätte also den Namen *Category.WikiEngine*. Um eine Seite in eine Kategorie einzuteilen, verwendet man einen speziellen Link der Form *[[!Kate-
gorie]]*, im Beispiel also *[[!WikiEngine]]*. Intern erzeugt dieses Markup
einen Link auf *Category.WikiEngine*, aber es erleichtert nicht nur die
Schreibarbeit, sondern auch die Erstellung des Inhaltsverzeichnisses der
Kategorie. Da PmWiki keine automatischen Backlinks erzeugt, muß sich
der Wiki-Betreiber selbst darum kümmern, daß die Kategorienseiten anzeigen, welche Seiten bei ihnen einsortiert wurden. Dazu ist aber nur ein
einziger Handgriff nötig, denn man kann gemeinsame Anfangs- und End-
abschnitte für alle Seiten eines Namensraums — im PmWiki-Jargon: einer WikiGroup — vorgeben, sogenannte Group Headers und Group Foo-
ters (siehe das Kapitel zu PmWiki). Damit jede Kategorie ihren Inhalt automatisch anzeigt, fügen Sie einfach zur Seite *Category.GroupFooter* folgende Zeile hinzu:

```
(:pagelist '!{$Name}' list=normal:)
```

Dies erzeugt eine Liste aller Seiten, die einen Link auf die Kategorie enthalten, die gerade betrachtet wird, auf der Seite *Category.WikiEngine* wird
für *{$Name}} WikiEngine* eingesetzt. (Tatsächlich erzeugt es eine Liste
aller Seiten, die den *Text* »*!Kategorie*« enthalten, aber daß dieser Text kein
Link ist, ist ja sehr unwahrscheinlich.)

Die beste Unterstützung für Kategorien bietet **MediaWiki**. Ähnlich wie
bei PmWiki haben Kategorien dort den eigenen Namensraum *Category*
(deutsch: *Kategorie*). Mit *[[Kategorie:Wiki-Engine]]* sortiert man den Artikel *MediaWiki* richtig ein. Dieser spezielle Link kann irgendwo auf der
Seite stehen, die Kategorien einer Seite werden automatisch am unteren
Ende angezeigt.

Einordnung: Mann | Deutscher | Bundeskanzler (Deutschland) | Außenminister (Deutschland) |
Bundestagsabgeordneter | Zentrum-Mitglied | CDU-Mitglied | Politiker (Preußen) |
Oberbürgermeister (Köln) | Christlicher Korporierter | Ingenieur, Erfinder, Konstrukteur |
Ehrenbürger | Karlspreis | Bundesverdienstkreuz | Ritter des Ordens wider den tierischen Ernst
| Mitglied des Parlamentarischen Rates | Geboren 1876 | Gestorben 1967

Bild 2.26: Historische Persönlichkeit – viele Kategorien (Konrad Adenauer in der
Wikipedia)

Es ist allerdings Konvention, die Kategorie-Links auch im Quelltext nach
unten zu setzen, direkt vor die InterWiki-Links in andere Sprachen (siehe
unten). Davon unterschieden wird ein Link auf die Kategorienseite; der

schreibt sich mit einem vorangestellten Doppelpunkt: *[[:Kategorie:Wiki-Engine]]*. Die Kategorienseite selbst zeigt automatisch an, welche Seiten bei ihr einsortiert wurden; das, wofür bei PmWiki der Group Footer der Gruppe *Category* sorgt, erledigt bei MediaWiki die Software selbst. Trotzdem kann man eine Kategorienseite bearbeiten, um sie wiederum einer höheren Kategorie zuzuordnen oder einen Hinweistext zu schreiben. MediaWiki zeigt zuerst den Textinhalt der Kategorienseite an, dann die Unterkategorien, falls es welche gibt, dann die Seiten, die zur Kategorie gehören (Das können auch Bilder sein, die hier als Vorschau gezeigt werden) und schließlich, wie gewohnt, am Ende die Kategorien auf höherer Ebene, zu denen diese Kategorie gehört. Bei Kategorien mit mehr als zweihundert Einträgen verteilt MediaWiki diese auf mehrere Seiten. Dann erscheinen zwar Links zum Vor- und Zurückblättern, aber es gehört zum guten Ton, dem Benutzer auch ein alphabetisches Inhaltsverzeichnis anzubieten. In der deutschen Wikipedia ist dieses in der Vorlage *Kategorie-TOC* definiert, die folgenden Inhalt hat:

```
'''Inhaltsverzeichnis:'''
[{{SERVER}}{{localurl:{{NAMESPACE}}:{{PAGENAME}}}} *]
[{{SERVER}}{{localurl:{{NAMESPACE}}:{{PAGENAME}}|from=A}} A]
[{{SERVER}}{{localurl:{{NAMESPACE}}:{{PAGENAME}}|from=B}} B]
[{{SERVER}}{{localurl:{{NAMESPACE}}:{{PAGENAME}}|from=C}} C]
...
```

Für die technischen Details sei auf den Abschnitt zu Vorlagen und ins MediaWiki-Kapitel verwiesen; jedenfalls zeigt hier der erste Link auf die Kategorienseite selbst, während alle weiteren an den URL den Parameter *from=Buchstabe* anhängt und damit für eine Anzeige der Seiten ab dem gewünschten Buchstaben sorgt.

Für die oberste Kategorie gibt es keinen einheitlichen Namen. In der deutschen Wikipedia heißt sie *!Hauptkategorie* (das Ausrufezeichen wird gleich erklärt) und enthält ganze zweiundvierzig Unterkategorien, ungefähr jedes Wissensgebiet, aber auch logisch unpassende Gebiete wie *Auszeichnung*, *Titel* oder *Liste*. Das englische Pendant *Category:Fundamental* ist mit sieben Unterkategorien aufgeräumter, aber auch in der deutschen Wikipedia gibt es mit der *!Hauptkategorie (alternativ)* einen Vorschlag für ein besser strukturiertes Schema mit den Unterkategorien *Metakategorie* (zum Beispiel *Bild, exzellenter Artikel* oder *Liste*), *Artikeltyp* (Gegenstand, Organisation, Person, Werk oder Wissenschaft), *Thema* (das Wissensgebiet) sowie *Räumliche Zuordnung* und *Zeitliche Einordnung*. Abseits dieses Schlachtfelds der Enzyklopädisten gibt es die Seite *Special:Categories*, die alle Kategorien anzeigt, ungeachtet ihrer hierarchischen Ordnung. Hier offenbart sich der Sinn des Namens *!Hauptkategorie*: Weil die Kate-

gorien alphabetisch und darüber hinaus nach der Unicode-Zeichencodie-
rung sortiert werden, steht diese Kategorie an erster Stelle, denn im Alphabet des Computers steht das Ausrufezeichen weit vorne. Eine über-
sichtlichere Alternative hierzu ist der Index aller Seiten unter *Speci-
al:Allpages*, eingeschränkt auf den Namensraum der Kategorien. In dieser
Liste erscheinen allerdings ein paar pathologische Fälle nicht, nämlich
solche Kategorien, die keinen eigenen Text enthalten, somit auch keiner
höheren Kategorie zugeordnet sind.

Bild 2.27: Eine umfangreiche Kategorie mit Inhaltsverzeichnis

Auf einer Kategorienseite sind die Einträge üblicherweise alphabetisch
sortiert, aber das kann man mit einem separaten Sortierschlüssel beein-
flussen. *[[Kategorie:Wiki|!]]* ordnet zum Beispiel eine Seite in die Katego-
rie *Wiki* ein, sortiert sie aber in der Übersicht dort ein, wo das Ausrufezeichen hinkäme, also ganz nach vorne. In der Wikipedia ist das beim Haupt-
artikel zum Thema der Kategorie üblich, in diesem Falle also beim Artikel
Wiki. Vorsicht ist auch bei Buchstaben mit Akzentzeichen gegeben: Ä
steht im Computerzeichensatz weit hinter Z, wird aber in der deutschen
Sprache wie A einsortiert. Deshalb steht beispielsweise im Wikipedia-
Artikel *Ägypten*:

```
[[Kategorie:Land in Afrika|Agypten]]
```

In manchen Kategorien wurde die Sortierung komplett umgestellt. So sind zum Beispiel die Einträge der Kategorie *Universität in Deutschland* nach dem Namen des Standorts sortiert: Die RWTH Aachen steht unter A, die Humboldt-Universität zu Berlin unter B, die Universität des Saarlandes unter S.

Ein Sortierschlüssel legt nur fest, an welcher Stelle ein Eintrag auf einer Kategorienseite einsortiert wird, nicht aber, unter welchem Namen er in der Liste erscheint. Das auch festlegen zu können, wäre wünschenswert, ist aber noch nicht möglich. Deshalb hat es sich in der Wikipedia in einigen speziellen Fällen als praktisch erwiesen, auch Weiterleitungen zu kategorisieren. Es gilt ja zum Beispiel die Regel, daß Orte fast immer mit dem heute gültigen amtlichen Namen in der jeweiligen Landessprache bezeichnet werden. Deshalb hat der Artikel zur früher deutschen, heute russischen Stadt Kaliningrad eben diesen Namen; *Königsberg (Preußen)* ist eine Weiterleitung dorthin. Da der Artikel aber auch die Geschichte der Stadt behandelt und somit das historische Königsberg, möchte man ihn auch als *Ort in Ostpreußen* kategorisieren (siehe dazu auch die Kategorie *Räumliche Zuordnung (historisch)*, aber in einer solchen Liste deutscher Orte wäre ein russischer Name fehl am Platze. Die Lösung des Problems war, die Weiterleitungsseite *Königsberg (Preußen)* in dieser Kategorie einzutragen; während der heutige Name »Kaliningrad« unter *Ort in der Kaliningrader Oblast* eingeordnet ist.

2.7.4 Links ins Web

Die einfachste Möglichkeit, aus einer Wiki-Seite auf eine Adresse im Web zu verweisen, ist, sie einfach hinzuschreiben. Fast alle Adressen, die mit *http://* oder *https://* beginnen, werden in den meisten Wikis, so auch in den hier vorgestellten, automatisch als Link erkannt. Auch *mailto:*-Links auf E-Mail-Adressen sind möglich.

Soll der Weblink nicht mit seiner Zieladresse, sondern mit einer alternativen Beschriftung dargestellt werden, kann man meist auf die Syntax für freie Links zurückgreifen – oder eine ähnliche.

UseMod und **MediaWiki** erlauben freie Links zu Web-Adressen, diese dürfen allerdings nur in einfache eckige Klammern gesetzt werden:

```
Besuchen Sie auch unsere [http://www.cul.de Homepage]!
```

Besonders sparsam, aber auch unübersichtlich, sind freie Links ohne Beschriftung wie *[http://www.cul.de]*. Sie werden einfach als Zahl in eckigen Klammern dargestellt und ab 1 numeriert. Das Unschöne bei UseMod ist allerdings, daß es, sobald man den Link im Quelltext in eckige Klammern setzt, diese auch in der Ausgabe anzeigt.

MediaWiki stellt hinter einem Link ein kleines Icon dar, das ja nach Protokoll-Typ verschieden ist (vgl. Bild 2.28).

http://www.cul.de
https://www.freemail.de
ftp://ftp.debian.org
mailto:webmaster@cul.de

Bild 2.28: Verschiedene Arten von Weblinks im MediaWiki

PmWiki erlaubt auch bei Links ins Web beide syntaktischen Varianten:

```
[[http://www.cul.de|Verlag C&L]]
```

und

```
[[Verlag C&L -> http://www.cul.de]]
```

bewirken dasselbe. Ein Link in doppelten eckigen Klammern ohne Beschriftung wird dargestellt wie derselbe Link ohne eckige Klammern, aber hundertprozentig als solcher erkannt, während es bei als Adresse hingeschriebenen Links pathologische Grenzfälle geben kann, die falsch erkannt werden (siehe unten). mailto-Links ohne eckige Klammern stellt PmWiki praktischerweise ohne das führende *mailto:* dar. Wenn wir nicht im Spam-Zeitalter lebten, könnten wir uns sogar darüber freuen ;-)

Apropos Spam: Wird das Zusatzmodul *urlapprove.php* (siehe *http://www.pmwiki.org/wiki/PmWiki/UrlApprovals*) verwendet, wird ein Weblink nicht als Link angezeigt. Es sei denn, der Administrator fügt einen regulären Ausdruck, der zu dem jeweiligen Link paßt, der Konfigurationsdatei hinzu. Vor Spam-Mails schützt das Rezept *EProtect* aus dem Kochbuch. Es schreibt mailto-Links nicht direkt in die HTML-Ausgabe, sondern fügt an dieser Stelle ein JavaScript ein, das die Mailadresse in verschlüsselter Form enthält und erst beim Laden der Seite den Link erzeugt.

Auch bei **FlexWiki** geht alles wie erwartet. Beschriftete Links lassen sich mit

```
"Beschriftung":http://www.ein-link.org
```

herstellen.

In seltenen Fällen werden einfach als Adresse hingeschriebene Links nicht richtig erkannt. Die meisten Wikis sind da recht intelligent und versuchen zum Beispiel nicht, einen Punkt (als Satzendezeichen) mit in einen Link einzubeziehen:

```
Informationen zu diesem Buch finden Sie unter http://www.cul.de/wiki.html.
```

Nur FlexWiki will hier einen Link auf die nicht vorhandene Seite *wiki.html.* setzen. Wenn so etwas passiert, hilft es allerdings immer, den Link als freien Link zu formatieren, und wer will, kann als Beschreibungstext dann immer noch die Adresse angeben.

2.7.5 InterWiki: Links zu anderen Wikis

Wikis leben von ihrer Vernetzung. Da wäre es umständlich, Seiten in anderen Wikis nur per Weblink referenzieren zu können. Die ursprüngliche Idee war, alle existierenden Wikis als ein weltweites, auf viele Server verteiltes Wiki zu betrachten. Dieser »InterWiki«-Gedanke wurde später pragmatischer formuliert als das Ziel, die Vernetzung verschiedener Wikis zu erleichtern. Die Wiki-Gemeinde ist dabei auch offen gegenüber anderen Arten von Web-Diensten wie Suchmaschinen, Datenbanken und Wörterbüchern.

Gelöst ist InterWiki meistens so, daß über den möglicherweise im lokalen Wiki bekannten Namensräumen eine weitere Ebene von Namensräumen eingeführt wird. Die Syntax solcher InterWiki-Links ähnelt dementsprechend der Links mit Namensräumen: *AnderesWiki:StartSeite* bezeichnet die Startseite in einem Wiki *AnderesWiki*. Angenommen, die Seiten in diesem Wiki haben URLs der Form *http://www.andereswiki.org/wiki.php?page=SeitenName*, dann muß in der Konfiguration unseres Wikis stehen, daß die URLs der Seiten dort alle mit *http://www.andereswiki.org/wiki.php?page=* beginnen und dann der Seitenname angehängt wird. Bekannte Wikis und die Präfixe ihrer Seiten-Adressen sind:

UseMod	http://www.usemod.com/cgi-bin/wiki.pl?
Meatball	http://www.usemod.com/cgi-bin/mb.pl?
Wikipedia (englisch)	http://en.wikipedia.org/wiki/
Wikipedia (deutsch)	http://de.wikipedia.org/wiki/
WikiWikiWeb	http://c2.com/cgi/wiki?
Wiktionary (englisch)	http://en.wiktionary.org/wiki/

Andere wichtige Dienste sind:

Dictionary	Diverse Wörterbücher	http://www.dict.org/bin/Dict?Database= *&Form=Dict1&Strategy=*&Query=
FOLDOC	Computer-Lexikon	http://www.foldoc.org/foldoc/foldoc.cgi?
Google	Suchmaschine	http://www.google.com/search?q=
IMDB	Filmdatenbank	http://us.imdb.com/Title?

Near Links

In der Wiki-Community wird über eine Erleichterung des InterWiki-Mechanismus diskutiert, die sogenannten *Near Links* (nahe Verweise, siehe *http://wikifeatures.wiki.taoriver.net/moin.cgi/NearLink*). Damit sollen InterWiki-Links auch ohne Präfix automatisch aufgelöst werden. Zusätzlich zur Liste der über InterWiki erreichbaren Wikis gibt es in einem Wiki, das Near Links unterstützt, auch eine Liste mit einer kleinen Teilmenge davon, den »benachbarten« Wikis. Wenn die Seite *WikiSeite* im lokalen Wiki nicht vorhanden ist, wohl aber im *NachbarWiki*, wird der Link zur *WikiSeite* automatisch zum InterWiki-Link *NachbarWiki:WikiSeite* aufgelöst.

UseMod liest seine InterWiki-Einstellungen aus der Datei *intermap* im Wiki-Hauptverzeichnis. Einige der hier genannten Wikis und Web-Dienste sind dort schon eingetragen. Jede Zeile dieser Datei enthält den Namen der Zielseite, wie er in Links geschrieben werden soll, gefolgt von einem Leerzeichen und der Adresse, zum Beispiel:

```
WikiPediaDE http://de.wikipedia.org/wiki/
```

InterWiki-Links werden wie Weblinks geschrieben, nicht wie wiki-interne Links. Beachten Sie, daß Sie alle Sonderzeichen im Artikelnamen selbst URL-codieren müssen. Um zum Beispiel bei Google nach *Wiki* und *Web* zu suchen, ist es nicht mit *[Google:Wiki Web|Suchen!]* getan, denn dann faßt UseMod nur *Google:Wiki* als Link auf. *[Google:Wiki+Web|Suchen!]* mit einem als Pluszeichen (alternativ: *%20*) codierten Leerzeichen ist hier richtig.

Die InterWiki-Liste des **MediaWiki** liegt in der Datenbanktabelle *inter-wiki*. (Ihr aktueller Inhalt befindet sich im Wikimedia-Meta-Wiki unter *Interwiki map*.) Ein Datensatz enthält drei Felder: den Namen der Zielseite, die Adresse, wobei $1 durch den Seitennamen ersetzt wird – also etwas flexibler als bei UseMod –, und ein drittes Feld bestimmt, ob die Zielseite zum selben Projekt gehört (Wert 1, dies ist zum Beispiel bei den unterschiedlichen Sprachversionen der Wikipedia der Fall) oder nicht (Wert 0). InterWiki-Links, die nicht zum selben Projekt gehören, werden im MediaWiki so wie interne Links in doppelte eckige Klammern gesetzt, zum Beispiel: *[[Google:Wiki|Suchen!]]*. MediaWiki bemüht sich zwar, Sonderzeichen automatisch in URL-Codes zu konvertieren, verwendet dabei allerdings die MediaWiki-eigenen Konventionen, so daß das in eine Suchanfrage nach zwei Begriffen benötigte Leerzeichen in einen Unterstrich verwandelt würde. Für Links zu anderen MediaWikis wäre das richtig, für alle anderen Web-Dienste allerdings nicht. Tatsächlich ist es unmöglich, im Suchbegriff irgendwie ein Leerzeichen unterzubringen, denn auch ein als *%20* URL-codiertes Leerzeichen konvertiert MediaWiki in einen Unterstrich, und ein Link mit einem Pluszeichen wird gar nicht als Link erkannt[1].

Links zu projekt-internen Wikis werden anders gesetzt. Die englische Wikipedia hat beispielsweise das InterWiki-Präfix *en*. Wer im deutschen Artikel *Buch* allerdings irgendwo den Link *[[en:book]]* einbaut, wird diesen Link nicht mehr im Seitentext vorfinden. Stattdessen erscheint er, beschriftet mit »English«, in der Liste *Andere Sprachen* links unten. Deshalb werden solche Sprach-Links meist ans Ende eines Artikelquelltextes verbannt. Um trotzdem innerhalb eines Artikels auf einen Link zu einem anderen projektinternen Wiki zu setzen, muß man einen Doppelpunkt voranstellen:

```
''Weitere Informationen finden Sie im
[[:en:book|englischen Artikel]].''
```

---

[1] Diesen Bug habe ich bei *http://bugzilla.wikimedia.org* gemeldet.

Betrachten Sie dies nur als Beispiel; in der Wikipedia sind solche Links im allgemeinen unerwünscht! Zu anderen Wikimedia-Projekten läßt sich allerdings in der üblichen Weise linken, und auch dort kann man zwischen verschiedenen Sprachen unterscheiden. Aus der deutschen Wikipedia heraus verweist man mit einem Link auf *q:Douglas Adams* auf die in Wikiquote gesammelten Zitate von Douglas Adams in derselben Sprache wie der des Ausgangs-Wikis, also auf Deutsch. Die englische Version ist über *q:en:Douglas Adams* erreichbar. Technisch entspricht das einem Link auf *http://de.wikiquote.org/wiki/en:Douglas_Adams*, wird aber von der Software des deutschen Wikiquote richtig aufgelöst zu *http://en.wikiquote.org/wiki/Douglas_Adams*.

PmWiki verwendet für die InterWiki-Liste dasselbe Format wie UseMod. Der Seitenname eines InterWiki-Links wird an das jeweils eingestellte Präfix angehängt oder aber an der Position eingefügt, wo $1 steht (wie beim MediaWiki). Eine kleine vorkonfigurierte Liste befindet sich unter *scripts/intermap.txt*. Eigene Erweiterungen sollte man nicht dort vornehmen, sondern in *local/localmap.txt*; sonst werden sie bei einem Software-Update wieder überschrieben. Die PmWiki-Dokumentation nennt als Beispiel dafür das *Jargon File*, Eric S. Raymonds Hacker-Lexikon:

```
Jargon     http://www.catb.org/~esr/jargon/html/$1.html
```

Mit dieser InterWiki-Zuordnung verweist *Jargon:F/feature-creep* auf *http://www.catb.org/~esr/jargon/html/F/feature-creep.html*. Leerzeichen in InterWiki-Links setzt PmWiki übrigens richtig um, so daß die Google-Suche nach mehreren Begriffen kein Problem ist. Auch bei einem MediaWiki sind Leerzeichen in Adressen gut aufgehoben; es speichert sie zwar intern als Unterstriche, interpretiert sie aber korrekt, wenn sie im URL stehen.

Dem **FlexWiki**-Administrator steht zur InterWiki-Einrichtung ein Behavior, also eine Syntax-Erweiterung, zur Verfügung. Das Google-Beispiel sieht damit wie folgt aus:

```
@@InterWiki("Google", "Suche bei Google", "Wiki Web")@@
```

Das erste Argument ist der InterWiki-Name der Zielseite, das zweite der Linktext, das dritte der Suchbegriff beziehungsweise Seitenname. Die InterWiki-Zuordnungen sind als Page Properties der Seite *_InterWikis* im aktuellen Namensraum festgelegt, zum Beispiel so im Namensraum *FlexWiki* auf *http://www.flexwiki.org*:

```
Google: http://www.google.com/search?q=$1
GoogleGroups: http://groups.google.com/groups?q=$1
FlexWiki: http://www.flexwiki.com/Default.aspx/$1
```

Bei InterWiki-Links, zumal bei solchen im MediaWiki, die auf Wikis im selben Projekt verweisen, bleibt ein wichtiger Unterschied zu wiki-internen Links zu beachten: Ein InterWiki-Link wird immer gleich darge-stellt, egal, ob die Zielseite nun vorhanden ist oder nicht. Es wäre zuviel verlangt, wenn das Ausgangs-Wiki bei jedem über InterWiki angebunde-nen fremden Wiki anfragen müßte, ob eine Seite wirklich vorhanden ist.

2.7.6 Bilder einbinden

Ältere Wikis haben selbst nicht die Möglichkeit, Bilder zu verwalten, er-lauben dafür aber, jedes Bild aus dem Internet in eine Seite einzubinden. Andere, insbesondere MediaWiki, greifen ausschließlich auf eine eigene Bilddatenbank zurück, in die Bilder hochgeladen werden müssen. (Zum Hochladen von Bildern siehe den entsprechenden Abschnitt weiter hinten im Kapitel.)

Bei **UseMod** fügt man ein Bild aus dem Netz ein, indem man wie bei der einfachsten Form eines Weblinks seinen URL im Fließtext angibt, zum Beispiel *http://usemod.com/wiki.gif.* Wer ein Bild auf denselben Server hochgeladen hat, auf dem das Wiki liegt, kann auch einen relativen URL angeben, muß aber trotzdem *http:/* voranstellen, damit UseMod den URL als solchen erkennt. Übers Wiki hochgeladene Bilder haben den speziellen Namen *upload:BILDNAME.* Erkannt werden alle Dateinamen, die auf *.gif, .jpg, .jpeg, .png* oder *.bmp* enden. Auf Windows-Servern ist dabei zu beachten, daß die Namenserweiterung klein geschrieben sein muß, das heißt, *.JPG* wird zum Beispiel nicht erkannt. Weiter formatieren kann man ein Bild bei UseMod nicht; weder Angaben zur Größe oder Ausrich-tung noch ein Alternativtext sind möglich. Versuchen Sie auch nicht, ein Bild in eine Tabelle einzufügen, in der UseMod-Version 1.0 geht es nicht. Mit einem Link hinterlegen läßt sich ein Bild allerdings, aber auch nur mit einem Web-Link:

```
Willkommen im [http://www.usemod.com/cgi-bin/↵
wiki.pl http://usemod.com/wiki.gif]-Wiki!
```

Eine Bild-Adresse in eckigen Klammern steht oder als Zieladresse in ei-nem beschrifteten Weblink, wird als Link zu dem Bild interpretiert:

```
* Das [http://www.usemod.com/wiki.gif UseMod-Logo]
```

Während es zwar möglich ist, Bilder von anderen Websites im eigenen Wiki zu verwenden, verstößt dies jedoch meistens gegen die Netiquette, weil man mit der eigenen Seite Bandbreite eines fremden Servers »stiehlt«, oder sogar gegen das Urheberrecht, weil man ein Bild für sein eigenes ausgibt, das aus einer anderen Quelle stammt. Merken Sie sich einfach, daß es geht, aber machen Sie nur davon Gebrauch, wenn es sinnvoll und legal ist.

Auf die einfachste Art binden Sie ein Bild im **PmWiki** genauso ein wie bei UseMod. Zusätzlich können Sie allerdings die aus HTML bekannten Attribute zu Breite (*width*), Höhe (*height*, jeweils in Pixeln), Ausrichtung (*align*) voranstellen. Anspruchsvollere Layout-Wünsche erfüllen Tabellen, die Bilder enthalten.

```
%height=16 width=32 align=right%↵
http://www.pmwiki.org/pmwiki/pub/skins/pmwiki/pmwiki-32.gif
```

Seien Sie jedoch gewarnt, bevor Sie auf die Idee kommen, auf diese Weise Ihre Urlaubsfotos im Kleinformat auf eine Seite zu packen: Skaliert wird das Bild nur auf dem Client, heruntergeladen wird immer das Original in seiner vollen Größe.

Um Bilder zu beschriften, läßt man den Beschriftungstext am besten aus einer Seite daran vorbeifließen und erzwingt danach einen Zeilenumbruch. Die Attribute *hspace* und *vspace* kontrollieren dabei den Abstand des Textes zum Bild:

```
%align=left hspace=10%http://www.pmwiki.org/pmwiki/↵
pub/skins/pmwiki/pmwiki-32.gif Das Logo von PmWiki[[<<]]
Hier geht's weiter ...
```

Im Interesse der Barrierefreiheit sollte man zu jedem Bild einen Alternativtext angeben, den der Browser anzeigt, wenn er das Bild nicht darstellen kann. Das geschieht ausnahmsweise nicht mit dem HTML-Attribut *alt*, sondern auf eigene Weise:

```
http://www.pmwiki.org/pmwiki/pub/skins/pmwiki/pmwiki-⏎32.gif"PmWiki, ein PHP-
basiertes Wiki"
```

Wie bei UseMod kann man ein Bild als Ziel oder als Beschriftung eines
Weblinks verwenden, dazu gilt die in PmWiki übliche Syntax für Weblinks. Im PmWiki kann man auch interne Links mit Bildern beschriften:

```
[[PmWiki|http://www.pmwiki.org/pmwiki/pub/skins/pmwiki/⏎
pmwiki-32.gif]] ist ein PHP-basiertes Wiki.
```

Ein Alternativtext für ein solches Bild muß dann auch innerhalb der eckigen Klammern stehen, direkt hinter dem URL.

Der Administrator eines PmWiki kann den Benutzern erlauben, Bilder als
sogenannte Anhänge (englisch *attachments*) hochzuladen (siehe Abschnitt zu
Uploads). Ein hochgeladenes Bild ist zwar auch unter einem URL verfügbar,
wesentlich einfacher aber der Zugriff über einen internen Link. Dabei muß
gegebenenfalls der Namensraum (die *WikiGroup*) mit angegeben werden:

```
[[BilderGalerie|Attach:Bilder/EinBild.jpg]]
Attach:MeinBild.jpg"Mein Bild"
```

FlexWiki kann noch keine Bilder hochladen, kommt aber ansonsten mit Bildern fast so gut zurecht wie PmWiki. Im einfachsten Fall wird ein Bild wieder
nur per URL referenziert. Verlinken läßt es sich dann wie ein freier Link:

```
Folge dem Pfeil:
"http://www.flexwiki.com/images/go.gif":http://www.flexwiki.com
```

Bilder, die sich auf demselben Server befinden wie das Wiki, können mit
Hilfe einer *ImageLibrary*-Definition einfacher verlinkt werden, wenn auch
nicht so einfach wie mit relativen URLs. Dazu legt der Server-Administrator ein Verzeichnis für die Bilder an, das dann als Page Property *URI* der
Seite *ImageLibrary* im aktuellen Namensraum definiert wird:

```
URI: http://www.mein-wiki.de/bilder/$$$
```

An der Stelle der Dollarzeichen wird der Namen des Bildes eingesetzt; ein Bild referenziert man mit einem Pseudo-URL, hier zum Beispiel das Flex-Wiki-Logo auf dem FlexWiki-Server:

```
Willkommen bei wiki://ImageLibrary/fwlogo.jpg!
```

Ein Bild in eine Tabelle einzubinden, ist kein Problem. Weitere Wünsche erfüllt das Image Behavior mit der Syntax *@@Image("Bild-URL", "Alternativtext", "Bildbreite (Pixel)", "Bildhöhe")@@* oder kürzer *@@Image("Bild-URL", "Alternativtext")@@*. An dieser Stelle sei noch einmal auf den Absatz zu Smileys und Emoticons verwiesen, von denen zahlreiche schon im FlexWiki eingebaut sind.

MediaWiki kommt auch mit Bildern zurecht, die per URL referenziert werden, allerdings mehr schlecht als recht. Die einzige Layout-Möglichkeit ist, solche Bilder in eine Tabelle zu setzen. Skalieren lassen sich solche, meist externen Bilder nicht, und mit einem Link kann man sie auch nicht hinterlegen. Deshalb haben die meisten MediaWiki-Administratoren die Option *$wgAllowExternalImages* auf *false* gesetzt. Die Methode der Wahl ist deshalb, Bilder hochzuladen, und das kann MediaWiki sehr gut. Mehr dazu im Abschnitt zu Uploads weiter unten in diesem Kapitel.

Bilder werden mit der üblichen Link-Syntax eingebunden; *[[Bild:Badewanne.jpg]]* bindet das Bild mit Link auf seine Beschreibungsseite (Links auf andere Seiten sind nicht möglich!) an Ort und Stelle ein, *[[:Bild:Badewanne.jpg|Link-Text]]* setzt einen Link auf die Beschreibungs-Seite. Bei einem eingebundenen Bild setzt die Alternativtext-Syntax für Links (*[[Bild:Badewanne.jpg|Ich in der Badewanne]]*) den Alternativtext des Bildes und – intelligenter als die anderen Wikis – auch das HTML-Attribut *title* des Links zur Beschreibungsseite, dessen Text beim Überfahren des (verlinkten) Bildes mit der Maus erscheint. Wenn es ein Bild nicht im lokalen Wiki gibt, sucht MediaWiki als nächstes im zentralen Medienarchiv, falls eines konfiguriert ist. (Bei der Wikipedia ist das Wikimedia Commons.)

In der einfachsten Form wird ein Bild einfach als Teil des Fließtextes in die aktuelle Zeile gesetzt. Zum schöneren Formatieren von Bildern kommt man meist ohne Tabellen aus: *[[Bild:Badewanne.jpg|framed|Ich in der Badewanne]]* setzt das Bild in einen Rahmen und den Beschriftungstext darunter. Darin ist sogar Wiki-Syntax möglich, zum Beispiel:

```
[[Bild:Badewanne.jpg|framed|''Ich'' in der [[Badewanne]]]]
```

Wer möchte, kann sogar in der Beschriftung noch ein Bild unterbringen.

Bild 2.29: Ein eingerahmtes Bild

Die Option *framed* zeigt ein Bild immer in der Originalgröße an, die Option *thumb* erzeugt dagegen eine verkleinerte Variante, ein Thumbnail (deutsch *Daumennagel*). Sie haben richtig gelesen: Das Bild wird nicht nur im Browser kleiner dargestellt, sondern MediaWiki erzeugt einmal auf dem Server eine kleinere Variante und speichert diese dann. (Dazu muß der Administrator allerdings die GD-Bibliothek oder noch besser die Software ImageMagick installiert haben.) Ohne Größenangabe werden die Bilder auf maximal 180×180 Pixel verkleinert (oder vergrößert, wenn sie im Original kleiner sind), man kann aber auch jede andere gewünschte Größe angeben. Angemeldete Benutzer können statt 180 Pixeln unter *Dateien/Größe der Vorschaubilder* eine andere Größe einstellen.

```
[[Bild:Badewanne.jpg|thumb|100px|''Ich'' in der [[Badewanne]]]]
```

Soll das Bild nicht, wie bei *framed*, in einem beschrifteten Rahmen landen, läßt man einfach die Option *thumb* weg. Auch dann verkleinert MediaWiki das Bild, wenn eine Größe angegeben ist.

Als *framed* oder *thumb* eingefügte Bilder werden automatisch am rechten Rand ausgerichtet und vom Text umflossen. Die Option *right* bewirkt das

auch für nicht gerahmte Bilder; ebenso gibt es, natürlich auch für gerahmte Bilder, die Ausrichtungen *left*, *center* und *none*, wobei letztere dafür
sorgt, daß das Bild links ausgerichtet und nicht vom Text umflossen wird.

Bild 2.30: Thumbnail mit Vergrößerungsknopf

Eine Galerie aus mehreren Bildern kann man mit Hilfe von Tabellen basteln. Wer aber bereit ist, sich auf vier Bilder pro Tabellenzeile in einer
maximalen Größe von 120x120 Pixeln festzulegen, kann das einfacher haben, indem er die Namen der Bilder einfach zeilenweise untereinander in
das Pseudo-HTML-Element *gallery* setzt:

```
<gallery>
Bild:EinBild.jpg
Bild:Quietscheentchen.jpg|mit Text
Bild:Badewanne.jpg|... und einem [[Badewanne|Link]]
...
</gallery>
```

UseMod, **PmWiki** und **FlexWiki** erkennen nur Bilder mit bestimmten
Dateinamenserweiterungen als Bilder. Was aber, wenn ein Bild von einem
serverseitigen Skript erzeugt wird, wie es bei Zugriffszählern oder anderen erst auf Anforderung dynamisch berechneten Bilder üblich ist? Solche
Bilder haben oft URLs, die auf *.cgi* oder *.php* enden, aber man kann an
den URL des Bilds einen Parameter anhängen, den der Server ignoriert:

- http://www.meine-homepage.de/cgi-bin/zugriffszaehler.php?dummy=.png
- http://www.routenplaner.de/route.cgi?von=Hamburg&nach=Rom& dummy=.jpg

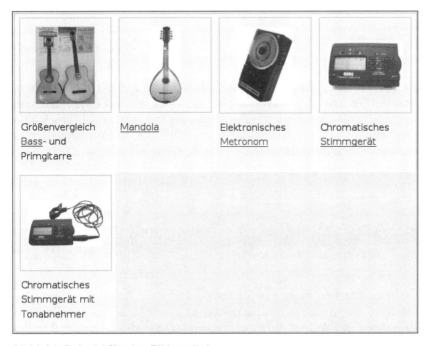

Bild 2.31: Beispiel für eine Bildergalerie

2.8 TEXTBAUSTEINE UND VORLAGEN

Wenn ein Textabschnitt auf vielen Seiten in einem Wiki vorkommt, ist es sinnvoll, sich daraus einen Textbaustein zu basteln, den man einfach durch Hinschreiben seines Namens an den gewünschten Stellen einbinden kann. In Wikis ist ein solcher Textbaustein üblicherweise auf einer eigenen Seite abgelegt. Von den hier vorgestellten Wikis kennt nur UseMod keine Textbausteine. PmWiki und FlexWiki kennen einfache, statische Textbausteine; bei MediaWiki sind Textbausteine sogar parametrisierbar. Bei all diesen Wikis kann ein Textbaustein wiederum andere Textbausteine verwenden. Zu bedenken ist dabei allerdings die Auslastung des Servers. Wenn eine Seite zwei Textbausteine enthält, die wiederum jeweils zwei Textbausteine enthalten, erfordert die Anzeige der Seite sieben Verbindungen zum Server, falls nicht ein Teil der Daten gecacht wird.

Etwas ähnliches wie Textbausteine sind Vorlagen (englisch *Templates*). MediaWiki bezeichnet Textbausteine als Vorlagen, aber andere Wikis verstehen darunter etwas anderes, nämlich Formatvorlagen für vollständige Seiten, die einem beim Anlegen einer neuen Seite angeboten werden.

In eine **FlexWiki**-Seite bindet man den Inhalt einer anderen Seite ein, indem man deren Namen in doppelte geschweifte Klammern setzt:

```
{{TextBauStein}}
```

Die offizielle Bezeichnung dafür ist *Wiki Include*. Wenn der Textbaustein nicht existiert, erscheint an seiner Stelle ein Link wie auf eine nicht vorhandene Seite, über den man den Baustein neu anlegen kann. Eine weitere Gemeinsamkeit zu Links ist, daß man über die Rückverweise eines Textbausteins die Seiten findet, die diesen verwenden.

Textbausteine können auch in anderen Namensräumen liegen:

```
{{Bausteine.TextBauStein}}
```

Wenn der Textbaustein nicht nur ein kurzer Baustein, sondern ein strukturierter Artikel mit Zwischenüberschriften ist, sorgt das Voranstellen von Tabulatoren vor den Aufruf des Bausteins dafür, daß die Überschriften des eingebundenen Artikels heruntergestuft werden, um besser in den Artikel zu passen, der den Baustein einbindet. Die Überschriften werden um so viele Ebenen heruntergestuft wie Tabulatorzeichen verwendet wurden. Dieses Feature hilft, bei großen Dokumenten den Überblick zu behalten. Dazu lagert man einfach Unterabschnitte in eigene Seiten aus und bindet sie später als Textbausteine in das Gesamtdokument ein. So lassen sich auch Änderungen an einzelnen Teilen des Dokuments besser verfolgen, weil jeder Teil seine eigene Versionsgeschichte hat. Ein Beispiel:

```
Willkommen bei unserem Wiki-Crashkurs!

! Formatierungen
    {{CrashkursFormatierungen}}

! Tabellen und Bilder
    {{CrashkursTabellenUndBilder}}

! Links
    {{CrashkursLinks}}
```

Wenn der Artikel *CrashkursFormatierungen* folgenden Inhalt hat, ...

```
! Überschriften

Eine Zeile, die mit einem Ausrufezeichen beginnt,
wird als Überschrift interpretiert. …

! Listen

Ein Eintrag einer einfachen Liste besteht aus einer Zeile,
die mit einem Stern beginnt. …
```

... und in das Gesamtdokument eingebunden wird, erscheint dort die Überschrift *Listen* als Überschrift zweiter Ordnung.

Eine Alternative, die möglicherweise in zukünftigen Versionen noch ausgebaut wird, ist das Einbinden anderer Artikel durch eine WikiTalk-Anweisung:

```
@@topics.TextBauStein._Body@@
```

Eine Formatvorlage für alle Seiten im aktuellen Namensraum bastelt man sich bei **FlexWiki** durch Bearbeiten der speziellen Seite *_TemplateDefault*. Der Inhalt dieser Seite wird beim Anlegen einer neuen Seite immer in das Textfeld eingefügt. Rechts neben dem Bearbeitungsfeld stehen weitere *Topic Templates* in einer Auswahlliste zur Verfügung. Dies sind aber wiederum keine Formatvorlagen für ganze Seiten, sondern Textbausteine, die durch Klick auf den Pfeil neben der Auswahlliste per JavaScript in das Bearbeitungsfeld eingefügt werden – jedenfalls wenn der Browser mitspielt. Getestet wurde die Funktion anscheinend nur im Internet Explorer.

Bild 2.32: Auswahl eines Textbausteins

Die Liste dieser Topic Templates wird erweitert, indem man neue Seiten der Form *_TemplateTopicTemplateName* im aktuellen Namensraum anlegt. Die beiden Topic Templates im Bild sind also Seiten mit den Namen *_TemplateChangeNotes* und *_TemplateTestTemplate*.

Beim **PmWiki** bindet man den Inhalt einer anderen Seite per include-Direktive ein:

```
(:include TextBauStein:)
```

Auch hier kann der Textbaustein in einem anderen Namensraum liegen. Wenn er nicht vorhanden ist, erscheint im Gegensatz zu FlexWiki gar kein Text. *(:include BauStein AlternativBaustein:)* bindet einen alternativen Baustein ein, wenn der erste nicht gefunden wird. Sind mehr als zwei Bausteine angegeben, wird immer der erste vorhandene genommen.

Ein besonderes Feature von PmWiki ist die Möglichkeit, nur bestimmte Ausschnitte einer Seite einzubinden. Wenn die Baustein-Seite zum Beispiel zwei Sprungmarken *[[#anfang]]* und *[[#ende]]* hat, gibt es folgende Möglichkeiten:

```
(:include TextBauStein#anfang:)
```

bindet genau die Zeile ein, die die Sprungmarke *[[#anfang]]* enthält.

```
(:include TextBauStein#anfang#ende:)
```

bindet alle Zeilen von der Zeile mit der Sprungmarke *[[#anfang]]* bis einschließlich zur Zeile mit der Sprungmarke *[[#ende]]* ein.

```
(:include TextBauStein#anfang#:)
```

bindet alle Zeilen ab der Sprungmarke *[[#anfang]]* ein.

```
(:include TextBauStein##ende:)
```

bindet alle Zeilen vor der Sprungmarke *[[#ende]]* ein.

Soweit die Dokumentation, ich konnte nicht alle dieser Fälle reproduzieren. Manchmal schien es auch eine Rolle zu spielen, ob die Sprungmarken am Anfang oder Ende der Zeile standen.

Eine andere Möglichkeit ist, nur bestimmte Zeilen aus der Zielseite einzubinden:

```
(:include TextBauStein lines=100 :)
```

bindet die ersten hundert Zeilen des Bausteins ein.

```
(:include TextBauStein lines=5..10 :)
```

bindet die Zeilen 5 bis 10 des Bausteins ein.

```
(:include TextBauStein lines=10.. :)
```

bindet alle Zeilen von der zehnten an ein.

Die dritte Anweisung bindet die allerletzte Zeile einer Seite allerdings nur dann ein, wenn diese mit einem Zeilenumbruch endet.

Am flexibelsten geht **MediaWiki** mit Textbausteinen um. Mit derselben Syntax wie bei FlexWiki ({{*TextBauStein*}}) wird ein Baustein eingebunden, allerdings sucht MediaWiki ihn immer im Namensraum *Template* (deutsch *Vorlage*). Bausteine aus anderen Namensräumen können natürlich auch durch Voranstellung des Namensraums eingebunden werden, wobei ein einfacher Doppelpunkt den Hauptnamensraum bezeichnet, aber das ist eher unüblich. Praktisch ist, daß beim Bearbeiten einer Seite alle direkt und indirekt von ihr verwendeten Vorlagen unter dem Bearbeitungsfeld aufgeführt werden.

Folgende <u>Vorlagen</u> werden von diesem Artikel verwendet:

- <u>Vorlage:Audio</u>
- <u>Vorlage:Commons2</u>
- <u>Vorlage:Dieser Artikel</u>
- <u>Vorlage:Gesprochen</u>
- <u>Vorlage:Kandidat</u>
- <u>Vorlage:Navigationsleiste EU-Staaten</u>
- <u>Vorlage:Navigationsleiste NATO-Mitglieder</u>
- <u>Vorlage:Navigationsleiste mit Bild</u>
- <u>Vorlage:Wikiquote1</u>
- <u>Vorlage:Wiktionary1</u>

Bild 2.33: Vorlagen, die der Wikipedia-Artikel zu Deutschland verwendet

Wie schon im Abschnitt zu Tabellenlayouts erklärt, werden Teilabschnitte größerer Seiten gerne in Vorlagen ausgelagert. Dies ist in der Wikipedia zum Beispiel beim Portal oder bei der Hauptseite der Fall und erfüllt dort noch einen anderen Zweck: Portal und Hauptseite sind gesperrt, dürfen also nur von Administratoren bearbeitet werden, die von diesen Seiten verwendeten Vorlagen sind hingegen freigegeben. Das heißt, es kann niemand so einfach das komplette Layout der Hauptseite zerstören, wohl aber kann jemand zum Beispiel durch Bearbeitung der Vorlage *Hauptseite Aktuelles* bequem eine Nachricht zu einem aktuellen Ereignis hinzufügen.

Es gibt drei Arten, Vorlagen einzubinden: Die erste, schon genannte, zeigt beim Darstellen der Seite den Textbaustein an der gewünschten Stelle an. In der MediaWiki-Terminologie heißt sie *dynamische Transklusion*, im Unterschied zur zweiten Methode, der statischen Transklusion. Diese substituiert (ersetzt) den Aufruf der Vorlage beim Speichern einmalig durch deren Inhalt:

```
{{subst:TextBauStein}}
```

In der Wikipedia werden so Löschanträge gestellt. Die Vorlage *Löschantrag* enthält einen Link auf die Diskussionsseite über die Löschkandidaten des heutigen Tages, der jeden Tag manuell um 1 weitergesetzt wird. Wenn jemand am 1. April einen Löschantrag auf den Artikel *Aprilscherz* setzt und die Vorlage dort einfach mit {{*Löschantrag*}} einfügt, erscheint an dieser Stelle am 2. April ein Link auf die Diskussionsseite mit den Löschkandidaten vom 2. April. Deshalb wird die Löschantrag-Vorlage beim Stellen des Antrags einmalig per *subst* in den betroffenen Artikel eingefügt, damit der einmal eingefügte Text sich nicht mehr ändert, wenn die Vorlage geändert wird.

Vorlagen können auch Kategorisierungs-Links enthalten; so erzeugt die Wikipedia-Vorlage *Exzellent* nicht in einem Artikel nicht nur den Hinweis, daß dieser in die Liste der exzellenten Artikel aufgenommen wurde, sondern sortiert ihn auch in die Kategorie *Exzellenter Artikel* ein. Wenn die Vorlage dynamisch transkludiert wird, bleibt die Anzeige, zu welchen Kategorien eine Seite gehört, auch bei einer Änderung der Vorlage aktuell – wenn zum Beispiel auf einmal in der Wikipedia höhere Qualitätsmaßstäbe angelegt werden, eine höhere Stufe der Exzellenz geschaffen wird und die *Exzellent*-Vorlage einen Artikel nur noch in die Kategorie *Ziemlich guter Artikel* einordnet. Bei der umgekehrten Sichtweise tritt aber ein Caching-Problem zutage: Der Inhalt der Kategorienseite *Exzellenter Artikel* ändert sich nicht, weil die Kategorienseite nichts von der Änderung in der Vorlage merkt. Um die Änderung wirksam werden zu lassen, muß man jede Seite, die die Vorlage verwendet, bearbeiten. Eine sogenannte *Nullbearbeitung* (vergleiche das Unwort vom *Nullwachstum*) genügt: einfach die Seite zum Bearbeiten öffnen und ohne Änderung abspeichern. Diese Bearbeitung wird nicht einmal in der Datenbank festgehalten.

Bild 2.34: Eine kategorisierte Vorlage

Vorlagen können benannte oder unbenannte Parameter haben. Unbenannte Parameter werden einfach hinter dem Namen der Vorlage angegeben, durch senkrechte Striche getrennt. In der Wikipedia gibt es zum Beispiel die Vorlagen *Commons1* und *Commons2*, die auf Mediensammlungen zu einem Thema bei Wikimedia Commons hinweisen. Aus

```
{{Commons1|Zirkuszelte}}
```

wird, etwas gekürzt, der folgende Link:

```
Weitere Bilder, Videos oder Audiodateien
zum Thema [[commons:Zirkuszelte|Zirkuszelte]]
```

Denn die Vorlage ist so definiert:

```
Weitere Bilder, Videos oder Audiodateien
zum Thema [[commons:{{{1}}}|{{{1}}}]]
```

Bei Verwendung der Vorlage *Commons2* kann man dem Link eine alternative Beschriftung geben:

```
Weitere Bilder, Videos oder Audiodateien
zum Thema [[commons:{{{1}}}|{{{2}}}]]
```

Aufgerufen wird sie zum Beispiel mit

```
{{Commons2|category:atlantic ocean|Atlantischer Ozean}}
```

... was in diesem Fall sehr sinnvoll ist, weil die Seiten bei Wikimedia Commons meist englische Namen haben. $\{\{\{ZAHL\}\}\}$ wird also durch den soundsovielten Parameter der Vorlage ersetzt. Wenn eine Vorlage einen Parameter erwartet, dieser aber beim Aufruf nicht angegeben wird, erscheint an dieser Stelle der häßliche Klartext $\{\{\{ZAHL\}\}\}$. Es gibt bisher keinen Mechanismus, der einen Parameter nur dann anzeigt, wenn er angegeben wurde, und sonst nicht. Dagegen helfen nur üble Tricksereien mit CSS, die unten bei den benannten Parametern kurz vorgestellt werden.

Ein benannter Parameter wird einer Vorlage mit *name=wert* übergeben und von dieser mit $\{\{\{name\}\}\}$ verwendet. Wegen dieser besonderen Bedeutung des Gleichheitszeichens darf der Wert eines unbenannten Parameters keines enthalten. Tut er es doch, muß man den Namen des Parameters, also die jeweilige Nummer, voranstellen, zum Beispiel *1=1+1=2*, falls es sich um den ersten Parameter handelt. Senkrechte Striche, die den Alternativtext eines Links vom Ziel des Links trennen, sind in Parameterwerten allerdings erlaubt.

Eine prominentes Beispiel für die Verwendung benannter Parameter in der Wikipedia ist die Vorlage *Vorgänger-Nachfolger*, die vor allem in Personenbiographien verwendet wird, um auf den Vorgänger oder Nachfolger in dem Amt zu verweisen, das die betroffene Person innehat(te). Zum Beispiel:

```
{{Vorgänger-Nachfolger|VORGÄNGER=[[Johannes Paul I.]]⏎
 |NACHFOLGER=[[Benedikt XVI.]]⏎
 |AMT=[[Papst]] ([[Liste der Päpste]])|ZEIT=[[1978]]-[[2005]]}}
```

Vorgänger	Papst (Liste der Päpste)	Nachfolger
Johannes Paul I.	1978-2005	Benedikt XVI.

Bild 2.35: Die Vorgänger-Nachfolger-Vorlage in der Wikipedia

Und so ist die Vorlage definiert:

```
<div style="clear:both;" class="NavContent">
{| align="center" style="width:90%;font-size:100%;⏎
 border:1px solid #aaaaaa;background-color:#f9f9f9; ⏎
 padding:5px;font-size: 95%;"
|- align="center"
| width="35%" | '''Vorgänger'''<br />{{{VORGÄNGER}}}
| width="30%" | '''{{{AMT}}}'''<br />{{{ZEIT}}}
| width="35%" | '''Nachfolger'''<br />{{{NACHFOLGER}}}
|}
</div>
```

Beim Aufruf dürfen die Parameter in beliebiger Reihenfolge auftreten. Im Gegensatz zu Vorlage mit unbenannten Parametern darf man durch Zeilenumbrüche mehr Übersicht schaffen. Wo man die Zeilenumbrüche und die senkrechten Striche setzt, ist nicht ganz beliebig, aber durch Ausprobieren ergeben sich mehrere Möglichkeiten:

```
{{Vorgänger-Nachfolger|
NACHFOLGER=[[Benedikt XVI.]]
|VORGÄNGER=[[Johannes Paul I.]]
|ZEIT=[[1978]]-[[2005]]
|AMT=[[Papst]] ([[Liste der Päpste]])
}}
```

Alternativ:

```
{{Vorgänger-Nachfolger|
AMT=[[Papst]] ([[Liste der Päpste]])|ZEIT=[[1978]]-[[2005]]|
VORGÄNGER=[[Johannes Paul I.]]|NACHFOLGER=[[Benedikt XVI.]]}}
```

Einen Parameter darf man nicht einfach weglassen; wenn er keinen Wert hat, schreibt man *NAME=*. Wenn bei der Vorgänger-Nachfolger-Vorlage jemand keinen Nachfolger hat, weil er zum Beispiel der momentane Amtsinhaber ist, erscheint dann aber trotzdem die Überschrift *Nachfolger*. Bei obiger Vorlage stört das nicht weiter, aber in anderen Fällen möchte der Autor so etwas wie »Wenn der Parameter NAME leer ist, dann zeige den folgenden Text nicht an.« Eine MediaWiki-Vorlage ist allerdings nicht so mächtig wie eine Funktion in einer Programmiersprache[1]; deshalb ist dies nur mit Tricks möglich. Die Vorlage *Phoninfo* in der deutschen Wikipedia macht es vor: Sie dient zur Beschreibung eines Lauts im phonetischen Sinne und erlaubt es, bis zu zwanzig Links auf Audiodateien mit Hörbeispielen anzugeben, wobei nur die Links angezeigt werden sollen, für deren Parameter (*AudiodateiN* mit *N* zwischen 1 und 20) ein Wert angegeben wurde. Gelöst wird dies, indem zu jedem dieser Parameter ein weiterer namens *AudioN-Anzeige* hinzukommt, der besagt, ob der Link zur soundsovielten Audiodatei angezeigt werden soll; sein Wert ist entweder *block* oder *none*. Im Quelltext der Vorlage wird er innerhalb einer CSS-Formatierung verwendet:

```
<div style="display:{{{Audio1-Anzeige}}}">...</div>
```

display:block bedeutet Anzeige als Block mit Zeilenumbruch vorher und nachher, *none* zeigt das Element gar nicht an. Für andere HTML-Elemente gibt es neben vielen weiteren möglichen Werten auch *inline* für die Anzeige innerhalb einer Textzeile, also ohne Zeilenumbruch. Innerhalb des *DIV*-Elements zeigt die Phoninfo-Vorlage unter anderem den Wert des Parameters *AudiodateiN* an. Hat *AudioN-Anzeige* den Wert *none*, steht dann zwar im HTML-Quelltext der Seite der häßliche Text {{{*AudiodateiN*}}}, aber aufgrund der CSS-Anweisung zeigt der Browser ihn nicht an.

---

[1] Das »Conditional Markup« im PmWiki ist mächtiger; siehe Kapitel 7.

Bevor Sie aber nun denken, daß anspruchsvolle Probleme mit Vorlagen nur auf solchen Umwegen gelöst werden können, empfehle ich Ihnen die Lektüre der Seite *Help:Template* im Meta-Wiki von Wikimedia. Für Programmierer ist die Seite *Help:Template names, variable names and parameters depending on a variable or parameter* interessant, die zeigt, daß es unter gewissen Umständen doch möglich ist, von Parameterwerten abhängige Bedingungen in Vorlagen einzubauen. So kann beispielsweise in den Namen einer von einer Vorlage verwendeten zweiten Vorlage ein Parameterwert eingesetzt werden: {{*Bild*{{{*1*}}}|{{{*2*}}}}} bindet, mit erstem Parameter 1 und zweitem Parameter »Hallo« aufgerufen, die Vorlage *Bild1* mit Parameter *Hallo* ein.

Bei der »Programmierung« von Vorlagen helfen einige vordefinierte Variablen wie {{*CURRENTTIME*}} für die aktuelle Uhrzeit; eine Übersicht enthält Kapitel 8 oder unter *Help:Variable* im Meta-Wiki.

Als Lehrbeispiele empfehle ich folgende Lösungen aus der deutschen Wikipedia, die mit Vorlagen realisiert wurden:

♦ *Magisches Quadrat*, verwendet *Vorlage:4x4 type square* und mehr.

♦ *Bundesautobahn 1*, verwendet *Vorlage:BAB AS* und andere.

♦ *Wikipedia:Babel*, verwendet *Vorlage:Babel-1*, *Vorlage:Babel-2* usw.

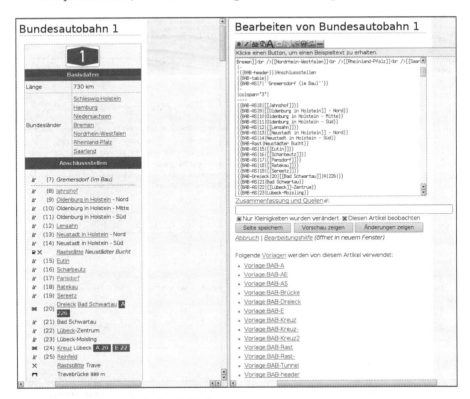

Bild 2.36: Arbeitsersparnis durch Vorlagen

Noch interessantere, teilweise aber auch realitätsfernere Beispiele liefert das Meta-Wiki:

- *Template:Chess position*, verwendet im *WikiProject Chess*
- *Template:Square 8x8 pentomino example*, erklärt auf der Diskussionsseite

2.9 VERSIONEN

2.9.1 Alte Versionen einer Seite

Ein Wiki vergißt nichts, zu jeder Seite werden die alten Versionen gespeichert. Die Versionsgeschichte einer Seite ist üblicherweise durch einen Link zu erreichen, der *History*, *Versionen*, *other revisions* oder ähnlich heißt. Er führt zu einer Liste mit allen Änderungen an der Seite (Vorsicht: UseMod löscht in der Voreinstellung alte Versionen nach vierzehn Tagen, siehe das Kapitel 6!), jeweils mit Datum, Bearbeiter und Bearbeitungsvermerk.

In der Standardinstallation zeigt **UseMod** gleich auch den Unterschied zwischen der aktuellen und der vorigen Version an. Wie fast jedes Wiki hinterlegt UseMod dabei die vorige Version gelb, die aktuelle grün. Man kann auch zwei andere Versionen zum Vergleich auswählen oder sich den vollständigen Inhalt einer früheren Version der Seite anzeigen lassen.

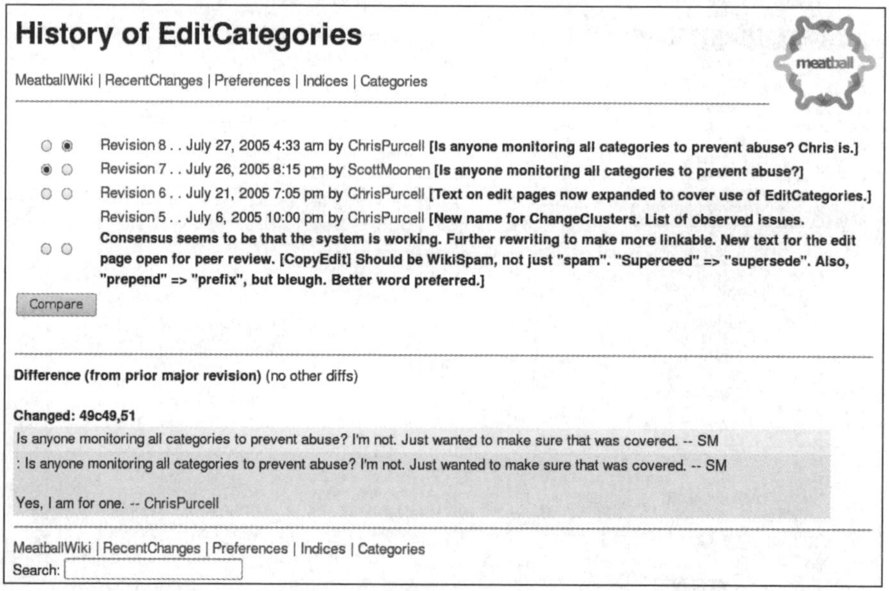

Bild 2.37: Alte Versionen einer Seite bei UseMod

Eine alte Version stellt man her, indem man sie anzeigt, bearbeitet und dann abspeichert.

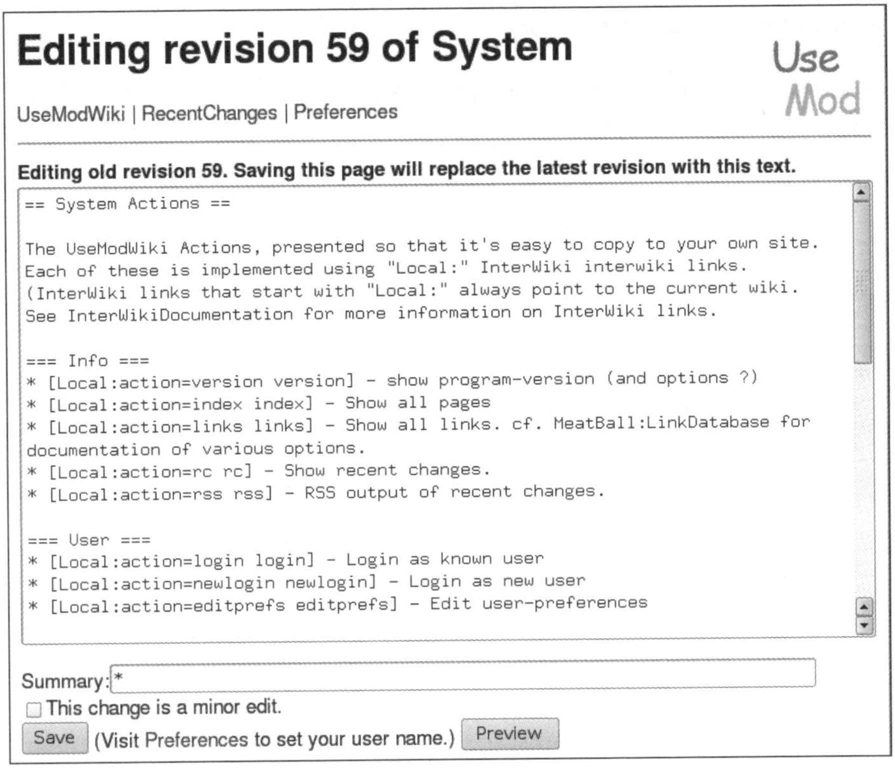

Editing revision 59 of System

Use Mod

UseModWiki | RecentChanges | Preferences

Editing old revision 59. Saving this page will replace the latest revision with this text.

```
== System Actions ==

The UseModWiki Actions, presented so that it's easy to copy to your own site.
Each of these is implemented using "Local:" InterWiki interwiki links.
(InterWiki links that start with "Local:" always point to the current wiki.
See InterWikiDocumentation for more information on InterWiki links.

=== Info ===
* [Local:action=version version] - show program-version (and options ?)
* [Local:action=index index] - Show all pages
* [Local:action=links links] - Show all links. cf. MeatBall:LinkDatabase for
documentation of various options.
* [Local:action=rc rc] - Show recent changes.
* [Local:action=rss rss] - RSS output of recent changes.

=== User ===
* [Local:action=login login] - Login as known user
* [Local:action=newlogin newlogin] - Login as new user
* [Local:action=editprefs editprefs] - Edit user-preferences
```

Summary: `*`

☐ This change is a minor edit.

Save (Visit Preferences to set your user name.) Preview

Bild 2.38: Eine alte Version wiederherstellen

PmWiki zeigt auf der Seite *Page History* direkt alle Änderungen als Unterschied zwischen der Version vor der Änderung und der Version nach der Änderung an. Man kann wählen, ob die von der Änderung betroffenen Texte im Wiki-Quelltext angezeigt werden sollen oder formatiert, weiter lassen sich kleine Änderungen ausblenden. Bei jeder Version gibt es einen Link, um diese (mit Umweg über das Bearbeitungsfenster) wiederherzustellen (Restore). Dafür ist es umständlicher, sich eine alte Version einfach nur anzusehen, das geht auf dem Wege Wiederherstellen-Vorschau.

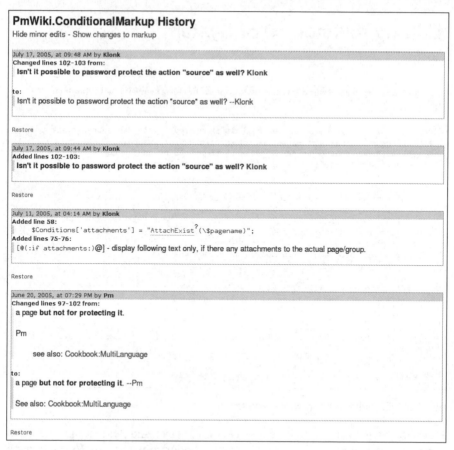

Bild 2.39: Versionsunterschiede im PmWiki

FlexWiki zeigt die letzten Versionen einer Seite (bis zu fünf) schon in der Seitenleiste an. Die Übersichtsseite mit allen Versionen ist höchst unspektakulär: Unterschiede zwischen Versionen lassen sich noch nicht anzeigen. Alte Versionen einer Seite kann man sich allerdings anzeigen, und parallel dazu erscheint in der Seitenleiste auch ein Knopf zum Wiederherstellen.

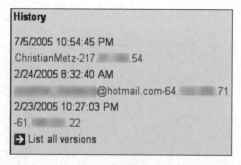

Bild 2.40: Die letzten Versionen einer FlexWiki-Seite

In der Versionsgeschichte einer **MediaWiki**-Seite kann man wie bei UseMod zwei Versionen auswählen und miteinander vergleichen. Die praktischen Links auf der linken Seite gehen direkt zum Vergleich der jeweiligen Version mit der aktuellen Version beziehungsweise der Vorgänger-Version. Wenn die Bearbeitungsvermerke Links oder, bei Bearbeitung von Abschnitten, Überschriften (/* *Überschrift* */) enthalten, werden diese formatiert dargestellt: Links verweisen zu ihrer Zielseite, durch Klick auf den Pfeil vor einer Überschrift springt man genau diesen Abschnitt der Seite an.

Bild 2.41: Versionen des Wikipedia-Artikels *Reichstagsgebäude*

Besonders komfortabel bequem ist beim Betrachten einer alten Version einer Seite die Möglichkeit, sich entlang von Navigationslinks zur nächstälteren oder -jüngeren Version zu bewegen. Dies ist auch in der Vergleichsansicht zweier Versionen möglich. Die Wiederherstellung einer alten Version funktioniert wie bei UseMod: die alte Version öffnen, bearbeiten und abspeichern. Administratoren können schließlich zur leichteren Bekämpfung von Vandalismus die letzte Änderung eines Artikels, genauer: alle aufeinanderfolgenden Änderungen, die der letzte Bearbeiter vorgenommen hat, mit einem einzigen Klick rückgängig machen, ihnen wird ein spezieller Link *Zurücksetzen* (englisch *revert*) angezeigt. Als Zusammenfassung dieses besonderen Bearbeitungsvorgangs erzeugt die Software automatisch den Text »Änderungen von Benutzer:Böse rückgängig gemacht und letzte Version von Benutzer:Gut wiederhergestellt.« Aber Vorsicht: Wer davon zu oft Gebrauch macht, provoziert leicht Editwars!

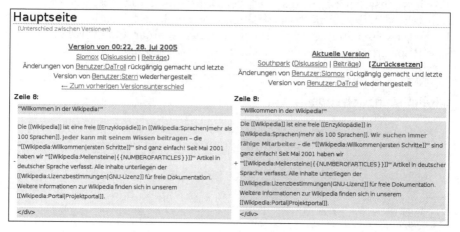

Bild 2.42: Ein Revert des Reverts? Lieber nicht!

Zusammen mit einer Versionsdifferenz zeigt MediaWiki auch Informationen über die Bearbeiter an. Bei einem angemeldeten Benutzer gibt es einen Link auf seine Benutzerhomepage, für Rückfragen oder Kritik kommt man mit einem Klick auf seine Diskussionsseite. Bei der Beurteilung, wen man hier vor sich hat, hilft auch ein Blick auf die Liste der Beiträge dieses Benutzers. Die liest sich ähnlich wie die Versionsgeschichte einer Seite oder die Liste der letzten Änderungen (siehe dazu den nächsten Abschnitt). Die Art und Anzahl der Beiträge eines Benutzers ist in vielen Wiki-Communities ein Maß für seine Anerkennung; siehe zum Beispiel *Wikipedia:Editcount* in der deutschen Wikipedia.

2.9.2 Änderungen im Wiki verfolgen

In jedem Wiki gibt es eine spezielle Seite, die die letzten Änderungen (englisch *recent changes*) anzeigt. Sie ist meistens von jeder Seite aus über die Navigationsleiste erreichbar und erste Adresse eines Junkies bei seinem täglichen Besuch im Wiki[1]. Wer die letzten Änderungen aktiv verfolgt, ist zum einen selbst besser informiert, was im Wiki los ist, trägt aber andererseits auch zur Bekämpfung von Vandalismus und Spam bei. (Mit Vandalismus sind hier blindwütige Zerstörungen gemeint, mit Spamming zum Beispiel das Eintragen unerwünschter (Werbe-) Links auf Wiki-Seiten.

---

[1] Lesen Sie zu diesem Thema die Seite *RecentChangesJunkie* im WikiWikiWeb unter *http://c2.com/cgi/wiki*

Weitere Informationen zu Methoden gegen Spam bieten die Seite *Wiki-Spam* im MeatballWiki und die Seite *AntiSpamFeatures* im MoinMoinWiki unter *http://moinmoin.wikiwikiweb.de.*)

Beim Betrachten der letzten Änderungen ist es meistens möglich, den Zeitraum einzustellen und zu wählen, ob kleine Änderungen ausgeblendet werden sollen. Angezeigt werden die Änderungen nach Datum geordnet jeweils mit einem Link zur aktuellen Version der geänderten Seite, dem Namen des Bearbeiters und dem Bearbeitungsvermerk. UseMod und MediaWiki bieten auch Links zum Unterschied zwischen der aktuellen und der vorigen Version an, was die Änderungen leichter nachvollziehbar macht, außerdem einen Link zur ganzen Versionsgeschichte des Artikels. Wurde eine Seite im angezeigten Zeitraum mehrmals geändert, so wird üblicherweise nur die letzte dieser Bearbeitungen angezeigt (außer bei MediaWiki), alle anderen sind dann über die Versionsgeschichte der Seite zugänglich. Leider merkt sich kaum ein Wiki, wann man zum letzten Mal da war, und zeigt die letzten Änderungen ab dann an. Technisch wäre das möglich, weil Wikis mit Benutzeranmeldung ohnehin ein Cookie auf dem Rechner des Benutzers ablegen. Eine zufriedenstellende Lösung für das Problem bietet nur MoinMoin, wo man – allerdings von Hand – bei den letzten Änderungen ein »Lesezeichen« auf die aktuelle Uhrzeit setzen kann. Bei einem späteren Besuch auf der Seite der letzten Änderungen werden diese dann nur rückwärts bis zu dem Lesezeichen angezeigt.

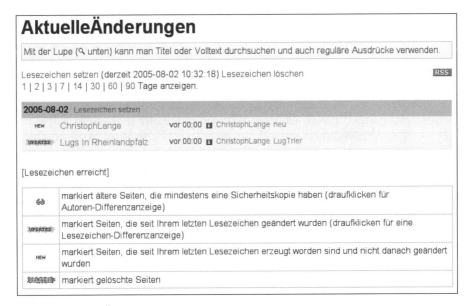

Bild 2.43: Letzte Änderungen bei MoinMoin mit gesetztem Lesezeichen

Bei MediaWiki ist dasselbe nur mit etwas mehr Handarbeit möglich: Dort gibt es einen Link *Nur Änderungen seit (aktuelle Uhrzeit) zeigen*, auf den man ein Browser-Lesezeichen setzen kann. Wenn man diese Seite mit dem

Browser öffnet, werden die letzten Änderungen nur von der aktuellen bis zurück zu diesem Zeitpunkt angezeigt.

Bei Wikis mit Namensräumen kann man die Anzeige der letzten Änderungen nach Namensraum filtern. Bei MediaWiki und **FlexWiki** geschieht dies auf der einen und einzigen Seite der letzten Änderungen, während **PmWiki** gleich für jeden Namensraum (dort WikiGroup genannt) eine eigene Seite namens *RecentChanges* verwaltet. Die gesamten Änderungen im Wiki werden auf der Seite *Site.AllRecentChanges* angezeigt. In der Konfigurationsdatei kann der Administrator, wie im PmWiki-Kochbuch unter *RecentChangesExcerpt* beschrieben, weitere Seiten definieren, die letzte Änderungen anzeigen, und dafür eigene Anzeigeformate festlegen. Außer daß sie von der Wiki-Software erzeugt werden, verhalten sich Recent-Changes-Seiten beim PmWiki wie jede andere Wiki-Seite, können also auch mit einer *include*-Direktive (siehe den Abschnitt zu Vorlagen und Textbausteinen) ganz oder ausschnittweise in andere Seiten eingebunden werden.

MediaWiki zeigt die letzten Änderungen auf der Seite *Special:Recentchanges* an. Zu jeder Änderung gibt es zusätzlich zu den Links, die UseMod anzeigt, auch einen Link auf die Benutzerseite des Bearbeiters und dessen Diskussionsseite, für Administratoren außerdem einen mit *blockieren* beschrifteten Link auf die Seite zur Benutzersperrung (siehe Abbildung). Bei anonymen Benutzern gibt es statt des Links zur Benutzerseite einen Link zu den Beiträgen des Benutzers (siehe oben). Auch andere Aktionen, die keine Seitenbearbeitungen im eigentlichen Sinne sind, werden bei den letzten Änderungen angezeigt und von dort auf die entsprechenden Logbücher verlinkt (siehe Kapitel 8): Sperrungen, Löschungen und Verschiebungen von Seiten sowie hochgeladene Dateien.

Neue Artikel und kleine Änderungen werden als solche gekennzeichnet, kleine Änderungen lassen sich auf Wunsch ausblenden. Weitere Filterungen sind in Abhängigkeit vom Benutzerstatus (siehe Kapitel 8) möglich: Änderungen von Bots, also vom Wiki-Betreiber einzeln zugelassenen Accounts, mit denen jemand automatisiert Änderungen wie zum Beispiel Korrekturen von Rechtschreibfehlern durchführt, werden normalerweise ausgeblendet, können aber auf Wunsch auch angezeigt werden. Ebenso kann man Änderungen von angemeldeten Benutzern ausblenden, denn blindwütige Zerstörungen kommen eher von anonymen Benutzern. Als weiteres Mittel gegen Vandalismus und Spam gibt es sogenannte patrouillierte beziehungsweise überprüfte Bearbeitungen (siehe *Help:Patrolled edit* im Meta-Wiki). Wenn diese in einem MediaWiki eingeschaltet sind, werden, je nach Konfiguration, für alle Benutzer oder nur für Administratoren noch nicht »patrouillierte« Änderungen mit einem roten Ausrufezeichen hervorgehoben. Um eine solche Änderung als überprüft zu kennzeichnen, öffnet man die betreffende Seite und klickt unten auf *als patrouilliert markieren*. Patrouillierte Änderungen lassen sich in der Liste der letzten Änderungen ebenfalls ausblenden.

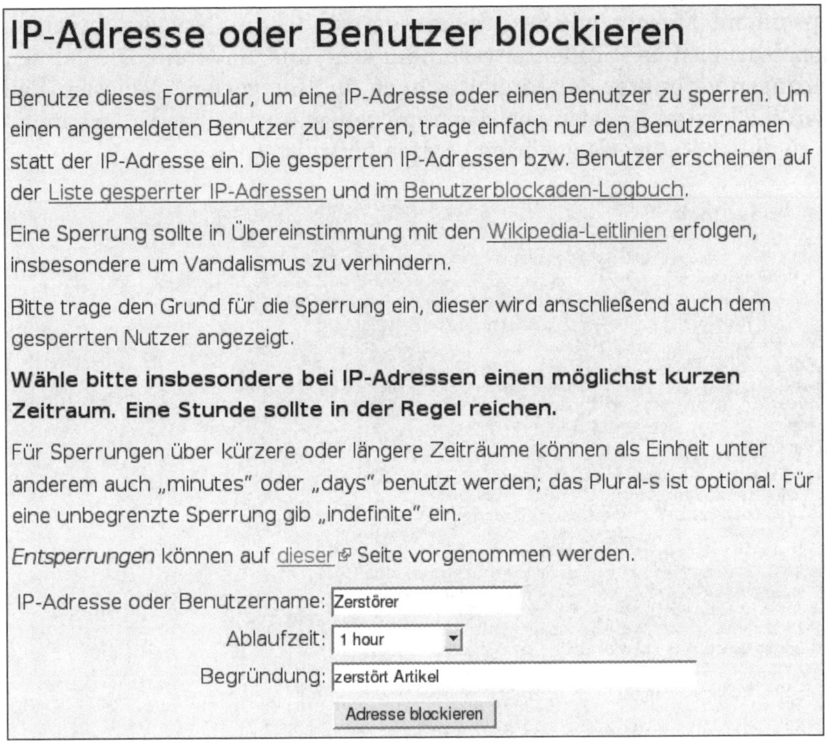

IP-Adresse oder Benutzer blockieren

Benutze dieses Formular, um eine IP-Adresse oder einen Benutzer zu sperren. Um einen angemeldeten Benutzer zu sperren, trage einfach nur den Benutzernamen statt der IP-Adresse ein. Die gesperrten IP-Adressen bzw. Benutzer erscheinen auf der Liste gesperrter IP-Adressen und im Benutzerblockaden-Logbuch.

Eine Sperrung sollte in Übereinstimmung mit den Wikipedia-Leitlinien erfolgen, insbesondere um Vandalismus zu verhindern.

Bitte trage den Grund für die Sperrung ein, dieser wird anschließend auch dem gesperrten Nutzer angezeigt.

Wähle bitte insbesondere bei IP-Adressen einen möglichst kurzen Zeitraum. Eine Stunde sollte in der Regel reichen.

Für Sperrungen über kürzere oder längere Zeiträume können als Einheit unter anderem auch „minutes" oder „days" benutzt werden; das Plural-s ist optional. Für eine unbegrenzte Sperrung gib „indefinite" ein.

Entsperrungen können auf dieser ☞ Seite vorgenommen werden.

IP-Adresse oder Benutzername: `Zerstörer`

Ablaufzeit: `1 hour ▾`

Begründung: `zerstört Artikel`

`Adresse blockieren`

Bild 2.44: Benutzersperrung in der Wikipedia

Wer als angemeldeter Benutzer in seinen Einstellungen unter *Letzte Änderungen* die *erweiterten letzten Änderungen* einschaltet, werden mehrfache Änderungen an einer Seite im betrachteten Zeitraum nicht chronologisch geordnet dargestellt und somit über die ganze Änderungsliste verstreut, sondern zu einem einzelnen, durch Klick auf einen Pfeil aufklappbaren Eintrag zusammengefaßt.

Im größten Einzelwiki der Welt, der englischen Wikipedia, mit fast hundert Bearbeitungen pro Minute in Spitzenzeiten, hat am Verfolgen der letzten Änderungen keine Freude mehr, wer sich nur für bestimmte Seiten interessiert. Dafür gibt es in der Navigationsleiste des MediaWiki eine spezielle Funktion, die nur die letzten Änderungen an den Seiten zeigt, die von der aktuellen Seite aus verlinkt sind. Die Funktion heißt auf Englisch *Related changes*, in der deutschen Version der Software ist sie etwas unglücklich mit *Verlinkte Seiten* übersetzt, wahrscheinlich, weil »Letzte Änderungen der verlinkten Seiten« zu lang ist. Somit kann sich ein Benutzer, zum Beispiel als Unterseite seiner Homepage, eine Seite anlegen mit Links zu für ihn interessanten Seiten. Ebenso kann der Wiki-Betreiber oder die Community mit Seiten verfahren, die potentiell bedroht sind, siehe zum Beispiel *Wikipedia:Beobachtungskandidaten* in der deutschen

Wikipedia mit Themen wie Sex, Religionen und Sekten, Kriegsverbrechen, Nationalsozialismus, Studentenverbindungen[1] und anderen. Die letzten Änderungen verlinkter Seiten gibt es auch für Kategorien, in diesem Fall werden die letzten Änderungen der unmittelbar (nicht über Unterkategorien) zu dieser Kategorie gehörigen Seiten aufgelistet.

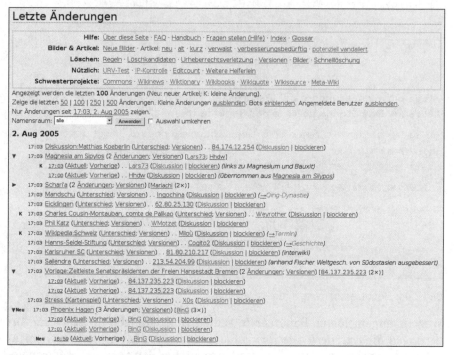

Bild 2.45: Dienstag, 2. August 2005, 17:03 Uhr in der deutschen Wikipedia

Eine Alternative dazu ist die Beobachtungsliste (englisch *watch list*), die sich jeder angemeldete Benutzer anlegen kann. Zur Beobachtung vormerken läßt sich eine Seite einmal durch Ankreuzen der entsprechenden Option beim Bearbeiten, aber auch mit dem Link *Beobachten* am oberen Rand jeder Seite. In der Navigationsleiste oben rechts im Browserfenster hat jeder Benutzer Zugriff auf seine Beobachtungsliste. Sie sieht ähnlich aus wie die Liste der letzten Änderungen – ohne die erweiterten Features –, zeigt aber immer nur die letzte Änderung an einer Seite an. Im Gegensatz zur Liste der letzten Änderungen der verlinkten Seiten kann man auf der Beobachtungsliste allerdings beliebig weit zurückgehen (stellen Sie dazu bei *Tage* »alle« ein), während die Änderungen der verlinkten Seiten aus den letzten Änderungen im gesamten Wiki herausgefiltert werden, die man nicht beliebig weit zurück in die Vergangenheit verfolgen kann.

---

[1] Dieses Thema ist ein wunder Punkt in der deutschen Wikipedia, siehe *Wikipedia:Vermittlungsausschuss/Streit zum Themenkomplex »Studentische Verbindungen«*.

Oben auf der Beobachtungsliste erscheint ein Link zum Bearbeiten derselben. Folgt man dem Link, sieht man alle beobachteten Seiten, nach
Namensraum und dann alphabetisch geordnet. Man kann einzelne auswählen, die man nicht mehr beobachten möchte.

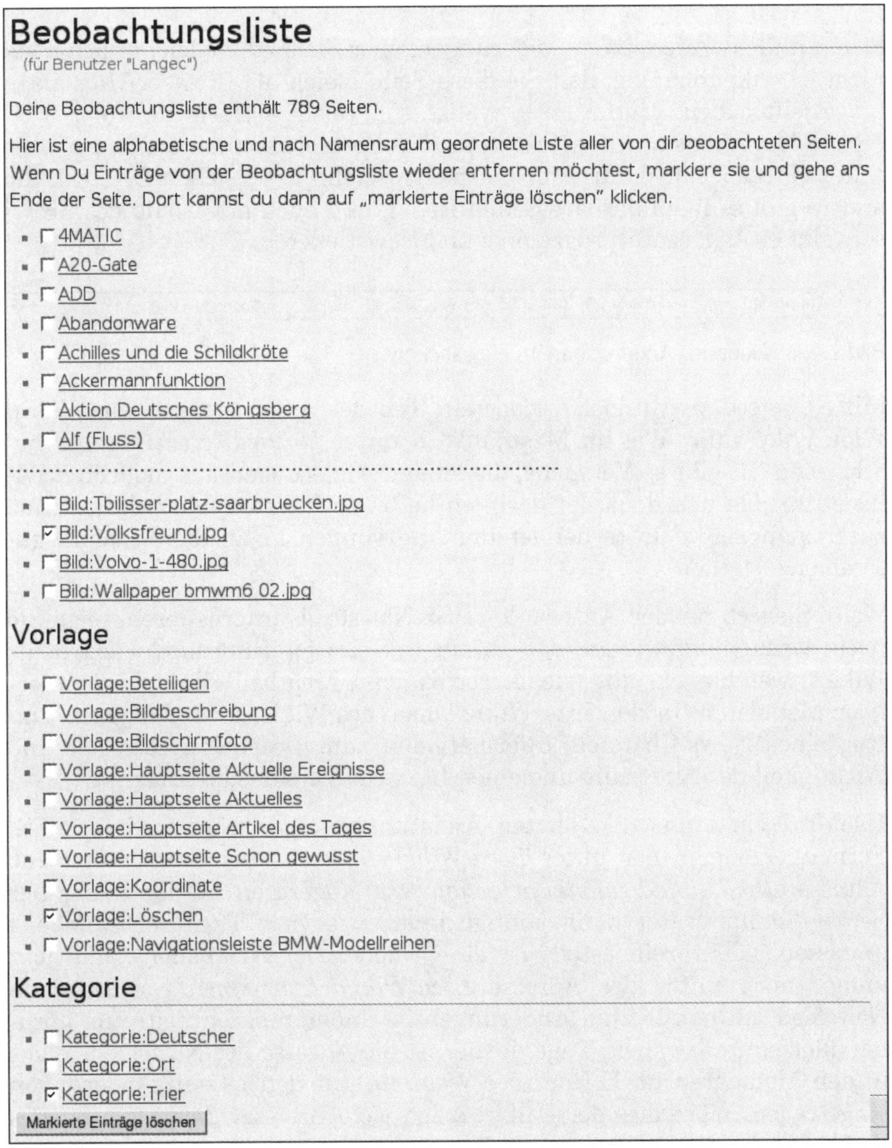

Beobachtungsliste

(für Benutzer "Langec")

Deine Beobachtungsliste enthält 789 Seiten.

Hier ist eine alphabetische und nach Namensraum geordnete Liste aller von dir beobachteten Seiten.
Wenn Du Einträge von der Beobachtungsliste wieder entfernen möchtest, markiere sie und gehe ans
Ende der Seite. Dort kannst du dann auf „markierte Einträge löschen" klicken.

- ☐ 4MATIC
- ☐ A20-Gate
- ☐ ADD
- ☐ Abandonware
- ☐ Achilles und die Schildkröte
- ☐ Ackermannfunktion
- ☐ Aktion Deutsches Königsberg
- ☐ Alf (Fluss)

....

- ☐ Bild:Tbilisser-platz-saarbruecken.jpg
- ☑ Bild:Volksfreund.jpg
- ☐ Bild:Volvo-1-480.jpg
- ☐ Bild:Wallpaper bmwm6 02.jpg

Vorlage

- ☐ Vorlage:Beteiligen
- ☐ Vorlage:Bildbeschreibung
- ☐ Vorlage:Bildschirmfoto
- ☐ Vorlage:Hauptseite Aktuelle Ereignisse
- ☐ Vorlage:Hauptseite Aktuelles
- ☐ Vorlage:Hauptseite Artikel des Tages
- ☐ Vorlage:Hauptseite Schon gewusst
- ☐ Vorlage:Koordinate
- ☑ Vorlage:Löschen
- ☐ Vorlage:Navigationsleiste BMW-Modellreihen

Kategorie

- ☐ Kategorie:Deutscher
- ☐ Kategorie:Ort
- ☑ Kategorie:Trier

Markierte Einträge löschen

Bild 2.46: Verwaltung meiner Wikipedia-Beobachtungsliste (gekürzt)

Praktisch am Beobachten von Seiten ist, daß zu jeder Seite die zugehörige
Diskussionsseite automatisch mitbeobachtet wird. Die Änderungen der
verlinkten Seiten und die Beobachtungsliste haben allerdings gegenüber
den allgemeinen letzten Änderungen den Nachteil, daß man kein Lesezei-

chen auf einen bestimmten Zeitpunkt setzen kann, sondern immer von Hand bis zum letzten Besuch im Wiki zurückscrollen beziehungsweise -blättern muß.

Letzte Änderungen per Newsfeed

Schön und gut, die letzten Änderungen, aber Sie sind vielleicht doch noch nicht so wiki-abhängig, daß Sie diese Seite gleich als Browser-Homepage eingestellt haben. Eine Alternative ist, sich per Newsfeed informieren zu lassen. Newsfeeds abrufen, meist im RSS-Format, können einige Browser selbst (Firefox hat dafür zum Beispiel spezielle Lesezeichen-Ordner), für andere gibt es installierbare Seitenleisten, und auch außerhalb des Browsers gibt es Aggregatorprogramme und Newsticker.

+++ W Wikipedia:Löschkandidaten/31. Juli 2005 +++ W Wikipedia Diskussion:Formatvorlage Chemikalien +++

Bild 2.47: Wikipedia-Änderungen im Newsticker

Mit Newsfeeds wird doch wieder ein Teil des alten Traums vom World Wide Wiki wahr. Wie im MeatballWiki unter *UnifiedRecentChanges* beschrieben ist, gibt es Versuche, die letzten Änderungen aus mehreren Wikis abzurufen und dank der darin enthaltenen Informationen daraus eine zusammengefaßte Liste der letzten Änderungen in all diesen Wikis zusammenzustellen.

Wenn Sie sich für den Aufbau von RSS-Newsfeeds interessieren, seien Sie noch darauf hingewiesen, daß es ein RSS-Erweiterungsmodul extra für Wiki-Anwendungen gibt (siehe *ModWiki* im MeatballWiki). Es definiert neue Metadaten für den InterWiki-Namen des Wikis, sowie für jeden Eintrag eines News-Channels Informationen zum Bearbeiter, der Art und Wichtigkeit der Änderung und einen Link zur Versionsdifferenz.

UseMod kann aus den letzten Änderungen einen Newsfeed im RSS-Format erzeugen, der unter *LocalWiki:action=rss* (wird umgesetzt zur Adresse *http://.../pfad/zu/wiki.pl?action=rss*) abgerufen werden kann. Der Server-Administrator kann konfigurieren, wie viele Tage der Newsfeed umfassen soll, voreingestellt ist eine Woche. Der Anwender kann aber immer noch unter der Adresse *LocalWiki:action=rss&days=21* einen Newsfeed mit den letzten Änderungen in einem anderen Zeitraum abrufen, hier einundzwanzig Tage. Leider ist die Adresse des Newsfeeds nicht in den Metadaten im Header der Webseite mit den letzten Änderungen eingetragen. Wäre dies der Fall, würden viele Browser direkt ein kleines Symbol in der Statusleiste anzeigen, um den Newsfeed zu abonnieren.

PmWiki schickt mit jeder erzeugten Webseite die Information mit, daß es einen Newsfeed gibt, wenn der Administrator diesen aktiviert hat (siehe Kapitel 7). PmWiki zeigt einen Newsfeed an, wenn man an den URL einer Wiki-Seite den Parameter *?action=rss* anhängt. (Wenn es schon Parameter gibt, fügen Sie einen weiteren mit *&action=rss* an.) Dies ist für Seiten mit *letzten Änderungen* möglich, allgemein aber auch für jeden sogenannten *WikiTrail* (englisch *trail* = Pfad). Ein WikiTrail ist im einfachsten Falle eine Seite mit einer Liste von Links zu anderen Seiten, wobei in jedem Listenelement nur der erste Link zählt. Zum Beispiel:

```
! Meine Beobachtungsliste


* HauptSeite
* RevolutionImWiki
* mein FreundesKreis
```

MediaWiki kann bisher nur aus den letzten Änderungen und den neuen Seiten (*Special:Newpages*) Newsfeeds in den Formaten RSS und Atom erzeugen, diese sind aber nicht weiter konfigurierbar. Auf einer Wiki-Seite erzeugt man einen Link zum Newsfeed am besten mit {{*SERVER*}}{{*localurl:Special:Recentchanges|feed=rss*}} für die letzten Änderungen beziehungsweise {{*SERVER*}}{{*localurl:Special:Newpages|feed=rss*}} für die neuen Seiten. Daraus wird ein URL in der Art *http://.../pfad/zu/index.php?title=Special:Recentchanges&feed=rss*. Der Atom-Feed ist mit dem Parameter *feed=atom* erreichbar.

Die Newsfeeds bei einem **FlexWiki** verbergen sich hinter dem Navigationslink *Subscriptions*. Jeder Newsletter (siehe Kapitel 9 und *http://www.flexwiki.com/default.aspx/FlexWiki/WikiNewsletter.html*) ist unter der Adresse *http://.../rss.aspx?newsletter=NamensRaum.NewsLetterName* als RSS-Feed verfügbar, wobei ein Newsletter beliebige Wiki-Seiten umfassen kann. Außerdem gibt es für jeden Namensraum unter *http://.../rss.aspx?namespace=NamensRaum* einen Newsfeed mit den letzten Änderungen darin; mit den URL-Parametern *namespace=NamensRaum&inherited=y* werden auch alle von diesem Namensraum importierten Namensräume berücksichtigt.

2.10 UPLOADS

Bilder, vielleicht sogar Videos oder PDF-Dokumente in einem Wiki sind schön und gut, aber irgendwie müssen sie ins Wiki reinkommen. Die Wiki-Software erlaubt es meistens, solche Dateien hochzuladen, wenn der Server-Administrator dies freigeschaltet hat. Als Anwender gilt es aber zu beachten, daß fast immer die Größe der hochgeladenen Dateien beschränkt ist (etwa auf hundert Kilobyte) und daß meistens nur bestimmte Dateitypen wie zum Beispiel Bilder zugelassen sind. Insbesondere ausführbare Dateien, etwa binäre Programmdateien oder PHP-Skripte sind im Interesse der Sicherheit fast immer verboten.

Wenn bei **UseMod** Uploads freigeschaltet sind (siehe Kapitel 6), erscheint in der Navigationsleiste unten ein zusätzlicher Link, der zum Upload-Formular (URL-Parameter *action=upload*) führt.

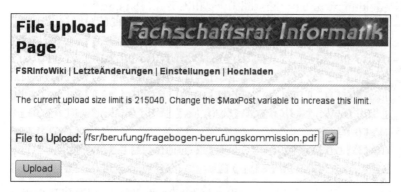

Bild 2.48: Upload-Formular bei UseMod

Die hochgeladene Datei ist ab sofort über den Wiki-Link *upload:DATEI-NAME* erreichbar. Wenn dieser Text irgendwo auf einer Seite steht, verweist er auf die hochgeladene Datei; handelt es sich dabei um ein Bild, wird es angezeigt. Eine hochgeladene Datei wird überschrieben, wenn eine neue Datei mit demselben Namen hochgeladen wird. Da außer dem Server-Administrator niemand hochgeladene Dateien ganz löschen kann, empfiehlt die UseMod-Dokumentation, stattdessen eine ein Byte große Datei mit demselben Namen hochzuladen.

PmWiki verwaltet hochgeladene Dateien nicht in einem einzigen, zentralen Namensraum (*WikiGroup* im PmWiki-Jargon). Wie bei E-Mails ist die Rede von Anhängen (englisch *attachments*), und PmWiki organisiert diese Anhänge gruppenweise; eine seitenweise Verwaltung läßt sich auch konfigurieren. Wenn der Administrator Uploads freigeschaltet hat, kommt man wie bei UseMod durch Anhängen von *?action=upload* an den URL einer Wiki-Seite zu einem Upload-Formular für den Namensraum der Seite (das ist *Main*, wenn man *?action=upload* direkt an den URL des PmWiki-PHP-Skripts anhängt), das noch einmal freundlich in fünf Schritten erklärt, wie man etwas hochlädt. Im Gegensatz zu UseMod ist es möglich, dem Anhang einen anderen Namen zu geben als die zum Upload ausgewählte Datei hat.

Hochgeladene Dateien erscheinen unter der Überschrift *existing uploads* unter dem Formular jeweils mit Dateigröße und Zeitstempel. Auch an anderer Stelle kann man mit der Direktive *(:attachlist:)* eine solche Liste anzeigen lassen. Hinter jedem Dateinamen befindet sich ein kleines Dreieck. Klickt man darauf, kommt man zu einem Upload-Formular, in dem der ausgewählte Dateiname schon als Name des Anhangs schon eingetragen ist. So kann man den gewählten Anhang mit einer neuen Datei überschreiben. Wie bei UseMod kann allerdings nur der Server-Administrator einen Anhang wieder löschen.

Attachments for Main.HomePage

pmwiki-latest.tgz: successfully uploaded

File to upload: /home/langec/cul/freeX Titel 53 web.jpg

Name attachment as: FreeXTitel32005.jpg   [Upload]

Uploads
1. Use the "Browse" button above to find the "File to upload" on your local computer.

2. For the "Name attachment as:" field, enter the name you prefer the file to have once it has been uploaded to the site. This can be the same as its filename on your source disk *or it can be different*, but make sure it has the correct file extension.

3. Press "Upload" to upload the file.

4. To refer to an attachment within a wiki page in this Main WikiGroup, simply enter Attach:*filename.ext* in the page text.

5. After uploading, you can
   • View the HomePage page or
   • Edit the HomePage page or
   • Scroll down to view the list of files that have been uploaded to the Main WikiGroup.

Existing uploads

   • Anwendungen.doc $^\Delta$ ... 117,248 bytes ... August 03, 2005, at 07:55 PM
   • pmwiki-latest.tgz $^\Delta$ ... 199,911 bytes ... August 03, 2005, at 07:57 PM

Bild 2.49: Upload-Formular bei PmWiki mit Anleitung

Bei gruppenweiser Anhangsverwaltung ist der Anhang von allen Seiten innerhalb derselben Gruppe als *Attach:DATEINAME* erreichbar. Für den Zugriff aus anderen Gruppen sollte die Hauptseite der Gruppe (also *Gruppe.Gruppe* existieren. Dann ist der Anhang als *Attach:Gruppe/DATEINAME* erreichbar. Wenn es sich bei dem Anhang um eine Bilddatei handelt und man diesen Link ohne irgendwelche eckige Klammern in den Seiten-Quelltext schreibt, zeigt PmWiki das Bild als Bild an, andernfalls setzt es einen Link auf das Bild. Wie bei anderen Links kann man auch bei Links zu Anhängen das Präfix ausblenden: *[[(Attach:)Brief.pdf]]* zeigt als Linktext nur den Dateinamen *Brief.pdf* an.

Wenn die Anhänge seitenweise organisiert sind, gelten die obigen Regeln analog. Ein Anhang *Brief.pdf* zur Seite *Arbeit.SchreibTisch* ist nur von dieser Seite aus mit *Attach:Brief.pdf* erreichbar. Von einer anderen Seite in derselben Gruppe aus muß man *Attach:SchreibTisch/Brief.pdf* schreiben, von einer anderen Gruppe aus *Attach:Arbeit/SchreibTisch/Brief.pdf*.

Bei **FlexWiki** gab es bisher einige Vorschläge und Bastelanleitungen für eine Upload-Funktionalität. Zur Zeit ruht die Arbeit daran, es wird jemand gesucht, der sich um eine Implementation kümmert.

In der **MediaWiki**-Dokumentation unter *Help:Images and other uploaded files* im Meta-Wiki werden gleich alle hochgeladenen Dateien als »Bilder« bezeichnet, weil das der häufigste Fall ist. Für jede hochgeladene Datei gibt es eine Beschreibungsseite im Namensraum *Image* (deutsch *Bild*). Jedes Wiki hat sein eigenes Upload-Verzeichnis, zusätzlich kann aber auch für eine Gruppe von Wikis ein gemeinsames Verzeichnis (*shared upload directory*) festgelegt werden. Für die Wikimedia-Projekte liegt dieses Verzeichnis zum Beispiel beim zentralen Medienarchiv Wikimedia Commons. Dateien hochladen darf man meist nur als angemeldeter Benutzer; das Formular erreicht man dann über *Special:Upload* oder den Link in der Navigationsleiste.

Hochladen

Dateien ohne (korrekten) Lizenzhinweis und Quellenangabe werden ohne Rückfrage gelöscht! Verstöße gegen das Urheberrecht können Benutzersperrung und Strafverfolgung zur Folge haben!

- **Nutzung:** Es muss erlaubt sein, dass jeder die Datei ungefragt und ohne Einschränkung verwenden darf. Es muss jedem erlaubt sein, die Datei ungefragt auch *kommerziell* verwerten zu dürfen. Eine Verwertungserlaubnis nur für Wikimediaprojekte⚹ reicht daher nicht.

- **Veränderung:** Es muss erlaubt sein, dass hochgeladene Dateien von jedem ungefragt verändert werden dürfen, und dass diese Veränderungen wieder ungefragt verbreitet werden dürfen.

- **Freie Lizenzen:** Diese Anforderungen werden durch die Freigabe der Datei unter einer *freien Lizenz* (zum Beispiel GNU FDL) erfüllt. Für alle Dateien muss der Hochladende die Erlaubnis des Urhebers haben, die Datei unter die gewählte freie Lizenz stellen zu dürfen. Er muss *unbedingt* diese Erlaubnis und einen korrekten Lizenzbaustein in der Bildbeschreibung angeben. Ist der Hochladende selbst der Urheber, muss er diese Tatsache angeben (etwa mit "selbst fotografiert"). Gemeinfreie Werke sind unter Angabe des Urhebers glaubhaft als solche zu kennzeichnen.

Neben dem Urheberrecht können durch das Hochladen auch andere Rechte berührt werden. Beispiele:

- **Persönlichkeitsrecht:** Abgebildete Personen, sofern sie nicht Personen des öffentlichen Interesses sind, müssen der Veröffentlichung zugestimmt haben.
- **Wappen und Logos:** Zusätzlich zum Urheberrecht sind noch Hoheitsrechte und Markenrechte zu beachten. Vor dem Hochladen daher bitte unbedingt den Artikel Wikipedia:Wappen lesen.

Hinweis zu Screenshots: Bildschirmabbildungen von unfreien Programmen sind nicht gestattet. Bei freien Programmen muss abgeklärt sein, dass alle vom Programm verwendeten Grafiken eine freie Lizenz haben!

Technisches:

- *Dateiname:* Die Datei sollte einen sinnvollen Namen ohne Sonderzeichen tragen. Nachträglich kann er nicht geändert werden.
- *Dateiformat:* Für Fotos bitte JPG, für Grafiken PNG benutzen (GIF nur für Animationen), für Musikdateien bitte OGG-Vorbis verwenden.
- *Bildbeschreibung:* Die notwendigen Bestandteile der Bildbeschreibung (Autor, Quelle, Inhaltsangabe usw.) werden am besten mittels der Bildbeschreibungsvorlage einheitlich angegeben.

Source filename:	`/home/langec/foto.jpg` [Browse...]
Destination filename:	`Foto.jpg`

Beschreibung:
```
Ein Bild von mir in der Badewanne

selbst fotografiert (mit Selbstauslöser) am 35. Mai 2005

{{Cc-by-2.0-de}}
```

[Dateien hochladen]

Bild 2.50: Hochladen eines Bilds bei Wikimedia Commons (MediaWiki)

Bild 2.51: Beschreibungsseite eines Bilds aus dem zentralen Archiv

Nach dem Hochladen gelangt man zur Beschreibungsseite, die Bilder in voller Größe anzeigt, oder, abhängig von den Einstellungen des Benutzers, auf eine bestimmte Maximalgröße wie 800×600 beschränkt. Die Beschreibungsseite einer beliebigen Datei sieht genauso aus wie die eines Bildes, außer daß die Datei nur durch ein kleines Icon repräsentiert wird. Auf dieser Seite kann die Datei in gewohnter Textsyntax beschrieben werden. In der Wikipedia stehen auf Bildbeschreibungsseiten neben einer kurzen Beschreibung die Quelle des Bildes (zum Beispiel *selbst fotografiert*, in diesem Fall mit Datumsangabe), der Name des Fotografen oder Zeichners und die Lizenz. Für Bilder, die in einem zentralen Upload-Verzeichnis liegen, wird zusätzlich der Beschreibungstext von dort angezeigt. Unter die Beschreibung setzt MediaWiki bei lokal hochgeladenen Bildern die vorhandenen Versionen, und am Ende der Seite stehen, sehr interessant, Links auf alle Seiten, die dieses Bild verwenden.

Das Bild, dessen Beschreibungsseite hier abgebildet ist, liegt nicht im lokalen Wiki, deshalb werden keine Versionen angezeigt. Bei lokalen Dateien erscheint wie bei Seiten eine Versionsgeschichte, in der man einzelne Versionen löschen oder eine alte Version wiederherstellen (zurücksetzen) kann. Eine neue Version legt man einfach durch Hochladen einer neuen Datei mit demselben Namen an. Vorsicht: Die Beschreibungsseite einer Datei hat eine eigene Versionsgeschichte! Wenn allerdings ein Administrator die Beschreibungsseite sperrt, ist es auch nicht mehr möglich, eine neue Version der Datei hochzuladen, und mit dem Löschen der Beschreibungsseite wird auch das Bild gelöscht.

Bild 2.52: Versionen eines lokalen Bildes

Hochgeladene Dateien werden ähnlich eingebunden wie Bilder. Allerdings können nur Bilder mit der Syntax *[[Bild:...]]* in den Seiteninhalt eingebettet werden. Zu anderen Dateien sind nur Links möglich: entweder mit *[[Media:...]]* auf die Datei direkt, oder mit *[[:Bild:...]]* auf die Beschreibungsseite.

Einen Überblick über die hochgeladenen Dateien vermittelt MediaWiki auf ähnliche Art wie bei den Seiten: *Special:Imagelist* liest sich ähnlich wie die letzten Änderungen für Seiten, ist aber nicht nur nach dem Datum des Hochladens sortierbar, sondern auch nach Name und Größe. *Special:Newimages* zeigt eine Galerie der zuletzt hochgeladenen Dateien an. Schließlich zeigt *Special:Unusedimage* verwaiste Dateien an, die keine Seite verwendet.

Bild 2.53: Galerie der neuen Bilder (und Dateien)

2.11 SUCHE IM WIKI

Auch in einem gut strukturierten Wiki braucht man manchmal die Volltextsuche. Zum Glück ist diese von jeder Seite aus erreichbar. Normalerweise unterscheidet die Suche in einem Wiki nicht zwischen Groß- und Kleinschreibung, aber das ist auch schon die einzige Gemeinsamkeit der verschiedenen Wikis.

UseMod setzt die Suche recht primitiv um: Sowohl Name als auch Inhalt aller Seiten werden nach dem Suchbegriff durchkämmt, als Ergebnis werden alle Seiten, bei denen eine Übereinstimmung gefunden wurde, alphabetisch aufgelistet. **PmWiki** zeigt die Ergebnisse nicht besser an als Use-Mod: alphabetisch, immerhin nach Namensraum (WikiGroup) geordnet.

Nach den Ergebnissen folgen einige Hinweise, wie man schlauer sucht. So ist es möglich, durch Voranstellen von *WikiGroup/* vor die durch Leerzeichen getrennten Suchwörter die Suche auf einen bestimmten Namensraum zu beschränken. Weitere Suchmöglichkeiten sind auch von Web-Suchmaschinen bekannt: das Ausschließen eines Worts durch ein vorangestelltes Minuszeichen (*wiki -wikipedia* sucht »Wiki«, aber nicht »Wikipedia«) und die Suche nach Wortverbindungen durch Einschließen in Anführungszeichen (zum Beispiel "*Ward Cunningham*"); bei mehreren Suchbegriffen müssen alle auf einer Seite vorkommen. Eine Besonderheit ist die Verwendung der Suche innerhalb von Wiki-Seiten. Die Direktive *(:searchbox:)* bindet das Eingabefeld für die Suche an Ort und Stelle in die Seite ein, die Direktive *(:searchresults Suchbegriff:)* zeigt das Ergebnis einer Suche an.

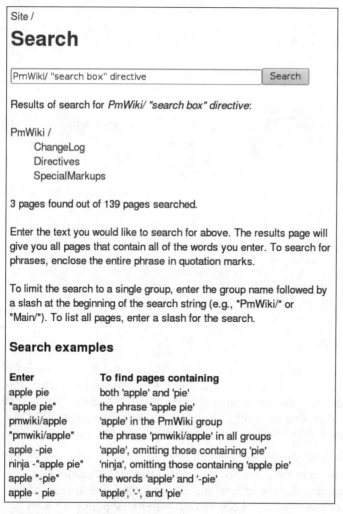

Bild 2.54: PmWiki: Suche mit hilfreichen Hinweisen

FlexWiki macht wie UseMod eine einfache Volltextsuche, die sich bis auf die Wahl des Namensraums nicht weiter beeinflussen läßt. Bei einer Suchanfrage aus mehreren Wörtern wie »wiki web« wird genau diese Wortverbindung gesucht, nicht eines der beiden Wörter irgendwo auf der Seite. In Begriffen von PmWiki oder Web-Suchmaschinen entspricht das der Schreibweise "*wiki web*". Schön an der Präsentation der Ergebnisse ist, daß aus jeder gefundenen Seite die Ausschnitte angezeigt werden, die den Suchbegriff enthalten. Dabei wird allerdings immer die ganze Quelltextzeile formatiert ausgegeben, in der der Suchbegriff gefunden wurde, was zu recht langen Ausgaben führen kann, wenn etwa ein ganzer Textabsatz in einer einzigen Quelltextzeile steht.

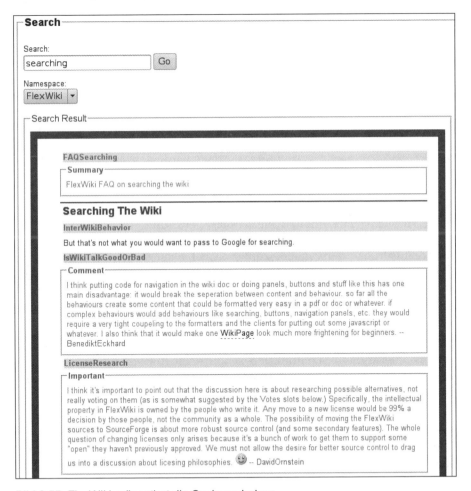

Bild 2.55: FlexWiki präsentiert die Suchergebnisse

Eine andere Suchmöglichkeit stellt das *TopicIndexBehavior* zur Verfügung, das allerdings ähnlich der *searchresults*-Direktive des PmWiki von Hand in eine Seite eingebaut werden muß und dort die Suchergebnisse anzeigt. Es kann zwar nur Seitentitel und Page Properties durchsuchen, dafür aber auch mit regulären Ausdrücken umgehen.

Unter dem Eingabefeld für den Suchbegriff bei **MediaWiki** befinden sich zwei Knöpfe: *Go* und *Search* (deutsch: *Artikel* und *Suche*). *Go* ruft die Suchfunktion mit dem URL *http://.../wiki/Special:Search?search=SUCH-BEGRIFF&go=Go* auf. Dabei wird zuerst eine Seite mit exakt diesem Namen gesucht und angezeigt, falls sie existiert. Falls nicht, werden verschiedene Groß- und Kleinschreibungen des Suchbegriffs durchprobiert, dann wird in den Seitentiteln gesucht, und wenn es dann immer noch keine Übereinstimmung gab, wird eine Volltextsuche durchgeführt. (In Wirklichkeit ist der Ablauf noch etwas komplizierter, siehe *Help:Go button* im Meta-Wiki.) Der Knopf *Search* startet direkt die Volltextsuche in Seitentiteln und Seiteninhalten mit dem URL *http://.../wiki/Special:Search ?search=SUCHBEGRIFF&fulltext=Search*; intern verwendet wird die Volltextsuche des MySQL-Datenbankservers (siehe *http://dev.mysql.com/ doc/mysql/de/fulltext-search.html*) auf dem in der Datenbank gespeicherten Wiki-Quelltext. Deren Möglichkeiten und Einschränkungen betreffen somit auch direkt die MediaWiki-Suche (siehe auch *Help:Searching* auf Meta). Es gibt keine Möglichkeit, Wortverbindungen oder Wörter mit weniger als vier Zeichen zu suchen, auch reguläre Ausdrücke werden nicht unterstützt. Allzu häufige Wörter wie »auch«, »oder«, »nicht« und so weiter, sogenannte Stoppwörter, werden von der Suche ausgeschlossen, um die Erstellung des Suchindex zu beschleunigen. Im Gegensatz zu dem von Suchmaschinen bekannten Verhalten, werden mehrere Suchwörter implizit mit »Oder« verknüpft statt mit »Und«. Dafür kann man aber boolesche Operatoren (*AND, OR, NOT*) und geklammerte Ausdrücke verwenden, zum Beispiel nach *wiki AND (community OR encyclopedia)* oder *wiki NOT wikipedia* suchen, Letzteres geht auch wie gewohnt mit *wiki -wikipedia*. Auch die Suche nach Wortanfängen ist möglich; *wiki** sucht zum Beispiel alle Wörter, die mit »wiki« anfangen.

MediaWiki zeigt zuerst die Ergebnisse der Suche in den Seitentiteln an, dann die Ergebnisse der Suche in den Seiteninhalten. Beide Ergebnismengen hat die MySQL-Suchfunktion schon nach Relevanz geordnet. Angezeigt werden mit den Suchwörtern übereinstimmende Zeilen aus dem Quelltext der Seiten.

Die Wikis von Wikimedia verwenden zur Zeit noch experimentell die Volltextsuche der Lucene-Bibliothek, die es als Erweiterung für MediaWiki gibt[1]. Diese Suchfunktion zeigt mit den Suchergebnissen gleich auch deren Relevanz an.

---

[1] Weitere Volltextsuchmaschinen, die potentiell für MediaWiki verwendet werden könnten, finden Sie unter *Fulltext search engines* im Meta-Wiki.

Suchergebnisse
Für die Suchanfrage "Wikipedis"

Für mehr Information über Kamelopedia, siehe Kamelopedia durchsuchen.

Hier sind **8** Ergebnisse, beginnend mit **#1**.

Zeige (vorherige 5) (nächste 5) (20 | 50 | 100 | 250 | 500).

Übereinstimmungen mit Überschriften

1. Wikipedia (1031 Byte)
   1: '''Wikipedia''' ist ein zusammengesetztes Wort aus dem '''kame...
   4: ...sinn]], da man meist mit den Händen schreibt. Die Wikipedia sollte sich [[Wikimania]] nennen, weil "mania" ...
2. De.wikipedia (2625 Byte)
   1: '''de.wikipedia''' ist eine Kampfarena zwischen [[Kamel]]en, [[Ri...
   4: ...task=view&id=338&Itemid=2 "Kriminelle Vereinigung Wikipedia Deutschland?"]
3. Wikipedia Projekt (1010 Byte)
   1: ...f harte Fakten beschränken, wohingegen man in die Wikipedia jeden [[Scheiße|Scheiß]] reinschreiben kann, und ...
   3: ...SA-Studie|PISA]]-belastete Kinder müssen in der [[Wikipedia]] üben, bevor sie einen Schulaufsatz schreiben.

Übereinstimmungen mit Texten

1. Portal Kamele (5374 Byte)
2. Leuchtschnabelbeutelschabe (523 Byte)
   3: ...e nicht bei allen beliebt ist. Weil in der echten Wikipedia [[Platz]] für die Leuchtschnabelbeutelschabe ist,...
3. Wikipedia (1031 Byte)
   1: '''Wikipedia''' ist ein zusammengesetztes Wort aus dem '''kame...
   4: ...sinn]], da man meist mit den Händen schreibt. Die Wikipedia sollte sich [[Wikimania]] nennen, weil "mania" ...
4. Ostmärchen (295 Byte)
   1: '''Ostmärchen''' findet man zeitweise in der [[Wikipedia]]. Dort wird von [[ProDDRlern]] versucht, diese a...
5. Kamelopedia (1685 Byte)
   4: ...jekt aus dem andere irreführende Machwerke wie: [[Wikipedia]], [[Wikiquote]], die [[Bibel]], der [[Duden]] un...

Zeige (vorherige 5) (nächste 5) (20 | 50 | 100 | 250 | 500).

Suche in Namensräumen :

☒ (Haupt-) ☐ Diskussion ☐ Kamel ☐ Kamel Diskussion ☐ Kamelopedia ☐ Kamelopedia Diskussion ☐ Bild ☐ Bild Diskussion ☐ MediaWiki ☒ MediaWiki Diskussion ☐ Vorlage ☒ Vorlage Diskussion ☐ Hilfe ☐ Hilfe Diskussion ☐ Kategorie ☐ Kategorie Diskussion

☐ Zeige auch REDIRECTs Suche nach Wikipedia [Suche]

Bild 2.56: Suchergebnisse im MediaWiki (hier: Kamelopedia)

Wenn nichts anderes eingestellt ist, wird nur der Hauptnamensraum durchsucht; unten auf der Seite mit den Suchergebnissen lassen sich aber auch zusätzliche Namensräume zum Durchsuchen auswählen. Angemeldete Benutzer können noch mehr einstellen: in welchen Namensräumen sie standardmäßig suchen möchten, wie viele Suchergebnisse und wie viele Zeilen Kontext um einen Treffer herum angezeigt werden sollen.

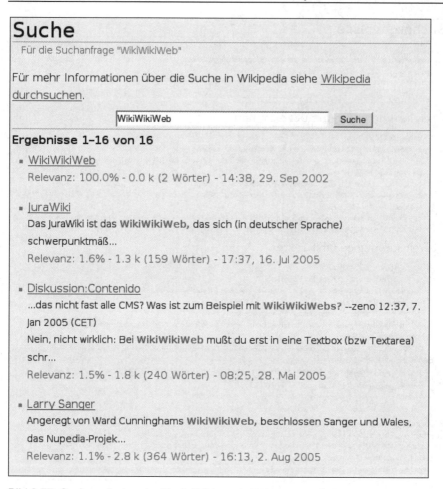

Suche

Für die Suchanfrage "WikiWikiWeb"

Für mehr Informationen über die Suche in Wikipedia siehe Wikipedia durchsuchen.

| WikiWikiWeb | Suche |

Ergebnisse 1–16 von 16

- WikiWikiWeb
  Relevanz: 100.0% - 0.0 k (2 Wörter) - 14:38, 29. Sep 2002

- JuraWiki
  Das JuraWiki ist das **WikiWikiWeb,** das sich (in deutscher Sprache) schwerpunktmäß...
  Relevanz: 1.6% - 1.3 k (159 Wörter) - 17:37, 16. Jul 2005

- Diskussion:Contenido
  ...das nicht fast alle CMS? Was ist zum Beispiel mit **WikiWikiWebs?** --zeno 12:37, 7. Jan 2005 (CET)
  Nein, nicht wirklich: Bei **WikiWikiWeb** mußt du erst in eine Textbox (bzw Textarea) schr...
  Relevanz: 1.5% - 1.8 k (240 Wörter) - 08:25, 28. Mai 2005

- Larry Sanger
  Angeregt von Ward Cunninghams **WikiWikiWeb,** beschlossen Sanger und Wales, das Nupedia-Projek...
  Relevanz: 1.1% - 2.8 k (364 Wörter) - 16:13, 2. Aug 2005

Bild 2.57: Suchergebnisse im MediaWiki, nach Relevanz sortiert

- Benutzerdaten
- Skin
- TeX
- Dateien
- Datumsformat
- Zeitzone
- Bearbeitungsseite
- Letzte Änderungen und Anzeige kurzer Artikel
- Suchergebnisse
- Verschiedene Einstellungen

Suchergebnisse

Treffer pro Seite `20`
Zeilen pro Treffer `5`
Zeichen pro Zeile `50`

In diesen Namensräumen soll standardmäßig gesucht werden:

☒ (Haupt-) ☒ Diskussion ☐ Benutzer ☐ Benutzer Diskussion ☒ Wikipedia ☒ Wikipedia Diskussion ☐ Bild ☐ Bild Diskussion ☒ MediaWiki ☒ MediaWiki Diskussion ☐ Vorlage ☒ Vorlage Diskussion ☐ Hilfe ☐ Hilfe Diskussion ☐ Kategorie ☐ Kategorie Diskussion

[Einstellungen speichern]   [Einstellungen zurücksetzen]

Bild 2.58: Die MediaWiki-Suche konfigurieren

Suche mit externen Suchmaschinen

Da die für die Volltextsuche notwendige Indexerstellung Rechnerressourcen verbraucht, die die Wikipedia in Spitzenzeiten nicht hat, wird dort manchmal die Suchfunktion abgeschaltet und stattdessen eine Suche mit externen Suchmaschinen wie Google oder Yahoo angeboten. Auch Ihr Wiki können Sie mit Google durchsuchen, sobald es einmal indiziert wurde. Dazu fügen Sie den Suchbegriffen die Einschränkung *site:ihre.wiki.domain.org* hinzu. Alternativ nehmen Sie den Link, den die Wikipedia verwendet (*http://www.google.de/custom?sa=Google+Search&domains=de.wikipedia.org&sitesearch=de.wikipedia.org*) und ersetzen einfach *de.wikipedia.org* durch Ihre Domain. Nachteil: Sie brauchen eine eigene Domain, und der Google-Suchindex ist möglicherweise nicht aktuell.

Bild 2.59: Google-Suchformular fürs Wiki

Speziell für die Wikipedia hat der Portalbetreiber WEB.DE eine innovative Suche entwickelt, die Sie *http://wiki.suche.web.de* ausprobiert werden kann. Sie zeigt zu den Suchergebnissen Bilder an, falls vorhanden, und kann außerdem mit Kategorien, Wikilinks und Autoren umgehen. So ist es möglich, die Suche weiter einzuschränken auf Artikel aus einer bestimmten Kategorie oder Artikel, zu denen ein bestimmter Autor beigetragen hat. Zum Weiterarbeiten in der Wikipedia gibt es jeweils einen Link auf den Artikel und die Diskussionsseite.

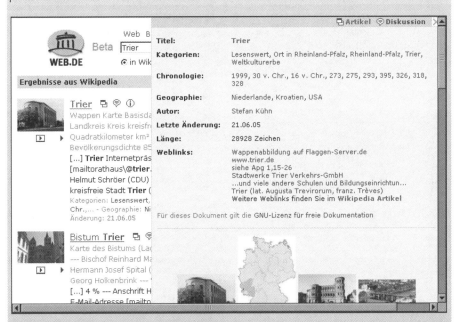

Bild 2.60: Wikipedia-Suche mit WEB.DE

Wie bei den Newsfeeds der letzten Änderungen gibt es auch bei der Suche – zumindest in den Seitentiteln – Bestrebungen, sie über mehrere Wikis hinweg zu vereinheitlichen. Eine solche Suchmaschine wird im Meatball-Wiki unter *MetaWiki* vorgestellt; sie arbeitet auf den Indizes aller Seiten (siehe Abschnitt 2.2.7 auf Seite 47), die die meisten Wikis automatisch erzeugen.

Schließlich gibt es bei **UseMod** und **MediaWiki** noch die Möglichkeit, etwas zu finden, ohne danach zu suchen: die *zufällige Seite* (englisch *Random Page*). Diese Funktion können Sie zum Zeitvertreib gebrauchen oder auch zum Aufräumen im Wiki, denn nach einigen Versuchen finden Sie mit Sicherheit eine vernachlässigte, über Links schlecht erreichbare Seite, die einer Überarbeitung bedarf. Bei UseMod hängen Sie an den URL den Parameter *action=random* an (mit einem Fragezeichen, wenn es der erste Parameter ist, sonst mit einem Kaufmanns-Und (&)). MediaWiki zeigt schon in der Navigationsleiste einen Link zur Seite *Special:Random* an, die Sie zu einer zufälligen Seite umleitet.

KAPITEL 3

ANWENDUNGS-GEBIETE UND ARBEITSHILFEN

von Christoph Lange

3.1 WIKI ALS DISKUSSIONSFORUM

Ein Wiki ohne entsprechende Erweiterungen ist als Diskussionsforum nicht besonders gut geeignet. Die kleinste Einheit in einem Wiki ist eine Seite, nicht ein Beitrag, wie in einem Forum, und dementsprechend schwer kann man Benutzerbeiträge finden, sortieren (zum Beispiel nach Datum) und verwalten. Wenn ein Wiki allerdings einem anderen Zweck dient, ist es trotzdem oft nötig, über die eigentlichen Wiki-Inhalte zu diskutieren. Das kann ganz einfach in einem speziellen Abschnitt der jeweiligen Seite geschehen (zum Beispiel unter der Überschrift *Diskussion*) oder auf Seiten in einem speziellen Namensraum.

Für letzteres bietet MediaWiki sogar zwei Möglichkeiten an: Zum einen gibt es den Namensraum, der so wie das Projekt heißt (zum Beispiel *Wikipedia*). Darin wird über allgemeine Dinge diskutiert, die das ganze Projekt oder Ausschnitte daraus betreffen. Zusätzlich gibt es zu jedem Namensraum einen Namensraum mit Diskussionsseiten, auf diese Weise kann jede Seite im Wiki ihre zugehörige Diskussionsseite haben. Auf der Seite *Diskussion:WikiSeite* diskutiert die Community über den Inhalt der Seite *WikiSeite*.

Nicht immer müssen jedoch Diskussionen vom Inhalt getrennt werden. So hat zum Beispiel der Fachschaftsrat des Autors seine neue Satzung in einem Wiki ausgearbeitet. Auf der entsprechenden Seite stand zunächst der alte Satzungstext. Änderungen wurden an Ort und Stelle vorgenommen und gegebenenfalls in einem eingerückten Abschnitt direkt unter dem betroffenen Paragraphen kommentiert und diskutiert.

3.1.1 Regeln für Diskussionen

Da Wikis aber bestenfalls Diskussions*seiten* bereitstellen (oder die Benutzer sie selbst anlegen), aber keine Funktionen zum Verwalten von Diskussions*beiträgen*, müssen die diskutierenden Benutzer sich an einige Konventionen halten, damit die Diskussionen übersichtlich bleiben.

Für Benutzer gilt:

♦ Niemals darf ein Benutzer Beiträge anderer Benutzer inhaltlich verändern. Rechtschreibfehler und falsche Links dürfen korrigieren werden, aber die Meinungen der anderen müssen respektiert und stehengelassen werden.

♦ Jeder Benutzer soll seine Beiträge mit seinem Namen unterschreiben. In Wikis ohne Benutzeranmeldung kann man seinen Namen einfach hinschreiben; in vielen Wikis mit Anmeldung können angemeldete Benutzer jedoch ganz einfach mit drei oder vier Tilden (~~~~) unterschreiben, siehe Kapitel 2.2.3. Wikis ohne Benutzeranmeldung sind auch davon abgesehen nicht gut für Diskussionen geeignet, weil man dort leicht Unterschriften fälschen kann.

♦ Wenn Benutzer *Newbie* auf einen Beitrag von Benutzer *Wickie* antwortet, sollte er seinen Beitrag unter den von *Wickie* setzen und um eine Stufe weiter einrücken. Wenn *Wickie* einen sehr langen Beitrag aus mehreren Absätzen geschrieben hat, kann *Newbie* diesen auch ausnahmsweise unterbrechen und seinen Kommentar, ebenfalls eingerückt, direkt an die Stelle schreiben, auf die er sich bezieht.

♦ Kleine Anmerkungen am Rande können mit einer kleineren Schrift formatiert werden, damit sie den Lesefluß weniger stören. In seltenen Fällen kann man sehr kleine Kommentare auch in Klammern direkt in den Beitrag des anderen Benutzers setzen, auf den man sich bezieht.

♦ Neue Diskussionsthemen sollten unten an die Seite angehängt werden und eine neue Unterüberschrift bekommen. Neue Diskussionen innerhalb eines schon vorhandenen Themas können zum Beispiel mit einer horizontalen Linie abgetrennt werden, wenn die Diskussion zum Thema vorher schon sehr lang war. Im MediaWiki haben Überschriften den Vorteil, daß sie automatisch in den Bearbeitungsvermerk (*Zusammenfassung*) einbezogen werden und aus einem automatisch generierten Inhaltsverzeichnis einer Seite schnell erreichbar sind.

♦ Man sollte immer Links auf das setzen, worüber man diskutiert, damit die anderen Beteiligten genauer nachvollziehen können, was man sagen will beziehungsweise wie man zu seiner Meinung gekommen ist.

Für Wiki-Administratoren gilt:

♦ Wenn eine Frage in einer Diskussion geklärt ist, insbesondere auf einer Frage-Antwort-Seite, kann sie aus der aktiven Diskussion entfernt und archiviert werden, zum Beispiel auf einer Seite *GelösteProbleme*.

♦ Ebenso können alte Beiträge archiviert werden. Dazu legt man am besten eine Unterseite wie zum Beispiel *DiskussionSeite/Archiv November 2005* an.

♦ Sehr lange Diskussionen können auf eine neue Seite ausgelagert werden. Auf der Ursprungsseite setzt der Administrator einen Link auf die neue Seite und kann gegebenenfalls die bisherige Diskussion kurz zusammenfassen:

Bis zum 10. April waren 34 Benutzer dafür, das Wiki wieder auf alte Rechtschreibung umzustellen, 27 dagegen. Die Abstimmung und Diskussion [[DiskussionsSeite/Rechtschreibung|geht weiter]].

3.1.2 Abstimmungen und Meinungsbilder

Eine spezielle Form der Diskussion ist die Abstimmung. (In der deutschen Wikipedia hat sich dafür der Begriff *Meinungsbild* durchgesetzt, weil zwar, je nach Art der Abstimmung, jeder stimmberechtigt ist, aber lange nicht jeder die Seite mit der Abstimmung entdeckt oder sich für das Thema interessiert, das Ergebnis also keinesfalls repräsentativ ausfällt.) Für die Strukturierung von Abstimmungsseiten gelten je nach Thema spezielle Konventionen; damit neue Beiträge richtig geschrieben werden, sollten die Wiki-Administratoren Vorlagen vorbereiten oder zumindest eine Anleitung schreiben. Eine Abstimmung kann zum Beispiel so aussehen (MediaWiki-Syntax):

== Umstellung des Wikis auf alte Rechtschreibung ==

Das Meinungsbild hat am 1. April um 11:11 Uhr begonnen und läuft bis zum 30.
April um 11:11 Uhr.

Die Benutzer ''Wickie'', ''Reaktionär'' und ''Konservativ'' haben vorgeschlagen,
das Wiki auf alte Rechtschreibung umzustellen. Ihre Argumente sind:
* ...

''Newbie'', ''Progressiv'' und ''Europäer'' haben sich dagegen ausgesprochen.
Ihre Argumente sind:
* ...

=== Für die Umstellung auf alte Rechtschreibung: ===

Wickie, 1. April, 11:12 Uhr
XYZZY, 1. April, 11:30 Uhr – aber nur nach einer
[[Diskussion:UmstellungRechtschreibung/Übergangsphase|Übergangsphase]]
Reaktionär, 1. April, 16:45 Uhr – Na klar!
...

=== Gegen die Umstellung auf alte Rechtschreibung: ===

Progressiv, 1. April, 11:11 Uhr
Europäer, 1. April, 13:33 Uhr – Die Änderung aller vorhandenen Seiten wäre zu
aufwändig.
<s>SagNiemalsNie, 1. April, 18:24 Uhr</s> <small>(Hab meine Meinung
geändert...)</small>

=== Enthaltung ===

Schreiberling, 2. April, 0:02 Uhr – Macht doch, was ihr wollt!
SagNiemalsNie, 2. April, 10:07 Uhr

=== Diskussion ===

Wo kämen wir denn da hin?! Eure Argumente kann ich überhaupt nicht
nachvollziehen. --BildLeser, 1. April, 17:56 Uhr
:Was meinst du damit? Bist du nun dafür oder dagegen? --XYZZY, 1. April, 18:01
Uhr

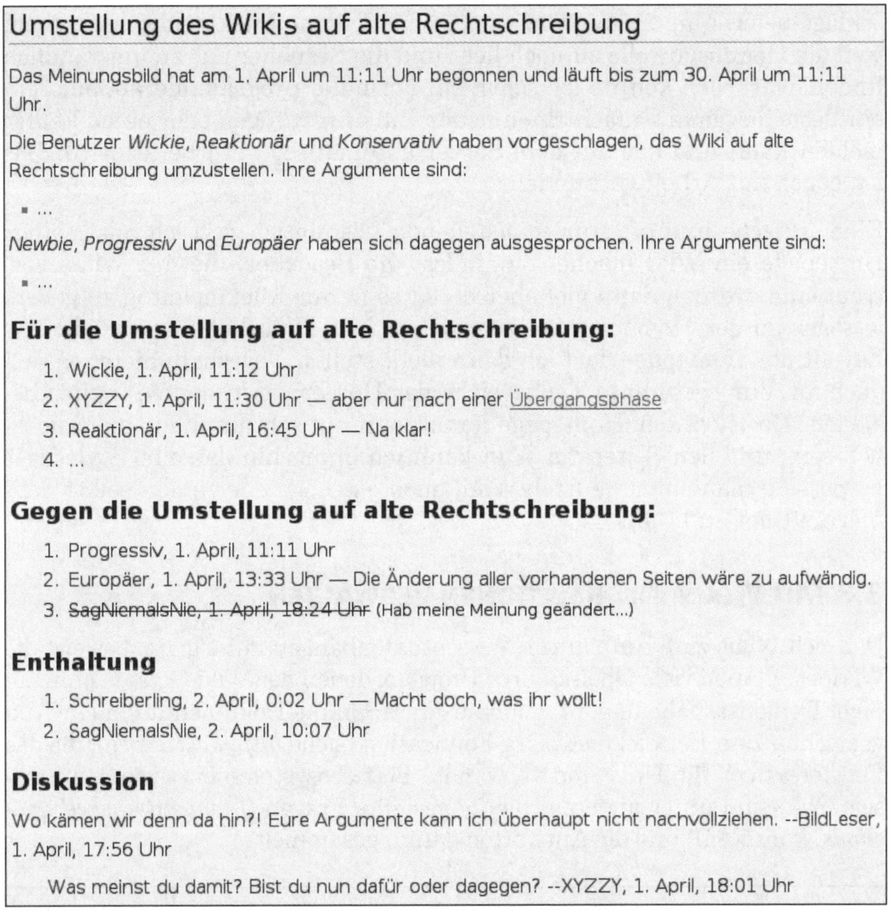

Umstellung des Wikis auf alte Rechtschreibung

Das Meinungsbild hat am 1. April um 11:11 Uhr begonnen und läuft bis zum 30. April um 11:11 Uhr.

Die Benutzer *Wickie*, *Reaktionär* und *Konservativ* haben vorgeschlagen, das Wiki auf alte Rechtschreibung umzustellen. Ihre Argumente sind:

* ...

Newbie, *Progressiv* und *Europäer* haben sich dagegen ausgesprochen. Ihre Argumente sind:

* ...

Für die Umstellung auf alte Rechtschreibung:

1. Wickie, 1. April, 11:12 Uhr
2. XYZZY, 1. April, 11:30 Uhr — aber nur nach einer Übergangsphase
3. Reaktionär, 1. April, 16:45 Uhr — Na klar!
4. ...

Gegen die Umstellung auf alte Rechtschreibung:

1. Progressiv, 1. April, 11:11 Uhr
2. Europäer, 1. April, 13:33 Uhr — Die Änderung aller vorhandenen Seiten wäre zu aufwändig.
3. ~~SagNiemalsNie, 1. April, 18:24 Uhr~~ (Hab meine Meinung geändert...)

Enthaltung

1. Schreiberling, 2. April, 0:02 Uhr — Macht doch, was ihr wollt!
2. SagNiemalsNie, 2. April, 10:07 Uhr

Diskussion

Wo kämen wir denn da hin?! Eure Argumente kann ich überhaupt nicht nachvollziehen. --BildLeser, 1. April, 17:56 Uhr

> Was meinst du damit? Bist du nun dafür oder dagegen? --XYZZY, 1. April, 18:01 Uhr

Bild 3.1: So sieht die Diskussion aus

Oft sind schon Unterabschnitte für Befürworter und Gegner vorgesehen. Darin werden gerne Aufzählungslisten verwendet, damit die Administratoren nachher die Stimmen leichter auszählen können. Bei kleineren Abstimmungen, bei denen es nur eine Liste für alle gibt, werden eher unsortierte Listen oder einfach Absätze verwendet, und die Beteiligten kennzeichnen ihren Beitrag am Anfang mit *pro*, *contra* oder *Enthaltung*.

3.2 WIKI STATT HOMEPAGE

Immer mehr Leute stellen ihre private Homepage auf ein Wiki um. Zum einn, weil sie selbst die Seite dank einfacher Syntax und Versionskontrolle besser warten können (das sogar von überall), zum anderen, weil sie nicht alles selbst machen wollen. Wenn ich auf meiner privaten Homepage zum Beispiel Links zu Wikis sammle, kann ich alleine leicht irgendeinen Link vergessen oder übersehen, daß ein anderer Link schon längst tot ist. Wenn ich die Besucher der Seite einlade, mir Fehler oder Verbesserungsvorschläge per E-Mail zu melden, wird es meist keine Rückmeldungen geben, weil die Hemmschwelle zu hoch liegt und die Besucher das zu umständlich finden. Natürlich könnte ich selbst ein Formular programmieren, mit dem ein Besucher ganz einfach einen neuen Link hinzufügen oder einen Fehler melden kann und das auf dem Server automatisch verarbeitet wird. Das ist jedoch mit Arbeit verbunden.

Eine einfache und oft zufriedenstellende Lösung ist, daß ich aus meiner Homepage ein Wiki mache. Zumindest die Besucher, die mit Wikis vertraut sind, werden dann viel eher bereit sein, mir Rückmeldung zu geben, ja sogar an der Homepage mitzuarbeiten. Nur allzu hohe Ansprüche ans Layout der Homepage darf ich dann nicht stellen... Deshalb bietet es sich auch an, nur bestimmte Teilbereiche der Homepage in das Wiki einzubeziehen. Der Rest der Homepage kann dann optisch durchaus anspruchsvoll sein, und den Seiten im Wiki kann ich immerhin dasselbe Stylesheet verpassen, manchmal, je nach Wiki, auch ein Logo oder einen selbst definierten Kopf und Fuß.

3.3 MIT WIKIS INFORMATIONEN VERWALTEN

Daß sich Wikis zum Aufbau von Wissensdatenbanken gut eignen, beweist die Wikipedia. Auch viele Open-Source-Projekte, denen der Wiki-Geist ja ohnehin nicht fremd ist, haben heute schon aus ihrer Online-Dokumentation ein Wiki gemacht – zum Beispiel die X.Org-Foundation (siehe *http://wiki.x.org*), die das Fenstersystem für Unix und verwandte Betriebssysteme entwickelt. In diesem Wiki sind unter anderem häufig gestellte Fragen (*frequently asked questions*, kurz FAQ) und die Antworten darauf gesammelt.

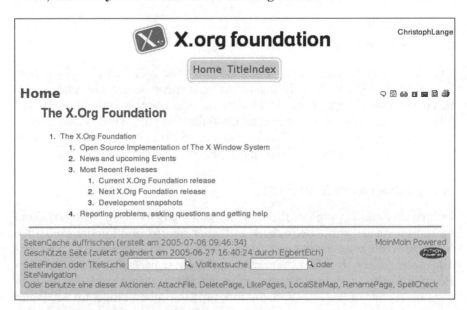

Bild 3.2: Das Wiki der X.Org-Foundation

3.3.1 Unternehmensinterne Wikis

Ein Unternehmen oder eine Organisation kann jedoch auch intern mit Hilfe eines Wikis Wissen sammeln. Ein solches Wiki ist meist durch ein Paßwort geschützt, so daß nur Angehörige der Organisation darauf zugreifen können. Als Beispiel aus meiner Wiki-Praxis nenne ich wieder das interne Wiki unseres Fachschaftsrats an der Universität. Es enthält Seiten zu aktuellen Themen (Tagesordnung der nächsten Sitzung und extra Seiten zu den wichtigsten Punkten), Anleitungen beziehungsweise Beschreibungen von Arbeitsabläufen (wie verschicke ich eine Rundmail an die Studenten?, was brauche ich, um eine Sprechstunde zu halten?) und Listen (Telefonnummern, E-Mail-Adressen, Homepages). Ebenso wurden in diesem Wiki schon Termine koordiniert (wer hat wann Zeit, um eine Sprechstunde anzubieten?) und größere Dokumente (die oben erwähnte Satzung) bearbeitet.

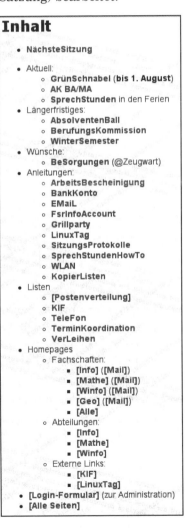

Inhalt

- NächsteSitzung

- Aktuell:
  - GrünSchnabel (bis 1. August)
  - AK BA/MA
  - SprechStunden in den Ferien
- Längerfristiges:
  - AbsolventenBall
  - BerufungsKommission
  - WinterSemester
- Wünsche:
  - BeSorgungen (@Zeugwart)
- Anleitungen:
  - ArbeitsBescheinigung
  - BankKonto
  - EMaiL
  - FsrInfoAccount
  - Grillparty
  - LinuxTag
  - SitzungsProtokolle
  - SprechStundenHowTo
  - WLAN
  - KopierListen
- Listen
  - [Postenverteilung]
  - KIF
  - TeleFon
  - TerminKoordination
  - VerLeihen
- Homepages
  - Fachschaften:
    - [Info] ([Mail])
    - [Mathe] ([Mail])
    - [Winfo] ([Mail])
    - [Geo] ([Mail])
    - [Alle]
  - Abteilungen:
    - [Info]
    - [Mathe]
    - [Winfo]
  - Externe Links:
    - [KIF]
    - [LinuxTag]
- [Login-Formular] (zur Administration)
- [Alle Seiten]

Bild 3.3:
Hauptseite eines internen
Fachschaftsrats-Wikis

3.3.2 Notizblock mit EmacsWiki

Da nun Wikis so gut Informationen verwalten können, möchte man vielleicht auch die ganz privaten Notizen in einem Wiki aufheben. Auf den ersten Blick läuft das dem Wiki-Prinzip zuwider, weil an einem solchen Wiki nur eine Person, nämlich sie selbst, mitarbeitet, und weil es nicht öffentlich ist. Aus diesem Grund braucht man auch nicht unbedingt eines der herkömmlichen Wikis, denn das Wiki muß nicht einmal in einem Webserver laufen.

EmacsWiki (http://www.emacswiki.org/cgi-bin/wiki.pl?EmacsWikiMode) ist ein solches »lokales« Wiki für den programmierbaren und erweiterbaren Texteditor Emacs beziehungsweise XEmacs. EmacsWiki hat die üblichen Wiki-Funktionen: Textstrukturierung und -Formatierung (allerdings teilweise mit einer etwas eigenen Syntax), Links (lokal, InterWiki oder Weblinks), Bilder und einen Seitenindex. Nur eine Versionsverwaltung gibt es leider nicht – abgesehen von den Backup-Dateien, die Emacs sowieso erstellt. Es wäre natürlich kein EmacsWiki, wenn es nicht rundum konfigurierbar und in Lisp programmierbar wäre. Zum Weitergeben kann man Seiten nach HTML exportieren, und von da aus ist der Weg ins WWW nicht mehr weit: Obwohl es eigentlich als lokales Wiki gedacht war, kann man es auch in den Emacs-Httpd-Webserver integrieren.

Wenn es EmacsWiki für Ihr System nicht schon als fertiges Paket gibt, entpacken Sie die heruntergeladene Installationsdatei in ein Verzeichnis und fügen der Emacs-Konfigurationsdatei (~/.emacs oder ~/.xemacs/init.el) folgende Zeilen hinzu:

```
(add-to-list 'load-path "/pfad/zum/emacs-wiki")
(require 'emacs-wiki)
```

Eine neue Seite legen Sie dann mit *M-x emacs-wiki-find-file*[1] an. Als Name für die erste Seite wird *WelcomePage* vorgeschlagen. Die Seiten werden als Textdateien im Verzeichnis ~/*Wiki* abgelegt, exportierte HTML-Seiten in ~/*WebWiki*. Das Verzeichnis und vieles mehr können Sie konfigurieren, wenn Sie *M-x customize-group* und dann *emacs-wiki* eingeben.

Die folgende Tabelle gibt eine kurze Übersicht über die Wiki-Syntax von EmacsWiki:

---

[1] Ich verwende hier die in Emacs übliche Schreibweise für Tastenkombinationen. So bedeutet *C-x C-c*: erst [Ctrl] *(Strg)* und *x* drücken, dann [Ctrl] und *c*.

#title *Titel*	Titelseite (für HTML-Export)
#style *sheet.css*	Stylesheet (für HTML-Export)
* Überschrift (auch **, ***)	Überschrift
- Listenelement	Ungeordnete Liste (nur eine Ebene)
1. Listenelement	Geordnete Liste (nur eine Ebene)
----	Horizontale Linie
WikiWort, [[Seite]], [[Seite][Text]]	Link
<nop>WikiWort	WikiWort nicht als Link interpretieren
<nowiki>...</nowiki>	Wiki-Formatierung abschalten

Weitere Formatierungsmöglichkeiten zeigt die Hilfe zur Variablen *emacs-wiki-publishing-markup* auf, die mit *C-h v emacs-wiki-publishing-markup* angezeigt wird. Darüber hinaus ist beliebiges HTML erlaubt, das auch beim Export einer Seite nach HTML erhalten bleibt.

Manche einfachen Formatierungen betreffen nicht nur den HTML-Export, sondern werden auch schon im Emacs umgesetzt. So zum Beispiel Links: Zwischen Links kann man mit [Tab] oder [S]-[Tab]s hin- und herspringen, *RET* folgt einem Link. Links zu nicht vorhandenen Seiten werden wie im MediaWiki rot eingefärbt.

C-c C-a	Index aller Wiki-Seiten anzeigen
C-c C-b	Backlinks anzeigen[1]
C-c C-s	Wiki-Seiten durchsuchen[1]
C-c C-f	Andere Wiki-Seite öffnen
C-c C-p	Geänderte Seiten als HTML publizieren
C-c C-e	Link-Ziel bearbeiten
C-c C-r	Link-Ziel ändern und Zielseite umbenennen
C-c C-D	Link und Zielseite löschen (Vorsicht!)
C-c =	Unterschiede zwischen aktueller Version und Backup anzeigen (verwendet *diff*)

Tabelle 3.1: Weitere EmacsWiki-Tastenkombinationen

---

[1] primitiv, verwendet *grep*

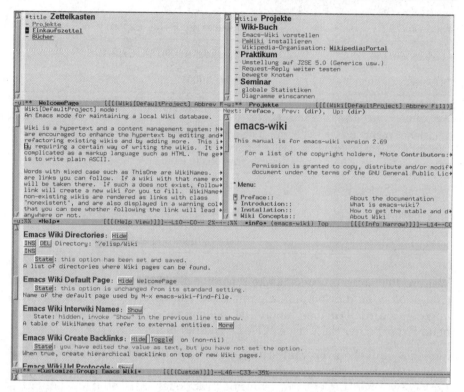

Bild 3.4: EmacsWiki im Einsatz: zwei Wiki-Seiten, Hilfe, Info-Dokumentation und Konfiguration

Was EmacsWiki sonst noch kann, liest man in der Info-Dokumentation (*C-h i*) nach. So können zum Beispiel innerhalb von *<lisp>...</lisp>* Lisp-Ausdrücke eingefügt werden, deren Ergebnis an dieser Stelle eingefügt wird. Gibt man beispielsweise *<lisp>(current-time-string)</lisp>* ein, verschwindet der Quelltext und an derselben Stelle erscheint das aktuelle Datum.

Mit weiteren Modulen können Zusatzfunktionen nachgerüstet werden: Navigationsmenüs für die erzeugten HTML-Seiten, eine Syntax für Tabellen, verschlüsselte Texte und mehr. Schließlich ist EmacsWiki auch in den Emacs-Terminkalender Planner integriert.

3.4 WIKI-INHALTE AUSDRUCKEN

Einzelne Wiki-Seiten zu drucken ist gar kein Problem. Fast jedes Wiki hat ein eigenes Stylesheet für die Ausgabe auf einem Drucker (*@media print*), bei dem die für den Ausdruck unwichtigen Navigationslinks, Aktionsknöpfe und Seitenleisten wegfallen. Bei PmWiki und FlexWiki muß man zuerst die gewünschte Seite im Browser in der Druckansicht (*print*) anzeigen, nur bei MediaWiki mit dem MonoBook-Skin kann man auch direkt die Druckfunktion des Browsers aufrufen. Die Druckansicht beim PmWiki erhält man mit der Aktion *print* (URL-Parameter *?action=print*), Media-Wiki verwendet den URL-Parameter *printable=yes* und FlexWiki das separate Skript *print.aspx*.

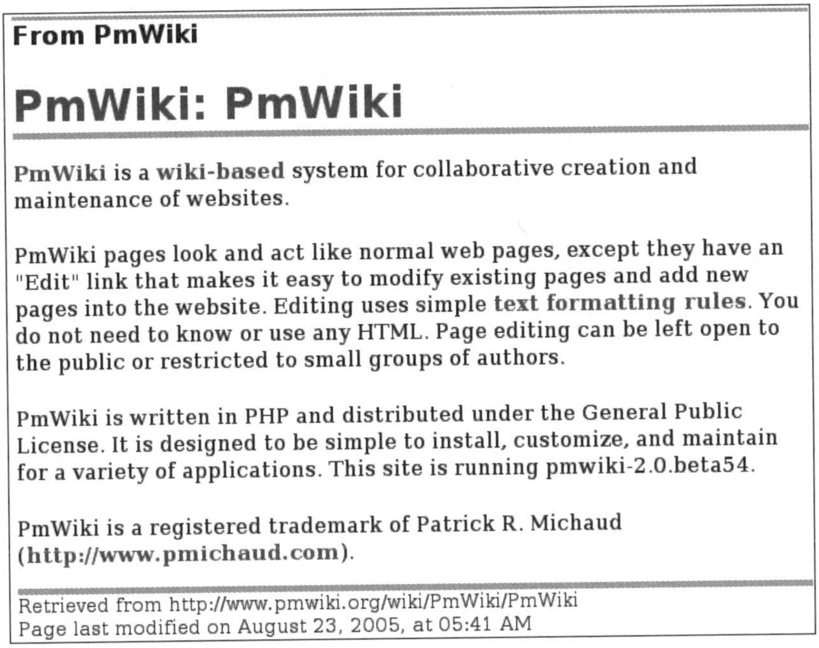

From PmWiki

PmWiki: PmWiki

PmWiki is a wiki-based system for collaborative creation and maintenance of websites.

PmWiki pages look and act like normal web pages, except they have an "Edit" link that makes it easy to modify existing pages and add new pages into the website. Editing uses simple text formatting rules. You do not need to know or use any HTML. Page editing can be left open to the public or restricted to small groups of authors.

PmWiki is written in PHP and distributed under the General Public License. It is designed to be simple to install, customize, and maintain for a variety of applications. This site is running pmwiki-2.0.beta54.

PmWiki is a registered trademark of Patrick R. Michaud (http://www.pmichaud.com).

Retrieved from http://www.pmwiki.org/wiki/PmWiki/PmWiki
Page last modified on August 23, 2005, at 05:41 AM

Bild 3.5: Druckansicht einer PmWiki-Seite

Mehrere Seiten kann man mit reinen Wiki-Methoden drucken, wenn das Wiki Textbausteine kennt (siehe Kapitel 2.8). Dann erstellt man eine neue, temporäre Seite, in die man nacheinander alle auszudruckenden Seiten als Textbausteine einbindet, am besten durch horizontale Linien und harte Zeilenumbrüche getrennt. Im MediaWiki zum Beispiel so:

```
{{:Johannes Gutenberg}}
<br clear="all"/>
----
{{:Heidelberger Druckmaschinen AG}}
<br clear="all"/>
----
{{:PostScript}}
```

Zur weiteren Verarbeitung vor dem Ausdrucken, etwa zum Anordnen mehrerer Seiten in Buchform, sind PDF-Dokumente (Portable Document Format) nützlich. Die werden über die Druckfunktion des Browsers nur mit Hilfe geeigneter Programme wie Adobe Acrobat oder GhostScript erzeugt. Ein vom Wiki selbst angebotener PDF-Export wäre praktischer, am besten für mehrere Wiki-Seiten auf einmal.

Für PmWiki befinden sich im »Kochbuch« (siehe Kapitel 7.4) gleich mehrere Erweiterungen, die einen PDF-Export hinzufügen: *GeneratePDF* und *PmWiki2PDF* stellen eine Aktion namens *pdf* (*?action=pdf*) bereit, die einzelne Seiten als PDF-Dokument bereitstellt. Die angekündigte, bei Drucklegung dieses Buchs noch nicht verfügbare Erweiterung *PublishPDF* (eigene Homepage unter *http://intranet.affinity.co.nz/pmwiki2/*) soll aus mehreren Wiki-Seiten ein PDF-Dokument erzeugen können. In der schon funktionsfähigen Online-Demo kann man die Kollektion der nach PDF zu exportierenden Seiten aus einzeln ausgewählten Wiki-Seiten zusammenstellen oder aber aus ganzen Kategorien, WikiTrails (Folgen mehrerer Wiki-Seiten, siehe Kapitel 7.8.3) oder aus Link-Listen eine PDF-Kollektion erzeugen.

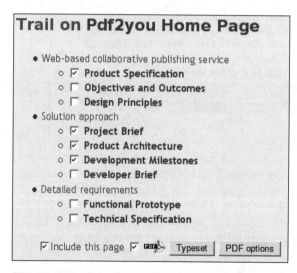

Bild 3.6: Teile eines WikiTrails für ein PDF-Dokument auswählen

Dabei wird ein PDF-Dokument erzeugt, das auch zur Verwendung am Bildschirm geeignet ist, denn es enthält ein Inhaltsverzeichnis und Hyperlinks. Weitere Optionen wie den Seitenumbruch, die verwendeten Schriften oder das Papierformat können im Formular *PDF options* konfiguriert werden. Das klingt vielversprechend! Einstweilen können Sie sich aber auch mit dem Kochbuch-Rezept *PublishWikiTrail* begnügen, das alle Seiten in einem WikiTrail zu einer Webseite zusammenfaßt, die man dann mit einer Erweiterung zum PDF-Export einzelner Wiki-Seiten exportieren kann.

Für MediaWiki gibt es verschiedene Ansätze für den PDF-Export, die alle aber noch nicht sehr weit fortgeschritten sind (siehe *http://meta.wikimedia.org/wiki/PDF_Export* und *http://www.plog4u.de/index.php/Wikipe-*

dia_nach_PDF_konvertieren). Die WikiReader, gedruckte Auszüge aus der
Wikipedia (siehe dort *Wikipedia:WikiReader*), werden heute noch zum
größten Teil in Handarbeit mit Office-Programmen erzeugt (siehe *Wiki-
pedia:WikiReader/Handbuch*).

3.5 BEARBEITUNGSHILFEN

Je komplexer Wikis werden, um so weniger Spaß macht es, sich beim Arbeiten darin allein auf den Browser zu verlassen. So sind zum Beispiel die
Textfelder der meisten Browser ziemlich primitiv. Nur der Browser Konqueror des Unix-Desktops KDE kann zum Beispiel Texte in einem solchen
Feld suchen und ersetzen sowie eine Rechtschreibprüfung vornehmen.
Insbesondere beim Bearbeiten längerer Wiki-Seiten wird man das schnell
zu schätzen wissen.

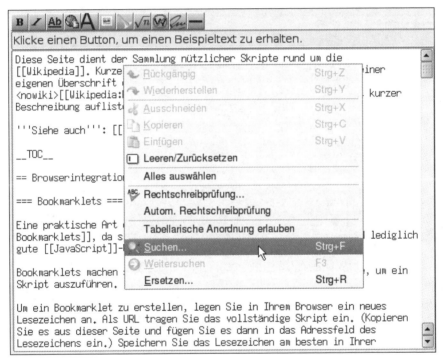

Bild 3.7: Konqueror kann Textfelder durchsuchen

Für noch höhere Ansprüche ist man auf Browser-Plugins oder externe
Zusatzprogramme angewiesen. Die Seiten *Wikipedia:Helferlein* und *Wiki-
pedia:Texteditor-Unterstützung* in der deutschen Wikipedia nennen einige
solcher Werkzeuge, die oft auch unabhängig von der Wikipedia oder vom
MediaWiki funktionieren.

3.5.1 Browser-Erweiterungen

WPro (JavaScript/Internet Explorer und MediaWiki)

Eine interessante Machbarkeitsstudie ist der in JavaScript (nur für den Internet Explorer 6.0) implementierte, vollwertige Editor WPro des Wiki-pedianers *PeerBr* (*Benutzer:PeerBr/WPro* in der deutschen Wikipedia). Mit den Befehlen seiner Werkzeugleiste kann man die wichtigsten MediaWiki-Formate (auch Tabellen!) in den Text einfügen, er kann automatisch Links setzen (zum Beispiel für Datumsangaben: *[[30. September]]*) und je nach vorgenommener Änderung den Bearbeitungsvermerk halbautomatisch erzeugen. Den Text muß man über die Zwischenablage ins Bearbeitungsfenster kopieren; das Speichern kann halbautomatisch durch Eingabe des »Bearbeiten«-URLs erfolgen oder durch Zurückkopieren des Texts.

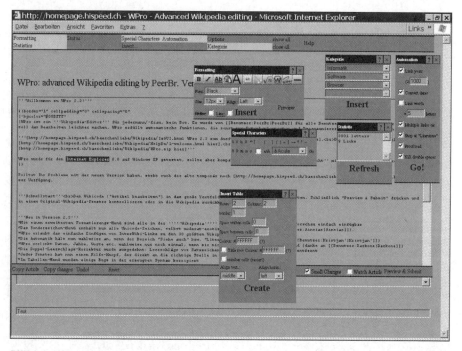

Bild 3.8: WPro in Aktion

Somit ist WPro prinzipiell für jedes MediaWiki geeignet. Richtig interessant wird er aber erst in Verbindung mit der deutschen Wikipedia, denn der Entwickler pflegt regelmäßig wichtige Daten aus der deutschen Wikipedia in das Programm ein. So steht eine große Liste von Kategorien zur Auswahl, in die man den Artikel einsortieren kann. WPro kann die häufigsten Schreibfehler automatisch korrigieren, InterWiki-Links zu großen Wikipedias setzen und wichtige Textbausteine (Begriffsklärung, Löschantrag und so weiter) einfügen.

Toolbar für Mozilla/Firefox

Der Wikipedianer *Bananeweizen* hat eine Toolbar für Mozilla/Firefox entwickelt (*http://wikipedia.mozdev.org/*), die das Bearbeiten von MediaWikis im Textfeld des Browsers erleichtert. Neben der Toolbar fügt die Browser-Erweiterung dem Kontextmenü von Textfeldern ein Untermenü hinzu, mit dem sich wichtige Formatierungen vornehmen lassen.

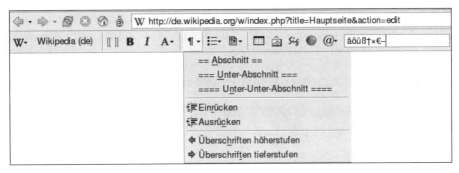

Bild 3.9: Die Mozilla-Toolbar für MediaWiki

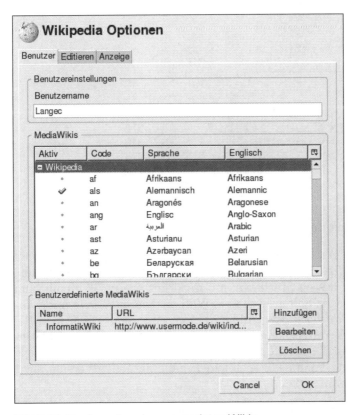

Bild 3.10: Konfiguration der verwendeten Wikis

Nach der Installation der Erweiterung können Sie die Toolbar über das Kontextmenü der Erweiterung im Erweiterungs-Fenster von Mozilla konfigurieren oder aber über *Toolbar/Optionen* im *W*-Menü der Toolbar. Die meisten Wikimedia-Projekte sind schon voreingestellt. Wählen Sie einfach diejenigen aus, bei denen Sie mitarbeiten möchten. Alternativ können Sie in der Liste darunter eigene MediaWiki-Projekte hinzufügen. Geben Sie dazu den Teil des URLs an, der vor dem Namen der Wiki-Seite steht.

Interessant ist im Register *Anzeige* die Einstellung, wann die Toolbar angezeigt werden soll. Eine ständige Anzeige stört vielleicht, weil Sie auch noch andere Webseiten besuchen als Wikis. Sinnvoller ist es, die Toolbar nur anzuzeigen, wenn die Adresse der angezeigten Seite einen bestimmten Text enthält, für die meisten Zwecke bietet sich hier *wiki* an.

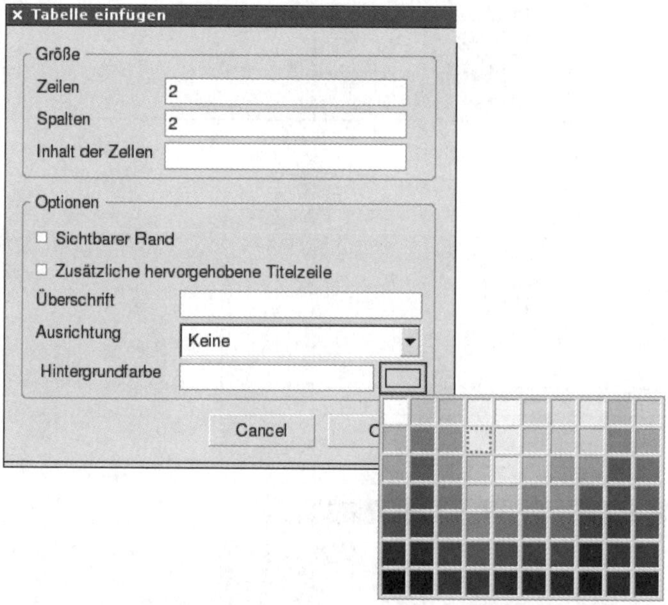

Bild 3.11: Einfügen einer Tabelle

Direkt neben dem *W*-Menü enthält die Leiste einen Knopf zur Auswahl eines der eben konfigurierten Wiki-Projekte. Wenn Sie dort eines wählen, öffnet der Browser dessen Startseite; mit den Einträge im *W*-Menü kann man dann zu wichtigen Seiten in diesem Wiki navigieren: *Letzte Änderungen*, *Alle Artikel*, *Bild hochladen* und so weiter, außerdem zu eigenen Benutzerseiten wie Benutzerhomepage, eigene Diskussion und Beobachtungsliste, falls man bei der Konfiguration einen Benutzernamen angegeben hat. (Der Benutzername läßt sich leider in der aktuellen Version nicht für jedes Wiki getrennt setzen.)

Über die Toolbar oder das Kontextmenü werden alle wichtigen Formatierungen eingefügt: fett, kursiv und andere Textauszeichnungen, Überschriften, Listen und Links. Entweder beziehen sich die Befehle auf den im Textfeld markierten Text, oder man wird zur Eingabe eines Textes aufgefordert, der formatiert und anschließend eingefügt werden soll. Ist im Browser kein Textfeld fokussiert, macht die Toolbar einige ihrer Ausgaben in ihr integriertes Textfeld, aus dem man den erzeugten Text dann weiter kopieren kann. Die Toolbar bietet ein umfangreiches Menü zum Einfügen von Sonderzeichen, kann eine Unterschrift einfügen (--~~~~), außerdem Tabellen, Bilder und die wichtigsten Textbausteine der Wikipedia.

3.5.2 Texteditoren

Größere Wiki-Seiten lassen sich im Browser nicht immer bequem bearbeiten. Deshalb bietet es sich an, sie auf dem eigenen Rechner mit einem komfortablen Texteditor zu bearbeiten und dann einzuspielen. Im einfachsten Fall erfolgt dies einfach durch Kopieren aus dem Browser-Textfeld in den Texteditor und zurück. Mozilla/Firefox-Anwender sparen sich mit der Erweiterung *mozex* das Kopieren. Sie können den Inhalt eines Textfelds ganz bequem per Menübefehl in einem externen Texteditor bearbeiten.

Zumindest das Herunterladen einer Seite machen einem MediaWiki und PmWiki leichter. Mit dem Parameter *action=raw* (PmWiki: *action=source*) aufgerufen, liefern sie kein HTML, sondern den Wiki-Quelltext. (Den dafür nötigen URL erhält man zum Beispiel, indem man eine Seite bearbeitet und dann in der Browser-Adreßleiste *edit* durch *raw* ersetzt.) Für manche Texteditoren gibt es echte Wiki-Clients, die selbst Seiten aus dem Wiki herunterladen und nach der Bearbeitung hochladen. Eine Übersicht, für welche Texteditoren man Wiki-Syntax nachrüsten kann, befindet sich auf der schon erwähnten Wikipedia-Seite *Wikipedia:Texteditor-Unterstützung*.

Syntax-Highlighting

Der häufigere Fall ist, daß der Texteditor nur die Wiki-Syntax farbig hervorheben kann und vielleicht noch ein bißchen mehr.

Emacs und MediaWiki

Eine Erweiterung, die »ein bißchen mehr« kann, stellt Wikimedia auf der oben genannten Seite für den Emacs zur Verfügung, inklusive Einbauanleitung. Der Wikipedia-Mode von Chong Yidong, der trotz seines Namens ganz allgemein für MediaWiki-Texte geeignet ist, richtet Tastenkombinationen ein, mit denen man den Text aus der Zwischenablage in den Editor einfügen (*C-c C-y*) kann oder umgekehrt (*C-c C-w*). Doch Vorsicht, beim Kopieren in den Editor werden zum leichteren Bearbeiten zusätzliche Zeilenumbrüche eingefügt und beim Zurückkopieren in die Zwischenablage wieder entfernt. Dabei kommt es vor, daß auch Zeilenumbrüche entfernt werden, die im Quelltext bleiben sollen. So werden zum Beispiel Zeilenumbrüche zwischen einer Überschrift und einem direkt in der nächsten Zeile beginnenden Absatz gelöscht. Wenn man immer zwischen einer Überschrift und dem folgenden Absatz eine Leerzeile läßt, verhindert man dies.

Weitere Tastenkombinationen sind *M-p* (*previous*) und *M-n* (*next*) zum Springen zwischen Überschriften, sowie *C-j* für einen Zeilenumbruch, der die aktuelle Einrückung erkennt und beibehält, zum Beispiel auch nach einer Zeile mit einem Listenelement automatisch die nächste Zeile als Listenelement formatiert.

Schließlich unterstützt der Wikipedia-Mode auch den Outline-Mode, mit dem man Absätze ein- und ausblenden kann. Hat man einen Puffer im Wikipedia-Mode, kann man mit *M-x outline-minor-mode* den Outline-Mode zuschalten. *C-h b* zeigt die darin verfügbaren Tastenkombinationen an; zusätzlich werden Menübefehle zur Verfügung gestellt.

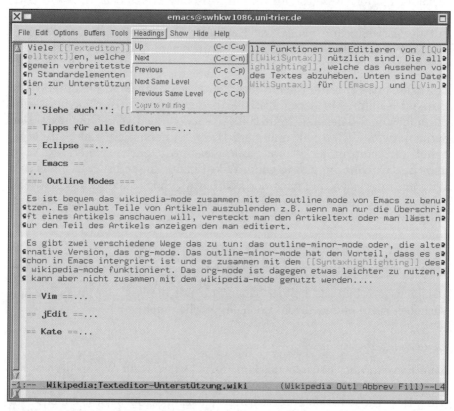

Bild 3.12: Ausgeblendete Absätze im Wikipedia-Mode für Emacs

Weitere Editoren

Weitere Syntaxbeschreibungen gibt es bei der Wikipedia für die Editoren jEdit, vim und Kate (gehört zu KDE). Für jEdit gibt es jedoch noch etwas Besseres: einen kompletten MediaWiki-Client.

Der Editor als Wiki-Client

Bequemer als Wiki-Quelltext herunterzuladen und zu kopieren wäre es, wenn sich der Texteditor von selbst mit dem gewünschten Wiki verbinden könnte. Das geht! Zwei Lösungen dieses Problems werden hier kurz vorgestellt:

♦ jEdit und MediaWiki

♦ Emacs und PmWiki

Seien Sie allerdings gewarnt! Die meisten Plugins, die einen Texteditor zum Wiki-Client machen, wurden zunächst für den Eigenbedarf der Programmierer entwickelt. Ohne Kenntnisse der jeweiligen Programmiersprache wird man es oft schwer haben, ein eigenes Wiki hinzuzufügen. Solange man keine Sonderwünsche hat, sind die meisten dieser Plugins allerdings durchaus benutzerfreundlich.

MwJed (jEdit und MediaWiki)

MwJed (*http://www.djini.de/software/mwjed/*) von Daniel Wunsch und Elisabeth Bauer ist ein Plugin, das den erweiterbaren Java-basierten Texteditor jEdit zum MediaWiki-Client macht. Wenn Sie das Plugin nach Anleitung installiert haben, erscheint im Menü *Plugins* das Untermenü *MediaWiki*. Zuallererst sollten Sie den vom Plugin bereitgestellten Editor-Modus und die Tastenkombinationen aktivieren (*Install mediawiki mode* und *Install keyboard shortcuts*). Das An- und Abmelden beim Wiki geschieht dann über das Menü.

Der Menübefehl *Open page* (Tastenkombination *CA+o*) öffnet aus einem der vorkonfigurierten Wikis (dazu gehören die Wikipedia und einige mehr) eine Seite und lädt sie in den Texteditor. Die Seite wird im lokalen jEdit-Verzeichnis abgespeichert und enthält zusätzlich zum Wiki-Quelltext in der ersten Zeile einen Vermerk, wann sie aus welchem Wiki heruntergeladen wurde. Das Menü bietet einige interessante Arbeitshilfen an, grundlegende Formatierungen (verlinken, fetter Text, unterschreiben) wird per Tastenkombination vorgenommen. Auch die Zielseite eines Links oder alle von einer Seite verlinkten Seiten kann man öffnen. Unterstützt werden wiki-interne Links sowie Interwiki-Links zu Wikis, die MwJed bekannt sind.

Zur Ansicht (nicht zur Vorschau!) öffnet man die Wiki-Seite im Browser, und dank eines kleinen Servers, den MwJed startet, ist auch der umgekehrte Weg möglich. Baut man das auf der MwJed-Seite angebotene Bookmarklet in die Lesezeichen-Leiste seines Browsers ein, kann man Seiten in bekannten Wikis mit einem Klick darauf in jEdit zur Bearbeitung öffnen.

Den Überblick über die geöffneten Wiki-Seiten verschafft ein kleines Zusatzfenster, das der erste Eintrag im Menü des Plugins öffnet. Im unteren Teil dieses Fensters erscheinen Statusmeldungen zur Verbindung mit dem Wiki.

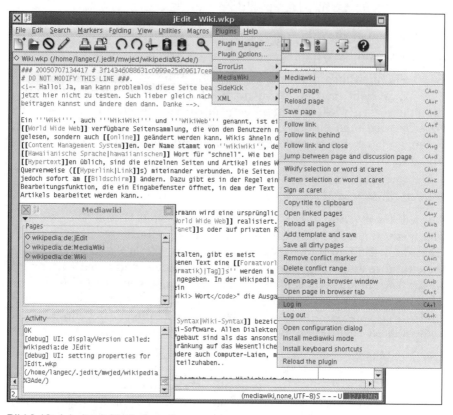

Bild 3.13: Arbeit mit MwJed

Nach der Bearbeitung speichert man die Seite mit *Save page* (Tastenkombination *CA+s*), dabei erfolgt eine Frage nach einer Zusammenfassung der Bearbeitung des Anwenders. Richtig interessant wird es bei einem Bearbeitungskonflikt, auch dabei unterstützt einen MwJed. Vom Anwender hinzugefügte Bereiche sind grün hinterlegt und mit Pluszeichen eingerückt, Bearbeitungen des anderen Benutzers sind rot und mit Minuszeichen eingerückt. Je nach dem, wie man den Konflikt auflösen will, kann man per Menübefehl die Einrückungen entfernen oder die Konfliktbereiche ganz löschen.

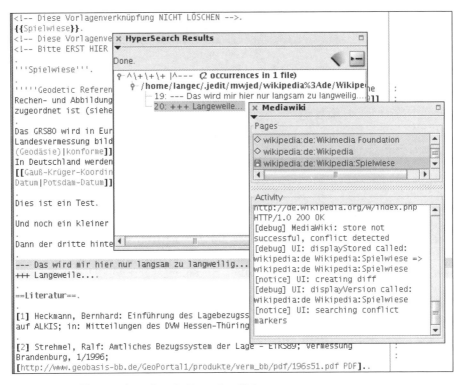

Bild 3.14: Auflösung eines Bearbeitungskonflikts

Eigene Wikis kann man ebenfalls hinzufügen, wenn auch recht mühsam. Dazu muß man die Datei *mwapi.jar* im *jars*-Verzeichnis der jEdit-Installation (bei Unix-ähnlichen Systemen ist das ~/.*jedit* im Home-Verzeichnis) entpacken. Dazu gibt man in diesem Verzeichnis auf der Kommandozeile den Befehl *jar xf mwapi.jar* ein. Nun wechselt man in das soeben ausgepackte Unterverzeichnis *net/psammead//mwapi/config*; dort befindet sich für jedes Wiki ein BeanShell-Skript mit der Namenserweiterung *.bsh*. (Die BeanShell ist ein Interpreter für eine Java-ähnliche Programmiersprache.) Angenommen, man will ein Wiki namens *WikingerWiki* hinzufügen, das unter *http://www.wikingerwiki.org* läuft, die InterWiki-Abkürzung *wickie* besitzt und nur in einer Sprache vorliegt. Dazu fügt man zunächst den String *"wikingerwiki"* der Liste in *KnownWikis.bsh* hinzu. Alle darin aufgeführten Wikis (mit allen Sprachversionen) kennt MwJed. Diese Wikis stehen im Login- und Öffnen-Dialog zur Auswahl. Dann kopiert man eine der Dateien ohne Unterstrich im Namen (zum Beispiel *meta.bsh*) nach *wikingerwiki.bsh* und nimmt die nötigen Anpassungen vor:

```
// identification
String          name            = "wikingerwiki";
String          shortcut        = "wickie";


// languages
boolean         multilingual    = false;
String          defaultLanguage = null;
String[]        supportedLanguages   = null;
```

Diese Datei charakterisiert das ganze Wiki-Projekt. Bei mehrsprachigen
Projekten enthält *supportedLanguages* eine Liste der verfügbaren Sprachen, und für jede Sprache, zum Beispiel *de* (Deutsch), gibt es eine weitere
Konfigurationsdatei, in unserem Fall wäre das *wikingerwiki_de.bsh*. Dieses Projekt gibt es jedoch nur in einer Sprache (sagen wir, Deutsch), aber
trotzdem erwartet MwJed die weiteren Einstellungen wie URL, Zeichensatz, Namensräume und Texte für eine benutzerfreundliche Darstellung
der Meldungen vom Server in einer weiteren Datei namens *wikingerwi-
ki_.bsh*. Die kopiert man einfach aus der entsprechenden Sprachversion
der Wikipedia-Konfiguration und paßt dann nur noch die URLs (*actio-
nURL* und *convertURL*) an, gegebenenfalls auch die Namensräume.
Schließlich geht man wieder in das *jars*-Verzeichnis von jEdit, schnürt das
jar-Paket mit *jar cf mwapi.jar META-INF net* wieder zu und startet jEdit
neu. Die entpackten Verzeichnisse *META-INF* und *net* kann man nach
getaner Arbeit löschen.

pmwiki-mode (Emacs und PmWiki)

Auf der PmWiki-Homepage wird der pmwiki-mode von Christian Ridder-
ström für den Texteditor Emacs vorgestellt (siehe *http://www.pmwi-
ki.org/wiki/EmacsModes*) und ausführlich dokumentiert. Die als *tar.gz*-
Archive zum Download angebotenen Versionen sind veraltet, daher sollte
man gemäß Anleitung auf der Homepage die jeweils aktuellste Version aus
dem CVS herunterladen. Mit folgenden Zeilen in der Emacs-Startdatei
(meist *~/.emacs*) lädt man den pmwiki-mode:

```
(add-to-list 'load-path "~/verzeichnis/des/pmwiki-mode")
(require 'pmwiki-mode)
```

Weitere Möglichkeiten sind in der Quelldatei *pmwiki-mode.el* beschrieben.

Eine Wiki-Seite wird mit *M-x pmwiki-open* geöffnet. Danach kann man ganz bequem den (zum Beispiel aus dem Browser kopierten) URL der Seite eingeben. Für zwei Wikis, nämlich das Wiki zu PmWiki und das LyX-Wiki, sind Funktionen vorgesehen, die Seiten aus diesen Wikis einfach nach Eingabe des Seitennamens öffnen. Wenn man ein wenig mit Emacs Lisp vertraut ist, kann man diese Funktionen, *pmichaud-open* und *lyx-open*, als Vorlage für eigene Funktionen nehmen, die auf die eigenen Wikis schnell zugreifen. Eine geöffnete Seite wird nicht automatisch lokal abgespeichert, dafür muß man selbst sorgen. Die ausführliche Hilfe zum pmwiki-mode, die man aus einem Puffer mit einer Wiki-Seite mit *C-h m* aufruft, faßt zusammen, welche Funktionen zur Verfügung stehen: So kann man das Wiki durchsuchen (beim Autor hat das allerdings nicht funktioniert) und die Seite in einem Browser öffnen. Auf der Homepage unter *Tips* ist auch der umgekehrte Weg beschrieben, der allerdings nur für Opera oder Mozilla/Firefox mit der Launchy-Erweiterung geeignet ist und etwas Bastelei erfordert.

Die Tastenkombinationen *C-c C-n* (*pmwiki-next*) und *C-c C-p* (*pmwiki-prev*) springen zum nächsten beziehungsweise vorigen Wikilink. Mit *C-c C-f* (*pmwiki-follow*) folgen Sie einem Link; die Zielseite wird in einem neuen Puffer geöffnet. Leider werden hierbei nur Links in Form von WikiWörtern berücksichtigt.

Eine Seite wird mit *C-c C-c* (*pmwiki-save*) gespeichert, mit *C-c C-w* (*pmwiki-save-as*) gibt ihr einen anderen Namen. In der Voreinstellung bezeichnet der pmwiki-mode alle Änderungen als kleine Änderungen; *C-c m* (*pmwiki-minor-mode*, nicht zu verwechseln mit den »Minor modes« in Emacs) schaltet zwischen kleiner und nicht-kleiner Änderung um. Die Rückmeldung vom Server wird als HTML in einem Puffer namens *HTTP ...* gespeichert, das heißt, Fehlermeldungen kommt man nur schwer auf die Spur. So erging es dem Autor, als er eine Seite in einem Wiki speichern wollte, das die Eingabe eines Benutzernamens verlangt. Den muß man zuerst in der Variablen *pmwiki-author* setzen, was man entweder in der Emacs-Konfigurationsdatei vornehmen kann oder über *M-x customize-variable*. Über etwas weitaus Schlimmeres erhält man aber auch keine Rückmeldung: Da pmwiki-mode sich beim Herunterladen einer Seite nicht merkt, wann das war, kann es auch beim Hochladen einer Seite das versteckte Formularfeld *basetime* mit dem Zeitstempel nicht mitschicken, so daß das Wiki keine Möglichkeit hat, Bearbeitungskonflikte festzustellen. Das heißt, Änderungen anderer Benutzer werden einfach überschrieben.

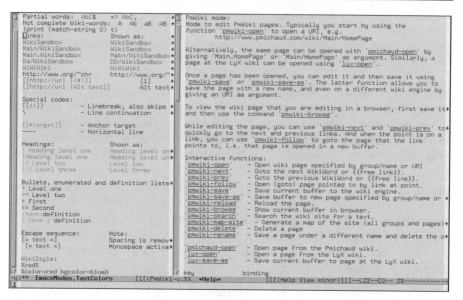

Bild 3.15: Eine PmWiki-Seite und die Dokumentation zum PmWiki-Mode

Andere Editor-Plugins

Neben diesen beiden Lösungen gibt es viele andere, zum Beispiel PLog4U (*http://www.plog4u.de/index.php/Eclipse_Wikipedia_Plugin*), ein Media-Wiki-Client für die Entwicklungsumgebung Eclipse, die zwar aus dem Java-Umfeld kommt, aber vielseitig durch Plugins erweiterbar ist. PLog4U muß nicht über einen Webserver auf ein MediaWiki zugreifen, sondern kann, die nötigen Berechtigungen vorausgesetzt, auch direkt auf der MySQL-Datenbank arbeiten.

Editoren für FlexWiki

Der browserbasierte Editor von FlexWiki erfüllt zwar seinen Zweck, besonders komfortabel ist er allerdings nicht. Deswegen gibt es noch die eine oder andere Alternative.

Der FlexWikiEditor

Zuerst ist der FlexWikiEditor zu nennen. Bei ihm handelt es sich um eine Windows-Forms-Anwendung, also ein .NET-Programm, mit dem man über einen Webservice ein FlexWiki-Wiki bearbeiten kann. Das Tool ist recht angenehm in der Handhabung, wird allerdings im Moment nicht aktiv weiterentwickelt.

Anmerkung:

Der Autor dieses Kapitels möchte sein Bedauern zum Ausdruck bringen, daß der FlexWikiEditor nicht mehr weitergepflegt wird. Wenn man sich die Screenshots des Programmautors ansieht, kann man erahnen, um wie viel komfortabler dieser Editor war. Für Interessierte: Unter Sourceforge.net ist ein Repository zu finden, in dem der aktuelle Entwicklungsstand des FlexWikiEditor hinterlegt ist. Vielleicht hat ja der eine oder andere Leser Lust, selbst an dem Projekt mitzuarbeiten.

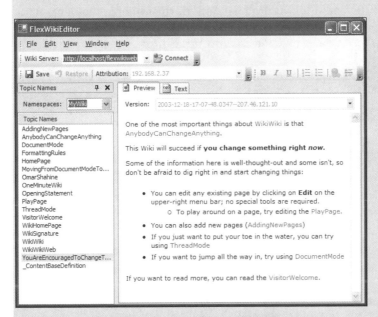

Bild 3.16: Der FlexWikiEditor (Screenshot auf der Seite http://www.shahine.com/omar/FlexWikiEditor.aspx)

FlexWikiPad

Statt dessen setzt man FlexWikiPad ein. Hier werden die Dateien lokal bearbeitet. Allerdings hebt der Autor von FlexWikiPad immer wieder hervor, daß es sich bei FlexWikiPad und FlexWiki um unterschiedliche Programme handelt, die auf Grund der Tatsache, daß sie Informationen in der gleichen Art strukturieren, einen sehr ähnlichen Namen haben. FlexWikiPad stellt eine Art dateisystembasiertes, rein lokales Wiki mit eben dem Editor als Frontend und Verwaltungsoberfläche dar.

FlexWikiPad kann man dazu nutzen, um mit dem Programm *fwsync.exe* eine lokale Kopie eines Wikis anzulegen und dieses zu bearbeiten und wieder zurückzuspielen. Oder aber man arbeitet auf dem Wiki-Server mit FlexWikiPad und kann dann die verschiedenen Namensräume, die von WikiBases aus zu sehen sind, bearbeiten.

Will man FlexWikiPad einsetzen, muß man es erst von Sourceforge herunterladen (http://sourceforge.net/project/showfiles.php?group_id=104906&-package_id=112894). Das ist eine ZIP-Datei mit den Binaries. Will man sich den Code genauer ansehen, sollte man auch die Quellen herunterladen. Die ZIP-Datei kann in ein beliebiges Verzeichnis entpackt werden. Weitere Installationsroutinen sind nicht nötig, genau das macht ja den Charme von .NET aus. Danach kann man FlexWikiPad sofort starten und beispielsweise ein lokales Wiki damit erstellen.

Die Online-Hilfe von FlexwikiPad ist ein mitinstalliertes lokales Wiki, dessen Dateiein im Programmverzeichnis abgelegt wurden, weshalb die Hilfe auch immer in einer eigenen Instanz des Editors angezeigt wird.

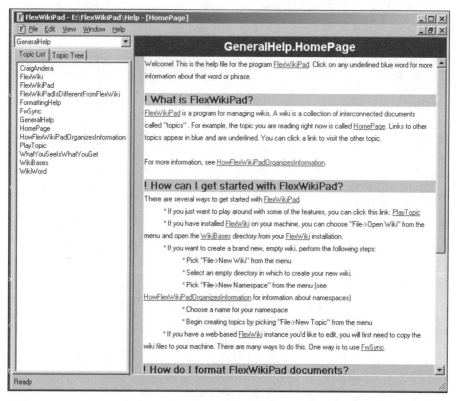

Bild 3.17: Die FlexWikiPad-Hilfe

Um fwsync einzusetzen, muß man es ebenfalls von Sourceforge (https://sourceforge.net/project/showfiles.php?group_id=104906&package_id=116486&release_id=242452) herunterladen und lokal installieren. Es handelt sich um ein Kommandozeilenwerkzeug, mit dem die Topic-Dateien synchronisiert werden. Der Start erfolgt von der Kommandozeile aus. Die Kommandos und Optionen können mit *fwsync help <Kommando>* abgefragt werden.

```
C:\WINNT\system32\cmd.exe                                    _ □ x
D:\FlexWikiPad>fwsync help
fwsync 1.0.1831.5643 Copyright (c) 2004 Craig Andera candera@wangdera.com

Usage: fwsync <globaloptions> <command> <commandoptions>

Run one of the following commands to get more detailed help:
   fwsync help commands       Help on available commands and their options
   fwsync help options        Help on available global options
   fwsync help environment    Help on environment variables that fwsync uses

D:\FlexWikiPad>fwsync help commands
fwsync 1.0.1831.5643 Copyright (c) 2004 Craig Andera candera@wangdera.com

Available Commands:

   commit    - Push local changes to the remote wiki
   help      - Print help
   init      - Initialize the local wiki files
   update    - Retrieve updated content from the remote wiki
   status    - Print status of topics
   resolve   - Fix any conflicts between local and remote content

To get more detailed help for these commands, run fwsync help <command>. For
example, run 'fwsync help init' to get help on the init command.

D:\FlexWikiPad>
```

Bild 3.18: Die fwsync-Hilfe

Um eine Verbindung zu einem Wiki aufzubauen und es lokal zu bearbeiten, ruft man zuerst fwsync mit dem Kommando *init* auf. Vorher sollte
man sich ein Verzeichnis für die Wiki-Dateien definiert haben.

Der folgende Aufruf initialisiert fwsync so, daß von einem anderen System
aus ein Zugriff auf das lokale Wiki ermöglicht wird. Die Ablage erfolgt im
aktuellen Arbeitsverzeichnis, in das vorher mit *cd* gewechselt wurde. Alternativ kann man dieses Verzeichnis auch als absoluten Pfad beim Aufruf
mit angeben.

```
fwsync /url http://medion/wiki init
```

Dieser Initialisationslauf wird benötigt, um eine XML-Datei mit den dazugehörigen Konfigurationsdaten anzulegen. Sollte es einmal Probleme mit
den Einstellungen geben, besteht die einfachste Lösung darin, diese XML-
Datei zu löschen und den Init-Lauf erneut durchzuführen.

```
<?xml version="1.0" encoding="utf-8" ?>
- <state xmlns:xsd="http://www.w3.org/2001/XMLSchema" xmlns:xsi="http://www.w3.org/2001/XMLSchema-instance"
    uri="http://medion/wiki/EditService.asmx">
  - <namespaces>
    - <LocalNamespace>
      - <Topics>
        - <LocalTopic>
            <Name>EineWeitereSeite</Name>
            <RepositoryVersion />
            <BasedOnRepositoryVersion />
            <BasedOnChecksum>0</BasedOnChecksum>
          </LocalTopic>
        - <LocalTopic>
            <Name>HomePage</Name>
            <RepositoryVersion>2005-07-22-17-40-19.7911-ulrich.cuber@ucit.de-192.168.2.113</RepositoryVersion>
            <BasedOnRepositoryVersion>2005-07-22-17-40-19.7911-ulrich.cuber@ucit.de-
                192.168.2.113</BasedOnRepositoryVersion>
            <BasedOnChecksum>0</BasedOnChecksum>
          </LocalTopic>
        - <LocalTopic>
            <Name>MyWiki</Name>
            <RepositoryVersion>2005-07-22-21-20-31.3885-ulrich.cuber@ucit.de-192.168.2.113</RepositoryVersion>
            <BasedOnRepositoryVersion>2005-07-22-21-20-31.3885-ulrich.cuber@ucit.de-
                192.168.2.113</BasedOnRepositoryVersion>
            <BasedOnChecksum>0</BasedOnChecksum>
          </LocalTopic>
```

Bild 3.19: Ausschnitt der fwsync-Steuerdatei

Der nächste Schritt besteht darin, mit dem *update*-Befehl von fwsync die Daten abzugleichen. Alle Wiki-Dateien, die noch keine Entsprechung auf dem lokalen System haben, werden heruntergeladen. Jedem Namespace entspricht ein Verzeichnis und die Topic-Dateiein werden darin als *.wiki*-Datei abgelegt.

```
fwsync update
```

```
D:\FlexWikiPad>fwsync update
fwsync 1.0.1831.5643 Copyright (c) 2004 Craig Andera candera@wangdera.com
Updated MyWiki.EineWeitereSeite: was NoLocalFile, is now UpToDate
Updated MyWiki.HomePage: was NoLocalFile, is now UpToDate
Updated MyWiki.MyWiki: was NoLocalFile, is now UpToDate
Updated MyWiki._ContentBaseDefinition: was NoLocalFile, is now UpToDate
Updated MyWiki._NormalBorders: was NoLocalFile, is now UpToDate
Updated TestWiki._ContentBaseDefinition: was NoLocalFile, is now UpToDate
Updated TestWiki.HomePage: was NoLocalFile, is now UpToDate
Updated TestWiki._NormalBorders: was NoLocalFile, is now UpToDate
```

Bild 3.20: fwsync update

Zur Bearbeitung der Wikis startet man nun FlexWikiPad und wählt dort über den Menüpunkt *File/Open Wiki* das gewünschte Verzeichnis aus, in dem sich die Namespaces befinden. Danach können sie im Editor wunschgemäß bearbeitet werden. Die anzuwendenden Formatierungen sind die gleichen wie beim browserbasierten Editieren.

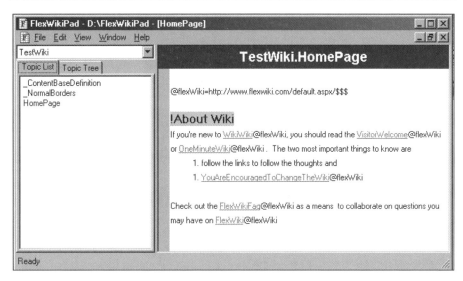

Bild 3.21: Bearbeitung der lokalen Kopie mit FlexWikiPad

Nach Abschluß der Arbeiten wird die lokale Kopie mit *fwsync commit* zum Wiki zurückgeschickt. Eventuell ist vorher mit *fwsync status* abzuklären, welche Veränderungen das Wiki mittlerweile erfahren hat und wie sich die eigenen Änderungen darin eingliedern.

```
fwsync commit /attribution ucuber
```

```
D:\FlexWikiPad>fwsync commit /attribution ucuber
fwsync 1.0.1831.5643 Copyright (c) 2004 Craig Andera candera@wangdera.com
Committed TestWiki.HomePage: was LocallyModified, is now UpToDate
Committed TestWiki.DaddelKram: was LocallyAdded, is now UpToDate
```

Bild 3.22: fwsync commit

Sollte es zu Problemen kommen, steht *fwsync resolve* bereit, das eine Verschmelzung (merge) der lokalen und entfernten Dateiinhalte veranlaßt. Allerdings sollte man sich bei dieser Aktion immer darüber im klaren sein, daß man im Fehlerfall erheblichen Schaden am Wiki anrichten kann. Der kann zwar meist wieder beseitigt werden, indem auf eine gespeicherte ältere Version zurückgegriffen wird, trotzdem ist dies mit Mühe verbunden.

Da *fwsync* nicht von FlexWikiPad abhängig ist, kann man es natürlich zusammen mit jedem beliebigen anderen Editor (TextPad, vim, Notepad, ...) einsetzen.

3.6 WIKI-SEITEN SCHNELLER ÖFFNEN

3.6.1 Wiki-Suche im Browser

In vielen Browsern kann man benutzerdefinierte Suchmaschinen einrichten. Am elegantesten geht das im Mozilla/Firefox. Die Idee ist, daß man ein Lesezeichen auf die Seite der Suchmaschine – hier also die Suchfunktion eines Wikis – anlegt, wobei an der Stelle des Suchbegriffs im URL ein Platzhalter (%s) steht, und man diesem Lesezeichen ein kurzes Schlüsselwort (zum Beispiel *wiki*) zuweist. Die Suche wird gestartet, indem in der Adreßleiste das Kürzel eingegeben wird, gefolgt vom Suchbegriff, zum Beispiel *wiki WikiWikiWeb*. Das kann man von Hand machen, indem man die Suche startet, ein Lesezeichen auf die Suchseite setzt und dann den konkreten Suchbegriff durch %s ersetzt. So ähnlich geht es auch in einigen anderen Browsern, wie auf der *Helferlein*-Seite der Wikipedia beschrieben ist. In Firefox ist es noch einfacher: Ein Klick mit der rechten Maustaste in das Eingabefeld für den Suchbegriff und Auswahl des Eintrags *Add a Keyword for this Search....*

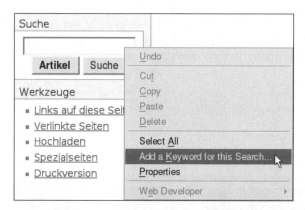

Bild 3.23: Ein Schlüsselwort für eine Suche einrichten im Firefox

Dann wird man nur noch aufgefordert, dem Lesezeichen einen Namen und ein Kürzel zu geben.

Die Browser Opera und Konqueror (KDE) verwalten solche »Suchmaschinen« getrennt von den Lesezeichen. Im Konqueror werden sie im Einrichtungsdialog unter *Web-Tastenkürzel* (englisch *Web Shortcuts*) bequem konfiguriert, bei Opera muß die Datei *search.ini* gemäß Anleitung unter *http://de.wikipedia.org/wiki/Wikipedia:Helferlein/Opera* bearbeitet werden. Um den Internet Explorer um eine Suchmaschine zu erweitern, sind tiefergehende Programmierkenntnisse erforderlich, aber auch dort gibt es fertige Lösungen.

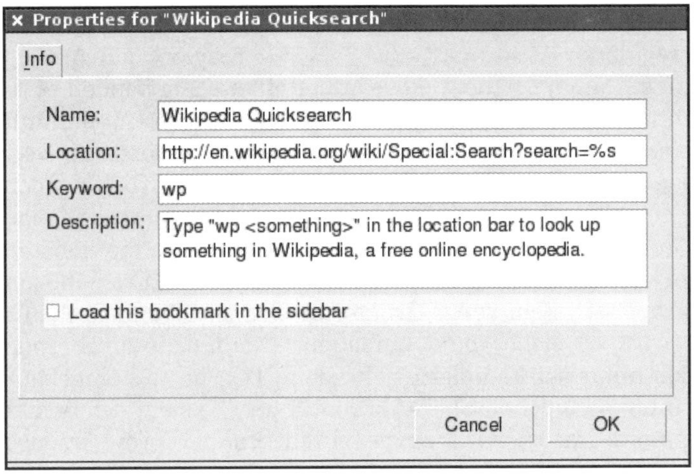

Bild 3.24: Firefox: eine Suche als Lesezeichen

Ob man den Suchbegriff mit der Suchfunktion des Wikis suchen oder direkt eine Wiki-Seite gleichen Namens öffnen will (falls sie existiert), bleibt einem selbst überlassen. Beim MediaWiki hat man zum Beispiel drei Möglichkeiten:

♦ *.../wiki/SUCHBEGRIFF* öffnet die Seite *SUCHBEGRIFF*. Ist diese nicht vorhanden, besteht die Möglichkeit, sie neu anzulegen. Mit zwei weiteren Klicks startet man alternativ eine Volltextsuche.

♦ *.../wiki/Special:Search?search=SUCHBEGRIFF&fulltext=Search* startet direkt die Volltextsuche nach dem *SUCHBEGRIFF*.

♦ *.../wiki/Special:Search?search=SUCHBEGRIFF&go=Go* öffnet die Seite *SUCHBEGRIFF*, wenn sie vorhanden ist. Falls nicht, gelangt man sofort zur Volltextsuche, die man nur noch starten muß. Alternativ kann man aber auch die Seite neu anlegen. Dies ist üblicherweise der beste Kompromiß.

3.6.2 Wikilinks schnell öffnen mit Klipper (KDE)

Erhält man per E-Mail einen Link zu einer Wiki-Seite, ist dieser oft als *[[freier Link]]* formatiert. Weblinks im Mail-Text erkennen die meisten Mail-Programme automatisch und hinterlegen sie mit einem Link – Wikilinks jedoch nicht. Da bleibt meistens nur übrig, die Seite von Hand im Browser zu öffnen; einzige Arbeitserleichterung ist dabei, den Link über die Zwischenablage zu kopieren. Hier setzt beim Unix-Desktop KDE das Programm Klipper an. Es überwacht die Zwischenablage und kann Aktionen auslösen, wenn der in die Zwischenablage kopierte Text einem bestimmten Muster entspricht. Jeder Aktion können mehrere Befehle zugeordnet sein, von denen man aus einem Popup-Menü einen auswählen können.

Mit ein wenig Handarbeit kann man eine Aktion für Wikilinks hinzufügen, die auf den regulären Ausdruck `^\[\[[^]]+\]\]$` reagiert: am Anfang zwei öffnende eckige Klammern, dann alles außer einer schließenden eckigen Klammer, schließlich zwei schließende eckige Klammern. In den aufzurufenden URL soll nur der Text in den Klammern übernommen werden, denn das ist der Name der Wiki-Seite. Leider ist es in Klipper noch nicht möglich, in einem Suchmuster Teile mit (...) zu klammern und sich später mit \1, \2 und so weiter darauf zu beziehen, so wie es die meisten Texteditoren beim Suchen und Ersetzen können. (Dieses Feature habe ich mir über das Bugreport-System von KDE gewünscht, und die aktive Entwicklergemeinde wird es sicher bald einbauen.) In die auszuführende Kommandozeile kann nur der komplette gefundene Text mit *%s* eingebaut werden. Deshalb muß ein bißchen Shell-Akrobatik her. So sieht der Befehl aus, der die Wiki-Seite im bei KDE eingestellten Standardbrowser, also meist im Konqueror, öffnet:

```
kfmclient openURL "http://de.wikipedia.org/wiki/Special:Search? ↵
 search=$(echo %s | sed 's/^\[\[\|\]\]$//g' | recode l1..u8)&go=Go"
```

Dieser Befehl wird der Aktion hinzugefügt, indem man im Kontextmenü des regulären Ausdrucks *Befehl hinzufügen* wählt. Dieses Beispiel bezieht sich auf die Wikipedia, aber man kann einer Aktion auf diese Weise natürlich mehrere Befehle hinzufügen, also auch die Möglichkeit, den Wikilink in einem anderen Wiki oder in einem anderen Browser zu öffnen. Jedem Befehl kann man eine Beschreibung zuordnen, die im Menü angezeigt wird. Ein Buchstabe hinter einem & wird dabei als Tastenkürzel unterstrichen.

sed entfernt die eckigen Klammern am Anfang und am Ende (dem senkrechten Strich für »oder« muß dabei ein Backslash vorangestellt werden). Die Pipe zu *recode* kann weggelassen werden, wenn das System komplett mit UTF-8 läuft. Wenn aber noch ein 8-Bit-Zeichensatz wie ISO-8859-1 eingestellt ist, muß der Text *%s* erst nach UTF-8 umgewandelt werden, denn die Wikipedia arbeitet wie die meisten modernen MediaWiki-Projekte mit UTF-8. (Bei anderen Wikis ist das nicht immer der Fall!) Bei *recode* steht *l1* kurz für ISO-8859-1 (Latin 1), *u8* für UTF-8.

Und nun noch ein Leckerbissen für Fortgeschrittene – sowohl fortgeschrittene Wiki- als auch *sed*-Anwender: Auch Wikilinks mit alternativer Beschriftung und -ziel (Syntax [[Ziel|Text]]) sollen korrekt behandelt werden. Das erledigt der folgende *sed*-Befehl:

```
s/^\[\[\(([^]|]\+\)\(|[^]]\+\)\?\]\]$/\1/
```

Wenn Sie reguläre Ausdrücke von Skriptsprachen wie Perl her kennen, müssen Sie bei *sed* immer beachten, daß hier fast allen Zeichen der erweiterten regulären Ausdrücke (also unter anderem + oder (...)) ein Backslash vorangestellt werden muß.

Ohne den beschwerlichen Weg durch den Klipper-Einrichtungsdialog gehen zu müssen, kann man auch die folgenden Abschnitte an die Datei *~/.kde/share/config/klipperrc* anfügen:

```
[Action_0]
Description=Wikilink
Regexp=^\\[\\[[^]]+\\]\\]$

[Action_0/Command_0]
Commandline=kfmclient openURL ↵
  "http://de.wikipedia.org/wiki/Special:Search?search=↵
  $$(echo %s | sed 's/^\\[\\[\\([^]|]\\+\\)↵
  \\(|[^]]\\+\\)\\?\\]\\]$$/\\1/')&go=Go"
Description=&Wikipedia
```

Statt *Action_0* verwenden Sie die erste Nummer, die noch frei ist. Zu beachten ist, daß für die *Commandline*-Option alle Backslashes und Dollarzeichen doppelt geschrieben werden müssen.

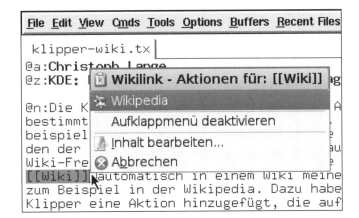

Bild 3.25: Klipper reagiert auf einen Wikilink

KAPITEL 4

WIKIS UND DAS RECHT

von Christoph Lange

Wer ein Wiki öffentlich zugänglich macht, muß sich an rechtliche Vorschriften halten. Zum einen muß der Betreiber darauf achten, daß niemand sein Wiki mit illegalen oder urheberrechtlich geschützten Inhalten füllt, denn dafür kann unter Umständen er selbst verantwortlich gemacht werden. Zum anderen stellt sich die Frage, welche Nutzungs- und Verwertungsrechte die Besucher des Wikis an den Inhalten genießen sollen, also wie die Inhalte des Wikis lizenziert werden sollen.

4.1 HAFTUNGSFRAGEN UND URHEBERRECHTSVERLETZUNGEN

Wikimedia e.V., der deutsche Wikipedia-Förderverein, hat 2005 bei den Rechtsanwälten Till Jäger und Carsten Schulz ein Rechtsgutachten in Auftrag gegeben, das unter *http://meta.wikimedia.org/wiki/Rechtsfragen_-März_2005* zur Verfügung steht. Es besagt, kurz zusammengefaßt, daß ein öffentlich zugängliches Wiki nach deutschem Recht als »Teledienst« (Teledienstgesetz siehe *http://bundesrecht.juris.de/bundesrecht/tdg/*) gilt. Demnach ist der Betreiber eines Wikis für die von ihm selbst eingestellten oder redaktionell bearbeiteten Inhalte voll verantwortlich. Die meisten Inhalte in einem Wiki werden aber andere Autoren schreiben. Für diese haften sie zunächst einmal selbst, denn der Betreiber speichert sie nur. Erlangt der Betreiber allerdings von rechtswidrigen Inhalten, die andere Autoren eingestellt haben, Kenntnis, muß er sie gemäß §11 Teledienstgesetz »unverzüglich« löschen oder zumindest den Zugang zu ihnen sperren.

Rechtswidrige Inhalte in einem Wiki können zum einen Informationen sein, deren Verbreitung gesetzlich verboten ist, zum anderen urheberrechtlich geschütztes Material, das ohne Zustimmung der Rechte-Inhaber aus anderen Quellen in das Wiki hineinkopiert wurde. Als Beispiel für Ersteres gab es in der deutschen Wikipedia den Fall, daß jemand im Artikel »Molotowcocktail« die Anleitung zum Bau eines solchen veröffentlichte, was jedoch nach dem deutschen Waffengesetz verboten ist und mit mindestens einem halben Jahr Freiheitsstrafe geahndet wird. Obwohl die Server der Wikipedia in den USA stehen, wo es nicht verboten ist, solche Anleitungen zu veröffentlichen, und der Betreiber im Sinne des Gesetzes die US-amerikanische Wikimedia Foundation ist, wird die deutsche Wikipedia hauptsächlich in den deutschsprachigen Ländern genutzt[1], weshalb hier die Rechtsprechungen dieser Staaten beachtet werden müssen. Soweit also die Verantwortung des Betreibers; aber im Falle des Molotowcocktails kann ohnehin der (deutsche) Wiki-Autor, der eine Bauanleitung in einem wo auch immer betriebenen Wiki verbreitet, dafür strafrechtlich belangt werden. Ein anderes, im Internet immer wieder auftauchendes Beispiel ist die Leugnung des Holocaust, die in Deutschland, Österreich, der Schweiz und vielen anderen Ländern einen Straftatbestand darstellt. Die deutsche Wikipedia ermahnt auf der Diskussionsseite zum entsprechenden Artikel die Autoren, sich an das Strafrecht zu halten.

Der weitaus häufigere Fall in einem Wiki, insbesondere in einem, das der Wissenssammlung dient, ist die Urheberrechtsverletzung. Sie tritt ein, wenn ein Autor Material in ein Wiki einstellt, das er nicht selbst geschaffen hat, sondern an dem jemand anderes die Rechte besitzt und die Nutzung im Wiki nicht erlaubt. Unbedenklich sind Werke Anderer, die nicht mehr unter urheberrechtlichem Schutz stehen. In Deutschland, Öster-

---

[1] Sie ist keine bundesdeutsche Wikipedia, sondern eine Wikipedia in deutscher Sprache.

reich und der Schweiz ist das der Fall, wenn der Urheber siebzig Jahre oder länger tot ist. Unbedenklich ist auch Material, das der Autor zur gemeinfreien Nutzung freigegeben hat (Public Domain, siehe den Abschnitt zu Lizenzen). Material unter speziellen Lizenzen, von denen der nächste Abschnitt einige vorstellt, ist dann unbedenklich, wenn seine Lizenz mit der vereinbar ist, die im Wiki gilt. Wenn es erlaubt ist, die Inhalte eines Wikis beliebig, auch kommerziell, zu vervielfältigen, zu verbreiten und zu verändern, dann muß auch die ursprüngliche Lizenz der Werke, die in dieses Wiki eingestellt werden, dieses erlauben. In Wirklichkeit ist es noch komplizierter, weil viele der verbreiteten Lizenzen aufgrund anderer Klauseln nicht miteinander vereinbar sind. Ganz sicher geht man nur, wenn die Lizenz des ins Wiki eingestellten Materials dieselbe ist wie die, die für die Inhalte des Wikis gilt. Im Falle der Wikipedia, die die GNU Free Documentation Licence verwendet, könnte man also den Urheber bitten, sein Werk unter dieser Lizenz zur Verfügung zu stellen. Spezielle Urheberrechtsbestimmungen gelten für Bilder; siehe dazu zum Beispiel die Seite *Wikipedia:Bildrechte* in der deutschen Wikipedia.

Zur Erläuterung bestimmter Passagen eines Wiki-Artikels sind nach dem Zitatrecht (§51 Urheberrechtsgesetz in Deutschland) kurze Auszüge mit Quellenangabe (§63) auch aus urheberrechtlich geschützten Werken erlaubt. Ähnliche Einschränkungen des urheberrechtlichen Schutzes gelten in den meisten kontinentaleuropäischen Rechtsprechungen. In den angelsächsischen Ländern, die mit dem *Copyright* vom kontinentaleuropäischen Urheberrecht abweichende Bestimmungen für den Schutz geistigen Eigentums haben, ist ein »Fair Use« (gerechte Verwendung) von geschütztem Material erlaubt, wenn diese Nutzung der öffentlichen Bildung und der »Anregung geistiger Produktionen« dient.

4.2 LIZENZMODELLE FÜR WIKI-INHALTE

4.2.1 Das allgemeine Urheberrecht

Wiki-Seiten, die mehr als eine Folge von Diskussionsbeiträgen sind und mehr enthalten als eine unkommentierte Liste von Links, eine Tabelle mit reinen Daten und Fakten oder die Erklärung eines alltäglichen Begriffs in einem Satz, werden als eigenständige geistige Schöpfung ihres Autors beziehungsweise ihrer Autoren angesehen. Sie erreichen somit die erforderliche »Schöpfungshöhe«, um urheberrechtlichen Schutz zu genießen. Wenn in einem Wiki keine ausdrückliche Lizenz zur Nutzung und Verwertung der Inhalte vereinbart wird, geht die Rechtsprechung davon aus, daß der Urheber eines Beitrags dem Betreiber des Wikis mit dem Abspeichern das Recht zur Nutzung zwecks Darstellung als Webseite einräumt. Da es der Natur eines Wikis entspricht, daß Texte wiederum von anderen bearbeitet werden, geht man weiter davon aus, daß der Urheber dem Betreiber und den anderen Nutzern des Wikis das Recht zur Bearbeitung seiner Beiträge einräumt. (Je nach Umfang der Bearbeitung können diese

dann ein eigenes Urheberrecht an der bearbeiteten Fassung erwerben.)
Damit ist es aber noch lange nicht erlaubt, Beiträge aus diesem Wiki auch
woanders hin zu übernehmen, also beispielsweise über das Zitatrecht hinausgehend in eigenen Werken zu veröffentlichen (zum Beispiel in einem
Abzug des Wikis in Buch- oder CD-Form), die Beiträge in andere Wikis
einzustellen und dort weiterzubearbeiten und so weiter. Dazu müßte jeder
einzelne Autor gefragt werden, der zu dem Wiki-Artikel beigetragen hat.

4.2.2 Einräumung weiterer Nutzungsrechte

Um weitergehende Nutzungsarten und somit einen kreativen Austausch
innerhalb der »Wissensallmende« unkompliziert zu ermöglichen, kann der
Betreiber des Wikis eine Lizenz wählen, bei Bedarf auch mehrere, unter
die der Inhalt des Wikis gestellt werden soll. Normalerweise wird dabei
jede Wiki-Seite als eigenes, unabhängiges Werk betrachtet, also nicht das
Wiki als Ganzes unter eine Lizenz gestellt. Auf diese Lizenz müssen, ähnlich wie bei allgemeinen Geschäftsbedingungen auf gewerblichen Internetseiten, Leser und Bearbeiter des Wikis deutlich hingewiesen werden.
Insbesondere muß jeder, der Beiträge in ein Wiki einstellt, vor dem Abspeichern der Veröffentlichung seiner Beiträge unter der geltenden Lizenz
zustimmen – oder darf andernfalls seinen Beitrag nicht abspeichern. Bei
einigen Wikis, so zum Beispiel bei MediaWiki, können die Textbausteine
mit den Lizenzhinweisen allerdings sehr einfach konfiguriert werden.

Urheberrechtlich geschützte Werke dürfen ohne Erlaubnis des Autors NICHT kopiert werden!

Bitte beachte die Urheberrechte – Texte, die ohne dokumentierte Erlaubnis z. B. von anderen Webseiten übernommen wurden, werden wieder gelöscht.

Du versicherst hiermit, dass du den Text selbst verfasst hast, dass er gemeinfrei (public domain) ist oder dass der Rechtsinhaber der Lizenzierung unter der GNU-FDL zugestimmt hat. Wurde dieser Text bereits anderswo veröffentlicht, weise bitte auf der Diskussionsseite des Artikels darauf hin.

Alle Beiträge zur Wikipedia fallen unter die GNU-Lizenz für freie Dokumentation. Falls du nicht möchtest, dass dein Text verändert und verbreitet wird, dann speichere ihn nicht.

Beachte auch, dass deine IP-Adresse bzw. dein Benutzername in der Versionsgeschichte dauerhaft und öffentlich mitprotokolliert wird.

Die Bestimmungen der Lizenz behalten so lange ihre Gültigkeit, wie es
das Urheberrechtsgesetz vorsieht, in Deutschland, Österreich und der
Schweiz also bis siebzig Jahre nach dem Tod des Urhebers. Dies ist bei
einer Wiki-Seite zunächst derjenige, der sie begonnen hat, allerdings können auch andere Autoren, die die Seite überarbeiten und dabei eine geistige Schöpfung vollbringen, also zum Beispiel mehr tun als nur einen
Schreibfehler korrigieren, ein eigenes Urheberrecht an der Bearbeitung
erwerben. In diesem Sinne ist für das Urheberrecht der gesamten Seite
maßgeblich, wann der letzte schöpferisch beteiligte Autor gestorben ist.
Da Wikis noch recht jung sind und wohl noch lange aktiv bleiben werden,
ist dies heutzutage rein hypothetisch. Etwas mehr Hoffnung besteht nur
bei anonymen Beiträgen, denn das Urheberrecht an ihnen erlischt siebzig
Jahre nach der Veröffentlichung.

Im folgenden werden einige verbreitete Lizenzmodelle für Wiki-Inhalte kurz vorgestellt. Diese Modelle haben alle Vor- und Nachteile, so daß manche Wiki-Betreiber sich entscheiden, ihre Nutzer zwischen mehreren wählen zu lassen, wobei dann allerdings auch alle Bearbeiter ihre Beiträge unter beiden Lizenzen veröffentlichen sollten. Andere Wiki-Betreiber können sich wiederum nicht für eine Lizenz entscheiden und bleiben beim gewöhnlichen Urheberrecht; interessanterweise ist das auch im JuraWiki der Fall, obwohl oder weil sich viele Mitarbeiter dieses Projekts gut mit dem Urheberrecht und mit Lizenzen auskennen. Die Diskussion finden Sie unter *http://www.jurawiki.de/LizenzFragen*.

Buchtip

Als Lektüre zu den Themen Urheberrecht und Lizenzen, insbesondere im Hinblick auf Open-Source-Software, möchte ich Ihnen das Buch »Freie Software – zwischen Privat- und Gemeineigentum« von Volker Grassmuck ans Herz legen, das bei der Bundeszentrale für politische Bildung erschienen ist. Das Buch ist, von kleinen Überarbeitungen abgesehen, aus dem Jahre 2001, weshalb es Wikis erst am Rande erwähnt. Es liefert aber ein breites Hintergrundwissen über die Entstehung und Geschichte des Urheberrechts und behandelt neben Software auch viele andere aktuelle Themen wie zum Beispiel Digital Rights Management.

Unter *http://freie-software.bpb.de/* können Sie das Buch bestellen oder herunterladen.

4.2.3 Public Domain – Verzicht auf alle Rechte

In den angelsächsischen Ländern gibt es den Status der »Public Domain«, der Gemeinfreiheit. Wer sein Werk so zur Verfügung stellt, verzichtet auf sein Copyright daran und stellt es der Allgemeinheit zur Verfügung. In Kontinentaleuropa, insbesondere in Deutschland, tritt ein solcher Zustand erst siebzig Jahre nach dem Tod des Urhebers ein; vorher erzwingen kann man ihn nicht, denn auf sein sogenanntes Urheberpersönlichkeitsrecht kann der Urheber nicht verzichten. Sein Name ist untrennbar mit dem Werk verbunden, und nach §14 des deutschen Urheberrechtsgesetzes kann er eine »Entstellung oder andere Beeinträchtigung« seines Werkes verbieten. Wohl aber kann der Urheber das Nutzungs- und Verwertungsrecht an die Allgemeinheit übertragen. Die Nutzungsbedingungen müssen aber explizit formuliert werden, damit sie gültig sind – vor allem dann, wenn sie über eine einfache Nutzung hinausgehen, etwa wenn der Autor auch den kommerziellen Vertrieb seines Werks zulassen möchte. Aber auch auf diesem Wege erhält die Allgemeinheit keine unbegrenzten Rechte. So kann der Urheber nach §31, Absatz 4, des deutschen Urheberrechtsgesetzes keine Nutzungsrechte für noch nicht bekannte Nutzungsarten einräumen, etwa für die Verbreitung über irgendein völlig anderes und neues, noch nicht erfundenes Medium. In Kontinentaleuropa sollte man aufgrund dieser Umstände lieber auf eine vorformulierte Lizenz, zum Beispiel die CC-BY von Creative Commons (siehe unten), zurückgreifen, die solche Rechte gewährt. Für den angelsächsischen Raum wurde allerdings auch das Verständnis der »Public Domain« weiterentwickelt, so etwa von der Initiative »Ethical Use of the Public Domain« (*http:// www.ethicalpublicdomain.org/*), und deren Ideen, unter anderem die der »Primarily Public Domain« sind sinngemäß auch in Deutschland anwendbar. Darin wird ein verantwortungsvoller Umgang mit dem Rechteverzicht gefordert. Der Autor soll (in einem Wiki) nicht durch eine generelle Public-Domain-Lizenzvereinbarung dazu gezwungen werden, auf seine Rechte zu verzichten, sondern soll bestimmte Passagen als geschützt kennzeichnen dürfen, um dafür den normalen urheberrechtlichen Schutz zu genießen.

4.2.4 Copyleft (GNU FDL)

Die Free Software Foundation hat für freie Software die Idee des »Copyleft« als Gegensatz zum »Copyright« entwickelt. Mit einer Copyleft-Lizenz bleibt das Werk unter urheberrechtlichem Schutz (in Deutschland bliebe es dies sowieso), darf aber darüber hinaus vielfältig genutzt, verändert und (auch kommerziell) verbreitet werden. Diese Nutzungsrechte sollen auf ewig erhalten bleiben, weshalb das Copyleft verhindert, daß ein Werk vereinnahmt und fürderhin unter eine unfreie Lizenz gestellt wird. Eine Copyleft-Lizenz gestattet deshalb in »impfender« – böse Zungen sagen: »viraler« – Weise eine Weiterverbreitung des Werkes und seiner Bearbeitungen wieder nur unter derselben Lizenz. So etwas wäre bei einem einfachen urheberrechtlichen Schutz nicht möglich, denn dort gewinnt der Bearbeiter eines Werks, sofern er zur Änderung und Weiterverbreitung des Werks berechtigt ist, ein separates Schutzrecht an seiner Bearbeitung. Ein Nachteil solcher Copyleft-Lizenzen ist allerdings, daß sie meistens untereinander nicht kompatibel sind, weil die meisten dieser Lizenzen eine Weiterverbreitung nur unter genau derselben Lizenz zulassen, nicht unter einer ähnlichen.

Das Copyleft wurde zunächst in der heute sehr weit verbreiteten GNU General Public License (GPL) für Software angewendet. Sie besagt, daß zusammen mit dem Programm, das frei weitergegeben, sogar verkauft werden darf, immer auch der Quelltext mitgeliefert oder zumindest auf Anfrage zur Verfügung gestellt werden muß, damit jeder das Programm verändern kann. Einem ähnlichen Geist folgt die GNU Free Documentation License (kurz GNU FDL oder GFDL, deutsch GNU-Lizenz für freie Dokumentation, siehe *http://www.gnu.org/copyleft/fdl.html*), die ursprünglich für die Dokumentation zur GPL-lizenzierten Software des GNU-Projekts entwickelt wurde und heute auch in der Wikipedia angewandt wird.

Allgemeine Informationen zur Anwendung der GNU FDL auf Wikis gibt es im MeatballWiki unter *http://www.usemod.com/cgi-bin/mb.pl?Free-DocumentationLicense.*

Die GNU FDL sieht vor, daß mit dem Dokument auch der Quelltext zur Verfügung gestellt wird. Mit einem mit OpenOffice erstellten Handbuch im PDF-Format muß demnach auch das ursprüngliche OpenOffice-Dokument mitgeliefert werden, damit spätere Nutzer Änderungen vornehmen können. Bei Wikis wird diese Klausel im allgemeinen so aufgefaßt, daß nicht nur der von der Software als HTML formatierte Seiteninhalt jedem zugänglich sein soll, sondern auch der Quelltext in Wikisyntax, obwohl auch HTML mit jedem Texteditor bearbeitet werden kann und somit den Lizenzbestimmungen genügen würde. Wer ein Werk weitergibt, muß die Autoren nennen – wenn es mehr als fünf sind, die fünf wichtigsten – und den Lizenztext beifügen. Ein Link zum Lizenztext auf der Homepage der Free Software Foundation genügt nicht, denn deren Server könnte mal nicht erreichbar sein, aber die Lizenz soll immer dann verfügbar sein, wenn auch das lizenzierte Werk verfügbar ist.

In den mehr als vier Jahren, in denen die Wikipedia nun diese Lizenz anwendet, haben sich größere Probleme gezeigt, die im wesentlichen darin bestehen, daß die Lizenz eine Weitergabe und Änderung der lizenzierten Wiki-Seiten außerhalb des Wikis zu kompliziert macht. Das wohl größte Hindernis bei der Übernahme von Wiki-Seiten in gedruckte Werke ist die Forderung, den Lizenztext vollständig abzudrucken. Der füllt in einer Zeitschrift, die einen Artikel oder auch nur ein Bild aus der Wikipedia übernehmen möchte, locker zwei Seiten teuren Papiers. Zweitens ist es bei Wiki-Seiten recht umständlich, die fünf Hauptautoren eines Artikels ausfindig zu machen. Zwar wird in fast jedem Wiki ein vollständiges Archiv aller Bearbeitungen einer Seite angelegt und man kann noch relativ leicht herausfinden, wie viele Zeichen ein Bearbeiter zum Artikel hinzugefügt oder gelöscht hat, aber mit einer zunehmenden Länge des Versionsprotokolls wird das immer aufwendiger. (In der deutschen Wikipedia wurde bisher jeder Artikel im Durchschnitt über zwanzig Mal bearbeitet.) Schließlich kann man sich darüber streiten, ob ein Autor, der anfangs sehr viel zu einem Artikel beigetragen hat, dessen Beiträge aber später vollständig durch andere überschrieben wurden, zu den Hauptautoren gezählt werden soll oder nicht. Ein Programm, das die Hauptautoren eines Wikipedia-Artikels bestimmt, finden Sie in der deutschen Wikipedia unter *Wikipedia:Hauptautoren*, ein Beispiel dazu unter *Wikipedia:Hauptautoren/Stern*.

Unter *Wikipedia:Lizenzbestimmungen* werden die Bestimmungen der GNU FDL durch ein pragmatisches Gentlemen-Agreement etwas erleichtert. Wer Inhalte aus der Wikipedia online weiterverbreitet (für Printmedien gibt es keine solchen Erleichterungen!), muß demnach nicht selbst eine Kopie des Quelltextes bereithalten und die Autoren namentlich nennen, sondern nur als Quelle die Wikipedia nennen und auf den Originalartikel und die Liste der Autoren verlinken. Rechtlich sind diese Erleichterungen allerdings unwirksam, es handelt sich nur um eine Absichtserklärung seitens der Wikipedia, bei einer derartigen Übernahme von Inhalten in andere Medien darauf zu verzichten, ihre Rechte durchzusetzen, die ihr aufgrund der GNU FDL eigentlich zustünden.

Dieser Artikel basiert auf dem Artikel XYZ ⊄ aus der freien Enzyklopädie Wikipedia ⊄ und steht unter der GNU-Lizenz für freie Dokumentation ⊄. In der Wikipedia ist eine Liste der Autoren ⊄ verfügbar.

Weitere Einwände gegen die GNU FDL betreffen die Klausel in Absatz 2, die es verbietet, das weitere Kopieren von einmal erstellten Kopien eines Werks mit technischen Maßnahmen einzuschränken. Das war als Verbot von Kopierschutzmaßnahmen im Rahmen des Digital Rights Management (Digitale Rechteverwaltung, kurz DRM; böse Zungen sprechen auch von Digital Restriction Management) gedacht, kann aber mit etwas bösem Willen auch viel weiter zu Ungunsten der Nutzer ausgelegt werden. So verstößt schon jeder gegen diese Passage der GNU FDL, der ein lizenziertes Dokument auf seinem privaten Webserver speichert und diese Kopie – nach deutschem Recht eine erlaubte Privatkopie – mit einem Paßwort schützt oder in einer anderen Weise nicht allgemein zugänglich macht. (Richard Stallman, Gründer der Free Software Foundation, hatte natürlich nicht beabsichtigt, die Freiheit der Nutzer auf diese Weise einzuschränken, und bemüht sich darum, diese Passage in einer zukünftigen Version der Lizenz umzuformulieren.) Das Debian-Projekt, das eine Linux-Distribution herausgibt und dabei größten Wert darauf legt, nur wirklich freie Software zu vertreiben, betrachtet wegen einer anderen Einschränkung die GNU FDL sogar als unfrei[1]: Sie sieht speziell zu kennzeichnende »unveränderliche Abschnitte« (invariant sections) vor – wenn auch nur als Anhang oder als Vorwort und nicht als Teil des eigentlichen Dokumentinhalts –, die auch bei allen Bearbeitungen des Dokuments immer im Originalzustand erhalten bleiben müssen und damit ein modifiziertes, weitergegebenes Dokument künstlich aufblähen. Von dieser Klausel macht die Wikipedia allerdings keinen Gebrauch. Schließlich ist die GNU FDL aufgrund der unveränderlichen Abschnitte, verbunden mit dem aus dem impfenden Effekt resultierenden »Alleinvertretungsanspruch« nicht mit der aus demselben Hause stammenden GPL vereinbar in einer Weise, die es erlauben würde, GNU-FDL-Texte in Programmcodes zu verwenden, zum Beispiel als Kommentar, oder andersherum GPL-Programmcode auszugsweise in einer GNU-FDL-lizenzierten Dokumentation abzudrucken. (Programmcode-Beispiele werden deshalb oft parallel unter beide Lizenzen gestellt.)

---

[1] Weitere Hindernisse, aufgrund derer die GNU FDL nicht den Debian Free Software Guidelines entspricht, finden Sie unter *http://people.debian.org/~srivasta/Position_Statement.html*.

Schließlich ist die GNU FDL nur in englischer Sprache verfügbar. Übersetzungen in andere Sprachen sind nicht rechtsverbindlich, was die Auslegung der Lizenz insbesondere in Kontinentaleuropa erschwert, wo ja noch dazu eine andere (Urheber-) Rechtstradition herrscht als in den angelsächsischen Ländern. Abschließend ist auch noch nicht geklärt, ob überhaupt alle Passagen der GNU FDL mit dem deutschen Urheberrecht vereinbar sind. Für die verwandte Software-Lizenz GPL hat das Landgericht München dies in einem Urteil vom 19. Mai 2004 allerdings schon bestätigt.

Wer die GNU FDL verwendet und sich über diese Mißstände beklagt, kann nur darauf hoffen, daß sie in einer zukünftigen Version der Lizenz behoben werden. Meist wird die GNU FDL nämlich so angewandt, daß das Werk unter der gerade aktuellen Version lizenziert wird, mit der Option, auf eine beliebige spätere Version umzusteigen. Ein Umstieg auf eine andere Lizenz ist dagegen in einem Wiki kaum machbar, denn dazu müßte der Wiki-Betreiber jeden, der jemals eine Seite bearbeitet hat und damit ein Urheberrecht an seiner Bearbeitung erworben hat, um Erlaubnis fragen. Sogar, was natürlich schlecht möglich ist, die anonymen Bearbeiter, denn nach dem deutschen Urheberrecht sind auch deren Beiträge urheberrechtlich geschützt. Und selbst wenn der Umstieg glückt, bleibt zu beachten, daß möglicherweise nach deutschem Urheberrecht nicht alle Passagen der neuen Lizenzversion anwendbar sind — solche nämlich, die zum Erstellungszeitpunkt der Vorversion noch unbekannte Nutzungsrechte einräumen (siehe Seite 183).

4.2.5 Creative Commons (CC): die maßgeschneiderte Lizenz

Creative Commons ist eine gemeinnützige, von dem US-amerikanischen Juristen Lawrence Lessig gegründete Organisation, die verschiedene Lizenzmodelle mit abgestuften Freiheitsgraden für unterschiedliche Werktypen entwickelt hat (allerdings nicht für Software). Das Motto lautet »some rights reserved« (manche Rechte vorbehalten), weil die Lizenzen von Creative Commons verschiedene Stufen zwischen dem allgemeinen Urheberrecht (all rights reserved) und der Public Domain (no rights reserved) anbieten. Auf der Seite *http://creativecommons.org/license/meet-the-licenses* werden alle verfügbaren Lizenzen kurz vorgestellt.

Die Creative-Commons-Initiative wurde 2001 gestartet, unter anderem als Reaktion auf die zu diesem Zeitpunkt schon vorhandene GNU FDL und andere Lizenzen wie die inzwischen nicht mehr weiterentwickelte Open Publication License (OPL). Im Gegensatz zur GNU FDL sind die Creative-Commons-Lizenzen inzwischen in zahlreichen rechtsverbindlichen Übersetzungen erschienen und an unterschiedliche nationale Rechtsprechungen angepaßt worden, so auch an die deutsche. Gegenüber der GNU FDL muß eine Kopie des Werks nicht selbst den Lizenzvertrag enthalten, sondern ein Link zum Vertrag auf der Homepage von Creative Commons genügt. Auch vom Quelltext des Werks ist keine Rede, was aber insofern

verständlich ist, als die Creative-Commons-Lizenzen nicht im Umfeld der
Open-Source-Software entstanden sind, sondern vor allem für Dokumente
(Text, Bilder, Musik, Filme, ...) konzipiert wurden, die man mit einem
geeigneten Programm meist direkt bearbeiten kann.

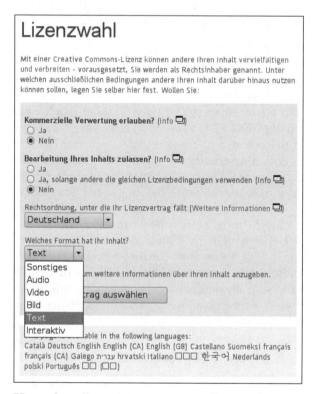

Unter *http://creativecommons.org/license/* kann der Urheber für sein Werk
(oder der Wiki-Betreiber für sein Wiki) eine geeignete Lizenz auswählen.
Allen Lizenzen ist gemeinsam, daß das Werk bei der Weitergabe des
Werks der Urheber genannt werden muß. In den ersten Versionen der
Creative-Commons-Lizenzen konnte der Urheber auch darauf verzichten,
allerdings haben das nur zwei bis drei Prozent der Urheber getan, weshalb
Creative Commons diese Wahlmöglichkeit abgeschafft hat. (Das kontinen-
taleuropäische Urheberrecht sieht dies ohnehin nicht vor, einziger Aus-
weg wäre die anonyme Veröffentlichung.) Als erstes darf der Urheber
wählen, ob sein Werk auch kommerziell verwertet (das heißt vervielfältigt,
verbreitet und wiedergegeben) werden darf, oder ob er dies nicht möchte.
(Durch schriftliche Einwilligung kann er es im Einzelfall trotzdem noch
ermöglichen.) Zweitens ist zu wählen, ob das Werk bearbeitet oder verändert (und dann auch veröffentlicht) werden darf. Eine Möglichkeit ist, dies
nicht zu erlauben. Die zweite Möglichkeit ist, es nach Art des Copyleft nur
dann zu erlauben, wenn die Bearbeitung mit derselben Lizenz »geimpft«
wird. Creative Commons nennt dieses Verfahren »Share-Alike«. Diese
Creative-Commons-Lizenz ist allerdings nicht mit der GNU FDL kompa-

tibel, sondern verfolgt nur dasselbe Ziel. Die dritte Option erlaubt eine uneingeschränkte Bearbeitung. Schließlich kann man noch wählen, welcher Art das Werk ist, zum Beispiel ein Text oder ein Bild, und für welche nationale Rechtsprechung die Lizenz angepaßt werden soll.

Ergebnis ist ein Lizenzvertrag in dreifacher Ausführung: für Normalsterbliche, für Juristen und für Maschinen. Die erste Version, genannt »Commons Deed« (Urkunde, Dokument) liefert Laien einen kurzen Überblick über die Lizenzbedingungen.

C O M M O N S   D E E D

Namensnennung-NichtKommerziell-Weitergabe unter gleichen Bedingungen 2.0 Deutschland

Sie dürfen:

- den Inhalt vervielfältigen, verbreiten und öffentlich aufführen
- Bearbeitungen anfertigen

Zu den folgenden Bedingungen:

 Namensnennung. Sie müssen den Namen des Autors/Rechtsinhabers nennen.

 Keine kommerzielle Nutzung. Dieser Inhalt darf nicht für kommerzielle Zwecke verwendet werden.

 Weitergabe unter gleichen Bedingungen. Wenn Sie diesen Inhalt bearbeiten oder in anderer Weise umgestalten, verändern oder als Grundlage für einen anderen Inhalt verwenden, dann dürfen Sie den neu entstandenen Inhalt nur unter Verwendung identischer Lizenzbedingungen weitergeben.

- Im Falle einer Verbreitung müssen Sie anderen die Lizenzbedingungen, unter die dieser Inhalt fällt, mitteilen.
- Jede dieser Bedingungen kann nach schriftlicher Einwilligung des Rechtsinhabers aufgehoben werden.

Die gesetzlichen Schranken des Urheberrechts bleiben hiervon unberührt.

Hier ist eine Zusammenfassung des Lizenzvertrags in allgemeinverständlicher Sprache.

Haftungsausschluss ⌨

Die zweite Fassung ist der rechtsverbindliche Lizenzvertrag (Legal Code), den natürlich auch Laien lesen sollten, um vollständig informiert zu sein. Schließlich stehen die Lizenzen auch in Form maschinenlesbarer Metadaten für verschiedene Datenformate zur Verfügung, damit zum Beispiel Suchmaschinen wissen, unter welcher Lizenz die Suchergebnisse stehen.

Aufgrund der oben aufgezeigten Mängel der GNU FDL haben Wikitravel und wikiHow für ihre Inhalte die ähnliche Creative Commons Attribution-ShareAlike-Lizenz (kurz *by-sa*; Nennung des Urhebers, Änderung und Weitergabe unter derselben Lizenz) gewählt. Zwar hatten frühere Versionen der Creative-Commons-Lizenzen auch einige Mängel, durch die sie nicht hundertprozentig für Wikis geeignet waren, aber die Lizenzen werden ständig überarbeitet und an neue Bedürfnisse angepaßt. Insbesondere die Lizenz CC-BY-SA ist in der aktuellen Version 2.5, die allerdings im Juli 2005 noch nicht auf Deutsch vorlag, beschäftigt sich mit der Frage, wie bei der Übernahme eines Wiki-Artikels die Autoren genannt werden sollen. Dem Nutzer steht es jetzt frei, den Namen eines oder mehrerer Autoren zu nennen und/oder den des ganzen Wiki-Projekts. Daran wird allerdings kritisiert, daß auf diese Weise den »Hauptautoren«, wie sie die GNU FDL vorsieht, nicht mehr der ihnen gebührende Ruhm zuteil wird.

Viele Wikipedia-Mitarbeiter sind der Meinung, daß diese Lizenz auch für die Wikipedia besser geeignet wäre, aber jetzt ist ein Umstieg nicht mehr möglich. Wohl aber veröffentlichen einige »Wikipedianer« ihre Beiträge unter einer Doppellizenz; eine Anleitung dazu gibt's im Meta-Wiki unter *http://meta.wikimedia.org/wiki/Guide_to_the_CC_dual-license*. In der Mediensammlung Wikimedia Commons ist es dagegen erwünscht, Bilder unter einer Doppellizenz aus GNU FDL und CC-BY-SA zu veröffentlichen; manche Autoren verwenden auch nur CC-BY oder CC-BY-SA.

Weitere Creative-Commons-Lizenzen wurden für das Tauschen von Musik entwickelt, außerdem für Samples von Musik und Filmen beziehungsweise Collagen von Bildern. Interessant ist auch »Developing Nations License«, die nur Bewohnern von Entwicklungsländern (gemäß Einstufung der Weltbank) freie Bearbeitungs- und Verwertungsrechte gewährt.

4.2.6 Lizenzverstöße

Nachdem Sie nun einige Lizenzmodelle für Wiki-Inhalte vorgestellt wurden, bleibt noch die Frage, was zu tun ist, wenn jemand gegen die Lizenz verstößt. Die Organisationen, die Lizenzen zur Verfügung stellen, sind nicht dafür zuständig, Verstöße zu ahnden. So heißt es bei Creative Commons:

Creative Commons ist keine Rechtsanwaltsgesellschaft und leistet keine Rechtsberatung. Die Weitergabe dieses Lizenzentwurfes führt zu keinem Mandatsverhältnis. Creative Commons erbringt diese Informationen ohne Gewähr. Creative Commons übernimmt keine Gewährleistung für die gelieferten Informationen und schließt die Haftung für Schäden aus, die sich aus ihrem Gebrauch ergeben.

Der Lizenzvertrag gibt Ihnen selbst als Urheber eines Wiki-Artikels oder einer Bearbeitung allerdings das Recht, gegen den Lizenzverstoß vorzugehen. Ob Sie das tun wollen, müssen Sie von Fall zu Fall entscheiden. Genauer ist die Vorgehensweise bei der Free Software Foundation beschrieben: *http://www.gnu.org/licenses/gpl-violation.html*.

KAPITEL 5

WORLDWIDEWIKI – EIN ÜBERBLICK

von Christoph Lange

Als Ward Cunningham 1995 das Wiki erfand, griff er Ideen von Tim Berners-Lee, dem Erfinder des World Wide Web, auf. Ein WikiWeb sollte demnach nicht in sich abgeschlossen, sondern mit anderen Wikis vernetzt sein. Idealistisch, aber leider utopisch war die Idee, *alle* Wikis als ein großes, weltweites Wiki zu betrachten. Da jedoch seit Ende der neunzehnhundertneunziger Jahre schnell unterschiedliche Programme zum Betrieb von Wikis entwickelt wurden und die sich verschiedenen WikiWebs auch inhaltlich in verschiedene Richtungen entwickelten, sind von diesem hehren Ziel nur noch die InterWiki-Links übriggeblieben – und der TourBus.

5.1 MIT DEM BUS AUF ENTDECKUNGSREISE

In jedem größeren Wiki finden Sie mehr oder weniger gut versteckt eine Haltestelle des seit 2002 bestehenden Wiki-Reiseunternehmens, meist unter dem Namen *TourBusStop*, deutsch auch *TourBusHaltestelle*. (Bei MediaWikis liegt die Seite meist im Projekt-Namensraum, also zum Beispiel unter *Wikipedia:TourBusStop*.)

TourBusStop

MeatballWiki | RecentChanges | Preferences | Indices | Categories

---

This is the **MeatBall** TourBus stop..

MeatballWiki is one of the oldest and most important wiki communities. It discusses and focuses on all aspects of online communication and online communities. Take your time to look around.

Meatball also acts as a sort of Central Station for the TourBus system: see the TourBusMap.

Bus connections:

- Bus Nr. 01 - **Grand Wiki Community Tour** - next stop: [DaynotesForum:TourBusStop]
- Bus Nr. 02 - **Wiki Developers Tour** - next stop: [DseWiki:TourBusStop]
- Bus Nr. 06 - **Eclectic Wiki Tour** - next stop: [PhilJones:TourBusStop]
- Bus Nr. 66 - **International Wiki Tour** - next stop: [DaynotesForum:TourBusStop]
- Bus Nr. 80 - **Multilingual Wiki Tour** - next stop: [EsperantoWiki:TourBusStop]
  --(suggest adding Meatball as a stop, so this isn't just a pointer.)
- Bus Nr. 102 - **UseMod Wiki Tour** - next stop: [CommunityServerWiki:TourBusStop]

Famous sights to visit here at the MeatballWiki:

MeatballMission
    Here you see, what the MeatballWiki is all about. You will find that this is not a trivial thing to understand. Simply put, the members talk about online culture and online communities. But Meatball also aims to be a community of communities; an intercommunity or a metacommunity. But those descriptions are all vague and ...

OnWikisAndSecurity, SoftSecurity
    For many people that do not know the wiki, security is one of the first questions asked. "Can you really..." and "What if someone..." seem to come into anyones mind naturally. But a virtual world has other needs for freedom and other means for protection of its vital parts. Find out which...

Bild 5.1: Der TourBus-Bahnhof im MeatballWiki

Der Busbahnhof befindet sich im MeatballWiki (*http://www.usemod.com/cgi-bin/mb.pl?TourBusStop*). Die *TourBusMap* im MeatballWiki zeigt alle Buslinien:

- Linie 1: Die großen Wiki-Communities
- Linie 2: Die Reise für Wiki-Entwickler
- Linie 3: wichtige deutsche Wikis
- Linie 5: Touristen-Route
- Linie 6: Die ungewöhnliche Route
- Linie 12: Die mehrsprachige Reise
- Linie 23: Schwedische Rundreise
- Linie 31: Wiki in der Schule (deutsch)
- Linie 42: Die Reise für Software-Entwickler (englisch/deutsch)
- Linie 66: Internationale Tour
- Linie 80: Mehrsprachige Wikipedia-Rundreise
- Ab Linie 100: Fahrten zu Wikis, die mit einer bestimmten Software laufen
  - Linie 101: MoinMoin (Python)
  - Linie 102: UseMod (Perl)
  - Linie 103: ProWiki (Perl, deutschsprachig)

Wer möchte, kann sich auf der Seite *BusManagement* als Routenplaner oder Busfahrer melden.

5.2 WIKINODES: NACHBARSCHAFTEN

Während der TourBus eher große Strecken zurücklegt, bemüht sich das alternative Konzept der WikiNodes (*http://wikinodes.wiki.taoriver.net/moin.cgi/FrequentlyAskedQuestions*) um die Vernetzung logisch oder geographisch benachbarter Wikis. Ein solcher Knoten in einem Wiki sollte *WikiNode* heißen (siehe zum Beispiel *http://de.wikipedia.org/wiki/Wikipedia:WikiNode*) und etwa folgenden Inhalt haben:

- Einen freundlichen Willkommensgruß,
- eine kurze Beschreibung des Wikis,
- Links auf wichtige, interessante, gute Seiten in diesem Wiki,
- Delegationen (inhaltlich benachbarte und ergänzende Wikis, siehe unten),
- andere Nachbarn, zum Beispiel geographische, und
- andere Wikis zum selben Thema.

Delegationen ermöglichen es, durch Abkommen zwischen den Communities Aufgaben an andere Wikis zu delegieren. Befindet man sich beispielsweise in einem Wiki über die Wikinger, ist es von Interesse, die Themen des Wikis in die gesamte europäische Geschichte einzubetten. Da dies aber unter Umständen den Rahmen des Wikis und der kleinen Community sprengen würde, »delegiert« man diese Aufgabe beispielsweise an die Wikipedia. Entweder enthält die Wikipedia schon alles, was man sich wünscht, oder man spricht sich mit ihrer Community ab (oder beteiligt sich selbst), damit die Wikipedia eine gute Ergänzung für das jeweilige Wiki wird. Delegationen zwischen Wikis können natürlich auch in beide Richtungen bestehen, wenn die beiden betroffenen Wikis sich gegenseitig ergänzen.

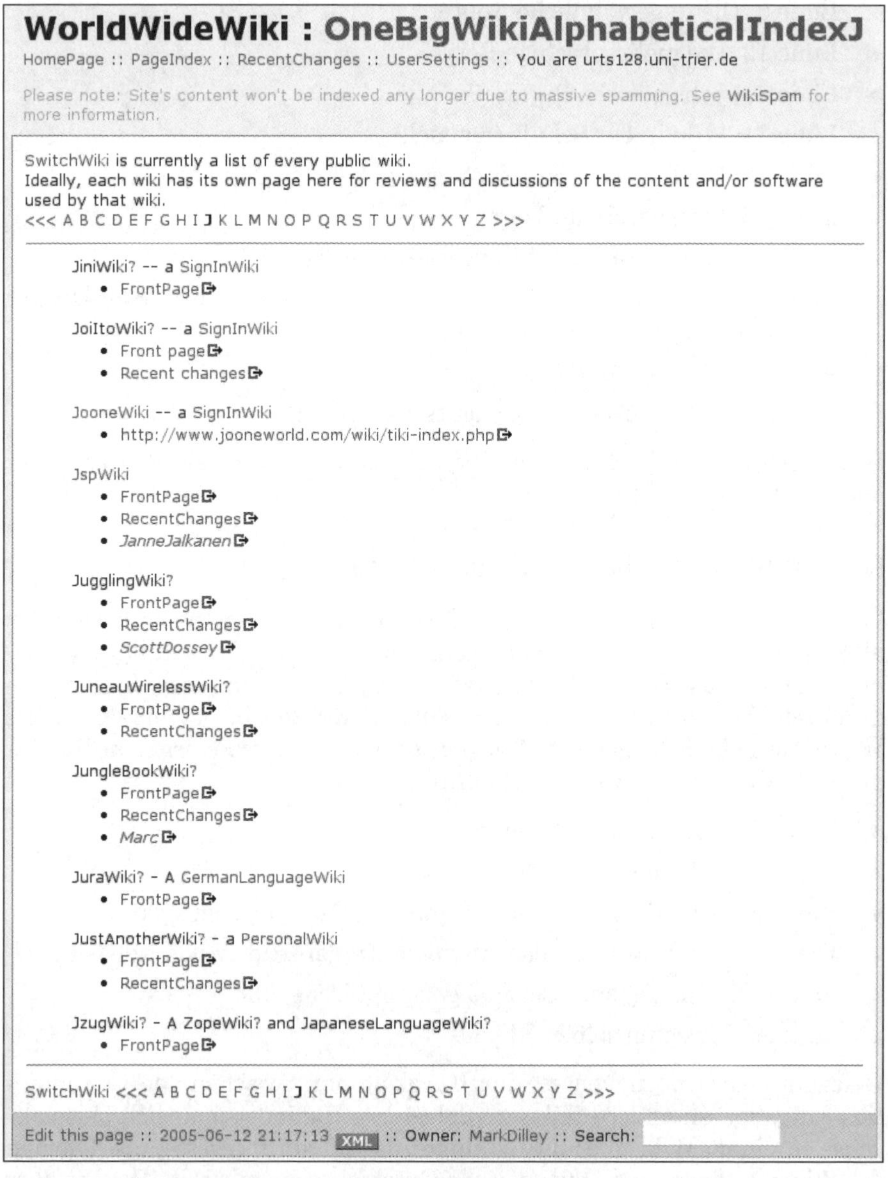

WorldWideWiki : OneBigWikiAlphabeticalIndexJ

HomePage :: PageIndex :: RecentChanges :: UserSettings :: You are urts128.uni-trier.de

Please note: Site's content won't be indexed any longer due to massive spamming. See WikiSpam for more information.

SwitchWiki is currently a list of every public wiki.
Ideally, each wiki has its own page here for reviews and discussions of the content and/or software used by that wiki.
<<< A B C D E F G H I J K L M N O P Q R S T U V W X Y Z >>>

JiniWiki? -- a SignInWiki
- FrontPage➥

JoiItoWiki? -- a SignInWiki
- Front page➥
- Recent changes➥

JooneWiki -- a SignInWiki
- http://www.jooneworld.com/wiki/tiki-index.php➥

JspWiki
- FrontPage➥
- RecentChanges➥
- *JanneJalkanen*➥

JugglingWiki?
- FrontPage➥
- RecentChanges➥
- *ScottDossey*➥

JuneauWirelessWiki?
- FrontPage➥
- RecentChanges➥

JungleBookWiki?
- FrontPage➥
- RecentChanges➥
- *Marc*➥

JuraWiki? - A GermanLanguageWiki
- FrontPage➥

JustAnotherWiki? - a PersonalWiki
- FrontPage➥
- RecentChanges➥

JzugWiki? - A ZopeWiki? and JapaneseLanguageWiki?
- FrontPage➥

SwitchWiki <<< A B C D E F G H I J K L M N O P Q R S T U V W X Y Z >>>

Edit this page :: 2005-06-12 21:17:13 XML :: Owner: MarkDilley :: Search:

Bild 5.2: Eine Seite des SwitchWiki-Verzeichnisses

5.3 SWITCHWIKI: DIE GELBEN SEITEN

Das SwitchWiki (*http://www.worldwidewiki.net/wiki/SwitchWiki*), das passenderweise Teil eines Projekts namens *WorldWideWiki* ist, ist ein Verzeichnis aller öffentlichen Wikis, natürlich selbst wieder in Form eines Wikis. Die Wikis sind alphabetisch geordnet, teilweise auch schon nach Kategorien wie zum Beispiel Sprache. Zu vielen Wikis gibt es eine kurze Beschreibungsseite; erwünscht sind auch Diskussionen über das jeweilige Wiki oder die Software, mit der es betrieben wird.

Ein Verzeichnis in deutscher Sprache, vor allem mit deutschsprachigen Wikis, gibt es im GründerWiki (siehe unten) unter *http://www.wikiservice.at/gruender/wiki.cgi?WikiVerzeichnis*.

5.4 BEKANNTE WIKIS

5.4.1 Arten: Community oder Wissenssammlung

Wie das Kapitel über Anwendungen von Wikis zeigt, können Wikis für viele Zwecke eingesetzt werden, bis hin zum privaten Notizzettel. Die größten und bekanntesten Wikis der Welt lassen sich aber meistens nach zwei Anwendungen unterscheiden: Community oder Wissenssammlung.

Eine Community ist meistens keinem allzu konkreten Ziel verpflichtet, locker strukturiert bis unstrukturiert und größtenteils anarchisch organisiert. Hier kommt das Wiki-Prinzip »Jeder darf alles« voll zur Geltung. Die Teilnehmer dürfen und sollen ihre Meinung frei äußern, auch anonym, wenn sie wollen.

Viele Wiki-Communities wie zum Beispiel das MeatballWiki (*http://usemod.com/cgi-bin/mb.pl*) und das deutschsprachige GründerWiki (*http://www.wikiservice.at/gruender/wiki.cgi*) beschäftigen sich selbst wiederum damit, über Communities zu diskutieren und zu philosophieren. So heißt es im »Mission Statement« des MeatballWiki (Seite *MeatballMission*):

Politically, we are biased heavily towards democratic principles, even if we disagree (vehemently) what those are, which is nice in a way.

(Politisch sind wir stark befangen zugunsten demokratischer Prinzipien, obwohl wir uns heftig darüber streiten, welche das sind, was in gewisser Weise nett ist.)

Solche Wikis sind also teilweise ihr eigenes Versuchsobjekt und verhalten sich deshalb sehr dynamisch und kreativ – mit den Worten des CommunityWiki (*http://communitywiki.org*):

This is not a crusade. This is a jam-session. We don't know where we are going.

(Dies ist kein Kreuzzug, sondern eine Jam-Session. Wir wissen nicht, wohin es geht.)

Wer in Communities gegen die Regeln verstößt, wird zunächst geduldet, dann ignoriert, aber selten ganz ausgeschlossen – abgesehen davon, daß so etwas technisch schwer möglich wäre.

Im Gegensatz dazu haben Wissenssammlungen ein sehr konkretes Ziel, nämlich das Wissen zu einem bestimmten Thema (oder, im Falle von Enzyklopädien, zu allem) zu sammeln. Diesem Ziel muß sich jeder unterordnen, der mitarbeiten will, weshalb solche Wikis deutlich straffer organisiert sind, meist hierarchisch. Die Moderatoren oder Administratoren werden zwar oft basisdemokratisch gewählt, haben aber von Amts wegen eine höhere Autorität als normale registrierte oder anonyme Benutzer. Natürlich steckt auch hinter Wissenssammlungen eine »Community«, aber sie zeigt sich nicht so offen wie in Community-Wikis. Zur Meinungsäußerung sind Diskussionsseiten vorgesehen, aber im Hauptnamensraum werden keine subjektiven Meinungen diskutiert, sondern objektive Fakten gesammelt. Dabei wird auch versucht, kontroverse Themen objektiv zu behandeln, indem man sich zum Beispiel, wie es die Wikipedia tut, auf einen neutralen Standpunkt stellt und die verschiedenen (öffentlichen, nicht persönlichen!) Meinungen dokumentiert, ohne für eine bestimmte Partei zu ergreifen, oder indem man mehrere Ansichten über das Thema gleichberechtigt zuläßt, wie es Wikinfo tut.

Fakten sind nur zu Themen erwünscht, die im Kontext der jeweiligen Wissenssammlung als »relevant« gelten, und die Informationen sollen möglichst nach gewissen formalen Kriterien strukturiert und aufbereitet werden. Was relevant ist und wie Informationen strukturiert werden, entscheidet die Community meist basisdemokratisch, nachdem einige Teilnehmer kreativ verschiedene Möglichkeiten ausprobiert haben. Solche Entscheidungen haben verbindlichen Charakter. Aus Sicht der Software darf in einer Wissenssammlung immer noch jeder (fast) alles, aus Sicht der Community noch lange nicht: Wer wiederholt gegen die Regeln verstößt, setzt sein Ansehen aufs Spiel und kann ausgeschlossen werden.

Schließlich gibt es viele Wikis, die irgendwo zwischen Community und Wissenssammlung liegen, so zum Beispiel Wikis für Anwender einer bestimmten Software wie das LinuxWiki (*http://www.linuxwiki.de*). Dort ist der Themenbereich noch stärker eingeschränkt als bei einer Wissenssammlung, aber wie bei einer Community dient ein solches Wiki auch dem Erfahrungsaustausch und der Diskussion.

5.5 DIE GRÖßTEN WIKIS

Das MeatballWiki listet die größten Wiki-Projekte der Welt auf (*http://www.usemod.com/cgi-bin/mb.pl?BiggestWiki*); eine aktuellere Statistik pflegt die englische Wikipedia (*http://en.wikipedia.org/wiki/List_- of_largest_wikis*). Die größten Wikis mit ihrer ungefähren Seitenzahl (Stand: Juli 2005) sind:

Name	Adresse	Betreiber	Zweck	Sprache	Software	Seitenzahl
Wikipedia	www.wikipedia.org	Wikimedia	Enzyklopädie	(Alle zusammen)	MediaWiki	1,6 Millionen
Wikipedia	en.wikipedia.org			Englisch		650.000
Wikipedia	de.wikipedia.org			Deutsch		260.000
Wikimedia Commons	commons.wikimedia.org	Wikimedia	Medienarchiv u.a. für Wikipedia	Mehrsprachig		170.000
Wikipedia	fr.wikipedia.org		Enzyklopädie	Französisch		140.000
Wikipedia	ja.wikipedia.org			Japanisch		130.000
Wikipedia	sv.wikipedia.org			Schwedisch		90.000
Wikipedia	nl.wikipedia.org			Niederländisch		80.000
World66	world66.com	World66	Reiseführer	Englisch	Eigenbau[1]	80.000
Wiktionary	en.wiktionary.org	Wikimedia	Wörterbuch	Englisch	MediaWiki	80.000
Wikipedia	pl.wikipedia.org		Enzyklopädie	Polnisch		77.000
Wikipedia	pt.wikipedia.org		Enzyklopädie	Portugiesisch		59.000
Susning.nu	susning.nu	Lars Aronsson	Enzyklopädie[2], Wörterbuch, Anleitungen, Forum	Schwedisch	UseMod-Erweiterung	58.000
Wikipedia	es.wikipedia.org	Wikimedia	Enzyklopädie	Spanisch	MediaWiki	57.000

Tabelle 5.1: Die größten Wikis (Teil 1)

---

[1] Auf dem CMS Zope basierend.

[2] In Konkurrenz zur schwedischen Wikipedia.

Name	Adresse	Betreiber	Zweck	Sprache	Software	Seitenzahl
(weitere Wikipedia- und Wiktionary-Sprachversionen sind ab hier ausgelassen)						
TWiki.org	twiki.org	Peter Thoeny	Dokumentation und Forum zu TWiki	Italienisch	TWiki	37.000
Wikinfo	www.wikinfo.org	Fred Bauder	Enzyklopädie[1]	Englisch	Media-WikiErweiterung	35.000
c2.com[2]	c2.com/cgi/wiki	Ward Cunningham	Design-Pattern-Wissenssammlung	Englisch	UseMod-ähnlich[3]	31.000
Enciclopedia Libre	enciclopedia.us.es/	Universität Sevilla	Enzyklopädie[4]	Spanisch	Media-Wiki	28.000
Wikisource	www.wikisource.org	Wikimedia	Sammlung urheberrechtsfreier Texte	Mehrsprachig	Media-Wiki	24.000
Memory Alpha	www.memory-alpha.org	Daniel Carlson, bei Wikia[5]	Star-Trek-Referenz	Mehrsprachig	Media-Wiki	18.000
Wiki-Znanie	www.wiki-znanie.ru	Andrei Vovk	Enzyklopädie6	Russisch	Media-Wiki	12.500
Sensei's Library	senseis.xmp.net	Arno Hollosi, Morten Pahle	Forum und Wissenssammlung zu Go	Englisch, Französisch	PhpWiki-Erweiterung	12.000

Tabelle 5.1: Die größten Wikis (Teil 2)

---

[1] In Konkurrenz zur englischen Wikipedia.

[2] Das Ur-Wiki, besteht aus dem Portland Pattern Repository und dem WikiWikiWeb.

[3] Das hier eingesetzte Wiki diente als Inspiration für die Entwicklung von UseMod.

[4] In Konkurrenz zur spanischen Wikipedia.

[5] Eine Firma des Wikipedia-Gründers Jimmy Wales.

[6] In Konkurrenz zur russischen Wikipedia.

5.6 WICHTIGE UND INTERESSANTE WIKIS

An dieser Stelle möchte ich Sie nun auch zu einer Rundreise durch einige wichtige, bekannte oder interessante Wikis einladen. Wir beginnen beim ursprünglichen WikiWikiWeb, bereisen von dort aus zunächst einige Community-Wikis und wenden uns nach und nach den Wissenssammlungen zu. Englischkenntnisse sind bei der Reise von Vorteil, aber natürlich werden wir auch mehrere deutsch- oder mehrsprachige Wikis besuchen[1].

5.6.1 c2 (Portland Pattern Repository und WikiWikiWeb) – das Ur-Wiki

Bei *http://c2.com* (Cunningham & Cunningham) in Portland, Oregon, USA, liegt das erste Wiki der Welt, das heute über einunddreißigtausend Seiten umfaßt. Ward Cunningham gründete das »Portland Pattern Repository« 1995 als Wissenssammlung und Forum zu Design Patterns, also (Software-) Entwurfsmustern. Patterns und das später hinzugekommene Extreme Programming sind noch heute das Hauptthema des Wikis; außerdem geht es um Leute und Projekte in diesem Bereich (»People, Projects and Patterns«).

In diesem Wiki, auch *WikiWikiWeb* genannt, wurde Pionierarbeit geleistet. In diesem ersten wiki-basierten Projekt haben sich die ersten gesellschaftlichen Normen und Organisationsformen für Wiki-Communities entwickelt (siehe zum Beispiel *http://c2.com/cgi/wiki?WikiSocialNorms* und *GoodStyle*). Die Diskussion um gesellschaftliche Aspekte kollaborativer Hypermedien wurde ab dem Jahr 2000 vor allem im MeatballWiki weitergeführt (siehe unten), ebenfalls aufgekommene Diskussionen über allgemeine gesellschaftspolitische Themen und Sinnfragen im WhyClublet-Wiki (*http://clublet.com/c/c/why*) von Richard Drake.

Auch bei der Entwicklung der Wiki-Software, als CGI-Anwendung in Perl implementiert, war das WikiWikiWeb Vorreiter. Ein Großteil der heute verbreiteten Wiki-Software stammt von der des WikiWikiWeb ab. Ein indirekter Abkömmling (über die Zwischenstufen CvWiki und AtisWiki) ist UseMod, das wiederum in viele Richtungen weiterentwickelt wurde (siehe zum Beispiel OddMuse) oder als Inspiration für ganz neue Implementationen (siehe zum Beispiel MediaWiki) gedient hat.

Noch heute wird im WikiWikiWeb an neuen Wiki-Technologien geforscht. So ist das Wiki seit März 2005 gegen Spam geschützt, indem zu bestimmten Zeiten – meist dann, wenn nur wenige Leute die letzten Änderungen im Wiki verfolgen können – Artikel nur mit einem Paßwort bearbeitet werden können, das in der Community kursiert.

---

[1] Seien Sie sich jedoch bewußt, daß Sie nur einen ganz kleinen Ausschnitt des *WorldWideWiki* sehen werden – es gibt heute zu allem und jedem ein Wiki.

People Projects And Patterns

"Who -- People, What -- Projects, and How -- Patterns"

People.

On people pages - we describe individuals like Christopher Alexander or Kent Beck. People don't always write their own pages. There are too many noteworthy people to expect that to happen. Likewise, don't take what's there too seriously. If you find something you know to be wrong or inappropriate, take the time to edit it. Be kind and use understanding as some folks are new to this.

- PeopleIndex

Projects.

We believe patterns spread from person to person as they work together on projects. Just what are those projects? Look for project pages like MacApp or HotDraw or SmalltalkSummer. Don't look for secrets, and don't write any yourself.

- ProjectIndex

Patterns.

Now these are the real gems. We're looking for that common knowledge that's so uncommon. For example, CommandObject makes undo and redo easy while WindowPerTask addresses updating issues in early ModelViewController (MVC). ModelRendererView describes a variation on the theme. These pages won't necessarily contain the usual parts of a WrittenPattern. We're just labeling ideas so we can study how they flow.

- PatternIndex
- HistoryOfPatterns
- PatternsForBeginners
- PurposeOfPatterns
- PurposeOfProgramming

Bild 5.3: People, Projects and Patterns aus dem Portland Pattern Repository

In Zeiten, wo das Wiki »bewacht« ist, garantiert zudem ein Captcha, daß nur Menschen die Seiten bearbeiten können, nicht programmierte Bots.

Advice to visitors: Spam is not allowed on this site. Unwanted links are removed before indexing is allowed. If you are new here, please consider reading GoodStyle before contributing. If you just want to try out how Wiki works, please edit WikiWikiSandbox instead of existing pages or adding new ones. Thank you.

Type the code word, 567, here `567` then press `Save` to finish editing. Read MoreAboutCodes.

```
This page is intended to sort wikis by features rather than software engines. If you
really need database support, or sophisticated user permissions, there is no need to
look at many wiki clones that don't have these key features.
```

Bild 5.4: Eine einfache Schutzmaßnahme gegen Spam

5.6.2 MeatballWiki – Wikis und Communities

Das MeatballWiki (*http://www.usemod.com/cgi-bin/mb.pl*), das heute über
dreitausend Seiten umfaßt, wurde im Jahr 2000 von Sunir Shah als Forum für kollaborative Hypermedien, insbesondere Wikis, gegründet. Mit
»meatballs« (*Fleischklopse*) sind hier metaphorisch Inhalte gemeint, die
durch Hyperlinks (vergleiche Spaghetti) miteinander verbunden sind.
Nach den Anfängen im WikiWikiWeb wurde die kreative, dynamische und
experimentelle Diskussion über wiki-basierte Communities vor allem hier
weitergeführt. Nicht nur über abstrakte Konzepte von Wiki-Communites
wird diskutiert, sondern auch über ganz konkrete Exemplare davon. Zu
fast jeder Wiki-Engine und jedem größeren Wiki-Projekt gibt es bei Meatball eine Diskussion, siehe zum Beispiel die Seiten *MediaWiki* und *Wiki-Pedia*.

Wikis visualisieren mit dem TouchGraphWikiBrowser

Der TouchGraphWikiBrowser, siehe *http://www.touchgraph.com* oder *Touch-GraphWikiBrowser* im MeatballWiki kann die Link-Struktur eines Wikis als gerichteten Graphen visualisieren. Das ist möglich für Wikis, deren Link-Datenstruktur (siehe *LinkDatabase*) von außen im Textformat abrufbar ist. Zur Zeit können das das UseMod und MoinMoin (siehe *WikisWithLinkDatabases*). Der TouchGraph-WikiBrowser liefert jedoch auch schon die Link-Datenbanken des MeatballWiki und des EmacsWiki mit.

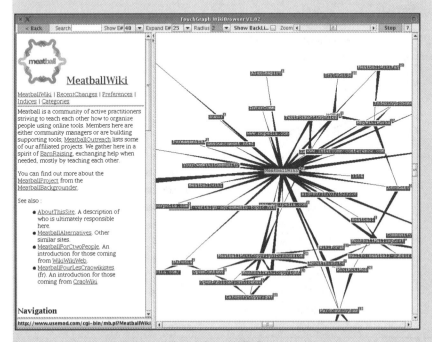

Bild 5.5: Das MeatballWiki im TouchGraphWikiBrowser

Wie das WikiWikiWeb hat auch das MeatballWiki die Entwicklung der Wiki-Software vorangetrieben. Zum Betrieb des MeatballWiki entwickelte Clifford Adams das UseMod-Wiki, das von den WikiWikiWeb-Weiterentwicklungen CvWiki und AtisWiki abstammt und selbst wieder zum Vorläufer vieler neuerer Wikis wurde. Die Inhalte des MeatballWiki fallen unter keine spezielle Lizenz, nur unter das Copyright ihrer Autoren. Über Lizenzen, insbesondere für Wikis, wird dort allerdings rege diskutiert.

5.6.3 GründerWiki – Community auf Deutsch

Das GründerWiki (*http://www.wikiservice.at/gruender/*) ist vom Inhalt her etwa ein deutschsprachiges MeatballWiki und kooperiert eng mit diesem, bisher umfaßt es etwa tausendfünfhundert Seiten.

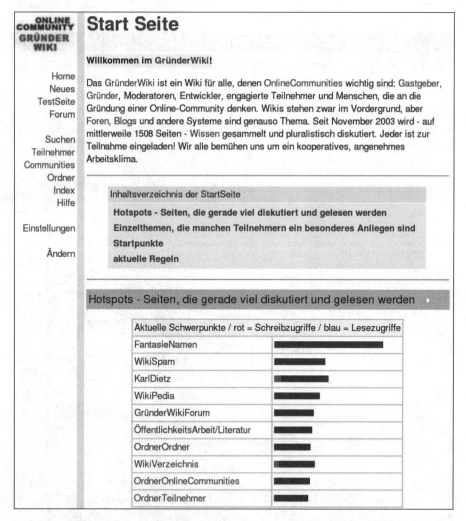

Bild 5.6: Hauptseite des GründerWiki

Es wurde 2003 von Helmut Leitner gegründet, der vorher schon das Dse-Wiki (Deutsches Software-Entwickler-Wiki, 2001, *http://www.wikiservice.at/dse/*) und das BücherWiki (2002, *http://www.wikiservice.at/buecher/*) gegründet hatte und den Provider WikiService betreibt (siehe den Abschnitt zu Providern). Wie der Name schon sagt, soll es sich vor allem mit dem Gründen neuer Online-Communities beschäftigen, bevorzugt mit solchen in Wiki-Form. Betrieben wird es mit Helmut Leitners UseMod-Weiterentwicklung ProWiki. Im GründerWiki wird über verschiedene Lizenzen für Online-Communities diskutiert, seine Inhalte selbst stehen jedoch bisher unter keiner speziellen Lizenz; für sie gilt das allgemeine Urheberrecht ihrer Autoren.

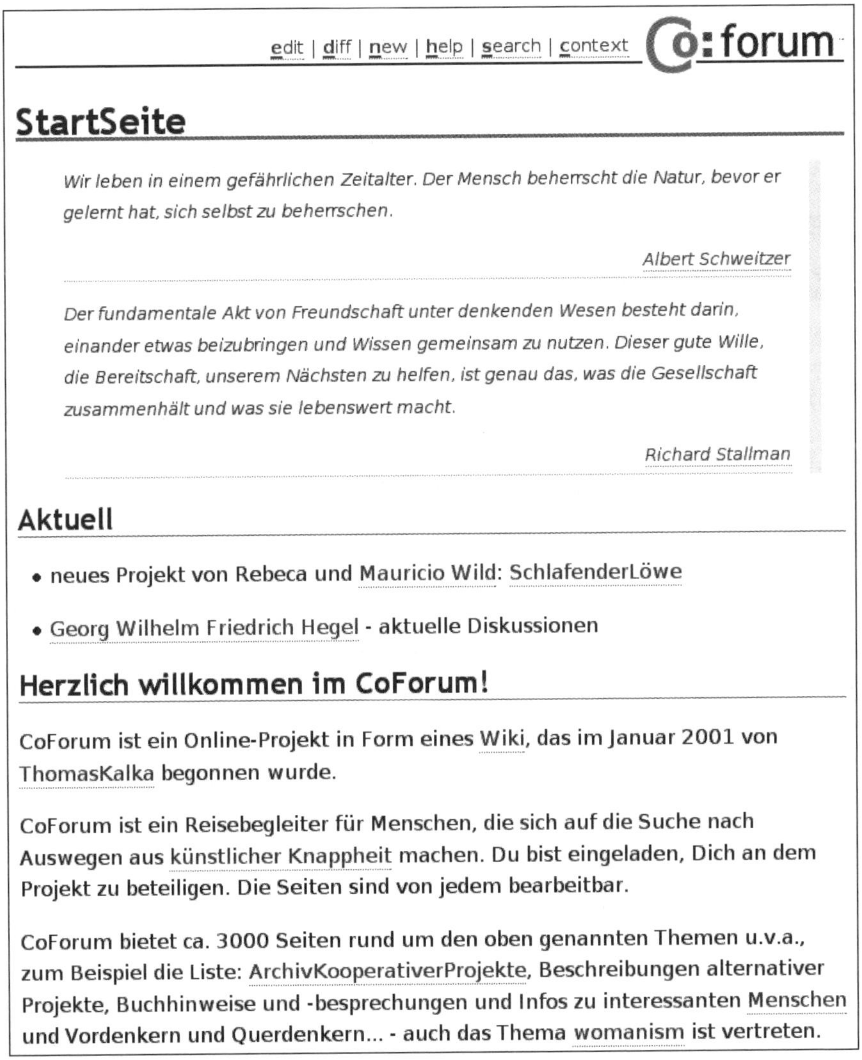

edit | diff | new | help | search | context

StartSeite

Wir leben in einem gefährlichen Zeitalter. Der Mensch beherrscht die Natur, bevor er gelernt hat, sich selbst zu beherrschen.

Albert Schweitzer

Der fundamentale Akt von Freundschaft unter denkenden Wesen besteht darin, einander etwas beizubringen und Wissen gemeinsam zu nutzen. Dieser gute Wille, die Bereitschaft, unserem Nächsten zu helfen, ist genau das, was die Gesellschaft zusammenhält und was sie lebenswert macht.

Richard Stallman

Aktuell

- neues Projekt von Rebeca und Mauricio Wild: SchlafenderLöwe

- Georg Wilhelm Friedrich Hegel - aktuelle Diskussionen

Herzlich willkommen im CoForum!

CoForum ist ein Online-Projekt in Form eines Wiki, das im Januar 2001 von ThomasKalka begonnen wurde.

CoForum ist ein Reisebegleiter für Menschen, die sich auf die Suche nach Auswegen aus künstlicher Knappheit machen. Du bist eingeladen, Dich an dem Projekt zu beteiligen. Die Seiten sind von jedem bearbeitbar.

CoForum bietet ca. 3000 Seiten rund um den oben genannten Themen u.v.a., zum Beispiel die Liste: ArchivKooperativerProjekte, Beschreibungen alternativer Projekte, Buchhinweise und -besprechungen und Infos zu interessanten Menschen und Vordenkern und Querdenkern... - auch das Thema womanism ist vertreten.

Bild 5.7: Hauptseite des coForum

5.6.4 CoForum – die Wiki-Kommune

Während sich die gesellschaftliche Diskussion im GründerWiki auf Online-Communities beschränkt, beschäftigt sich das CoForum (*http://coforum.de*) mit alternativen Communities im richtigen Leben: mit einer alternativen Ökonomie, Kommunen im Sinne einer Wohn- und Lebensgemeinschaft und anderen kooperativen und solidarischen Projekten. Es wurde 2001 von Thomas Kalka gegründet und umfaßt heute etwa dreitausend Seiten. Betrieben wird es mit der Software PhpWiki. Die Inhalte des CoForums sind bis auf abweichend gekennzeichnete Passagen gemeinfrei (Public Domain), dürfen also frei verwendet, verändert und vervielfältigt werden.

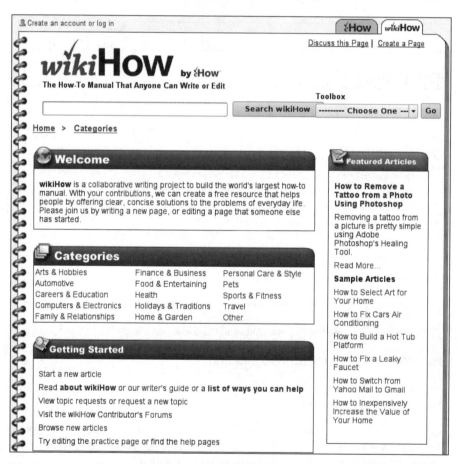

Bild 5.8: Hauptseite von wikiHow

5.6.5 wikiHow – Anleitungen für alles

Die kommerzielle, hauptsächlich durch Werbung finanzierte Website eHow wurde 1999 als Sammlung von Anleitungen (How To Guides) gegründet. Im Dot-Com-Boom um das Jahr 2000 war das Unternehmen sehr erfolgreich, mußte jedoch 2001 Insolvenz anmelden. Nach einem weiteren Versuch, das Projekt wieder aufleben zu lassen, kauften 2004 zwei Unternehmer die Rechte an eHow und eröffneten parallel zu der redaktionell gepflegten Anleitungs-Sammlung eHow das Wiki *wikiHow* (*http://wiki.ehow.com*), das inzwischen etwa sechzehnhundert Seiten enthält.

Jede Seite ist eine Schritt-für-Schritt-Anleitung für irgendetwas (wie erstelle ich eine Webseite, wie verabreiche ich Augentropfen?, wie kriege ich schöne Haare?, wie mache ich ein Mädchen zu meiner Freundin?, ...); die Anleitungen sind in Kategorien thematisch geordnet. wikiHow verwendet MediaWiki in einer stark angepaßten Version. Da fast alle Seiten dem Schema »Summary – Steps – Tips – Warnings« (Zusammenfassung – Schritte – Hinweise – Warnungen) entsprechen, zeigt die Bearbeitungsfunktion den Seiteninhalt gleich in diese vier Felder aufgeteilt an.

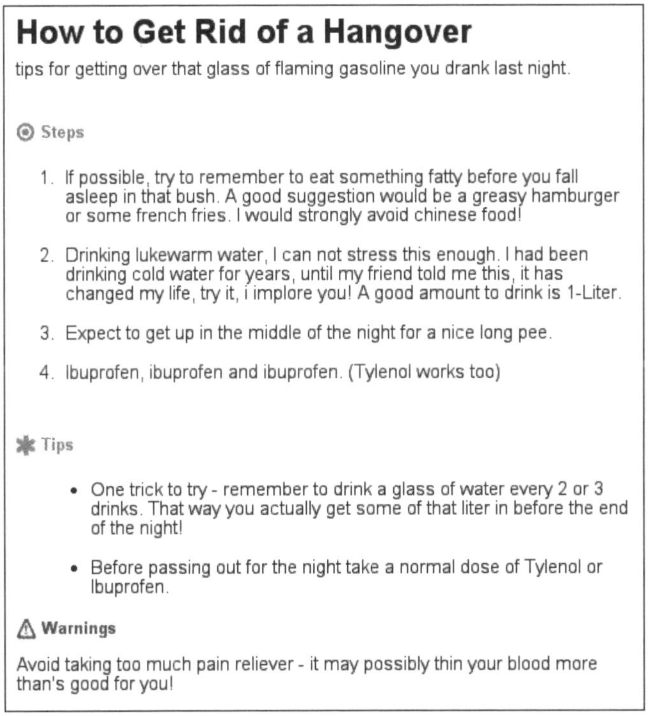

How to Get Rid of a Hangover

tips for getting over that glass of flaming gasoline you drank last night.

⊚ Steps

1. If possible, try to remember to eat something fatty before you fall asleep in that bush. A good suggestion would be a greasy hamburger or some french fries. I would strongly avoid chinese food!

2. Drinking lukewarm water, I can not stress this enough. I had been drinking cold water for years, until my friend told me this, it has changed my life, try it, i implore you! A good amount to drink is 1-Liter.

3. Expect to get up in the middle of the night for a nice long pee.

4. Ibuprofen, ibuprofen and ibuprofen. (Tylenol works too)

✱ Tips

- One trick to try - remember to drink a glass of water every 2 or 3 drinks. That way you actually get some of that liter in before the end of the night!

- Before passing out for the night take a normal dose of Tylenol or Ibuprofen.

⚠ Warnings

Avoid taking too much pain reliever - it may possibly thin your blood more than's good for you!

Bild 5.9: Wie man einen Kater los wird: Ansicht

Die normale Bearbeitungsfunktion des MediaWiki ist von dort aus unter »Advanced Editing« (Bearbeiten für Fortgeschrittene) verfügbar. Die Projektstruktur und -kultur ist von der Wikipedia inspiriert. So gibt es wie in der Wikipedia unter anderem eine Liste der gewünschten Themen und Löschanträge für unpassende Themen. Im Gegensatz zur Ideologie des neutralen Standpunkts bei der Wikipedia sind bei wikiHow allerdings subjektive Ansichten ausdrücklich erwünscht, auch mehrere widersprechende Artikel zu einem Thema, denn verschiedene Menschen lösen auch

Probleme unterschiedlich. Lizenziert sind alle Artikel unter der CC-BY-NC-SA-Lizenz von Creative Commons. Das heißt, bei einer Weiterverwendung müssen die ursprünglichen Autoren genannt werden, kommerzielle Verwendung ist nicht erlaubt und alle Bearbeitungen müssen wieder unter dieselbe Lizenz gestellt werden.

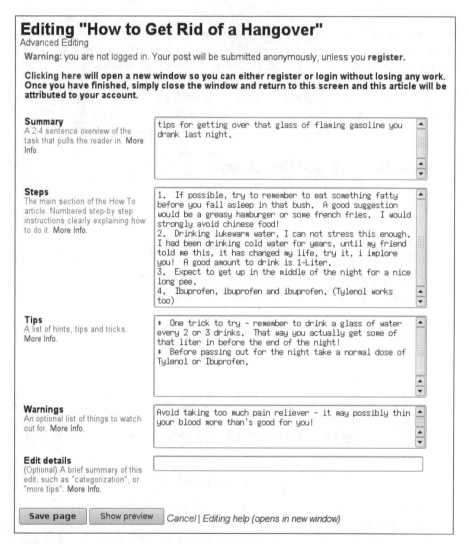

Bild 5.10: Wie man einen Kater los wird: Bearbeitung

5.6.6 WikiFish – ein Studentenforum

WikiFish (*http://www.wikifish.org*) wurde im Jahre 2002 von Studenten der School of Architecture an der Universität von Auburn, Alabama, USA, gegründet, um gemeinschaftlich eine Forderung nach mehr Rechten zu formulieren. Inzwischen ist es ein Forum für alle Angehörigen der Universität und umfaßt etwa zweitausendfünfhundert Seiten. Betrieben wird es beim Wiki-Provider SeedWiki mit einer proprietären ColdFusion-basierten Software; das Quelltextformat der Seiten ist eine Mischung aus HTML und Wiki-Syntax.

Bild 5.11: WikiFish-Hauptseite

5.6.7 JuraWiki – eine fachbezogene Informationssammlung

Zum Teil ist auch das JuraWiki (*http://www.jurawiki.de/*) als Studenten-Community entstanden. Es wurde 2002 von Ralf Zosel, Jurist an der Universität des Saarlandes in Saarbrücken, ins Leben gerufen, mit Unterstützung von Thomas Waldmann. (Dieser hatte vorher schon das LinuxWiki (siehe unten) gegründet und hostet beide bei seinem mit MoinMoin betriebenen Providerdienst WikiWikiWeb.de.) Das JuraWiki richtet sich vor allem an Juristen (viele Teilnehmer studieren Rechtwissenschaften in Saarbrücken), aber auch an Laien, die sich für Rechtsfragen interessieren. Zur Zeit umfaßt das Wiki etwas über dreitausend Seiten über die verschiedenen Rechtsgebiete (Zivilrecht, öffentliches Recht, Strafrecht, außerdem Rechtsgeschichte und -philosopie), über juristische Ausbildungen (momentan noch mit Schwergewicht auf dem Studium in Saarbrücken) und Berufe, außerdem eine Sammlung von Arbeitshilfen und Weblinks. Damit ist es vor allem eine Wissenssammlung; laut der Seite *JuraWikiZiel* sind Diskussionen vor allem ein Mittel zum Zweck, daraus später thematisch geordneten Inhalt zu gewinnen. Ziel des JuraWiki ist es allerdings nicht, ein Rechtslexikon aufzubauen; zu diesem Zweck gibt es eine *KooperationMitWikipedia*. Unter welche Lizenz die Einträge im JuraWiki gestellt werden sollen, wird zur Zeit noch diskutiert (siehe *LizenzFragen*); bis dahin gelten die allgemeinen Regeln des Urheberrechts der jeweiligen Autoren.

Der Saarbrücker Teil der Community trifft sich etwa alle zwei Wochen auch im »richtigen Leben« und macht dort auch Öffentlichkeitsarbeit (siehe *KategorieÖffentlichkeitsArbeit*).

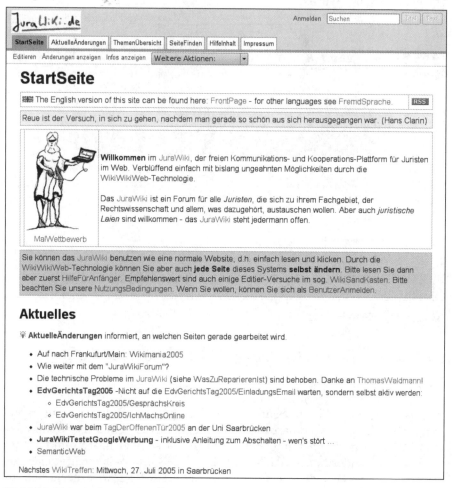

Bild 5.12: Hauptseite des JuraWiki

5.6.8 Karlsruher Stadtwiki – ortsbezogene Informationssammlung

Seit 2004 entstehen in einigen großen Städten Stadtwikis, in denen Informationen über die Stadt gesammelt werden. Dies sind zum einen enzyklopädische Einträge, die auch in der Wikipedia stehen können, aber auch Informationen, die nur für deren Bewohner und Besucher interessant und relevant sind, wie zum Beispiel Veranstaltungshinweise, Informationen zu kommunalen Behörden, öffentlichen Verkehrsmitteln zur lokalen Gastronomie und so weiter. Zur Beschreibung einer Einrichtung in einem Stadtwiki gehören typischerweise Informationen, wie diese mit den öffentlichen Verkehrsmitteln zu erreichen ist; oft ist auch die Adresse auf einem Online-Stadtplan verlinkt.

Das Karlsruher Stadtwiki (http://ka.stadtwiki.net/), im Juli 2004 von Hauke Löffler initiiert und mittlerweile vom regionalen Internet-Provider INKA e.V. finanziell unterstützt, ist zur Zeit mit fast vierzehnhundert Seiten und hundertzehn angemeldeten Benutzern das größte Wiki dieser Art. Weniger als zwei Monate nach der Gründung berichtete die regionale Presse über das Projekt, was zu einem starken Wachstum führte. Anfangs wurde das Wiki mit PmWiki betrieben, später wurde es auf MediaWiki umgestellt. Seine Inhalte stehen unter der Creative Commons Attribution-NonCommercial-ShareAlike-Lizenz, dürfen also nichtkommerziell verwertet sowie verändert werden, wenn für die Veränderungen wieder dieselbe Lizenz verwendet wird.

Bild 5.13: Keine Schleichwerbung, sondern eine typische Seite aus dem Karlsruher Stadtwiki

Große Stadtwikis gibt es unter anderem auch in Berlin, Dresden, München und New York. Weiterführende Informationen zu diesem Thema finden Sie im Artikel *Stadtwiki* der Wikipedia.

5.6.9 SourceWatch (vormals Disinfopedia) – Transparenz statt Propaganda

SourceWatch (*http://www.sourcewatch.org/*) wurde 2003 vom US-amerikanischen Center for Media and Democracy, einer Gruppe kritischer Journalisten, unter dem Namen *Disinfopedia* gegründet. Auf inzwischen siebentausendfünfhundert Seiten werden Informationen über PR-Firmen, Denkfabriken sowie von der Industrie finanzierte Stiftungen und Expertengruppen gesammelt, die Einfluß auf die Politik insbesondere der US-Regierung nehmen. Auf diese Weise soll irreführende oder betrügerische Propaganda aufgedeckt werden. Auf diesem Gebiet versteht sich Source-

Watch als Ergänzung der Wikipedia; nur macht SourceWatch sich nicht deren neutralen Standpunkt zueigen, sondern setzt auf »Fairness und Sorgfalt«. SourceWatch läuft, wie auch die Wikipedia, mit MediaWiki. Die Inhalte beider Wikis stehen unter der GNU Free Documentation License, sind also untereinander austauschbar.

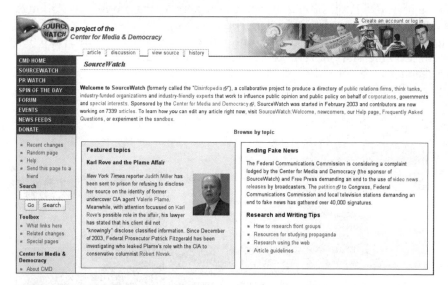

Bild 5.14: Hauptseite von SourceWatch

Bild 5.15: Deutsche Hauptseite des LinuxWiki

5.6.10 LinuxWiki

Das LinuxWiki (*http://linuxwiki.org/*) wurde 2002 von Thomas Waldmann als Plattform für deutschsprachige GNU/Linux-Anwender eingerichtet. Auf etwa zweitausendfünfhundert Seiten ist dort Wissen über das Betriebssystem Linux (Hardware, Distributionen, Anwendungsprogramme, Netzwerke, Programmierung und mehr) und seine Einsatzgebiete gesammelt, außerdem gibt es einen Veranstaltungskalender und ein Verzeichnis der Linux User Groups. Das LinuxWiki wird mit MoinMoin betrieben und liegt wie das JuraWiki bei WikiWikiWeb.de. Über eine Lizenz für die Inhalte wird noch diskutiert (siehe *NutzungsBedingungen*).

5.6.11 Wikipedia

Vorgeschichte

Schon bevor das Wiki erfunden wurde, hatte es Überlegungen gegeben, in gemeinsamer Arbeit im Internet eine Enzyklopädie zu schaffen. Der Wikipedia-Artikel *Vorgänger der Wikipedia* nennt einige Projekte: Schon 1993 war im Usenet die Idee für eine »Interpedia« (von »Internet Encyclopedia«) aufgekommen, die jedoch nie über die Planungsphase hinauskam. Heute noch aktiv sind die kollaborativen Redaktionssysteme Everything2 (*http://www.everything2.com*, Vorgänger Everything von 1998) und h2g2 (*http://www.bbc.co.uk/dna/h2g2/*), das 1999 von Douglas Adams im Geiste seines fiktiven »Hitchhiker's Guide to the Galaxy« initiiert wurde.

Bild 5.16: Nupedia, aus dem Web Archive gekramt

Direkter Vorläufer der Wikipedia war jedoch die Nupedia, die im Jahre 2000 von dem US-amerikanischen Internet-Unternehmer Jimmy »Jimbo«

Wales und dem Philosophen Larry Sanger gegründet wurde. Die Nupedia war nicht als Wiki organisiert, sondern hatte einen strengen, mehrstufigen Redaktionsprozeß, in dem alle Artikel von Fachleuten, möglichst mit Doktortitel, gegengelesen und begutachtet werden sollten, wie es auch beim wissenschaftlichen Peer-Review üblich ist.

Bild 5.17: Das internationale Portal der Wikipedia unter *http://www.wikipedia.org*

Das Ergebnis waren Artikel von sehr hoher Qualität, aber durch den langwierigen Prozeß sind insgesamt nur sehr wenige Artikel entstanden. (Bis 2003 hatten nur vierundzwanzig Artikel den Prozeß vollständig durchlaufen, vierundsiebzig weitere waren in Bearbeitung.)

Entstehung der Wikipedia

Aus diesem Grund eröffneten die Nupedia-Betreiber im Januar 2001 die unter UseMod laufende Wikipedia, in der auch Nicht-Fachleute Artikel vorbereiten konnten, die anschließend den Nupedia-Redaktionsprozeß durchlaufen sollten. Grundsätzliche Richtlinien (siehe *Wikipedia:Richtlinien1*), die bis heute Bestand haben, waren, ein neutralen Standpunkt zu vertreten (neutral point of view, kurz NPOV, siehe *Wikipedia:Neutraler Standpunkt*), ein freundlicher Umgang miteinander und die beiden Ratschläge »Sei mutig!« (*Wikipedia:Sei mutig* beim Ändern der Seiten) und das leicht kontroverse »Ignoriere alle Regeln!« (*Wikipedia:Ignoriere alle Regeln*). Aufgrund der Offenheit des Wiki-Systems entwickelte die Wikipedia aber schnell eine Eigendynamik (siehe auch Artikel *Wikipedia:Geschichte der Wikipedia*): Nach einem Monat hatte sie 1.000 Artikel, die Suchmaschine Google begann mit der Indizierung, schon im März wurden eine deutschsprachige und eine französischsprachige Wikipedia gegründet[2], im Mai weitere Sprachversionen, die Zahl der Artikel wuchs exponentiell, und nach einem Jahr hatte die Wikipedia in allen Sprachen zusammen 20.000 Artikel und war somit das größte Wiki der Welt geworden. Schon nach weniger als einem Jahr erwies sich die UseMod-Software als nicht weiter skalierbar; Magnus Manske entwickelte eine eigene Wiki-Software, zunächst »Phase II« genannt. Ab der Phase III, die im Herbst 2002 eingeführt wurde, speicherte die unter der GPL freigegebene Software die Wiki-Artikel in einer MySQL-Datenbank; sie bekam den Namen MediaWiki. Einen Überblick über die aktuelle Hard- und Software, mit der die Wikipedia betrieben wird, gibt die Seite *Wikipedia:Server*.

Die Nupedia brachte das große Wachstum der Wikipedia allerdings nicht voran, sie wurde im Herbst 2003 schweren Herzens eingestellt. Da sowohl die Inhalte der Nupedia als auch die der Wikipedia unter der GNU Freien Dokumentationslizenz (GNU FDL) standen, wurden die Nupedia-Artikel in die Wikipedia übernommen.

---

[1] Bei den im folgenden angegebenen Links beziehe ich mich generell auf die deutsche Wikipedia (*http://de.wikipedia.org*).

[2] Siehe *http://mail.wikipedia.org/pipermail/wikipedia-l/2001-March/017682.html*

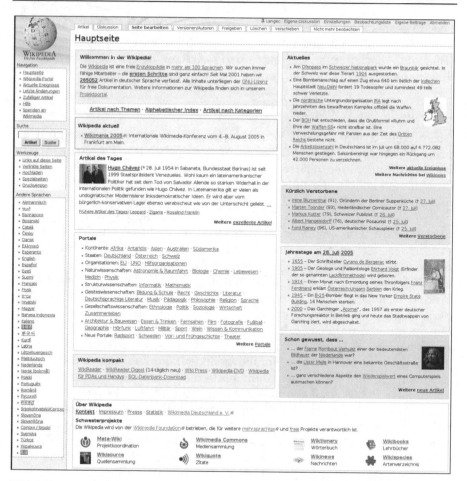

Bild 5.18: Hauptseite der Wikipedia am 28. Juli 2005

Nachteile der Wiki-Kultur für eine Enzyklopädie

Mit der Wiki-Software kam eine andere Kultur. Zwar war die Wikipedia aufgrund des hohen Ziels, eine Enzyklopädie – also eine Sammlung des *gesamten* Wissens der Welt – zu erstellen, nicht so anarchisch und chaotisch wie manch anderes Wiki, aber mit der zunehmenden Popularität kamen auch Probleme auf, die aus anderen Internet-Communities bekannt waren: Trolle, die um des Provozierens willen provozieren (siehe den Wikipedia-Artikel *Troll (Internet)*), Vandalen, die absichtlich Artikel zerstören, außerdem ideologische Grabenkämpfe zwischen Benutzern, die sonst eigentlich konstruktiv mitarbeiten, aber bei gewissen Themen leicht reizbar sind. Der Artikelqualität abträglich war und ist auch, daß der Rat von Fachleuten nicht immer geachtet wird; in der Tat ist eine anti-elitäre Einstellung in der Wikipedia weit verbreitet, was insbesondere der Mitgründer Larry Sanger heftig kritisiert. Im Gegensatz zu redaktionell streng kontrollierten Systemen wie der Nupedia kann man sich aufgrund der Offenheit der Wikipedia nicht darauf verlassen, daß die Informationen in einem Artikel richtig sind. Das ist zwar fast immer der Fall, weil viele engagierte Mitarbeiter die Bearbeitungsvorgänge mit Hilfe der letzten Änderungen oder persönlicher Beobachtungslisten unter Beobachtung haben, andererseits hat aber eine Studie des deutschen (Ex-) Wikipedianers Ulrich Fuchs, der inzwischen sein eigenes Projekt »Wikiweise« (siehe unten) gegründet hat, ergeben, daß in Artikel eingestreute unsinnige Änderungen und Verfälschungen zu fast einem Drittel nicht innerhalb von zwei Wochen entdeckt wurden (siehe *http://de.wikipedia.org/wiki/Bild:UntersuchungVandalismus041204.pdf*).

X CryptoDerk's Vandal Fighter 2.2

Live RC | User lists | Article watchlist | Temp lists | Regexp lists | Configuration | IRC settings | About CDVF

Project	X	Time	Article	Editor	B	T	Summary	Minor	New	Move	+/-	Wlist	Blist
e.wikipedia		9:48:22	Johanniterorden	Allons!			Weblinks –	✓			75		
e.wikipedia		9:48:23	Diskussion:Sozialpolitik	84.60.16.228							418		
e.wikipedia		9:48:33	Liste der bemannten R...	Haplochromis			Raumfahrtprogramme, die nicht fertiggestellt wurde...	✓			101		
e.wikipedia		9:48:42	Zwillingsparadoxon	Rainer Nase			Irgendetwas muss hier falsch sein, sonst käme es ni...				22		
e.wikipedia		9:48:52	Daten des menschliche...	132.199.18.195					✓		638		
e.wikipedia		9:48:53	Verwaltungshaushalt	Frank.werner					✓		426		
e.wikipedia		9:49:00	Inter Mailand	RicciSpeziari			Ehemalige Spieler –				100		
e.wikipedia		9:49:09	Helge Schneider	Thuringius			Bezug zum Jazz i.d. Einleitung wieder rein (sonst zu...	✓			47		
e.wikipedia		9:49:10	Reinhod Massag	Zivilcourage			Zivilcourage		✓		757		✓
e.wikipedia		9:49:10	Sinc	LutzL							1425		
e.wikipedia		9:49:18	Minesweeper	217.83.93.148			...und nochmal der Robert				0		
e.wikipedia		9:49:21	Geschichte des Waldes...	DerGrosse			Wald im römisch besetzten Germanien – ...ß->ss...				-1		
e.wikipedia		9:49:29	Überweisungsterminal	Jpp			+Kategorie Zahlungsverkehr	✓			31		
e.wikipedia		9:49:37	Fachstelle der WSV für...	195.37.166.69					✓		856		
e.wikipedia		9:49:42	Erweitertes Splitting	Xavor					✓		956		
e.wikipedia		9:49:43	Teufelstisch	Mink95				✓			29		
e.wikipedia		9:49:48	Benutzer:C.Löser	C.Löser							482		
e.wikipedia		9:49:51	Benutzer Diskussion:H...	Diba			begrüßung	✓	✓		1164		
e.wikipedia		9:49:57	Diskussion:Klaus Graf (...	GS			Relevanz –	✓			0		
e.wikipedia		9:49:57	Kaya	DerGrosse			typo	✓			818		
e.wikipedia		9:49:58	Benutzer Diskussion:A...	Baldhur			"Tetrapode" versus "Tetrapoden" –				208		
e.wikipedia		9:49:58	Wikipedia:Kandidaten ...	Atamari			Gōjū-Ryū –	✓			-12		
e.wikipedia		9:50:01	Paso Peruano	Mijobe				✓			59		
e.wikipedia		9:50:05	Benutzer Diskussion:Fa...	Faros				✓			-1		
e.wikipedia		9:50:15	Benutzer:ESPOIR/TOC	ESPOIR				✓			55		
e.wikipedia		9:50:17	Ulm	Jokeman14				✓			0		
e.wikipedia		9:50:19	Customer equity	213.54.139.19			Knöferi A./ vgl. Winkelmann P.; Vertriebskonzeptio...	✓			13		
e.wikipedia		9:50:25	Benutzer:Cmoder	Cmoder			Fehlende Bilder – ...Seceda				496		
e.wikipedia		9:50:26	Bild-/Wortmarke	MarkusWedemeyer			N komplett neu geschrieben				385		
e.wikipedia		9:50:26	Geschichte der Schifffa...	141.17.83.200			1100 n. Chr. –				495		
e.wikipedia		9:50:27	Streckennetz der Lufth...	DonLeone			LA				-22		
e.wikipedia		9:50:36	Stereografische Projekt...	217.188.224.115							29		
e.wikipedia		9:50:58	Chronisches Erschöpfu...	Thorbjoern					✓		29		
e.wikipedia		9:51:14	Wort-/Bildmarke	MarkusWedemeyer			N Redirect				-289		
e.wikipedia		9:51:16	Bild:Rechnergesteuerte...	84.150.39.228							134		
e.wikipedia		9:51:21	Live 8/London	SebastianWilken							333		
e.wikipedia		9:51:24	Diskussion:Esperanto-...	Rojo							71		
e.wikipedia		9:51:27	Sudoku	213.202.172.112			Weblinks –				196		
e.wikipedia		9:51:27	Dießen a.Ammersee	Ammersee-Region			Persönlichkeiten –				200		
e.wikipedia		9:51:27	Willigis Jäger	Ralf Gartner			Sekundärliteratur –				578		
e.wikipedia		9:51:28	Ronin (Film)	Kubrick			Infobox, Kat., NPOV, Weblinks, {{stub}}	✓			248		
e.wikipedia		9:51:36	Johann Heinrich Jung	Schumir			Denkmäler und Wirkungsstätten – ...Jung-Stilling K...	✓			2288		
e.wikipedia		9:51:37	Laubmoose	Mbc			Neue Beschreibung. Unterklassen der der Taxobox ...				6		
e.wikipedia		9:51:38	Burg Güssing	193.170.68.246				✓			4		
e.wikipedia		9:51:44	Air Niugini	JuergenL			Fokker F-28	✓			910		

| Connect | Unpause (Alt-A) | Disconnect | Clear list |

Connected to #de.wikipedia

Bild 5.19: Verfolgung der letzten Änderungen mit dem »Vandal Fighter«

Deshalb gibt es – leider noch nicht allzu ausgegorene – Bestrebungen, bestimmte Artikelversionen als redaktionell geprüft zu kennzeichnen, auf die Leser zum Zitieren zurückgreifen können (siehe *Reviewed article version* im Meta-Wiki unter *http://meta.wikimedia.org*). Ein weiterer, davon unabhängiger Schritt zur Qualitätsverbesserung, der wahrscheinlich demnächst in MediaWiki eingebaut wird, ist die Bewertung von Artikeln durch Benutzer (siehe *Article validation* im Meta-Wiki).

Qualitätsverbesserung

Trotz alledem verbessert sich auch ohne diese sicher wünschenswerten technischen Maßnahmen die Qualität der Wikipedia – zumindest im

Durchschnitt. Das ergab auch ein Vergleich der Wikipedia mit der Microsoft Encarta und der digitalen Version des Brockhaus, den die Computerzeitschrift c't 2004 durchführte, wenig später unterwarf auch die Wochenzeitung »Die Zeit« das System einem ähnlichen Vergleich, bei dem die Wikipedia sehr gut abschnitt. Auf Wunsch können Artikel einer Art Peer-Review unterzogen werden (siehe *Wikipedia:Review*), es werden »exzellente« Artikel (inzwischen fast 500, siehe *Wikipedia:Exzellente Artikel*) und Bilder sowie nicht in jeder Hinsicht exzellente, aber immerhin sehr lesenswerte Artikel (*Wikipedia:Lesenswerte Artikel*) gewählt, es finden Qualitätsoffensiven (*Wikipedia:Qualitätsoffensive*) und Schreibwettbewerbe (*Wikipedia:Schreibwettbewerb*) statt; sogar Arbeitsaufträge (*Wikipedia:Auftragsarbeiten*) werden neuerdings ausgeschrieben, was allerdings zu heftigen Kontroversen geführt hat. Weitere Bemühungen um Qualitätsverbesserung hat es in der deutschen Wikipedia im Vorfeld der Veröffentlichung auf CD (Herbst 2004) und DVD (Frühjahr 2005) in Zusammenarbeit mit der Directmedia Publishing GmbH gegeben. Ein wichtiges Abfallprodukt der Datenaufbereitung für die DVD war zum Beispiel die Einfügung maschinenlesbarer Metadaten wie Geburts- und Sterbedatum in Personenbiographien (*Wikipedia:Personendaten*).

Artikellöschungen und andere Entscheidungen

Artikel zu nicht enzyklopädisch relevanten Themen (wobei erbitterte Kämpfe darüber ausgetragen werden, was relevant ist und was nicht, siehe *Wikipedia:Themendiskussion*), Wörterbucheinträge, reine Datensammlungen, private Aufsätze, wissenschaftlich verbrämte Scherze (siehe auch *Wikipedia:Humor*), neue, noch nicht allgemein bekannte Theorien und nicht nachprüfbare Aussagen (siehe zu alledem auch *Wikipedia:Was Wikipedia nicht ist*) können zur Löschung markiert werden und werden dann auf einer Seite der »Löschkandidaten« (*Wikipedia:Löschkandidaten*) eine Woche lang diskutiert und danach entweder gelöscht (siehe *Wikipedia:Löschregeln*) oder behalten, wenn sie inzwischen überarbeitet oder neu geschrieben wurden. Offensichtlicher Unsinn (»asdfghjklöä« oder »Hallo, meine Telefonnummer ist 0123456789, ruft mich an!«) wird sofort entfernt (*Wikipedia:Löschkandidaten/Schnelllöschung*), ebenso natürlich Urheberrechtsverletzungen (*Wikipedia:Löschkandidaten/Urheberrechtsverletzungen*).

Das Recht, Artikel zu löschen sowie umkämpfte Artikel und gegen die Regeln verstoßende Benutzer zu sperren (siehe *Wikipedia:Geschützte Seiten* und *Wikipedia:Benutzersperrung*) haben allein die Administratoren (*Wikipedia:Administratoren*), von denen es in der deutschen Wikipedia knapp hundertfünfzig gibt, bei über zehntausend Benutzern, die sich irgendwann mal registriert haben, und von denen über dreitausend als aktiv gelten (mindestens fünf Beiträge im letzten Monat), und etwa fünfhundert als sehr aktiv (mindestens hundert Beiträge im letzten Monat). Administratoren werden basisdemokratisch gewählt (*Wikipedia:Adminkandi-*

daturen), wobei alle angemeldeten Benutzer mit einer gewissen Erfahrung (mindestens zwei Monate dabei, mehr als zweihundert Bearbeitungen im Artikelnamensraum, siehe *Wikipedia:Stimmberechtigung*) wahlberechtigt sind. Dieses Wahlverfahren wurde wiederum basisdemokratisch beschlossen, und auch zu vielen anderen Themen (Löschverfahren, Einsatz von Navigationsleisten, korrekte Artikelbenennung, ...) hat es schon Meinungsbilder (*Wikipedia:Meinungsbilder*) gegeben. Die Wikipedia spricht hier nicht von Abstimmungen, obwohl zwar grundsätzlich jeder hinreichend aktive Benutzer stimmberechtigt ist, aber von diesen vielleicht nicht jeder das Meinungsbild verfolgt hat oder sich für das Thema interessiert, so daß das Ergebnis nicht immer repräsentativ ausfällt. Trotzdem genießen die Ergebnisse der Meinungsbilder verbindlichen Charakter. Weiterer Bestandteile der Wikipedia-Machtstruktur (*Wikipedia:Macht-struktur*) sind die gutmütige Diktatur oder auch absolute Monarchie des Projektgründers Jimbo Wales, die allerdings inzwischen weitgehend durch das gewählte »Board of Trustees« (Überwachungsausschuß, siehe *Board of Trustees* im Meta-Wiki) ersetzt wurde. Trotzdem tauchen immer wieder sogenannte »Demokratietrolle« auf, die kaum konstruktiv an Artikeln mitarbeiten, sondern sich gleich in heiße Diskussionen stürzen, die Legitimation der »Admin-Clique« anzweifeln und Manifeste für mehr Demokratie in der Wikipedia verfassen. Eine neue, eher positive Folge davon sind Mißtrauensvoten gegen Administratoren (*Wikipedia:Administratoren/Wiederwahl*), mit denen es Probleme gibt.

Die Community

Die »Wikipedianer« (*Wikipedia:Die Wikipedianer*, Bilder unter *Wikipedia:Fotoalbum*) organisieren sich innerhalb der Wikipedia in vielfältiger Weise; einen Überblick liefert das Projektportal (*Wikipedia:Portal*). Die Community hat ihr eigenes Boulevardblättchen, den Kurier (*Wikipedia:Kurier*). Zum Abhängen und Pausemachen gibt es das Café (*Wikipedia:Café*). Für ernster gemeinte Kommunikation unter den Wikipedianern stehen Mailinglisten (*Wikipedia:Mailinglisten*) und ein IRC-Channel (*Wikipedia:Chat*) zur Verfügung. Auch im richtigen Leben treffen sich die Wikipedianer (*Wikipedia:Treffen der Wikipedianer*); im August 2005 fand die erste internationale Konferenz unter dem Namen »Wikimania« statt (*http://wikimania.wikimedia.org*). Die verschiedenen Nationalitäten, die dieselbe Sprache sprechen, arbeiten bei der Wikipedia generell gut zusammen. In der deutschen, besser: der deutschsprachigen Wikipedia, gab es kleinere Konflikte zwischen den zahlenmäßig übermächtigen Deutschen und den Schweizern und Österreichern[1], die aber meistens schnell beigelegt wurden. So gibt es in der Schweiz unabhängig von der deutsch-österreichischen Rechtschreibreform von 1998 schon lange kein »ß« mehr,

---

[1] Das ist vereinfacht dargestellt: Auch deutsche Muttersprachler aus Südtirol, Luxemburg und anderen Ländern beteiligen sich an der deutschen Wikipedia.

was aber nicht alle Deutschen und Österreicher wissen und deshalb oft
auch in Artikeln über Schweizer Themen vermeintliche Falschschreibungen mit »ss« zu »ß« korrigiert haben. Inzwischen hat man sich geeinigt,
das »ss« in Schweizer Artikeln nicht anzutasten. Auch Bots, die automatisierte Textersetzungen vornehmen (siehe *Wikipedia:Bots*), können damit
inzwischen umgehen. Ein anderer Streit, diesmal zwischen Deutschen und
Österreichern, betraf den Namen des ersten Monats im Jahr. In Deutschland ist die österreichische Bezeichnung Jänner weitgehend unbekannt, in
Österreich ist dagegen die deutsche Bezeichnung Januar unbeliebt. Der
Kompromiß sieht so aus, daß in österreichischen Artikeln der Monat
»Jänner« heißen darf, aber immer auf »Januar« verlinkt werden muß,
damit es auch Deutsche verstehen.

Bild 5.20: Projektportal der Wikipedia am 28. Juli 2005

Die Organisation des Projekts und die soziale Struktur der Community
werden zunehmend zum Forschungsgebiet wissenschaftlicher Studien. So
hat der Lehrstuhl für Arbeits- und Organisationspsychologie der Universi-

tät Würzburg herausgefunden, daß die meisten deutschsprachigen Wikipedianer männlich sind (achtundachtzig Prozent), Vollzeit arbeiten (dreiundvierzig Prozent) und als Singles leben (einundfünfzig Prozent). Sie arbeiten täglich durchschnittlich zwei Stunden für die Wikipedia und identifizieren sich stark mit dem Projekt. Ihre wichtigsten Motive sind, die Qualität der Wikipedia zu verbessern, freie Informationen zur Verfügung zu stellen, Freude am Schreiben und der Wunsch, das eigene Wissen zu erweitern (*http://www.psychologie.uni-wuerzburg.de/ao/research/wikipedia.php*).

Wikimedia – die übergeordnete Organisation

Offizieller Betreiber der Wikipedia ist seit 2003 die Wikimedia Foundation (*http://wikimediafoundation.org*). Der Name »Wikimedia« für ein über die Enzyklopädie Wikipedia hinausgehendes Projekt war schon vorher geprägt worden[1], auch hatte es schon seit November 2001 mit dem »Meta-Wiki« (*http://meta.wikimedia.org*, früher unter *http://meta.wikipedia.org*) eine sprach- und projektübergreifende Diskussions- und Organisationsplattform gegeben. (Dort befindet sich auch die aktuellste Dokumentation zur MediaWiki-Software, siehe *http://meta.wikimedia.org/wiki/Help:Contents*.) Nationale Tochterorganisationen der in den USA ansässigen Wikimedia Foundation wurden bisher 2004 in Deutschland (*http://www.wikimedia.de*) und Frankreich gegründet, 2005 in Italien, weitere sind in den Niederlanden, in Polen, Rumänien, Großbritannien und Rußland im Aufbau. Wikimedia finanziert sich durch Spenden. Dies sind überwiegend kleinere Einzelspenden von Privatpersonen, aber auch Geld- und Sachspenden (zum Beispiel Hardware) von anderen Stiftungen oder Firmen. Seit Frühjahr 2005 kooperiert der Suchdienst Yahoo! mit Wikimedia: Wikipedia-Inhalte werden in die Suchergebnisse eingebunden, und Wikimedia erhält dafür mehrere Server von Yahoo! Erklärtes Ziel von Wikimedia ist es auch, gedruckte Veröffentlichungen der in den Wikis gesammelten Inhalte zu fördern, um insbesondere den Bewohnern von Ländern mit geringer Internetdichte freies Wissen zugänglich zu machen.

Andere Wikimedia-Projekte – vom Medienarchiv bis zum Nachrichtendienst

Das erste, größte und bekannteste Wikimedia Projekt ist zwar die Wikipedia, aber sie ist nicht das einzige. Im Wikimedia-Meta-Wiki unter *Complete list of Wikimedia projects* gibt es einen vollständigen Überblick über alle Projekte in allen Sprachen. Die Inhalte dieser Projekte werden (bis auf Wikinews) allesamt unter der GNU FDL veröffentlicht.

---

[1] Siehe *http://mail.wikipedia.org/pipermail/wikien-l/2003-March/001887.html*

September 11 Memorial (Gedenkstätte)

Als erstes Projekt neben der Wikipedia wurde im Oktober 2002 die virtuelle Gedenkstätte »September 11 Memorial Wiki« (*http://sep11.wikipedia.org*) ins Leben gerufen. Betroffene des Terroranschlags am 11. September 2001 hatten in der Wikipedia Lebensläufe von Opfern des Anschlags veröffentlicht, die nicht den Relevanzkriterien der Wikipedia genügten, ebenso persönliche und subjektive Berichte über den Anschlag und seine Folgen, die in der Wikipedia aufgrund der Richtlinie des neutralen Standpunkts unerwünscht waren. Um diese Artikel trotzdem zu erhalten, wurden sie in ein eigenes Wiki ausgelagert. Obwohl sich heute aufgrund der zeitlichen Distanz zum Anschlag in diesem Wiki nicht mehr so viel Inhaltliches tut, wird dessen Sinn auf der Diskussionsseite *http://sep11.wikipedia.org/wiki/Talk:In_Memoriam* nach wie vor heftig diskutiert.

In Memoriam

Within these pages are the stories of the victims and survivors of the events of September 11, 2001. There are links to all of the casualties and missing persons, as up-to-date and complete as possible, where you can add to their entries. All together, these pages may serve as a memorial to those lost. This is a site to which anyone can contribute. Your help is welcome and needed.

Donations - Assistance - Rescue and Recovery Effort

There are many other ways that people across the world have been helping the victims. Learn more about what people have done and what you can do to help. If you know of a way to provide assistance that is not yet listed, please add it to these pages.

Closings and Cancellations - Memorials and Services

The memory of the tragedy of September 11 is being honored everywhere, in uncountable ways. Learn about those stories, or tell new ones.

Please help to build this memorial.

- If you know a victim, please build or add to their entry at tributes to individuals.
- Or look for news stories about the victims and create an initial entry in their memory here.
- If you live near a physical memorial, or have attended a large memorial event or dedication, please create an article about it.
- Freely licensed images of such locations/events can be uploaded at the Commons.
- Any thoughts, memories, or tributes to the individuals lost in this tragedy are welcome and encouraged.

Bild 5.21: Ausschnitt aus der Hauptseite des September 11 Memorial Wiki, eine Anspielung auf das zerstörte World Trade Center

Wiktionary (mehrsprachiges Wörterbuch)

Nachdem in der Wikipedia immer mehr unerwünschte Wörterbucheinträge gelandet waren (und gelöscht wurden), die nicht im Sinne einer Enzyklopädie die Konzepte von Dingen beschreiben, sondern die Bedeutung und Herkunft von Wörtern, wurde im Dezember 2002 das Wiktionary (deutsch: *Wikiwörterbuch*) ins Leben gerufen.

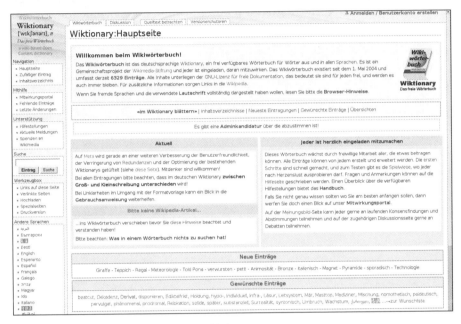

Bild 5.22: Hauptseite des deutschen Wiktionarys

Es begann in englischer Sprache, enthielt aber von Anfang an nicht nur englische Wörter, sondern auch deren (nicht immer eindeutigen) Übersetzungen in andere Sprachen. Eine Wörterbuchseite umfaßt alle Wörter, die gleich geschrieben werden, egal, in welcher Sprache. So erklärt die Seite *arm* im deutschen Wiktionary das deutsche Adjektiv *arm*, das gleichlautende englische Substantiv (Arm oder, im Plural, Waffen) und das englische Verb »to arm« (bewaffnen, rüsten). Das deutsche Substantiv »Arm« für das Körperglied hat steht dagegen auf einer eigenen Seite, denn das Wiktionary unterscheidet zwischen Groß- und Kleinschreibung. Eine weitere Besonderheit ist, daß die Links zu den Übersetzungen eines Worts nicht in anderssprachige Wiktionaries verweisen, sondern in demselben Wiktionary in dessen Ausgangssprache beschrieben werden. Beispielsweise erwähnt das deutsche Wiktionary als englische Übersetzungen des Wortes »gehen« die beiden Möglichkeiten »to go« und »to walk«, die beide wiederum im deutschen Wiktionary in deutscher Sprache erklärt werden beziehungsweise erklärt werden *sollten*, denn diese beiden Einträge gibt es noch nicht. Die InterWiki-Links zu den anderssprachigen Wiktionaries verweisen dagegen auf Einträge, die das genau gleichlautende Wort in der fremden Sprache beschreiben, also zum Beispiel das deutsche Wort »gehen« auf Englisch. Sinn dieser auf den ersten Blick umständlichen Verlinkung ist, daß es selten eine 1:1-Zuordnung zwischen Wörtern in verschiedenen Sprachen gibt, denn einmal hat oft ein Wort schon in einer Sprache mehrere Bedeutungen, und zweitens kann es für eine bestimmte Bedeutung eines Worts in einer Sprache mehrere Übersetzungen in einer anderen Sprache geben. Wollte man nun zu einem Wort nur einen InterWiki-Link zu jedem anderssprachigen Wiktionary anbieten, müßte man eine willkürliche Auswahl unter all diesen Möglichkeiten treffen.

Bild 5.23: Ein typischer Wiktionary-Eintrag

Das englische Wiktionary hat inzwischen über achtzigtausend Einträge, es folgen das polnische mit über dreißigtausend Einträgen, wovon allerdings fast zwanzigtausend Einträge in der Plansprache Interlingua geschrieben sind, das italienische mit vierundzwanzigtausend Einträgen und das bulgarische mit dreiundzwanzigtausend Einträgen. Erst auf Platz 11 kommt das deutsche Wiktionary mit sechstausendfünfhundert Einträgen; noch weit davor kommen die Wiktionaries in der von Esperanto abgeleiteten Plansprache Ido (achtzehntausendfünfhundert Einträge) und auf Galizisch (dreizehntausend Einträge). Da jedoch im Prinzip jedes Wiktionary Wörter aus allen Sprachen enthalten soll und nur die Gliederung, die Erklärungen und die Benutzerschnittstelle in einer bestimmten Sprache gehalten werden sollen, plant Wikimedia, alle Wörterbucheinträge zu einem einzigen *Ultimate Wiktionary* (siehe die entsprechende Seite im Meta-Wiki) zusammenzuführen.

Wikiquote (Zitatsammlung)

Im Juni 2003 entstand Wikiquote (*http://wikiquote.org*, mit sprachbezogenen Subdomains wie *http://de.wikiquote.org*) als freie Zitatsammlung, nachdem sich in der Wikipedia schon viele Zitate von bestimmten Personen oder über bestimmte Themen angesammelt hatten. Diese wurden nach und nach zu Wikiquote ausgelagert, nach Personen und Themen geordnet. Das englische Wikiquote hat inzwischen über viertausend Seiten, die nächstgrößeren Sprachversionen sind die deutsche (dreitausend Seiten), französische (zweitausendsiebenhundert Seiten) und polnische (tausendvierhundert Seiten).

Bild 5.24: Hauptseite des deutschen Wikiquote

Wie unter *Wikiquote:Richtlinien* erklärt ist, dürfen Personen, die seit mehr als siebzig Jahren tot sind, nach dem deutschen Urheberrecht problemlos zitiert werden. Nach §51 des deutschen Urheberrechtsgesetzes dürfen andere Personen auch zitiert werden, wenn der dazugehörige Artikel in der Wikipedia die nötige Schöpfungshöhe hat, um selbst urheberrechtlichen Schutz zu genießen.

Wikisource (Sammlung urheberrechtsfreier Texte)

Was nicht mehr urheberrechtlich geschützte Texte angeht, ist Wikimedia im Dezember 2003 einen Schritt weitergegangen und hat auch dafür ein Archiv geschaffen. In Anspielung auf das »Project Gutenberg« (*http://www.gutenberg.org*) – nicht zu verwechseln mit dem teilweise unfreien »Projekt Gutenberg-DE« (*http://gutenberg.spiegel.de/*) – wurde das Projekt ursprüngich »Project Sourceberg« genannt, wenig später »Wikisource« (*http://wikisource.org*).

Bild 5.25: Deutsche Hauptseite von Wikisource

Bisher gibt es über fünfundzwanzigtausend Artikel in allen Sprachen zusammen. Getrennte Sprachdomains wie bei den anderen Wikimedia-Projekten werden gerade eingeführt, und auch in anderer Hinsicht reformiert sich Wikisource. So konnten bisher die meisten Seiten, wie in einem Wiki üblich, frei bearbeitet werden. Da Wikisource jedoch Originalquellen sammelt, sollten diese, nachdem sie einmal vollständig und korrekt im Archiv stehen, nicht mehr verändert, insbesondere nicht mutwillig zerstört werden. Die neuen Wikisource-Richtlinien empfehlen deshalb den

Administratoren, Seiten zu sperren, sobald sie von mehreren Benutzern korrekturgelesen wurden (*http://wikisource.org/wiki/Wikisource:Protec-tion_policy*). Weitere Einwände und Korrekturen können dann immer noch auf den jeweiligen Diskussionsseiten vorgebracht werden.

Wikibooks (Freie Bücher)

Schon im Juli 2003 wurde Wikibooks (*http://wikibooks.org*) als Portal zur kollaborativen Erstellung freier Lehrbücher geschaffen. Inzwischen gibt es über zehntausend Buchkapitel auf Englisch, fast zweitausend Kapitel (in über dreihundert Büchern) auf Deutsch.

Bild 5.26: Hauptseite der englischen Wikibooks

In deutscher Sprache sind zum Beispiel Bücher über das Spiel Go (Buchtitel *Go*), über *Sexuelle Gewalt*, die Basic-Programmierumgebung *Gambas*, Großformatfotografie (*Photoschule Großformat*), Statistik (*Mathematik:_Statistik*), die türkische Sprache (*Türkisch*) und die *Spezielle Relativitätstheorie* nahezu vollständig, aber natürlich immer noch offen für Erweiterungen.

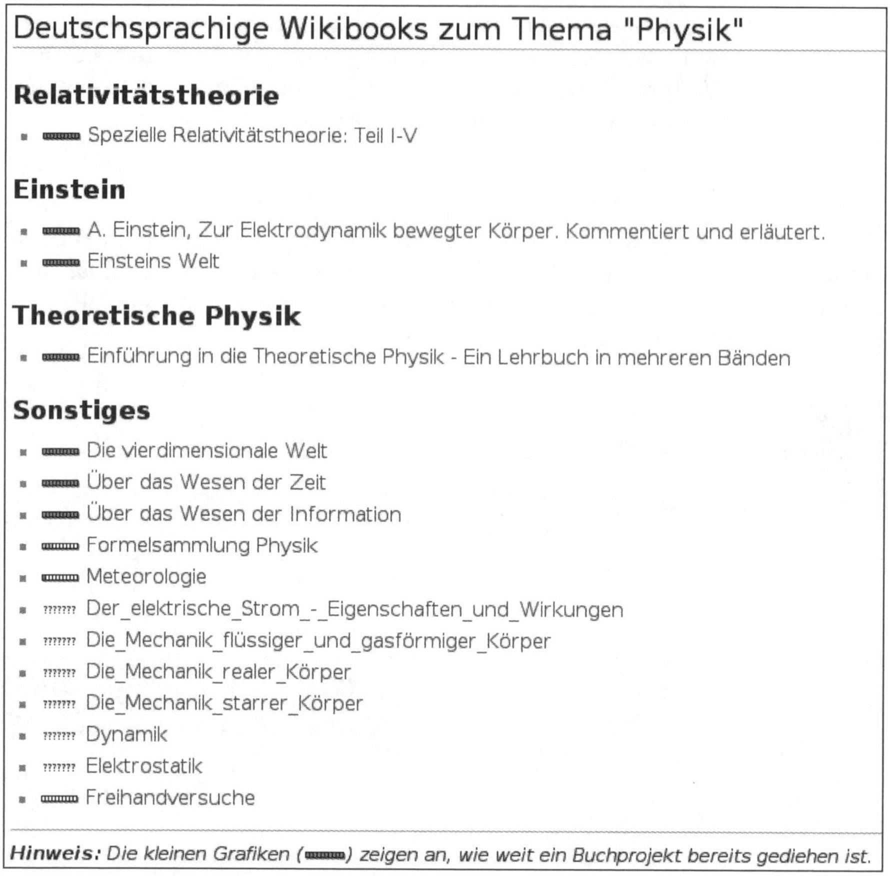

Deutschsprachige Wikibooks zum Thema "Physik"

Relativitätstheorie

- ▬▬ Spezielle Relativitätstheorie: Teil I-V

Einstein

- ▬▬ A. Einstein, Zur Elektrodynamik bewegter Körper. Kommentiert und erläutert.
- ▬▬ Einsteins Welt

Theoretische Physik

- ▬▬ Einführung in die Theoretische Physik - Ein Lehrbuch in mehreren Bänden

Sonstiges

- ▬▬ Die vierdimensionale Welt
- ▬▬ Über das Wesen der Zeit
- ▬▬ Über das Wesen der Information
- ▬▬ Formelsammlung Physik
- ▬▬ Meteorologie
- ▬▬ Der_elektrische_Strom_-_Eigenschaften_und_Wirkungen
- ▬▬ Die_Mechanik_flüssiger_und_gasförmiger_Körper
- ▬▬ Die_Mechanik_realer_Körper
- ▬▬ Die_Mechanik_starrer_Körper
- ▬▬ Dynamik
- ▬▬ Elektrostatik
- ▬▬ Freihandversuche

Hinweis: Die kleinen Grafiken (▬▬) zeigen an, wie weit ein Buchprojekt bereits gediehen ist.

Bild 5.27: Deutsche Wikibooks über Physik

Interessante Unterprojekte von Wikibooks sind Wikijunior (*http://en.wikibooks.org/wiki/Wikijunior*) zur Erstellung von Sachbüchern für Kinder und die Wikiversity, in der statt Büchern Vorlesungsskripte erarbeitet werden sollen, aber auch erste Experimente mit Online-Lehre und -Forschung stattfinden. Eine experimentelle, noch inoffizielle deutsche »Wikiversität« hat sich inzwischen auf *http://de.wikiversity.org* verselbständigt.

Commons (Medienarchiv)

Bei Texten ist eine Unterscheidung nach Sprachen sinnvoll, bei Bildern nicht. Deshalb hat es sich als wenig sinnvoll erwiesen, Bilder unter Umständen in mehrfache getrennte Sprachversionen der Wikipedia hochzuladen. Wikimedia Commons (*http://commons.wikimedia.org*), gegründet im September 2004, ist ein Wikimedia-übergreifendes Archiv für Medien aller Art, die von internationalem Interesse sind – überwiegend Bilder, aber auch einige Videos und Tondokumente, etwa von historischen Reden. Das Material, inzwischen fast hundertachtzigtausend Dateien, ist kategorisiert nach Art (bei Bildern zum Beispiel Fotos, Kunstwerke, Diagramme, Karten, Briefmarken und Flaggen), Thema (unter anderem Personen, Objekte, Orte) und Lizenz. Als Lizenzen sind nur Public Domain, GNU FDL und die Creative-Commons-Lizenzen CC-BY und CC-BY-SA zugelassen. Damit unterscheidet sich Wikimedia Commons von einigen Sprachversionen der Wikipedia wie zum Beispiel der englischen, in der auch geschützte Bilder, sogar Markenzeichen, unter Berufung auf Fair Use verwendet werden. Zu Commons hochgeladene Bilder können transparent in Seiten der einzelnen Wikimedia-Projekte eingebunden werden, dafür gilt genau dieselbe Syntax wie bei Bildern, die im selben Wiki liegen. Das Hochladen wird mit dem Werkzeug *Wikimedia Commonplace (http://tiredbrain.com/wikimedia/commonplace/*, Windows/.NET) erleichtert.

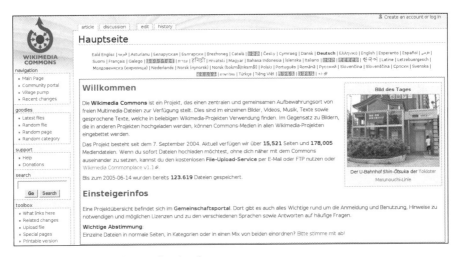

Bild 5.28: Deutsche Hauptseite der Commons

Wikispecies (Artenverzeichnis)

Ungefähr zeitgleich mit den Commons wurde Wikispecies (*http://species.wikipedia.org*) im September 2004 als englischsprachiges Verzeichnis aller Arten von Lebewesen ins Leben gerufen. Wikispecies hat den wissenschaftlichen Anspruch, festzustellen, wie viele Arten es auf der Erde gibt. Es will eine Datenbank werden, die allen Wikipedias zur Verfügung steht; derzeit umfaßt es etwa tausendfünfhundert Seiten. Wie unter *Wikispecies FAQ* im Meta-Wiki nachzulesen ist, wurde die Einrichtung von Wikispecies kontrovers diskutiert. Seinen Befürwortern zufolge wurde es aufgrund der völlig anderen Systematik nicht als Teil der Wikipedia angelegt.

Homo sapiens sapiens

Taxonavigation

Main Page
Superregnum: Eukarya (template)

   Regnum: Animalia (Metazoa) (template)

     Subregnum: Eumetazoa (template)

       Superphylum: Bilateria: Deuterostomia (template)

        Phylum: Chordata (template)

         Subphylum: Vertebrata (template)

          Classis: Mammalia (template)

           Subclassis: Placentalia (template)

            Ordo: Primates (template)

             Subordo: Haplorrhini (template)

              Infraordo: Simiiformes (template)

               Taxon: Catarrhini (template)

                Superfamilia: Hominoidea (template)

                 Familia: Hominidae (template)

                  Subfamilia: Homininae (template)

                   Genus: *Homo* (template)

                    Species: *H. sapiens*

                     Subspecies: ***H. s. sapiens***

Vernacular Names

de:Mensch
en:human
fr:humain
nl:mens
pt:humano
it:uomo
uk:Людина

Bild 5.29: Wikispecies, als Beispiel die taxonomische Stellen des Menschen

Wikinews (Nachrichtendienst)

Wikinews (*http://wikinews.org*), gegründet im Dezember 2004, ist das idealistische Projekt, einen freien Nachrichtendienst zu schaffen, der von freien »Bürgerjournalisten« getragen wird. Wikinews möchte einen Beitrag dazu leisten, daß Menschen in Ländern mit eingeschränkter Pressefreiheit objektiv informiert werden (sofern deren Regierung nicht auch den Zugang zu Wikinews sperrt). Wikinews verfolgt somit ähnliche Ziele wie Indymedia (*http://www.indymedia.org*), versucht aber entsprechend dem Grundsatz des neutralen Standpunkts auch – bis auf Kommentare – politisch neutral zu sein, während Indymedia politisch links steht.

Bild 5.30: Hauptseite der deutschen Wikinews

Wikinews-Journalisten können entweder in anderen Nachrichtenquellen recherchierte (jedoch nicht abgeschriebene!) Nachrichten mit Quellenangabe veröffentlichen oder, nachdem sie akkreditiert wurden (*Wikinews:Akkreditierung* im deutschen Wikinews), auch selbst recherchierte Beiträge, meistens aus ihrer Heimat, veröffentlichen. Da Nachrichten schnell veralten, hat Wikinews den üblichen Wiki-Bearbeitungsprozeß stark beschleunigt: Neu geschriebene Artikel kommen zunächst in die Artikelschmiede, wo sie von mehreren Teilnehmern bearbeitet werden. Vor der Veröffentlichung soll ein Artikel auf Korrektheit, Neutralität, rechtliche Unbedenklichkeit und ausreichende Aussagekraft überprüft werden. Erfüllt ein Artikel diese Kriterien nicht, können andere Benutzer gegen die Veröffentlichung Einspruch einlegen. Ein veröffentlichter Artikel wird auf der Hauptseite verlinkt oder, wenn er nicht von so allgemeinem Interesse ist, auf einer von dort erreichbaren Unterkategorie und kann danach noch eine Woche bearbeitet werden. Idealerweise sollten nach der Veröffentlichung nur noch kleine Korrekturen vorgenommen werden. Nach einer Woche werden Artikel archiviert und sollen dann nicht mehr bearbeitet werden, was aber bisher nicht durch eine Sperre verhindert wird.

Das englische Wikinews hat inzwischen zweitausenddreihundert Artikel bei über dreitausend registrierten Benutzern, das deutsche tausendneunhundert Artikel (achthundertfünfzig Benutzer); es folgen die Projekte in polnischer (achthundert/hundert), portugiesischer (fünfhundertfünf-zig/neunzig) und spanischer (dreihundertfünfzig/zweihundert) Sprache. Wikinews verwendet bisher als einziges Wikimedia-Projekt nicht die GNU FDL als Lizenz, sondern bleibt vorläufig Public Domain, bis die Frage nach der Lizenz entschieden ist (siehe *Wikinews/License straw poll* auf Meta). Nachteil einer Copyleft-Lizenz wie der GNU FDL oder der von Indymedia verwendeten CC-BY-SA wäre, daß Wikinews-Meldungen insbesondere in Printmedien schwieriger zu veröffentlichen wären.

Geplante Projekte

Nachdem das Board of Trustees der Wikimedia Foundation 2004 das von vielen Leuten in Frage gestellte Projekt Wikispecies und das mutige Projekt Wikinews genehmigt hatte, ist inzwischen relative Ruhe eingekehrt. Unter *Proposals for new projects* im Meta-Wiki können zwar neue Wikimedia-Projekte vorgeschlagen werden, aber die Anforderungen sind hoch (siehe *New project policy*), denn Wikimedia versteht sich nicht als Hosting-Dienst für Wikis aller Art. Zu den momentan vorgeschlagenen Projekten (*Category:Proposed projects*) gehören unter anderem ein Weltatlas (Wikimaps), ein allgemeines Diskussionsforum (Wikibate), eine Sammlung freier Musiknoten (WikiScores) und ein Forum zur Entwicklung öffentlicher Standards (Wikistandards).

Am aussichtsreichsten ist derzeit wohl die geplante Public-Domain-Datenbank Wikidata (siehe *Wikidata* im Meta-Wiki), in der alle von den Wikimedia-Projekten benötigten Daten aufgehoben werden könnten, so wie zum Beispiel Bilder bei Wikimedia Commons liegen. Unter anderem könnte es Datensammlungen geben für Personenbiographien (Geburts-/Sterbedatum), Lebewesen (etwa das, was Wikispecies bisher macht), Orte und Regionen (geographische Lage, Einwohnerzahl, Fläche, …) und Bücher (Autor, ISBN, Erscheinungsjahr) – eigentlich alles Informationen, die die Wikipedia schon heute in genormten Kästen neben dem Fließtext der Artikel unterbringt (siehe auch *Wikipedia:Formatvorlagen*). Dies wird mit dem bisherigen Funktionsumfang von MediaWiki nicht realisierbar sein, weil solche Datensammlungen eher herkömmlichen Datenbanktabellen entsprechen als Wiki-Seiten, deren Inhalt beliebig sein kann, auch beliebig groß.

Projektübergreifendes

Die Wikimedia-Projekte sind schon heute stark miteinander vernetzt. Für Mediendateien gibt es mit Wikimedia Commons bereits eine zentrale Ablage, für Daten aller Art wird mit dem zukünftigen Wikidata eine weitere folgen. Seiten in einem Projekt verweisen oft per InterWiki-Link auf Seiten aus anderen Projekten, was durch Textbausteine noch weiter vereinfacht wird. In der Wikipedia ist dies keine Seltenheit: Oft gibt es zu einem Thema einen Wörterbucheintrag im Wiktionary, bei Wikiquote gesammelte Zitate, bei Wikisource gesammelte Quellentexte, ein bei Wikibooks entstehendes Buch, eine Bildergalerie auf Commons und aktuelle Nachrichten bei Wikinews, Lebewesen sind außerdem bei Wikispecies systematisch eingeordnet.

Bild 5.31: Wikimedia-Links im Wikipedia-Artikel zu Berlin

Innerhalb einzelner Wikimedia-Projekte, vor allem der Wikipedia, gibt es sprachübergreifendes Zusammenarbeiten wie Übersetzungen (*Wikipedia:Übersetzungen*). Jede Woche wird auf Meta ein wichtiger, interessanter oder guter Artikel aus irgendeiner Wikipedia als »Übersetzung der Woche« gewählt (siehe dort *Translation of the week*), der innerhalb der nächsten Woche in möglichst viele Sprachen übersetzt werden soll. Einige Wikipedianer stellen sich freiwillig als Übersetzer von Sprache A nach Sprache B zur Verfügung (siehe *Translation* auf Meta), und innerhalb einzelner Sprachversionen der Wikipedia oder im mehrsprachigen Commons-Projekt geben viele registrierte Benutzer an, welche Sprachen sie sprechen und wie gut (*Wikipedia:Babel*).

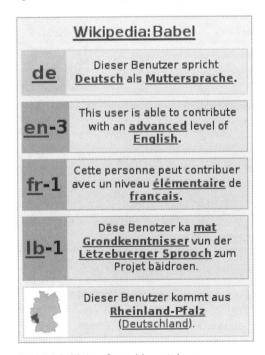

Bild 5.32: Meine Sprachkenntnisse

Das größte Hindernis bei der sprach- und projektübergreifenden Arbeit ist, daß bisher jede Sprachversion eines jeden Projekts technisch ein eigenes Wiki ist. Das heißt, man muß sich überall separat anmelden, und wenn man den Überblick behalten will, kann man nur hoffen, daß der einmal gewählte Benutzername in den anderen Wikis noch frei ist. Diesen Mißstand will Wikimedia schon lange aus der Welt schaffen (siehe *Single login* auf Meta). Bei Wikicities (siehe unten) gibt es schon eine gemeinsame Benutzerverwaltung für alle Projekte, aber die Umstellung (*Single signon transition*) wird nicht reibungslos vor sich gehen, weil vielleicht nicht jeder Benutzer, der in mehreren Wikis arbeitet, überall denselben Namen hat und weil umgekehrt ein- und derselbe Benutzername in verschiedenen Wikis zu verschiedenen Personen gehört. Beim Übergang müssen außerdem alle Zuordnungen von Bearbeitungen zu den Bearbeitern erhalten bleiben, weil die GNU FDL dies fordert.

Wikinfo – persönlicher als Wikipedia

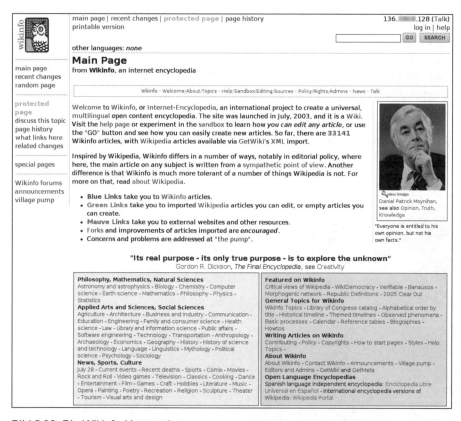

Bild 5.33: Die Wikinfo-Hauptseite

Wikinfo (*http://www.wikinfo.org*), anfangs »Internet Encyclopedia« genannt, wurde 2003 von dem US-amerikanischen Wikipedianer Fred Bauder von der Wikipedia abgespalten. Wikinfo kehrte dem Wikipedia-Grundsatz des neutralen Standpunkts zugunsten eines »verständnisvollen Standpunkts« (Sympathetic point of view) den Rücken, da dieser zu viele Editwars verursache. Tatsächlich ist es bei kontroversen Themen nicht einfach, einen Artikel zu schreiben, der neutral ist. Ein gutes Beispiel in der deutschen Wikipedia ist der Artikel zum *Völkermord an den Armeniern* und die dazugehörige Diskussion. Bei Wikinfo sind dagegen mehrere Ansichten zu einem Thema gleichberechtigt zugelassen, die sich in parallelen Artikeln befinden.

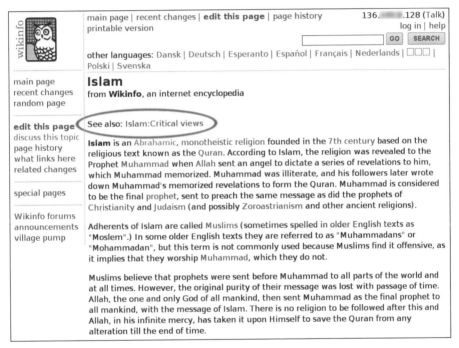

Bild 5.34: Wikinfo-Artikel Islam mit Link zu kritischen Ansichten. (Der entsprechende Artikel in der Wikipedia ist aufgrund von Konflikten gesperrt.)

Gegenüber der Wikipedia hat Wikinfo auch nicht so strenge Relevanzkriterien, weitere Unterschiede nennt die Seite *Wikinfo:About/Comparisons to Wikipedia*. Wikinfo enthält derzeit etwa dreiunddreißigtausend Artikel ausschließlich in englischer Sprache. Es wird mit GetWiki betrieben, einem modifizierten MediaWiki. Interessant an dieser Software ist, daß sie noch nicht vorhandene Artikel automatisch aus einem anderen Wiki importieren kann, falls es sie dort gibt. Wikinfo, das wie die Wikipedia unter der GNU FDL lizenziert ist, verwendet dazu die englische Wikipedia als Quelle. Ein aus der Wikipedia übernommener Artikel wird in Wikinfo abgespeichert, sobald ihn dort jemand bearbeitet.

Wikiweise – zuverlässiger als Wikipedia

Wikiweise (*http://www.wikiweise.de*) ist ein Projekt von Ulrich Fuchs, einem ehemaligen Administrator der deutschen Wikipedia[1], und einigen Gleichgesinnten. Hauptmotiv war, daß die Wikipedia zu wenig Enzyklopädie sei (siehe auch *Wikiweise:Wikiweise und Wikipedia*). Die Kritikpunkte gleichen denen des Wikipedia-Mitgründers Larry Sanger: Zu viele Artikel zu irrelevanten Themen würden aufgenommen, es herrsche ein teils niveauloser Umgangston, Fachleute würden zu wenig respektiert, Trolle würden zu oft gefüttert und zu selten gesperrt, Richtlinien nicht klar genug festgelegt, und unter all diesem leide die Qualität und Verläßlichkeit. Dies ist auch zum Teil belegt, etwa durch die oben erwähnte Vandalismus-Studie.

Eine psychologische Barriere für Trolle und Vandalen ist die Registrierungspflicht (siehe *Wikiweise:Anmeldung*) mit Angabe des echten Namens. Die Regeln von Wikiweise unterscheiden sich nicht wesentlich von denen der Wikipedia, aber sie werden strenger angewandt. Unter *Wikiweise:Enzyklopädiedefinition* definiert sich Wikiweise wie folgt:

Wikiweise ist eine Sammlung von Texten, die zu einem bestimmten Begriff einen ersten, einführenden Überblick geben, und den Leserinnen und Lesern erste Ansätze liefern, mit denen sie sich tiefer einarbeiten können. Wikiweise kann aber auch in die Tiefe gehen, vorausgesetzt, die Überblicksebenen sind abgedeckt. Weiterhin soll Wikiweise einen Zugang zu unbekannten Worten bieten.

Während die einzigen unumstößlichen Grundsätze in der Wikipedia der neutrale Standpunkt, die Verurteilung persönlicher Angriffe der Teilnehmer gegeneinander, die bei aller Art von elektronischer Kommunikation geltende Unschuldsvermutung »Assume good faith« (siehe auch *Wikipedia:Geh von gutem Willen aus*) und die Freiheit der Inhalte sind, hat sich Wikiweise einen ganzen Katalog nicht verhandelbarer Werte gegeben (*Wikiweise:Werte*). Zu den Grundsätzen der Wikipedia kommen hinzu:

♦ Aufklärung,

♦ wissenschaftliche Arbeitsweise,

♦ Präzision bei hoher Interdisziplinarität sowie

♦ Respekt vor dem gesunden Menschenverstand und vor dem Wissen.

Während sich die Wikipedia-Community auf vielen Gebieten streitet, was relevant ist, sind bei Wikiweise die Kriterien verbindlich vorgegeben (*Wikiweise:Relevanzkriterien*). Artikel, die diese Kriterien nicht erfüllen, werden nur aufgenommen, wenn die Relevanz des Themas trotzdem nachge-

---

[1] Seinen Rücktritt als Administrator begründet Ulrich Fuchs auf einer früheren Version seiner Benutzer-Homepage, siehe *http://de.wikipedia.org/w/wiki.phtml? title=Benutzer:Ulrich.fuchs&oldid=1965328*

wiesen werden kann, während die Wikipedia-Community hier eher umgekehrt vorgeht, also Begründungen verlangt, warum ein Artikel aufgrund
mangelnder Relevanz gelöscht werden sollte.

Im Gegensatz zur Wikipedia, wo grundsätzlich von einem unbeschränkten
Speicherplatz ausgegangen wird, verwendet Wikiweise den knapperen Stil
gedruckter Enzyklopädien (*Wikiweise:Styleguide*). Dies soll den Ausdruck
von Artikeln erleichtern und die Informationsdichte erhöhen.

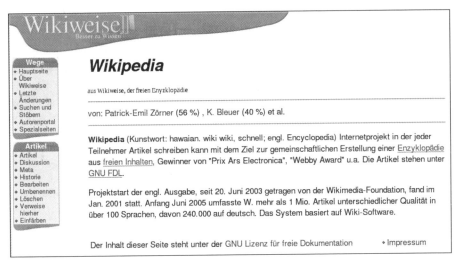

Bild 5.35: Ein Artikel im Enzyklopädiestil

Wie bei der Wikipedia ist der Inhalt von Wikiweise unter der GNU FDL
lizenziert. Deshalb konnten viele der inzwischen etwa achthundertfünfzig
Artikel aus der Wikipedia übernommen werden, wofür die Software eine
automatische Funktion anbietet. Lizenzgemäß bleibt dabei die Versionsgeschichte eines Artikels erhalten, außerdem bestimmt die Software –
nicht nur für aus der Wikipedia übernommene Artikel –, wer die Hauptautoren sind und wie viel Anteil an der Bearbeitung des Artikels diese
hatten. Aufgrund der Mängel der GNU FDL, die sich beim Betrieb der
Wikipedia zeigten, strebt Wikiweise allerdings an – das Einverständnis
aller Autoren vorausgesetzt – auf eine andere, noch zu entwickelnde Lizenz umzusteigen (*Wikiweise:Freie Wiki-Lizenz*).

Zeit	Version	U	T	Teilnehmer	Info
17:24	7	akt. - ltzt.		Patrick-Emil Zörner	k
17:23	6	akt. - ltzt.		Patrick-Emil Zörner	gefunden
17:19	5	akt. - ltzt.		Patrick-Emil Zörner	k
17:12	4	akt. - ltzt.		Patrick-Emil Zörner	kann jemand mit dem griechisch helfen?
17:10	3	akt. - ltzt.		K. Bleuer	K
16:49	2	akt. - ltzt.		B. Brockhorst	
16:26	1	akt. - ltzt.	Imp	Patrick-Emil Zörner	Kopie (Id=336) von WP: Ekliptik:::151096 Autoren: Ulrich.fuchs (95.0%) - Blauer elephant (5.0%) - Quelle

Bild 5.36: Versionsprotokoll eines aus der Wikipedia übernommenen Artikels

Wikiweise wird mit der eigens von Ulrich Fuchs entwickelten java-enterprise-basierten Software *Wikipresto* betrieben (siehe *Wikiweise:Software*). Diese kann bisher noch nicht so viel wie MediaWiki, so werden etwa Tabellen und mathematische Formeln noch nicht unterstützt und Bearbeitungskonflikte noch nicht erkannt, aber neben diesen Funktionen sind für die Zukunft zahlreiche interessante Erweiterungen geplant (*Wikiweise:To do*): automatische Konvertierung von Artikeln in das besser austausch- und ausdruckbare PDF-Format, vereinfachtes Hochladen mehrerer Dateien auf einmal, die in Zip-Archive gepackt sind, und Funktionen zur Bewertung von Benutzern.

Wikiweise wird sich aufgrund der bisher geringen Bekanntheit nicht durch Spenden finanzieren können. Deshalb werden übergangsweise Google-Werbeanzeigen geschaltet, was die Wikipedia strikt ablehnt, aber für die Zukunft ist geplant, kostenpflichtige Zusatzdienste wie die Bereitstellung von Artikeln als PDF einzuführen, wofür aktive Autoren allerdings weniger bis gar nichts bezahlen müßten (siehe *Wikiweise:Geschäftskonzept*).

Kamelopedia & Co. – lustiger als Wikipedia

Arbeit in der Wikipedia kann stressig sein (siehe *Wikipedia:Wikistress*), und nicht jeder Wikipedianer setzt seinen Frust gleich in Energie für ein neues Projekt um. Viele reagieren sich ab, indem sie nicht enzyklopädisch relevante Unsinnsartikel schreiben – natürlich nicht für die Wikipedia!

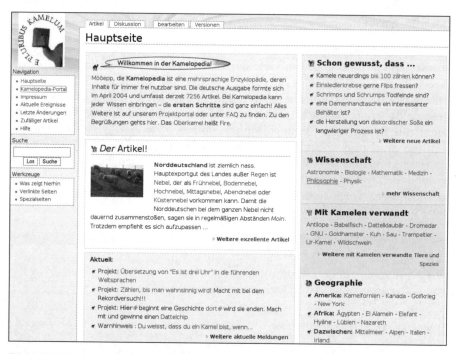

Bild 5.37: Die deutschsprachige Wikipedia-Parodie Kamelopedia

Eine Plattform dafür bietet seit April 2004 die Kamelopedia (*http://kamelopedia.mormo.org*), die 2004 von deutschen Wikipedianern gegründet wurde und inzwischen über siebentausend Artikel auf Deutsch enthält (eine englische Version ist im Aufbau), geschrieben von siebenhundertfünfzig registrierten Kamelen (= Benutzern) unter der Führung von fünfzehn Kameltreibern (= Administratoren). Die Themengebiete reichen von klassischen und neu erfundenen Verschwörungstheorien über Parodien, Satiren, Wortspielereien bis zu gepflegtem Nonsens; in möglichst jedem Artikel wird ein Bezug zum Kamel und zu Ägypten hergestellt. Strukturiert ist das Projekt ähnlich wie die Wikipedia: Schlechte Artikel werden gelöscht (»in die Grabkammer überführt«), gute Artikel zu Exzellenten gewählt, außerdem gibt es eine Qualitätsoffensive. Wie die Wikipedia verwendet auch die Kamelopedia MediaWiki als Software und die GNU FDL als Lizenz, obwohl ein gegenseitiger Austausch von Artikeln sicher nicht erwünscht ist.

Bild 5.38: Ein Artikel aus der englischsprachige Wikipedia-Parodie Uncyclopedia

Ähnliche Ziele verfolgt die im Dezember 2004 gegründete Stupidedia (*http://www.jgg.at/stupidedia/*), ein Projekt des österreichischen Satirikerduos Übel & Trost mit inzwischen knapp fünftausendfünfhundert Artikeln. Auf englisch gibt es seit Januar 2005 die bei Wikicities (siehe unten) gehostete Uncyclopedia (*http://uncyclopedia.org*), die wie die Kamelopedia in engem Bezug zur Wikipedia steht. Sie bezeichnet sich selbst als »content-free encyclopedia« (in Anspielung auf »free contents«) und umfaßt inzwischen fast zehntausend Artikel. Im Geiste der Wikipedia hat sie sich eigene Humor-Richtlinien gegeben (*Uncyclopedia:How To Be Funny And*

Not Just Stupid – Wie man witzig ist, nicht einfach nur dumm). In französischer Sprache gibt es seit Juli 2005 die Désencyclopédie (*http://desencyclopedie.wikicities.com*).

Wikitravel

Am Ende dieser Reise durch das »World Wide Wiki« soll noch ein Reiseführer für die richtige Welt vorgestellt werden: Wikitravel (*http://wikitravel.org*). Dort gibt es Artikel über Kontinente, Länder, Regionen, Städte und andere sehenswerte Orte wie zum Beispiel Nationalparks, außerdem allgemeine Reisehinweise, Tips für Rundreisen oder bestimmte Freizeitaktivitäten auf Reisen sowie gesammelte Redewendungen in zahlreichen Sprachen. Wikitravel sieht der Wikipedia täuschend ähnlich: Es verwendet MediaWiki mit einer nahezu gleichen optischen Aufmachung, es ist mehrsprachig und es arbeiten mehrere Wikipedianer mit. Tatsächlich wurde Wikitravel von zwei sehr engagierten Wikipedianern gegründet (siehe *http://meta.wikimedia.org/wiki/Wikitravel*) und pflegt freundschaftliche Beziehungen zur Wikipedia.

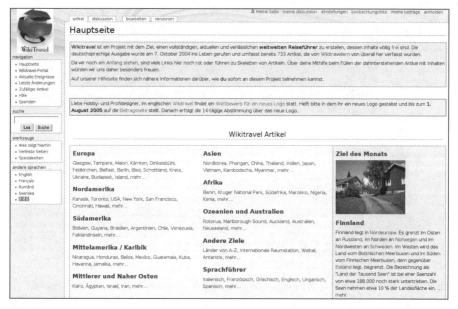

Bild 5.39: Wikitravel

Wikitravel ist allerdings kein Projekt der Wikimedia Foundation, was vor allem daran liegt, daß es mit der CC-BY-SA von Creative Commons eine andere, für die bei Wikitravel beabsichtigte Weiterverwendung von Wiki-Artikeln in Printmedien besser geeignete, sonst aber der GNU FDL ähnliche Lizenz verwendet. Im Detail gibt es leicht unterschiedliche Verhaltensregeln, über die Neuzugänge von der Wikipedia auf der speziellen Seite *http://wikitravel.org/de/Wikitravel:Herzlich_willkommen,_Wikipedianer*

informiert werden. Besonders erfreulich ist, daß es bei Wikitravel viel weniger Konflikte zwischen den Teilnehmern gibt als bei der Wikipedia. Das liegt vielleicht an der spezielleren thematischen Ausrichtung, vielleicht aber auch nur daran, daß Wikitravel noch relativ klein und unbekannt ist.

Bisher gibt es Wikitravel auf Englisch (etwa fünftausend Artikel im Juli 2005), Französisch (neunhundert Artikel), Deutsch (siebenhundertfünfzig Artikel), Rumänisch (fünfhundert Artikel), Japanisch (fünfzig Artikel) und Schwedisch (fünfzig Artikel).

Wiki-ähnliche Projekte

Da dies ein Buch über Wikis ist, wurde die Vorstellung der bekannten Projekte auf solche beschränkt, die als Software ein Wiki einsetzen. Es gibt Projekte mit ähnlichen Zielen, also der gemeinsamen Erstellung einer Wissenssammlung, die spezielle Software einsetzen. Hier seien nur zwei interessante Beispiele kurz erwähnt:

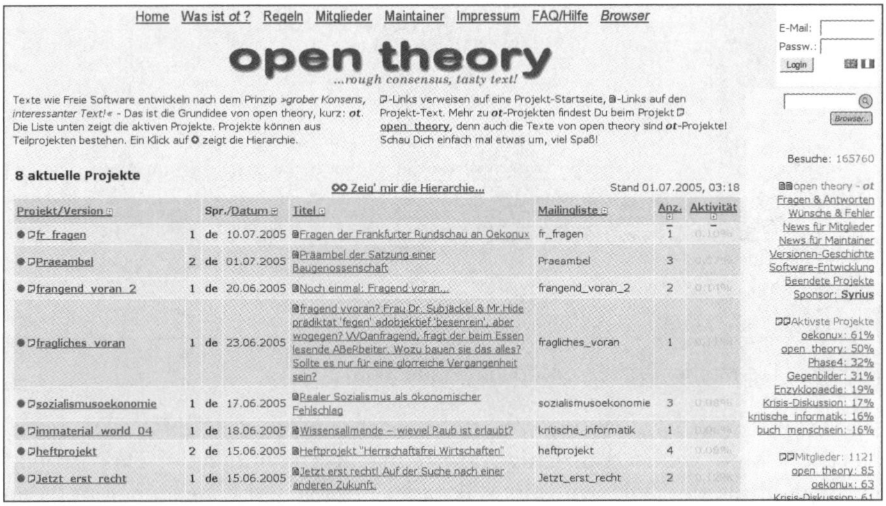

Bild 5.40: Die Denkfabrik Open Theory

Open Theory (*http://www.opentheory.org*) ist ein deutschsprachiges Projekt zur Entwicklung von Theorien und Ausarbeitung von Gedankengängen. Bisher wurden dort unter der GNU FDL unter anderem politische Konzeptpapiere und Manifeste, auch Parteiprogramme, Beiträge zu Open-Source-Konferenzen und Entwürfe für neue Gesellschaftsformen erarbeitet. Die meisten Beiträge haben einen links-alternativen Hintergrund, aber Open Theory ist nicht darauf beschränkt.

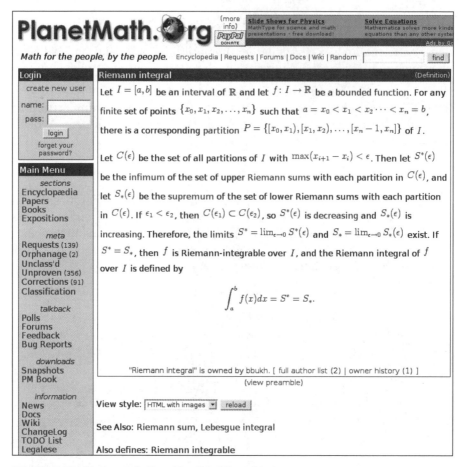

Bild 5.41: Die Mathematik-Enzyklopädie PlanetMath

PlanetMath (*http://planetmath.org*), ebenfalls unter der GNU FDL lizen-
ziert, ist eine englischsprachige Mathematik-Enzyklopädie. Das Projekt
verfolgt ähnliche Ziele wie die Wikipedia, beschränkt sich aber auf den
Bereich der Mathematik und richtet sich überwiegend an Mathematiker.
Artikel werden in TeX geschrieben und haben grundsätzlich einen Haupt-
autor, der für sie verantwortlich ist und weiteren Autoren das Recht zur
Bearbeitung geben kann. Ohne dieses Recht dürfen andere Autoren nur
Kommentare verfassen und Korrekturen melden.

5.7 WIKI-PROVIDER

Nach dieser Übersicht über die großen Wikis der Welt haben Sie vielleicht eine Idee für ein eigenes wiki-basiertes Projekt bekommen. Dazu können Sie natürlich eine Wiki-Software auf einem Webserver installieren, aber Webspace mit dem Recht zur Ausführung von PHP- und anderen Skripten und Zugang zu einer Datenbank für anspruchsvolle Wikis ist nicht ganz billig, und andererseits wäre es auch praktisch, wenn das Wiki schon fertig installiert und konfiguriert wäre. Eine kleine Auswahl solcher Anbieter wird Ihnen hier vorgestellt, die Preisinformationen sind von Juli 2005.

5.7.1 wikiservice.at

wikiservice.at (*http://www.wikiservice.at*) wird betrieben vom österreichischen Wiki- und Community-Gründer Helmut Leitner (siehe GründerWiki) mit dessen von UseMod abgeleiteten Eigenentwicklung ProWiki. Ein einzelnes Wiki mit bis zu dreihundert Seiten ist dort ab fünfzehn Euro pro Monat zu haben, anspruchsvollere Wikis mit Zugangsbeschränkung, individuellem Layout und freier Konfigurierbarkeit kosten mehr.

5.7.2 seedwiki

Die US-amerikanische Firma seedwiki (*http://www.seedwiki.com*) bietet ein öffentliches Einsteiger-Wiki mit bis zu zweihundertfünfzig MByte Speicherplatz kostenlos an. Weitere Angebote mit mehr Speicherplatz und optionaler Zugangsbeschränkung und eigener Domain gibt es gegen eine Monatsgebühr ab 9,95 US-Dollar aufwärts. Die Software ist eine auf dem Application-Server ColdFusion basierende Eigenentwicklung, deren Besonderheit die drei verschiedenen Bearbeitungsmöglichkeiten sind: ein Texteditor mit einer proprietären Wikisyntax, einer für HTML und ein an Microsoft Word erinnernder WYSIWYG-Editor.

5.7.3 WikiWikiWeb.de

WikiWikiWeb.de (*http://wikiwikiweb.de*), betrieben von Thomas Waldmann (siehe LinuxWiki), hostet MoinMoin-Wikis. Für gemeinnützige und, nach Ermessen, andere nicht-kommerzielle Projekte von allgemeinem Interesse wird auf Antrag ein kostenloses Wiki zur Verfügung gestellt, dessen Inhalte unter einer freien Lizenz stehen müssen. Andere nicht-kommerzielle Wikis gibt es ab zehn Euro pro Monat, Wikis für kommerzielle Anwendungen ab vierzig Euro, eine Einrichtungsgebühr kommt jeweils hinzu.

5.7.4 wikidev.net

wikidev.net (*http://wikidev.net*), betrieben mit MediaWiki von Gabriel Wicke, einem der Entwickler der Software, bietet für 12,93 Euro im Monat ein Wiki mit drei GByte Speicherplatz inklusive einer Domain. Die teureren Angebote reichen bis hin zu einem eigenen Server. Nach eigenen Angaben legt der Anbieter großen Wert auf Zuverlässigkeit und hohe Verfügbarkeit.

5.7.5 Wikicities – kostenlose Communities

Wikicities (*http://www.wikicities.com/*), der Name ist wohl eine Anspielung auf den Webspace-Anbieter GeoCities, ist die Fortsetzung von Wikimedia mit anderen Mitteln. Gegründet von den Wikimedianern Jimmy Wales und Angela Beesley, hat Wikicities das Ziel, Wiki-Communities zu gründen. Die Einrichtung einer MediaWiki-basierten Community mit potentiell unbeschränktem Speicherplatz ist kostenlos, muß aber beantragt werden und einige Auflagen erfüllen (siehe *Wikicity creation policy*): Das Wiki muß öffentlich und an eine große Zielgruppe gerichtet sein und darf thematisch nicht mit einer schon vorhandenen Wikicity oder einem Wikimedia-Projekt konkurrieren, die Inhalte müssen unter der GNU FDL lizenziert werden. Da sich Wikicities über Google-Werbeanzeigen finanziert, müssen auch die Geschäftsbedingungen von Google eingehalten werden: keine andere Art der Werbung, keine Linkfarmen, keine Inhalte zu Drogen, Gewalt, Glücksspielen, Pornographie und so weiter (siehe *Prohibited content*). Wikicities macht also die Gründung von Projekten möglich, für die es im offiziellen Rahmen von Wikimedia (noch?) keinen Platz gibt. Im Gegensatz zu den Wikimedia-Projekten haben alle Wikicities eine gemeinsame, zentrale Benutzeranmeldung, was die Kooperation der Projekte untereinander erleichtert.

Die größte der insgesamt über vierhundertfünfzig Wikicities ist das Star-Wars-Wiki (*http://starwars.wikicities.com*, knapp sechstausend Seiten). Es folgt ein Wiki zum Computerspiel Creatures (*http://creatures.wikicities.com*, knapp zweitausend Seiten). An dritter Stelle steht ein Wiki über das niederländische Dorf Peize (Provinz Drenthe; *http://peize.wikicities.com*, tausendzweihundert Seiten), das jedoch nicht mit den in diesem Kapitel erwähnten Stadtwikis zu vergleichen ist, sondern sich bisher eher mit der Geschichte des Dorfs beschäftigt. Weitere interessante Wikicities (siehe auch *Recently featured Wikicities*) sind ein Wiki für Mozilla-Anwender und -Entwickler (*http://mozilla.wikicities.com*), ein Wiki, das alternative Szenarien der Menschheitsgeschichte durchspielt (*http://alt-history.wikicities.com*), ein Stadtwiki für die kanadische Stadt Calgary (*http://calgary.wikicities.com*). Es gibt einige mehrsprachige Wikicities, manche davon haben wie die Wikimedia-Projekte ein Begrüßungsportal, in dem der Besucher die gewünschte Sprache auswählen kann. In den meisten Sprachen, nämlich sechs verschiedenen, gibt es bisher WikiMac (*http://mac.wikicities.com*), ein Wiki für Macintosh-Anwender.

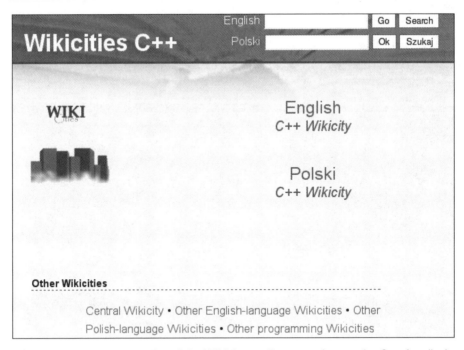

Bild 5.42: Mehrsprachiges Portal der Wikicity zur Programmiersprache C++ (englisch und polnisch)

Wikicities hostet außerdem zwei Wikis, die nicht zu den offiziellen Wikicity-Communities gehören: das mehrsprachige, unter der CC-BY-NC-SA-Lizenz stehende Memory Alpha (*http://memory-alpha.org/*) zum Thema Star Trek mit inzwischen über achtzehntausend Seiten auf Englisch, Deutsch, Niederländisch und Schwedisch, und die oben vorgestellte Wikipedia-Parodie Uncyclopedia. Die Wikicities-Hauptseite selbst bietet allgemeine Hinweise zum Aufbau einer Wikicity und ein Verzeichnis aller Projekte, nach Thema oder Sprache geordnet, zu jedem Projekt gibt es eine kurze Beschreibungsseite.

KAPITEL 6

USEMODWIKI

von Huy Hoang Nguyen

UseModWiki, kurz UseMod (http://www.usemod.com), ist ein einfaches, dateibasiertes Wiki von Clifford Adams, das in Perl geschrieben wurde, und gehört zu den ältesten und verbreitetsten Wikis überhaupt. Die Seite *http://www.usemod.com/cgi-bin/wiki.pl?SiteList* zeigt einige der damit betriebenen Wikis. Die Codebasis hat es von AtisWiki und CVWiki geerbt, die ihrerseits die originale Wiki-Engine von Ward Cunningham zur Grundlage haben (siehe *http://en.wikipedia.org/wiki/Usemod*).

Der Name leitet sich vom *Usenet Moderation Project* ab, das sich zum Ziel gesetzt hatte, Usenet-News-Beiträge zu bewerten, Meinungen, Zusammenfassungen und nachträgliche Änderungen miteinander auszutauschen (siehe auch *http://www.usemod.com/cgi-bin/wiki.pl?UseModWiki/WhyUse-Mod*). Bis auf den Namen ist davon allerdings nicht viel geblieben, denn UseModWiki ist längst zu einem Selbstläufer avanciert und diente diversen anderen Wikis als Vorbild, wie Wiki-Markup-Elemente beweisen.

Auch die Wikipedia setzte es ein, bevor es am 25. Januar 2002, dem Magnus Manske Day[1], durch eine in PHP programmierte Software ersetzt wurde, die sogenannte Phase II, dazu später mehr.

Das gesamte Wiki besteht im Kern nur aus rund fünftausend Zeilen Quelltext, der in einer einzigen Datei untergebracht ist. Es setzt nicht viel mehr als einen Perl-Interpreter und einen Webserver voraus, der CGI verarbeiten kann. Alle Einträge werden ausschließlich im Dateisystem gespeichert, eine Datenbank ist daher unnötig. Somit eignet es sich ideal für den Einsatz auf Web-Hosting-Systemen, auf denen es weder Datenbank noch Shell-Zugriff gibt.

Die aktuelle Version 1.0 von 2003 kann Datei-Uploads verwalten, unterstützt Interwiki-Links, Cascading Style Sheets, E-Mail-Benachrichtigung, RSS und ist über Patches erweiterbar. Zudem gibt es Übersetzungen für mehrere Sprachen.

Die Konfiguration wird wahlweise im Perl-Skript selbst oder in der separaten Datei *config* vorgenommen, wobei letztere aus mehreren Gründen vorteilhaft ist. Zum einen wird das Perl-Skript nur minimal verändert, wobei auf diese Weise eine saubere Trennung von Code und Konfiguration entsteht. Minimal deshalb, weil die Konfigurationsdatei im Datenverzeichnis erwartet wird und die Einstellung *$DataDir* zum Festlegen dieses Verzeichnisses nur im Skript gesetzt werden kann. Viel wichtiger als die Trennung von Code und Konfiguration ist jedoch, daß das Skript auf dem Webserver öffentlich bereitgestellt werden muß und Angreifer durch einen Konfigurationsfehler leichter an die darin enthaltenen Passwörter und Daten herankommen könnten.

Da alle Daten im Dateisystem gespeichert werden, das traditionell nicht für schnelle Verzeichniszugriffe optimiert ist[2], gruppiert UseModWiki alle Seiten in Ordner, deren Namen sich vom ersten Buchstaben des Seitentitels ableiten. Titel, die nicht mit einem Buchstaben beginnen, werden in das Verzeichnis *other* einsortiert. Für aktuelle Revisionen liegen diese Verzeichnisse normalerweise im *page*-Ordner unterhalb des Datenverzeichnisses. Für jede Seite wird eine Datei angelegt, die neben dem Seitentext auch Meta-Daten wie die Revisionsnummer und den Bearbeiter enthält. Einzelne Felder werden dabei durch eine besondere Zeichenfolge voneinander getrennt. Frühere Versionen und die Version 1.0 verwenden standardmäßig das Zeichen \xB3 und haben damit unter Umständen Probleme mit Seiten, in denen dieses Zeichen auftritt. In Version 1.0 kann man aber auch eine aus vier Byte bestehende Zeichenfolge nehmen, die in

---

[1] Benannt nach Magnus Manske, dem Entwickler der Phase II.

[2] Auf modernen Dateisystemen wie ReiserFS besteht dieses Problem nicht mehr, da Verzeichniseinträge in B+-Bäumen organisiert sind und so schnell durchsucht werden können. Allerdings vermag die Aufteilung in mehrere Verzeichnisse dem Administrator zu mehr Übersicht zu verhelfen.

kaum einem Wiki-Text verwendet werden wird. Bestehende Wikis lassen sich automatisch konvertieren, so daß die neue Zeichenfolge genutzt wird, dazu später mehr.

Alte Bearbeitungsstände werden im *keep*-Ordner aufbewahrt, wobei alle zurückliegenden Revisionen in einer Datei pro Wiki-Seite zusammengefaßt werden. Weitere Informationen zum Schema erläutert der UseMod-Wiki-Eintrag *http://www.usemod.com/cgi-bin/wiki.pl?DataBase*.

Die einzelnen Revisionen löscht UseModWiki nach einer bestimmten Anzahl von Tagen *$KeepDays* beziehungsweise bei Überschreiten einer gewissen Größe *$KeepSize*, aber nur wenn ein Wartungsvorgang (*Run Maintenance*) durchgeführt wird. Zusätzlich bestimmen die Einstellungen *$KeepAuthor* und *$KeepMajor*, welche Revisionen entfernt werden dürfen. Mehr dazu im Abschnitt 6.3.

6.1 DER AUFBAU

6.1.1 Dateien im Wiki bearbeiten

Ein praktisches, aber potentiell riskantes Feature ist die Möglichkeit, Seiten im Wiki zu bearbeiten, deren Inhalte bei einem Wartungsvorgang in regulären Dateien auf dem Server gespeichert werden, wenn die Seiten seit *$KeepDays* Tagen nicht verändert oder gelöscht wurden.

Beginnt eine Seite mit einem Verweis auf *ReplaceFile*, gefolgt von einem Doppelpunkt und einem vollständigen Dateipfad, wird die referenzierte Datei mit Text gefüllt, der auf der Seite in *<pre></pre>*-Tags eingeschlossen ist. Voraussetzungen sind eine bereits existierende Datei und ausreichende Schreibrechte.

Beachten Sie, daß dieser Mechanismus eine Einbahnstraße ist – UseMod-Wiki speichert zwar Änderungen in den Dateien ab, dort getätigte Modifikationen werden aber nicht zurück in das Wiki übernommen.

Folgender Text schreibt *Hallo Welt !* in die Datei */tmp/testfile*, wenn er als Wiki-Seite gespeichert wird:

```
ReplaceFile:/tmp/testfile
```

Dieser Text wird von UseModWiki völlig ignoriert. Nur in *<pre> und </pre>* eingeschlossener Text wird beim Abspeichern in die Datei */tmp/testfile* geschrieben.

```
<pre>
Hallo Welt !
</pre>
```

Inhalt einer Seite, die beim Abspeichern den Inhalt von */tmp/testfile* überschreibt.

Aus Sicherheitsgründen sind nur die in *@ReplaceableFiles* angegebenen
Dateien ersetzbar, für das vorangegangene Beispiel müßte daher folgende
Zeile in der Konfigurationsdatei stehen:

```
@ReplaceableFiles = ("/tmp/testfile");
```

Siehe auch Tabelle 6.8.

6.1.2 Benutzer- und Rechteverwaltung

In UseModWiki gibt es drei Arten von Benutzern: solche ohne jegliches
Bearbeitungsrecht, Editoren und Administratoren. Letzteren stehen spezielle Rechte zu, beispielsweise einzelne Seiten umzubenennen, zu schützen, IP-Adressen zu sperren oder Änderungen für die gesamte Site zu
verbieten. Ob jemand diese höheren Privilegien genießt, entscheidet allein
das Feld *Administrator Password* im Einstellungsdialog, das mit der Konfigurationsvariablen *$AdminPass* verglichen wird. Ist *$EditPass* gesetzt,
benötigen Benutzer das darin vereinbarte Kennwort, um Seiten zu bearbeiten, siehe auch Abschnitt 6.3.1.

Die eigentliche Benutzerverwaltung dient nur dazu, benutzerspezifische
Einstellungen wie ein privates Stylesheet verwenden zu können und um
die   eigenen   Anzeigeoptionen   und   eventuelle   Administrator-
/Editorpaßwörter zu speichern. Dabei ist nicht der Benutzername, sondern die von UseModWiki vergebene numerische User-ID für die Zuordnung relevant.[1] Diese wird jeweils neu vergeben, wenn kein passendes
Cookie auf dem Rechner des Benutzers gefunden wird. Prägen Sie sich
Ihre Nummer gut ein oder notieren Sie sie, denn wenn Sie sich später
wieder mit Ihrer Kennung anmelden wollen, müssen Sie in Ihrem Brow-

---

[1] Der Benutzername kann daher auch gänzlich ohne Anmeldung gesetzt werden,
wenn man zwar keine festen Einstellungen hat, seine Bearbeitungen aber dennoch namentlich kennzeichnen möchte. Problematisch ist, daß die Authentizität
einer Bearbeitung, also die Zuordnung zum wahren Urheber, nicht gesichert ist.

ser das Skript mit der HTTP-Query *action=login* aufrufen und auf der erscheinenden Anmeldeseite User-ID und Paßwort eingeben:

```
http://server/cgi-bin/wiki.pl?action=login
```

Benutzerkennungen und Einstellungen speichert UseModWiki im Datenverzeichnis im Ordner *user*, wobei wie bei der Artikelverwaltung eine Aufspaltung in zehn verschiedene Verzeichnisse stattfindet, die sich aus der letzten Ziffer der User-IDs ableiten. Beachten Sie bitte, daß dort alle Paßwörter im Klartext, also unverschlüsselt, vorliegen. Man sollte deshalb keine Paßwörter wählen, die bereits anderweitig zum Einsatz kommen.

6.1.3 Aktionen

Aktionen werden als HTTP-Query-Strings an die Wiki-URL angehängt und steuern Verhaltensweisen des Skripts oder starten gewisse Vorgänge (beziehungsweise Aktionen, daher der Name). Der Query-String besteht aus Variablenzuweisungen und wird von der restlichen URL durch ein Fragezeichen getrennt. Die einzelnen Zuweisungen trennt ein kaufmännisches Und »&«.

Die meisten Vorgänge gibt man als Zuweisung an die Variable *action* an, beispielsweise würde man zum Bearbeiten der Hauptseite folgende URL benutzen:

```
http://server/cgi-bin/wiki.pl?action=browse&id=HomePage
```

Die in UseModWiki 1.0 unterstützten Vorgänge werden nachfolgend kurz vorgestellt.

6.1.4 Letzte Änderungen, RecentChanges

Die jeweils neuesten Änderungen werden in einer speziellen Seite namens *RecentChanges* festgehalten, die man alternativ über die Query *action=rc* oder *action=rss* (zur Ausgabe als RSS-Newsfeed) aufrufen kann. Die beiden letzteren akzeptieren einige optionale Parameter, die auch kombinierbar sind.

Query-Variable	Beschreibung
days	Anzeige auf die angegebene Anzahl von Tagen einschränken. Standardwert ist 30 (siehe Konfiguration, $RcDefault). Beispiel: `http://server/cgi-bin/wiki.pl?action=rc&days=1.5` zeigt die Änderungen der letzten eineinhalb Tage (36 Stunden) an.
newtop	Neuere Revisionen oben anzeigen. Standardwert ist 1 (siehe Konfiguration, $RecentTop). Beispiel: `http://server/cgi-bin/wiki.pl?action=rc&newtop=0` zeigt die älteren Revisionen oben an.
showedit	Anzeige von als geringfügig beziehungsweise unwesentlich gekennzeichneten Änderungen (engl. *Minor Edits*, manchmal auch als *Korrekturen* bezeichnet) beeinflussen. Standardwert ist 0, das heißt, alle geringfügigen Änderungen verstecken (siehe Konfiguration, $RCDays). Ein Wert von 1 würde alle Änderungen zeigen, während mit dem Wert 2 nur geringfügige Änderungen angezeigt werden würden. Beispiel: `http://server/cgi-bin/wiki.pl?action=rc&showedit=2` zeigt nur geringfügige Änderungen an.

Tabelle 6.1: Optionale Parameter für letzte Änderungen

6.1.5 Seitenbezogene Vorgänge

Bei diesen Vorgängen müssen Sie die gewünschte Seite über die Query-Variable *id* angeben, beispielsweise

```
http://server/cgi-bin/wiki.pl?action=history&id=HomePage
```

Außerdem kann man optional das Parsen des Textes abschalten und eine Ausgabe im Rohformat erzwingen, indem man der Variablen *raw* den Wert 1 gibt. Hilfreich ist dies, wenn man beispielsweise Quelltexte im Wiki speichern möchte, die direkt heruntergeladen werden können.

action-Variable	Beschreibung
browse	Öffnen einer Seite im Lesemodus. Äquivalent zum Öffnen mit http://server/cgi-bin/wiki.pl?*Seitenname*. Optional kann die anzuzeigende Revision festgelegt werden: `http://server/cgi-bin/wiki.pl?action=browse&id=HomePage&revision=15`
edit	Seite zum Bearbeiten öffnen.
history	Anzeigen der Revisionshistorie einer bestimmten Seite. Es sind die gleichen Optionen möglich wie für *action=rc* (siehe oben).
pagelock	Schützen einer bestimmten Wiki-Seite vor Änderungen (Schreibschutz). Zum Aufheben des Schutzes weist man der Variablen *set* den Wert 0 zu, zum Beispiel `http://server/cgi-bin/wiki.pl?action=pagelock&id=HomePage&set=0` Dieser Vorgang ist Administratoren vorbehalten und wirkt sich nur auf Benutzer ohne Systemverwalter-Rechte aus, d.h. Administratoren haben weiterhin Schreibzugriff.

Tabelle 6.2: Werte für die Variable action bei seitenbezogenen Vorgängen

6.1.6 Benutzerfunktionen

action-Variable	Beschreibung
editprefs	Benutzereinstellungsseite (Preferences).
login	Anmeldeseite. Auf dieser Seite kann man sich mit einer bestimmten User-ID und dem zugehörigen Passwort anmelden.
newlogin	Seite zum Erzeugen einer neuen User-ID. Beim Öffnen überschreibt UseModWiki die vorher gesetzten Benutzereinstellungen mit Standardwerten; dabei wird das zugehörige Browser-Cookie neu gesetzt. Kann zum Abmelden verwendet werden.

Tabelle 6.3: Werte für die Variable action bei Benutzerfunktionen

6.1.7 Administrative Vorgänge

Die nachfolgend aufgeführten Aktionen erfordern Administratorrechte.

action-Variable	Beschreibung
convert	Wiki konvertieren, so daß die neue Zeichenfolge zum Trennen von Feldern verwendet wird. Die globale Variable $NewFS (siehe Tabelle 6.6) muß den Wert 1 besitzen. Beim Öffnen dieser Seite wird zuerst das Wiki für Schreibzugriffe gesperrt, als wäre die Aktion *editlock* aufgerufen worden, anschließend beginnt der Konvertiervorgang. Der Schreibschutz muß nach Abschluß manuell aufgehoben werden. Achtung: Es wird keine Warnung angezeigt, der Vorgang startet sofort. Fertigen Sie ein Backup Ihres Wikis an, bevor Sie diese Aktion durchführen!
editbanned	Seite zum Sperren von IP-Adressen.
editlinks	Seite zum Umbenennen oder Löschen von Wiki-Seiten.
editlock	Schützen des gesamten Wikis vor Änderungen, indem die Datei *noedit* im Datenverzeichnis angelegt wird. Die Wirkung ist ähnlich wie bei *pagelock* für einzelne Seiten. Zum Aufheben des Schutzes wird der Variablen *set* der Wert 0 zugewiesen, beispielsweise `http://server/cgi-bin/wiki.pl?action=editlock&set=0` Das löscht die Datei *noedit*.
maintain	Start des Wartungsvorgangs.

Tabelle 6.4: Variablenwerte bei administrativen Vorgänge

6.1.8 Sonstige Vorgänge

action-Variable	Beschreibung
index	Alphabetische Artikelübersicht.
links	Übersicht über Wiki-Links.
random	Öffnen einer zufälligen Seite.
unlock	Freigeben einer eventuell vorhandenen Bearbeitungssperre, die dem Schutz vor parallelen Bearbeitungen dient. Nicht zu verwechseln mit einem durch *pagelock* oder *editlock* aktivierten Schreibschutz. Manchmal wird so eine Sperre nicht ordnungsgemäß freigegeben, die Folge ist eine Fehlermeldung wie »Could not get editing lock«. Die Freigabe wird notfalls erzwungen.
version	Anzeigen der UseModWiki-Version.

Tabelle 6.5: Sonstige Variablenbelegungen

Ein besonderer Vorgang, der nicht mit *action* aufgerufen wird, ist die Suchfunktion. Hierfür wird die Variable *dosearch* mit 1 belegt und der Suchtext in der Variable *search* in URL-kodierter Form (das heißt, Leer- und Sonderzeichen als Hexadezimalcodes mit vorangestelltem Prozentzeichen, für ersteres ist alternativ auch das Pluszeichen + zugelassen) übergeben.

6.1.9 Fazit

Durch die Beschränkung auf das Wesentliche bleibt UseModWiki schlank und ist nicht zuletzt wegen seiner Einfachheit vor allem für kleinere oder privat genutzte Wikis attraktiv. Anspruchsvollere Anwender finden zudem eine Fülle von Erweiterungen und Modifikationen in Form von Patches unter *http://www.usemod.com/cgi-bin/wiki.pl?WikiPatches*. Auch die Datensicherung gestaltet sich unkompliziert, denn für die dateibasierte Artikelverwaltung reichen die Bordmittel des Betriebssystems wie cp, tar, gzip und so weiter allemal. Inkrementelle Backups lassen sich durch Prüfung des Dateidatums problemlos realisieren.[1]

6.2 ADMINISTRATION

Für den Betrieb ist praktisch jeder Webserver gut genug, solange er Perlskripte als CGI einzubinden weiß. Das *diff*-Programm ist optional, ist aber üblicherweise auf allen Unix- beziehungsweise unix-ähnlichen Systemen vorhanden. Windows-Benutzer finden es unter anderem in der weitgehend zu Linux quelltextkompatiblen Cygwin-Umgebung (siehe Glossar), die optional auch einen Perl-Interpreter miteinrichtet.

6.2.1 Installation

Auspacken, kopieren, konfigurieren – das war's im wesentlichen schon. Binnen weniger Minuten ist ein UseModWiki betriebsbereit. Hier nun die Schritte im einzelnen.

Nach dem Herunterladen von *http://www.usemod.com/cgi-bin/wiki.pl?UseModWiki/Download* entpackt man das Archiv. Bei Version 1.0 sollte man danach in */usr/local* das Verzeichnis *usemod10* vorfinden.

```
$   cd /usr/local
$   tar xvzf usemod10.tar.gz
```

---

[1] Backups von alten Revisionen sind nicht wirklich inkrementell, wenn man nur die Keep-Datei sichert, da sie alle Bearbeitungen zusammenfaßt. Man kann sich bei Bedarf aber zum Beispiel mit eigenen Filtern behelfen, um bereits gesicherte Revisionen auszulassen (siehe dazu auch *http://www.usemod.com/cgi-bin/wiki.pl?DataBase*).

Nun kopiert man das Perlskript *wiki.pl* in das *cgi-bin*-Verzeichnis des Webservers oder des Home-Verzeichnisses. Nachfolgend wird */usr/lib/cgi-bin* als Verzeichnis für CGI-Skripte vorausgesetzt (siehe auch Kapitel 11). Damit der Webserver das Skript mit dem Perl-Interpreter ausführt, anstatt den Quelltext anzuzeigen, sollte man sicherstellen, daß in der allerersten Zeile der Pfad zu Perl korrekt eingerichtet ist. In der Standardeinstellung ist dies */usr/bin/perl*, was auf den meisten Systemen funktionieren sollte. Als nächstes werden Eigentümer, Gruppe und Zugriffsrechte für die Datei gesetzt.

```
$   cd /usr/lib/cgi-bin
$   chown root.wwwgroup wiki.pl
$   chmod 750 wiki.pl
```

Setzt man UseModWiki auf einem gehosteten System ein, hat keinen root-Zugriff und/oder weiß nicht, unter welchem Benutzer der Webserver läuft, überspringt man im folgenden das Setzen von Eigentümer und Gruppe und gewährt anderen immer die gleichen Zugriffsrechte wie für die Gruppe. Das heißt, statt 750 gilt 755, um allen das Lesen und Ausführen des Skripts zu erlauben.

Als nächstes wird in */var* ein Verzeichnis erzeugt, in dem das Wiki seine Daten ablegt. Auch dafür müssen die Zugriffsrechte angepaßt werden, damit ein Schreibzugriff möglich ist. Man sollte aus Sicherheitsgründen kein Verzeichnis nehmen, das öffentlich über den Webserver erreichbar ist, sonst können Außenstehende nicht nur die Konfigurationsdatei, sondern auch eventuelle Paßwörter auslesen.

```
$   cd /var
$   mkdir usemod-db
$   chown root.wwwgroup usemod-db
$   chmod 770 usemod-db
```

Betreiber mit eingeschränktem Zugang zum Webserver setzen hier nur das Zugriffsrecht auf 777.

6.3 KONFIGURATION

Als erstes wird UseModWiki so eingerichtet, daß es das zuvor definierte Datenverzeichnis hernimmt, indem man im Skript die Variable *$DataDir* entsprechend setzt und *$UseConfig* den Wert 1 zuweist. In der Standardeinstellung werden alle Daten im öffentlich schreibbaren */tmp*-Verzeichnis gespeichert, das auf den meisten Systemen bei einem Neustart gelöscht wird. Man findet die Variablen ungefähr ab Zeile 60.

```
$DataDir    = "/var/usemod-db";
$UseConfig  = 1;
```

Alle weiteren Einstellungen kann man nun in der Konfigurationsdatei vornehmen und man läuft dadurch auch nicht Gefahr, versehentlich den Programmcode zu ändern. Als Vorlage dient hier die *config*-Datei aus dem entpackten Archiv in */usr/local/usemod10*, sie wird in das Datenverzeichnis */var/usemod-db* kopiert.

Nachfolgend eine Liste der globalen Variablen in UseModWiki 1.0, wie sie in der Konfigurationsdatei vorkommen, nach Kategorien geordnet. Die wichtigsten Einstellungen, die oft einer Anpassung bedürfen, sind fettgedruckt. Variablen, die Speicherorte für Verzeichnisse und Dateien unterhalb des Datenverzeichnisses festlegen, wurden ausgelassen, da bei ihnen eine Änderung nur in sehr seltenen Fällen sinnvoll ist.

6.3.1 Grundeinstellungen

Variable	Beschreibung
$AdminPass	Administrator-Passwort zum Wiki (optional). Ohne gesetztes Paßwort sind alle Funktionen deaktiviert, die Administratorrechte benötigen.
$CookieName	Bezeichnung des Wikis zur Identifizierung eines Browser-Cookies. Werden mehrere Wikis in der Domain beherbergt, muß jedem ein eindeutiger Name zugeordnet werden, damit auf der Benutzerseite die Einstellungen für jedes Wiki in jeweils eigenen Cookies gespeichert werden.
$EarlyRules	Einbinden von eigenen Verarbeitungsroutinen. Siehe auch *http://www.usemod.com/cgi-bin/wiki.pl?EarlyRules*.

Tabelle 6.6: Globale Variablen in UseModWiki 1.0 (Teil 1)

Variable	Beschreibung
$EditPass	Editor-Paßwort (optional). Ein Benutzer muß dieses Paßwort in seinen Einstellungen setzen, um Seiten im Wiki bearbeiten zu dürfen. Wenn kein Passwort vergeben ist, darf jeder Seiten bearbeiten.
$ENV{PATH}	Setzt den Suchpfad für das Programm *diff*, das für den Vergleich verschiedener Bearbeitungsstände herangezogen wird. Standardmäßig ist der Suchpfad */usr/bin*.
$FastGlob	Schnellen Code zum Erzeugen der Liste aller Seiten verwenden. Standardwert ist 1. Bei einem Wert von 0 würde der alte, dafür aber zu älteren Perl-Versionen kompatible Code verwendet werden.
$FullUrl	Gibt die vollständige URL zum Wiki an. In manchen Fällen müssen Sie diese Variable manuell setzen, wenn die von UseModWiki verwendete URL fehlerhaft ist, z.B. bei bestimmten *VirtualHost*-Konfigurationen.
$HomePage	Startseite in Wiki-Notation[1]. Standardwert ist *HomePage*.
@ImageSites	URLs von Sites, von denen aus Grafiken eingebunden werden dürfen. Standardwert ist *qw()*[2]. Das heißt, es dürfen Grafiken von allen Sites eingebunden werden. *none* als erster Array-Wert läßt keine externen Sites zu: `@ImageSites = ('none');`
$LateRules	Einbinden eigener Verarbeitungsroutinen. Siehe auch *http://www.usemod.com/cgi-bin/wiki.pl?LateRules*.
$LockCrash	Abbruch, wenn UseModWiki keine Bearbeitungssperre anlegen kann. Standardwert ist 0, das heißt, Dateisperren automatisch aufheben. Siehe auch Abschnitt 6.1.8 auf Seite 252.
$MaskHosts	Anzeige von IP-Adressen unterbinden. Standardwert ist 0, das heißt, es werden IP-Adressen angezeigt.

Tabelle 6.6: Globale Variablen in UseModWiki 1.0 (Teil 2)

---

[1] In UseModWiki werden eventuelle Leerzeichen in Seitennamen durch den Unterstrich ersetzt.

[2] Die Perl-Notation qw(...) (*Quote Words*) ist eine alternative Schreibweise zur Definition eines String-Arrays, wobei Leerzeichen als Trennzeichen dienen und Zeichenfolgen nicht in Anführungszeichen angegeben werden. So ist beispielsweise *qw(a b c)* äquivalent zu *('a', 'b', 'c')*.

Variable	Beschreibung
$MaxPost	Maximale Größe einer HTTP-POST-Operation. Begrenzt sowohl Datei-Uploads als auch den möglichen Umfang eines Wiki-Artikels. Standardwert ist 1024 * 210, das heißt, 210 KByte Rohdaten. Zur Sicherheit sollten zehn KByte mehr als benötigt angegeben werden, da neben den Nutzdaten auch ein gewisser Overhead mitgesendet werden muß.
$MetaKeywords	Schlüsselwörter (engl. *Keywords*) in HTML-*<meta keywords>*-Tag aufnehmen. Standardwert ist 1.
$NewFS	Neue Multi-Byte-Kennung zum Trennen von Feldern verwenden. Standardwert ist 0, das heißt, die alte Kennung *\xB3* zur Feldtrennung verwenden. Das neue Trennzeichen in Version 1.0 ist *\x1E\xFF\xFE\x1E.* und es ist unwahrscheinlicher, daß diese Zeichenfolge in Wiki-Texten verwendet wird. Für neue Wikis sollte man diese Einstellung auf 1 setzen.
$RedirType	Wird nur auf Systemen mit älteren Perl-Versionen gebraucht (siehe auch *http://www.usemod.com/cgi-bin/wiki.pl?RedirType*). Standardwert ist 1.
$RunCGI	Skript laden und ausführen. Standardwert ist 1. Ein Wert von 0 bewirkt, daß das Skript zwar geladen, aber die Hauptroutine zum Anzeigen des Wikis nicht ausgeführt wird. Wird in Verbindung mit persistenten CGI-Umgebungen gebraucht, wo der Code einmal geladen wird und dann im Speicher verbleibt. Siehe auch *http://www.usemod.com/cgi-bin/wiki.pl?RunCGI, http://www.usemod.com/cgi-bin/wiki.pl?PersistentCGI* sowie *http://www.usemod.com/cgi-bin/wiki.pl?AchievingPerformance/ModPerlHowto*.
$ScriptTZ	Lokale Zeitzone. Der Inhalt der Variable wird nicht interpretiert und wirkt sich nicht auf die Funktion des Wikis aus, sondern wird nur an die Zeitangaben angehängt. Standardmäßig leer.
$SiteBase	Vollständige URL für HTML-*<base>*-Header
$SiteName	Name des Wikis. Wird im Titel angezeigt.
$SlashLinks	Mit einem Schrägstrich / statt einem Fragezeichen ? abgetrennte Queries verwenden. Standardwert ist 0, das heißt, Fragezeichen verwenden. Bei einem Wert von 1 würde UseModWiki statt *http://server/cgi-bin/wiki.pl?action=history* die URL *http://server/cgi-bin/wiki.pl/action=history* erzeugen.
$UseLookup	Hostnamen aus IP-Adressen ermitteln. Siehe auch *$MaskHosts*. Standardwert ist 1. Bei einem Wert von 0 würde nur die IP-Adresse verwendet werden.

Tabelle 6.6: Globale Variablen in UseModWiki 1.0 (Teil 3)

6.3.2 Sprache einstellen

Bisher präsentierte sich die UseModWiki-Oberfläche in reinem Englisch,
dies muß jedoch nicht sein – alle Texte können durch das assoziative Array *%Translate* überschrieben werden, als Schlüssel dient der ursprüngliche englische Text.

Um die eigentliche Konfiguration nicht unnötig aufzublähen, empfiehlt
sich das Auslagern der Übersetzungen in eine separate Datei, die im Datenverzeichnis gut aufgehoben ist und mit einem

```
do "$DataDir/Dateiname";
```

am Anfang der Konfiguration eingebunden werden kann.

Für viele Sprachen gibt es bereits Lokalisierungen, die die Seite
http://www.usemod.com/cgi-bin/wiki.pl?UseModWiki/Translations aufzählt. Für die Verwendung einer bestehenden Übersetzung speichert man
nur den in Perl geschriebenen Abschnitt, für Deutsch beispielsweise in
german.pl. Auf den jeweiligen Wiki-Seiten wird der relevante Teil normalerweise in einer Schrift mit fester Breite dargestellt; er beginnt mit
Kommentarzeilen beziehungsweise der Definition der Variable *%Transla-
te* und endet in der Regel mit der Zeile

```
END_OF_TRANSLATION
```

6.3.3 Layout-Anpassung

Variable	Beschreibung
$AdminBar	Administrator-Funktionen anzeigen. Standardwert ist 1, das heißt, ein Administrator sieht Links beispielsweise zum Lö- schen und Umbenennen von Seiten.
$AuthorFooter	Letzten Bearbeiter im unteren Teil der Seite anzeigen. Stan- dardwert ist 1. Bei einem Wert von 0 würde der Bearbeiter nicht angezeigt werden.

Tabelle 6.7: Layout-Anpassung in UseModWiki (Teil 1)

Variable	Beschreibung
$BGColor	Hintergrundfarbe in HTML-Notation. Standardwert ist *white*. Bei einem leeren String wird die vom Browser vorgegebene Hintergrundfarbe verwendet.
$DiffColor1	Farbe für alten beziehungsweise gelöschten Text in HTML-Notation. Standardwert ist *#ffffaf*.
$DiffColor2	Farbe für neuen beziehungsweise hinzugefügten Text in HTML-Notation. Standardwert ist *#cfffcf*.
$EditNameLink	Verweise zu nicht vorhandenen Seiten als anklickbare Links anstatt als Text mit nachgestelltem Fragezeichen darstellen, das zu der fehlenden Seite führt. Diese Einstellung wird mit CSS realisiert, der Verweis wird der CSS-Klasse *wikipageedit* zugeordnet. Standardwert ist 0, das heißt, der Verweis erscheint als normaler Text, stattdessen führt das nachgestellte Fragezeichen zur nicht existierenden Seite.
$EditNote	Optionaler HTML-Text, der in Bearbeitungsseiten über den Standard-Verweisen erscheint.
$EmbedWiki	Keine Header und Footer einfügen. Standardwert ist 0, das heißt, Header und Footer einfügen. Bei einem Wert von 1 werden diese weggelassen, so daß die gerenderte Wiki-Seite in eine andere HTML-Seite eingebunden werden kann.
$FavIcon	Icon, das der Browser neben der URL beziehungsweise einem Lesezeichen dieser Seite anzeigt.
$FooterNote	Optionaler HTML-Text, der am Ende jeder Seite eingefügt wird.
$HistoryEdit	Links zum Bearbeiten von Revisionen in der Bearbeitungshistorie anzeigen. Standardwert ist 0, das heißt, es werden keine Verweise zum Bearbeiten zurückliegender Revisionen eingeblendet.
$LogoLeft	Logo-Plazierung links. Standardwert ist 0, das heißt, das Logo wird rechts plaziert.
$LogoUrl	Vollständige URL zum Wiki-Logo.
$NumberDates	Numerische Datumsformatierung. Standardwert ist 1, das heißt, ein Datum wird beispielsweise als 2005-07-04 angezeigt. Bei einem Wert von 0 würde das gleiche Datum als July 4, 2005 formatiert.

Tabelle 6.7: Layout-Anpassung in UseModWiki (Teil 2)

Variable	Beschreibung
@RcDays	Auswahl-Links für in die *RecentChanges* maximal anzuzeigenden Tage. Standardwert ist qw(1 3 7 30 90).
$RcDefault	Anzuzeigende Tage für *RecentChanges*. Standardwert ist 30. Siehe auch Abschnitt 6.1.4 auf Seite 249.
$RecentTop	Aktuellste Revision oben anzeigen. Standardwert ist 1, das heißt, die Revisionsgeschichte führt die Bearbeitungen beginnend mit der neuesten Fassung auf. Bei einem Wert von 0 startet die Liste mit der ältesten Revision zuoberst. Siehe auch Abschnitt 6.1.4 auf Seite 249.
$SearchButton	Schaltfläche neben dem Such-Eingabefeld anzeigen. Standardwert ist 0, das heißt, keine Schaltfläche einblenden.
$StartUID	Zahl, ab der die User-IDs anfangen. Standardwert ist 1001.
$StyleSheet	Wiki-Stylesheet setzen. Ein ziemliches buntes Beispiel-Stylesheet befindet sich im UseModWiki-Archiv im selben Verzeichnis wie auch das Perl-Skript. Zum Einbinden kopieren Sie es ebenfalls in das CGI-Verzeichnis mit dem Skript und schreiben Sie `$StyleSheet = "wiki.css";` Das Anpassen dieses Stylesheets fällt wegen der einfachen Zuordnung anhand der Farben nicht schwer. Benutzerdefinierte Stylesheets können über die Preferences-Seite eingestellt werden.
$UseAmPm	Uhrzeit im englischen Format mit AM/PM anzeigen. Standardwert ist 1. Bei einem Wert von 0 wird die Uhrzeit im 24-Stunden-Format angezeigt.
$UseMetaWiki	Such-Links zum MetaWiki von UseModWiki hinzufügen. Standardwert ist 0.
$UserBody	Optionaler HTML-Text, der zu Beginn des *<body></body>*-Blocks eingefügt werden soll.
$UserGotoBar	Optionaler HTML-Text, der unmittelbar nach den *GoTo*-Leisten angezeigt wird. Diese Leisten befinden sich ober- und unterhalb des Seitentextes und enthalten Verweise zu Startseite, Revisionshistorie, Einstellungen und Upload-Seite.
$UserHeader	Optionaler HTML-Text, der zu Beginn des HTML-Headers *<head></head>* eingefügt werden soll.

Tabelle 6.7: Layout-Anpassung in UseModWiki (Teil 3)

6.3.4 Wiki-Markup und HTML-Optionen

Variable	Beschreibung
$BracketImg	Bilder für URL-Links in eckigen Klammern erlauben. Standardwert ist 1, das heißt *[http://www.cul.de/ http://www.cul.de/images/culani.gif]* würde das C&L-Logo anzeigen, das sich beim Anklicken die Verlags-Homepage öffnet.
$BracketText	Verweistext für URLs erlauben. Standardwert ist 1, das heißt, *[http://www.google.com/ Suchen mit Google]* würde den Verweistext *[Suchen mit Google]* anzeigen, der beim Anklicken zur bekannten Suchmaschine führt.
$BracketWiki	Wie *$BracketText*, jedoch für Wiki-Links. Standardwert ist 0, das heißt, keinen Verweistext für Wiki-Links erlauben.
$DeletedPage	Seiten, die auf die hier angegebene Seite verweisen, werden zur Löschung vorgemerkt und nach *$KeepDays* Tagen nach der letzten Bearbeitung gelöscht, wenn ein Wartungsvorgang ausgeführt wird. Standardwert ist *DeletedPage*. Bei einer leeren Zeichenfolge ist die Vormerkung zur Löschung deaktiviert.
$FreeLinks	Freie Links erlauben. Standardwert ist 1, das heißt, die Verwendung von Verweisen in doppelten eckigen Klammern wie *[[Albert Einstein]]* ist zulässig.
$FreeUpper	In einem freien Link alle ersten Zeichen eines jeden Wortes gegebenenfalls automatisch in Großbuchstaben umwandeln. Standardwert ist 1, das heißt, *[[neue_seite]]* würde umgewandelt werden zu *[[Neue_Seite]]*. Siehe auch *$UpperFirst*.
$HtmlLinks	HTML-Links *<a href="...">...</a>* erlauben. Standardwert ist 0, das heißt, HTML-Links im Wikitext sind unzulässig.
$HtmlTags	Standardwert ist 0, es werden nur einzelne wenige HTML-Tags akzeptiert, die als relativ sicher gelten. Siehe auch Seite 263.
$HttpCharset	Zeichenkodierung für die Seite. Beispiel: *iso-8859-1* für Latin1
$LimitFileUrl	Verwendung von *file://*-URLs einschränken. Siehe auch *$NetworkFile*. Standardwert ist 1.
$NamedAnchors	Standardwert ist 1, das heißt, benannte Sprungmarken erlauben. Ein Wert von 2 aktiviert die Sprungmarken zwar, aber zeigt sie nicht an, während 0 benannte Sprungmarken abschaltet.

Tabelle 6.8: Wiki-Markup und HTML-Optionen in UseModWiki (Teil 1)

Variable	Beschreibung
$NetworkFile	*file://*-URLs erlauben, die sich auf Netzwerk-Ressourcen beziehen. Wenn *$LimitFileUrl* den Wert 0 hat, bestehen keine Einschränkungen für *file://*-URLs, *$NetworkFile* ist dann bedeutungslos. Standardwert ist 1.
$NonEnglish	Zusätzliche Zeichen wie Umlaute in Wiki-Verweisen erlauben. Standardwert ist 0, das heißt, es sind als Zeichen nur die Buchstaben A bis Z beziehungsweise a bis z zugelassen sowie gegebenenfalls Ziffern und Unterstrich (siehe *$SimpleLinks*).
$OldThinLine	Dicke Linien mit vier Gleichheitszeichen erzeugen ====. Standardwert ist 0, das heißt, dicke Linien werden stattdessen mit sechs Minuszeichen erzeugt ------.
$ParseParas	Paragraphen nach der neuen Syntax verwenden. Standardwert ist 0, das heißt, es wird die alte Syntax benutzt.
$RawHtml	Ungeprüftes HTML in *<html></html>*-Tags erlauben. Standardwert ist 0. Ein Wert von 1 ermöglicht das Einschleusen von Browser-Exploits und kann den Nutzer gefährden.
$RCName	Name der Seite, die die letzten Änderungen zeigt. Standardwert ist *RecentChanges*.
$RepInterMap	Bearbeiten der intermap-Datei in einer Wiki-Seite erlauben. Diese Einstellung wirkt sich in Version 1.0 nur aus, wenn sie im Skript *wiki.pl* gesetzt wird und in der Konfigurationsdatei keinerlei Zuweisung an *@ReplaceableFiles* erfolgt. Es ist besser, stattdessen in der Konfigurationsdatei explizit die intermap-Datei in das Array *@ReplaceableFiles* aufzunehmen. Standardwert ist 0, d.h. die intermap-Datei darf nicht über das Wiki bearbeitet werden. Siehe auch Abschnitt [Dateien im Wiki bearbeiten].
@Replaceable-Files	Liste der im Wiki bearbeitbaren Dateien. Standardwert ist (), das heißt, keine Datei darf direkt bearbeitet werden. Siehe auch Abschnitt 6.1.1 ab Seite 247.
$ReplaceFile	Erlaubt es, Dateien auf dem Server in einer Wiki-Seite zu bearbeiten, wenn eine Wiki-Seite ein Verweis auf die hier festgelegte Seite steht, gefolgt von einem Doppelpunkt und der über die Wiki-Seite zu ersetzenden Datei. Standardwert ist ReplaceFile. Siehe auch Abschnitt 6.1.1.
$SimpleLinks	Nur Buchstaben in CamelCase-Links erlauben. Standardwert ist 0, das heißt, es sind auch Ziffern und Unterstrich zugelassen. Siehe auch *$NonEnglish*.

Tabelle 6.8: Wiki-Markup und HTML-Optionen in UseModWiki (Teil 2)

Variable	Beschreibung
$TableSyntax	Tabellen in Wiki-Markup erlauben. Standardwert ist 1.
$ThinLine	Ansprechend formatierte Trennlinien verwenden. Standardwert ist 0, also einfache *<hr>*-Trennlinie ohne Zusatzformatierung.
$UpperFirst	In einem Verweis erstes Zeichen für die Suche gegebenenfalls automatisch in Großbuchstaben umwandeln. Keine Bedeutung, wenn *$FreeUpper* 1 ist. Standardwert ist 1, *[[neue_seite]]* würde also zu *[[Neue_seite]]*. Siehe auch *$FreeUpper*.
$UseHeadings	Überschriften verwenden. Standardwert ist 1. Bei einem Wert von 0 würden Überschriften nicht in besonderer Weise interpretiert und formatiert. Siehe auch Abschnitt 6.3.5 auf Seite 264.

$WikiLinks	UseModWiki-typische CamelCase-Links erlauben. Standardwert ist 1. Ein Wert von 0 würde nur in doppelten eckigen Klammern eingeschlossene Verweise erlauben. Mit
	
	`$FreeLinks = 1;`
	`$WikiLinks = 0;`
	
	hätte man ein MediaWiki-ähnliches Verhalten; Verweise dürfen und müssen in doppelten eckigen Klammern stehen.

Tabelle 6.8: Wiki-Markup und HTML-Optionen in UseModWiki (Teil 3)

Sichere HTML-Tags

Folgende HTML-Tags gelten als eingeschränkt sicher, daher akzeptiert UseModWiki sie, wenn *$HtmlTags* den Wert 1 hat. Dabei wird zwischen Konstrukten unterschieden, die immer aus einem einleitenden und abschließenden Tag bestehen, und solchen, die auch einzeln auftreten dürfen. Erstere werden im Array *@HtmlPairs*, letztere in *@HtmlSingle* relativ nah zum Ende der Konfiguration definiert.

b	big	blockquote	caption
center	cite	code	div
dl	em	font	h1
h2	h3	h4	h5
h6	i	ol	s
small	strike	strong	sub
sup	table	tt	u
ul	var		

Tabelle 6.9: Tag-Blöcke (einleitendes und abschließendes Tag)

br	dd	dt	hr
li	p	td	th
tr			

Tabelle 6.10: Einzelne Tags (optional auch als Block-Variante möglich)

6.3.5 Überschriften formatieren

Bleibt die Variable *$UseHeadings* auf dem Standardwert 1, können Seiten
mit Überschriften in Wiki-Syntax strukturiert werden. Beim Bearbeiten
sind sie im Vergleich zur HTML-Notation besser lesbar und werden automatisch numeriert, wenn man ein Rautezeichen # vor den Titel stellt:

```
== # Überschrift ==
```

Für numerierte Überschriften kann UseModWiki zudem ein Inhaltsverzeichnis generieren, das mit dem Tag *<toc>* (*Table of Contents*) an der
gewünschten Stelle eingesetzt wird.

6.3.6 Artikelverwaltung

Variable	Beschreibung
$AdminDelete	Löschen von Seiten nur für Administratoren erlauben. Standard-wert ist 1, d.h. nur Administratoren dürfen Seiten löschen.
$ConfirmDel	Sicherheitsabfrage vor dem Löschen von Seiten anzeigen. Stan-dardwert ist 1.
$EditAllowed	Bearbeiten zulassen oder sperren. Standardwert ist 1, Bearbei-tungen sind also erlaubt.
$KeepAuthor	Vom ursprünglichen Autor durchgeführte Bearbeitungen aufbe-wahren. Standardwert ist 1. Der Wert 0 bewirkt, daß alle Bearbei-tungen unabhängig vom Autor veralten.
$KeepDays	Anzahl der Tage, bis Revisionen oder zur Löschung vorgemerkte Seiten dauerhaft entfernt werden (siehe auch *$DeletedPage*). Standardwert ist 14, das heißt, es werden Revisionen entfernt, die über zwei Wochen alt sind.

Tabelle 6.11: Artikelverwaltung in UseModWiki (Teil 1)

Variable	Beschreibung
$KeepMajor	Änderungen auch nach Ablauf von *$KeepDays* Tagen aufbewahren, die nicht als geringfügig markiert sind. Standardwert ist 1, bei dem solche Änderungen immer aufbewahrt werden, während ein Wert von 0 das Veralten aller Revisionen erzwingt.
$KeepSize	Maximale Aufbewahrungsgröße für alte Revisionen. Standardwert ist 0 (unbeschränkt). Ein anderer Wert gibt an, daß bei einer Seite zurückliegende Revisionen beginnend mit der ältesten solange entfernt werden, bis die zugehörige Datei im *keep*-Ordner diese Größe nicht mehr überschreitet.
$MaintTrimRc	Verkürzt gegebenenfalls die *RecentChanges*-Seite beim Ausführen des nächsten Wartungsvorgangs (action=maintain). Standardwert ist 0, das heißt, *RecentChanges* wird nicht verkürzt.
$NewText	Standardtext für eine neue Seite. Standardwert ist eine leere Zeichenfolge, das heißt, es wird der voreingestellte Standardtext verwendet.
$NotFoundPg	Anzuzeigende Seite, wenn eine Seite nicht existiert. Beispielsweise könnte man hier die Hauptseite oder eine Fehlerseite eintragen. Standardwert ist die leere Zeichenfolge, das heißt, keine spezielle Seite anzeigen, wenn eine Seite fehlt. Stattdessen wird eine leere Seite angezeigt, die bearbeitet werden kann.
$ShowEdits	Beeinflußt die Anzeige von als geringfügig (*Minor*) markierten Bearbeitungen. Standardwert ist 0, geringfügige Änderungen werden dann ausgeblendet. Ein Wert von 1 zeigt auch geringfügige Änderungen an, 2 nur geringfügige Änderungen. Siehe auch Abschnitt 6.1.4..
$UseCache	Gerenderte HTML-Seiten im Cache speichern. Standardwert ist 0, das heißt, keine Speicherung.
$UseDiff	*diff* zum Vergleichen verwenden. Standardwert ist 1, das heißt, *diff* nutzen. Bei einem Wert von 0 ist der Vergleich von Revisionen nicht möglich.
$UseDiffLog	Alle Änderungen in Datei *diff_log* im Datenverzeichnis protokollieren. Standardwert ist 1.
$UseIndex	Seiten-Indexdatei verwenden. Standardwert ist 0, das heißt, zuverlässige, aber langsame Routine verwenden statt der Indexdatei.
$UseSubpage	Unterseiten verwenden. Standardwert ist 1.

Tabelle 6.11: Artikelverwaltung in UseModWiki (Teil 2)

6.3.7 Hochladen von Dateien

UseModWiki behält immer nur die neueste Fassung einer hochgeladenen Datei. Gibt es bereits eine gleichnamige Datei auf dem Server, wird diese überschrieben. Anders als MediaWiki werden die Dateien nicht versioniert. Das Hochladen von Dateien wird gestattet, indem *$UseUpload* auf 1 gesetzt und sowohl das Upload-Verzeichnis in *$UploadDir* als auch die zugehörige URL auf dem Server in *$UploadUrl* angegeben wird. Das Verzeichnis muß für das Wiki-Skript beschreibbar sein.

Variable	Beschreibung
$AllUpload	Hochladen für alle erlauben. Standardwert ist 0, das heißt, es können nur Benutzer mit Bearbeitungsrecht hochladen. Aus Sicherheitsgründen sollte man nur in besonders geschützten Wikis den Wert auf 1 setzen, um allen Benutzern das Hochladen zu erlauben.
$UploadDir	Verzeichnis im Dateisystem, in dem hochgeladene Dateien gespeichert werden. Beispiel: */usr/local/usemod-uploads*
$UploadUrl	Vollständige URL, über den das Upload-Verzeichnis erreichbar ist. Beispiel: *http://server/uploads*
$UseUpload	Hochladen von Dateien erlauben. Standardwert ist 0, das heißt, Uploads sind nicht zugelassen.

Tabelle 6.12: Dateien-Upload

6.3.8 E-Mail-Benachrichtigung

Variable	Beschreibung
$EmailFrom	Text, der in der From:-Zeile einer Benachrichtigung erscheint. Standardwert ist *Wiki*.
$EmailNotify	E-Mail-Benachrichtigung bei Änderungen aktivieren. Standardwert ist 0, das heißt, keine Benachrichtigung.
$SendMail	Pfad zum sendmail-Programm. Standardwert ist */usr/sbin/sendmail*.

Tabelle 6.13: E-Mail-Benachrichtigung

6.3.9 RSS-Newsfeeds

Variable	Beschreibung
$InterWikiMoniker	Name des eigenen Interwiki-Bezeichners (optional, siehe auch Abschnitt [Interwiki-Links]).
$RssDays	Anzahl der im Feed berücksichtigten Tage. Standardwert: 7.
$RssLogoUrl	Logo für RSS-Feed (optional).
$SiteDescription	Beschreibung für das Wiki. Standardwert ist der in *$SiteName* angegebene Wert.

Tabelle 6.14: RSS-Newsfeeds

Über *http://server/cgi-bin/wiki.pl?action=rss* kann man auf den RSS-Feed des Wikis zugreifen.

6.3.10 ISBN

ISBN-Verweise (zum Beispiel *ISBN:3-936546-28-2*) ähneln im Konzept den Interwiki-Links (siehe nächsten Abschnitt), die Quellen werden hier allerdings in der Konfigurationsdatei beziehungsweise im Perl-Skript definiert. Findet UseModWiki eine ISBN-Referenz im Text, ersetzt es diese durch Verweise auf die in der Konfiguration definierten Seiten. Die Variablen in Tabelle 6.15 steuern das Verhalten.

Variable	Beschreibung
@IsbnNames	Array mit Namen für ISBN-Suchseiten. Standardwert ist ('bn.com', 'amazon.com', 'search').
@IsbnPost	Array aus Suffixen, die bei einer Suche nach einem Buch hinter die ISBN gestellt werden. Die Elemente gehören jeweils zum *@IsbnNames*-Eintrag an der entsprechenden Position. Zusammen mit dem indexgleichen *@IsbnPre*-Eintrag umschließen sie die ISBN. Standardwert ist (", ", ").
@IsbnPre	Array aus Präfixen, die bei einer Suche nach einem Buch vor die ISBN gestellt werden. Siehe auch *@IsbnPost*. Standardwert ist ('http://shop.barnesandnoble.com/bookSearch/isbnInquiry.asp?isbn=', 'http://www.amazon.com/exec/obidos/ISBN=', 'http://www.pricescan.com/books/BookDetail.asp?isbn=')

Tabelle 6.15: ISBN-Verweise

6.3.11 Interwiki-Links einrichten

Zum Verweisen auf andere Quellen haben sich Interwiki-Links bewährt, da sie die Verknüpfung mit externen Seiten erleichtern. Einige Definitionen für häufig referenzierte Wikis und Suchmaschinen (sogenannte Interwiki-Monikers, von engl. *Moniker*, Vermittler) sind in der im UseMod-Wiki-Archiv mitgelieferten Datei *intermap* aufgelistet, die man in sein Datenverzeichnis kopieren und bei Bedarf um eigene Einträge ergänzen kann. Beim Aufruf eines Interwiki-Links wird der Suchbegriff als letzter Teil an die URL angehängt, zusätzliche Suffixe sind hier (anders als bei den ISBNs, siehe voriger Abschnitt) nicht vorgesehen.

KAPITEL 7

PMWIKI

von Christoph Lange

PmWiki (http://www.pmwiki.org) ist ein in PHP implementiertes Wiki, das unter der Open-Source-Lizenz GPL steht. Es ist nach Patrick Michaud benannt, der 2002 mit der Entwicklung begann, um damit bei der Texas A&M University eine Website zu verwalten. Nach einer langen Testphase erschien im Juni 2004 die Version 1.0; für die folgende Version entschloß Patrick Michaud sich jedoch dazu, die Software von Grund auf neu zu implementieren. Im November 2004 ging die Version 2.0 in die Betaphase, am 1. September 2005 erschien die stabile Version 2.0.0. Man sollte ihr unbedingt den Vorzug vor der veralteten Version 1.0 geben, auch wenn wenigstens anfangs noch fast täglich Bugfix-Releases veröffentlicht werden mußten.

Ich empfehle, regelmäßig eine aktuelle Version zu installieren, denn die Entwicklung schreitet sehr schnell voran, wie das Changelog unter *PmWiki.ChangeLog* im Wiki von auf *pmwiki.org* beweist[1], das ein- bis zweimal pro Woche eine neue fehlerbereinigte Unterversion meldet. Während im Changelog jeder noch so kleine Bugfix steht, sind für Anwender eher die Release Notes (*PmWiki.ReleaseNotes*) interessant, die immer kurz zusammenfassen, welche (möglicherweise zur Vorversion inkompatiblen!) Änderungen es gegeben hat.

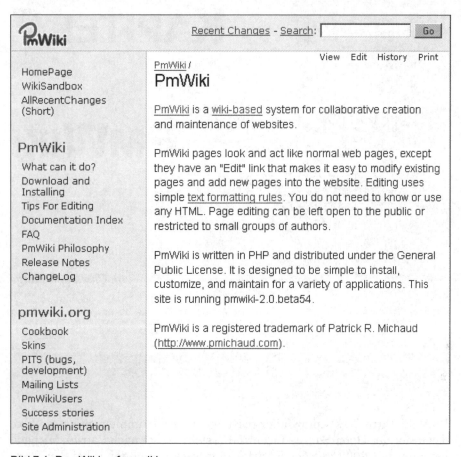

Bild 7.1: Das Wiki auf pmwiki.org

---

[1] Die vollständige Adresse der Seite ist *http://www.pmwiki.org/wiki/PmWiki/ChangeLog;* ab sofort kürze ich Adressen von Seiten im Wiki zu PmWiki ab.

7.1 PHILOSOPHIE

PmWiki wird von einer kleinen Gruppe entwickelt, zu der neben dem Erfinder und Hauptentwickler Patrick Michaud etwa fünfzehn weitere Programmierer, Betatester und Dokumentations-Autoren gehören (siehe *PmWiki.Contributors*). Die Entwicklung verfolgt klare Ziele, die unter *PmWiki.PmWikiPhilosophy* beschrieben sind. Dies sind:

- Favor writers over readers: Bevorzuge Schreibende gegenüber Lesenden.

- Don't try to replace HTML: Versuche nicht, HTML zu ersetzen.

- Avoid gratuitous features (or creeping featurism): Vermeide überflüssige Features (oder »schleichende Featuritis«).

- Support collaborative maintenance of public web pages: Unterstütze gemeinsame Wartung öffentlicher Webseiten.

- Be easy to install, configure, and maintain: Sei leicht zu installieren, konfigurieren und warten.

PmWiki versucht, das Bearbeiten von Seiten möglichst leicht zu machen, im Zweifelsfall auch dann, wenn dadurch der Komfort für Leser leicht eingeschränkt wird. Daraus folgt der zweite Grundsatz, nicht jede Funktion von HTML in die Wiki-Syntax zu integrieren, sondern nur die wichtigsten. Drittens soll die Architektur von PmWiki sauber und durchdacht bleiben, indem gewünschte Features erst einmal kritisch überdacht werden, bevor jemand einfach drauflosprogrammiert und sie irgendwie implementiert. Das vierte Ziel zeigt, was das Haupteinsatzgebiet von PmWiki sein soll: öffentliche Webpräsenzen einfach kollaborativ zu bearbeiten. Das kann durchaus auch bedeuten, daß nur eine kleine Gruppe von Autoren Schreibzugriff auf das Wiki hat. Schließlich soll PmWiki einfach sein. Das zeigt sich schon in der komprimiert weniger als zweihundert KByte großen Installationsdatei, die nicht nur die Software enthält, sondern auch eine hervorragende Dokumentation – einen jeweils aktuellen Auszug der Gruppe (= des Namensraums) PmWiki aus dem Online-Wiki. PmWiki speichert Seiten nicht in einer Datenbank, sondern im Dateisystem, wodurch die Installation sehr einfach wird.

7.2 INSTALLATION

Zur Installation des PmWiki (siehe auch *PmWiki.Installation*) laden Sie einfach das Archiv mit der aktuellen Version herunter, das stets unter dem Namen *pmwiki-latest.zip* beziehungsweise *pmwiki-latest.tgz* auf *http://www.pmwiki.org/pub/pmwiki/* verfügbar ist. Dieses Archiv können Sie direkt in einem Verzeichnis entpacken, das Ihr Webserver nach außen bereitstellt. Beim Entpacken wird ein Verzeichnis namens *pmwiki-VERSION* angelegt; der Bequemlichkeit halber sollten Sie es einfach in *pmwiki* umbenennen. Sein Inhalt ist im wesentlichen:

local/	Ein für lokale Konfigurationsdateien und -Skripte vorgesehenes Verzeichnis, anfangs leer.
pmwiki.php	Das Wiki-Skript.
pub/skins/	Layout-Vorlagen (Skins) für Bildschirmanzeige und Druck.
sample-config.php	Eine Beispiel-Konfigurationsdatei.
scripts/	Einige Erweiterungs-Skripte.
wikilib.d/	Vordefinierte Wiki-Seiten (Gruppen Main und Site) sowie die Dokumentation (Gruppe PmWiki).

Die einzigen Software-Voraussetzungen sind PHP sowie das Programm *diff3* für die Auflösung von Bearbeitungskonflikten. Für Windows-Systeme empfiehlt sich hier die Windows-Version der GNU *diffutils*.

Das Wiki wird aufgerufen, indem man im Browser die Adresse der Seite *pmwiki.php* eingibt, zum Beispiel *http://meinwiki.org/wiki/pmwiki.php*. Als Vereinfachung empfehle ich Ihnen jedoch auf einem Linux/Unix-Server, die Datei *index.php* als symbolischen Link auf *pmwiki.php* anzulegen:

```
# ln -s pmwiki.php index.php
```

Wenn das nicht geht, zum Beispiel wenn man sich auf einem Windows-Server befindet, erstellt man statt dessen eine Datei *index.php* mit folgendem Inhalt:

```
<?php include('pmwiki.php'); ?>
```

In beiden Fällen heißt die Wiki-Startseite jetzt auch *index.php* und ist somit auf gut konfigurierten Webservern auch kurz unter *http://meinwiki.org/wiki/* erreichbar. Ohne eine *index*-Datei erschiene unter letzterer Adresse der Inhalt des Wiki-Verzeichnisses, was nicht unbedingt erwünscht ist.

Auf der Startseite werden Hinweise gegeben, was man noch tun muß, damit das Verzeichnis *wiki.d* angelegt werden kann, in dem PmWiki alle Wiki-Seiten abspeichert, die nicht schon zum Installationsumfang gehören. Das PmWiki-Skript, also die vom Webserver mit dessen Zugriffsberechtigungen ausgeführte PHP-Umgebung, muß dieses Verzeichnis anlegen dürfen und darin Lese- und Schreibzugriff haben. Besitzt PmWiki diese Berechtigungen nicht, hat dies den Grund, daß das Verzeichnis, in dem PmWiki installiert wurde, nicht dem Benutzer (zum Beispiel *apache*) gehört, mit dessen Rechten der Webserver läuft.

Warning: mkdir() failed (Permission denied) in **/var/www/lange/pmwiki/pmwiki.php** on line 361

PmWiki can't process your request

PmWiki needs to have a writable `wiki.d/` directory before it can continue. You can create the directory manually by executing the following commands on your server:
```
      mkdir /var/www/lange/pmwiki/wiki.d
      chmod 777 /var/www/lange/pmwiki/wiki.d
```
Then, reload this page.

Or, for a slightly more secure installation, try executing
```
      chmod 2777 /var/www/lange/pmwiki
```
on your server and following this link. Afterwards you can restore the permissions to their current setting by executing
```
      chmod 755 /var/www/lange/pmwiki
```
.
We are sorry for any inconvenience.

Bild 7.2: Hinweis zum Anlegen des Wiki-Verzeichnisses

Die Lösung, die immer funktioniert, ist, das Verzeichnis von Hand anzulegen und allen Benutzern Lese- und Schreibzugriff darauf zu geben, somit auch dem Webserver. Unter Unix ginge das so:

```
$ mkdir /pfad/zum/wiki/wiki.d
$ chmod 777 /pfad/zum/wiki/wiki.d
```

Dann dürften aber nicht nur der Webserver und Sie selbst auf das Verzeichnis zugreifen, sondern jeder andere auch. Im Gegensatz zu Windows-Servern kennen aber viele Unix-Systeme noch keine Access Control Lists (ACLs), mit denen man solche Sonder-Zugriffsrechte einräumen könnte. Ein wenig mehr Sicherheit schafft unter Unix deshalb der folgende Trick: Zuerst gibt man das Wiki-Hauptverzeichnis für alle Benutzer frei und setzt zusätzlich das Bit »Set Group ID«:

```
$ chmod 2777 /pfad/zum/wiki
```

Dann lädt man die Startseite neu. Nun erstellt der Webserver zwar das neue Verzeichnis *wiki.d*, das ihm gehört, gibt aber gleichzeitig der Benutzergruppe, der das Wiki-Hauptverzeichnis gehört, und damit dem, der das

Wiki installiert hat, alle Rechte in diesem Verzeichnis. (Wenn PHP im *Safe Mode* läuft, geht das leider nicht, dann hilft nur die erste Lösung.) Danach können Sie allen anderen außer sich selbst wieder die Schreibrechte am Wiki-Hauptverzeichnis entziehen:

```
$ chmod 755 /pfad/zum/wiki
```

Neben diesem Verzeichnis muß der Webserver nur in das Verzeichnis *uploads* schreiben dürfen, das noch im Abschnitt zu Datei-Uploads besprochen wird. Für alle anderen Verzeichnisse genügt es, wenn der Server sie lesen darf. Genauer ist das in der Dokumentation unter *PmWiki.FilePermissions* ausgeführt.

Jetzt ist das Wiki einsatzbereit, aber man sollte noch ein paar kleinere Anpassungen vornehmen (*PmWiki.InitialSetupTasks*). Kopieren Sie die Datei *sample-config.php* nach *local/config.php* und ändern sie nach Ihren Wünschen, siehe dazu den folgenden Abschnitt zur Konfiguration. Eigene Anpassungen sollte man niemals an PHP-Skripten vornehmen, die zur Installation gehören, sondern immer im *local*-Verzeichnis, damit die eigenen Einstellungen bei einem Upgrade nicht verlorengehen.

Wenn Sie sich daran halten, müssen Sie bei einem Upgrade (siehe *PmWiki.Upgrades*) auf eine neuere Version von PmWiki nur die neue Installationsdatei entpacken und die entpackten Dateien in das alte PmWiki-Verzeichnis kopieren. Das geschieht unter Unix am bequemsten mit

```
$ cp -a pmwiki-alt/. pmwiki
```

Kennt Ihr System die Option *-a* nicht, versuchen Sie statt dessen

```
$ cp -dpR pmwiki-alt/. pmwiki
```

Will man außerdem wissen, welche Dateien dabei kopiert werden, setzt man zusätzlich die Option *-v*, also etwa *cp -av* ....

Dabei kann eigentlich nichts überschrieben werden, was Sie persönlich angepaßt haben: Das Verzeichnis *wiki.d/d* mit dem Inhalt Ihres Wikis gibt es nicht im Installationsarchiv, Ihre angepaßte Konfiguration steht in *local/config.php*, während die neue Version nur eine neue *sample-config.php* und ein leeres *local*-Verzeichnis mitbringt. Trotzdem schadet es natürlich nie, vorher alle Dateien zu sichern, die angepaßt wurden.

Aber Vorsicht! Nur bei kleinen Versionssprüngen, wie etwa von 2.0.beta27 auf 2.0.beta34 oder 2.0.2 auf 2.0.5 kann man davon ausgehen, daß das Wiki danach reibungslos weiterarbeitet. Wenn sich die zweite Stelle der Versionsnummer ändert, etwa von 2.0 zu 2.1, sollte man unbedingt die Release Notes studieren!

7.3 DIE HAUPT-KONFIGURATION LOCAL/CONFIG.PHP

Die Datei *local/config.php* enthält die grundlegende Konfiguration von PmWiki. Wurde die *sample-config.php* als Vorlage genommen, sind dort viele Optionen bereits vorbereitet, man muß nur noch die Kommentarzeichen entfernen.

7.3.1 Sicherheitshinweise

Damit kein Fremder Paßwörter auslesen kann, ist das *local/*-Verzeichnis per *.htaccess*-Datei geschützt (siehe Kapitel 11), ebenso wie das Verzeichnis *wiki.d/*, dessen Inhalt ebenfalls nur über die Wiki-Anwendung in die Außenwelt gelangen kann.

Für den Fall, daß der Server den *.htaccess*-Mechanismus nicht unterstützt oder daß er nicht eingeschaltet ist (*AllowOverride*-Anweisung in der Apache-Konfiguration), beginnen alle PmWiki-Skripte, so auch die Konfigurationsdateien, mit der Zeile

```
if (!defined('PmWiki')) exit();
```

Sie sorgt dafür, daß ein Fremder ruhig das Skript im Browser aufrufen kann, dort aber nur eine leere Seite zu sehen bekommt. Verwendet werden können die Dateien nur innerhalb von PmWiki.

7.3.2 Includes

Gegen Ende der Konfigurationsdatei kann man per *include*-Anweisung Erweiterungsskripte einbinden, die im Verzeichnis *scripts* oder anderswo liegen können, zum Beispiel:

```
include_once('scripts/extension.php');
```

include_once empfiehlt sich hier, damit nicht eine Erweiterung versehentlich zweimal eingebunden wird. Will man nicht, daß eine Fehlermeldung angezeigt wird, falls die Erweiterung nicht vorhanden ist oder aus einem anderen Grund nicht geladen werden kann, unterdrückt man die Meldung durch ein vorangestelltes @:

```
@include_once('scripts/extension.php');
```

7.3.3 Vorkonfiguration

Viele Erweiterungen werden über das Skript *scripts/stdconfig.php* in Abhängigkeit von bestimmten *$Enable*...-Flags schon automatisch eingebunden, falls nicht *$EnableStdConfig* auf 0 gesetzt wird. So wird zum Beispiel *scripts/upload.php* geladen, wenn *$EnableUpload* gleich 1 ist.

Folgende Funktionen aktiviert *stdconfig.php* automatisch, das heißt, die entsprechenden *Enable*-Flags stehen schon auf 1:

♦ Speicherung des Autorennamens per Cookie, Unterschreiben mit ~~~ (*EnableAuthorTracking*, *author.php*).

♦ Auflösung von Bearbeitungskonflikten (*EnableSimulEdit*, *simuledit.php*).

♦ Speicherung persönlicher Einstellungen (*EnablePrefs*, *prefs.php*).

♦ Unterstützung verschiedener Oberflächen-Layouts (*EnableSkinLayout*, *skins.php*).

♦ Automatische Konvertierung veralteter Einstellungen beim Update auf eine neue Software-Version (*EnableTransitions*, *transition.php*).

♦ Grundlegende Wiki-Markups (*EnableStdMarkup*, *stdmarkup.php*).

♦ Markup für WikiTrails (*EnableWikiTrails*, *trails.php*).

♦ Markup für WikiStyles (EnableStdWikiStyles, wikistyles.php).

♦ Markup für Seitenlisten und Suchergebnisse (*EnablePageList*, *pagelist.php*[1]).

♦ Automatische Links von *$VariablenName* zur Dokumentation der Variablen (*EnableVarMarkup*, *vardoc.php*).

♦ Markup für Web-Formulare, wird zur Anpassung des Bearbeitungsformulars gebraucht (*EnableForms*, *forms.php*).

---

[1] Laut Dokumentation »one of the nastiest scripts you'll ever encounter« — »eines der übelsten Skripte, denen Sie jemals begegnen werden« ;-)

7.4 STRUKTUREN

Die hierarchischen Ebenen in einem PmWiki reichen von Seiten über Namensräume (genannt *WikiGroups*, also Gruppen) bis zum ganzen Wiki. Innerhalb einer Gruppe lassen sich mehrere Seiten auf einem Wanderweg (WikiTrail) sequentiell anordnen, innerhalb des ganzen Wikis können Seiten Kategorien zugeordnet werden (siehe Kapitel 2.7.3). Schließlich können mehrere unabhängige Wikis als Felder (WikiFields) zu einer einzigen PmWiki-Installation gehören, einer sogenannten *WikiFarm*.

Fast jede Ebene kann separat konfiguriert werden, für das ganze Wiki ist die Datei *local/config.php* zuständig. Für eine bestimmte Seite können fast alle Einstellungen in der Datei *local/GruppenName.SeitenName.php* überschrieben werden, das letzte Wort hat jedoch eine gruppenspezifische Konfiguration (*local/GruppenName.php*). Gefällt einem diese Reihenfolge nicht, kann sie umgestellt werden, indem man bestimmte Skripte, die PmWiki erst später laden würde, an der gewünschten Stelle durch eine *include_once*-Anweisung einbindet. In jeder Konfigurationsdatei kann man die Variable *$EnablePGCust* auf 0 setzen, um von da an zu verhindern, daß weitere seiten- und gruppenspezifische Konfigurationen angewendet werden.

Kommen Farmen zum Einsatz, kann darin außerdem jedes Feld separat konfiguriert werden (siehe weiter unten den Abschnitt zu Farmen).

7.4.1 Namensräume (Gruppen)

In einem frisch installierten PmWiki gibt es drei Gruppen:

♦ *Main*: Hauptgruppe für den Wiki-Inhalt. Installiert sind schon die Seiten *Main.HomePage* und *Main.WikiSandbox*.

♦ *PmWiki*: Dokumentation.

♦ *Site*: enthält Spezialseiten und Teile der Wiki-Konfiguration, die früher in der Gruppe *Main* lagen:

   ♦ die globale Seitenleiste (*SideBar*),

   ♦ die Suchseite (Search),

   ♦ die letzten Änderungen (AllRecentChanges),

   ♦ die Liste der gesperrten IP-Adressen (*Blocklist*)

   ♦ und so weiter.

Neue Gruppen können jederzeit angelegt werden, indem man neue Seiten darin anlegt. Viele Anpassungen kann man nicht nur für das ganze Wiki über Seiten in der *Site*-Gruppe vornehmen, sondern auch einzeln für bestimmte Gruppen. Ebenso hat jede Gruppe eine eigene Liste der letzten Änderungen (*Gruppe.RecentChanges*).

7.4.2 Wiki-Farmen

Eine Farm besteht aus einem PmWiki-Hauptverzeichnis mit einer Konfigurationsdatei *local/farmconfig.php*. In diesem Hauptverzeichnis können
sich Wiki-Seiten befinden, die von allen Feldern gemeinsam genutzt werden. Einzig notwendige Einstellung in der Farm-Konfiguration ist der
URL zum gemeinsam genutzten *pub*-Verzeichnis mit Skins und anderen
Dateien für die optische Aufmachung. Ein neues Feld kann sich in irgendei-
nem Verzeichnis auf dem Server befinden, das nicht unterhalb des Farm-
Hauptverzeichnisses liegen muß. Um es in Betrieb zu nehmen, legt man eine
PHP-Datei an, die man zum Beispiel *feld.php* oder eben *index.php* nennt:

```
<?php include('pfad/zur/farm/pmwiki.php'); ?>
```

Ein symbolischer Link genügt hier nicht, sonst findet PmWiki die gemeinsamen Verzeichnisse der Farm (beispielsweise *scripts/*) nicht. Wie beim
Start eines ganzen Wikis gibt man nun mit *chmod 777* oder *chmod 2777*
dem Webserver Schreibrecht auf dem Feld-Verzeichnis, damit er das *wi-
ki.d*-Verzeichnis anlegen kann.

Unabhängig vom Farm-Administrator kann jedes Feld seinen eigenen
Administrator haben, der das Feld in der Datei *pfad/zum/feld/local/con-
fig.php* konfiguriert. Normalerweise verarbeitet PmWiki die Feld-
Konfiguration nach der Farm-Konfiguration, so daß Felder einzelne Op-
tionen der globalen Konfiguration überschreiben können. Wünscht der
Farm-Administrator dies nicht, verhindert er dies dadurch, daß er die
Konfigurationsdateien der Felder ausdrücklich vorher einbindet. Mit dem
folgenden Code in der Farm-Konfiguration verhindert der Farm-
Administrator beispielsweise Datei-Uploads in allen Feldern:

```
<?php
 $FarmPubDirUrl = 'http://meinwiki.org/pmwiki/pub';

 # Diese Einstellung darf ein Feld überschreiben
 $Skin = 'pmwiki-farm';

 # Lade globale und seiten-/gruppenspezifische
 # Konfiguration des Felds
 include_once('local/config.php');
 include_once('scripts/pgcust.php');
```

```
# Überschreibe Feld-Konfiguration
$EnableUpload = 0;           # keine Uploads erlaubt
?>
```

Dabei ist *pgcust.php* ein Skript, das alle Konfigurationsdateien der Form *Gruppe.Seite.php* und *Gruppe.php* einbindet.

Meistens nutzen die Seiten einer Wiki-Farm gemeinsame Seiten, die im *wiki.d*-Verzeichnis der Farm liegen. Ist dies nicht der Fall, könnte jemand versuchen, das *pmwiki.php*-Skript der Farm auszuführen und somit im *wiki.d*-Verzeichnis der Farm ein neues, »illegales« Feld aufmachen. Eine Möglichkeit, so etwas zu verhindern, ist für den Server-Administrator im Kochbuch-Rezept *FarmSecurity* beschrieben: Man verschiebt das Farm-Verzeichnis aus dem Webspace heraus an eine Stelle, die der Webserver nicht kennt, und holt nur das gemeinsame *pub*-Verzeichnis durch einen symbolischen Link wieder in den Webspace zurück. Wenn das nicht geht, das Wiki aber auf einem Apache-Server läuft, kann man auch per *.htaccess*-Datei dem Webserver den Zugriff auf das Farm-Hauptverzeichnis verbieten (PHP-*includes* aus diesem Verzeichnis werden davon nicht berührt!) ...

```
Order Deny, Allow
Deny from All
```

... und nur das gemeinsam genutzte *pub*-Verzeichnis mit einer eigenen *.htaccess*-Datei freigeben:

```
Allow from All
```

Das PmWiki-Kochbuch

Die Gruppe *Cookbook* des Wikis zu PmWiki enthält zahlreiche Rezepte für Anwender und Administratoren des PmWiki, von kleinen Tips zur Konfiguration bis
hin zu ganzen Erweiterungs-Skripten. Die Tips und Tricks sind als Ergänzung der
Dokumentation in der Gruppe *PmWiki* gedacht; was Ihnen gefällt, probieren Sie
einfach aus. Eine Erweiterung müssen Sie installieren, indem Sie im Wiki-
Hauptverzeichnis ein Verzeichnis namens *cookbook* erzeugen und das Erweite-
rungs-Skript dort ablegen. Eingebunden wird das Skript wie andere auch:

```
@include_once("$FarmD/cookbook/scriptname.php");
```

Ein *cookbook*-Verzeichnis können sich mehrere unabhängige Wikis teilen, die zu
einer Wiki-Farm gehören; *$FarmD* ist das Hauptverzeichnis der Farm, das das
Wiki-Skript automatisch ermittelt; bei einem Einzel-Wiki entspricht es dem Hauptverzeichnis des Wikis.

Interessante Erweiterungsmodule im Kochbuch sind:

◆ BackupPages: Sichert das wiki.d/-Verzeichnis in einem ZIP-Archiv.

◆ MailForm: Macht Feedback-Formulare möglich, die per E-Mail abgeschickt
   werden.

◆ PmWikiDraw: Ein Java-Applet zum Bearbeiten von Zeichnungen in Wiki-Seiten.

◆ WikiCalendar: Erzeugt einen einfachen Terminkalender mit einer Seite für jeden Tag.

◆ WikiSmileys: Stellt die üblichen Smileys als Icons dar.

◆ ... und viele mehr.

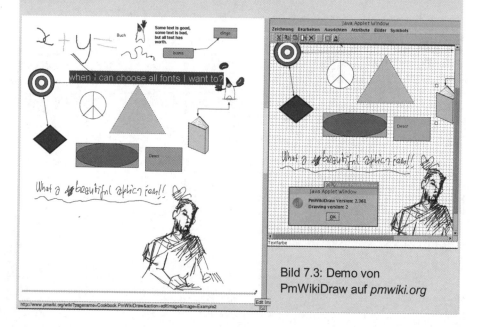

Bild 7.3: Demo von
PmWikiDraw auf *pmwiki.org*

7.5 ANPASSUNGEN

7.5.1 Oberfläche

Titel und Logo

Als erstes sollte man den Namen des Wikis einstellen, wie er in der Browser-Titelleiste erscheint:

```
$WikiTitle = 'WikingerWiki';
```

Man kann bei Bedarf ein eigenes Logo festlegen, das meist oben links auf der Seite angezeigt wird, je nach Skin aber auch an anderen Stellen. Voreingestellt ist das PmWiki-Logo:

```
$PageLogoUrl = "$PubDirUrl/skins/pmwiki/pmwiki-32.gif";
```

Die Konfigurationsvariable *$PubDirUrl* steht für die Webadresse, unter der das Verzeichnis *pub* erreichbar ist. Auf dem Server liegt es normalerweise direkt unterhalb des Wiki-Hauptverzeichnisses, aber man kann es auch woanders hinschieben.

Zeichensatz

In der Voreinstellung arbeitet PmWiki mit dem nur für westeuropäische Sprachen geeigneten Latin-1-Zeichensatz (ISO-8859-1). Zukunftssicherer fahren Sie, wenn Sie von vornherein den Unicode-Zeichensatz UTF-8 verwenden, denn für eine spätere Umstellung gibt es noch keine Automatisierung. Mit folgender Zeile in der Konfigurationsdatei wird UTF-8 aktiviert:

```
include_once('scripts/xlpage-utf-8.php');
```

Ab sofort kann man alle Unicode-Zeichen in Seitentexten und Seitennamen verwenden. Da PHP allerdings immer noch nicht richtig mit Unicode umgehen kann, reicht PmWiki einige Mängel an den Anwender weiter: Es weiß nicht, welche Buchstaben, die nicht zum 7-Bit-ASCII-Zeichensatz gehören, Groß- und Kleinbuchstaben sind, weshalb nur WikiWörter als solche erkannt werden, die aus ASCII-Zeichen bestehen. Wörter mit Nicht-ASCII-Zeichen müssen also immer in doppelte eckige Klammern gesetzt werden, um sie zu verlinken.

Internationalisierung

Übersetzungen der PmWiki-Oberfläche und -Dokumentation liegen in vielen Sprachen vor, so auch auf Deutsch. Um sie zu installieren, lädt man das Paket *i18n.tgz* herunter (siehe *PmWiki.Internationalizations*) und entpackt es ins Wiki-Hauptverzeichnis. (»i18n« steht kurz für »internationalization«, die Vorbereitung einer Software für eine mehrsprachige Oberfläche, weil zwischen dem I am Anfang und dem N am Ende achtzehn Buchstaben stehen. Die Übersetzung in eine konkrete Sprache heißt »localization«, kurz »l10n«.) Nun müssen Sie nur noch eine einzige Zeile in die Konfigurationsdatei schreiben:

```
XLPage('de','PmWikiDe.XLPage');

# Das wäre z.B. Französisch:
# XLPage('fr','PmWikiFr.XLPage');
```

Die Seiten namens *XLPage*, die natürlich auch bearbeitbar sind, enthalten die Übersetzungen der einzelnen Textstrings, auch unterschiedliche Datumsformate werden berücksichtigt. (Die Formatierung eines Zeitstempels, wie er unter anderem in der Versionsübersicht erscheint, ist in der Variablen *$TimeFmt* festgelegt, die auch auf der *XLPage* belegt wird. Das Format, auf Deutsch zum Beispiel *%d. %B %Y, %H:%M Uhr* entspricht dem der PHP-Funktion *strftime*.)

Wie immer kann man die Sprache auch nur für bestimmte Gruppen definieren und erhält so ein mehrsprachiges Wiki mit je nach Gruppe unterschiedlicher Benutzeroberfläche. Die PmWiki-Dokumentation in der mit »Xy« abgekürzten Sprache befindet sich in der Gruppe *PmWikiXy*. Wenn in Ihrer Sprache etwas fehlt, sollten Sie Ihre Übersetzungen in eine weitere Datei namens *XLPageLocal* schreiben, die Sie mit *XLPage('de','PmWikiDe.XLPageLocal');* nach der *XLPage* aus dem i18n-Paket laden. Handelt es sich um Übersetzungen, die den Standardumfang von PmWiki betreffen, sollten Sie diese freundlicherweise auch in die entsprechende XLPage-Übersetzungstabelle auf *pmwiki.org* eintragen.

Aktuelle Änderungen - Suche:	Deutschland Österreich	Los!
	Artikel Bearbeiten Historie Druckansicht	

Bild 7.4: Deutsche PmWiki-Oberfläche

Skins und Stylesheets

PmWiki bringt bei der Installation zwei Skins mit, die im Verzeichnis *pub/skins* liegen: *pmwiki* für die Anzeige im Browser und *print* für den Ausdruck. Das Kochbuch stellt unter *Skins* weitere vor, die man in dasselbe Verzeichnis installieren kann. Einen bestimmten Skin testet an mit dem URL-Parameter *?setskin=NAME*; permanent wird er durch die Variable *$Skin* gesetzt:

```
$Skin = 'wunsch-skin';      # Voreinstellung: 'pmwiki'
```

Manche Skin-Pakete bringen einen eigenen Skin für den Ausdruck mit; er wird in der Variablen *$ActionSkin['print']* ausgewählt:

```
$ActionSkin['print'] = 'wunsch-skin/print';
```

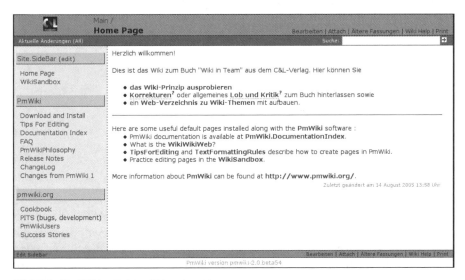

Bild 7.5: Ein Wiki mit dem Skin *phpnet*

Jeder Skin enthält eine HTML-Vorlage (englisch *template*) namens *skin-name.tmpl*, die den Aufbau einer Wiki-Seite definiert. Der grobe Aufbau ist wie folgt:

```
<html>
 <head>
    ... Header-Elemente, zum Beispiel der Fenstertitel ...
    <title>$WikiTitle | $Group / $Title $Action</title>
    ... und das Stylesheet:
    <link rel='stylesheet' href='$SkinDirUrl/skin-name.css'↵
        type='text/css' />

    <!--HeaderText-->
 </head>
 <body>
    ...some HTML...
    <!--PageText-->
    ...some more HTML....
 </body>
</html>
```

Der Kommentar *HeaderText* wird durch vom Wiki generierte Headerzeilen ersetzt, zum Beispiel Referenzen auf weitere Stylesheets oder externe Skripte. *PageText* wird durch den HTML-formatierten Text der Seite ersetzt. Weitere spezielle Kommentare erklärt das Kochbuch-Rezept *Skin-Guidelines*. Der folgende Kommentar im *pmwiki*-Skin bindet beispielsweise die Seitenleiste ein:

```
<!--PageLeftFmt-->
 <td id='wikileft' valign='top'>
  <!--wiki:$Group.SideBar $SiteGroup.SideBar-->
 </td>
<!--/PageLeftFmt-->
```

Zuerst wird nach einer Seite namens *SideBar* in der lokalen Gruppe gesucht. Wenn es die nicht gibt, nimmt der Skin die globale Seitenleiste, die üblicherweise *Site.SideBar* heißt. Der *pmwiki*-Skin ordnet die Seitenleiste links an und markiert diesen Bereich auch mit *PageLeftFmt*. Ebenso gibt es in vielen Skins den Bereich *PageHeaderFmt* für die Kopfleiste, die im *pmwiki*-Skin das Wiki-Logo und ein Suchfeld enthält, *PageTitleFmt* für den Titel des Seitenbereichs, beim *pmwiki*-Skin mit der Anzeige des Seitennamens und der Seitenaktionen Ansicht, Bearbeitung, Versionsgeschichte und Ausdruck, und *PageFooterFmt* für die Fußleiste, die beim *pmwiki*-Skin das Datum der letzten Änderung und noch einmal die Seitenaktionen anzeigt. Mit den Direktiven *(:noAREA:)*, wobei *AREA header*, *left*, *title* oder *footer* sein kann; lesen Sie dazu auch den Abschnitt zu Direktiven ab Seite Abschnitt 7.7.1 auf Seite 303.

Fast jeder Skin bringt ein eigenes Stylesheet (*skin-name.css*) mit. So wird die Darstellung der Seite sauber von dem in der *.tmpl*-Datei festgelegten Aufbau getrennt. Wenn ein Skin weitere Initialisierungen durchführen muß, liegen diese in einem Skript namens *skin-name.php*.

Möchte man das Stylesheet eines Skins modifizieren, ist es gut zu wissen, daß PmWiki fast alle Markups in CSS-Formatierungen umsetzt. Wichtige CSS-Klassen (*<element class="...">*), die man im Stylesheet beeinflussen kann, sind:

<a class="wikilink">	Ein Wiki-Link auf eine vorhandene Seite.
<a class="createlinktext">	Ein Wiki-Link auf eine nicht vorhandene Seite ...
<a class="createlink">	Und das dahinter angezeigte Fragezeichen.
<a class="urllink">	Ein Weblink.
<p class="vspace">	Der Abstand zwischen zwei Absätzen.
<div class="indent">	Ein mit -> eingerückter Absatz.
<h3 class="wikimessage">	Fehlermeldung, wenn eine Seite nicht gespeichert werden kann (zum Beispiel weil kein Autorenname angegeben wurde).
<span class="wikitrail">	Die WikiTrail-Navigationslinks (siehe Seite TRAILS/Um den Trail beschreiten zu können...).

7.5.2 Format der Seiten-URLs

Die Variable *$EnablePathInfo* steuert, welche URLs für verlinkte Seiten erzeugt werden. Standard ist *.../pmwiki.php?n=Gruppe.Seite* (beziehungsweise *index.php*, wenn diese Datei als Link angelegt wurde), was etwas unschön aussieht. Setzt man *$EnablePathInfo* auf 1, werden URLs in der Form *.../pmwiki.php/Gruppe/Seite* erzeugt, was aber der Webserver unterstützen muß. Um das *pmwiki.php* auch noch aus dem URL zu eliminieren, also die Form *http://meinwiki.org/Gruppe/Seite* zu erhalten, kann man beim Apache-Webserver mit Rewrite-Regeln arbeiten. Dies ist in Kapitel 8.9 beschrieben; eine spezielle Anleitung fürs PmWiki liefert das Rezept *CleanUrls* im Kochbuch.

7.5.3 Sicherheitseinstellungen

Paßwörter

PmWiki kennt keine richtige Benutzerverwaltung, aber trotzdem können bestimmte Aktionen mit Paßwörtern belegt werden – wiederum für das ganze Wiki, für einzelne Gruppen oder einzelne Seiten. Maßgeblich ist das Seiten-Paßwort; ist es nicht gesetzt, gilt das Gruppen-Paßwort, sonst das wiki-weite Paßwort.

Aktion	Beschreibung	Bereich		
		Seite	Gruppe	Wiki
read	Seite lesen	a	a	c
edit	Seite bearbeiten	a	a	c
attr	*read*- und *edit*-Paßwörter ändern	a	a	c
upload	Dateien hochladen	a	a	c
admin	Master-Paßwort			c

Tabelle 7.1: Paßwortbelegungen; (a) Paßwort wird per Web-Formular gesetzt, attr-Paßwort benötigt, (c) Paßwort wird in der Konfigurationsdatei gesetzt

Nach der Installation sind die *read*- und *edit*-Aktionen erlaubt, nur in der Gruppe *Site* ist *edit* geschützt. Die Aktion *attr* ist in den Gruppen *Main*, *Site* (bis auf die Seite *SideBar*) und *PmWiki* geschützt, nicht jedoch in neu angelegten Gruppen, und *upload* ist im ganzen Wiki geschützt. Paßwörter, mit denen man loslegen könnte, sind jedoch keine definiert. Dazu muß erst ein *admin*-Paßwort festgelegt werden, das überall als Ersatz für jedes andere Paßwort erlaubt ist. Die wiki-weiten Paßwörter kann nur der Server-Administrator in der Konfigurationsdatei *local/config.php* setzen; sie stehen im String-indizierten Array *$DefaultPasswords*. Zum Beispiel:

```
$DefaultPasswords['admin'] = crypt('secret');
```

So kann jeder das Paßwort lesen, der Zugang zur Konfigurationsdatei hat, also insbesondere jeder andere, der auf demselben Webserver eigene PHP-Skripte ablegen darf. Noch sicherer ist es deshalb, direkt das mit *crypt* verschlüsselte Paßwort in der Datei abzuspeichern. Hängt man an einen PmWiki-URL den Parameter *?action=crypt* an, kommt man zu einem Verschlüsselungsformular für Paßwörter.

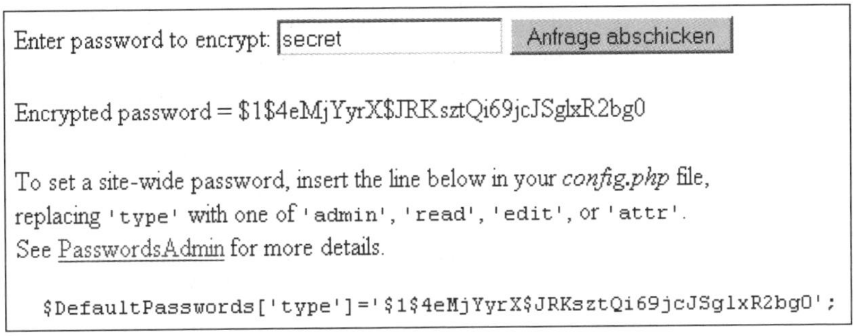

```
Enter password to encrypt: secret          [ Anfrage abschicken ]

Encrypted password = $1$4eMjYyrX$JRKsztQi69jcJSglxR2bg0

To set a site-wide password, insert the line below in your config.php file,
replacing 'type' with one of 'admin', 'read', 'edit', or 'attr'.
See PasswordsAdmin for more details.

    $DefaultPasswords['type']='$1$4eMjYyrX$JRKsztQi69jcJSglxR2bg0';
```

Bild 7.6: Paßwörter verschlüsseln mit *crypt*

Das verschlüsselte Paßwort kann man direkt in die Konfigurationsdatei
übernehmen:

```
$DefaultPasswords['admin']='$1$6n71VWQg$0csm7NglqttFnPlUVznIF/';
```

Ebenso sollte man auch noch ein wiki-weites *attr*-Paßwort definieren. Mit
diesem oder mit dem *admin*-Paßwort kann man nun für einzelne Seiten
oder Gruppen die *read-*, *edit-* und *attr*-Paßwörter per Formular setzen.
Für eine Seite geschieht das durch Anhängen des Parameters *?action=attr*
an den URL der Seite, für eine Gruppe tut man dasselbe für die spezielle
Seite *Gruppe.GroupAttributes*.

Main /
WikiSandbox
Eigenschaften von Main.WikiSandbox

Bitte geben Sie nachfolgend neue Attribute für diese Seite an. Ein leeres
Feld ändert das Attribut nicht. Um es zu löschen 'clear' eingeben.

Neues "Lesen" Passwort: [   ]

Neues "Bearbeiten" Passwort: [editor   ]

Neues "Eigenschaften" Passwort: [   ] ****

[Absenden]

Bild 7.7: Paßwörter für eine Seite ändern

Im Bild bedeuten vier Sterne, daß ein Paßwort für diese Aktion definiert
ist. *set by group* heißt, daß diese Seite kein eigenes Paßwort hat, aber für
die Gruppe eines gesetzt wurde, ebenso kennzeichnet *set by site* wiki-weite
Paßwörter.

Das spezielle Paßwort *nopass* steht für »kein Paßwort«. Damit wird in einer paßwortgeschützten Gruppe der Zugang zu einer bestimmten Seite ohne Paßwort erlaubt. Um etwas im ganzen Wiki zu erlauben, legt man in der Konfigurationsdatei den leeren String (") als Paßwort fest, zum Beispiel:

```
$DefaultPasswords['upload'] = '';
```

Eingegebene Paßwörter werden für die Dauer der Wiki-Sitzung über ein Cookie gespeichert. Um die Paßwort-Informationen zurückzusetzen, beenden Sie die Sitzung, indem Sie an den URL einer Wiki-Seite den Parameter *?action=logout* anhängen.

Benutzerverwaltung

Soll überhaupt nur bestimmten Benutzern Zugriff aufs Wiki gewähren werden, jeder Benutzer aber sein eigenes Paßwort haben, kann man das durch den Webserver steuern. Apache kennt dafür die *Auth...*-Anweisungen, die in eine *.htaccess*-Datei eingebaut werden können. Für PmWiki wurden auch zwei eigene Authentifizierungsmechanismen entwickelt, die das Kochbuch unter *AuthUser* und *UserAuth* vorstellt.

AuthUser wird ab der Version 2.0beta39 gleich mit installiert und muß nur noch freigeschaltet werden. Es kann mit *.htpasswd*-Dateien von Apache arbeiten, für wenige Benutzer können die Paßwörter aber auch direkt in der Konfigurationsdatei festgelegt werden:

```
$AuthUser['Wickie'] = crypt('Wickies paßwort');
$AuthUser['Jimbo'] = crypt('Jimbos_paßwort');

include_once('scripts/authuser.php');

$DefaultPasswords['edit'] = 'id:*';
```

Hier darf nur Seiten bearbeiten, wer sich als Benutzer anmeldet. *id:Wickie* würde nur Wickie Zutritt gewähren.

UserAuth muß nachträglich installiert werden. Es arbeitet mit modifizierten *.htpasswd*-Dateien und bietet mehr Einstellmöglichkeiten. So gibt es einen Gastzugang und ein Formular, um einen neuen Benutzeraccount anzulegen. In Zukunft sollen die besten Funktionen von *AuthUser* und *UserAuth* zu einem einzigen Modul vereinigt werden.

Unabhängig von der Frage der Zugriffsrechte kann jeder, der eine Seite bearbeitet, im Bearbeitungsformular freiwillig einen Benutzernamen angeben und mit drei Tilden (~~~) auch Diskussionsbeiträge damit unterschreiben. Der Benutzername wird zu einer Homepage unter *Profiles.BenutzerName* verlinkt.

Eingeschränkte Seiten- und Gruppennamen

Ein weiterer Sicherheitsaspekt kann sein, Seiten oder Gruppen mit bestimmten Namen gar nicht zuzulassen beziehungsweise die Anzahl der Gruppen auf die bereits vorhandenen zu beschränken. Die Konfigurationsvariablen *$NamePattern* beziehungsweise *$GroupPattern* enthalten reguläre Ausdrücke mit erlaubten Namen für Seiten beziehungsweise Gruppen. Der folgende reguläre Ausdruck erlaubt zum Beispiel keine weiteren Gruppen als die schon vorhandenen:

```
$GroupPattern = '(?:PmWiki|Main|Site)';
```

WikiWort-Links auf eine Seite in einer anderen Gruppe werden nicht als Links angezeigt. Freie Links oder die direkte Eingabe einer Adresse zeigen ebenfalls keine Seite an.

Link-Spam vermeiden

Die häufigste Form von Spam in einem Wiki besteht darin, daß jemand versucht, (Werbe-) Links zu Homepages zu plazieren. Mit den URL Approvals (*PmWiki.UrlApprovals*) hat PmWiki ein Mittel dagegen, das nur noch in der Konfigurationsdatei aktiviert werden muß:

```
include_once('scripts/urlapprove.php');
```

Ab sofort werden Weblinks nicht mehr als Links angezeigt, sondern müssen erst durch einen Berechtigten freigeschaltet werden. Dazu erscheint hinter jedem Weblink ein Link *approve sites* (deutsch: Links überprüfen). Durch einen Klick darauf kann jemand, der *edit*-Rechte auf der Spezialseite *Site.ApprovedUrls* hat, also üblicherweise derjenige mit dem *admin*-Paßwort, alle noch nicht geprüften Links auf einer Wiki-Seite freischalten. Unerwünschte Links müßten statt dessen vorher wieder entfernt werden. Und damit Spammer nicht allzu viele ungeprüften Links ins Wiki setzen – in der Hoffnung, daß Sie diese aus Versehen doch bestätigen –, kann man die maximale Zahl ungeprüfter Links pro Seite beschränken, zum Beispiel auf zehn Stück:

```
$UnapprovedLinkCountMax = 10;
```

7.5.4 Spezialseiten in der Gruppe Site

Die Gruppe *Site* enthält nach der Installation folgende Spezialseiten, die sich zunächst in *wikilib.d/* befinden.

♦ *EditForm*: Das Bearbeitungsformular.

♦ *EditQuickReference*: Der kurze Hilfetext unter dem Bearbeitungsformular.

♦ *PageNotFound*: Die Fehlermeldung bei einer nicht gefundenen Seite.

♦ *Search*: Das Suchformular.

♦ *SideBar*: Die globale Seitenleiste (meist am linken Rand).

♦ *UploadQuickReference*: Der kurze Hilfetext unter dem Formular zum Hochladen.

Bei einem frisch installierten Wiki sollte man neben der Startseite auch die Seitenleiste bearbeiten. Die modifizierte Version wird in *wiki.d/* abgelegt, damit ein PmWiki-Update sie nicht überschreibt. Seiten in *wiki.d/* werden stets gegenüber Seiten in *wikilib.d/* bevorzugt.

7.5.5 Links

WikiWörter

Das WikiWort ist die typische Form des Links im PmWiki. Zwar kann die Erkennung eines Wortes in gemischter Groß-/Kleinschreibung als Wiki-Wort und somit als Link durch ein vorangestelltes Backquote abgeschaltet werden (`KeinWikiWort`), aber es geht noch ausgefeilter: *$WikiWord-CountMax* legt fest, wie oft ein WikiWort auf einer Seite als Link dargestellt wird. Voreingestellt ist eine Million, also quasi unendlich. Es ist aber auch gebräuchlich, den Wert 1 einzustellen, damit nur das erste Vorkommen eines WikiWorts verlinkt wird, oder auch 0, damit WikiWörter nie verlinkt werden und nur noch *[[freie Links]]* möglich sind. Über das Array *$WikiWordCount* können für einzelne Wörter abweichende Werte festgelegt werden; so ist zum Beispiel folgendes voreingestellt:

```
$WikiWordCount['PmWiki'] = 1;
```

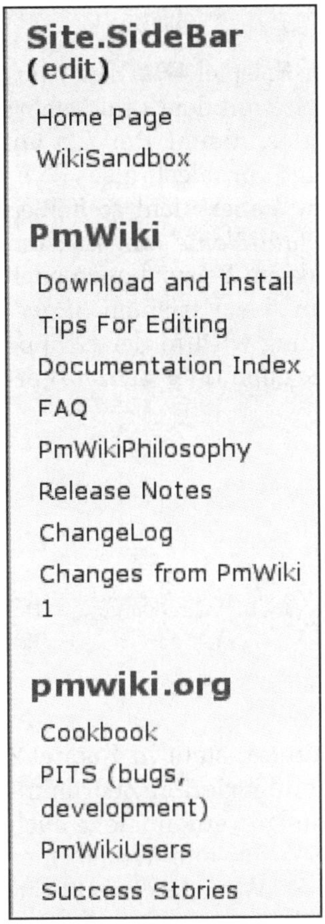

```
Site.SideBar
(edit)

Home Page
WikiSandbox


PmWiki

Download and Install
Tips For Editing
Documentation Index
FAQ
PmWikiPhilosophy
Release Notes
ChangeLog
Changes from PmWiki
1


pmwiki.org
Cookbook
PITS (bugs,
development)
PmWikiUsers
Success Stories
```

Bild 7.8:
Seitenleiste eines »nackten« PmWiki

Weitere Beispiele mit Erklärungen befinden sich in der Datei *sample-config.php* und in der Dokumentation unter *PmWiki.LinkVariables*.

Eine kürzere Schreibweise für *$WikiWordCountMax = 0* ist auch *$LinkWikiWords = 0*. Der Wert dieser Variablen bestimmt, ob WikiWörter überhaupt verlinkt werden und kann innerhalb einer Seite durch zwei Direktiven beeinflußt werden: *(:linkwikiwords:)* am Anfang einer Seite bewirkt, daß ab sofort alle WikiWörter verlinkt werden, *(:nolinkwikiwords:)* bewirkt das Gegenteil.

Wer es mag, kann Leerzeichen zwischen den Teilwörtern eines WikiWorts anzeigen lassen, um den Text natürlicher wirken zu lassen. Dafür wird *$SpaceWikiWords* auf 1 gesetzt; auch die Direktiven *(:spacewikiwords:)* und *(:nospacewikiwords:)* sind zulässig. In einem deutschsprachigen Wiki sieht das allerdings nicht so schön aus wie in einem englischsprachigen: »HelpPage« als »Help Page« zu schreiben, ist korrekt, aber die deutsche »Hilfe Seite« ist wieder ein Beispiel für eine moderne Unsitte.

Suchpfad für interne Links

Links zu Seiten ohne Angabe einer Gruppe (zum Beispiel *WikiWeb*) werden zunächst in der Gruppe gesucht, zu der die Seite mit dem Link gehört (*DieseGruppe.WikiWeb*). Bleibt diese Suche erfolglos, nimmt PmWiki an, daß der Link zur Startseite einer Gruppe zeigt, probiert also *WikiWeb.WikiWeb* aus. Die Startseite einer Gruppe muß aber nicht so heißen wie die Gruppe, sondern kann auch den in *$DefaultName* eingestellten Namen haben, meist *HomePage*; also sucht PmWiki im Beispiel auch nach *WikiWeb.HomePage*. Die Suchreihenfolge wird in der Variablen *$PagePathFmt* konfiguriert; mit der folgenden Einstellung wird in der Gruppe *Ablage* gesucht, wenn die Suche in der lokalen Gruppe (hier *$Group*) erfolglos war:

```
$PagePathFmt = array('$Group.$1', 'Ablage.$1',
    '$1.$1', '$1.$DefaultName');
```

InterWiki

Wie man InterWiki-Zuordnungen für PmWiki definiert, steht in Kapitel 2 ab Seite 97. *scripts/intermap.txt* enthält die vorkonfigurierten Zuordnungen, eigene sollten in *local/localmap.txt* vorgenommen werden (siehe auch *PmWiki.CustomInterMap*). InterWiki-Zuordnungen für alle Wikis einer Farm stehen in *pfad/zur/farm/local/farmmap.txt*. PmWiki durchsucht zuerst die *localmap*, dann die *farmmap* und schließlich die *intermap*.

7.5.6 Dateien hochladen

$EnableUpload auf 1 gesetzt, erlaubt den Upload von Dateien. Aus Sicherheitsgründen sollte man den Upload mit einem Paßwort für die Aktion *upload* schützen (siehe oben). Diese beiden Einstellungen können wie immer global vorgenommen werden, aber auch für einzelne Gruppen.

PmWiki legt hochgeladene Dateien im Unterverzeichnis *uploads* ab, das beim ersten Upload auf dieselbe Weise angelegt werden muß wie das *wiki.d*-Verzeichnis. Wünscht man ein anderes Upload-Verzeichnis, muß in der Variablen *$UploadDir* der Pfad auf dem Webserver eingestellt werden, in *$UploadUrlFmt* den URL, unter dem Browser es erreichen, zum Beispiel:

```
$UploadDir = "/var/www/resterampe";
$UploadUrlFmt = "http://resterampe.meinwiki.org";
```

Selbst anlegen sollte man das Verzeichnis nicht. Wenn PmWiki, also der Webserver, nicht die nötigen Rechte dazu hat, gibt es wie im Falle von *wiki.d/* eine Anleitung.

Hochgeladene Dateien werden im Upload-Verzeichnis nach Gruppen in Unterverzeichnisse sortiert. Für eine andere Sortierung kann man die Variable *$UploadPrefixFmt* ändern, die auf *'/$Group'* voreingestellt ist. Der leere String " sorgt dafür, daß alle Uploads in demselben Verzeichnis gespeichert werden, während *'/$FullName'* die Uploads sogar nach Seiten trennt.

7.5.7 Uploads unter Kontrolle

Durch Hochladen einer neuen Datei mit demselben Namen wie eine schon vorhandene wird diese überschrieben. Die alte Version kann nicht wiederhergestellt werden. Mit *$EnableUploadOverwrite = 0;* wird das Überschreiben verboten. Das Lesen hochgeladener Dateien ist in der Standardkonfiguration immer erlaubt und auch nicht durch *read*-Paßwörter einzuschränken, denn die Dateien werden immer direkt durch den Webserver ausgeliefert, um das Wiki nicht zu überlasten. Will man Dateien schützen, sorgt man zunächst mit *$EnableDirectDownload = 0;* dafür, daß alle Downloads durch das Wiki-Skript geleitet werden. Aus *Attach:*-URLs wird dann nicht direkt *http://meinwiki.org/uploads/dokument.pdf*, sondern *http://meinwiki.org/pmwiki.php/Gruppe/Seite?action=download&upname =dokument.pdf*, also wird die Datei durch das *read*-Paßwort für die Gruppe oder Seite mitgeschützt. Zusätzlich sollte man das Upload-Verzeichnis aus dem Webspace heraus woandershin verschieben oder per *.htaccess* schützen, wie es auf Seite **Fehler! Textmarke nicht definiert.** schon für das *wiki.d/*-Verzeichnis einer Farm beschrieben wurde.

Aus Sicherheitsgründen sollte die Größe der Uploads beschränkt werden, wenn die bei Apache (*LimitRequestBody*) oder PHP (*upload_max_filesize* und *post_max_size*) eingestellten Werte zu hoch sind oder mangels root-Rechten auf dem Webserver keinen Einfluß darauf besteht. Über die Variable *$UploadMaxSize* sind 50.000 Bytes voreingestellt. Das ist vielleicht etwas wenig, also könnte man auch ein halbes Megabyte erlauben:

```
$UploadMaxSize = 524288;
```

Noch feiner kann man die Upload-Größe für einzelne Dateitypen einschränken. So sind zum Beispiel nur JPEG-Bilder bis 64 KByte erlaubt:

```
$UploadExtSize['jpg'] = 65536;
```

Ist für eine Dateinamenserweiterung der Wert 0 vorgegeben, sind Uploads solcher Dateien ganz verboten. Für alle Dateitypen, bei denen man die Upload-Größe nicht selbst beschränkt, gilt der Wert von $UploadMaxSize$. Überhaupt kann man auch kontrollieren, welche Dateitypen erlaubt sind. In der Voreinstellung erlaubt PmWiki zum Beispiel die gängigen Bild-, Audio-, Dokumenten- und Archivformate, aus Sicherheitsgründen aber keine PHP-Skripte. Die Liste der erlaubten Dateitypen mit den zugeordneten MIME-Typen finden Sie in *scripts/upload.php*, indem Sie nach *$UploadExts* suchen. Nachträglich können Sie diese Liste immer noch erweitern, zum Beispiel um SVG-Grafiken:

```
$UploadExts['svg'] = 'image/svg+xml';
```

Ebenso können Sie auch einen schon definierten Datentyp aus der Liste löschen. Unter Windows ist es beispielsweise sicherer, den Upload von *.exe*-Programmdateien nicht zu erlauben:

```
unset($UploadExts['exe']);
```

7.5.8 Benachrichtigung über Änderungen

Letzte Änderungen

PmWiki berechnet die Liste der letzten Änderungen nicht auf Anfrage, sondern speichert sie in den Spezialseiten *Site.AllRecentChanges* für das ganze Wiki und *GruppenName.RecentChanges* für eine Gruppe. Diese Listen werden bei jeder Bearbeitung aktualisiert.

Die Variable *$RCLinesMax* legt fest, wie viele »letzte Änderungen« höchstens angezeigt werden. Voreingestellt ist 0; damit werden alle Änderungen von Anfang an angezeigt. Bei großen, aktiven Wikis sollte eine Obergrenze gesetzt werden, etwa 100.

Die Variable *$RecentChangesFmt['SeiteMitÄnderungen']* definiert das Format einer Änderung in der Liste, meist *Site.AllRecentChanges* oder *$Group.RecentChanges* für die jeweils aktuelle Gruppe; voreingestellt ist * *[[$Group/$Name]] . . . $CurrentTime $[by] $AuthorLink: [=$ChangeSummary=]*. Das heißt:

- Ein Link zur geänderten Seite, wobei nur der Seiten-, nicht aber der Gruppenname angezeigt wird. (*Site.AllRecentChanges* verwendet *[[$Group.$Name]].*).
- Der Zeitstempel der Änderung.
- Der Text »by« (deutsch: »von«) in der jeweils eingestellten Sprache.
- Ein Link zur Wiki-Homepage des Bearbeiters.
- Und schließlich der Bearbeitungsvermerk.

Newsfeeds

Newsfeeds generiert das Skript *rss.php*, das in der Konfigurationsdatei eingebunden werden muß:

```
if ($action == 'rss' || $action == 'rdf')
    include_once('scripts/rss.php');
```

Nun kann man an den URL einer jeden Seite *?action=rss* anhängen, um einen RSS-2.0-Newsfeed für diese Seite zu erhalten. (*?action=rdf* erzeugt einen Newsfeed im veralteten Format RSS 1.0.) Dabei wird die Seite als WikiTrail behandelt (siehe weiter unten): Die Seite selbst dient als RSS-Channel, die von der Seite aus verlinkten Trail-Elemente werden als einzelne Einträge in diesem Channel behandelt. Üblicherweise erzeugt man aus den letzten Änderungen einer bestimmten Gruppe (*Gruppe.RecentChanges*) oder des ganzen Wikis (*Site.AllRecentChanges*) einen Newsfeed. Allerdings informiert ein PmWiki-Newsfeed im Beschreibungstext eines Eintrags nicht darüber, worin die Änderung an einer Seite bestand, sondern enthält immer den Anfang der jeweils aktuellen Version einer Seite.

Den Umfang des Newsfeeds kann mit drei Variablen beeinflußt werden:

$RssMaxItems	(Voreinstellung: 20) ist die Höchstzahl der Einträge im Newsfeed.
$RssSourceSize	(Voreinstellung: 400) ist die Anzahl der Quelltext-Zeichen, die von einer Seite gelesen werden, um den Beschreibungstext zu erzeugen.
$RssDescriptionSize	(Voreinstellung: 200) ist die Länge des Beschreibungstextes, der kein Markup mehr enthält, weder in Wiki-Syntax noch in HTML.
$RssSourceSize	sollte etwa doppelt so groß wie *$RssDescriptionSize* eingestellt werden.

Das Kochbuch-Rezept *RssImproved* stellt ein verbessertes RSS-Plugin vor, das auch fortgeschrittene Features wie Podcasting bietet, also die Bereitstellung von Audiodateien per Newsfeed.

Automatische Rundmails

Wenn sich Wiki-Seiten seltener ändern, ist es frustrierend, sich immer wieder die letzten Änderungen im Wiki oder News-Aggregator anzuschauen und festzustellen, daß es keine Änderungen gegeben hat. Deshalb kennt PmWiki auch noch die Benachrichtigung per Mail durch das Skript *mailposts.php*, das einfach mit *$EnableMailPost = 1* aktiviert wird – wie immer je nach Geschmack global oder gruppenweise.

*$MailPostsFrom*legt den Absender der Mails fest, zum Beispiel *betreiber@meinwiki.org*, *$MailPostsTo* enthält eine durch Kommata getrennte Liste der Mail-Empfänger. Unpraktisch ist, daß der Administrator diese Liste von Hand pflegen muß – PmWiki kennt ja keine richtige Benutzeranmeldung, bei der ein Benutzer ankreuzen könnte, daß er per E-Mail über Änderungen benachrichtigt werden möchte. Eine Lösung wäre, daß Benutzer auf ihren Homepages in der Gruppe *Profiles* in einem wohldefinierten Format ihre E-Mail-Adresse eintragen und ein Skript auf dem Server diese regelmäßig einsammelt und in der Konfigurationsdatei einträgt.

Um die Mail-Benachrichtigung nicht in Spam ausarten zu lassen, können einige sinnvolle Einstellungen vorgenommen werden: Wenn *$MailPostsDelay* gleich 0 ist (Voreinstellung), wird sofort nach einer Änderung eine entsprechende Mail abgeschickt. Besser ist es, PmWiki eine gewisse Wartezeit (anzugeben in Sekunden) bis zum Abschicken einzuräumen. Dann werden die Empfänger nicht sofort benachrichtigt, aber erfahren gleich von mehreren Änderungen auf einmal in einer einzigen Mail. Dabei ist aber zu beachten, daß PmWiki nicht exakt die Wartezeit verstreichen läßt und sich dann an die Arbeit macht, sondern nur bei jeder Anfrage an das Wiki in Aktion tritt, bei kleinen Wikis also unter Umständen recht selten.

Damit PmWiki aber auch in einem sehr aktiven Wiki bei einem kleinen Wert für *$MailPostsDelay* nicht spammt, gibt es noch die Variable *$MailPostsSquelch*, voreingestellt auf 7200 Sekunden, also zwei Stunden. Dies ist die Zeitspanne, die mindestens zwischen dem Verschicken zweier Mails verstreichen muß. Alles, was in der Zwischenzeit passiert ist, wird wiederum in der Mail zusammengefaßt. Ein niedriger *delay-* und ein hoher *squelch*-Wert zusammen bewirken, daß das Wiki zwar in Zeiten relativer Ruhe sofort über Änderungen benachrichtigt, ohne noch eine Zeitlang zu warten, in Zeiten hoher Last jedoch nur in bestimmten Intervallen ein ganzes Bündel von Änderungen meldet.

Eine Mail hat den Betreff *$WikiTitle recent wiki posts*, wobei *$WikiTitle* für den Namen des Wikis steht. Der Betreff kann über die Variable *$MailPostsSubject* konfiguriert werden. Die Nachricht selbst sieht etwa so aus:

```
Recent wiki posts:
  (http://meinwiki.org/Site/AllRecentChanges)
* Main.HomePage . . . August 17, 2005, at 12:11 PM by Christoph Lange
* Site.SideBar . . . August 17, 2005, at 12:10 PM by Christoph Lange
```

Das Format entspricht etwa der Seite der letzten Änderungen. Der ganze Mail-Text ist über die Variable *$MailPostsMessage* konfigurierbar, die den Standardwert *"Recent wiki posts:\n ($ScriptUrl/$SiteGroup/AllRecent-Changes)\n\n\$MailPostsList\n"* hat. Für *$MailPostsList* werden die letzten Änderungen eingesetzt.

Weitere Konfigurationsmöglichkeiten sind in der Dokumentation unter *PmWiki.MailPosts* beschrieben.

7.5.9 Vermischtes

Zulassung von Suchmaschinen

Wenn eine Suchmaschine ein frisch installiertes PmWiki entdeckt, darf sie nur die Artikel selbst indizieren (index) und von dort aus weiteren Links folgen (follow); für die anderen Ansichten einer Seite wie das Bearbeitungsfenster oder die Versionsgeschichte gilt dies nicht, ebensowenig für die Gruppen *PmWiki* und *Site*. Mit der Variable *$MetaRobots* wird für das ganze Wiki oder für bestimmte Gruppen oder Seiten genau bestimmt, was PmWiki in das dafür zuständige HTML-Element *<meta name="robots" content="..."/>* schreibt. Man kann die Angaben *index/noindex* und *follow/nofollow* kombinieren, zum Beispiel zu *"index,follow"* oder *"noindex,nofollow"*. Für Letzteres kann auch kurz *"none"* oder *""* geschrieben werden.

Vermißte und verwaiste Seiten aufspüren

Das Skript *refcount.php* (reference counter, deutsch: Referenzzähler) zählt für alle Seiten im Wiki oder in bestimmten Gruppen, wie viele andere Seiten per Wikilink auf diese verweisen. Auf diese Weise spürt man verwaiste Seiten auf, auf die es keine Links von anderen Seiten gibt, und stellt fest, welche Seiten gewünscht beziehungsweise vermißt werden. Auf solche Seiten gibt es zwar Links, aber die Seiten selbst existieren noch nicht. Das Skript wird über die Aktion *refcount*, also den URL-Parameter *?action=refcount*, aufgerufen, wenn es von Hand in der Konfigurationsdatei aktiviert wurde:

```
if ($action == 'refcount')
    include_once('scripts/refcount.php');
```

Im Formular kann man auswählen, ob alle Seiten angezeigt werden sollen, nur vermißte (missing), nur vorhandene (existing) oder nur verwaiste (orphaned). Außerdem kann man die Suche auf Links von bestimmten Gruppen in bestimmte andere Gruppen beschränken; mehrere Gruppen werden in den Listenfeldern mit gedrückter [Strg]-Taste markiert.

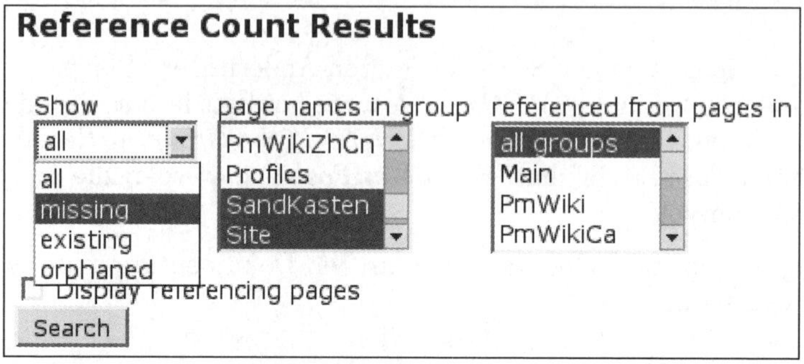

Bild 7.9: Formular des Referenzzählers

Normalerweise wird nur die Anzahl der Links auf eine Seite angezeigt; ist *Display referencing pages* angekreuzt, werden auch die verweisenden Seiten selbst aufgelistet, was zu einer sehr langen Ausgabe führen kann. Links von einer Liste der letzten Änderungen zu einer Seite werden separat gezählt und in einer eigenen Spalte der Tabelle aufgeführt. Eine vermißte Seite kann übrigens durchaus auch in der Liste der letzten Änderungen vorkommen, wenn sie erst vor kurzem gelöscht wurde.

	Referring pages	
Name / Time	**All**	**R.C.**
PmWiki.FreeLinks[?]	2	1
PmWiki.WikiStructure		
PmWiki.FAQCandidate		

Bild 7.10: Ausgabe des Referenzzählers

Diagnose

Wird *$EnableDiag* auf 1 gesetzt, stehen drei zusätzliche Aktionen zur Verfügung, die ausgeführt werden, indem Sie *?action=...* an den URL einer Seite angehängt wird:

♦ *diag* zeigt die Belegung aller Variablen an, die das PmWiki-Skript kennt.

♦ *phpinfo* führt die PHP-Funktion *phpinfo()* aus, die die Konfiguration der PHP-Umgebung und des Webservers anzeigt.

♦ *ruleset* zeigt alle Formatierungsregeln an (siehe auch Abschnitt 7.7.6 auf Seite 312); die Ausgabe besteht aus drei Spalten:
   1. Name des Markups.

2. Verarbeitungsstufe, in der das Markup angewandt wird (eine der vordefinierten Stufen oder <... beziehungsweise >... für Anwendung vor/nach einer anderen Regel).
3. Daraus berechneter interner Sortierschlüssel für die Reihenfolge der Anwendung.

Diese Diagnosefunktionen sollten Sie wieder abschalten, sobald Sie Ihr Wiki öffentlich zugänglich machen, denn auch für Angreifer ist es nützlich, über die Konfiguration des Wikis und Webservers und somit über potentielle Sicherheitslöcher genau Bescheid zu wissen.

7.6 SEITEN BEARBEITEN

7.6.1 Die Werkzeugleiste

Über dem Bearbeitungsfeld zeigt PmWiki eine Werkzeugleiste mit den wichtigsten Formatierungsbefehlen an, falls *$EnableGUIButtons* auf 1 gesetzt ist. Wenn Text markiert ist, wird die Formatierung darauf angewendet, sonst wird ein Beispieltext an der Cursorposition eingefügt.

Bild 7.11: Werkzeugleiste im Bearbeitungsfenster

Die Datei *sample-config.php* enthält Vorschläge für weitere Formatierbefehle, zum Beispiel folgenden für eine Überschrift zweiter Ordnung:

```
$GUIButtons['h2'] = array(400, '\\n!! ', '\\n', '$[Heading]',
  $GUIButtonDirUrlFmt/h2.gif"$[Heading]"');
```

Ein neuer Befehl wird an das Array *$GUIButtons* angefügt. Der erste Parameter gibt – relativ zu den anderen Buttons in *guiedit.php* – an, an welcher Stelle in der Leiste der Button angezeigt werden soll. Es folgen der vor beziehungsweise nach der Auswahl im Bearbeitungsfeld einzufügende Text, dann der Text, der eingefügt wird, wenn nichts ausgewählt ist. *$[TEXT]* ist kein Element der PHP-Syntax, sondern wird von PmWiki durch die Übersetzung von *TEXT* in der eingestellten Sprache ersetzt. Als letztes folgt der Text des Buttons, entweder als HTML-Code oder als Bild-URL, gefolgt von einem Hilfetext. Ein frisch installiertes PmWiki verwendet die Bilder aus *$FarmPubDirUrl/guiedit*. Weitere Hinweise zur Anpassung der Werkzeugleiste gibt das Kochbuch-Rezept *GuiEdit*.

Bild 7.12: Voller Umfang der Werkzeugleiste

7.6.2 Barrierefrei mit Zugriffstasten

Einige Buttons sind über Tastenkombinationen erreichbar. Solche werden in HTML mit dem Attribut *ACCESSKEY* (deutsch: Zugriffstaste) definiert. Angeben kann man ein einziges Zeichen »X«; die tatsächlich zu drückende Tastenkombination lautet dann je nach Browser unterschiedlich. In den meisten Browsern unter Windows muß man [Alt]+[X] drücken, auf dem Mac [Ctrl]+ [X], Opera verlangt [Shift]+[Esc] [X], Konqueror [Ctrl] [X] (nacheinander drücken!).

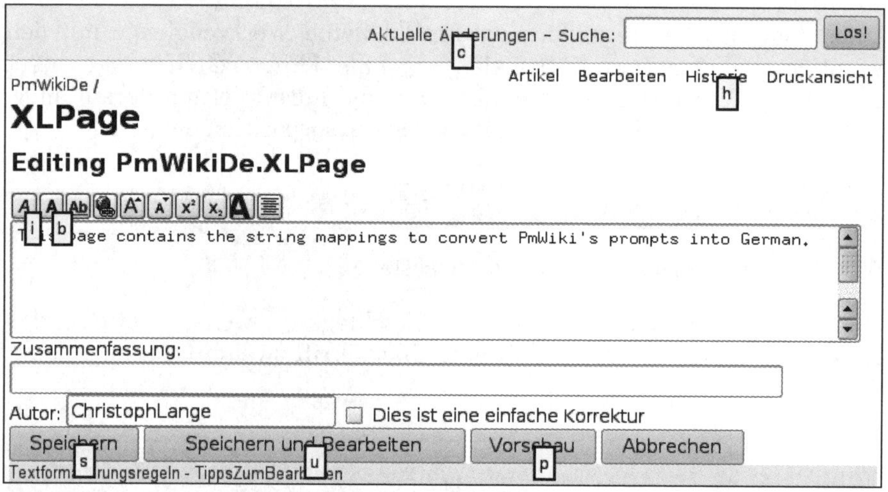

Aktuelle Änderungen - Suche: [   ] [Los!]
                              c

PmWikiDe /   Artikel Bearbeiten Historie Druckansicht
                                                        h
XLPage

Editing PmWikiDe.XLPage

This page contains the string mappings to convert PmWiki's prompts into German.

Zusammenfassung:
[   ]

Autor: [ChristophLange]   ☐ Dies ist eine einfache Korrektur

[Speichern] [Speichern und Bearbeiten] [Vorschau] [Abbrechen]
       s   u   p
Textformatierungsregeln - TippsZumBearbeiten

Bild 7.13: Anzeige der Zugriffstasten

Tastaturkürzel (auch Access Keys oder Shortcuts genannt) sind je nach eingestellter Sprache unterschiedlich. Ihr Nutzen hängt stark vom verwendeten Browser ab, da kein konsistenter Auslösemechanismus festgelegt ist. So muß man bei Internet Explorer, Firefox oder Mozilla *<Alt>+ <Access Key>* betätigen (zum Beispiel springt *<Alt>+f* ins Such-Eingabefeld), was nicht selten mit Menü-Shortcuts kollidiert. Opera verwendet etwas umständlich *<Shift>+<Esc>+<Access Key>*, während man bei Konqueror nacheinander die *<Strg>*-Taste und dann das Kürzel betätigt. Einige Browser wählen zwar den entsprechenden Link aus, folgen ihm aber nicht automatisch, so daß man zusätzlich *<Enter>* beziehungsweise *<Return>* drücken muß. Eine Liste der englischen Standardkürzel zählt *Help:Keyboard shortcuts* im Meta-Wiki auf.

Für manche Aktionen sind in PmWiki Zugriffstasten vordefiniert:

♦ Speichern: s (wie »save«)

♦ Speichern und weiter bearbeiten: u (wie »update«)

Vorschau: p (wie »preview«)

7.6.3 Persönliche Einstellungen

Andere Tastenkombinationen müssen Sie erst in Ihren persönlichen Einstellungen einrichten beziehungsweise bestätigen. Nicht nur Tatenkombi-
nationen, auch das Bearbeitungsformular kann dort konfiguriert werden,
die Vorgehensweise ist allerdings nicht ganz intuitiv. Sinnvolle Voreinstel-
lungen stehen unter *Site.Preferences*. Dort sind einige weitere Tastenkombinationen definiert, ein Bearbeitungsfeld der Größe 70×20 und das
von *Site.EditForm* vorgegebene Layout des Bearbeitungsformulars:

```
# Access keys - hold Alt (Windows) or Control (Mac) and
# tap the indicated key on your keyboard to trigger the
# corresponding action.
'ak_edit'          => 'e',       # edit page
'ak_history'       => 'h',       # page history
'ak_recentchanges' => 'c',       # Recent Changes
'ak_save'          => 's',       # save page
'ak_saveedit'      => 'u',       # save and keep editing
'ak_preview'       => 'p',       # preview page
'ak_em'            => 'i',       # emphasized text (italic)
'ak_strong'        => 'b',       # strong text (bold)


# Editing components
'e_rows' => '20',                # rows in edit textarea
'e_cols' => '70',                # columns in edit textarea
'Site.EditForm' => 'Site.EditForm' # location of EditForm
```

Wenn Sie damit zufrieden sind, klicken Sie einfach auf *Set Preferences of
this Page*. Damit wird die Seite mit dem zusätzlichen URL-Parameter
?setprefs=Site.Preferences aufgerufen. Diese Aktion setzt ein Browser-
Cookie mit dem Hinweis, daß auf *Site.Preferences* die vom Benutzer gewünschte Konfiguration zu finden ist. (*?setprefs=* löscht dieses Cookie
wieder.) Normalerweise möchten Sie aber Ihre eigenen Einstellungen
haben. Dazu kopieren Sie *Site.Preferences* an irgendeine Stelle, Konvention ist *Profiles.BENUTZERNAME-Preferences*. Zu dumm nur, daß Sie
normalerweise die Vorlage nicht zum Bearbeiten öffnen dürfen, um den
Quelltext zu kopieren, denn der Namensraum *Site* hat ja ein *edit*-Paßwort.

An den Quelltext kommen Sie aber trotzdem, wenn Sie *Site.Preferences* mit dem zusätzlichen URL-Parameter *?action=source* aufrufen. Wenn Sie den Quelltext Ihrer eigenen Einstellungs-Seite angepaßt haben, rufen Sie nur noch *setprefs* auf, am bequemsten wieder über den auf der Seite enthaltenen Link *Set Preferences of this Page*, der dank der Verwendung von Variablen von überall aus richtig funktioniert:

```
[[{$FullName}?setprefs={$FullName} | Set Preferences of this Page]]
```

7.6.4 Angabe des Autors

Ohne Erweiterungsmodule (siehe oben unter Benutzerverwaltung) kennt PmWiki keine Benutzer, im Bearbeitungsformular kann man aber freiwillig einen Benutzernamen angeben. Der Administrator kann die Benutzer des Wikis aber zwingen, sich immer zu ihren Beiträgen zu bekennen:

```
$EnablePostAuthorRequired = 1;
```

Wer dann eine Seite anonym speichern will, erhält eine Fehlermeldung.

7.6.5 Seiten löschen

Wie schon in Kapitel 2.2.8 beschrieben, löscht man eine Seite, indem man ihren Inhalt durch das Wort *delete* ersetzt, wobei Leerzeichen vorher oder nachher erlaubt sind. In der Variablen *$DeleteKeyPattern* kann man einen regulären Ausdruck für diesen Löschtext festlegen, zum Beispiel:

```
$DeleteKeyPattern = "^\\s*(remove|delete|kill)\\s*$";
```

Damit wird jede Seite gelöscht, die aus einer einzigen Zeile mit dem Wort *remove, delete* oder *kill* bestehen, möglicherweise mit führenden oder nachfolgenden Leerzeichen. \s steht für alle Arten von Leerzeichen und Tabulatoren; in einem PHP-String muß man den Backslash doppelt schreiben. Mit diesem Ausdruck wird den Benutzern das Löschen sehr leicht gemacht; im Interesse der »Security by Obscurity« kann man es mit einem anderen, paßwortartigen Löschmuster auch erschweren.

Einen alternativen Lösch-Mechanismus, der sich auch mit einem Paßwort schützen läßt, etabliert das Skript *DeleteAction* aus dem Kochbuch, das der Administrator installieren kann.

7.7 SYNTAX

Neben den im Kapitel 2 vorgestellten Formatierungsbefehlen bietet PmWiki noch einen Gemischtwarenladen weiterer Befehle an, von denen nachfolgend die wichtigsten vorgestellt werden.

7.7.1 Direktiven – erweiterte Befehle

Viele Befehle der PmWiki-Syntax haben die Form einer sogenannten *Direktive*:

```
(:direktive ...:)
```

Eine Direktive kann mehrere Argumente haben. Manche Direktiven müssen am Anfang einer Quelltextzeile stehen.

Seiteneinstellungen

(:title Seitentitel:)	Gibt einer Seite einen Titel, der sich von ihrem Namen unterscheidet. Bei den meisten Skins kann man damit allerdings nicht den vollständigen Fenstertitel beeinflussen, denn dieser enthält auch noch den Namen des Wikis und der Gruppe.
(:keywords Suchbegriff1, Suchbegriff2, ...:)	Definiert Suchbegriffe, unter denen Suchmaschinen die Seite indizieren können. Dazu wird das HTML-Element <meta name="keywords" content="..."/> verwendet.
(:description Seitenbeschreibung:)	Ordnet der Seite einen kurzen Beschreibungstext zu, ebenfalls für Suchmaschinen. Das entsprechende HTML-Element lautet <meta name="description" content="..."/>.

Besondere Textabschnitte

Ein CSS-formatierter Textabschnitt wird in HTML mit *<div>...</div>* geschrieben. Dasselbe erreicht man in PmWiki mit *(:div:)* und *(:divend:)*, wobei *(:div:)* die aus HTML bekannten Attribute wie *id*, *class* oder *style* haben darf. Beachten Sie, daß man, anders als bei HTML, solche durch Direktiven ausgezeichneten Textbereiche nicht verschachteln kann.

Für *(:div:)* gibt es auch die Kurzschreibweise >><< beziehungsweise >>*attr=wert* ...<<, die im Abschnitt zu WikiStyles auf Seite 308 vorgestellt wird.

Für Beispiele in Wiki-Dokumentationen interessant sind die Direktiven *(:markup:)* und *(:markupend:)*. Der Text zwischen zwei solchen Zeilen wird in zwei Versionen in einen Kasten gesetzt: oben als Wiki-Quelltext, unten formatiert. Beispiel:

```
(:markup:)
! Überschrift 1
!! Überschrift 2
!!! Überschrift 3
!!!! Überschrift 4
!!!!! Überschrift 5
!!!!!! Überschrift 6
(:markupend:)
```

```
! Überschrift 1
!! Überschrift 2
!!! Überschrift 3
!!!! Überschrift 4
!!!!! Überschrift 5
!!!!!! Überschrift 6
```

Überschrift 1

Überschrift 2

Überschrift 3

Überschrift 4

Überschrift 5

Überschrift 6

Bild 7.14: Dokumentation mit der Direktive *markup*

Diverse Direktiven

... haben Sie schon im Kapitel 2 kennengelernt:

(:comment:)	für Kommentare (siehe Kapitel 2, Seite 65).
(:redirect:)	für eine Weiterleitung zu einer anderen Seite (siehe Kapitel 2, Seite 89).
(:include:)	zum Einbinden anderer Seiten (siehe Kapitel 2, Seite 110).
(:attachlist:)	zur Anzeige einer Liste der hochgeladenen Anhänge (siehe Kapitel 2, Seite 132).
(:searchbox:)	für ein Such-Eingabefeld (siehe Kapitel 2, 137).

Weitere stellt diese Kapitel in den folgenden Abschnitten vor.

7.7.2 HTML – Wenn's unbedingt sein muß...

Gemäß seiner Philosophie hat PmWiki nicht den Anspruch, HTML zu ersetzen oder alles zu ermöglichen, was HTML kann. Zum einen deshalb, weil HTML im allgemeinen schwerer zu erlernen ist als eine wiki-typische Syntax und man so einige potentielle Autoren aussperren könnte, zum anderen, weil bestimmte HTML-Elemente Sicherheitsrisiken bergen: Client-seitige Skripte erlauben die Steuerung des Browsers inklusive der Ausnutzung eventuell vorhandener Sicherheitslücken, Formulare könnten zum Paßwort-Phishing mißbraucht werden und mit dem vollen Funktionsumfang von CSS könnte ein Vandale die ganze Seite beispielsweise mit einem schwarzen Kasten verdecken.

Das Kochbuchrezept *EnableHTML* bietet ein kleines Skript an, mit dem man ausgewählte HTML-Elemente durch einen regulären Ausdruck freischalten kann, zum Beispiel:

HtmlMarkup('[biu]|strong|em')	Einige Textformatierungen.
HtmlMarkup('!')	Kommentare.
HtmlMarkup('script')	Skripte, nur für paßwortgeschützte Seiten empfehlenswert.

Beachten Sie, daß immer ganze Elemente freigeschaltet werden und alle Attribute in die vom Wiki erzeugte Seite übernommen werden. Insbesondere ermöglicht die durch die Hintertür doch wieder potentielle Bösartigkeiten mit CSS (über das Attribut *STYLE*) und Skripten (über Attribute wie *ONCLICK*).

7.7.3 Tabellen à la HTML

Mit der üblichen PmWiki-Syntax sind viele Arten von Tabellen möglich,
aber nicht alle. Damit Sie keine HTML-Tabellen freischalten müssen,
bietet PmWiki Ihnen selbst schon eine alternative, mächtige Syntax an
(*PmWiki.AdvancedTables*), die die Software fast 1:1 in HTML-Tabellen
umsetzt. Geschachtelte Tabellen, also Tabellen innerhalb von Tabellenzellen, sind damit allerdings immer noch nicht möglich.

Es gibt folgende vier Direktiven, die jeweils am Anfang einer Zeile stehen
müssen (siehe Tabelle 7.2).

Überschriftszellen (HTML-Element *TH*) gibt es nicht; sie müssen durch
fette Zellinhalte simuliert werden.

Hier die Beispieltabelle, die im Kapitel 2 für FlexWiki (siehe Seite 72) und
MediaWiki (siehe Seite 75) gezeigt wurde:

```
(:table border=1:)
(:cell rowspan=2:) '''Wikis'''
(:cell colspan=3:) '''Wiki'''
(:cellnr:) '''Dateibasiert'''
(:cell colspan=2:) '''mit Datenbank'''
(:cellnr:) '''Name'''
(:cell:) UseMod
(:cell:) PmWiki
(:cell:) MediaWiki
(:cellnr:) '''Homepage'''
(:cell:) http://www.usemod.com
(:cell:) http://www.pmwiki.org
(:cell:) http://meta.wikimedia.org
(:tableend:)
```

7.7.4 Inhaltsverzeichnis und numerierte Überschriften

Das Kochbuch stellt zwei Erweiterungen vor, die aus den Überschriften
auf einer Seite automatisch ein Inhaltsverzeichnis erzeugen. *PageTables*
zeigt ein Inhaltsverzeichnis an der Stelle an, an der es eine Zeile mit der
Direktive *(:toc:)* findet und kann noch einiges mehr. Bei *NumberedHeaders*
erzeugt *(:toc:)* ebenfalls ein Inhaltsverzeichnis, zusätzlich werden alle
Überschriften ab einer *(:num:)*-Direktive numeriert.

Direktive	Auswirkung
(:table [attribut ...]:)	steht für den Anfang einer Tabelle; die folgenden optionalen Attribute beeinflussen das Aussehen der ganzen Tabelle:
	border — Randbreite in Pixeln
	bordercolor — Farbe des Randes
	cellspacing — Abstand zwischen den Zellen in Pixeln
	cellpadding — Abstand des Zellinhaltes zum Zellenrand in Pixeln
	width — Breite der Tabelle, absolut oder relativ zur Seitenbreite
	bgcolor — Hintergrundfarbe
	align — Ausrichtung der Tabelle relativ zur Seite (left, center, right)
	summary — Kurze Zusammenfassung des Tabelleninhalts, die nicht angezeigt wird, zur maschinellen Weiterverarbeitung oder für behindertengerechte Software
(:cell [attribut ...]:)	erzeugt eine weitere Tabellenzelle in der gleichen Zeile; Attribute:
	align — Ausrichtung des Zellinhalts (left, center, right)
	valign — Vertikale Ausrichtung des Zellinhalts (top, middle oder bottom)
	colspan — Anzahl der Spalten, über die sich die Zelle erstreckt
	rowspan — Anzahl der Zeilen, über die sich die Zelle erstreckt
	bgcolor — Hintergrundfarbe
	width — Breite der Zelle, absolut oder relativ zur Tabellenbreite
(:cellnr [attribut ...]:)	erzeugt einen Zeilenumbruch (nr = new row) und die erste Zelle in der nächsten Zeile, Attribute wie bei cell.
(:tableend:)	beendet die Tabelle

Tabelle 7.2: Tabellendirektiven

7.7.5 WikiStyles statt CSS

WikiStyles peppen auch ohne CSS Wiki-Seiten mit Farben und anderen Formatierungen auf. WikiStyles stehen in Prozentzeichen, es können einfach vordefinierte Farben (*%red%*, *%green%*, *%blue%*, ...) oder Ausrichtungen (*%center%*, *%right%*) sein, aber auch andere CSS-Attribute für andere Farben (*%color=#f5deb3%*), Umrandungen (*%border="2px dotted blue"%*), Schrift (*%font-size=18%*) und mehr. Nur relative Größenangaben wie *width=50%* werden nicht korrekt umgesetzt, weil PmWiki das Prozentzeichen für das Ende des WikiStyles hält. Man kann mehrere Stil-Angaben kombinieren:

```
%background-color=green red font-weight=bold% Sehtest
```

Gültigkeitsbereiche

Ein Stil ohne besondere Gültigkeitsangabe gilt bis zum Ende des Absatzes, also bis zum Ende der Quelltext-Zeile, oder bis zur nächsten Stil-Angabe im selben Absatz. %% schaltet den gerade gültigen Stil ab. Beispiel:

```
%red% Rotkäppchen %blue% und der böse
%color=#666666% Wolf%% gingen in den %green% Wald.
```

Die Gültigkeit eines Stils wird genauer festgelegt, indem an den Anfang der Angabe der Bereich notiert wird:

%p ...%	Bis zum Ende des Absatzes.
%list ...%	Bis zum Ende einer Liste.
%item ...%	Bis zum Ende eines Listenelements.
%block ...%	Bis zum Ende des nächsten Blocks (Listenelement, Absatz, vorformatierter Text oder Überschrift).

Tabelle 7.3: Bereich eines Stils

Diese Schreibweisen sind Abkürzungen, die ausgeschriebene Form lautet beispielsweise im letzteren Fall *%apply=block ...%*.

Innerhalb derart gestylter Bereiche sind lokal andere Stile möglich. Im folgenden Beispiel ist der Satz nach dem roten Text wieder blau:

```
%p blue% Ganz Gallien ist von den Römern besetzt.
%red% Ganz Gallien? Nein! %% Ein von unbeugsamen
Galliern bevölkertes Dorf ...
```

Sie können einen Stil auch auf mehrere Absätze anwenden:

```
>>blue background-color=#ffffcc font-weight=bold<<
In diesem Buch lernen Sie folgende ⏎
 %font-style=italic% Wikis %% kennen:

* UseMod
* PmWiki
* FlexWiki
* MediaWiki
>><<
```

Listen

Zur Gestaltung von numerierten Listenelementen sind folgende WikiStyles vordefiniert:

◆ Römische Zahlen, groß (*%ROMAN%*) und klein (*%roman%*).

◆ Buchstaben, groß (*%ALPHA%*) und klein (*%alpha%*).

◆ Arabische Zahlen (*%decimal%*).

Wenn die Listenelemente nicht ab 1 gezählt werden sollen, geben Sie einfach mit *%value=X%* einen anderen Startwert vor:

```
# %item value=2% Begrüßung der Gäste
## %item value=3 ALPHA% Ehrengäste
## Sponsoren
# Sitzung
## %roman% erster Punkt
## zweiter Punkt
### Antrag
### Diskussion
### Abstimmung
## dritter Punkt
# Gemütlicher Teil
```

  1.Begrüßung der Gäste

      A.Ehrengäste

      B.Sponsoren

  2.Sitzung

        i.erster Punkt

        ii.zweiter Punkt

            1.Antrag

            2.Diskussion

            3.Abstimmung

      iii.dritter Punkt

  2.Gemütlicher Teil

Zielfenster für Links

WikiStyles können nicht nur CSS, auch ein paar HTML-Attribute können mit einer Style-Syntax gesetzt werden. Das wichtigste davon ist *target* für Links. So öffnet *%target=help%* *HilfeSeite* die Seite *HilfeSeite* in einem Browser-Fenster namens *help*. Ist ein solches Fenster schon geöffnet, wird es wiederverwendet, sonst neu geöffnet. *%target=_blank%* oder kurz *%newwin%* öffnet einen Link in einem neuen Fenster. Eine *target*-Definition wird auf alle Links im Gültigkeitsbereich angewandt. Um den Überblick zu behalten, sollte man sie daher direkt vor den Link setzen und hinter dem Link mit *%%* unschädlich machen.

Stil-Abkürzungen definieren

Abkürzungen wie *%newwin%* für *%target=_blank%* sind keine Hexerei, man kann sie auch selbst definieren. Wenn eine WikiStyle-Angabe das spezielle Attribut *define=NAME* enthält, wird der Stil nicht auf den folgenden Text angewandt, sondern unter dem angegebenen Namen zur späteren Verwendung festgehalten. *define* steht üblicherweise am Anfang oder am Ende der Stil-Angabe.

Das folgende Beispiel definiert einen Stil für Programmquelltexte in Anlehnung an die Darstellung vorformatierter Texte durch den MediaWiki-Skin Monobook:

```
%define=listing block padding=1em↵
 border="1px dashed #2f6fab" black background-color=#f9f9f9%

%listing% [@
10 SIN
20 GOTO HELL
@]
```

```
 10 SIN
 20 GOTO HELL
```

Eine so definierte Abkürzung kann man wiederverwenden, um weitere Attribute hinzuzufügen:

```
%listing font-style=italic% [@
public static void main(String[] args)
@]
```

Wenn ein solcher Stil nicht nur für eine Seite gelten soll, kann er auch in der Konfigurationsdatei definiert werden. Alle WikiStyles stehen im Array *$WikiStyle* mit den zwei Dimensionen Stil-Name und Attribut. Hier das Beispiel von oben:

```
$WikiStyle['listing']['apply'] = 'block';
$WikiStyle['listing']['padding'] = '1em';
$WikiStyle['listing']['border'] = '1px dashed #2f6fab';
$WikiStyle['listing']['color'] = 'black';
$WikiStyle['listing']['background-color'] = '#f9f9f9';
```

7.7.6 Eigene Markups

Nicht nur eigene Stildefinitionen kann man einrichten, sondern sogar auf jeder Stufe in die Formatierung einer Seite eingreifen und die Wiki-Syntax um eigene Markups erweitern. PmWiki ersetzt bei der Formatierung Wiki-Markups mit *preg_replace*, einer PHP-Funktion zum Ersetzen von Text mit regulären Ausdrücken, durch HTML-Elemente. Die Definition eigener Markups erklärt die Dokumentations-Seite *CustomMarkup*. Ein einfaches Beispiel aus *stdmarkup.php* ist die Formatierung von Programmcode mit @@...@@:

```
Markup('@@','inline','/@@(.*?)@@/','<code>$1</code>');
```

Hier wird ein Markup mit dem internen Namen @@ definiert, das innerhalb einer Textzeile angewandt wird (inline). Wenn PmWiki einen Text innerhalb von @@...@@ findet, gibt es denselben Text aus ($1), eingeschlossen in *CODE*-Tags.

Insbesondere bei der Entscheidung, auf welcher Verarbeitungsstufe beziehungsweise vor oder nach welchem anderen Markup ein Markup angewandt werden soll, ist Vorsicht geboten, denn Fehler an dieser Stelle sind sehr schwer zu verfolgen. Dabei helfen die Aktion *?action=ruleset* (siehe Seite 298) und das Kochbuch-Rezept *MarkupRulesetDebugging*.

7.8 GRUPPEN UND ANDERE STRUKTUREN

Welche Gruppen ein frisch installiertes PmWiki enthält, wurde schon zu Anfang im Abschnitt zu den Strukturen beschrieben. Für gruppenspezifische Konfigurationsdateien haben Sie auch schon einige Beispiele gesehen. In diesem Abschnitt geht es um die Arbeit mit Gruppen und ähnlichen Strukturen aus der Sicht des Anwenders.

7.8.1 Links in andere Gruppen

Ein normaler Wiki-Link verweist auf eine Seite in derselben Gruppe. Befindet sich die Zielseite in einer anderen Gruppe, muß man die Gruppe mit angeben. Das geht auf mehrere Arten:

- *[[Gruppe.Seite]]*erzeugt einen Link mit dem Text *Gruppe.Seite*.
- *[[Gruppe/Seite]]*erzeugt einen Link mit dem Text *Seite*.

Wenn der Seitenname ein WikiWort ist, können die eckigen Klammern auch weggelassen werden. Selbstverständlich stehen auch alle weiteren Arten von freien Links zur Verfügung, etwa *[[Main(.HomePage)]]* (Link-Text »Main«) und *[[Spielplatz -> Main.WikiSandbox]]*.

7.8.2 Gemeinsame Kopf- und Fußtexte in einer Gruppe

Alle Seiten einer Gruppe können einen gemeinsamen Kopf- oder Fußtext besitzen. Der Kopftext wird vor dem eigentlichen Seitentext angezeigt, er befindet sich in *GruppenName.GroupHeader*. Analog dazu steht der Fußtext in *GruppenName.GroupFooter*. Solche gemeinsamen Kopf- und Fußtexte können zum Beispiel für Hinweise oder Navigationslinks verwendet werden oder um für alle Seiten in einer Gruppe bestimmte WikiStyles mit *define* vorzugeben. Ähnlich wie bei den vom Skin vorgegebenen Kopf- und Fußleisten kann man auf einzelnen Seiten auch mit der Direktive *(:nogroupheader:)* den Gruppenkopf und mit *(:nogroupfooter:)* den Gruppenfuß abschalten.

Wenn alle Gruppenkopftext (Fußtexte ebenso) einen gemeinsamen Text enthalten sollen, kann der Administrator diesen zum Beispiel in *Site.GroupHeader* vorgeben, damit Gruppenautoren ihn bequem mit *(:include Site.GroupHeader:)* einbinden.

7.8.3 Trails – Wege durchs Wiki

Ein WikiTrail ist ein Wanderweg durch eine geordnete Folge von Wiki-Seiten, die meist innerhalb derselben Gruppe liegen. Ein Trail wird erzeugt, indem man auf einer Index-Seite in einer numerierten oder einfachen Liste Links zu allen Seiten setzt, die zum Trail gehören. Zum Trail gehören dabei nur Seiten, die gleich zu Beginn eines Listenelements verlinkt sind, das läßt einem also die Freiheit, auch noch andere (erklärende) Links in die Liste aufzunehmen. Die Schachtelungstiefe innerhalb der Liste spielt allerdings keine Rolle.

Das folgende Beispiel zeigt eine Index-Seite eines Trails zur deutschen Geschichte:

```
* [[DeutscherBund]] (1815-1866)
** 1848 scheiterte eine liberal-demokratische↵
   [[Revolution(1848)]].
** [[NorddeutscherBund]] (1866-1871)
* Gründung des [[Deutschen Reichs -> DeutschesReich]] 1871
** [[DeutschesKaiserreich]] (1871-1918)
** [[WeimarerRepublik]] (1918-1933) nach dem↵
   [[1. Weltkrieg -> ErsterWeltkrieg]]
** [[NationalSozialistischeDiktatur]] (1933-1945)
* [[BesetztesDeutschland]] (1945-1949) nach dem↵
   [[2. Weltkrieg -> ZweiterWeltkrieg]]
* Geteiltes Deutschland (1949-1990)
** [[(Alte)BundesRepublik]] (gegründet 1949)
** [[DDR]] (1949-1990)
* [[BundesRepublik]] nach der [[Wiedervereinigung]] von 1990
```

Daraus ergibt sich ein Trail mit den Seiten *DeutscherBund*, *NorddeutscherBund*, *DeutschesKaiserreich*, *WeimarerRepublik*, *NationalSozialistischeDiktatur*, *BesetztesDeutschland*, *AlteBundesRepublik*, *DDR* und *BundesRepublik*. Die Seiten *Revolution1848*, *DeutschesReich*, *ErsterWeltkrieg*, *ZweiterWeltkrieg* und *Wiedervereinigung* gehören nicht zum Trail. Mit dieser Index-Seite allein kann man den Trail bisher nur verwenden, um daraus einen Newsfeed zu erzeugen (siehe Seite 295).

Um den Trail beschreiten zu können, müssen die dazugehörigen Seiten noch angepaßt werden. *<<|TrailIndexSeite|>>* fügt Navigationslinks ein, im Beispiel also:

```
''%trail% <<|DeutscheGeschichte|>>''
```

So werden Links vor und zurück sowie zur Index-Seite erzeugt, im Beispiel-Artikel *WeimarerRepublik* also *<< DeutschesKaiserreich | Deut­scheGeschichte | NationalSozialistischeDiktatur >>*.

Die Verwendung des Stils *%trail%* ist optional. Bei seiner Verwendung werden die Navigationslinks grau hinterlegt. Die Definition muß man zuerst aus *PmWiki.GroupHeader* übernehmen:

```
%define=trail bgcolor=#eee block%
```

Der Administrator kann statt dessen auch die CSS-Klasse *wikitrail* in dem verwendeten Skin anpassen. Alternative Navigationslinks zu den höheren Ebenen erzeugt ^|*TrailIndexSeite*|^. Auf der Seite *NorddeutscherBund* führt dies zu den Links *DeutscheGeschichte | DeutscherBund | Norddeutscher-Bund*. Normalerweise führt ein Trail linear von einer Anfangs- zu einer Endseite. Soll er zirkulär sein, fügt man auf der Index-Seite am Ende der Liste noch einmal den ersten Punkt an. Um die Leser nicht zu verwirren, kann man ihn als unsichtbar deklarieren:

```
* [[Alles hat ein Ende]]
* [[nur die Wurst hat zwei]]
* [[Alles hat ein Ende]] %item comment%
```

Wegen der Bereichsangabe *%item%* gilt dieser Stil für das ganze Listenelement. Vor den Link können Sie ihn nicht schreiben, weil die verlinkte Seite sonst nicht zum Trail gehören würde. *%comment%* ist eine vordefinierte Abkürzung für das von CSS bekannte *%display=none%*.

7.9 VARIABLEN UND ANWEISUNGEN

7.9.1 Variablen in Konfigurationsdateien und Wiki-Seiten

PmWiki setzt die Werte zahlreicher Variablen in Abhängigkeit von der Seite, die es gerade anzeigt. Eine solche Variable kann man in einer Konfigurationsdatei in Formatstrings verwenden, auf einer Seite zeigen sie ihren Wert mit *{$Variable}* an. Diese Variablen sehen zwar so wie normale PHP-Variablen aus, sind aber meistens keine; ihren Wert erhalten sie durch Musterersetzungen, während PmWiki eine Seite formatiert. Echte PHP-Variablen sind in der folgenden Tabelle mit (*) gekennzeichnet.

Angaben zur aktuellen Seite:

$Name	Name der Seite.
$Namespaced	Name der Seite mit Leerzeichen in WikiWörtern (Wiki Wort).
$Title	Titel einer Seite, kann vom Namen abweichen.
$Titlespaced	Titel mit Leerzeichen.
$Group	Name der Gruppe.
$Groupspaced	Name der Gruppe mit Leerzeichen.
$FullName	Der volle Name einer Seite ($Group.$Name).

Angaben zur letzten Bearbeitung der aktuellen Seite:

$LastModified	Datum und Uhrzeit der letzten Bearbeitung gemäß $TimeFmt.
$LastModifiedBy	Name des letzten Bearbeiters der Seite.
$LastModifiedHost	IP-Adresse des letzten Bearbeiters.

Seiten und Namen im Wiki (*):

$DefaultGroup	Name der Hauptgruppe, meist »Main«.
$SiteGroup	Gruppe für Spezialseiten, meist »Site«.
$DefaultName	Name der Startseite einer Gruppe, meist »HomePage«.

Ihre Benutzerdaten:

$Author	Ihr Name, falls er ihn bei einer Bearbeitung angegeben wurde.
$AuthId	Die Benutzer-ID, falls eine Benutzeranmeldung eingerichtet ist.

Sonstiges:

$Version	Versionsnummer der Software, zum Beispiel »pmwiki-2.0.beta54« (*)

Nur auf der Spezialseite *Site.PageNotFound*, die angezeigt wird, wenn PmWiki eine Seite nicht finden konnte, ist die Variable *$UrlPage* gültig, die den Namen der nicht gefundenen Seite enthält. PmWiki verwendet diese Variable, um ein Neuanlegen dieser Seite zu ermöglichen:

```
We couldn't find a page called "{$UrlPage}".  You can:

* Create [[{$UrlPage}.{$UrlPage}]]
* Create [[{$UrlPage}.{$DefaultName}]]
* Create [[{$DefaultGroup}.{$UrlPage}]]

Or, perhaps the page you want is listed below:

(:pagelist group={$UrlPage}:)
```

Wenn eine *Seite1* eine *Seite2* per *(:include:)*-Direktive einbindet, haben die Variablen auf der *Seite2* die Werte für *Seite1*; Variablen werden also erst nach dem Einbinden von Textbausteinen ausgewertet.

7.9.2 Aktionen

PmWiki bietet für jede Seite die folgenden Aktionen oder Ansichten an, die jeweils mit dem URL-Parameter *?action=AKTION* aufgerufen werden:

browse	Die Standard-Aktion, zeigt eine Seite an.
edit	Bearbeitet eine Seite.
diff	Zeigt die Versionsgeschichte an.
attr	Zeigt das Paßwort-Formular für die Seite an (siehe Seite 287).
postattr	Schickt das Paßwort-Formular ab.
upload	Lädt eine Datei als Anhang zur aktuellen Gruppe hoch.
download	(geschrieben als *?action=download&upname=DATEINAME*) lädt einen Anhang mit den Zugriffsberechtigungen der Seite herunter (siehe Seite 293).
print	Zeigt die Druckansicht der Seite mit dem print-Skin (s. Seite 283).
source	Zeigt den Quelltext der Seite.

Die folgenden Aktionen sind von der Seite unabhängig, an deren URL man sie anhängt:

crypt	Zeigt ein Formular zur Verschlüsselung von Paßwörtern an (siehe Seite 287).
search	Zeigt ein Suchformular an.
	?action=search&q=SUCHBEGRIFFE zeigt Suchergebnisse an.
setprefs=Eine-Gruppe.Custom-Preferences	Übernimmt die persönlichen Einstellungen von der angegebenen Seite (siehe Seite 301).

Aktionen können Sie einfach an Wiki-Links anhängen:

```
* Diese Seite [[{$Group}.{$Name}?action=edit | bearbeiten]]
* Die [[Main.HomePage?action=print | Hauptseite ausdrucken]]
```

7.9.3 Bedingte Ausdrücke

Die *(:if:)*-Direktive zeigt bestimmte Abschnitte einer Seite an, wenn bestimmte Bedingungen zutreffen. Die Syntax lautet:

```
(:if BEDINGUNG WERT:) TEXT (:ifend:)
```

Der bedingte Text darf sich auch über mehrere Zeilen erstrecken. Folgende Bedingungen sind vordefiniert:

false	immer falsch, eignet sich zum Auskommentieren eines Abschnitts.
true	immer wahr.
group Gruppe	wahr, wenn *$Group* gleich dem String *Gruppe* ist.
name Name	wahr, wenn *$Name* wie angegeben lautet.
match REGEXP	wahr, wenn der volle Name der Seite (mit Gruppe) auf den regulären Ausdruck paßt.
auth RECHT	wahr, wenn der Benutzer das angegebene Recht (read, edit, attr und so weiter, siehe Seite 286) hat.
authid	bei aktivierter Benutzeranmeldung: wahr, wenn der Benutzer angemeldet ist.
attachments	wahr, wenn für die Seite oder Gruppe ein Anhang existiert.

Bedingungen können negiert werden, um etwa einen Text anzuzeigen, wenn die Seite keinen Anhang hat ...

```
(:if !attachments:) Diese Seite hat noch keinen Anhang.
[[Laden Sie einen hoch -> {$Group}.{$Name}?action=upload]]!
(:ifend:)
```

... oder nicht zu einer bestimmten Gruppe gehört:

```
(:if ! match ^(Main|PmWiki|Site)\.:) ...
```

Ein aus Programmiersprachen bekanntes »else« gibt es leider nicht; um es zu simulieren, muß man nacheinander die Bedingung und dann ihre Negation abfragen.

Mehrere *(:if:)*s werden einfach hintereinander geschrieben; dazu muß man nur den letzten Fall mit *(:ifend:)* abschließen, denn ein *(:if:)* beendet automatisch das vorhergehende:

```
(:if auth read:)* Sie dürfen
    [[diese Seite bearbeiten -> {$FullName}?action=edit]]
(:if auth upload:)*Sie dürfen
    [[einen Anhang hochladen -> {$FullName}?action=upload]]
(:ifend:)
```

7.9.4 Seitenlisten und Suchergebnisse

Die Direktive *(:pagelist:)* zeigt eine Liste von Seiten an, optional kann man einen Suchbegriff angeben. *(:searchresults SUCHBEGRIFF:)* macht dasselbe, wird aber üblicherweise immer zusammen mit einem Suchbegriff verwendet und zeigt vor der Liste den Text *Results of search for...* (deutsch: Suche nach ...:) an und danach den Text *... pages found out of ... searched* (deutsch: ... Ergebnisse auf insgesamt ... Seiten). Das Format für Suchbegriffe befindet sich in Kapitel 2 auf Seite 140.

Mit weiteren Parametern kann die Suche weiter eingeschränkt und die Formatierung der Ausgabe gesteuert werden; sie sind bei beiden Direktiven gleich:

group=Gruppe	Beschränkt die Suche auf eine bestimmte Gruppe.	
trail=Trail	Beschränkt die Suche auf einen bestimmten WikiTrail.	
link=Gruppe.Seite	Findet nur Seiten, die einen Link auf *Gruppe.Seite* enthalten.	
list=normal	Zeigt die Spezialseiten *RecentChanges*, *GroupHeader* und *GroupFooter* nicht an.	
fmt=...	Wählt eines von verschiedenen Ausgabeformaten:	
	bygroup	Standardformat mit zwei Listenebenen: erst nach Gruppe sortiert, darin nach Seitenname.
	simple	Nur eine Listenebene mit vollen Seitennamen (Gruppe.Name).
	group	Zeigt nur die Namen der Gruppen mit übereinstimmenden Seiten an.

order=SOR-TIERUNG	Verwendet eine der folgenden Sortierungen fest; *order=-SORTIERUNG* sortiert umgekehrt:
	name — Alphabetisch nach Seitenname (voreingestellt).
	time — Nach dem Datum der letzten Änderung.
	size — Nach der Größe der Seite.
count=ZAHL	Zeigt nur *ZAHL* viele Suchergebnisse an.

Kapitel 2 erklärt, wie mit Hilfe von Seitenlisten Rückverweise (Seite 91) und Kategorie-Einträge (Seite 92) aufgespürt werden. Hier einige weitere Beispiele:

(:pagelist:)	Zeigt alle Seiten an.
(:pagelist trail=PmWiki.DocumentationIndex - WikiWikiWeb:)	Findet die Seiten in der PmWiki-Dokumentation, die nicht das Wort »WikiWikiWeb« enthalten.
(:pagelist group={$Group} list=normal:)	Zeigt alle Seiten in der aktuellen Gruppe an, ohne die Spezialseiten.
(:pagelist group=Main link=Kategorie.Datenbank count=10:)	Findet maximal zehn Seiten in der Gruppe *Main*, die zur Kategorie *Datenbank* gehören.

Das Kochbuch-Rezept *SearchResults* erklärt, wie weitere Parameter zur Anpassung der Suche programmiert werden.

7.10 REFERENZEN

Zum Weiterarbeiten empfehle ich Ihnen, weiter im Kochbuch zu stöbern. PmWiki wird aktiv weiterentwickelt; *pmwiki.org* und die Mailinglisten (*PmWiki.MailingLists*), darunter auch eine deutschsprachige, halten Sie auf dem Laufenden. Anregungen zum Einsatz von PmWiki finden Sie unter *PmWiki.SuccessStories*. Dort beschreiben einige Anwender der Software, für welchen Zweck und mit welcher Konfiguration sie PmWiki erfolgreich betreiben. Alle Webmaster, die PmWiki verwenden, sind eingeladen, sich unter *PmWiki.PmWikiUsers* einzutragen – Sie auch!

KAPITEL 8

MEDIAWIKI

von Huy Hoang Nguyen

MediaWiki (http://www.mediawiki.org/) Phase III entstand speziell für die Online-Enzyklopädie Wikipedia (http://www.wikipedia.org/), die heute Teil der später gegründeten Wikimedia-Stiftung (http://www.wikimedia.org/) ist und immer noch deren bedeutendstes Projekt darstellt. Im Sommer 2002 wurde MediaWiki als Nachfolger der sogenannten Phase II von Magnus Manske unter der Federführung von Lee Daniel Crocker vollständig neu geschrieben und wurde seitdem von zahlreichen Entwicklern wie Tim Starling und Erik Möller vorangetrieben. Der Name wurde jedoch erst Mitte 2003 geprägt, als ein einfaches Wortspiel in Anlehnung an die Stiftung, ihrerseits benannt nach der inzwischen allgegenwärtigen Enzyklopädie. Der Code basiert auf PHP und MySQL und sollte besser auf die Bedürfnisse der Wikipedia zugeschnitten sein als das dort ursprünglich verwendete und ebenfalls in diesem Buch beschriebene UseModWiki. Genau wie dieses unterliegt es der GNU General Public License (GPL).

Dieses Kapitel zeigt das aktuelle MediaWiki 1.4 und gibt einen Einblick in die kommende Version 1.5. Beide werden unter der Leitung von Brion Vibber weiterentwickelt.

8.1 FEATURES

Da MediaWiki für den Einsatz in Wikipedia und den Wikimedia-Schwesterprojekten konzipiert ist, nehmen Benutzerfreundlichkeit, Funktionalität und nicht zuletzt auch Skalierbarkeit einen hohen Stellenwert ein. Es unterstützt daher eine Vielzahl von Sprachen, umfangreiche Formatierungs- und Editiermöglichkeiten, erlaubt XHTML-Tags, benutzerspezifische Cascading Stylesheets (CSS) und JavaScripts, bietet daneben Besonderheiten wie Miniaturansichten oder Bildergalerien und kann zudem mathematische Formeln darstellen, die mit TeX und ImageMagick in PNG-Bilder umgewandelt oder als MathML angezeigt werden können. Die wichtigsten Funktionen wie Bearbeiten und Suchen sind über Tastaturkürzel[1] erreichbar, und das Aussehen läßt sich mit Skins den individuellen Vorlieben oder dem Corporate Design des Unternehmens anpassen. Spezialseiten, deren Inhalt vom System dynamisch erzeugt wird, dienen der Verwaltung und Steuerung des Wikis sowie der Benutzeranmeldung. Auf diese Besonderheiten wird in den folgenden Abschnitten noch näher eingegangen.

Auch RSS, für das es inzwischen diverse spezielle Programme gibt und mit dem sich auch mehrere Browser oder E-Mail-Anwendungen wie Thunderbird gut verstehen, ist hier kein Fremdwort. So dürfen Spezialseiten, die Artikel auflisten, als RSS- oder Atom-Feeds abonniert werden. Beispiele dafür sind die *Neuen Artikel*, die *Letzten Änderungen* oder auch die *Seitenkategorien* (die deutsche Wikipedia verwendet statt des Begriffs *Kategorie* den Ausdruck *Einordnung*).

Darüber hinaus bringt MediaWiki einige Schutzmechanismen gegen Spamming, Vandalismus und das Einschleusen von Browser-Exploits mit. Ein seit Version 1.4 enthaltenes Werkzeug hilft, die Qualität von Artikeln weiter zu verbessern. Privilegierte Benutzer können Artikel als *Patrolled* markieren, um anzuzeigen, daß die vorgenommenen Änderungen geprüft und verifiziert wurden. Ungeprüfte Bearbeitungen erkennt man in den *Letzten Änderungen* am roten Ausrufezeichen neben dem Artikelnamen. Ferner werden Aktivitäten wie das Hochladen von Dateien, Verschieben oder Löschen von Artikeln und andere administrative Vorgänge, zu denen die Rechtevergabe gehört, ebenso protokolliert wie die *Letzten Änderungen*.

Zusätzliche Funktionen lassen sich mit Erweiterungen, den sogenannten Extensions, realisieren.

---

[1] Siehe Kapitel 7.6.2.

Fast alle Einstellungen werden über globale Variablen vorgenommen, deren Namen mit *$wg* (*Wiki Global*) beginnen und die in der zentralen Konfigurationsdatei *LocalSettings.php* im MediaWiki-Hauptverzeichnis eingetragen werden.

Ein vielleicht auf den ersten Blick nicht beachtetes Kriterium zur Auswahl des optimalen Wikis ist auch die Dokumentation. Sehr gute Hilfestellung leisten unter anderem die MediaWiki-Projekt-Seite *http://www.mediawiki.org/* und das Meta-Wiki *http://meta.wikimedia.org/*, ein Wiki über das Wiki. Es behandelt zahlreiche Themen zu Wikipedia, Wikimedia und natürlich auch MediaWiki. Seiten im Meta-Wiki werden über die Suchfunktion oder auch direkt geöffnet, indem man die URL um *wiki/* und den Artikelnamen ergänzt, wobei eventuelle Leerzeichen durch Unterstriche ersetzt werden sollten, beispielsweise findet man die Seite *Help:User rights* unter *http://meta.wikimedia.org/wiki/Help:User_rights*.

8.1.1 Neuerungen von MediaWiki 1.5 im Überblick

Mit der Version 1.5 ergeben sich größere Modifikationen unter der Haube, vor allem beim Datenbankschema. Doch auch für den Benutzer gibt es Neues zu entdecken. Ein paar Änderungen werden hier hier kurz vorgestellet (siehe auch Datei *RELEASE-NOTES* im MediaWiki-Verzeichnis).

♦ Unterstützung von Permalinks auf Artikel einer bestimmten Revision (siehe Abschnitt 8.3.1).

Alle Revisionen werden sofort mit einer *oldid* versehen, die nun auch für die neueste Fassung in der History-Seite erscheint. Bisher bekamen nur die zurückliegenden Revisionen eine eindeutige Identifikationsnummer.[1]

Dieses Feature dürfte für diejenigen hilfreich sein, die Zitate aus dem Wiki übernehmen wollen und dafür eine zuverlässige Quellenangabe brauchen. Mit Permalinks ist gewährleistet, daß sich der zitierte Inhalt nicht ändert (dies bezeichnet man auch als kristalline, also feste, Information). Es steht einem jedoch weiterhin frei, statt dessen auf die jeweils aktuellste Fassung zu verweisen. Die darin gespeicherte Information ist im stetigen Fluß und kann sich jederzeit ändern (die sogenannte fluide Information). Siehe auch *http://log.netbib.de/archives/2005/05/04/fluide-in-kristalline-informationen-verwandeln/*.

---

[1] Vor MediaWiki 1.5 behilft man sich, indem man künstlich eine Änderung (zum Beispiel durch Einfügen eines erzwungenen Leerzeichens * * am Textende) herbeiführt, wodurch die aktuelle Fassung veraltet und eine Identifikationsnummer zugeteilt wird. Die so entstandene Version wird dann zitiert. Allerdings sollte man anschließend die künstliche Aktualisierung wieder rückgängig machen. Diese Vorgehensweise hat neben der Unbequemlichkeit den gravierenden Nachteil, daß die Revisionshistorie durch solche Pseudo-Einträge verunstaltet wird.

◆ Trackbacks

Ursprünglich von Six Apart für dessen Blog-Software Movable Type eingeführt, ermöglichen Trackbacks Anderen, in einheitlicher Weise Verweise zu ihren eigenen, mit dem Artikel verwandten Beiträgen zu setzen (http://www.sixapart.com/pronet/docs/trackback_spec).

In MediaWiki funktionieren sie nur in eine Richtung: Autoren finden Trackback-Links in allen Artikelseiten, die sie in ihren Beitrag aufnehmen können. Beim Veröffentlichen wird dann durch die Web-Site mit dem Beitrag der Trackback-Link automatisch aufgerufen, wobei gleichzeitig Informationen zum Beitrag an MediaWiki geschickt werden (sogenannter Ping). Die pingende Seite muß dabei eine HTTP-*POST*-Anfrage verwenden.

Das Feature kann zum Spamming mißbraucht werden und ist standardmäßig abgeschaltet.

◆ Live-Preview (Vorschau ohne Neuladen der Seite) in bestimmten Browsern mit XML/HTTP (*$wgLivePreview*), um die Server-Belastung zu verringern. Hier wird nur das Verhalten geändert, wenn man auf *Vorschau* klickt. Mit einer sich automatisch aktualisierenden Vorschau während der Eingabe hat dies aber nichts zu tun, wie der Name vielleicht nahelegen mag.[1]

Das Feature ist standardmäßig abgeschaltet.

◆ Feinere Steuerung von Zugriffsrechten mit Hilfe von Gruppen.

◆ Automatische Überprüfung von hochgeladenen Dateien auf Viren mit einem externen Scan-Programm.

Dieses Feature ist standardmäßig abgeschaltet.

◆ Dateien lassen sich nun beim Hochladen umbenennen, so daß sie im Wiki einen anderen Namen als die hochgeladene Datei haben können.

◆ Genauere Protokollierung, beispielsweise beim Verschieben von Artikeln.

◆ Unterstützung für andere Datumsformate neben dem englischen.

◆ Diverse E-Mail-Funktionen wie Adreßverifizierung, Benachrichtigung bei neuen und geänderten Beiträgen sowie direkter E-Mail-Kommunikation zwischen Benutzern.

Die genannten E-Mail-Features sind standardmäßig abgeschaltet.

◆ Zusätzliche Unterstützung von eAccelerator als Nachfolger von Turck MMCache.

---

[1] Tatsächlich existiert ein vom Wikipedianer *Pilaf* programmiertes, ebenfalls *Live Preview* genanntes JavaScript für die Monobook-Skin-Oberfläche, das die Vorschauansicht während der Bearbeitung aktualisiert. Er stellt das Skript freundlicherweise auf seiner Benutzerseite zur Verfügung, Installationsanweisungen finden sich unter *http://en.wikipedia.org/wiki/User:Pilaf/Live_Preview*.

Leider ergeben sich auch inkompatible Änderungen zu früheren Versionen. Dies beschränkt sich nicht nur auf das Datenbankschema, sondern bezieht sich beispielsweise auch auf die Zeichenkodierung, bei der nur noch das Unicode-Format UTF-8 erlaubt ist. MySQL sollte mindestens in Version 4 vorliegen. Weggefallen ist auch die Spezialseite *Special:Maintenance*, die mit der Zeit durch andere Spezialseiten ersetzt werden soll. Bis dahin steht zum Teil aber kein Ersatz zur Verfügung. Diverse globale Variablen sind hinzugekommen, andere wurden umbenannt oder sind aufgrund der Neuerungen weggefallen. Beispiele dafür sind *$wgDisable-Uploads* / *$wgEnableUploads* (siehe Abschnitt 8.10.7) oder *$wgWhitelist-Account* und *$wgWhitelistEdit* (Abschnitt 8.10.5).

8.2 ARTIKELVERWALTUNG

8.2.1 Versionierung

Für die Versionierung von Texten verwendet MediaWiki die zwei Tabellen *cur* und *old*. Während erstere für die zuletzt abgeschickte Bearbeitung (*current*, also aktuell) zuständig ist, nimmt die *old* zurückliegende Revisionen auf. Im Gegensatz zu Versionskontrollsystemen wie Subversion speichert es dabei jedoch nicht nur die Änderungen, sondern den kompletten Volltext des entsprechenden Bearbeitungsstandes. Eine optional einschaltbare Datenbankkompression hilft, den Speicherbedarf zu verringern.

Die Trennung in aktuelle und ältere Revisionen scheint zwar auf den Blick sinnvoll, bei näherer Betrachtung fällt aber auf, daß beide Tabellen Verwaltungsinformationen zusammen mit dem abgelegten Wiki-Text speichern. Die unsaubere Trennung kann zu Geschwindigkeitseinbußen führen und bedeutet höheren Aufwand beim Verschieben einer Seite oder beim Anlegen einer neuen Revision, da sowohl Text als auch Verwaltungsinformationen von *cur* nach *old* kopiert werden müssen. Der aktuelle Entwurf für MediaWiki 1.5 sieht vor, Texte, revisionsabhängige und revisionsunabhängige Verwaltungsinformationen aufzuteilen in die Tabellen *text*, *revision* und *page* (Artikelinformationen wie Titel und Namensraum). Für die korrekte Verknüpfung sorgen mehrere Identifikationsnummern, die eindeutig eine Seite in einer bestimmten Revision kennzeichnen. Bild 8.1 verdeutlicht den Zusammenhang. Mehr dazu in *Proposed Database Schema Changes/October_2004* im Meta-Wiki.

Neben Artikeltexten bezieht MediaWiki auch alle hochgeladenen Dateien mit ein. Diese werden aber in einem eigenen Upload-Verzeichnis gespeichert, um die Datenbank nicht zu belasten und klein zu halten, letztere verwaltet lediglich Informationen über die gespeicherten Versionen. Alte Dateirevisionen landen im *archive*-Ordner unterhalb des Upload-Verzeichnisses.

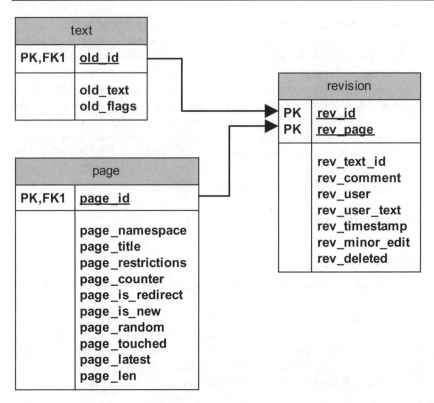

Bild 8.1: Verknüpfung der Tabellen text, revision und page in MediaWiki 1.5. old_id identifiziert Artikeltexte, page_id bezeichnet eindeutig eine Seite, zu deren Eigenschaften beispielsweise der Titel, Zugriffsbeschränkungen, Zugriffszähler oder Bearbeitungsdatum zählen. Die Identifikationsnummern von Artikeltext und Seiteneigenschaften werden in der Tabelle revision miteinander verknüpft und zusammengeführt

8.2.2 Löschen von Artikeln

Artikel beziehungsweise Artikelrevisionen können nur von Benutzern mit dem entsprechenden Recht gelöscht werden, im Regelfall also nur von Sysops. Die betroffenen Revisionen verschiebt MediaWiki dabei in die Datenbanktabelle *archive*, so daß eine Wiederherstellung einzelner oder mehrerer Bearbeitungsstände über die Seite *Special:Undelete* möglich ist. Um alte Revisionen dauerhaft zu entfernen, muß man die entsprechenden Datensätze aus der *archive*-Tabelle löschen.

8.2.3 Artikel bearbeiten

Um in umfangreichen und sich häufig ändernden Wikis nicht den Überblick zu verlieren, helfen unterschiedliche Werkzeuge und Mechanismen dabei, Artikel wiederzufinden und zu verwalten.

So erlaubt die Volltextsuche das Aufspüren von Artikeln, bei denen einem nur ein Teilbegriff einfällt, während Kategorien die Einordnung eines Artikels in mehrere Bereiche ermöglichen.

Für jeden Artikel kann man sich die verweisenden Seiten (*Was zeigt hierhin*, engl. *What links here*) anzeigen lassen.

Beim Vergleich zweier Bearbeitungsstände eines Artikels hilft einem die Gegenüberstellung der beiden zugrundeliegenden Quelltexte, wobei die Unterschiede farblich hervorgehoben werden, während darunter die als Referenz gewählte Version formatiert angezeigt wird. Ein Beispiel zeigt Bild 8.2.

Bild 8.2: Farbliche Hervorhebung von Änderungen

Zwar unterstützt MediaWiki aufgrund der von HTML und XHTML unterschiedlichen Markup-Sprache offiziell noch nicht das Bearbeiten von Artikeln im WYSIWYG-Modus, da dies ein Übersetzen von HTML- in Wiki-Markup und umgekehrt erfordern würde.[1] Jedoch erleichtert eine mit JavaScript realisierte Symbolleiste mit den wichtigsten Werkzeugen das Formatieren von Text und das Einfügen von Querverweisen oder Bildern.

---

[1] WYSIWYG (What You See Is What You Get). Beschreibt den Umstand, daß die visuelle Repräsentation während der Bearbeitung in gewissem Maße dem endgültigen Layout entspricht beziehungsweise daß das Bearbeiten mit der tatsächlichen Darstellung zusammenfällt.

Derzeit existiert mit Enotifwiki (*http://www.enotifwiki.org/*) eine experimentelle, auf MediaWiki aufbauende Erweiterung, die WYSIWYG mit dem frei verfügbaren FCKeditor implementiert. Die getestete Version 3.55 mit MediaWiki 1.5rc4 hatte noch Schwierigkeiten bei Browsern ohne WYSIWYG-Editor wie Opera, es wurde nicht einmal die einfache Symbolleiste angezeigt.

Eine von diversen Foren bekannte Vorschaufunktion gestattet zudem, die Auswirkungen des Bearbeitungsvorgangs vor dem endgültigen Abspeichern zu einzusehen und etwaige Fehler zu korrigieren. Dadurch wird die Versionshistorie von Einträgen mit nur geringfügigen Änderungen entlastet.

8.3 FORMATIERUNGEN

8.3.1 Markup-Sprache

Neben den üblichen Formatierungen für Überschriften und Listen, Unterstreichen, Fett- und Kursivdruck dürfen natürlich Querverweise in keinem Wiki fehlen. Diese werden zur besseren Lesbarkeit in doppelten eckigen Klammern eingeschlossen, CamelCase kann somit entfallen. Dabei können Verweistext und Verweisziel unterschiedlich sein. So verweist beispielsweise *[[Filmübersicht| Zurück]]* auf *Filmübersicht*, angezeigt wird aber *Zurück*. Für alle Artikelnamen werden Groß- und Kleinschreibung beachtet, mit Ausnahme des ersten Zeichens. So sind *[[Einstein]]* und *[[EinStein]]* grundsätzlich verschiedene Artikel, während *[[Einstein]]* und *[[einstein]]* auf die gleiche Seite verweisen. Diese Regelung soll das Einbetten von Querverweisen erleichtern, die nur am Satzanfang großgeschrieben werden, was im Englischen häufig vorkommt. Dadurch entfällt hier die Notwendigkeit für einen alternativen Verweistext. Durch Setzen der Konfigurationseinstellung *$wgCapitalLinks* auf *false* kann man jedoch festlegen, daß auch beim ersten Zeichen die Schreibweise relevant ist (siehe Abschnitt 8.10.2).

Templates oder Vorlagen, denen wir schon in Kapitel 3 kurz begegnet sind, erleichtern das Einbinden von häufig gebrauchten Abschnitten mit ähnlichem oder identischem Aufbau und helfen, deren Gestaltung einheitlich und konsistent zu halten.

Das allgemeine Format zum Einbinden einer Vorlage lautet

```
{{[Präfix:][Namensraum:]Vorlagenname[|Param1[|Param2...]]}}
```

wobei hier in eckigen Klammern eingeschlossene Angaben weggelassen werden können.

◆ *Präfix* kann *msg*, *msgnw* oder *subst* sein, jedoch keine Kombination. Ersteres kann seit MediaWiki 1.3 auch weggelassen werden und hat keinen weiteren Effekt, während *msgnw* eine Vorlage einbindet, als wäre ihr Text in *<nowiki></nowiki>*-Tags eingeschlossen. Dies ist hilfreich, wenn der Quelltext einer Vorlage dokumentiert werden soll. Wiki-Markups werden dann ignoriert. *subst* bewirkt statt der bei den anderen zum Zeitpunkt der Anzeige stattfindenden dynamischen Transklusion ein Einbinden schon zur Zeit des Abspeicherns. Der Vorlagentext integriert sich dabei nahtlos in den Quelltext der einbindenden Seite.

◆ *Namensraum* bezeichnet den Namensraum, in dem sich die Vorlage befindet. Fehlt diese Angabe, bezieht sich die Vorlage auf den Namensraum *Template* (bei deutscher Spracheinstellung identisch mit *Vorlage*). Anders verhält es sich, wenn man einen leeren Namensraum spezifiziert, das heißt, wenn man noch den Doppelpunkt schreibt. Dann verweist die Vorlage auf einen gewöhnlichen Artikel im Hauptnamensraum.

◆ *Vorlagenname* gibt den Titel des einzubindenden Artikels an. Dies ist die einzige Angabe, die nicht ausgelassen werden darf.

Wenn eine Vorlage dies unterstützt, lassen sich noch durch das Pipe-Zeichen | abgetrennte Parameter übergeben, die die Vorlage einfügt, wenn die entsprechende Parameternummer in dreifache geschweifte Klammern geschrieben wird. Die Zählung beginnt dabei mit 1 für den ersten Parameter. Alternativ können Parameter benannt werden, diese werden dann allerdings nicht in die Numerierung einbezogen und können daher nur über ihre Namen angesprochen werden. Eine sinnvolle Einsatzmöglichkeit benannter Parameter zeigt die Infobox zur Beschreibung von Städten in der deutschen Wikipedia (http://de.wikipedia.org/wiki/Vorlage:Infobox_Stadt).

Die nachfolgenden Beispiele verdeutlichen die Verwendung von Vorlagen:

◆ {{*:Hauptseite*}} oder auch {{*msg::Hauptseite*}} bindet in einem deutschsprachigen Wiki die Hauptseite aus dem Hauptnamensraum zum Zeitpunkt der Anzeige ein.

◆ {{*Hauptseite*}} bindet nicht wie oben die Hauptseite ein, sondern die gleichnamige Seite aus dem Namensraum *Template* (beziehungsweise *Vorlage*). Den gleichen Effekt haben beispielsweise auch {{*msg:Hauptseite*}} und {{*Vorlage:Hauptseite*}}.

◆ {{*msgnw:Wiki-Beispiel*}} verknüpft zum Zeitpunkt der Anzeige den mit *Wiki-Beispiel* betitelten Artikel und zeigt jegliche Formatierungsangaben als Text an.

◆ {{*subst:Legal:Disclaimer*}} fügt beim Abspeichern einmalig den Inhalt des Artikels *Disclaimer* aus dem Namensraum *Legal* in den bearbeiteten Text ein. Der übernommene Text kann beim nächsten Editieren lokal angepaßt werden, ohne die Vorlage selbst zu verändern.

◆ {{*Biblio|Sedgewick, R.|Algorithms in C|Addison-Wesley|1990*}} bindet die Vorlage *Biblio* ein und übergibt ihr als Parameter Autor, Titel, Verlag und Erscheinungsjahr eines bekannten Buches. Innerhalb der Vorlage steht {{{*1*}}} für den ersten Parameter, den Autor, {{{*2*}}} für den Titel, {{{*3*}}} für den Verlag und {{{*4*}}} für das Erscheinungsjahr.

Eine kleine Neuerung bringt MediaWiki seit 1.5rc3 mit. Bei Vorlagen, die Text zwischen *<includeonly>* und *</includeonly>* einschließen, wird dieser Text nur geparst, wenn die Vorlage eingebunden wird, nicht aber, wenn direkt auf die Vorlage selbst zugegriffen wird. Ein Anwendungsszenario wäre das Einordnen von Artikeln in Kategorien, indem man bestimmte Vorlagen einbindet, die Kategorieverweise enthalten. Die Artikel tauchen dann in den jeweiligen Kategorienseiten auf, nicht aber die Vorlagen mit den Verweisen. Umgekehrt verhält es sich mit *<noinclude></noinclude>*, der den dazwischen gesetzten Text nicht interpretiert, wenn die Vorlage eingebunden wird, sondern nur beim direkten Anzeigen der Vorlage. Dies kann zum Kategorisieren von Vorlagen selbst (unter Ausschluß normaler Artikelseiten) verwendet werden.

Zum Schutz vor Mißbrauch erkennt der Wiki-Parser rekursiv eingebundene Vorlagen und bricht nach der zweiten Transklusion einer Seite ab. Dem gleichen Zweck dient die Beschränkung auf höchstens fünf einbindbare Vorlagen pro Artikel in Versionen vor 1.4, die nebenbei die Komplexität einer Seite zugunsten einer schnelleren Anzeige begrenzt.

Daneben gibt es noch fest definierte Variablen (die sogenannten *Magic Words*), die beispielsweise durch das aktuelle Datum, den Servernamen oder die Anzahl der Wiki-Artikel ersetzt werden, gegebenenfalls in der jeweiligen Landessprache. Bedenken Sie bitte, daß Seiten im Regelfall nach nur dem Abspeichern gerendert und im Parser-/Objekt-Cache gespeichert werden (und womöglich noch in anderen Caches). Das Referenzieren eines Artikels, dessen Name beispielsweise aus dem tagesaktuellen Datum besteht, wird daher nicht wie gewünscht funktionieren – es sei denn, man schaltet alle betreffenden Caches ab.

Variablenname	Ver-sion	Beschreibung
CURRENTDAY		Heutiger Tag als zweistellige Zahl zwischen 01 und 31. Beispiel: *07*
CURRENTDAYNAME		Name des heutigen Wochentags in der eingestellten Sprache. Beispiel: *Freitag*
CURRENTDOW	1.4	Heutiger Wochentag als Zahl zwischen 1 und 7. Beispiel: *5*
CURRENTMONTH		Aktueller Monat als Zahl zwischen 1 und 12. Beispiel: *10*

Tabelle 8.1: Vorlagenvariablen (Teil 1)

Variablenname	Version	Beschreibung
CURRENTMONTHABBREV	1.5	Abgekürzter Name des aktuellen Monats in der eingestellten Sprache. Beispiel: *Okt*
CURRENTMONTHNAME		Name des aktuellen Monats in der eingestellten Sprache. Beispiel: *Oktober*
CURRENTMONTHNAMEGEN		Name des aktuellen Monats in der Standardsprache Englisch. Beispiel: *October*
CURRENTTIME		Aktuelle Uhrzeit. Beispiel: *07:56*
CURRENTWEEK	1.4	Laufende Woche als Zahl zwischen 1 und 52. Beispiel: *40*
CURRENTYEAR		Laufendes Jahr als vierstellige Zahl. Beispiel: *2005*
NAMESPACE	1.3	Namensraum, in den der Artikel eingeordnet ist.
NUMBEROFARTICLES		Anzahl aller Artikel im Hauptnamensraum, also ohne MediaWiki-Meldungstexte, Diskussions- und Spezialseiten. Implementierungsbedingt geben derzeitige MediaWiki-Versionen unter gewissen Umständen Zahlen mit einem Nachkomma-Anteil an. Beispiel: *324*
NUMBEROFFILES	1.5	Anzahl aller hochgeladenen Dateien. Beispiel: *68*
PAGENAME	1.3	Titel des jeweiligen Artikels, in dem die Variable eingesetzt wird. Leer- und Sonderzeichen bleiben, wie sie sind. Beispiel: *Niels Bohr*

Tabelle 8.1: Vorlagenvariablen (Teil 2)

Variablenname	Version	Beschreibung
PAGENAMEE	1.3	Wie *PAGENAME*, jedoch werden Leer- und Sonderzeichen wikifiziert, erstere werden also beispielsweise in Unterstriche konvertiert, letztere in URL-Schreibweise umgeschrieben. Beispiel: *Niels_Bohr*
REVISIONID	1.5	Kennzeichnet den derzeitigen Bearbeitungsstand (Revision) des Artikels. Die vergebene Zahl ist sogar eindeutig für alle Artikel im gesamten Wiki. Beispiel: *517*
SCRIPTPATH	1.5	Liefert den in *$wgScriptPath* festgelegten Pfad zurück. Beispiel: */wikiscripts*
SERVER	1.3	Vollständige URL des Servers mit Protokoll sowie gegebenenfalls Portnummern-Angabe und ohne abschließenden Schrägstrich /. Beispiel: *http://server:8080*
SERVERNAME	1.3	Der vollständig qualifizierte Name (FQDN) des Servers. Beispiel: *server*
SITENAME	1.3	Name des Wikis, wie er in *$wgSitename* angegeben ist. Beispiel: *Meine Seite*

Tabelle 8.1: Vorlagenvariablen (Teil 3)

Die Bezeichnungen von vordefinierten Namensräumen in der bei Ihnen eingestellten Landessprache können Sie zudem mit {{*ns:Bezeichner*}} referenzieren. *Bezeichner* kann eine Zahl oder ein Kürzel sein, beide sind in Tabelle 8.2 abgedruckt. Benutzerdefinierten Namensräumen sind Zahlen ab 100 zugeordnet und haben verständlicherweise keine Kürzel. Für jeden Standard-Namensraum gehört jeweils ein zahlenmäßig benachbarter Namensraum für Diskussionen. Ausnahmen bilden die Spezialseiten, die keine direkt editierbaren Inhalte darstellen, und der Namensraum *Media*, der auf den *Image*-Namensraum abgebildet wird. Während Wiki-Verweise zu letzterem eine Datei direkt als Bild einbinden, fügt eine Referenz in den *Media*-Namensraum nur einen einfachen Link ein.

Num-mer	Kürzel	Deutsche Namensraum-bezeichnung	Beschreibung
-2	Media	Media	Hochgeladene Dateien allgemein
-1	Special	Spezial	Spezialseiten
0	Main	–	Hauptnamensraum
1	Talk	Diskussion	Diskussionsseiten
2	User	Benutzer	Benutzerseiten
3	User_talk	Benutzer Diskussion	Diskussionsseiten von Benutzern
4	Project	{{SITENAME}}	Projektspezifische Seiten
5	Project_talk	{{SITENAME}} Diskussion	Projektspezifische Diskussionsseiten
6	Image	Bild	Als Bilder interpretierte hochgeladene Dateien
7	Image_talk	Bild Diskussion	Diskussionsseiten für Bilder
8	MediaWiki	MediaWiki	MediaWiki-Meldungstexte. Artikel, die sich in diesem Namensraum befinden, können normalerweise nur von Sysops bearbeitet werden.
9	Media-Wiki_talk	MediaWiki Diskussion	Diskussionsseiten für Meldungstexte
10	Template	Vorlage	Vorlagen
11	Template_talk	Vorlage Diskussion	Diskussionsseiten für Vorlagen
12	Help	Hilfe	Hilfeseiten
13	Help_talk	Hilfe Diskussion	Diskussionsseiten für Hilfeseiten
14	Category	Kategorie	Kategorien
15	Category_talk	Kategorie Diskussion	Diskussionsseiten für Kategorien

Tabelle 8.2: Namensräume. Diskussionsseiten sind ungeradzahlige Namensräume zugeordnet

Mit einer ebenfalls sehr ähnlichen Notation lassen sich URLs zum Wiki setzen:

```
{{localurl:Artikelname[|Query]}}
```

Zusammen mit der {{*SERVER*}}-Variable kann man gültige Internet-Adressen zu Wiki-Artikeln oder hochgeladenen Dateien erzeugen. Aktionen wie *action=edit*, *action=history* oder *action=raw* gibt man einfach als Query an. Für einen manuellen Verweis, der die Hauptseite zum Bearbeiten öffnet, schreibt man dann

```
{{SERVER}}{{localurl:Hauptseite|action=edit}}
```

In Version 1.5 werden so auch Permalinks realisiert.

```
[{{SERVER}}{{localurl:{{NAMESPACE}}:{{PAGENAMEE}}|oldid={{REVISIONID}}}}
Permalink]
```

Mehrere Queries werden durch ein kaufmännisches Und & voneinander getrennt.

Auch das Voranstellen des Präfix *subst* ist erlaubt, so daß der erzeugte Text direkt in den Artikeltext geschrieben wird. Die Frage nach dem Sinn möchte ich hier dem geneigten Leser überlassen.

Sowohl das *ns-* als auch das *localurl*-Präfix funktionieren ab der Media-Wiki-Version 1.3.

8.3.2 Stylesheets, XHTML und Co.

Da die Formatierungsmöglichkeiten im Wiki aus Gründen der Einfachheit beschränkt sind, können Elemente von XHTML und CSS parallel zum Wiki-Markup erlaubt werden.

Bei CSS ist das automatische Einbinden von eigenen Stylesheets und Ja-vaScripts möglich, wenn der Benutzer angemeldet ist. Sie werden wie normale Artikel bearbeitet, für den Einsatz als Stylesheets und Skriptda-teien müssen sie jedoch im Rohformat zugreifbar sein, das heißt, ohne daß der Wiki-Parser die Daten verändert. Dies bewerkstelligt der Zusatz *action=raw* an die Wiki-URL, abgetrennt durch ein Fragezeichen:

```
http://server/wiki/Artikelname?action=raw
```

Bei der Spezialseite *Statistik* (*Special:Statistics*) entscheidet er übrigens ebenfalls über das Datenformat. Roh bedeutet hier aber, daß die Ausgabe maschinenlesbar ist.

Das Interpretieren von XHTML-Tags steuern zwei Variablen. Ist *$wgUserHtml* auf *false* eingestellt, sind XHTML-Markups verboten. Setzt man sie auf *true*, gibt *$wgRawHtml* an, ob die Verwendung auf »sichere« Tags eingeschränkt werden soll oder nicht. In der Grundkonfiguration, das heißt, wenn *$wgRawHtml* gleich *false* ist, sind nur die unten aufgeführten Elemente zulässig.

Vom Hinzufügen anderer Tags rate ich Ihnen ab, denn dies kann Angreifern Tür und Tor zu Ihrem Wiki öffnen, zudem wären die Änderungen in einem Kernmodul von MediaWiki vorzunehmen.

b	big	blockquote	br
caption	center	cite	code
dd	del	div	dl
dt	em	font	h1
h2	h3	h4	h5
h6	hr	i	ins
li	ol	p	pre
rb	rp	rt	ruby
s	small	span	strike
strong	sub	sup	table
td	th	tr	tt
u	ul	var	

Tabelle 8.3: Als sicher eingestufte XHTML-Tags

8.3.3 Eigene Tags

Mit den sogenannten Extensions können Entwickler weitere Markup-Elemente definieren, die durch in spitze Klammern eingeschlossene Tags gekennzeichnet werden, ähnlich wie in HTML beziehungsweise XML. Bis Version 1.4 ist die Syntax allerdings stark vereinfacht – was zählt, ist der Inhalt zwischen einleitendem und abschließendem Tag. Die aus HTML und XML bekannten Attribute sind erst in 1.5 möglich. In Abschnitt 8.12 werden benutzerdefinierte Tags noch genauer betrachtet.

8.3.4 Skins

Was in Content-Management-Systemen heutzutage schon zum Pflichtprogramm gehört, darf auch hier nicht fehlen. Dank CSS und objektorientierter Schnittstellen sind neue Benutzeroberflächen für MediaWiki kein großes Problem, ein frisch entpacktes Archiv bringt neben dem Standard-Skin *Monobook* einige andere mit, darunter die aus Version 1.2 bekannte klassische Oberfläche oder das etwas genügsamere *Kölnisch Blau* (engl. *Cologne Blue*).

8.3.5 Bilder

Praktisch jedes Wiki kann Bilder einbinden, denn ein Bild sagt manchmal mehr als tausend Worte. Aber eine Spezialität von MediaWiki ist die verkleinerte Darstellung als Thumbnails. Mit Einführung der Version 1.4 beherrscht die Software auch Bildergalerien, bei dem mehrere Bildverweise zwischen *<gallery></gallery>*-Tags möglich sind. Dies kann man allerdings auch von Hand mit Tabellen realisieren, was natürlich nicht ganz so bequem ist (letzteres hat aber den Vorteil, daß sie sich anders als die Galerien an die Breite des Browserfensters anpassen können, die Bilder werden also umbrochen).

Von Haus aus werden nur intern gespeicherte Bilder geladen, um keinen zu hohen Datenverkehr für andere Server zu verursachen. Wie so viele Dinge kann man diese Einstellung auf Wunsch ändern. Dies ist aber nicht zu empfehlen, denn es verletzt die Netiquette und mag in schwerwiegenden Fällen sogar als Urheberrechtsverletzungen gewertet werden.

8.3.6 Mathematische Formeln, TeX-Unterstützung

In Verbindung mit einem TeX-System steht dem Anwender die Möglichkeit offen, ästhetisch gesetzte mathematische Formeln in beliebige Artikel aufzunehmen, die bei der ersten Darstellung, also nach der Bearbeitung, als PNG gerendert und zwischengespeichert werden. Die alternative Kodierung im MathML-Format ist ebenfalls möglich. In Abschnitt 8.10.10 befindet sich eine Anleitung, wie man ein Wiki für mathematische Formeln einrichtet.

Formel	Ergebnis
$e \char`\^ \{2\backslash pi + x\_i\}$	$e^{2\pi + x_i}$
$\backslash lim\_\{n \ \backslash to \ \backslash infty\} \ \{1 \ \backslash over \ n\} = 0$	$\lim\limits_{n \to \infty} \dfrac{1}{n} = 0$

Tabelle 8.4: Formelbeispiele in TeX-Notation

Eine umfangreiche Referenz der Formatiermöglichkeiten hält die deutsche Wikipedia vor (*http://de.wikipedia.org/wiki/Wikipedia:TeX*), TeX-Profis dürften sich aber auch so schnell zurechtfinden. Beachten Sie jedoch, daß aus Sicherheitserwägungen und implementierungstechnischen Gründen nur eine Teilmenge des Sprachumfangs von TeX zur Verfügung steht.

8.4 IM- UND EXPORT VON ARTIKELN

Seit Version 1.3 beherrscht MediaWiki sowohl den Ex- als auch den Import von Wiki-Artikeln im XML-Format, das relativ einfach mit den in vielen Sprachen verfügbaren Bibliotheken analysiert werden kann. Exportierte Artikel können beispielsweise von anderen Programmen weiterverarbeitet oder in andere Wikis importiert werden (momentan unterstützt dies sonst nur GetWiki[1], das auf den Quelltext von MediaWiki aufbaut und als einer der ersten Wikis solche XML-Daten einlesen kann).

Unten ein Beispiel eines Artikels, der mit Hilfe einer Spezialseite exportiert wurde.

```
<mediawiki xmlns="http://www.mediawiki.org/xml/export-0.3/"
xmlns:xsi="http://www.w3.org/2001/XMLSchema-instance"
xsi:schemaLocation="http://www.mediawiki.org/xml/export-0.3/
http://www.mediawiki.org/xml/export-0.3.xsd" version="0.3" xml:lang="de">
<siteinfo>
  <sitename>WikiTestSite</sitename>
  <base>http://server/wiki/Hauptseite</base>
  <generator>MediaWiki 1.5rc4</generator>
  <case>first-letter</case>
  <namespaces>
```

---

[1] Allerdings bestehen möglicherweise gewisse lizenzrechtliche Probleme beim Einsatz von GetWiki, das trotz seiner MediaWiki-Code-Basis unter einer Creative-Commons-Lizenz veröffentlicht wird und die kommerzielle Verwendung verbietet. Damit widerspricht es in mehreren Aspekten der GPL, der der MediaWiki-Quelltext unterliegt.

```
    <namespace key="-2">Media</namespace>
    <namespace key="-1">Spezial</namespace>
    <namespace key="0" />
    <namespace key="1">Diskussion</namespace>
    <namespace key="2">Benutzer</namespace>
    <namespace key="3">Benutzer Diskussion</namespace>
    <namespace key="4">WikiTestSite</namespace>
    <namespace key="5">WikiTestSite Diskussion</namespace>
    <namespace key="6">Bild</namespace>
    <namespace key="7">Bild Diskussion</namespace>
    <namespace key="8">MediaWiki</namespace>
    <namespace key="9">MediaWiki Diskussion</namespace>
    <namespace key="10">Vorlage</namespace>
    <namespace key="11">Vorlage Diskussion</namespace>
    <namespace key="12">Hilfe</namespace>
    <namespace key="13">Hilfe Diskussion</namespace>
    <namespace key="14">Kategorie</namespace>
    <namespace key="15">Kategorie Diskussion</namespace>
  </namespaces>
</siteinfo>
<page>
  <title>Hello world</title>
  <id>1415</id>
    <revision>
      <id>1884</id>
      <timestamp>2005-08-26T15:40:04Z</timestamp>
      <contributor><ip>192.168.0.10</ip></contributor>
      <comment>Erste Version</comment>
      <text xml:space="preserve">Hallo Welt !</text>
    </revision>
    <revision>
      <id>1885</id>
      <timestamp>2005-08-26T15:40:55Z</timestamp>
      <contributor><ip>192.168.0.10</ip></contributor>
      <comment>Second try</comment>
      <text xml:space="preserve">== Hello world ==</text>
    </revision>
</page>
</mediawiki>
```

Listing 8.1: Exportierter Artikel (MediaWiki 1.5rc4)

Um selbst Artikel zu exportieren, wird dessen Titel in das Editierfeld auf der Seite *Special:Export* eingegeben. Es können auch mehrere Seiten gleichzeitig exportiert werden, indem für jede Seite deren Titel in eine eigene Zeile geschrieben wird. Der erzeugte XML-Code kann im Browser über den Menüpunkt *Speichern unter* in eine Datei gesichert werden.

Während das Exportieren jedermann freisteht, dürfen nur Administratoren Artikel auch wieder importieren, in MediaWiki 1.5 muß der Benutzer einer Gruppe mit dem *import*-Recht angehören. Denn anders als ein einfaches Copy&Paste von einem Wiki in ein anderes, übernimmt eine Import-Operation neben der aktuellen auch vorausgegangene Revisionen eines Artikels, sogar das Importieren in vorhandene Artikel ist erlaubt, neu eingespielte Revisionen integrieren sich dann nahtlos in die Historie und sind nur durch die höheren eindeutigen Identifikationsnummern auszumachen. Die Vergangenheit wird sozusagen manipulierbar.

8.5 SPEZIALSEITEN

In vielen Wikis gibt es Seiten, deren Inhalt in der Regel von anderen Seiten abhängt und daher nicht bearbeitet werden sollte, sondern besser algorithmisch erzeugt werden kann. Für sie reserviert MediaWiki einen eigenen Namensraum *Special*, im Deutschen heißt er auch *Spezial*. So sind die *Letzten Änderungen* das Ergebnis der Spezialseite *Special:Recentchanges*. Eine Übersicht vermittelt Tabelle 8.5. Einige Spezialseiten sind in dieser Liste nicht aufgeführt, weil sie veraltet, von geringer Bedeutung, unsicher oder in ihrer Form funktionsunfähig sind.

Spezialseite[1]	Bezeichnung	Beschreibung
Allmessages	Alle MediaWiki-Meldungen	Übersicht über alle MediaWiki-Meldungstexte. *$wgUseDatabaseMessages* muß *true* sein.
Allpages	Alle Artikel	Alphabetische Artikelübersicht.
Ancientpages	Älteste Artikel	Artikelübersicht, nach letztem Bearbeitungsdatum sortiert.
Asksql[a]	SQL-Abfrage	Entfernt in MediaWiki 1.5. Seite zum Stellen von SQL-Anfragen. Das Aktivieren dieser Seite kann ein Sicherheitsproblem darstellen. *$wgAllowSysopQueries* muß *true* sein und der Benutzer das *developer*-Flag besitzen.

Tabelle 8.5: Spezialseiten und ihre Bedeutung (Teil 1)

---

[1] Anmerkungen (a) bis (d) siehe Tabellenunterschrift auf Seite 344.

Spezialseite[1]	Bezeichnung	Beschreibung
Blockip[a]	IP-Adresse blockieren	Seite zum Sperren von Bearbeitungen mit dem Benutzernamen beziehungsweise IP-Adresse. Für Subnetz-Bereiche gibt man durch einen Schrägstrich / getrennt einen Wert zwischen 16 und 31 entsprechend der Anzahl der fortlaufend gesetzten Bits in der Netzmaske an, wobei die Zählung mit dem linken höchstwertigen Bit beginnt. Für 192.168.0.0/255.255.255.0 lautet die Angabe beispielsweise 192.168.0.0/24.
Blockme[b]		Eingeführt in MediaWiki 1.3. Intern verwendete Spezialseite. Dient zum automatischen Sperren von Proxies. *$wgBlockOpenProxies* muß *true* sein.
Booksources	Buchhandlungen	Verweise zu Buchhandlungen über die Angabe einer ISBN finden.
BrokenRedirects	Defekte Redirects	Eingeführt in MediaWiki 1.4. Weiterleitungen zu nicht existierenden Artikeln.
Categories	Seitenkategorien	Kategorieübersicht.
Confirmemail[b,c]	E-Mail-Adressenbestätigung (Authentifizierung)	Seite zum Anfordern einer E-Mail-Adreßbestätigung. *$wgEmailAuthentication* muß *true* sein.
Contributions[b]	Meine Beiträge	Artikelübersicht des angemeldeten Benutzers.
Deadendpages	Sackgassenartikel	Liste von Artikeln ohne Verweise.
Debug[a,d]		Entfernt in MediaWiki 1.4. Anzeige von *phpinfo()*-Daten.
Disambiguations	Begriffsklärungsseiten	Eingeführt in MediaWiki 1.4. Liste von Artikeln zur Begriffsunterscheidung.

Tabelle 8.5: Spezialseiten und ihre Bedeutung (Teil 2)

[1] Anmerkungen (a) bis (d) siehe Tabellenunterschrift auf Seite 344.

Spezialseite[1]	Bezeichnung	Beschreibung
DoubleRedirects	Doppelte Redirects	Eingeführt in MediaWiki 1.4. Liste von Artikeln mit Weiterleitung auf eine andere Weiterleitungsseite.
Emailuser[b,c]	E-Mail an Benutzer	Direkte E-Mail-Kommunikation mit anderen Benutzern. *$wgEnable-Email* und *$wgEnableUserEmail* müssen *true* sein.
Export[a]	Seiten exportieren	Seite zum Exportieren von Artikeln (siehe auch Abschnitt 8.4
Imagelist	Bilderliste	Bilderübersicht.
Import[a]	Seiten importieren	Eingeführt in MediaWiki 1.3. Seite zum Importieren von Artikeln, die mit *Special:Export* extrahiert wurden.
Ipblocklist	Liste blockierter IP-Adressen	Liste von gesperrten IP-Adressen.
Listadmins	Admins list	Nur in MediaWiki 1.3 und 1.4. Siehe *Special:Listusers*
Listusers	Benutzerverzeichnis	Liste von registrierten Benutzern.
Lockdb[a]	Datenbank sperren	Seite zum Schützen der Datenbank vor Änderungen.
Log	Logs	Eingeführt in MediaWiki 1.4. Protokolle von Vorgängen, die keine Artikelbearbeitungen sind, wie Hochladen, Verschieben und Löschen.
Lonelypages	Verwaiste Seiten	Übersicht über nicht referenzierte Artikel.
Longpages	Lange Artikel	Artikelübersicht, nach Länge sortiert.

Tabelle 8.5: Spezialseiten und ihre Bedeutung (Teil 3)

---

[1] Anmerkungen (a) bis (d) siehe Tabellenunterschrift auf Seite 344.

Spezialseite[1]	Bezeichnung	Beschreibung
Maintenance	Wartungsseite	Vorhanden, aber veraltet in MediaWiki 1.5. Die Wartungsseite sollte ursprünglich Bearbeitern einen kurzen Überblick über fehlerhafte Einträge im Wiki geben, unter anderem falsch geschriebene Wörter oder defekte Links. Sie wird inzwischen teilweise durch *Special:Disambiguations*, *Special:DoubleRedirects* und *Special:BrokenRedirects* ersetzt.
MakeSysop[a]	Benutzerrechte setzen /Mache einen Benutzer zum Administrator	Entfernt in MediaWiki 1.5. Seite zum Erteilen und Entziehen von Administratorrechten. Wird durch *Special:Userrights* und *$wgGroupPermissions* ersetzt (siehe auch Abschnitt 8.6.1).
Mostlinked	Most linked to pages	Eingeführt in MediaWiki 1.5. Artikelübersicht, nach Anzahl der hinführenden Verweise sortiert.
Movepage[a,b]	Artikel verschieben	Seite zum Verschieben eines Artikels.
Newimages	Gallery of new files	Eingeführt in MediaWiki 1.4. Liste neu hochgeladener Dateien.
Newpages	Neue Artikel	Artikelübersicht, nach erstem Erstellungsdatum sortiert.
Popularpages	Beliebte Seiten	Artikelübersicht, nach Zugriffen sortiert. *$wgDisableCounters* muß *true* sein.
Preferences[c]	Einstellungen	Seite zum Verändern von Benutzereinstellungen.
Randompage	Zufälliger Artikel	Seite zum Öffnen eines zufällig ausgewählten Artikels.
Recentchanges	Letzte Änderungen	Artikelübersicht, nach den letzten Änderungen sortiert

Tabelle 8.5: Spezialseiten und ihre Bedeutung (Teil 4)

---

[1] Anmerkungen (a) bis (d) siehe Tabellenunterschrift auf Seite 344.

Spezialseite[1]	Bezeichnung	Beschreibung
Recentchanges-linked[b]	Verlinkte Seiten	Letzte Änderungen der referenzierten Seiten.
Search[b]	Suchergebnisse	Eingeführt in MediaWiki 1.3. Suchseite. *$wgDisableInternalSearch* muß *true* sein.
Shortpages	Kurze Artikel	Wie *Special:Longpages*, nur umgekehrt.
Specialpages[b]	Spezialseiten	Liste von Spezialseiten.
Statistics	Statistik	Allgemeine statistische Übersicht.
Uncategorized-categories	Nicht kategorisierte Kategorien	Liste nicht eingeordneter Kategorien.
Uncategorized-pages	Uncategorized pages	Liste nicht eingeordneter Artikel.
Undelete[a]	Gelöschte Seite wiederherstellen	Seite zum Wiederherstellen von gelöschten Artikeln.
Unlockdb[a]	Datenbank freigeben	Seite zum Aufheben des mit *Special:Lockdb* aktivierten Schutzes.
Unused-categories	Unused categories	Eingeführt in MediaWiki 1.5. Liste von unbenutzten Kategorien.
Unusedimages	Verwaiste Bilder	Liste nicht referenzierter Bilder.
Upload[b,c]	Hochladen	Seite zum Hochladen von Dateien.
Userlogin	Anmelden	Anmeldeseite.
Userlogout[b,c]	Abmelden	Abmeldeseite.
Userrights[a])	User rights management	Eingeführt in MediaWiki 1.5. Seite zum Verwalten von Benutzern (siehe Abschnitte 8.6.1 und 8.10.5]).

Tabelle 8.5: Spezialseiten und ihre Bedeutung (Teil 5)

---

[1] Anmerkungen (a) bis (d) siehe Tabellenunterschrift auf Seite 344.

Spezialseite[1]	Bezeichnung	Beschreibung
Validate[a,d]	Validate	Eingeführt in MediaWiki 1.4. Verwaltungsseite für Bewertungskriterien in einem Artikel-Voting-System[2]. $wgUseValidation$ muß true sein.
Version	Version	Anzeigen von Informationen über MediaWiki und die verwendete Software.
Wantedpages	Gewünschte Seiten	Artikelübersicht, nach Anzahl der hinführenden Verweise sortiert.
Watchlist[c]	Beobachtungsliste	Liste von beobachteten Artikeln.
Whatlinkshere[b]	Was zeigt hierhin	Liste der hierher führenden Artikel.

Tabelle 8.5: Spezialseiten und ihre Bedeutung (Teil 6); [a] spezielle Berechtigung erforderlich; [b] sogenannte *Unlisted Special Page*. Taucht nicht in der Übersicht *Special:Specialpages* auf (vgl. in Abschnitt 8.12 auf Seite 397); [c] Benutzeranmeldung erforderlich; [d] Spezialseite muß bei Bedarf manuell aufgenommen werden, siehe *$wgSpecialPages$* in *includes/SpecialPage.php*.

8.6 SICHERHEIT, BENUTZER- UND RECHTEVERWALTUNG

8.6.1 Benutzer und Rechte

Im Gegensatz zum früheren Wikipedia-Backend UseModWiki differenziert MediaWiki nicht nur zwischen einfachen Benutzern ohne Bearbeitungsrechte, Editoren und Administratoren, sondern kennt noch eine weitere Art von Benutzern: die sogenannten Bots. Diesen Status erhalten alle mehr oder weniger automatisch agierenden Programme und Skripten, deren Aktionen auf diese Weise leichter protokolliert und nachverfolgt werden können. So sind in einer Revisionshistorie zunächst alle von Bots gemachten Änderungen ausgeblendet. Um diese anzuzeigen, hängt man hinter die URL die HTTP-Query *hidebots=0* an, von den restlichen Queries getrennt durch das kaufmännische Und &:

---

[1] Anmerkungen (a) bis (d) siehe Tabellenunterschrift.

[2] Die Spezialseite ist seit 1.5rc3 funktionsfähig, hatte aber in der getesteten Version einige Sicherheits- beziehungsweise Performance-Probleme, die bis dato noch nicht gelöst wurden. Vom derzeitigen Einsatz in größeren Wikis ist abzuraten. Siehe auch *Article validation feature* und *Article validation possible problems* im Meta-Wiki beziehungsweise die MediaWiki-Mailingliste (siehe Abschnitt 8.12.2) für aktuelle Entwicklungen.

```
http://server/wiki/Artikelname?action=history&hidebots=0
```

Das funktioniert auch mit den *Letzten Änderungen*:

```
http://server/wiki/Special:Recentchanges?hidebots=0
```

Auswirkungen hat diese Option nur auf Änderungen, die von Benutzern ausgingen, die zum Bearbeitungszeitpunkt als Bot gekennzeichnet waren, nicht aber auf nachträglich als Bot definierte Konten.

Auch Administratoren werden in zwei Typen unterteilt. Normalen Administratoren fehlt nämlich das Recht, andere Benutzer zu Administratoren zu erheben. Das bleibt den Bureaucrats, also Bürokraten, vorbehalten, die auch alle Administrator-Rechte besitzen. Zu ihnen gehört der bei der webbasierten Installation eingerichtete Benutzer, der in vielen Wikis *WikiSysop* heißt.

In MediaWiki 1.5 ist diese relativ starre Aufteilung einer gruppenbasierten Rechteverwaltung gewichen, in der ein Benutzer alle Rechte der Gruppen übernimmt, deren Mitglied er ist. Dabei lassen sich die unten aufgeführten Rechtekategorien ausmachen:

Artikelbezogene Rechte:

delete	Löschen.
edit	Bearbeiten.
import	Importieren.
importupload	Hochgeladene Datei importieren.
move	Verschieben.
patrol	Artikel als geprüft markieren.
protect	Vor Änderungen schützen.
read	Anzeigen/Lesen.
rollback	Zurücksetzen auf eine alte Revision.
upload	Hochladen einer Datei.

Tabelle 8.6: Artikelbezogene Rechte

Administrative und auf Benutzerkonten bezogene Rechte:

block	IP-Adresse oder Benutzer sperren.
bot	Benutzer ist ein Bot.
createaccount	Neues Benutzerkonto anlegen.
editinterface	Benutzereinstellungen verändern.
renameuser	Benutzer umbenennen (erfordert die Erweiterung *Special:Renameuser*, die über das MediaWiki-CVS erhältlich ist).
userrights	Benutzerrechte beziehungsweise Gruppenzugehörigkeit verändern.

Tabelle 8.7: Administrative und auf Benutzerkonten bezogene Rechte

Im Abschnitt 8.10.5 wird ab Seite 374 darauf noch einmal eingegangen.

Wikis und Artikel können gleichermaßen geschützt werden oder öffentlich zugänglich sein. Man hat die Wahl, ob man schreibenden Zugriff für alle oder nur bestimmte Seiten erlauben will, ein für nicht angemeldete Benutzer (größtenteils) gesperrtes Wiki ist ebenfalls möglich, genau wie für einzelne Artikel.

8.6.2 Sicherheit

Eine Besonderheit, die für den Otto Normalbearbeiter völlig unsichtbar ist, ist der Schutz vor einer Cross-Site-Attacke, bei der der Besuch einer bösartigen Web-Site eine Bearbeitung im Namen des angemeldeten Benutzers abschicken kann, indem sie ihm über seinen Browser ein Formular präsentiert und die Daten an das Wiki sendet. In einem Cookie gespeicherte Session-Daten würden vom Browser automatisch mitgesendet und so den Benutzer ausreichend authentifizieren. MediaWiki umgeht dieses Problem dadurch, daß es bei jeder Bearbeitung ein sogenanntes *Edit Token* mitschickt, das vorher auf dem Server zufällig generiert wurde und nicht in den Session-Daten aufbewahrt wird. Damit der Server einen Beitrag annimmt, muß das vom Benutzer erhaltene Token mit dem auf dem Server gespeicherten übereinstimmen. Die fremde Web-Site kann mangels Zugriff auf das Token also keine Bearbeitung unter einer anderen Identität abschicken.

8.6.3 Schutz vor Spam und Vandalismus

Sicherheit ist ein Aspekt, der vor allem die Nutzbarkeit des Systems betrifft und erstreckt sich unter diesem Blickwinkel genauso auf die Bekämpfung von Vandalismus und Spam. Während bei Vandalismus (bezogen auf Wikis) die mehr oder weniger gezielte und sichtbare Verunstaltung, Schädigung und Zerstörung von Seiten im Vordergrund steht, dient Spam vornehmlich zur Werbung, sei es für Produkte, für die eigene Internetpräsenz oder die eigene Person und zur Verfolgung von kommerziellen Interessen. Dabei überfluten die Spammer das anvisierte Medium in der

Regel mit unzähligen eigenen Botschaften. In der Realität ist der Übergang zwischen beiden Formen oft fließend.

Auch die Wikipedia wird wegen ihres hervorstehenden Charakters nicht selten Opfer von Spam und Vandalismus. Die Schutzmechanismen der unterliegenden Software spielen daher eine wesentlich Rolle für die Nutzbarkeit. Einige werden nachfolgend anhand von Beispielen kurz vorgestellt.

Suchmaschinenoptimierer haben unlängst erkannt, daß Webseiten umso höher bewertet werden, je mehr Verweise zu ihnen führen. Verweise von angesehenen Quellen führen zu einer höheren Einschätzung der eigenen Seite. Dieses Kriterium fließt auch maßgeblich bei der zur Zeit beliebtesten Suchmaschine Google in deren Page Ranking, also der Bewertung einer Seite, mit ein. So ist es auch nicht verwunderlich, daß viele mit sogenannten Link-Farmen aus tausenden untereinander verlinkten Seiten versuchen, eine Plazierung unter den ersten Suchergebnissen zu erzwingen. Da dies mit hohen Kosten verbunden ist oder Absprachen mit anderen Webmastern erfordert, kommen editierbare Seiten im Internet sehr gelegen. Als Beispiele seien Foren, Gästebücher, Blogs (mit ihren Kommentaren) und eben die Wikis genannt.

Doch inzwischen haben auch die Suchmaschinenbetreiber diese Lücke erkannt und schlagen Gegenmaßnahmen vor. Hier hat sich Google mit seinem Vorschlag durchgesetzt, in Verweisen das Attribut *rel="nofollow"* zu verwenden, um sie von der Bewertung auszuschließen und somit nutzlos zu machen. Neben diversen Blogs ist dieser Zusatz auch MediaWiki seit 1.4 geläufig.

Ein Großteil des Spams geht nicht von Menschen, sondern von Bots aus. Solche automatisch agierenden Programme zu erkennen, ist nicht immer einfach und machbar. Heutige Ansätze verlangen dem Benutzer häufig die Lösung einer für Menschen normalerweise trivialen Aufgabe ab, die im Idealfall ein unlösbares Problem für Bots darstellt. Beliebt sind Probleme, die Text- und Spracherkennung involvieren.

So ein Schutz vergrault nicht selten auch menschliche Protagonisten, wenn er ihnen wegen fehlerhaftem Design, falscher Implementierung den Zugang verwehrt. Bei vielen Wikis ist der Beitrag jedes einzelnen aber essentiell, was ein Grund sein dürfte, warum MediaWiki die Unterstützung der nicht unumstrittenen Captchas fehlt.[1] Mit gewissen Einschränkungen kann man dies aber auch als Extension nachrüsten.[2]

---

[1] Mehr dazu siehe *Captcha* im Glossar.

[2] Bis MediaWiki 1.5rc4 ist keine Ereignisbehandlungsroutine vorgesehen, die vor dem Bearbeiten eines Artikels aufgerufen werden könnte, um ein Captcha zu präsentieren. Der einzige dem Autor bekannte Weg ist das direkte Ändern des Media-Wiki-Quelltextes. François Parlant hat das Wordpress-Plugin *AuthImage* von Gudlyf ins eigene Wiki integriert und seine Anpassungen für MediaWiki 1.3 dokumentiert. Sie erreichen es unter *http://www.fxparlant.net/Category:Mediawiki#Captcha*, das eigenständige Plugin unter *http://dev.wp-plugins.org/wiki/AuthImage*.

Eine einfachere Maßnahme ist das *Account Creation Throttling*, das die Zahl der Neuanmeldungen pro Tag beschränkt. Leider kann diese Beschränkung auch für eine Denial-of-Service-Attacke genutzt werden.

Gravierenderes Fehlverhalten kann von Sysops zudem mit Sperrungen anhand der IP-Adresse oder der Benutzernamen bestraft werden. Angesichts einer verbindungsorientierten dynamischen Adreßvergabe-Praxis der meisten Internet-Provider sind langfristige Sperren von IP-Adressen jedoch weder sinnvoll noch effizient. Dies läßt darüber hinwegsehen, daß MediaWiki keine regulären Ausdrücke zum Sperren dieser Adressen kennt wie UseModWiki, letzteres beherrscht dafür aber keine benutzerbasierte Sperre.

8.7 MEHR PERFORMANCE MIT CACHING

Ein effizienter Mechanismus zur Geschwindigkeitssteigerung ist das Objekt-Caching, bei dem Wiki-Seiten, Session-Informationen und andere Daten in der Datenbank oder im Hauptspeicher vorgehalten werden, um den Zugriff zu beschleunigen. Neben *Turck MMCache* und *memcached* verwaltet MediaWiki auch einen eigenen datenbankbasierten Cache. Alle werden über eine gemeinsame Schnittstelle angesprochen, wobei die erwähnten Caches nicht kombinierbar sind. Dies wäre auch nur begrenzt sinnvoll, da sie alle auf derselben Ebene ansetzen.[1]

Daneben gibt es noch die Möglichkeit, mit Squid vollständige, generierte Webseiten zwischenspeichern. Für diesen Zweck bringt MediaWiki die Mechanismen mit, veraltete Daten für ungültig zu erklären.

Der dateibasierte File Cache, der für nicht angemeldete Benutzer statische Webseiten vorhält und damit eine weitere Ebene zwischen Objekt-Cache und Squid darstellt, kann für Server mit geringer Rechenleistung und schnellen Datenträgern sinnvoll sein. Als statisch werden alle Artikel im Wiki angesehen, die Spezialseiten gehören somit nicht dazu. Aufgrund dieser Definition sollte man aber im Hinterkopf behalten, daß Seiten mit dynamischen Inhalten nicht korrekt angezeigt werden, also wenn sie beispielsweise einen im Skin verankerten Besucherzähler enthalten. Leider kann man in den aktuellen MediaWiki-Versionen diesen Cache nur anbeziehungsweise ausschalten und den Speicherort festlegen, viel weiter konfigurieren läßt er sich nicht. Auch ein erzwungenes Neuladen im Browser hat naturgemäß keinen Effekt, erst durch erneutes Bearbeiten des jeweiligen Artikels oder Löschen des Wiki-Caches wird der Inhalt aktualisiert.

---

[1] Sinnvoll kann es dann sein, wenn in einem Cache nicht alle Objekte vorgehalten werden können und daher die nächsten Caches befragt werden müssen und zudem die Caches verschiedene Speichermechanismen verwenden, die sich in Geschwindigkeit, Größe und Kosten unterscheiden.

8.8 SKALIERBARKEIT

Eine große Stärke von MediaWiki ist die gute Skalierbarkeit, also die Fähigkeit, wachsenden Ressourcenbedarf in jeder Hinsicht effizient zu befriedigen, Wirtschaftlichkeit und Wirkungsgrad sollten nicht oder nur in möglichst geringem Maße beeinträchtigt werden. Bei Web-Sites werden heutzutage steigende Anforderungen über Load Balancing (Lastverteilung) bewältigt, die die eintreffenden Anfragen für die Benutzer transparent auf jeweils einen von mehreren Webservern verteilen. Da Webserver in der Regel für die Präsentation verantwortlich zeichnen, die meisten Inhalte aber aus Datenbanken kommen, müssen auch diese mehrfach vorhanden sein. In MySQL erfolgt der Datenabgleich über ein Master-Slave-Konzept, bei dem eine Hauptdatenbank (Master) alle Schreibzugriffe entgegennimmt und alle Änderungen an seine Slaves propagiert, die nur Lesezugriffe bearbeiten. Zur weiteren Entlastung tragen die bereits erwähnten Caches bei, die ihrerseits auf mehrere Rechner verteilt sein können. Die Unterstützung für eine solche Infrastruktur ist fester Bestandteil von MediaWiki und wird schon seit langem für die Wikimedia-Projekte benutzt (siehe *Wikimedia_servers* im Meta-Wiki).

8.8.1 Fazit

Einige Kritiker meinen, daß die primäre Ausrichtung auf die Wikimedia-Projekte zum Nachteil von MediaWiki seien. Dies trifft auch begrenzt zu, denn die Einführung neuer Features wird immer auch in Relation zum erwarteten Nutzen für Wikipedia&Co. gesehen. Auf der anderen Seite gewinnen andere, mit MediaWiki laufende Web-Sites immer mehr an Bedeutung.

Der Funktionsumfang, dem MediaWiki seine Beliebtheit mitverdankt, ist leider mit einer hohen Komplexität der generierten Seiten verbunden, was sowohl server- als auch clientseitig spürbare Effekte auf die Geschwindigkeit beim Seitenaufbau zur Folge hat. Die größten Einbußen lassen sich jedoch durch die Verwendung eines einfacheren Skins wie *Kölnisch Blau* und/oder einem mehrstufigen Cache-System mit memcached, Turck MMCache oder eAccelerator und dem Web-Proxy Squid abfangen. Auch möchte kaum einer die vielen Einstell- und Anpassungsmöglichkeiten und die hevorragende Sprachunterstützung missen. Fehlende Funktionen kann man oft mit Erweiterungen nachträglich einbauen.

Für stark frequentierte Wikis werden neben der Skalierbarkeit wohl auch die sicherheitsrelevanten Funktionen unter der Oberfläche ein mitentscheidendes Kriterium sein, wo MediaWiki durchaus ein ansehnliches Ergebnis zutage fördert. Schwächen offenbart es beim Sperren von IP-Adressen, wo es dem älteren UseModWiki etwas hinterherhinkt.

8.9 ADMINISTRATION

Nachfolgend wird exemplarisch die Einrichtung von MediaWiki mit Apache 2.0 unter Linux beschrieben. Wie viele andere Wikis sollte es grundsätzlich mit einem beliebigen Webserver laufen, der mit PHP zusammenarbeitet, allerdings muß man dann unter Umständen gewisse Einschränkungen in Kauf nehmen oder den Quelltext entsprechend anpassen. Bitte lesen Sie vor der Installation die Hinweise in den *README-* und *INSTALL*-Dateien Ihrer eigenen MediaWiki-Version und beachten Sie die dort angegebenen Systemanforderungen, um spätere Probleme zu vermeiden. Allgemeine Hilfestellung für verschiedene Plattformen finden Sie auch im Meta-Wiki unter den Stichwörtern *Help:Contents* und *Help:Installation*.

Bei PHP sollte man vorzugsweise auf die Version 4.3.2 beziehungsweise PHP 5 oder höher[1] zurückgreifen, da diese intensiver auf Kompatibilität getestet wurden. Hier sollte man nach Möglichkeit die Einbindung als Apache-Modul der CGI-Variante vorziehen, sowohl aus Performance-Gründen als auch wegen einiger sonst nicht verfügbarer Features.

Wie bereits früher erwähnt, wird die MySQL-Datenbank zum Speichern aller Textinhalte genutzt. Schnittstellen zu PostgreSQL und Oracle sind in Arbeit und werden deshalb hier nicht weiter behandelt.

MediaWiki 1.4 läuft sowohl mit MySQL 3 als auch 4, allerdings ist der neueren Version der Vorzug zu geben, da ab der kommenden 1.5-Release die alte zwar möglich, aber nicht mehr unterstützt wird. Dies ist vor allem der Neugestaltung des Datenbankschemas und fehlenden Funktionen zuzuschreiben, die durch Hacks umschifft werden müssen.

Aktuell sollte man, wenn man die Wahl hat und keine Sicherheitslücken dagegensprechen, auf MySQL 4.0 zurückgreifen (ab 4.0.13 wegen diverser Fehler in älteren Ausgaben). MySQL 4.1 hat neue Verschlüsselungsmethoden eingeführt, die mit der alten PHP-MySQL-API inkompatibel sind (man kann aber die alte Verschlüsselungsmethode manuell erzwingen, siehe auch Abschnitt 8.9.4 ab Seite 358).

Wer sein Wiki produktiv nutzen möchte, kommt um einige Geschwindigkeits- und Lastoptimierungen nicht herum. Hier fordert die komplexe, flexible Architektur ihren Tribut. Daher greift beispielsweise die Wikipedia auf ein mehrstufiges Cache-System zurück, um eine hohe Verfügbarkeit zu gewährleisten. Für die Programme Squid, memcached und Turck MMCache stellt MediaWiki von Haus aus die notwendigen Schnittstellen bereit.

---

[1] Zur Zeit der Drucklegung funktionierte laut Dokumentation nur MediaWiki 1.5rc4 mit PHP 5.1 Beta, möglicherweise sind allerdings Kompatibilitätsprobleme zu erwarten.

Außerdem erfordern Besonderheiten wie das Rendern von mathematischen Formeln und Thumbnails den Einsatz weiterer Software. Grafiken können entweder mit der PHP-eigenen GD-Library 2 oder dem eigenständigen ImageMagick (http://www.imagemagick.org/) erzeugt werden, letzteres bietet eine höhere Bildqualität und ist in vielen Linux-Distributionen enthalten. Formeln können als Bilder in den Text eingebettet werden, sofern ein TeX-System installiert ist. Zwar kann MediaWiki von sich aus MathML-kodierte Formeln generieren, diese Beschreibungssprache verstehen aber leider nicht alle Browser. Zusätzlich können für Wartungsskripten weitere Anforderungen bestehen, wie beispielsweise Interpreter für Python oder Perl.

Im Überblick nun noch einmal die Systemanforderungen:

Webserver	Apache oder Microsoft Internet Information Server
Skriptsprache	PHP 4.3.2 und höher oder PHP 5+
Datenbanksystem	MySQL 4.0.13+

Optional:

♦ GD-Library 2 (Teil von PHP)

♦ ImageMagick

♦ Python für Python Wikipediabot

♦ Perl für EasyTimeline

♦ TeX-System

♦ Squid

♦ memcached

♦ Turck MMCache/eAccelerator

Die hier durchgeführte Installation verwendet als Ziel das Verzeichnis */usr/local/mediawiki-Version*, wobei *Version* der jeweiligen MediaWiki-Version entspricht. Auf diesen Pfad wird mit dem symbolischen Link */usr/local/mediawiki* verwiesen.

Außerdem sei angenommen, daß Apache unter dem Benutzernamen *wwwrun* läuft und dieses Konto der Gruppe *wwwgroup* angehört.

8.9.1 Vorbereitung der MediaWiki-Installation

Zunächst wird das Software-Archiv entpackt und anschließend ein symbolischer Link auf das soeben erzeugte, mit einer Versionsnummer versehene Verzeichnis angelegt. Dies vereinfacht eine zukünftige Aktualisierung, da nur dieser eine Link geändert werden muß, um den Webserver auf die neue MediaWiki-Version umzustellen. Die Pfade in der Apache-Konfigura-

tion müssen dann nur bei der Ersteinrichtung angepaßt werden. Gleichzeitig bleibt die Übersicht gewahrt, weil die Versionsnummer immer noch
im Verzeichnisnamen verbleibt.

```
$   tar xvzf mediawiki-1.4.9.tar.gz -C /usr/local
$   cd /usr/local
$   ln -s mediawiki-1.4.9 mediawiki

$   cd mediawiki
$   chown -R root.wwwgroup mediawiki/
$   chmod -R u+rwX,g=rX,o-rwx mediawiki/
$   chmod ug+rwX,o-rwx mediawiki/config/
```

Listing 8.2: Entpacken von MediaWiki und Setzen der Zugriffsrechte

Obiges Beispiel setzt den Besitzer des MediaWiki-Verzeichnisses auf *root*
und die Gruppe auf *wwwgroup*. Letzterer werden ausschließlich Lese- und
gegebenenfalls Ausführungsrechte gewährt, wenn der Besitzer sie ebenfalls hat. Einzige Ausnahme bildet das *config*-Verzeichnis, in das später
die webbasierte Installation eine neue Konfigurationsdatei mit dem Namen *LocalSettings.php* schreibt.

Wenn man Datei-Uploads zulassen will, muß man noch die Zugriffsrechte
für das zu diesem Zweck verwendete Verzeichnis setzen. Normalerweise
ist das der *image*-Ordner von MediaWiki. Das Setzen des Sticky-Bits mit
dem *chmod*-Befehl bewirkt, daß Dateien und Verzeichnisse in diesem
Ordner nur vom Eigentümer gelöscht werden dürfen. Damit werden die
später für die TeX-Unterstützung angelegten Ordner *tmp* und *math*, die
root gehören, geschützt.

```
$   cd /usr/local/mediawiki
$   chown root.wwwgroup images/
$   chmod 1770 images/
```

Listing 8.3: Setzen der Zugriffsrechte für den Upload-Ordner

Vorbereitung für eine MediaWiki-Aktualisierung

Bei einem Upgrade auf eine neue Version muß sichergestellt sein, daß
kein Zugriff auf das Wiki möglich ist, um Datenverlust vorzubeugen. Einen laufenden Webserver sollte man also herunterfahren.

Danach löscht man gegebenenfalls den symbolischen Link auf ein älteres
MediaWiki:

```
$   rm /usr/local/mediawiki
```

Seien Sie vorsichtig, den Verweis und nur den Verweis zu löschen, denn die alte Version benötigt man noch für die spätere Nachkonfiguration und bei eventuell auftretenden Problemen.

Jetzt geht es ans Entpacken der neuen Version und das Setzen der korrekten Zugriffsrechte, wie dies schon aus dem vorherigen Abschnitt bekannt ist.

```
$   tar xvzf mediawiki-1.5.tar.gz -C /usr/local
$   cd /usr/local
$   ln -s mediawiki-1.5 mediawiki

$   cd mediawiki
$   chown -R root.wwwgroup
$   chmod ug+rwX,o-rwx mediawiki/config
$   chmod u=rwX,go-rwx mediawiki/maintenance
```

Wenn man nachher statt des webbasierten Installationsskripts die Aktualisierung über das sichere Kommandozeilenskript *maintenance/update.php* vornehmen will, gibt man statt des obigen *chmod*-Befehl für das *config*-Verzeichnis

```
$   chmod u=rwX,go-rwx mediawiki/config
```

ein. Dies entzieht allen Benutzern außer dem Systemverwalter jegliche Zugriffsrechte auf das Konfigurationsverzeichnis und Web-Installationsskript.

Zuletzt sollte man gegebenenfalls noch die alten Verzeichnisse für hochgeladene Dateien und gerenderte Formeln in das neue Wiki kopieren oder verschieben, um den Umzug abzuschließen.

Achten Sie darauf, daß Besitzer, Gruppe und Zugriffsrechte für alle Verzeichnisse und Unterverzeichnisse von MediaWiki korrekt gesetzt sind.

8.9.2 Apache-Konfiguration

Um MediaWiki in die Website aufzunehmen, bindet man das MediaWiki-Verzeichnis beispielsweise mit einer *Alias-* oder *Directory*-Direktive ein oder kopiert es irgendwo unterhalb ein derart bereitgestelltes Verzeichnis. Im weiteren Verlauf wird von der eigenständigen Einbindung per *Directory*-Anweisung ausgegangen. Bei anderen Konfigurationen sind die Pfade daher entsprechend anzupassen.

Will man PHP später per CGI einbinden oder Erweiterungen nutzen, die Programme ausführen müssen, sollte man *+ExecCGI* statt *-ExecCGI* verwenden. Weitere Einstellungsmöglichkeiten beschreibt die Apache-Dokumentation (http://httpd.apache.org/docs/2.0/).

```
Alias "/wiki" "/usr/local/mediawiki/index.php"
Alias "/wikiscripts" "/usr/local/mediawiki"

<Directory "/usr/local/mediawiki">
  DirectoryIndex index.php
  Options -ExecCGI -Indexes
</Directory>
```

Listing 8.4: Einbindung von MediaWiki in die Apache-Konfiguration httpd.conf

Damit kein Unbefugter während der Installationsphase Einstellungen im Wiki vornehmen oder manipulieren kann, sollten Sie den Zugriff auf Ihr Wiki beziehungsweise dessen *config*-Verzeichnis besonders schützen, beispielsweise mit einer Firewall, einem Paketfilter oder einer Zugriffskontrolle mit *mod_access / mod_auth* und dem Apache-Programm *htpasswd* (siehe *http://httpd.apache.org/docs/2.0/howto/auth.html*).

Am Ende steht der Neustart des Servers beziehungsweise das Neuladen der Konfiguration, um die Änderungen zu übernehmen.

Einfachere Wiki-URLs in Apache

MediaWiki versucht bereits von sich aus, ästhetischere URLs zu verwenden, wenn PHP als Apache-Modul geladen wird und nicht per CGI. So wird beispielsweise aus

```
http://server/wikiscripts/index.php?title=Artikelname
```

einfach nur

```
http://server/wikiscripts/index.php/Artikelname
```

Aliase

Die oben verwendeten Aliase haben funktional gesehen eine gewisse Ähnlichkeit zu symbolischen Links unter unix-basierten Systemen und sind wohl die einfachste und eine durchaus empfehlenswerte Möglichkeit, simple URLs zu erzeugen.

So leitet der Webserver alle Zugriffe auf */wiki* oder einer darunterliegenden Ressource auf die Apache-Location */usr/local/mediawiki/index.php* und */wikiscripts* auf */usr/local/mediawiki* um, alle Artikel sind nunmehr nach dem Muster

```
http://server/wiki/Artikelname
```

ansprechbar. Den *wikiscripts*-Alias braucht MediaWiki unter anderem für den Zugriff auf hochgeladene Dateien. Würde man nur

```
Alias "/wiki" "/usr/local/mediawiki"
```

definieren, hätte man außerdem noch die unschöne *index.php* in der URL. Für unsere Anpassung muß jedoch später noch die MediaWiki-Konfiguration entsprechend eingestellt werden, später dazu mehr.

Zum Abschluß sollte man wie bei jeder Änderung an der Apache-Konfiguration den Webserver neustarten oder neuladen.

Raffiniertere Varianten nutzen beispielsweise Rewrite-Regeln, die hier nur kurz aufgegriffen werden.

Rewrite-Regeln

Die Rewrite-Regeln von Apache sind eine äußerst flexible Methode, URLs umzuschreiben (daher der Name). Vor der Verwendung sind allerdings das Modul in der Apache-Konfiguration *httpd.conf* und das Rewriting zu aktivieren, falls nicht schon geschehen:

```
...
LoadModule ...
LoadModule rewrite_module modules/mod_rewrite.so
...
RewriteEngine on
...
```

Listing 8.5: Aktivieren des Apache-Moduls mod_rewrite

Durch Ersetzen des *wiki*-Aliases mit der Regel

```
RewriteRule ^/wiki/?(.*)$ /wikiscripts/index.php?title=$1 [PT,QSA,L]
```

erzielt man die gleiche Wirkung wie oben, die MediaWiki-Konfiguration ist daher identisch. Die in eckigen Klammern stehenden Optionen bewirken, daß die URL in eine URL umgeschrieben (*PT*, *Passthrough*), eine eventuelle HTTP-Query hinten mit angehängt wird (*QSA*, *Query String Append*) und keine weitere Rewrite-Regel zur Anwendung kommt (*L*, *Last*). Einzelheiten dokumentiert die Referenz zum Apache-Modul *mod_rewrite* (http://httpd.apache.org/docs/2.0/mod/mod_rewrite.html, http://httpd. apache.org/docs/2.0/misc/rewriteguide.html).

Auch hier ist ein Neustart des Webservers erfoderlich. Zum Abschluß sei noch angemerkt, daß Rewrite-Regeln zwar sehr mächtig (auch Load Balancing ist damit möglich), aber bei aufwendigeren Konfigurationen auch schwer zu beherrschen sind, um alle möglichen Spezialfälle zu berücksichtigen und die MediaWiki-Funktionalität nicht einzuschränken. Eine Vielzahl von Varianten mit gewissen Vor- und Nachteilen finden Sie im Meta-Wiki unter dem Stichwort *Rewrite rules* beziehungsweise auf der zugehörigen Diskussionsseite.

8.9.3 PHP-Konfiguration

Man sollte, wenn man denn die Wahl hat, PHP als Apache-Modul einbinden, um alle Vorteile von MediaWiki nutzen zu können. Dazu gehört wie gesagt die Integration beispielsweise von Turck MMCache zur Steigerung der Performance. Letztendlich bietet schon allein die Einbindung als Modul selbst eine gewisse Optimierung, da der PHP-Interpreter bereits von Apache geladen wird.

Wenn man PHP selbst kompiliert, ist zu beachten, beim Aufruf von *configure* die MySQL-Unterstützung mit *--with-mysql* zu integrieren. Für die Kompression alter Revisionen wird zusätzlich die Option *--with-zlib* benötigt. Zusätzlich bindet der Schalter *--with-gd* die Grafikbibliothek zur Erzeugung von Bilder-Thumbnails ein. Letzteres ist allerdings auch mit dem (qualitativ bessere Bilder liefernden) ImageMagick zu bewerkstelligen, also nicht zwingend erforderlich.

Damit im Wiki das Hochladen von Dateien funktioniert, müssen für PHP *file_uploads* aktiviert und in *upload_max_filesize* eine sinnvolle Größenbeschränkung angegeben sein, *post_max_size* sollte dementsprechend angepaßt werden. Die erforderlichen Anpassungen im *[PHP]*-Abschnitt der *php.ini* (beziehungsweise *php.conf* auf einigen Systemen) stehen weiter unten. Eine andere Begrenzung schreibt die Einstellung *memory_limit* vor, die den maximal von einem Skript nutzbaren Speicher vorschreibt. Zu kleine Werte können in MediaWiki und anderen größeren PHP-Projekten manchmal zu Problemen führen. Bei dieser Gelegenheit kann man im selben Abschnitt auch gleich den Wert für *register_globals* überprüfen, das die Sicherheit des Systems mitbeeinflußt. Für MediaWiki kann diese Einstellung abgeschaltet werden, sofern nicht andere PHP-Software darauf angewiesen ist. Einige Funktionen wie die Spezialseite zum Importieren von Artikeln setzen außerdem voraus, daß Referenzparameter übergeben werden dürfen. Standardmäßig ist *allow_call_time_pass_reference* abgeschaltet, so daß PHP an den jeweiligen Stellen eine Warnung ausgibt (dies kann man sich über *display_errors = On* anzeigen lassen).

```
[PHP]
...
; Referenzparameter-Übergabe zur Laufzeit erlauben
allow_call_time_pass_reference = On
...
; Speicherbegrenzung auf 20 MB setzen
memory_limit = 20M
...
; Direkten Zugriff auf globale Variablen verbieten
register_globals = Off
...
; Maximale Größe der bei einer HTTP-POST-Anforderung zulässigen Datenmenge
post_max_size = 5M
...
; Hochladen erlauben
file_uploads = On
...
; Maximale Größe einer hochgeladenen Datei, hier 5 MB
upload_max_filesize = 5M
...
```

Listing 8.6: Empfohlene PHP-Einstellungen

In Kombination mit PHP 4.4.0 kann es sein, daß ältere MediaWiki-Versionen Hinweise wie

```
Notice: Only variable references should be returned by reference
```

ausgeben, die nicht weiter schlimm sind, aber vielleicht stören. Wenn man davon betroffen ist, kann man solche (aber damit leider auch andere) Hinweise (engl. Notices) ausfiltern, so daß sie nicht einmal mehr in den Logdateien erscheinen:

```
error_reporting = E_ALL & ~E_NOTICE
```

Läuft das System einwandfrei, sollte man *display_errors* auf *Off* setzen, um potentiellen Angreifern in Fehlersituationen möglichst wenig über die Konfiguration zu verraten. Auch irritieren die von PHP angezeigten Fehler den unbedarften Besucher mehr als sie nützen. Etwaige Fehlermeldungen tauchen aber weiterhin in den Logdateien auf, wenn *log_errors* eingeschaltet ist. Weitere Informationen kann man der PHP-Dokumentation entnehmen (http://www.php.net/docs.php).

8.9.4 MySQL-Konfiguration

Im allgemeinen kann man dem webbasierten MediaWiki-Installationsskript die Einrichtung einer Datenbank samt dem zugehörigen Benutzer überlassen, wenn man das Paßwort für den root-Benutzer in MySQL kennt. Vorher sollte man aber kleinere Einstellungen an der MySQL-Konfiguration vornehmen. Den folgenden Abschnitt zur alten Passwortverschlüsselung kann man überspringen, wenn man MySQL 3 oder 4.0 einsetzt, nicht aber 4.1 oder höher.

Alte Paßwortverschlüsselung (MySQL 4.1 und höher)

Der Anwender von MySQL ab Version 4.1 muß sicherstellen, daß er die alte Methode zur Passwortverschlüsselung einsetzt. Dazu sind zunächst die Benutzerpaßwörter im MySQL-Kommandozeilen-Programm *mysql* mit dem folgenden Befehl neu einzutragen:

```
mysql> SET PASSWORD FOR 'Benutzer'@'Host' = OLD_PASSWORD('Passwort');
```

Anstelle von *Benutzer*, *Host* und *Passwort* sind die eigenen Daten entsprechend einzutragen.

Außerdem muß in der Server-Konfiguration unbedingt die Option *old-passwords* aktiviert werden, damit alle danach gesetzten Paßwörter ebenfalls in der alten Verschlüsselung kodiert werden. Weiterführende Informationen liefert die MySQL-Dokumentation im Abschnitt *Client does not support authentication protocol* (http://dev.mysql.com/doc/mysql/en/old-client.html).

```
[mysqld]
...
; Folgende Einstellung gilt nur für MySQL 4.1 und höher
old-passwords
...
```

Listing 8.7: Änderung der Konfigurationsdatei für MySQL 4.1

Minimale Suchwortlänge

Anschließend sollte man die minimale Suchwortlänge überprüfen. Standardmäßig berücksichtigt MySQL in Volltextsuchen nur Wörter, die mindestens vier Zeichen lang sind. Für ein Wiki wäre aber ein Wert von drei oder vielleicht auch zwei besser geeignet. Die entsprechende Einstellung ist über *ft_min_word_len* zugänglich. Nutzt man noch die Version 3, muß man statt dessen die MediaWiki-Konfiguration anpassen (siehe Abschnitt 8.10).

```
[mysqld]
...
; Setzen der minimalen Länge eines zu suchenden Begriffs, hier auf 3 Zeichen
ft_min_word_len=3
...
```

Listing 8.8: Änderung der Konfigurationsdatei für MySQL 4.1

Wer die Suchwortlänge bei bereits bestehendem Wiki verändert, muß nach Neuladen des Servers den Volltextindex auf den neuesten Stand bringen, wie im Abschnitt zur Instandhaltung des Systems erklärt wird.

Ein Neustart des MySQL-Dienstes oder ein Reload übernimmt die geänderte Konfiguration.

8.9.5 Caches

Für größere MediaWiki-Installationen oder stark frequentierte Wikis sind sie obligatorisch, aber auch für kleinere Projekte immer noch empfehlenswert: Die Rede ist von Caches zur Leistungssteigerung. Ihr Einsatz kann die Geschwindigkeit unter Umständen vervielfachen und entlastet die Datenbank.

Dabei stehen dem Administrator gleich drei Programme zur Auswahl. Das erste, *memcached*, fungiert als eigener Server, der Objekte beliebigen Inhalts verwaltet. Wegen der fehlenden Authentifizierung muß hier dafür gesorgt werden, daß nur der Webserver auf ihn zugreifen darf, sonst ergeben sich Hintertüren zum unbefugten Auslesen und zur Manipulation von Daten im Wiki.

Für die ersten Schritte mit MediaWiki können Sie diesen kompletten Abschnitt aber ohne Bedenken überspringen, alles läßt sich auch nachträglich einrichten.

memcached[1]

Für das Übersetzen von memcached ist die *libevent*-Bibliothek zwingend erforderlich. Wenn sie auf Ihrem System nicht vorhanden ist, laden Sie sie von *http://www.monkey.org/~provos/libevent/* herunter, kompilieren und installieren Sie das Archiv nach dem üblichen von *autoconf* und *automake* vorgegebenen Schema. Falls Sie Linux einsetzen und die Möglichkeit haben, wählen Sie einen Linux-Kernel mit *epoll*-Unterstützung, dies kann die Performance beträchtlich verbessern.

```
$   tar xvzf libevent-1.0c.tar.gz –C /usr/local/src
$   cd /usr/local/src/libevent-1.0c
$   ./configure --prefix="/usr/local/libevent"
$   make
$   make install
```

Dem *configure*-Skript können Sie bei Bedarf noch weitere Optionen mitgeben, die es mit

---

[1] Manchmal auch als MemCache bezeichnet.

```
$   ./configure --help
```

preisgibt.

Die aktuellste memcached-Version befindet sich unter *http://www.danga. com/memcached/*. Die Installation gestaltet sich ähnlich simpel wie oben, wobei der Pfad zur libevent-Bibliothek angegeben werden muß:

```
$   tar xvzf memcached-1.1.12.tar.gz -C /usr/local/src
$   cd /usr/local/src/memcached-1.1.12
$   ./configure --prefix="/usr/local/memcached" \
                --with-libevent="/usr/local/libevent/lib"
$   make
$   make install
```

Der Daemon wird mit

```
$   cd /usr/local/memcached/bin
$   ./memcached -d -m 128 -l 127.0.0.1 -p 11000 -u memcuser
```

gestartet, wobei die Option *-d* den Server in den Hintergrund schaltet. *-m 128* setzt die Speichergröße auf 128 MByte, mit *-l 127.0.0.1* und *-p 11000* lauscht memcached am Port 11000 an der IP-Loopback-Adresse 127.0.0.1. Wenn Sie den Server nicht als root ausführen, lassen Sie *-u memcuser* weg, mit der memcached unter dem Benutzernamen *memcuser* läuft.

Vor der Inbetriebnahme sollte man allerdings mit geeigneten Maßnahmen wie Firewall und Paketfilterregeln sicherstellen, daß der Zugriff auf den Server nur von Ihrem Wiki erlaubt ist und nicht von außerhalb, denn es erfolgt keine Authentifizierung. Auch wenn memcached bei Ihnen nur am Loopback-Interface aktiv ist, ist die zusätzlich gewonnene Sicherheit von Vorteil, vermag dies doch Angriffe schon in einer tieferen Ebene zu vereiteln. Wenn der Server über das Internet angebunden ist, sollte man vielleicht zusätzlich eine verschlüsselte Kommunikation in Erwägung ziehen, beispielsweise mit einem SSL-Tunnel.

Turck MMCache und eAccelerator

Beim Einsatz auf Einzclrechnern können Turck MMCache beziehungsweise eAccelerator besser geeignet sein. Während Webserver die CPU
relativ stark auslasten und in der Regel nur wenig Speicher beanspruchen,
verhalten sich die Caches umgekehrt. Dem hohen Speicherbedarf steht die
mäßige Prozessorlast gegenüber. Die Kombination von Webserver und
Cache auf einer Maschine garantiert daher eine gute Auslastung beider
Ressourcen.

Um Turck MMCache oder eAccelerator mit MediaWiki zu verwenden,
muß man eines der beiden als PHP-Modul einbinden. Der PHP-
Interpreter muß dann seinerseits als Apache-Modul geladen werden. Die
nächsten beiden Abschnitte befassen sich mit der Installation dieser Caches. Wenn man die Wahl hat, sollte man das etwas neuere eAccelerator
dem angestaubten Turck MMCache vorziehen, denn letzteres wurde seit
Jahren nicht mehr gepflegt.

Installation von Turck MMCache

Laden Sie sich das Archiv von *http://turck-mmcache.sourceforge.net/* herunter und entpacken Sie es. Die Installation geht den von *autoconf* und
automake bekannten Weg.

```
$   tar xvzf turck-mmcache-2.4.6.tar.gz —C /usr/local/src
$   cd /usr/local/src/turck-mmcache-2.4.6
$   export PHP_PREFIX="/usr"
$   $PHP_PREFIX/bin/phpize
$   ./configure --enable-mmcache=shared \
            --with-php-config=$PHP_PREFIX/bin/php-config
$   make
$   make install
```

Unter Umständen müssen Sie die Pfadangabe */usr* für *PHP_PREFIX* än-
dern, damit sie zu Ihrer PHP-Installation verweist. Nach dem Kompilie-
ren befindet sich das übersetzte Modul im Extensions-Verzeichnis Ihrer
PHP-Installation. Detailliertere Hinweise und Informationen liefert die
README-Datei, der auch folgende Beispielkonfiguration entlehnt ist, die
Sie in Ihre PHP-Konfigurationsdatei aufnehmen müssen.

```
; Einbinden als PHP-Erweiterung
extension="mmcache.so"
```

```
; MMCache an- (1) / ausschalten (0)
mmcache.enable="1"

; Größe des Hauptspeicher-Caches in MB
mmcache.shm_size="64"

; Verzeichnis für datenträgerbasierten Cache
mmcache.cache_dir="/tmp/mmcache"

; PHP-Optimierer an- / ausschalten
mmcache.optimizer="1"

; Änderungsdatum von PHP-Skripten prüfen
mmcache.check_mtime="1"

; Debug-Ausgabe in PHP Errorlog an- / ausschalten
mmcache.debug="0"

; Endungen der Dateien, die gecached werden sollen
mmcache.filter=""

; Begrenzung der max. Datenmenge, die eine
; Operation im Hauptspeicher cachen darf
; (0 = unbegrenzt).
mmcache.shm_max="0"

; Timeout in Sekunden, nach der ein nicht
; zugegriffenes Skript aus dem Cache entfernt
; wird (0 = kein Timeout).
mmcache.shm_ttl="0"

; Timeout in Sekunden, nach dem ein altes Skript
; verworfen wird, um Platz für ein neues zu schaffen.
mmcache.shm_prune_period="0"

; 1 = nur hauptspeicherbasierten Cache verwenden
; 0 = speicher- und datenträgerbasierten Cache nutzen
; Dies betrifft nur das Cachen von PHP-Skripten.
mmcache.shm_only="0"

; Cache-Komprimierung an- / ausschalten
mmcache.compress="1"

; Speicherort für Cache-Schlüssel. Mögliche Werte:
; shm_and_disk    Speicher- und Disk-Cache (Standard)
; shm             Speicher-Cache, Disk-Cache wenn voll
; shm_only        Nur speicherbasierter Cache
```

```
; disk_only       Nur datenträgerbasierter Cache
; none            Nicht zwischenspeichern
mmcache.keys="shm_only"

; Speicherort für Session-Daten.
; Werte wie für mmcache.keys.
mmcache.sessions="shm_only"

; Speicherort für Daten.
; Werte wie für mmcache.keys.
mmcache.content="shm_only"
```

Installation von eAccelerator

Den Nachfolger von Turck MMCache findet man unter *http://eaccelerator.
net/*. Von namensbedingten Unterschieden abgesehen, sind Installation
und Einrichtung ansonsten absolut identisch.

```
$   tar xvzf eaccelerator-0.9.3.tar.gz -C /usr/local/src
$   cd /usr/local/src/eaccelerator-0.9.3
$   export PHP_PREFIX="/usr"
$   $PHP_PREFIX/bin/phpize
$   ./configure --prefix="/usr/local/eaccelerator" \
                --enable-eaccelerator=shared \
                --with-php-config=$PHP_PREFIX/bin/php-config
$   make
$   make install
```

Konfigurationseinstellungen für eAccelerator, Erläuterungen siehe Abschnitt 8.10.6 ab Seite 378:

```
extension="eaccelerator.so"
eaccelerator.enable="1"
eaccelerator.shm_size="16"
eaccelerator.cache_dir="/tmp/eaccelerator"
eaccelerator.optimizer="1"
eaccelerator.check_mtime="1"
eaccelerator.debug="0"
eaccelerator.filter=""
eaccelerator.shm_max="0"
```

```
eaccelerator.shm_ttl="0"
eaccelerator.shm_prune_period="0"
eaccelerator.shm_only="0"
eaccelerator.compress="1"
eaccelerator.keys="shm_only"
eaccelerator.sessions="shm_only"
eaccelerator.content="shm_only"
```

8.9.6 MediaWiki-Neuinstallation

Nachdem MediaWiki entpackt, Webserver, PHP und Datenbank eingerichtet sind, geht es an die eigentliche Installation von MediaWiki.

Die Konfigurationsdatei *LocalSettings.php* wird von einem webbasierten
Skript erstellt (siehe Bild 8.3), das man im Browser über *http://server/wiki-
scripts/config/index.php* öffnet. Es ist wichtig, daß weder im *config-* noch
im MediaWiki-Hauptverzeichnis eine solche Datei vorhanden ist, denn
sonst verweigert das Skript aus Sicherheitsgründen seinen Dienst.

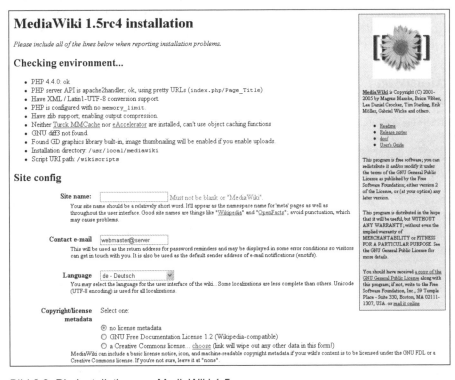

Bild 8.3: Die Installation von MediaWiki 1.5

Das webbasierte Installationsprogramm ist im großen und ganzen selbsterklärend, daher wird hier nur auf das eine oder andere Detail eingegangen. Beachten Sie auf jeden Fall eventuell angezeigte Warnmeldungen (normalerweise rot), sie geben Aufschluß über potentielle Probleme, die bei der Installation auftauchen könnten.

Bei *Copyright/license metadata* geben Sie an, welche Lizenz Sie für Ihre im Wiki gespeicherten Inhalte vorgeben möchten. Sofern Sie eigene Nutzungsbedingungen ins Auge fassen, nehmen Sie die Standardeinstellung *no license metadata*.

Kunden von Hosting-Providern, die nur eine begrenzte Anzahl von Datenbanken zur Verfügung haben, werden die Möglichkeit begrüßen, alle Tabellennamen mit einem Präfix zu versehen, so daß mehrere Wikis in einer Datenbank Platz finden. In MediaWiki heißt es *Database table prefix*, die Konfigurationseinstellung speichert es in der Variablen *$wgDBprefix*. Es sollte gut gewählt sein und im Nachhinein nicht mehr geändert werden, da es dann umfangreiche Umbenennungen nach sich ziehen würde.

Das *DB root password* für MySQL (nicht zu verwechseln mit dem *root*-Benutzerkonto für das System) muß nur eingegeben werden, wenn man eine neue Datenbank und/oder einen neuen Datenbankbenutzer anlegen will und auch ein Paßwort für den MySQL-*root*-Benutzer definiert ist.

MediaWiki 1.5rc4 installation

Please include all of the lines below when reporting installation problems.

Checking environment...

- PHP 4.4.0: ok
- PHP server API is apache2handler; ok, using pretty URLs (`index.php/Page_Title`)
- Have XML / Latin1-UTF-8 conversion support
- PHP is configured with no `memory_limit`.
- Have zlib support; enabling output compression.
- Neither Turck MMCache nor eAccelerator are installed, can't use object caching functions
- GNU diff3 not found.
- Found GD graphics library built-in, image thumbnailing will be enabled if you enable uploads.
- Installation directory: `/usr/local/mediawiki`
- Script URI path: `/wikiscripts`
- Warning: $wgSecretKey key is insecure, generated with mt_rand(). Consider changing it manually.
- **PHP is linked with old MySQL client libraries. If you are using a MySQL 4.1 server and have problems connecting to the database, see** http://dev.mysql.com/doc/mysql/en/old-client.html **for help.**
- Trying to connect to MySQL on localhost as root...
    - o Connected as root (automatic)
- Connected to 4.1.12; enabling MySQL 4 enhancements
- Warning: $wgSecretKey key is insecure, generated with mt_rand(). Consider changing it manually. ; You are using MySQL 4.1 server, but PHP is linked to old client libraries; if you have trouble with authentication, see http://dev.mysql.com/doc/mysql/en/old-client.html for help.

MediaWiki is Copyright (C) 2001-2005 by Magnus Manske, Brion Vibber, Lee Daniel Crocker, Tim Starling, Erik Möller, Gabriel Wicke and others.

- Readme
- Release notes
- doc/
- User's Guide

This program is free software; you can redistribute it and/or modify it under the terms of the GNU General Public License as published by the Free Software Foundation; either version 2 of the License, or (at your option) any later version.

This program is distributed in the hope that it will be useful, but WITHOUT ANY WARRANTY; without even the implied warranty of MERCHANTABILITY or FITNESS FOR A PARTICULAR PURPOSE. See the GNU General Public License for more details.

Bild 8.4: Das Wiki ist installiert

Nach dem Einrichten verschiebt man die neue Konfigurationsdatei aus dem *config*- ins MediaWiki-Verzeichnis, ändert den Eigentümer auf *root* und korrigiert die Zugriffsrechte.

```
$   cd /usr/local/mediawiki
$   chown root.wwwgroup LocalSettings.php
$   chmod 740 LocalSettings.php
```

Die Datei werden wir im Abschnitt 8.10 noch unseren eigenen Bedürfnissen anpassen. Achten Sie darauf, sofort im Anschluß den Zugriff auf das *config*-Verzeichnis für den Webserver zu sperren oder das Verzeichnis ganz zu löschen, damit niemand anders die Einstellungen eigenmächtig verändern kann. Prüfen Sie außerdem, ob der Inhalt der Konfigurationsdatei tatsächlich Ihren vorgenommenen Einstellungen entspricht. Dies vor allem, wenn Sie Ihr Wiki beziehungsweise das *config*-Verzeichnis für die Dauer der Installation nicht abgesichert haben und theoretisch jemand anders Ihnen bei der Konfiguration zuvorgekommen sein könnte.

Zur weiteren Erhöhung der Sicherheit können Sie nun noch das *maintenance*-Verzeichnis für den Webserver sperren, aber denken Sie daran, daß es vor der nächsten Aktualisierung zugreifbar sein muß.

Zuletzt erstellen wir eine *AdminSettings.php*, in der für diverse Administrationsskripten die MySQL-Zugangsdaten stehen. Einige Verwaltungsskripten im *maintenance*-Verzeichnis erfordern neben den Rechten für das Lesen und Schreiben von Daten auch höhere Privilegien wie *CREATE* und *DROP*. Deshalb mag es sinnvoll sein, für diesen Zweck einen eigenen MySQL-Benutzer zu erstellen, der idealerweise nur vom lokalen System aus Zugriff hat.

Eine entsprechende Vorlage befindet sich in *AdminSettings.sample*, in der nur noch die Zugangsdaten anzupassen sind.

Aktualisieren auf eine neue Version

Früher oder später wird eine Aktualisierung der eingesetzten Software unvermeidlich, so auch bei MediaWiki, um in den Genuß neuer Features und sicherheitsrelevanter Änderungen zu kommen.

Lassen Sie sich wegen der Hilfsprogramme niemals dazu verleiten, auf ein vollständiges Backup des bestehenden Wikis zu verzichten. Dazu gehört vor allem die Datenbank, das alte MediaWiki-Verzeichnis mit den Konfigurationsdateien und installierten Erweiterungen, aber auch die hochgeladenen Dateien. Bedenken Sie, daß die Datenbankumstellung ein relativ komplexer und mitunter langwieriger Prozeß ist, bei dem durchaus etwas schieflaufen kann.

Vor dem Backup sollte man den Webserver herunterfahren oder anderweitig den Zugriff auf das Wiki sperren, um Datenverlust durch unvorhergesehene und unerwünschte Änderungen zu vermeiden.

Nach der Sicherung kann man den Server wieder starten. Achten Sie aber vorher aus Sicherheitsgründen darauf, daß niemand anders Zugriff auf das Web-Installationsskript hat.

Öffnen Sie im Browser die Seite für die Web-Installation und gehen Sie wie bei einer Neuinstallation vor. Sie finden das Programm unter *http://server/wikiscripts/config*. Dieses Skript stellt einen Weg dar, eventuell erforderliche Änderungen im Datenbankschema vorzunehmen, gleichzeitig erstellt es aber auch eine neue Konfigurationsdatei. Aus Sicherheitsgründen darf dabei keine *LocalSettings.php* im MediaWiki-Verzeichnis oder in *config* vorhanden sein, um das unbefugte nachträgliche Ändern der gesetzten Einstellungen zu erschweren. Vor der Aktualisierung steht deswegen das Umbenennen oder Verschieben dieser Datei. Dort gemachte Änderungen können danach in die neue Konfiguration übernommen werden. Die Dateiendung *.php* sollte man unbedingt beibehalten, also beispielsweise *LocalSettings.old.php*, sonst wird der freie Zugriff auf den Quelltext möglich, die Zugangsdaten für Datenbank und das Paßwort für den Wiki-Administrator wären öffentlich lesbar.

Denken Sie nach dem Aktualisieren und Kopieren der neuen Konfigurationsdatei ins MediaWiki-Hauptverzeichnis daran, die Zugriffsrechte der Datei neu zu setzen:

```
$  cd /usr/local/mediawiki
$  chown root.wwwgroup LocalSettings.php
$  chmod 740 LocalSettings.php
```

Anschließend müssen die Einstellungen wieder an die eigenen Anforderungen angepaßt werden.

Das Skript *maintenance/update.php* ist eine Alternative zur Web-Installation und nimmt ebenfalls die notwendigen Konvertierungen der Datenbank vor. Wie die anderen Instandhaltungs-Skripten setzt es eine vorhandene *AdminSettings.php* voraus und benötigt außerdem die Rechte zum Erzeugen und Löschen von Tabellen. Starten Sie das Skript erst, wenn Sie den Webserver beendet haben.

```
$  cd /usr/local/mediawiki/maintenance
$  php update.php
```

Die zweite Lösung ist vergleichsweise sicherer, da sie lokal auf dem Server ausgeführt wird und nicht über das Web, erstellt dafür aber keine neue *LocalSettings.php*. Dies mag bei kleineren Aktualisierungen wie von 1.4.0 auf 1.4.9 kein Problem sein, bei größeren Versionssprüngen wie beispielsweise 1.4 auf 1.5 oder gar auf ein späteres MediaWiki 2 können sich jedoch signifikante Änderungen an globalen Variablen ergeben, so daß die alte Konfigurationsdatei in großen Teilen angepaßt werden müßte. In solchen Fällen kann die Web-Installation besser geeignet sein.

In jedem Fall sollte man nach erfolgter Aktualisierung alle Caches löschen, um veraltete Inhalte zu entfernen. Beachten Sie außerdem auch die empfohlene Vorgehensweise in den *README-*, *INSTALL-* und *UPGRADE*-Dateien.

8.10 MEDIAWIKI-KONFIGURATION

Im folgenden werden einige Ansätze zur individuellen Konfiguration aufgezeigt, die das Arbeiten mit dem neuen Wiki komfortabler machen. Weitere Tips und Tricks finden sich im Abschnitt 8.11 ab Seite 393.

8.10.1 PHP-Optionen zur Laufzeit setzen

Wie bereits bekannt, bezieht das Wiki alle Einstellungen aus der Konfigurationsdatei *LocalSettings.php* im MediaWiki-Hauptverzeichnis. Neben diversen Zuweisungen an globale Variablen, die weiter unten behandelt werden, ist dies auch der richtige Platz für Anweisungen wie *ini_set* oder *error_reporting*, die an den PHP-Interpreter selbst gerichtet sind. Diese sind hilfreich, wenn man zwar keine Schreibrechte für die allgemeine Konfigurationsdatei *php.ini* des Servers besitzt, die dortigen Optionen aber verändern darf. Eine genaue Beschreibung würde hier zu weit führen, stattdessen lieber ein kleines Beispiel.

```
error_reporting( E_ALL & ~E_NOTICE );
```

Obige Zeile sorgt dafür, daß alle Fehler und Warnungen protokolliert und je nach Einstellung auch ausgegeben werden, nicht aber Hinweismeldungen. In Verbindung mit älteren MediaWiki-Versionen mit PHP 4.4.0 erspart dies einige nervende, ansonsten nicht weiter problematische Meldungen.

Beachten Sie, daß auf diesem Wege nicht alle Einstellungen für den Skript-Interpreter sinnvoll sind. So werden zwar die Angaben zur maximalen Größe für hochgeladene Dateien und HTTP-*POST*-Vorgänge übernommen, kommen jedoch zu spät, da das MediaWiki-Skript erst nach dem Hochladen aktiv wird.

Nähere Informationen gewährt die PHP-Dokumentation (*http://www.php. net/docs.php*).

8.10.2 Globale Variablen

Alle globalen Variablen in MediaWiki beginnen mit *$wg*, die für *Wiki Global* stehen.[1] Die meisten davon können und sollen auch in der Konfigurationsdatei den eigenen Anforderungen angepaßt werden, andere wie *$wgSpecialPages* hingegen sind für den internen Gebrauch bestimmt und zeigen beim Verändern in der Konfigurationsdatei nicht unbedingt den gewünschten Effekt. Die wichtigsten »öffentlichen« Variablen werden nachfolgend vorgestellt, einige haben Sie bereits kennengelernt. Viele Einstellungen dokumentiert auch der Meta-Wiki-Artikel *Help:Configuration settings index*, andere erläutert notfalls auch die Datei *include/DefaultSettings.php*, die die Standardwerte festlegt.

8.10.3 Einstellungen am Webserver

Passend zu den Apache-Einstellungen werden nun die Pfade entsprechend den Aliasen beziehungsweise Rewrite-Regeln definiert. *$wgScriptPath* beschreibt dabei den absoluten URL-Pfad, unter dem das MediaWiki-Verzeichnis per HTTP erreichbar ist, *$wgScript* ist der Pfad zum Hauptskript *index.php*. Da in unserer Konfiguration */wiki* ein Alias für */usr/local/mediawiki/index.php* ist und */wikiscripts* auf das Verzeichnis */usr/local/mediawiki* abgebildet wird, setzen wir in der Konfigurationsdatei *LocalSettings.php:*

```
$wgScript      = "/wiki";
$wgScriptPath  = "/wikiscripts";
```

Die URL des Servers sollte MediaWiki normalerweise automatisch aus den Umgebungsvariablen ermitteln können. In den seltenen Fällen, wo dies versagt (beispielsweise in einigen exotischen CGI-Umgebungen), kann man die URL in der Variablen *$wgServer* manuell setzen.

Zur Sicherheit sollte man nach einer Änderung alle Caches eines bereits genutzten Wikis löschen, um veraltete Verweise in darin vorgehaltenen Artikeln zu entfernen.

---

[1] Einzige Ausnahme bildet die globale Variable *$IP*, die das Installationsverzeichnis (engl. *Installation Path*) angibt und in *LocalSettings.php* gesetzt wird. Analog zu den *Wiki Globals* besitzen allgemeine Funktionen das Präfix *wf* für *Wiki Function*.

8.10.4 Einstellungen in MySQL

Je nachdem, welche MySQL-Version verwendet wird, setzt das webbasierte Installationsskript die Einstellung *$wgDBmysql4* auf *true* beziehungsweise *false*, um die Auswahl der für MySQL 3 und 4 unterschiedlichen Such-funktionen zu steuern, da ersterer einige Funktionen für die Volltextsuche fehlen. Zudem setzt in MediaWiki bis 1.4 der datenbankbasierte persistente Link-Cache ebenfalls MySQL 4 voraus, so daß für ältere Installationen die Variable *$wgEnablePersistentLC* den Wert *false* zugewiesen bekommt.

Den Datenbank-Server sollte das Installationsskript entsprechend der von Ihnen getätigten Angabe eingestellt haben, wenn nicht, ändern Sie *$wgDBserver* dementsprechend; eine durch einen Doppelpunkt »:« ge-trennte zusätzliche Port-Angabe ist optional und wird standardmäßig auf den Wert 3306 angenommen. Weitere Einstellungen sind Datenbankname (*$wgDBname*), Benutzername (*$wgDBuser*), Passwort (*$wgDBpassword*), Datenbanktyp (*$wgDBtype*),

Schlüsselname	Beschreibung
host	Hostname beziehungsweise IP-Adresse des Slave-Servers.
dbname	Name der Wiki-Datenbank.
user	Benutzername.
password	Benutzerpaßwort.
type	Datenbanktyp (entspricht *$wgDBtype* beim Master).
load	Gewichtung *x*. MediaWiki verteilt lesende Datenbankabfragen anteilig an alle zugeordneten Slaves, wobei dieser Server in *x* Fällen von *n* insgesamt befragt wird (*n* ist dabei die Summe der Gewich-tungen aller Slaves und muß größer als Null sein). Der Wert darf nicht negativ sein, ein Wert von Null deaktiviert einen Server.
groupLoads	Optional. In MediaWiki 1.5rc4 im allgemeinen nur für Ent-wickler relevant. Teilt Server in Gruppen ein, wie es auch die vordefinierten Gruppen für Datenbank-Master (*DB_MASTER*) für die Sla-ves (*DB_SLAVE*) und für die zuletzt verwendete Gruppe (*DB_LAST*) tun. Die im *load*-Flag spezifizierten Gewichtun-gen werden dann nicht mehr in Bezug auf alle Server, son-dern nur relativ zur zugehörigen Gruppe betrachtet.
flags	Assoziatives Array aus booleschen Werten für zusätzliche Optionen (siehe Tabelle 8.9).

Tabelle 8.8: Master-Slave-Konfiguration

Als Datenbanktyp haben Sie derzeit die Wahl zwischen *mysql* und dem in der Entwicklung befindlichen PostgreSQL *pgsql*.

Für Wikis mit großem Besucherandrang werden Sie mit hoher Wahrscheinlichkeit mit einem einzigen Server nicht auskommen, da brauchen Sie dann eine Master-Slave-Konfiguration mit Datenbankreplikation. Wie die funktioniert, erklärt das MySQL-Referenzhandbuch im Kapitel *Replikation bei MySQL* (http://dev.mysql.com/doc/mysql/de/replication.html) Schritt für Schritt. Die Rolle des Datenbank-Masters, der alle Schreibzugriffe bearbeitet, übernimmt der in *$wgDBserver* definierte Host, die Slave-Server werden in *$wgDBservers* definiert, einem einfachen Array. Für jeden Server-Eintrag werden Angaben in Tabelle 8.8 in einem assoziativen Array erwartet.

Schlüsselname	Beschreibung
DBO_DEFAULT	Alle Abfragen in einer Transaktion zusammenfassen (siehe *DBO_TRX*), wenn *$wgCommandLineMode* gleich *false* ist.
DBO_DEBUG	Debugging für diesen Slave einschalten (siehe auch Abschnitt 8.10.15).
DBO_TRX	Alle mit einem Datenbank-Objekt gemachten Schreibzugriffe in einer Transaktion zusammenfassen, die erst ausgeführt wird, wenn für das Datenbank-Objekt die *close()*-Methode aufgerufen wird.

Tabelle 8.9: Optionen für flags

Die in der Tabelle ausgelassenen, dynamisch gesetzten Flags *DBO_IGNORE* und *DBO_NOBUFFER* werden nur intern von MediaWiki verwendet.

Zum Schluß noch ein kleines Beispiel:

```
$wgDBservers = array(
    array(
        'host'      => '192.168.0.20',
        'dbname'    => 'wikidb',
        'user'      => 'wikiuser',
        'password'  => 'geheim',
        'load'      => 2
    ),
    array(
        'host'      => '192.168.0.21:5687',
        'dbname'    => 'wikidb',
        'user'      => 'wikiuser',
        'password'  => 'secret',
```

```
      'load'       => 1
   )
);
```

8.10.5 Benutzer und Rechte

Die Neugestaltung des Datenbankschemas in Version 1.5 brachte auch größere Änderungen an der Rechteverwaltung mit sich. So ist durch die aus 1.4 übernommenen feinkörnigeren Rechte und die Einführung von Benutzergruppen eine ausgefeiltere Zugriffskontrolle möglich als bisher der Fall war, wo es nur Flags für Bureaucrats, Admins und Bots gab. Die nächsten zwei Abschnitte befassen sich gesondert mit der Rechteverwaltung in MediaWiki-Versionen bis 1.4 und dem in 1.5 eingeführten System.

Rechteverwaltung bis MediaWiki 1.4

Bisher wurden die Zugriffsrechte in der Tabelle *user_rights* verwaltet, die jedem Benutzer im *ur_rights*-Feld Flags zuordnet, die anzeigen, ob dieser *bureaucrat*, *sysop* oder *bot* ist. Intern gibt es noch den *developer*-Status, der beispielsweise für *Special:Asksql* notwendig ist. Bei Benutzern ohne besonderen Status ist das Feld leer.

ur_user	ur_rights
1	*sysop,bureaucrat*
2	*bot*
3	

Tabelle 8.10: Zuordnung von Benutzern und Rechten in der Tabelle user_rights

Weitere Rechte und allgemeine Richtlinien zeigt Tabelle 8.11. Sie werden in der Konfigurationsdatei eingestellt.

Im Meta-Wiki widmet sich der Artikel *Setting user rights in MediaWiki* der Benutzer- und Rechteverwaltung von MediaWiki bis zur Version 1.4.

Variable	Beschreibung
$wgUseRCPatrol	Patrolling in den *Letzten Änderungen* aktivieren (*true*).
$wgWhitelistAccount	Assoziatives Array, das angibt, wer neue Benutzerkonten anlegen darf. Der Schlüssel markiert den Status des anlegenden Benutzers und ist jeweils einer der genannten Werte aus dem *ur_rights*-Feld. Alternativ ist der Pseudostatus *user* möglich, der für alle Benutzer gilt, auch für anonyme.
	Beispiel: *array('sysop' => 1)*
	Standardmäßig darf jeder Benutzerkonten anlegen.
$wgWhitelistEdit	Gibt an, ob Bearbeitungen auf angemeldete Benutzer beschränkt sind (*true*) oder nicht (*false*).
$wgWhitelistRead	Einfaches Array mit Titeln von Seiten, die ohne Anmeldung angezeigt werden dürfen. Der Namensraum muß in der lokalisierten Benennung angegeben sein.
	Beispiel: *array('Hauptseite', 'Spezial:Userlogin')*
	Standardwert ist *false*, das heißt, es sind alle Seiten erlaubt.

Tabelle 8.11: Weitere Rechte und allgemeine Richtlinien

Rechteverwaltung in MediaWiki 1.5

ug_user	ug_group
1	*sysop*
1	*bureaucrat*
2	*bot*

Tabelle 8.12: Zuordnung von Benutzern zu Gruppen in der Tabelle user_groups

Um einer Gruppe ein Recht zuzuweisen, setzt man im Array *$wgGroupPermissions* das Element auf *true*, bei dem der Gruppenname den ersten und das jeweilige Recht den zweiten Zugriffsschlüssel bildet. Das Array ist somit zweifach assoziativ, durch Zuweisung an eine bisher nicht vorhandene Gruppe wird diese daher erzeugt, bei den Rechten verhält es sich analog. Beachten Sie, daß Rechte nur gewährt oder nicht gewährt, aber nicht verweigert werden können, ein Benutzer erbt also die Befugnisse jeglicher ihm zugewiesener Gruppen. Die Gruppen *, *user*, *sysop*, *bureaucrat* und *bot* sind in *includes/DefaultSettings.php* vordefiniert und können in der lokalen Konfigurationsdatei ergänzt werden. Dabei gehören alle Benutzer implizit der Gruppe * an, angemeldete Benutzer sind zudem Mitglied von *user*.

Angenommen, wir möchten anonymen Benutzern lediglich gestatten, lesend auf das Wiki zuzugreifen, auch das Anlegen neuer Konten soll unterbunden werden. Nach der Anmeldung dürfen Benutzer Artikel lesen, bearbeiten und verschieben, aber keine Dateien hochladen. Der Administratoren-Gruppe schließlich gewähren wir das für die Seite *Special:Userrights* notwendige Recht *userrights* zum Verwalten der Gruppenzugehörigkeiten.

```
$wgGroupPermissions['*'    ]['read'          ] = true;
$wgGroupPermissions['*'    ]['createaccount'] = false;
$wgGroupPermissions['*'    ]['edit'          ] = false;
$wgGroupPermissions['user' ]['read'          ] = true;
$wgGroupPermissions['user' ]['edit'          ] = true;
$wgGroupPermissions['user' ]['move'          ] = true;
$wgGroupPermissions['user' ]['upload'        ] = false;
$wgGroupPermissions['sysop']['userrights'    ] = true;
```

Listing 8.9: Ändern von Gruppenrechten in der LocalSettings.php

Tabelle 8.13 zeigt die vorgegebenen Rechte für diese Gruppen.

Rechte	Gruppen				
	*	user	sysop	bureaucrat	bot
block Benutzer sperren.	-	-	+	-	-
bot Artikelbearbeitungen von Benutzern mit diesem Attribut werden nicht in den letzten Änderungen angezeigt.	-	-	-	-	+
createaccount Benutzerkonten anlegen.	+	-	+	-	-
delete Artikel löschen.	-	-	+	-	-
edit Artikel bearbeiten.	+	+	+	-	-

Tabelle 8.13: Vordefinierte Gruppen und ihre Rechte (Teil 1)

Rechte	Gruppen				
	*	user	sysop	bureaucrat	bot
editinterface Benutzeroberfläche anpassen.	-	-	+	-	-
import Artikel importieren (XML).	-	-	+	-	-
importupload Hochgeladene Datei importieren.	-	-	+	-	-
move Artikel verschieben.	-	+	+	-	-
patrol Artikel als geprüft markieren.	-	-	+	-	-
protect Artikel vor Bearbeitung schützen.	-	-	+	-	-
read Artikel lesen und auf hochgeladene Dateien zugreifen.	+	+	+	-	-
renameuser Benutzer umbenennen. Benötigt die Extension *Special:Renameuser*.	-	-	-	+	-
rollback Artikel auf älteren Stand zurücksetzen (ohne dieses Recht können Artikel nur manuell revertiert werden).	-	-	+	-	-
siteadmin Veraltet, wird jedoch von den Seiten *Special:Lockdb* und *Special:Unlockdb* zum Sperren und Freigeben der Datenbank benötigt.	-	-	-	-	-
upload Dateien hochladen.	-	+	+		-
userrights Userrechte und Gruppenzugehörigkeit bearbeiten.	-	-	-	+	-

Tabelle 8.13: Vordefinierte Gruppen und ihre Rechte (Teil 2)

Auch hier gibt es allgemeine Einstellungsmöglichkeiten, die durch globale Variablen beeinflußt werden.

Variable	Beschreibung
$wgUseRCPatrol	Patrolling in den *Letzten Änderungen* aktivieren (*true*).
$wgWhitelistRead	Einfaches Array mit Titeln von Seiten, die ohne Anmeldung angezeigt werden dürfen. Der Namensraum muß in der lokalisierten Benennung angegeben sein.
	Beispiel: *array('Hauptseite', 'Spezial:Userlogin')*
	Standardwert ist *false*, das heißt, es sind alle Seiten erlaubt.

Tabelle 8.14: Einstellmöglichen mit globalen Variablen

Im Meta-Wiki beschäftigt sich der Artikel *Help:User rights* mit der Rechteverwaltung von MediaWiki 1.5.

8.10.6 Caches

memcached

MediaWiki kann mehrere memcached-Server gleichzeitig nutzen, sofern sie mit Port-Nummer im Array *$wgMemCachedServers* aufgeführt sind. Für jeden Server kann man optional noch eine Gewichtung angeben, indem der jeweilige Eintrag als Array definiert wird. Da die Zugriffe danach verteilt werden, sollte man die Werte proportional zur Cache-Größe wählen. Das folgende Beispiel veranschaulicht die Notation.

```
$wgMemCachedServers = array(
    '127.0.0.1:11000',
    array('192.168.0.1:11211', 2),
    array('192.168.0.2:11211', 3)
);
```

Hier wird der lokale Rechner, auf dem der Webserver läuft, als memcached-Server deklariert mit dem TCP-Zugriffs-Port 11000. Da die Gewichtung fehlt, wird sie auf 1 angenommen. Zudem wird ein weiterer Server mit der IP-Adresse 192.168.0.1 und Port 11211 definiert. Da er ein Gewicht von 2 hat, kommt er doppelt so oft zum Einsatz wie der memcached-Server auf dem lokalen Rechner. Der letzte Rechner, 192.168.0.2, kommt analog dreimal so oft zum Zug wie der lokale Rechner oder fünfzig Prozent mehr als 192.168.0.1.

In einfacheren Wikis ist jedoch ein einzelner Server in der Regel völlig ausreichend, daher genügt eine Zeile wie

```
$wgMemCachedServers = array(
    '127.0.0.1:11000'
);
```

Setzen Sie außerdem *$wgUseMemCached* auf *true*, damit MediaWiki memcached nutzt. Ab Version 1.5 setzt man statt dessen *$wgMainCache-Type* auf *CACHE_MEMCACHED*.

Eine andere Möglichkeit der Leistungssteigerung ist, memcached auch für die Speicherung von Session-Daten zu nutzen. Dies geschieht dann, wenn *$wgSessionsInMemcached* gleich *true* ist.

Fallen einzelne memcached-Server aus, schaltet MediaWiki automatisch auf den nächsten um. Auch ein Ausfall aller Server sollte kein Problem darstellen, da die Abstraktionsschicht einen Cache emuliert, der nie Cache-Hits meldet; dies beeinträchtigt allerdings die Performance. Wenn Sie also keinen memcached-Server haben, schalten Sie am besten die memcached-Funktionalität ab, indem Sie *$wgUseMemCached* auf *false* setzen beziehungsweise *$wgMainCacheType* beispielsweise auf *CACHE_NONE* oder *CACHE_DB*. Alternativ können Sie natürlich auch die nachfolgend beschriebenen Programme einsetzen.

Auch auf die Gefahr hin, mich zu wiederholen: Sorgen Sie dafür, daß alle Ihre memcached-Server wirklich nur von Ihrem Wiki aus erreichbar sind! Da jegliche Authentifizierungsmechanismen fehlen, kann jemand mit Zugriff auf die memcached-Server alle dort gespeicherten Daten auslesen und auch manipulieren und, falls Session-Daten dort vorgehalten werden, auch diese.

Einstellungen für Turck MMCache und eAccelerator

eAccelerator wird ab MediaWiki 1.5 automatisch erkannt. Hier genügt es, in der MediaWiki-Konfigurationsdatei *LocalSettings.php* die Variable *$wg-MainCacheType* auf *CACHE_ACCEL* zu setzen.

Bei älteren MediaWiki-Installationen muß man für eAccelerator in den PHP-Dateien im *include*-Verzeichnis alle Vorkommen von *mmcache_* durch *eaccelerator_* ersetzen. Mit

```
$wgUseTurckShm = true;
```

wird anschließend der Cache in der Konfigurationsdatei aktiviert.

Zuletzt sollte man den Webserver neu starten und prüfen, ob tatsächlich Inhalte im Cache vorgehalten und von dort wieder geholt werden.

Dateibasierter Cache (File Cache)

Zu den speicherbasierten Caches gesellt sich noch ein dateibasierter Cache, der für nicht angemeldete Benutzer nach XHTML konvertierte Seiten vorhält und bei kleineren Wikis sinnvoll sein kann, die nur wenige Bearbeitungen erfahren. Zum Aktivieren muß die Variable *$wgUseFileCache* den Wert *true* haben und *$wgFileCacheDirectory* auf ein existierendes Verzeichnis mit ausreichenden Schreibrechten zeigen. Zudem ist *$wgShowIPinHeader* auf *false* zu setzen, da sonst auf jeder Seite die IP-Adresse des Benutzers angezeigt werden müßte, was das Zwischenspeichern unmöglich macht. Die Dateien lassen sich optional mit gzip komprimieren, die boolesche Variable *$wgUseGzip* steuert das Verhalten.

Squid

Squid, vielen als Web-Proxy bekannt, kann auch als Beschleuniger (*httpd Accelerator*) eingesetzt werden, eine Kurzanleitung gibt der Artikel *Squid caching* im Meta-Wiki. Anstelle von Webservern beantworten Squid-Server als sogenannte Surrogate (Ersatz) die Anfragen der Nutzer, die nur über diesen Umweg mit einem »echten« Server in Kontakt treten. Stellt Squid nun fest, daß eine abgefragte Seite im eigenen Cache ist und sich zwischenzeitlich nicht verändert hat, liefert er die vorgehaltene Seite aus und entlastet damit den Webserver. Zugleich bekommt der Benutzer die Seite schneller zu Gesicht, da sie bereits in XHTML vorliegt und nicht erst von MediaWiki erzeugt werden muß. Die Entscheidung darüber, ob eine Seite veraltet ist, beeinflußt MediaWiki durch direkte Kommunikation mit den Squid-Servern aus dem Array *$wgSquidServers*, so daß die Inhalte stets auf dem neuesten Stand gehalten werden. Geben Sie die einzelnen Server als Strings der Form *Hostname[:Port]* an; derzeit akzeptieren noch nicht alle Stellen im Code die Port-Angabe, daher sollte man sie besser weglassen. Als Standard wird dann der HTTP-Port 80 verwendet. Eine Feinjustierung der Squid-Hosts ermöglichen einige Variablen, die in Tabelle 8.15 erläutert sind.

Variable	Beschreibung
$wgInternalServer	Die von den Squid-Servern intern verwendete Server-URL.
$wgMaxSquidPurgeTitles	Maximale Anzahl der bei einer Anfrage für ungültig zu erklärenden Wiki-Seiten. Standardwert ist 400.
$wgSquidMaxage	Zeit in Sekunden, nach der eine Seite garantiert aus dem Cache entfernt und bei Bedarf neu eingelesen wird. Standardwert ist 18000 (5 Stunden).
$wgUseESI	ESI-Unterstützung für Squid-Server aktivieren. ESI oder *Edge Side Includes* erlauben es, trotz dynamisch erzeugter Inhalte bestimmte Teile zu cachen, indem spezielle, von Web-Caches interpretierte Tags zur Markierung statischer und dynamischer Fragmente eingesetzt werden. Wie der Name schon andeutet, ähneln sie den für Webserver bekannten *Server Side Includes* (SSI) im Hinblick auf die Möglichkeit zur Einbindung externer Inhalte und einfache Variablensubstitutionen. Siehe auch *http://www.esi.org/*. Setzen Sie den Wert auf *true*, wenn Ihre Squid-Server ESI unterstützen. Die in *$wgSquidMaxage* festgelegte Zeitspanne wird dann den Squid-Servern über den für ESI wichtigen HTTP-Response-Header *Surrogate-Control: max-age* statt mit *Cache-Control: s-maxage* mitgeteilt (letzterer wird in diesem Fall nur zum Invalidieren, also Ungültigmachen, nachgeschalteter Caches genutzt).

Tabelle 8.15: Squid-Feinjustierung

Möchte man das Aktualisieren des Caches verhindern, wäre es auf den ersten Blick unnötig, die Squid-Rechner überhaupt anzugeben, da diese ja quasi transparent sind. Allerdings sind einige Funktionen auf die IP-Adresse des Benutzers angewiesen (siehe Abschnitt Benutzersperre), die bei Nutzung von Web-Beschleunigern anders ermittelt werden muß als bei einer direkten Verbindung. In diesem Fall können Sie MediaWiki die betreffenden Server über das Array *$wgSquidServersNoPurge* trotzdem bekanntmachen. *$wgSquidServers* und *$wgSquidServersNoPurge* können gleichzeitig verwendet werden (sofern Sie einen solchen Anwendungsfall überhaupt haben sollten, beispielsweise in Intranet-/Internet-Konfigurationen).

Zum Schluß aktiviert man die Squid-Unterstützung durch Setzen von *$wgUseSquid* auf *true*.

8.10.7 Hochladen von Dateien

Bevor Bilder hochgeladen werden können, muß dieses Feature aus Sicherheitsgründen erst explizit erlaubt werden. Dies geschieht in MediaWiki-Versionen bis 1.4 über die Variable $wgDisableUploads$, die auf *false* zu setzen ist, spätere Ausgaben verwenden stattdessen $wgEnableUploads$, der man zum gleichen Zweck den Wert *true* zuweist. Den Speicherort bestimmt $wgUploadDirectory$; $wgUploadPath$ ist das Analogon für den absoluten HTTP-Pfad, auf den der Server das Verzeichnis im Web abbildet. Wir verwenden in unserer Konfiguration das MediaWiki-Verzeichnis *images* und verbleiben daher bei den vom Web-Installationsskript gesetzten Einstellungen in der *LocalSettings.php*

```
$wgUploadPath      = "$wgScriptPath/images";
$wgUploadDirectory = "$IP/images";
```

MediaWiki verteilt hochgeladene Dateien normalerweise auf mehrere Unterordner anhand einer MD5-Prüfsumme des Dateinamens, was nicht immer erwünscht ist. Beginnend mit Version 1.4 kann man daher dieses Verhalten abschalten, indem $wgHashedUploadDirectory$ der Wert *false* verliehen wird. Alle Dateien werden dann im Upload-Verzeichnis selbst abgelegt.

Um Besucher des Wikis allgemein vor Viren, Würmern und Trojanern zu schützen, erlaubt MediaWiki in der Voreinstellung nur das Hochladen von Bildern (PNG, GIF, JPEG). Die Liste der zugelassenen Dateitypen setzt sich aus den Arrays $wgFileExtensions$ und $wgFileBlacklist$ zusammen, wobei letzteres die verbotenen Dateitypen aufzählt und Vorrang hat. $wgCheckFileExtensions$ entscheidet, ob die Dateitypen-Prüfung überhaupt stattfinden soll. Bei einem Wert von *true* wird $wgStrictFileExtensions$ ausgewertet, um festzustellen, ob Dateien allen Warnungen zum Trotz dennoch hochgeladen werden dürfen, auch wenn deren Endungen nicht in $wgFileExtensions$ aufgeführt sind. Weitergehenden Schutz verspricht eine Schnittstelle zum Einbinden eines Virenscanners ab MediaWiki 1.5, die nun vorgestellt wird.

8.10.8 Antiviren-Programm einbinden

Viele öffentliche Wikis genießen ein gewisses Ansehen und tragen deshalb auch eine große Verantwortung für ihre Nutzer. Von einem Wiki verbreitete Exploits oder bösartige Dateien können das darin gesetzte Vertrauen erschüttern und den Ruf erheblich schädigen. Während MediaWiki ohne Zutun des Betreibers vor vielen Gefahren der ersten Art schützt, können letztere nur von speziellen Programmen aufgespürt werden. Ab der Version 1.5 lassen sich Antiviren-Programme und andere Scan-Software über eine einfache Schnittstelle einbinden, so daß sie Dateien sofort nach dem Hochladen überprüfen.

Dabei dient *$wgAntivirus* zur Auswahl des zu verwendenden Programms, dessen Eigenschaften im zweifach assoziativen Array *$wgAntivirusSetup* gespeichert sind und über den ersten Array-Schlüssel angesprochen werden. Über den zweiten Schlüssel werden die dem Programm zugeordneten Eigenschaften *command*, *codemap* und *messagepattern* indiziert.

Die erste Eigenschaft definiert den Aufruf über die Kommandozeile, wobei der Name der zu prüfenden Datei automatisch angehängt wird, alternativ darf man hierfür auch den Platzhalter *%f* verwenden.

Für *codemap* kann man Programm-Rückgabewerte (Exit-Codes) auf einen von vier verschiedenen Typen abbilden:

Wert	Beschreibung
AV_NO_VIRUS	Kein Virus gefunden. Die hochgeladene Datei wird angenommen.
AV_SCAN_ABORTED	Scanvorgang abgebrochen. Die hochgeladene Datei wird angenommen.
AV_SCAN_FAILED	Scanvorgang gescheitert. Die hochgeladene Datei wird angenommen, wenn *$wgAntivirusRequired* den Wert *false* hat, sonst wird die Datei verworfen.
AV_VIRUS_FOUND	Virus gefunden. Die hochgeladene Datei wird verworfen.

Tabelle 8.16: Rückgabewerte bei Virentests

Um alle nicht anderweitig zugewiesenen Rückgabewerte einem Typ zuzuordnen, kann man * als Rückgabewert angeben.

Welche Rückgabewerte Ihr Antiviren-Programm verwendet, steht in vielen Fällen im Handbuch, in der betreffenden Manpage oder im Internet. Im Zweifelsfall kann man aber annehmen, daß eine Datei keinen (erkennbaren) Schadcode enthält, wenn der Rückgabewert gleich 0 ist.

Die dritte Eigenschaft heißt *messagepattern* und stellt einen regulären Perl-Ausdruck dar, mit dem MediaWiki die Ausgabe filtert, bevor sie im Browser angezeigt wird.

Die Variable *$wgAntivirusRequired* gibt an, ob eine hochgeladene Datei verworfen wird, wenn das Scan-Programm einen Exit-Code meldet, der auf *AV_SCAN_FAILED* abgebildet wird.

Nachfolgend ein vereinfachtes Beispiel für den freien Virenscanner Clam AntiVirus (http://www.clamav.net/), ein ausführlicheres befindet sich in der Datei *includes/DefaultSettings.php* sowie im Meta-Wiki-Artikel *Help: Configuration settings index*.

```
$wgAntivirus = 'clamav';
$wgAntivirusSetup = array(
    'clamav' => array (
        'command' => '/usr/bin/clamscan --no-summary',
        'codemap' => array (
            '0' => AV_NO_VIRUS,
            '*' => AV_VIRUS_FOUND
        ),
        'messagepattern' => '/.*?:(.*)/sim',
    )
);
```

Listing 8.10: Einbinden des Virenscanners Clam AntiVirus in die Konfigurationsdatei LocalSettings.php

Da die Standardeinstellungen bereits für Clam AntiVirus und F-Prot konfiguriert sind, genügt in der eigenen Konfigurationsdatei *LocalSettings.php* auch schon die Zeile

```
$wgAntivirus = 'clamav';
```

zum Einbinden dieses Scanners.

Zum Abschluß prüft man die Funktionsfähigkeit des Scanners, indem man die ungefährliche EICAR-Antivirus-Testdatei hochzuladen versucht. Verschiedene Varianten befinden sich unter *http://www.eicar.org/anti_virus_test_file.htm*. In Verbindung mit Clam AntiVirus sollte MediaWiki das Hochladen verweigern und eine Warnmeldung wie die folgende ausgeben:

```
Diese Datei enthält einen Virus! [...] Eicar-Test-Signature FOUND
```

Gegebenenfalls muß man einen im Hintergrund laufenden Virenscanner vor dem Herunterladen und anschließenden Hochladen des Testprogramms deaktivieren, da er sonst den Zugriff auf die Datei verhindert. Vergessen Sie aber nicht, ihn danach wieder zu aktivieren.

8.10.9 Thumbnails

Thumbnails oder Miniaturansichten sind verkleinerte Darstellungen von Dateien mit visuellem Inhalt. Speziell für Bilder kann MediaWiki solche Thumbnails automatisch erstellen, wenn *$wgUseImageResize* den Wert *true* hat. Im Gegensatz zu Bildern in Originalgröße stören Thumbnails weniger den Lesefluß, erlauben aber dem Betrachter gleichzeitig, sich einen kurzen optischen Überblick über den Bildinhalt zu verschaffen und auf Wunsch auch alle Details im Originalformat anzusehen. Die Automatik erspart zusätzliche Arbeit und garantiert eine immer aktuelle und konsistente Miniaturversion der verlinkten Bilder in jeder beliebigen Größe, auch wenn eine neue Revision hochgeladen wird.

Zum Erstellen greift MediaWiki wahlweise auf die PHP-Grafikbibliothek GD Library 2 oder das ImageMagick-Programm *convert* zurück, das auch beim Rendern mathematischer Formeln zum Einsatz kommt und in vielen Linux-Distributionen dabei ist (gegebenenfalls muß man es nachinstallieren).

Um die Grafikbibliothek zu nutzen, wird *$wgUseImageMagick* auf *false* gesetzt. Die Bibliothek muß hierfür natürlich in PHP aktiviert sein.

Bevorzugt man dagegen ImageMagick, wird stattdessen *$wgUseImageMagick* auf *true* gesetzt. Zudem muß man MediaWiki den Pfad zum *convert*-Programm mitteilen, wenn es nicht in */usr/bin* liegt oder anders benannt wurde. Dies geschieht über die Variable *$wgImageMagickConvertCommand*.

```
$wgUseImageResize = true;
$wgUseImageMagick = true;
$wgImageMagickConvertCommand = "/usr/bin/convert";
```

Miniaturansichten werden im Upload-Verzeichnis im Ordner *thumb* gespeichert, der gegebenenfalls erstellt wird (das Upload-Verzeichnis beziehungsweise das *thumb*-Verzeichnis muß dementsprechend beschreibbar sein).

Die Funktionalität überprüft man, indem man ein Bild hochlädt und es beispielsweise mit *[[Image:Bildname|thumb]]* in eine Seite einbindet. Weitere Einzelheiten sind in Abschnitt 2.7.6 beschrieben.

8.10.10 Mathematische Formeln mit TeX

Das Rendern von Formeln in MediaWiki setzt eine funktionierende TeX-Umgebung mit den Programmen *latex*, *dvips*, Ghostscript mit *gs* für die PostScript-Konvertierung und das ImageMagick-Werkzeug *convert* voraus, die alle im Suchpfad sein müssen. MediaWiki greift dabei nicht direkt auf diese Programme zu, sondern bedient sich des Hilfsprogramms *texvc*, dessen Quelltext man im *math*-Verzeichnis vorfindet.

Zum Übersetzen benötiget man neben GNU *make* den Objective-Caml-Compiler ab Version 3.06. Viele Linux-Distributionen bringen das entsprechende Paket bereits mit, das aber in der Regel nicht automatisch installiert wird. Ob OCaml auf Ihrem System vorhanden ist, erkennen Sie an den Programmen *ocamlc* und *ocamlopt*, die in Ihrem Suchpfad sein sollten. Alternativ bietet auch die Web-Site *http://caml.inria.fr/* Quelltext- und Binärarchive an.

Nachdem alle Voraussetzungen erfüllt sind, wird nun *texvc* kompiliert.

```
$   cd /usr/local/mediawiki/math
$   make
```

Kopieren Sie nun das Programm *texvc* ins MediaWiki-Hauptverzeichnis; die nicht mehr benötigten Zwischendateien im *math*-Ordner können Sie mit einem *make clean* löschen.

Das Rendern erfordert zwei Ausgabeverzeichnisse. Das erste dient zum Speichern von temporären Dateien, die während der Ausführung anfallen und am Ende automatisch wieder entfernt werden. In das zweite Verzeichnis schreibt *texvc* das fertig gerasterte Bild. Wir verwenden hier für die Pfade die auch in der Standardkonfiguration von MediaWiki definierten Orte *tmp* und *math* unterhalb des Verzeichnisses für hochgeladene Dateien. Diese sind anfangs noch nicht vorhanden, daher muß man sie vorher anlegen und die korrekten Zugriffsrechte setzen.

```
$   cd /usr/local/mediawiki/images
$   mkdir tmp math
$   chown root.wwwgroup tmp math
$   chmod 1770 tmp math
```

Nun überzeugen wir uns von der korrekten Funktion des Programms, indem wir mit *su* unter der Kennung des Webserver-Benutzers *wwwrun* eine Formel generieren. Dem Befehl übergeben wir vier Parameter: temporäres Verzeichnis, Ausgabeverzeichnis, die Formel und zuletzt die Zeichenkodierung.

```
$   cd /usr/local/mediawiki
$   su wwwrun
```

```
$  ./texvc images/tmp images/math \
          "\cos^2(\pi) + \sqrt{1 \over 2}" utf-8
$  exit
```

Nach der Ausführung sollte man im Verzeichnis *images/math* eine PNG-Datei vorfinden, die die fertig gerenderte Formel darstellt. Nebenbei schreibt *texvc* auch die HTML- beziehungsweise MathML-Darstellung und eine MD5-Prüfsumme in die Standardausgabe. Letztere nutzt es auch als Dateinamen.

$$\cos^2(\pi) + \sqrt{\frac{1}{2}}$$

Bild 8.5: Erzeugtes PNG-Bild

Leider ist *texvc* bei der Fehlerdiagnose wenig hilfreich. Im Problemfall vergewissern Sie sich bitte, daß *latex*, *dvips*, *gs* und *convert* wirklich über den Suchpfad gefunden werden können und daß alle von ihnen benötigten Verzeichnisse und Dateien mit ausreichenden Zugriffsrechten ausgestattet sind.

Weitere Hilfestellung leistet auch *math/README* im MediaWiki-Verzeichnis, im Meta-Wiki außerdem die Artikel *Texvc* und die plattformspezifischen Installationsanleitungen über *Help:Installation*. Insbesondere sind beim Betrieb unter Windows je nach Konfiguration die eine oder andere Anpassung des *texvc*-Quelltextes erforderlich (bei MediaWiki 1.5 und funktionierender Cygwin-Umgebung[1] sollten indes keine beziehungsweise nur geringe Modifikationen notwendig sein).

Zum Schluß muß noch die TeX-Unterstützung in MediaWiki aktiviert werden, indem *$wgUseTex* auf *true* und der Programmpfad auf *./texvc* gesetzt wird. Die Einstellungen für *$wgMathPath*, *$wgMathDirectory* und *$wgTmpDirectory* werden auf den Standardwerten belassen.

```
....
# TeX-Unterstützung einschalten
$wgUseTeX        = true;

# Pfad zum texvc-Programm
$wgTexvc         = './texvc';

# HTTP-Pfad für das Verzeichnis mit den gerenderten Formeln
$wgMathPath      = "{$wgUploadPath}/math";
```

---

[1] *http://www.cygwin.com/* und Glossar.

```
# Ort des Verzeichnisses für gerenderte Formeln
$wgMathDirectory = "{$wgUploadDirectory}/math";

# Ort des temporären Verzeichnisses
$wgTmpDirectory  = "{$wgUploadDirectory}/tmp";
...
```

Listing 8.11: TeX-Einstellungen in LocalSettings.php

8.10.11 Zeitzone einstellen

Nach den ersten Bearbeitungen in Ihrem Wiki wird Ihnen vielleicht aufgefallen sein, daß die Zeitangaben nicht der lokalen Zeitzone entsprechen, sondern in UTC notiert sind. Um dies zu ändern, fügen Sie folgende Zeilen Ihrer *LocalSettings.php* hinzu. Sie stammen von Brion Vibber, der darauf hinweist, daß das Code-Schnipsel wohl mehr ein Ugly Hack denn eine perfekte Lösung ist (nachzulesen auch im Meta-Wiki in *Timezone adjustments* oder im Archiv der Wikitech-Mailingliste unter *http://mail.wikipedia.org/pipermail/wikitech-l/2003-August/005628.html*).

```
$wgLocaltimezone = "Europe/Berlin";
$oldtz = getenv("TZ");
putenv("TZ=$wgLocaltimezone");
$wgLocalTZoffset = date("Z") / 3600;
putenv("TZ=$oldtz");
```

Listing 8.12: Einstellen der lokalen Zeitzone, hier für Deutschland
[Quelle: Brion Vibber, Wikitech-Mailingliste, http://mail.wikipedia.org/pipermail/wikitech-l/2003-August/005628.html]

8.10.12 Navigationsleiste anpassen

In MediaWiki 1.4 wird der Inhalt der Navigationsleiste durch das Array *$wgNavigationLinks* bestimmt, das seinerseits für jedes Element Anzeigetext und Navigationsziel in einem assoziativen Array mit den Schlüsseln *text* und *href* angibt. Das geschieht allerdings nicht direkt, sondern über MediaWiki-Meldungstexte, die über ihre Kürzel angesprochen werden. Deren Herkunft beeinflußt *$wgUseDatabaseMessages*: Diese Variable sollte *true* sein, damit Artikel im speziellen Namensraum *MediaWiki* als Meldungstexte genutzt werden. Ist ein Text dort nicht vorhanden oder ist die Variable *false*, bezieht MediaWiki die jeweilige Meldung aus einer Sprachdatei im Verzeichnis *languages* beziehungsweise aus seinem Message Cache.

```
$wgNavigationLinks = array (
    array( 'text'=>'mainpage',       'href'=>'mainpage' ),
    array( 'text'=>'portal',         'href'=>'portal-url' ),
    array( 'text'=>'currentevents',  'href'=>'currentevents-url' ),
    array( 'text'=>'recentchanges',  'href'=>'recentchanges-url' ),
    array( 'text'=>'randompage',     'href'=>'randompage-url' ),
    array( 'text'=>'help',           'href'=>'helppage' ),
    array( 'text'=>'sitesupport',    'href'=>'sitesupport-url' ),
);
```

Listing 8.13: Standard-Navigationsleiste in MediaWiki 1.4.

Mit Version 1.5 wurde *$wgNavigationLinks* abgeschafft, die Navigations-
leiste wird nun über das Kürzel *sidebar* beziehungsweise über den Artikel
MediaWiki:Sidebar angesprochen und läßt sich mit entsprechenden Rechten im Wiki modifizieren; die unter Navigationsleiste und Suchfeld pla-
zierte Werkzeugleiste ist bis MediaWiki 1.5rc4 leider fest in den Quelltext
integriert und läßt sich nicht ohne direktes Ändern des Skins anpassen.
Das Format für die Navigationsleiste ist relativ einfach gehalten:

```
* navigation
** mainpage|mainpage
** portal-url|portal
** currentevents-url|currentevents
** recentchanges-url|recentchanges
** randompage-url|randompage
** helppage|help
** sitesupport-url|sitesupport
```

Listing 8.14: Standard-Navigationsleiste in MediaWiki 1.5.

Die Sterne * dienen dabei wie in unnumerierten Listen zur Gliederung,
dahinter kommt das Kürzel für einen Meldungstext mit einem Wiki-
Verweis beziehungsweise einer URL, optional gefolgt vom Kürzel für den
Anzeigetext, durch ein Pipezeichen | getrennt.

8.10.13 E-Mail-Funktionen

Bevor Sie und Ihre Benutzer Funktionen wie E-Mail-Authentifizierung,
Benachrichtigung nutzen können und vergessene Paßwörter zurücksetzen
dürfen, müssen Sie *$wgEnableEmail* auf *true* setzen. Für das Zurückset-
zen können Sie den Absender in *$wgPasswordSender* festlegen.

E-Mail-Authentifizierung

Wahrscheinlich sind Sie ihr irgendwann schon begegnet, der E-Mail-Authentifizierung. Sie dient zum Schutz vor Mail-Bombing (Überfluten des Postfachs mit Nachrichten), indem eine einzelne Nachricht an ein angegebenes Mailkonto verschickt wird, die eine URL zur Authentifizierungsseite mit einem angehängten zufällig erzeugten Code enthält. Diese Seite muß der Empfänger innerhalb eines begrenzten Zeitraums öffnen, um sein Konto für die weitere Zustellung von Nachrichten freizuschalten. Zum Einschalten geben Sie der Variable *$wgEmailAuthentication* den Wert *true*.

E-Mail-Benachrichtigung und direkte Benutzerkommunikation

Die E-Mail-Benachrichtigung oder E-Mail Notification, dem der MediaWiki-Ableger Enotifwiki (*http://www.enotifwiki.org/*) seinen Namen verdankt und schon seit geraumer Zeit unterstützt, hat mit dem 1.5-Zweig auch Einzug in MediaWiki gehalten und wird über die boolesche Variable *$wgUseEnotif* aktiviert. Weitere boolesche Schalter stehen weiter unten.

Wert	Beschreibung
$wgEnableUserEmail	Direkte E-Mail-Kommunikation zwischen Benutzern erlauben.
$wgEnotifFromEditor	Als Absenderadresse die E-Mail-Adresse des Bearbeiters (*true*) oder des Wiki-Administrators verwenden (*false*). Zusätzlich müssen *$wgEnotifRevealEditorAddress true* sein und der jeweilige Nutzer in seinen Einstellungen der Veröffentlichung seiner Adresse zugestimmt haben (in MediaWiki 1.5rc4 erscheint diese Option allerdings nur, wenn außerdem *$wgEnotifUserTalk* oder *$wgEnotifWatchlist true* ist).
$wgEnotifMinorEdits	Benachrichtigung auch bei als geringfügig markierten Änderungen verschicken.
$wgEnotifReveal-EditorAddress	Bekanntgabe der E-Mail-Adressen von Bearbeitern erlauben. Siehe auch *$wgEnotifFromEditor*.
$wgEnotifUserTalk	Benachrichtigung bei Änderungen an Diskussionsseiten von Benutzern. *$wgEnotifRevealEditorAddress* muß *true* sein.
$wgEnotifWatchlist	Benachrichtigung bei Änderungen an beobachteten Artikeln.

Tabelle 8.17: Schalter für Benutzerkommunikation

8.10.14 Layout-Anpassung

Rein kosmetischer Natur sind die das Layout betreffenden Einstellungen, daher werden sie hier nur kurz tabellarisch zusammengefaßt.

Stylesheets und JavaScripts können kombiniert werden; dabei werden der Reihe nach zuerst skin-spezifische, dann optional wiki-weite und zuletzt benutzerdefinierte Daten eingebunden, die MediaWiki als Artikel verwaltet. Später getätigte Definitionen überschreiben die vorherigen. Für jeden Skin gelten eigene Einstellungen, wobei der Skin-Name als Artikeltitel in normalisierter Form zur Unterscheidung herangezogen wird; bei Monobook wären das also der Artikel *MediaWiki:Monobook.css* für das wiki-weite Stylesheet und *User:MaxMustermann/Monobook.css* als das Stylesheet für den gleichen Skin und den Benutzer *MaxMustermann*. Mehr Einzelheiten zu Skins erläutert Abschnitt 8.3.4 ab Seite 336.

Wert	Beschreibung
$wgAllowUserCss	Benutzerdefinierte, als Artikel editierbare Stylesheets für angemeldete Benutzer erlauben, das über den Titel *User:Benutzername/Skinname.css* zugreifbar ist. Aus Sicherheitsgründen nur für den jeweiligen Benutzer selbst und Administratoren editierbar.
$wgAllowUserJs	Benutzerdefinierte, als Artikel editierbare JavaScripts für angemeldete Benutzer erlauben, das über den Titel *User:Benutzername/Skinname.js* zugreifbar ist. Aus Sicherheitsgründen nur für den jeweiligen Benutzer selbst und Administratoren editierbar.
$wgDefaultSkin	Kürzel des Standard-Skins in Kleinbuchstaben, wie er auch als Dateiname für die PHP-Skin-Datei Verwendung findet, wie beispielsweise *monobook* (Datei *skins/MonoBook.php*) oder *cologneblue* (Datei *skins/CologneBlue.php*).
$wgLogo	Dateisystem-Pfad für das anzuzeigende Logo, das beim Standard-Skin Monobook oben links eingeblendet wird. Verwendet man ein PNG-Bild, wird dieses bei den Default-Skins automatisch mit vollen Alpha-Transparenzinformationen dargestellt, auch im Internet Explorer ab Version 5.5. Leider funktioniert dies (noch) nicht allgemein für Bilder.
$wgStyleDirectory	Verzeichnis, das Skins und gemeinsam genutzte Layout-Daten wie Stylesheet und JavaScripts beherbergt.
$wgStylePath	URL-Pfad, auf den das in *$wgStyleDirectory* definierte Verzeichnis auf dem Webserver abgebildet wird.

Tabelle 8.18: Stylesheets und JavaScripts kombinieren (Teil 1)

Wert	Beschreibung
$wgStyleSheetPath	Wird bis MediaWiki 1.5rc4 nicht verwendet und in der Datei *includes/DefaultSettings.php* als Referenz zu *$wgStylePath* gesetzt.
$wgUseSiteCss	Wiki-weite, als Artikel editierbare Stylesheets nutzen, das über den Titel *MediaWiki:Skinname.css* zugreifbar ist.
$wgUseSiteJs	Wiki-weite, als Artikel editierbare JavaScripts nutzen, das über den Titel *MediaWiki:Skinname.js* zugreifbar ist.

Tabelle 8.18: Stylesheets und JavaScripts kombinieren (Teil 2)

8.10.15 Fehlersuche

It's not a bug, it's a feature – in der Tat kann man die Ausgabe von Informationen zur Fehlersuche als Feature von MediaWiki sehen, das vieles, was sich hinter der Kulisse abspielt, nachvollziehbar macht. In der Grundkonfiguration ist das Protokollieren gänzlich abgeschaltet, denn es kostet nicht nur Zeit, sondern auch Speicherplatz. Zum Aktivieren bestimmt man in *$wgDebugLogFile*, in welche Datei die Ausgabe geschrieben werden soll, während die Variable *$wgDBerrorLog* festlegt, wo Fehler bei Datenbankzugriffen geloggt werden. Bei ersterem läßt sich der Umfang der Protokollierung durch folgende Einstellungen beeinflussen.

Der Ablageort sollte möglichst ein für die Öffentlichkeit nicht zugänglicher Pfad sein. Dieser muß allerdings für MediaWiki beschreibbar sein. Lesezugriff braucht im Normalfall nicht gewährt zu werden, aber man sollte bei sich selbst testen, ob das dann auch wirklich mit der eigenen Konfiguration funktioniert.

Mit dem Profiling mißt man die Performance, das heißt die Geschwindigkeit einzelner Funktionen. Diese ermitteln die Ausführungszeit durch Aufruf von *wfProfileIn()* und *wfProfileOut()* mit ihrem Funktionsnamen.

Variable	Beschreibung
$wgDebugComments	Einige Debug-Ausgaben erscheinen zusätzlich in XHTML-Kommentaren, wenn diese Variable den Wert *true* hat.
$wgDebugDumpSql	Gibt an, ob SQL-Anfragen protokolliert werden sollen. Dieses Flag hat keine Auswirkung, wenn mehrere Datenbank-Server genutzt werden. Dann muß an die Einstellung für jeden Server getrennt festlegen, indem man bei Bedarf das in *$wgDBservers* im *flags*-Attribut des entsprechenden Servers *DBO_DEBUG* setzt (siehe Abschnitt 8.10.4]).
$wgDebugFunctionEntry	Jeden Aufruf zu und jede Rückkehr von einer Funktion protokollieren, die *wfProfileIn* und *wfProfileOut* aufruft.
$wgDebugProfiling	Protokollieren, wenn eigentlich zugehörige *wfProfileIn*- und *wfProfileOut*-Aufrufe mit verschiedenen Funktionsnamen durchgeführt werden.
$wgDebugRawPage	Bei einem Wert von *false* verhindert *$wgDebugRawPage* die Ausgabe von Debug-Informationen, wenn bei einer Anforderung *action=raw* angegeben ist.
$wgDebugRedirects	Weiterleitungen protokollieren.
$wgShowSQLErrors	Fehler bei SQL-Abfragen in der Datei protokollieren, die durch *$wgDBerrorLog* festgelegt ist.

Tabelle 8.19: Einstellungen der Protokollierung

Variable	Beschreibung
$wgProfileCallTree	Aufrufbaum anzeigen (*true*) statt nach Funktionen geordnet (*false*).
$wgProfileOnly	Nur Profiling-Informationen protokollieren. Ist diese Einstellung *true*, werden keine anderen Informationen in die Protokolldatei geschrieben, also auch keine Debug-Meldungen.
$wgProfileSampleRate	Gibt an, daß nur für jede *n*-te Seitenanfrage Profiling-Daten erhoben werden sollen.
$wgProfileToDatabase	Profiling-Informationen in Datenbanktabelle *profiling* protokollieren.
$wgProfiling	Profiling im Debugging-Protokoll aktivieren.

Tabelle 8.20: Profiling

8.11 WARTUNG

Zeit ist Geld, wie es heißt, und damit man nicht kostbare Zeit damit verschwendet, Tag und Nacht mit der Verwaltung des geliebten Wikis zu verbringen, soll dieser Abschnitt als kleine Hilfe dienen. Für einige wiederkehrende Aufgaben reichen oft schon wenige Befehle, für viele andere haben die Entwickler bereits Skripten im *maintenance*-Verzeichnis vorgesehen. Hier wird nur eine kleine Auswahl betrachtet, werfen Sie also ruhig einen Blick hinein, es lohnt sich. Beachten Sie bitte, daß einige Skripten veraltet sein können (dies gilt besonders in MediaWiki 1.5). Vor dem ersten Einsatz sollte man zudem eine *AdminSettings.php* mit den MySQL-Zugangsdaten anlegen.

8.11.1 Caches löschen

Wenn *$wgEnableParserCache* gleich *true* ist, fungiert der Objekt-Cache als Zwischenspeicher für fertig gerenderte Artikeltexte und speichert damit unter anderem aufgelöste Verweise auf andere Artikel. Bei Änderungen am Server-Namen oder dem HTTP-Pfad zum Wiki sind diese Referenzen nicht mehr gültig. Das Löschen des Objekt-Caches erzwingt eine Aktualisierung und kann beim datenbankbasierten Cache im *mysql*-Client-Programm mit

```
mysql> DELETE FROM wikidb.objectcache;
```

durchgeführt werden, während man den speicherbasierten Cache-Manager memcached beenden (mit den Unix-Befehlen *kill* oder *killall*) und neu starten muß, um die Daten zu löschen. Ist *$wgEnableParserCache* dagegen auf *false* gesetzt, haben die genannten Maßnahmen keine unmittelbaren Auswirkungen.

Den dateibasierten Cache (File Cache) leert man, indem man alle Dateien und Verzeichnisse unterhalb des verwendeten Cache-Verzeichnisses löscht (jedoch nicht das Verzeichnis selbst).

Bei einzelnen Artikeln entfernt die HTTP-Query *action=purge* alle gecachten Daten:

```
http://server/wiki/Artikelname?action=purge
```

8.11.2 Volltextindex aktualisieren

Die Reindexierung des Wikis kann notwendig werden, wenn man die MySQL-Einstellungen für die Volltextsuche geändert hat, beispielsweise *ft_min_word_len*. Dies geschieht am einfachsten mit dem Skript im *maintenance*-Verzeichnis von MediaWiki.

```
$   cd /usr/local/mediawiki/maintenance
$   php rebuildtextindex.php
```

Dieses Skript greift auf die Konfigurationsdatei für den MediaWiki-Administrator zurück, in der Benutzername und Passwort für die Datenbank hinterlegt sind. Hierfür gelten die gleichen MySQL-Zugangsdaten wie in der *LocalSettings.php*, falls dieses Konto über *CREATE*- und *DROP*-Rechte für die MediaWiki-Datenbank verfügt. Indes bietet ein spezielles Konto für solche Verwaltungsaufgaben natürlich mehr Sicherheit.

8.11.3 Sprachenabhängige Texte aktualisieren (bei Upgrades)

Die Anpassung an verschiedene Sprachen spielt eine große Rolle. Auch hier wird das Wiki-Konzept konsequent fortgeführt: Alle Texte und Meldungen können wahlweise in der Datenbank abgelegt werden und stellen gewöhnliche Artikel dar, die im MediaWiki-Namensraum abgelegt werden. Über die Spezialseite *Special:Allmessages* kann bequem auf sie zugegriffen werden. Die globale Variable *$wgUseDatabaseMessages* steuert, woher die Texte kommen. Setzt man sie auf *false*, werden alle Meldungen ausschließlich aus den Sprachdateien geladen.

MediaWiki sucht in der Voreinstellung zuerst in der Datenbank nach lokalisierten Ressourcen, die bei der ersten Installation dort abgelegt wurden. Fehlende Meldungen werden aus den Sprachdateien *languages/Language-XX.php* ergänzt (*XX* entspricht dem jeweiligen Länderkürzel, beispielsweise *De* für Deutschland).

Dies wird aber zum Problem, wenn man beim Einspielen einer neuen MediaWiki-Version die neuen Übersetzungen übernehmen oder einfach nur die Meldungen auf den ursprünglichen Stand zurücksetzen will. Ein Skript bewerkstelligt diese Aufgabe. Je nach Bedarf kann man angeben, ob alle Meldungen zurückgesetzt oder nur die nicht vorhandenen eingefügt (aktualisiert) werden sollen. Für ersteres ruft man das Programm mit dem Parameter *--rebuild* auf, *--update* ist für letzteres zuständig.

```
$   cd /usr/local/mediawiki/maintenance/
$   php rebuildMessages.php --rebuild
```

Listing 8.15: Neuerzeugen aller allgemeinen Texte im Wiki

8.11.4 Automatisierung mit Bots

Ein guter Bot sollte sich auch als solcher zu erkennen geben, indem er sich unter seinem Namen beim Wiki anmeldet, bevor er seine Aufgaben beginnt. Das erhöht die Übersicht und Transparenz in der Bearbeitungshistorie. Für diesen Zweck gibt es den *Python Wikipediabot* oder kurz *pywikipediabot*, ein in Python geschriebenes Framework, das diverse Funktionen zur Interaktion mit MediaWiki implementiert und für Bots über eine vereinfachte Schnittstelle zugänglich macht. Eine Erläuterung der Verwendung würde hier zu weit führen, deshalb sei auf die Projekt-Homepage *http://pywikipediabot.sourceforge.net/*, den Artikel *Using the python wikipediabot* im Meta-Wiki und den im Rahmen der Wikimania 2005 veranstalteten *Workshop - Python Wikipediabot Framework* (*http://en.wikibooks.org/wiki/Wikimania05/Workshop-AE1*) verwiesen. Beachten Sie, daß viele Hinweise sich speziell auf die Wikipedia beziehungsweise andere Wikimedia-Projekte beziehen. Für Ihr eigenes Wiki müssen Sie gegebenenfalls entsprechende Anpassungen vornehmen. Bitte respektieren Sie auch die Netiquette beziehungsweise Wikiquette und berücksichtigen Sie die Richtlinien zum Einsatz von Bots auf Wikis, die nicht von Ihnen selbst betrieben werden.

8.12 MEDIAWIKI ERWEITERN

Eines schon mal vorab: Die hohe Flexibilität von Skins, Spezialseiten und Extensions macht es oft unnötig, größere Änderungen direkt im Kern der MediaWiki-Software vorzunehmen. Dies ist auch gut so, denn MediaWiki ist ein sehr dynamisches Projekt, das sich vermutlich in seinen jungen Jahren noch häufig und in weiten Bereichen ändern wird. Anpassungen an neuere Versionen sind dann vorprogrammiert. Ambitionierte Entwickler sind aber herzlich eingeladen, ihre Ideen in das Projekt einfließen zu lassen, schließlich ist der Quelltext unter der GNU GPL lizenziert und damit jedem zugänglich. Neben den relativ stabilen Versionen kann man die Entwicklerversion über CVS beziehen, Anweisungen gibt die Seite *http://sourceforge.net/cvs/?group_id=34373*. Zum Betrachten und Herunterladen einzelner weniger Dateien steht zudem über *http://cvs.sourceforge.net/viewcvs.py/wikipedia/* eine für Browser aufbereitete Darstellung bereit.

Schnittstellen- und Quelltextdokumentation

Ich kann Ihnen leider nicht die Nachschlagearbeit im Quelltext ersparen, denn die Dokumentation ist ob der raschen Weiterentwickung in vielen Teilen unvollständig. Da heißt es nur: Augen auf und durch! Trotzdem ist man nicht ganz allein auf sich gestellt. Diverse Informationen beispielsweise zum Datenbankschema oder den Hooks beherbergt das *docs*-Verzeichnis. Bis MediaWiki 1.4 haben einige dort gespeicherte Dateien die Endung *.doc*, sie sind allerdings in reinem Textformat und daher in jedem Editor lesbar.

Wenn man aufwendigere Extensions programmieren oder an den Media-Wiki-Code Hand anlegen will oder muß (warum auch immer), kann außerdem eine Schnittstellen- und Klassenübersicht in HTML sinnvoll sein. Für die Entwicklerversion ist diese Dokumentation im Internet unter *http://wikipedia.sourceforge.net/doc/* abrufbar, für das eigene Wiki wird nachfolgend das Erstellen dieser Übersicht beschrieben.

Als Ausgangspunkt dient die seit Version 1.4 vorhandene Quelltextdokumentation. Neben der MediaWiki-Software brauchen Sie noch das PHP-Dokumentationswerkzeug *phpDocumentor* (http://www.phpdoc.org), das man als Archiv herunterladen, entpacken und nach den darin enthaltenen Installationsanweisungen einrichten kann.

Wenn PEAR auf Ihrem System eingerichtet ist, können Sie es auch einfacher installieren:

```
$   pear install PhpDocumentor
```

Stellen Sie in jedem Fall sicher, daß *phpdoc* im Suchpfad ist. Wechseln Sie dann in das MediaWiki-Verzeichnis *maintenance* und starten Sie das Skript *mwdocgen.php* mit dem Kommandozeilen-Interpreter von PHP (PHP CLI)[1]. Die Ausgabe kann man nach Wunsch auch mit *tee* zusätzlich in eine Logdatei schreiben, um Fehlermeldungen nachträglich zu überprüfen.

```
$   cd /usr/local/mediawiki/maintenance
$   php mwdocgen.php | tee mwdocs-errorlog.txt
```

---

[1] Unter Windows gibt es den PHP-Interpreter in zwei Ausführungen. Nur der für die Kommandozeile funktioniert korrekt. In PHP 4 befindet er sich im PHP-Unterverzeichnis *cli*. Bei älteren PHP-Versionen und in PHP 5 ist er im PHP-Verzeichnis und heißt *php-cli.exe* oder *php-win.exe*.

Das Generieren der Schnittstellenbeschreibung kann einige Zeit in Anspruch nehmen. Die Dokumentation legt das Skript im Verzeichnis *docs/html* ab, als Einstiegspunkt fungiert die dortige *index.html*.

Bei den ersten Schritten helfen auch viele Artikel im Meta-Wiki weiter, als Einstiegsseiten seien beispielhaft *How to become a MediaWiki hacker* und *Help:Contents* genannt. Beachten Sie, daß bei einigen der gezeigten Tips und Tricks die eingesetzte MediaWiki-Version relevant ist.

Eigene Skins

Zahlreiche im Monobook-Skin definierte CSS-Klassen sorgen für eine enorme Anpaßparkeit des Erscheinungsbildes. Welches Potential Stylesheets bieten, demonstriert der CSS Zen Garden *http://www.csszengarden.com/* eindrucksvoll. Die Kombination von ein- und derselben XHTML-Seite mit den verschiedensten Stilvorlagen liefert jedesmal ein völlig anderes Aussehen. Sollte diese noch nicht reichen, erstellt man im *skins*-Verzeichnis eine neue PHP-Datei, leitet darin den eigenen Skin von den Klassen *Skin*, *SkinTemplate* oder *SkinPHPTal*[1] ab und überschreibt nach Bedarf die entsprechenden Methoden. Der Klassenbezeichner setzt sich aus dem Präfix *Skin* und dem Namen des Skins zusammen, der dem Dateinamen ohne die PHP-Endung entspricht. So ist für den Standard-Skin *MonoBook* die Klasse *SkinMonoBook* in der Datei *skins/MonoBook.php* implementiert. Die Einbindung erfolgt automatisch, es sei denn, der Skin ist namentlich im Array *$wgSkipSkins* beziehungsweise der Variable *$wgSkipSkin* aufgeführt. Das Array *$wgSkinExtensionFunctions* kann man bei Bedarf um eigene (parameterlose) Funktionen ergänzen, die skinbezogene Initialisierungsarbeiten durchführen, ähnlich wie es *$wgExtensionFunctions* für die weiter unten besprochenen Extensions tun.

Spezialseiten

Erweiterungen im weiteren Sinne stellen die Spezialseiten dar, die anders als konventionelle Wiki-Seiten nicht bearbeitet werden können, sondern dynamisch erzeugt werden. Nach Konvention wird die zugrundeliegende Logik in einer Datei gespeichert, deren Name sich direkt aus dem Namen der Seite ableitet und im *include*-Verzeichnis gesucht wird, also *includes/SpecialNewpages.php* für *Neue Artikel* (*Special:Newpages*). Zum Einbinden einer eigenen Seite erzeugt man ein neue Instanz der Klasse *SpecialPage* beziehungsweise der abgeleiteten Klassen *UnlistedSpecialPage* und *IncludableSpecialPage*, der man die Bezeichnung der Spezialseite übergibt, bei der Seite *Neue Artikel* wäre das der String *Newpages*. Das erzeugte Objekt fügt man anschließend mit *SpecialPage::addPage()* hinzu,

---

[1] Die auf der Template Engine *PHPTal* aufbauende Klasse *SkinPHPTal* wurde hauptsächlich in MediaWiki 1.3 genutzt (vor allem beim Monobook-Skin), ist inzwischen aber eher unbedeutend.

indem es als Parameter übergeben wird. Beim Öffnen einer Spezialseite ruft MediaWiki die Funktion auf, deren Name sich aus der Seitenbezeichnung und dem Präfix *wfSpecial* zusammensetzt.

Zusätzliche Parameter im Konstruktoraufruf überschreiben die Standardeinstellungen für Seitenname (*$name*), Dateipfad (*$file*) und Funktion (*$function*).

```
function SpecialPage(
    $name = '',
    $restriction = '',
    $listed = true,
    $function = false,
    $file = 'default',
    $includable = false
)
```

Listing 8.16: Konstruktordeklaration von SpecialPage

$restriction gibt an, welches Recht ein Benutzer braucht, um die Spezialseite zu öffnen. Die abgeleiteten Klassen *UnlistedSpecialPage* und *IncludableSpecialPage* sind einfache Wrapper von *SpecialPage*, die dessen Konstruktor mit festen Werten für Parameter *$listed* beziehungsweise *$includable* aufrufen.

Wie die Klassennamen schon andeuten, werden einige Seiten in *Special:Specialpages* aufgelistet, andere nicht. Von *IncludableSpecialPage* abgeleitete Spezialseiten können wie gewöhnliche Vorlagen in andere Seiten eingebunden werden, wenn die Variable *$wgAllowSpecialInclusion* den Wert *true* hat. So bindet beispielsweise {{*Special:Recentchanges*}} die *Letzten Änderungen* in einen Artikel ein.

Extensions

Während Spezialseiten normalerweise für dynamische Inhalte eigenständige einzelne Seiten (mit Ausnahme der *Includable Special Pages*) darstellen, sind die in MediaWiki 1.3 eingeführten Extensions seitenübergreifend mit der Möglichkeit, mit Ereignisbehandlungsroutinen (sogenannte Hooks) eigene Wiki-Markup-Tags zu definieren. Seit Version 1.4 können auch für Standardaktionen, zu denen das Abspeichern, Verschieben, Beobachten oder Löschen von Artikeln zählen, Ereignisbehandlungsroutinen zugewiesen werden.

Extensions verwenden

Im einfachsten Fall erfordert die Einbindung von Extensions lediglich eine *include-* oder *require_once-*Zeile in der *LocalSettings.php*, komplexere Module können allerdings weitere Anforderungen an die Laufzeitumgebung stellen wie gewisse Bibliotheken und Programme.

```
include("extensions/MyExtension.php");
```

Listing 8.17: Einbinden einer Extension in der Konfigurationsdatei LocalSettings.php

GeshiHighlight

Eine recht nützliche und einfach zu installierende Extension ist Geshi-Highlight. Victor Fariña Infante alias »Coffman« stellt die von ihm und Rogan Creswick entwickelte, GeSHi-basierte MediaWiki-Erweiterung auf seiner Web-Site bereit (http://www.wickle.com/horde/cvs/co.php/media-wikiextensions/GeshiHighlight.php)[1]. Speichern Sie die Datei *GeshiHigh-light.php* im MediaWiki-*extensions*-Verzeichnis.

Geshi oder GeSHi (Generic Syntax Highlighter) entstammt der Feder von Nigel McNie und implementiert ein eigenständiges Framework zur HTML-gestützten Hervorhebung von Quelltexten verschiedenster Programmier- und Beschreibungssprachen, unter anderem C/C++, Java, Basic, Pascal, Python, Perl oder HTML, um nur einige zu nennen. Man muß das Archiv von *http://qbnz.com/highlighter/* separat herunterladen und ebenfalls in das *extensions*-Verzeichnis entpacken.

Mit einem

```
include("extensions/GeshiHighlight.php");
```

in der MediaWiki-Konfigurationsdatei ist die Erweiterung auch schon fertig eingerichtet und registriert eine eigene Ereignisbehandlungsroutine für Tags, die es nach den zugrundeliegenden Sprachen benennt. Zum Testen fügt man beispielsweise folgenden Code-Ausschnitt in einen Artikel ein:

---

[1] Die Adresse zeigt auf eine Seite, über die die Erweiterung heruntergeladen oder online betrachtet werden kann. Sie verweist nicht auf die PHP-Datei selbst.

```
<c>#include &lt;stdio.h&gt;
#include &lt;stdlib.h&gt;

int main( int argc, char **argv ) {
    printf( "Hello world !\n" );
}</c>
```

Die Ausgabe sollte dann in etwa so aussehen:

```
#include <stdio.h>
#include <stdlib.h>

int main( int argc, char **argv ) {
    printf( "Hello world !\n" );
}
```

Achten Sie darauf, hinter dem einleitenden und vor dem abschließenden
Tag keinen Zeilensprung zu setzen. Außerdem sollten Sie im Hinterkopf
behalten, daß MediaWiki Artikel zur schnelleren Darstellung nur einmal
nach dem Abspeichern rendert und danach im Cache behält. Für eine
korrekte und verlässliche Anzeige müssen Sie daher den betreffenden
Artikel mit dem Query-Zusatz *?action=purge* öffnen.

EasyTimeline

Eine beliebte Extension für MediaWiki ist EasyTimeline. Leider ist die
Installation nicht ganz so trivial wie GeshiHighlight, der Aha-Effekt dürfte für den einen oder anderen jedoch umso größer sein. Die Erweiterung
beschränkt sich aber nicht nur auf das Erstellen von Zeitleisten, wie der
Name andeuten mag, sondern kann auch für andere Balkendiagramme
zweckentfremdet werden. Hervorzuheben ist zudem die Möglichkeit,
HTML-Image-Maps zu erzeugen und Wiki-Verweise aufzunehmen.

Für Installationsanleitung und Sprachreferenz sei auf die ausführlichen
Artikel *Help:EasyTimeline activation* und *Help:EasyTimeline syntax* im
Meta-Wiki verwiesen, eine Erläuterung an dieser Stelle würde den Rahmen dieses Buches sprengen. Beispiele für Zeitleisten liefern die soeben
genannte Sprachreferenz und der Artikel *EasyTimeline*. Aber damit Sie
nun nicht ganz leer ausgehen, präsentiere ich Ihnen ein kleines Beispiel:

```
<timeline>
# Deutsche Datumsformatierung
Dateformat = dd/mm/yyyy
# Angezeigte Zeitspanne
```

```
Period = from:01/01/1850 till:31/12/1980

# Bildgröße, derzeit maximal 1600x1200
ImageSize = width:500 height:250
# Zeichenfläche in relativ zu den entsprechenden Rändern
PlotArea = left:150 top:20 right:20 bottom:20
# Orientierung der Zeitleiste
TimeAxis = orientation:horizontal
# Balkenausrichtung
AlignBars = late

# Farben
Colors =
    id:BlueColor    value:oceanblue
    id:GreenColor   value:kelleygreen
    id:PinkColor    value:magenta
    id:YellowColor  value:yellow
    id:Grey1Color   value:rgb(0.8,0.8,0.8)
    id:Gray2Color   value:rgb(0.5,0.5,0.5)
# Zeitleistenskala
ScaleMajor = gridcolor:Gray2Color start:1850 increment:50
ScaleMinor = start:1850 increment:10
# Texte für Balken
BarData =
    bar:Planck      text:Max Planck
    bar:Einstein    text:Albert Einstein
    bar:Bohr        text:Niels Bohr
    bar:Heisenberg  text:Werner Heisenberg
    bar:Goedel      text:Kurt Gödel
# Zeichendaten. Zu beachten ist die Einrückung der Daten,
# wenn man sie auf mehrere Zeilen verteilt.
PlotData =
    bar:Planck      from:23/04/1858 till:04/10/1947 color:BlueColor
    bar:Einstein    from:14/03/1879 till:18/04/1955 color:GreenColor
    bar:Bohr        from:07/10/1885 till:18/11/1962 color:PinkColor
    bar:Heisenberg  from:05/12/1901 till:01/02/1976 color:YellowColor
    bar:Goedel      from:28/04/1906 till:14/01/1978 color:Grey1Color
</timeline>
```

Und so sieht das Ergebnis aus:

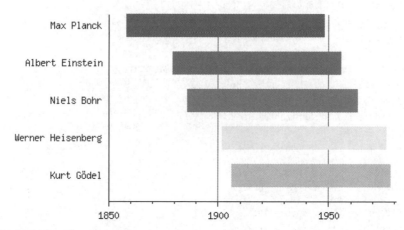

Bild 8.6: Ein Timeline-Beispiel

Eigene Extensions schreiben

Jede Extension nimmt sich selbst in die Extension-Liste auf, indem sie den Namen ihrer Initialisierungsfunktion dort einträgt. Der Funktionsbezeichner muß daher unbedingt eindeutig sein. Die hier beispielhaft *wfMyExtensionFunction* genannte Routine sollte man für die eigene Erweiterung entsprechend umbenennen. Man sollte hierfür einen nicht zu trivialen Namen wählen, um Kollisionen mit anderen Modulen auszuschließen (eine zugegebenermaßen nicht sehr elegante Methode wäre, am Ende einfach Zufallszahlen oder -zeichen anzuhängen, beispielsweise *wfUsefulExtension4876*).

```
$wgExtensionFunctions[] = "wfMyExtensionFunction";
```

Listing 8.18: Hinzufügen einer Extension

Die Initialisierungsfunktion kann beliebige Operationen durchführen, unter anderem auch einen Zugriff auf das Wiki protokollieren. In der Regel wird sie aber nur gewissen Ereignissen Funktionen zuordnen, die dann ausgeführt werden sollen. Solche Ereignisbehandlungsroutinen werden bei jedem Auftreten eines von der Initialisierungsfunktion registrierten Tags aufgerufen.

Die Erweiterung *Smiley.php* demonstriert, wie man mit einem eigens definierten Tag in den Artikel geschriebene Smileys zur Darstellungszeit in Bilder umwandelt, ähnlich den heutigen E-Mail- und Instant-Messaging-Programmen Thunderbird oder Yahoo Messenger. Speichern Sie die Datei in Ihrem *extensions*-Verzeichnis, und nehmen Sie die folgende Zeile in Ihre Konfigurationsdatei auf.

```
include("extensions/Smiley.php");
```

Zum Einbinden eines Smileys schreiben Sie beispielsweise

```
<smiley>:)</smiley>
```

Dies generiert einen MediaWiki-Bildverweis

```
[[Bild:SmileySmiling.png]]
```

der dann in XHTML konvertiert wird (die Namensraumsbezeichnung wird der lokalen Spracheinstellung entnommen).

Für diesen Zweck gibt das Skript im assoziativen Array *$wgMySmileys* vier Smileys mit den zugehörigen Bildern vor, die im Wiki hochgeladen sein müssen (siehe Tabelle 8.21). Man kann die Liste nach Bedarf anpassen oder ergänzen.

Smiley	Bild
:)	SmileySmiling
:(	SmileySad
;)	SmileyWinking
:/	SmileyConfused

Tabelle 8.21: Vordefinierte Smileys und zugehörige Bildnamen

Die Dateiendung (inklusive führendem Punkt) wird separat in *$wgMySmileyFileType* gespeichert und besitzt als Vorgabe den Wert *.png*.

Wenn es keine passende Zuordnung von einem Smiley zu einem Bild gibt, wird einfach das Text-Smiley als solches ausgegeben, ansonsten wird das hochgeladene Bild eingefügt. Fehlt ein solches Bild, wird statt dessen die Fehlermeldung *(Fehlendes Smiley: Bild:Bildname)* mit dem zugeordneten Bild angezeigt.

Beachten Sie bitte, daß MediaWiki Seiten normalerweise nach dem Abspeichern einer Seite in XHTML umwandelt und dann im eigenen Cache speichert. Falls Sie ein Smiley vor dem Hochladen des entsprechenden Bildes in einen Artikel eingefügt haben, kann es sein, daß Sie die erwähnte Fehlermeldung auch dann noch bekommen, wenn das entsprechende Bild schon im Wiki ist, der Artikel sich aber noch nicht verändert hat. Abhilfe bringt das Löschen der Caches für diese Seite: Fügen Sie hinter die Wiki-URL die HTTP-Query *action=purge* an. Sind sehr viele Seiten betroffen, ist diese Prozedur sehr zeitaufwendig und mühsam, daher empfiehlt sich in diesem Fall das Bereinigen aller Caches, wie im Abschnitt 8.11.1 ab Seite 393 bereits beschrieben. Versionsspezifische Anleitungen zum dynamischen Deaktivieren des Caches in Seiten, die Ihre Erweiterung verwenden, gibt die *MediaWiki extensions FAQ* im Meta-Wiki.

Das Einhängen der Ereignisbehandlungsroutine für unser Tag geschieht mit der Methode *$wgParser->setHook()*, die den Namen des Tags und die zu verknüpfende Funktion erwartet.

Die Ereignisbehandlungsroutine wird mit einem Parameter aufgerufen, der den Text zwischen einleitendem und abschließendem Tag enthält, bei obigem Beispiel also das Smiley :). Daraus ermittelt sie den Dateinamen des zugehörigen Bildes und reicht ihn an die Funktion *mySmileyGetImageLink()* weiter, die daraus XHTML-Code macht[1]. Zum Erstellen eines gültigen Bildverweises erzeugen wir diesen der Portabilität wegen aus Wikitext, da MediaWiki hochgeladene Dateien mit einem Hashing-Algorithmus auf verschiedene Verzeichnisse verteilt. Wir übergeben deshalb unsere Ausgabe an die Methode *$wgParser->parse*, die dann XHTML generiert. Letztere nimmt mindestens drei Parameter: einen Eingabetext, das zugehörige *Title*-Objekt und Einstellungen für den Parser. Für letzteres werden die Standardeinstellungen aus *$wgOut->mParserOptions* verwendet, als *Title*-Objekt *$wgTitle*, das sich auf den aktuellen Artikel bezieht. Der vierte Parameter gibt optional an, ob der zu analysierende Text einen neuen Absatz anfangen soll (Standardwert: *true*). Der fünfte Parameter steuert, ob der interne Zustand des Parsers zurückgesetzt werden soll (Standardwert: *true*). Da wir eine eigene Parser-Instanz erzeugen, braucht uns dieser Wert nicht zu kümmern.

---

[1] Leider ist die Wirklichkeit nicht ganz so einfach. Durch die Art und Weise, wie die Extension im Parser aufgerufen wird, werden Teile des erzeugten Codes noch als Wikitext interpretiert. Unsere Erweiterung hat daher einen kleinen Schönheitsfehler: So würde der Parser Doppelpunkte in unbekannten Smileys als Einrückungsbefehl interpretieren und dementsprechend ersetzen. Wir umgehen dieses Problem durch Einfügen eines XHTML-Kommentars vor dem zurückgegebenen Text. *<nowiki></nowiki>*-Tags werden nicht mehr ausgewertet, sondern kämen direkt in die XHTML-Ausgabe.

```php
<?php

# Prüfen, ob von MediaWiki aus eingebunden
# Nur einbinden ab Version 1.3 und höher
if ( !defined( 'MEDIAWIKI' )  ||
     !isset( $wgVersion )  ||
     ( strcmp( $wgVersion, '1.3' ) < 0 ) )
   return;


# Initialisierungsfunktion hinzufügen
$wgExtensionFunctions[] = 'wfMySmileyExtensionSetup';


# --------------------------------------------------------
# Dateiendung inklusive Punkt
# --------------------------------------------------------
$wgMySmileyFileType = '.png';


# --------------------------------------------------------
# Array mit allen zu ersetzenden Smileys
#
# Als Wert geben Sie das zugehörige Bild
# ohne Dateiendung an.
# --------------------------------------------------------
$wgMySmileys[ ':)' ] = 'SmileySmiling';
$wgMySmileys[ ':(' ] = 'SmileySad';
$wgMySmileys[ ';)' ] = 'SmileyWinking';
$wgMySmileys[ ':/' ] = 'SmileyConfused';


# --------------------------------------------------------
# Initialisierungsfunktion
# Setzt eine Ereignisbehandlungsroutine für das
# von uns definierte Tag <smiley></smiley>.
# --------------------------------------------------------
function wfMySmileyExtensionSetup() {
    global $wgVersion, $wgParser;

    $wgParser->setHook( 'smiley', 'wfMySmileyExtension' );
}


# --------------------------------------------------------
# Wandelt ein Smiley in einen MediaWiki-Bildverweis um.
# Ohne passendes Bild unterbleibt die Umwandlung.
```

```
#
# $text         Text zwischen den Tags
# ------------------------------------------------------------
function wfMySmileyExtension( $text ) {
    global $wgMySmileys, $wgMySmileyFileType;

    # Bei unbekanntem Smiley keine Konvertierung durchführen
    # Der eingefügte XHTML-Kommentar ist ein Workaround,
    # um das Parsen eines Doppelpunkts im Smiley zu verhindern.
    if ( !is_array( $wgMySmileys )  ||
         !array_key_exists( $text, $wgMySmileys ) )
        return '<!-- -->' . $text;

    return mySmileyGetImageLink(
        $wgMySmileys[ $text ] . $wgMySmileyFileType );
}



# ------------------------------------------------------------
# Erzeugt einen XHTML-Link zu einem hochgeladenen Bild.
# Fehlt das Bild, liefert es eine Fehlermeldung.
#
# $imageFile    Name des hochgeladenen Bilds
# ------------------------------------------------------------
function mySmileyGetImageLink( $imageFile ) {
    global $wgTitle, $wgOut;

    # Lokale Namensraumbezeichnung verwenden
    # Die Konstante NS_IMAGE ist in includes/Defines.php.
    $imageNS = '{{ns:' . NS_IMAGE . '}}';

    # Prüfen, ob das Bild existiert
    # Die Title- und Image-Objekte erzeugen wir indirekt
    # mit statischen Methoden, da die Konstruktoren privat
    # sind und von der MediaWiki-Version abhängen.
    # Erweiterungen für Version 1.5 oder höher sollten
    # den normalen Image-Konstruktor mit dem Title-Objekt
    # aufrufen.
    $title = Title::makeTitle( $imageNS, $imageFile );
    $img = Image::newFromTitle( $title );
    if ( !$img->exists() ) {
        return "(Fehlendes Bild $imageFile)";
    }

    # MediaWiki-Bildverweis erzeugen
    $parser = new Parser();
    $output = $parser->parse(
```

```
        "[[$imageNS:$imageFile]]",
        $wgTitle,
        $wgOut->mParserOptions,
        false
    );


    return $output->getText();
}


?>
```

Listing 8.19: Extension Smiley.php

Seit MediaWiki 1.5 können Tags optional auch Attribute haben, genau wie in XHTML und XML gewohnt. Alles, was zu tun ist, ist in der Hook-Funktion einen zweiten Parameter zu definieren, der ein assoziatives Array aufnimmt. Über die Attributnamen kann man direkt auf die Werte zugreifen, wobei MediaWiki alle Character-Entities bereits für uns dekodiert hat. Um einen solchen Wert wieder in XHTML auszugeben, sollte man ihn deshalb vorher mit *htmlspecialchars()* oder *htmlentities()* zurückkonvertieren.

Wir erweitern nun unsere einfache Extension, damit sie ein Attribut namens *filetype* unterstützt, mit der man die Standard-Dateiendung *.png* für einen einzelnen Smiley verändern kann. Dazu ergänzen wir die Funktion *wfMySmileyExtension()* um einen optionalen Parameter *$attr*, der ein assoziatives Array mit den übergebenen Attributen aufnehmen kann. In älteren MediaWiki-Installationen wird dieser Parameter dann einfach ignoriert. Kompliziertere Extensions können ihre Fähigkeiten natürlich auch von der globalen Variable *$wgVersion* abhängig machen, die die Version als Zeichenkette enthält. Davon haben wir in unserem obigen Beispiel auch schon Gebrauch gemacht, um das Einbinden erst ab Version 1.3 zuzulassen.

```
function wfMySmileyExtension( $text, $attr = NULL ) {
    global $wgMySmileys, $wgMySmileyFileType;

    # Bei unbekanntem Smiley keine Konvertierung durchführen
    # Der eingefügte XHTML-Kommentar ist ein Workaround,
    # um das Parsen eines Doppelpunkts im Smiley zu verhindern.
    if ( !is_array( $wgMySmileys ) ||
        !array_key_exists( $text, $wgMySmileys ) )
        return '<!-- -->' . $text;
```

```
    # Wenn vorhanden, Dateiendung aus Attribut verwenden,
    # sonst Standardeinstellung (aus $wgMySmileyFileType)
    $filetype = $wgMySmileyFileType;
    if ( is_array( $attr ) &&
        array_key_exists( 'filetype', $attr ) )
        $filetype = $attr[ 'filetype' ];

    return mySmileyGetImageLink(
        $wgMySmileys[ $text ] . $filetype );
}
```

Listing 8.20: Erweiterung der Funktion wfMySmileyExtension() um einen zusätzlichen, optionalen Parameter zur Unterstützung von Tag-Attributen im XHTML/XML-Stil

Ein *<smiley filetype=".gif">:)</smiley>* ergibt nun den Bildverweis *[[Bild:SmileySmiling.gif]]*.

Ab Version 1.4 kennt MediaWiki auch Ereignisse für Standardaktionen mit Funktionen, die ebenfalls als Hooks bezeichnet und von der Funktion *wfRunHooks()* an den jeweiligen Stellen aufgerufen werden. Je nach MediaWiki-Version werden dabei unter Umständen noch zusätzliche Parameter übergeben. Zum Einhängen einer Ereignisbehandlungsroutine dient statt der *setHooks()*-Methode die globale Variable *$wgHooks*, ein assoziatives Array aus Arrays, dessen erster Schlüssel das Ereignis bezeichnet.

```
$wgHooks['ArticleSave'][] = wfMyEventHandler;
```

Eine Aktion besitzt dabei häufig zwei Ereignisse: eines vor Ausführen der Aktion und eines danach, siehe Tabelle 8.22. Mit einigen Unix-Befehlen verschafft man sich einen kurzen Überblick über die Ihrer Version bekannten Ereignisse und der Parameter:

```
$   cd /usr/local/mediawiki/include
$   grep "[^#]*wfRunHooks[ ]*([ ]*['\"]" `find -name "*.php"` | \
        sed -e "s/\(.*\):.*wfRunHooks[ ]*([ ]*['\"]\([^'\"]*\)['\"].*/\2\t\1/g" | \
        sort -u | \
        expand -t 40
```

Ereignisname	Beschreibung des Ereignisses
AddNewAccount	Eingeführt in MediaWiki 1.5. Erstellen eines neuen Benutzerkontos. Datei: *includes/SpecialUserlogin.php*
ArticleDelete *ArticleDeleteComplete*	Löschen eines Artikels. Datei: *includes/Article.php*
ArticleProtect *ArticleProtectComplete*	Schützen eines Artikels. Datei: *includes/Article.php*
ArticleSave *ArticleSaveComplete*	Speichern eines Artikels. Datei: *includes/EditPage.php*
BlockIp *BlockIpComplete*	Setzen einer Sperre für bestimmte IP-Adressen oder einen einzelnen Benutzer. Datei: *includes/SpecialBlockip.php*
CategoryPageView	Anzeigen einer Kategorie-Seite. Datei: *includes/CategoryPage.php*
EmailUser *EmailUserComplete*	Senden einer E-Mail an einen registrierten Benutzer. Datei: *includes/SpecialEmailuser.php*
LogPageLogHeader	Eingeführt in MediaWiki 1.5. Listet die internen Namen für Beschreibungstexte von protokollierten Vorgängen in einem assoziativen Array auf, wobei die aus *LogPageValidTypes* erhaltenen Vorgänge als Schlüssel fungieren. Die Namen können mit *wfMsg()* in lokalisierte MediaWiki-Meldungstexte umgewandelt werden. Datei: *includes/LogPage.php*
LogPageLogName	Eingeführt in MediaWiki 1.5. Listet die internen Bezeichnungen von protokollierten Vorgängen in einem als Parameter übergebenen assoziativen Array auf, wobei die aus *LogPageValidTypes* erhaltenen Vorgänge als Schlüssel fungieren. Die Bezeichnungen können mit *wfMsg()* in lokalisierte MediaWiki-Meldungstexte umgewandelt werden. Datei: *includes/LogPage.php*
LogPageValidTypes	Eingeführt in MediaWiki 1.5. Listet die protokollierten Vorgänge in einem als Parameter übergebenen Array auf. Datei: *includes/LogPage.php*

Tabelle 8.22: Ereignisse in MediaWiki

Ereignisname	Beschreibung des Ereignisses
ParserBeforeStrip *ParserAfterStrip*	Eingeführt in MediaWiki 1.5. Befreien des Wikitextes von *<nowiki></nowiki>*-Blöcken. Datei: *includes/Parser.php*
ParserBeforeTidy *ParserAfterTidy*	Eingeführt in MediaWiki 1.5. Bereinigen des erzeugten XHTML-Codes mit HTML Tidy (*http://tidy.sourceforge.net/*) von syntaktischen Fehlern. Datei: *includes/Parser.php*
SkinTemplate- *ContentActions*	Eingeführt in MediaWiki 1.5. Listet die auf einer Seite angezeigten Benutzeraktionen wie Diskussion, Bearbeiten, Beobachten oder Anmelden in einem als Parameter übergebenen assoziativen Array auf. Datei: *includes/SkinTemplate.php*
SpecialContributions- *BeforeMainOutput*	Eingeführt in MediaWiki 1.5. Ausgabe der von einem Benutzer verfassten Beiträge (davor). Datei: *includes/SpecialContributions.php*
TitleMoveComplete	Verschieben eines Artikels (danach). Datei: *includes/Title.php*
UnwatchArticle *UnwatchArticle-* *Complete*	Entfernen eines Artikels von einer Beobachtungsliste. Datei: *includes/Article.php*
UserLoginComplete	Erfolgreiches Anmelden eines Benutzers (danach). Datei: *includes/SpecialUserlogin.php*
UserLogout *UserLogoutComplete*	Abmelden eines Benutzers. Datei: *includes/SpecialUserlogout.php*
WatchArticle *WatchArticleComplete*	Hinzufügen eines Artikels zu einer Beobachtungsliste. Datei: *includes/Article.php*

Tabelle 8.22: Ereignisse in MediaWiki

Der Rückgabewert einer solchen Ereignisbehandlungsroutine sollte *true* sein, wenn MediaWiki die Ausführung normal fortführen soll. Der Wert *false* signalisiert, daß der Hook bereits alle Tätigkeiten erledigt hat und MediaWiki die zugehörige Aktion nun abbrechen soll, sinnvoll bei Ereignissen vor einer Aktion. Wird Text zurückgegeben, geht MediaWiki von einem Fehler aus und zeigt diesen Text als Fehlermeldung an. Auch hier werden alle weiteren Vorgänge der Aktion abgebrochen.

Ausführlichere Hinweise befinden sich auch in *docs/hooks.doc* beziehungsweise *docs/hooks.txt* in MediaWiki 1.5. Nach deren Wortlaut soll das Ereignis *ArticleShow* definiert sein, bis zur Drucklegung des Buches fehlte davon aber auch im CVS noch jede Spur; der Umstand ist bereits als Bug-

Report 2736 gemeldet (siehe auch *http://bugzilla.wikimedia.org/show_bug. cgi?id=2736*).

MyWikiTouch.php illustriert die Verwendung. Es speichert nach jeder Artikeländerung den Namen des zuletzt bearbeiteten Artikels in der Datei *MyWikiTouch.txt* im MediaWiki-Upload-Verzeichnis, ein anderer Speicherort kann durch Setzen von *$wgMyWikiTouchFile* gewählt werden. Durch den Schreibzugriff wird gleichzeitig das Dateidatum aktualisiert, das in Shell-Skripten genutzt werden kann. Das Aktivieren der Erweiterung

```php
include("extensions/MyWikiTouch.php");
```

gestaltet sich so einfach wie bei der Smiley-Erweiterung.

```php
<?php

# Prüfen, ob von MediaWiki aus eingebunden
# Nur einbinden ab Version 1.3 und höher
if ( !defined( 'MEDIAWIKI' )  ||
     !isset( $wgVersion )  ||
     ( strcmp( $wgVersion, '1.3' ) < 0 ) )
   return;

# Initialisierungsfunktion hinzufügen
$wgExtensionFunctions[] = 'wfMyWikiTouchExtensionSetup';


# --------------------------------------------------------
# Name der zu aktualisierenden Datei
# --------------------------------------------------------
$wgMyWikiTouchFile = "$wgUploadDirectory/MyWikiTouch.txt";


# --------------------------------------------------------
# Initialisierungsfunktion
# Setzt eine Behandlungsroutine für das
# Ereignis ArticleSaveComplete.
# --------------------------------------------------------
function wfMyWikiTouchExtensionSetup() {
    global $wgHooks;

    $wgHooks[ 'ArticleSaveComplete' ][] = 'wfMyWikiTouchExtension';
}
```

```php
# -----------------------------------------------------------
# Ereignisbehandlungsroutine für ArticleSaveComplete
# -----------------------------------------------------------
function wfMyWikiTouchExtension() {
    global $wgMyWikiTouchFile, $wgTitle;

    # Ignorieren, wenn Dateiname nicht angegeben
    if ( !isset( $wgMyWikiTouchFile ) )
        return true;

    # Artikelnamen ermitteln
    $nsNumber = $wgTitle->getNamespace();
    $articleTitleName =
        Namespace::getCanonicalName($nsNumber) . ':' .
        $wgTitle->getFullText();

    # Artikelnamen in schreiben
    # Das Datum wird damit automatisch aktualisiert
    $file = fopen( $wgMyWikiTouchFile, 'w' );
    if ( $file ) {
        fwrite( $file, "$articleTitleName\n" );
        fclose( $file );
    }

    return true;
}

?>
```

Listing 8.21: MyWikiTouch.php demonstriert die Funktionsweise von Ereignis-behandlungsroutinen für Standardaktionen

Anzumerken wäre noch, daß *MyWikiTouch.php* nicht erkennt, wenn zwei Bearbeitungen gleichzeitig abgeschickt und die *MyWikiTouch*-Datei von zwei Instanzen geschrieben wird.

Spezialseite als Extension

Auch Spezialseiten kann man auf diesem Wege nachträglich aufnehmen. Wir betrachten als Beispiel eine triviale Statistik, die die Anzahl der dem aktuell angemeldeten Benutzer zuzurechnenden Bearbeitungen ausgibt. Ohne Anmeldung werden alle Änderungen gezeigt, die unter der verwendeten IP-Adresse getätigt wurden.

Als Speicherort für die Erweiterung wird diesmal der *includes*-Ordner, in dem Spezialseiten traditionell gespeichert werden, gewählt; die Datei soll *SpecialMyEditCount.php* heißen. Zu Beginn prüfen wir wie gehabt das

Vorhandensein der richtigen MediaWiki-Version und ergänzen *$wgExtensionFunctions* um unsere Initialisierungsfunktion. Aufgrund der Annahmen über das Datenbankschema fordern wir hier mindestens die Version 1.5. Mit geringen Modifikationen, die ich dem geneigten Leser als Übung überlasse, wäre die unter der GPL lizenzierte Erweiterung jedoch auch auf früheren Wikis lauffähig.

```
if ( !defined( 'MEDIAWIKI' )  ||
    !isset( $wgVersion )  ||
    ( strcmp( $wgVersion, '1.5' ) < 0 ) )
    return;
$wgExtensionFunctions[] = 'wfSpecialMyEditCountSetup';
```

Während *includes/SpecialPage.php* die »festen« Spezialseiten direkt in das Array *$wgSpecialPages* aufnimmt, sollte man zur Laufzeit wie die Initialisierungsfunktion die statische Methode *SpecialPages::addPage()* nutzen. Außerdem definieren wir einen Meldungstext namens *myeditcount*, dessen Wert MediaWiki als Seitentitel verwendet, sonst bekämen wir ein unschönes *<myeditcount>* beziehungsweise *<myeditcount>* vergeben.

```
function wfSpecialMyEditCountSetup() {
    global $wgMessageCache;

    SpecialPage::addPage( new SpecialPage( 'MyEditCount' ) );

    # Meldungstexte für unsere Spezialseite, wenn
    # entsprechende Texte im MediaWiki-Namensraum fehlen.
    $wgMessageCache->addMessage( 'myeditcount', 'Bearbeitungsstatistik' );
}
```

Den eigentlichen Kern bildet die nach Konvention *wfSpecialMyEditCount()* benannte Funktion, die bei der Anzeige vom kapselnden *SpecialPage*-Objekt aufgerufen wird. Sie holt zunächst mit *wfGetDB(DB_SLAVE)* ein Datenbank-Objekt für spätere Zugriffe. *DB_SLAVE* gibt an, daß wir nur einen Datenbank-Slave benötigen, der für Leseoperationen genügt[1].

---

[1] Bei der MediaWiki-Programmierung hat es sich deshalb eingebürgert, das Datenbank-Objekt *$dbr* (*DB Read*) zu nennen, um auf den Modus auf den ersten Blick zu erkennen.

Zum Schreiben hingegen bräuchte man *DB_MASTER*, da nur der Master die Datenbank verändern darf. Danach ermitteln wir die konkreten Namen der Tabellen *revision* und *page*, die eventuell ein Präfix haben könnten.

```
function wfSpecialMyEditCount() {
    global $wgUser, $wgOut, $wgLang;

    # Datenbank-Objekt holen.
    # Da dies ein lesender Zugriff ist, verwenden wir ggf.
    # die Datenbank-Slaves (bei einem DB-Server wird dieser benutzt).
    $dbr =& wfGetDB( DB_SLAVE );

    # Tabellennamen extrahieren.
    # Eventuelle Präfixe etc. werden dadurch
    # automatisch berücksichtigt.
    # Mit $wgDBprefix === "abc" würde "revision"
    # dann eine Variable $revision mit dem Wert
    # "abcrevision" definieren.
    extract( $dbr->tableNames( 'revision', 'page' ) );

    # Benutzernamen ermitteln
    $username = $wgUser->getName();

    # Artikelbearbeitungen im Hauptnamensraum zählen
    $count = myArticleCount( $dbr, $revision, $page, $username, NS_MAIN );

    $text = "== Benutzer: $username ==\n" .
            "Sie haben insgesamt " . $wgLang->formatNum( $count ) .
            " Bearbeitungen vorgenommen.\n";

    # Erzeugten Text durch Wiki-Parser schicken und rendern
    $wgOut->addWikiText( $text );
}
```

Die Zahl der Bearbeitungen wird mit einer eigenen Hilfsfunktion ermittelt, der wir das Datenbank-Objekt, die Tabellenbezeichnungen, den Benutzernamen und den Namensraum übergeben, der durchsucht werden soll. Da letzterer in der Datenbank als Zahl nach Tabelle 8.2 referenziert wird, übergeben wir die in *includes/Defines.php* deklarierte Konstante *NS_MAIN* für den Hauptnamensraum.

Zum Schluß nun zur Abfragefunktion, die die eigentliche Arbeit verrichtet. Sie kombiniert die *revision*- und *page*-Tabellen anhand der *Page ID* und zählt alle Einträge, die für den angegebenen Benutzer im entsprechenden Namensraum gespeichert wurden.

```php
function myArticleCount( $dbr, $revision, $page, $username, $ns ) {
    $fname = 'myArticleCount';

    $sql = "SELECT COUNT(*) AS edit_count
              FROM $revision, $page
              WHERE $revision.rev_page = $page.page_id AND
                    rev_user_text = '$username' AND
                    page_namespace = $ns";

    $res = $dbr->query( $sql, $fname );
    $row = $dbr->fetchObject( $res );
    $dbr->freeResult( $res );

    return $row->edit_count;
}
```

Die Methode *fetchObject()* ist analog zur PHP-Funktion *mysql_fetch_object()*: Sie holt das oberste, bisher noch nicht angeforderte Ergebnis einer SQL-Abfrage und verpackt es in ein Objekt, dessen Member-Variablen den den Feldern zugewiesenen Aliasen namentlich entsprechen. *SELECT-COUNT(*)* liefert die ermittelte Anzahl als Ergebnis, das in unserem Fall über den Alias *edit_count* ausgelesen werden kann. Vor der Rückkehr muß man schließlich noch die bei der Abfrage belegten Ressourcen freigeben, indem die Methode *freeResult()* aufgerufen wird.

Benutzerdefinierte Authentifizierung

Setzt man neben MediaWiki beispielsweise Foren-Software ein, kann man seinen Benutzern das doppelte Anmelden bei beiden ersparen, indem man für MediaWiki ein Plugin schreibt, das beispielsweise die Authentifizierung mit den Benutzerdaten seiner Foren-Software abgleicht oder das für beide eine gemeinsame Anmeldeseite bereitstellt. Die Basisklasse *AuthPlugin* stellt die folgenden Methoden bereit, von denen man einige auf jeden Fall überschreiben muß (diese sind fettgedruckt).

Funktion	Beschreibung
bool **userExists($username)**	Prüft, ob der angegebene Benutzer existiert.
bool **authenticate($username, $password)**	Prüft, ob die Anmeldung mit den angegebenen Daten gültig ist.
bool autoCreate()	Gibt an, ob ein nicht existierender Benutzer automatisch erzeugt werden soll.
bool strict()	Wenn diese Funktion false liefert, kann die Anmeldung wahlweise über das eigene AuthPlugin oder über MediaWiki erfolgen. Wenn Ihr Plugin die normale Authentifizierung vollständig ersetzt, geben Sie true zurück.
initUser(&$user)	Führt erforderliche Initialisierungen an den Benutzereigenschaften durch.

Tabelle 8.23: Methoden der Basisklasse *AuthPlugin*

In der MediaWiki-Versionskontrolle existiert mit *SampleAuth.php* auch ein einfaches Beispiel-Plugin, das nur aus einer Datei besteht. Die Datei können Sie wahlweise über Ihren Web-Browser unter *http://cvs.source-forge.net/viewcvs.py/wikipedia/extensions/auth/SampleAuth.php?view=log* öffnen (klicken Sie dort auf *view* zum Betrachten, *download* zum Herunterladen) oder auch per CVS:

```
$   cvs -d:pserver:anonymous@cvs.sourceforge.net:/cvsroot/wikipedia login
$   cvs -z3 -d:pserver:anonymous@cvs.sourceforge.net:/cvsroot/wikipedia \
        co -P extensions/SampleAuth.php
```

Listing 8.22: Herunterladen mit CVS

Zur Authentifizierung mit einem eigenen Plugin bindet man die benötigten Dateien in der Konfigurationsdatei ein und setzt anschließend die Variable *$wgAuth* auf die entsprechende Klasse, im folgenden gezeigt für das Beispiel-Plugin.

```
include("SampleAuth.php");
$wgAuth = SampleAuth;
```

Listing 8.23: Einbinden eines benutzerdefinierten Plugins

Um einen Login eines anderen Systems automatisch für MediaWiki zu übernehmen, bedarf es noch einiger Tricks, denn schließlich dienen die Plugins nur der Prüfung der übergebenen Benutzerdaten.

Die Idee besteht darin, das Wiki nicht direkt zu öffnen, sondern immer über den Umweg einer Seite, die ohne zusätzliche Benutzerinteraktion die Anmeldung mit bestimmten Daten durchführt und danach automatisch zu einer Wiki-Seite weiterleitet. Eine beispielhafte Implementierung von Hendrik Brummermann, bei der man noch den Authentifizierungs-Server realisieren muß, befindet sich im Meta-Wiki unter dem Stichwort *QIS-SingleSignOn*. Wenn man sich bereits am Webserver authentifiziert, wäre auch eine Spezialseite denkbar, die als Einstieg dient und einem mit den Daten des Servers anmeldet.

Wenn Sie vorhaben, Frames zur Lösung des Problems einzusetzen, ein Hinweis: Eine javaScript-basierende Schutzmaßnahme in *skins/common/wikibits.js* verhindert, daß sich MediaWiki-Seiten in einem Frame öffnen. Bei Vor MediaWiki 1.4 befindet sich die Datei im Ordner *stylesheets*.

```
...
// Un-trap us from framesets
if( window.top != window ) window.top.location = window.location;
...
```

Listing 8.24: skins/common/wikibits.js: Schutzmaßnahme gegen Framing

Man kann die Zeile mit der *if*-Abfrage auskommentieren, aber dann muß man auch damit leben, daß jemand vielleicht das Wiki als Frame in seine eigenen Seiten einbindet, wenn es Wiki öffentlich zugänglich ist.

8.12.2 Literaturhinweise

Leider müssen in diesem Buch einige Antworten auf Fragen offen bleiben, dies ist bei einer Software wie MediaWiki auch kaum vermeidbar. Eine allumfassende Beschreibung würde den Rahmen dieses Buches sprengen und wäre angesichts der raschen Weiterentwicklung dieses Projekts auch schnell veraltet. Doch dies ist kein Grund, zu verweifeln, denn sehr gute Hilfestellung leisten diverse, dank Wikis mitunter hochaktuelle Quellen im Internet. Hervorzuheben wäre hier das schon mehrfach erwähnte obligatorische Meta-Wiki, dem Wiki über MediaWiki und die damit betriebenen Wikis. Antworten zu häufig gestellten Fragen im allgemeinen offenbart dort die *MediaWiki FAQ*, Entwickler dürften sich darüberhinaus für die schon erwähnte *MediaWiki extensions FAQ* und den Artikel *Wie kann ich MediaWiki-Hacker werden* (beziehungsweise die englische Originalversion *How to become a MediaWiki hacker*) interessieren. Zusätzlichen Lesestoff zu praxisnahen Konfigurationen findet man über die Artikelübersicht unter *http://wikidev.net/* vom MediaWiki-Entwickler Gabriel Wicke; auf *http://wp.wikidev.net/* gibt es zudem diverse Details zum Wikipedia-Betrieb zu entdecken.

Abschließend sei noch auf das IRC und die MediaWiki-Mailingliste hingewiesen. Den MediaWiki-Chat-Raum erreicht man über *#mediawiki* auf
dem Freenode-Server *irc.freenode.net*. Für die MediaWiki-Mailingliste
kann man sich unter *http://mail.wikipedia.org/mailman/listinfo/media-
wiki-l* anmelden, eine weitere Mailingliste für Entwickler (Wikitech) befindet sich unter *http://mail.wikipedia.org/mailman/listinfo/wikitech-l*.
Dort kann man gezielt Fragen zu Problemen mit der Software stellen,
aber man sollte bitte vorher Hausaufgaben machen – soll heißen: Die vorhandene Dokumentation studieren und sich zunächst selbst an einer Lösung des Problems versuchen. Viele Fragen wurden außerdem in der Vergangenheit bereits mehrfach und erschöpfend beantwortet – eine Suche
auf *http://mail.wikipedia.org/* beispielsweise mit Google fördert viele Antworten zutage. Kommt man dann immer noch nicht weiter, schildert man
kurz und prägnant das Problem sowie die getesteten Ansätze. Das erspart
einem selbst und anderen später viele zeitraubende Rückfragen (siehe
dazu auch *How to Ask Questions the Smart Way* von Eric S. Raymond,
http://www.catb.org/~esr/faqs/smart-questions.html).

KAPITEL 9

FLEXWIKI

von Ulrich Cuber

Die meisten in diesem Buch beschriebenen Wikis setzen auf Unix/Linux oder Windows, MySQL, Apache und PHP, kurz XAMPP auf. Aber es gibt für Windows auch Alternativen, die beispielsweise mit dem Internet Information Server (IIS), Active Server Pages (ASP) oder Visual Basic arbeiten. Eines der interessantesten nativen Windows-Wikis ist FlexWiki, um das es in diesem Abschnitt gehen wird. Natürlich ist es nicht möglich, alle Aspekte dieses doch recht großen und umfangreichen Wikis erschöpfend abzuhandeln, aber mit den hier dargestellten Informationen sollte der Leser in der Lage sein, die Einsatzmöglichkeiten von FlexWiki zu beurteilen.

Bei FlexWiki handelt es sich vermutlich um ein ehemaliges Mitarbeiterprojekt, das im Rahmen der Shared-Source-Initiative von Microsoft verfügbar gemacht wurde.

FlexWiki stammt also von Microsoft, läuft auf der .NET-Plattform und wurde unter einer Open-Source-Lizenz – statt der GPL kommt die IBM Public License zum Einsatz – verfügbar gemacht. Das Wiki ist voll funktionsfähig und einsatzbereit. Es wird natürlich noch weiter gepflegt, so daß Bugs entfernt und neue Features (Stichwort: FlexWiki-Contrib) hinzugefügt werden. Damit steht dem Einsatz dieses Wikis nichts mehr entgegen.

9.1 INSTALLATION UND ERSTKONFIGURATION

Da das Wiki frei verfügbar ist, kann man sich unter *www.flexwiki.com* einen ersten Eindruck von FlexWiki beschaffen. Die Benutzeroberfläche ist natürlich anpaßbar, wenngleich sie zu Beginn auch bei einem neu installierten FlexWiki genauso aussieht.

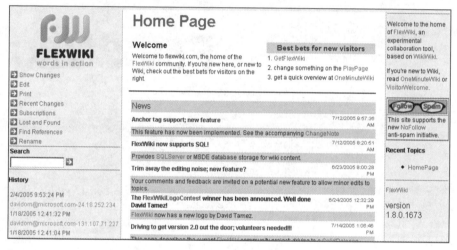

Bild 9.1: Die FlexWiki Homepage

Ausgehend von dieser Homepage kann man alle wichtigen Informationen über die Arbeit mit FlexWiki in Erfahrung bringen. Dazu gehören vor allem die FAQs (http://www.flexwiki.com/default.aspx/FlexWiki/FlexWiki-Faq.html), der HelpDesk (http://www.flexwiki.com/default.aspx/FlexWiki/WikiHelpDesk.html) und die Mailingliste (https://sourceforge.net/mail/?group_id=113273).

Und natürlich wird man von hier aus auch auf die Sourceforge-Seiten verwiesen, von denen FlexWiki heruntergeladen werden kann.

9.1.1 Die Voraussetzungen

Um FlexWiki einzusetzen, muß man mindestens über den Internet Information Server 5.0 – und damit eine Server-Lizenz von Windows 2000 – verfügen. Die FlexWiki-Gemeinde wartet noch auf Rückmeldungen, ob es auch mit dem Personal Webserver von Windows 2000 Professional funktioniert, weitere Informationen liegen hier allerdings noch nicht vor. Auf jeden Fall können natürlich auch der Internet Information Server 6.0 von Windows 2003 Server und der Personal Webserver von Windows XP genutzt werden.

Darüber hinaus muß man das .NET-Framework installiert haben, ohne das FlexWiki nicht ablaufen kann, da es ASP.NET für die Realisierung seiner Funktionalität nutzt. Getestet wurde FlexWiki mit NET 1.1, Informationen über den Einsatz von .NET 2.0 lagen zum Zeitpunkt der Drucklegung dieses Buchs noch nicht vor. Mit dem plattformübergreifenden Mono-Framework als Ersatz für .NET scheitert es allein schon deshalb, weil man ohnehin den Microsoft Internet Information Server benötigt, der nur für Windows verfügbar ist.

Wenn man keine anderen Einstellungen vornimmt, findet die Speicherung der Dokumentversionen in Form von Dateien im Wiki-Verzeichnis statt. Auf Dauer ist das aber eine recht umständliche Lösung, weswegen man entweder doch eine Microsoft-Database-Engine- (MSDE-) oder vielleicht sogar eine SQL-Server-Instanz mit installieren sollte.

9.1.2 Die Beschaffung

Wenn die Voraussetzungen bezüglich des Systems gegeben sind, steht der Installation nichts mehr im Wege. Dazu lädt man sich die Binärdistribution als ZIP-Datei von *https://sourceforge.net/projects/flexwiki/* herunter. Sofern nicht schon eine Installation von FlexWiki vorliegt, empfiehlt es sich, das aktuelle Full-Web-Release herunterzuladen und zu installieren.

Natürlich kann man bei entsprechenden Kenntnissen und Interesse auch die Quellcodes herunterladen und diese weiter untersuchen. Notwendig sind sie allerdings nicht.

Was man sich auf jeden Fall auch beschaffen sollte, sind die Tools. Sie stellen weitere Werkzeuge und Hilfsprogramme bereit, mit denen beispielsweise die Anbindung an einen SQL Server vorbereitet werden kann.

9.1.3 Die Installation

Die Installation stellt sich unproblematisch dar. Es lediglich die ZIP-Archive in ein passendes Verzeichnis entpackt werden. Zuerst einmal entpackt man das Web-Full-Release unter Erhalt der Pfade. Nun kommen die Tools an die Reihe, sie werden in das Verzeichnis *bin* entpackt. Dabei kommt es zu Überschneidungen mit schon installierten DLLs oder Programmen. Man kann das Überschreiben aber ruhigem Gewissens bestätigen. Die Quellen sollte man nicht in Reichweite der Wiki-Dateien entpakken, sondern statt dessen ein eigenes Verzeichnis auswählen.

Das Ergebnis ist eine Verzeichnishierarchie, wie sie sich schon im Archiv zeigte. Der Plattenverbrauch ist mit knapp elf Mbyte recht moderat. Darüber hinausgehend müssen keine weiteren Einträge in der Registry und so weiter vorgenommen werden. Das zu FlexWiki gehörende Assembly wurde in *bin* abgelegt.

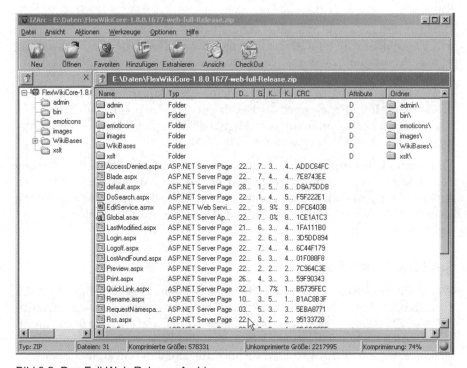

Bild 9.2: Das Full-Web-Release Archiv

9.1.4 Die Konfiguration

Nun geht es darum, die Verzeichnisse des Wiki für ASP.Net nutzbar zu machen und seine Existenz in der IIS-Verwaltung zu verankern.

Das Beispiel-Wiki ist auf dem Server des Autors in einer eigenen Partition und dort in einem Verzeichnis *FlexWiki* untergebracht. Um dieses Verzeichnis der Standardwebseite als virtuelles Verzeichnis hinzuzufügen, muß die IIS-Verwaltungskonsole geöffnet werden (*Start/Programme/Verwaltung/Internetdienste-Manager*), siehe Bild 9.3.

Im Rahmen der assistentengeführten Anlage sind die folgenden Einstellungen zu treffen:

♦ Alias: *Wiki*

♦ Verzeichnis: *E:\FlexWiki*

♦ Lesen: *Ja*

♦ Skripts ausführen: *Ja*

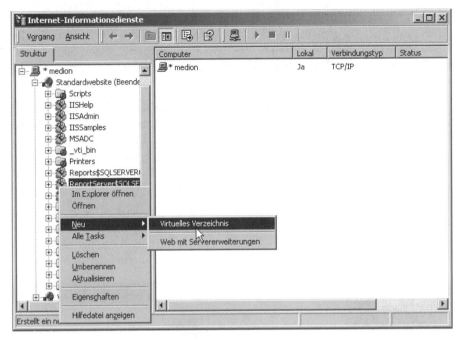

Bild 9.3: Anlage eines virtuellen Verzeichnisses

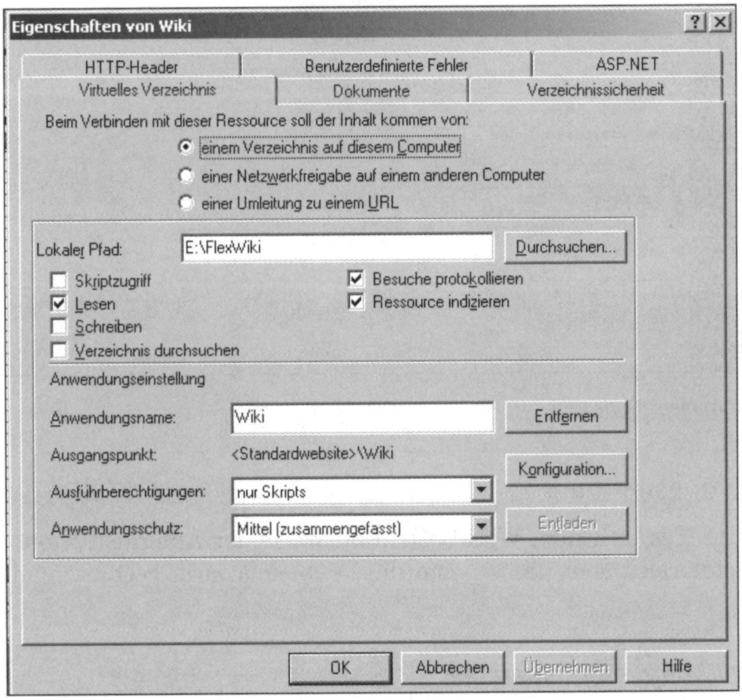

Bild 9.4: Eigenschaften des Wiki-Verzeichnisses

Danach ist das virtuelle Verzeichnis eingebunden. Nun muß ihm noch ein Anwendungsname gegeben werden. Dazu wählt man das Verzeichnis in der IIS-Verwaltung aus und aktiviert aus dem Kontextmenü seinen Eigenschaften-Dialog. Hier trägt man bei Bedarf den Anwendungsnamen ein. Er sollte mit dem Namen des virtuellen Verzeichnisses korrespondieren (Bild 9.4).

Nun kann man mit einem beliebigen Browser auf das Wiki zugreifen. Mit *localhost/wiki* erfolgt dieser Zugriff auf dem aktuellen Testsystem. Es öffnet sich die schon bekannte Oberfläche, wie sie die Wiki-Mitarbeiter zu sehen bekommen. Natürlich sollte der Zugriff auch von einem entfernten System aus funktionieren, was ebenfalls ganz einfach festzustellen ist (hier: *medion/wiki*).

Wenngleich das scheinbare Funktionieren des Wikis ein gutes Zeichen ist, ist die mit *localhost/wiki/admin* erreichbare Administrationsoberfläche im Moment wesentlich wichtiger. Hier wird mit einem Ampelsymbol angezeigt, ob die Installation auch wirklich vollständig und erfolgreich war.

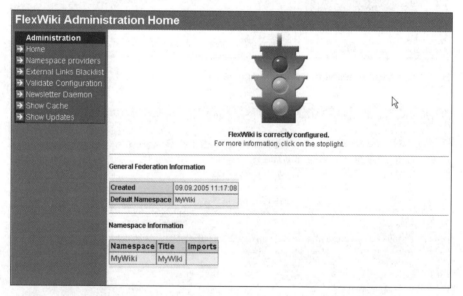

Bild 9.5: Die Administrationsseite

9.1.5 Problembeseitigung

Sollte der erste Test mit dem Wiki beziehungsweise der Administrationsseite nicht erfolgreich sein, lassen sich die Probleme meist recht schnell eingrenzen.

Beschädigte Konfigurationsdateien

So können die XML-Dateien *web.config* und *NamespaceMap.xml* beschädigt oder mit nicht gültigen Werten belegt sein. Etwas weiter unten kommen wir noch genauer auf ihre Inhalte zu sprechen. Allerdings ist solch ein Schaden beim Einsatz des Full-Web-Release eher unwahrscheinlich.

Rechtevergabe auf Dateisystemebene

Eher treten die Probleme im Zusammenhang mit den Schreib- und Leserechten des Benutzerkontos, unter dem der Zugriff auf die Seiten und die *aspx*-Dateien abläuft, auf. Wenn *Jeder* zugreifen darf, kommt es nicht zu Komplikationen, wird *Jeder* eingeschränkt, dagegen schon. Dann ist die korrekte Konfiguration für das Konto *ASPNET* auf Dateisystemebene gefragt.

Wie kommt es zu dieser Situation? Es könnte beispielsweise sein, daß man nicht damit einverstanden ist, daß die Gruppe *Jeder* einen Vollzugriff auf das Wiki hat. Also ändert man dies dahingehend ab, daß *Jeder* vielleicht nur noch einen rein lesenden Zugriff erhält (*Eigenschaften*-Dialog des FlexWiki-Startverzeichnisses, dort *Sicherheitseinstellungen*). Oder aber man hat das Wiki nicht über ein virtuelles Verzeichnis in das Web eingebunden, sondern es als physisches Unterverzeichnis unter *wwwroot* abgelegt. In dem Fall erben die Wiki-Dateien natürlich die Einstellungen von *wwwroot*.

Das Ergebnis ist, daß nun die ASP.NET-Funktionalität nicht mehr ausgeführt werden kann. Und das wiederum hat unter anderem zur Folge, daß Änderungen an den Dateien des Wiki nicht vorgenommen werden können (*You do not have permission to change this topic*).

Einen ersten Hinweis erhält man auf der Administrationsseite nach Auswahl des Menüpunktes *Validate Configuration* angezeigt. Je nachdem, an welcher Stelle der Fehler auftrat, erhält der dazugehörige Anzeigeblock einen roten Rand. Allerdings sind die weiteren Informationen im allgemeinen recht spärlich, so daß man ein wenig auf Versuch und Irrtum zur Behebung des Fehlers angewiesen ist. Der hier angezeigte Fehler über falsche Pfadangaben deutet aber sehr stark auf fehlende Zugriffsrechte für *ASPNET* hin.

Die Lösung besteht darin, dem Konto *ASPNET* einen Vollzugriff auf die betreffenden Wiki-Dateien zu geben. Als Startpunkt, ab dem die neuen Benutzerrechte wirken sollen, kann man das Startverzeichnis der Wiki-Installation oder aber die *WikiBases* wählen.

Außerdem sollte man dem Eigentümer der Wiki-Dateien auch noch die notwendigen Rechte einräumen, wodurch das Ändern der Dateien, beispielsweise von *web.config*, erleichtert wird.

Anpassung der Standardinhalte

Nun scheint alles in Ordnung zu sein und einem ersten Test des Wikis nichts mehr im Wege zu stehen. Man öffnet mit *localhost/wiki* das vordefinierte Wiki und erfreut sich an seinem Anblick. Natürlich klickt man auch einmal einen der Links, zum Beispiel den für *WikiWiki* an. Es handelt sich dabei um einen Link, der über eine Internetverbindung zu *www.flexwiki.com* verzweigt und dort einen Topic aufruft. Aber leider kommt es zu einer Meldung über einen Applikationserror, die nicht sehr aussagekräftig ist.

Bevor man nun hektisch versucht, den Fehler durch Einstellungsänderungen am lokalen Server zu beseitigen, sollte man einmal kurz den Datenverkehr analysieren. Dazu reicht schon das Protokoll des IIS oder ein Blick in die Protokolle der Firewall. Es zeigt sich, daß die Verbindung ordnungsgemäß aufgelöst und ein Kontakt mit der FlexWiki-Website aufgebaut wurde. Und diese konnte die Anforderung nicht auflösen. Die Fehlermeldung stammt also vom entfernten Server!

Ein weiterer Vergleich der lokalen Anforderung und der gleichen Anforderung auf der Flexwiki-Website macht schnell klar, daß es *www.flexwiki.com/default.aspx/FlexWiki/WikiWiki* statt *www.flexwiki.com/default.aspx/WikiWiki* hätte heißen müssen. Um diesen Fehler zu korrigieren, öffnet man die lokale Wiki-Seite und wechselt in den Editiermodus

Bild 9.6: Auswahl des Editiermodus

Nun ändert man die externe Referenzvariable *@flexwiki* dahingehend ab, daß sie den Wert *http://www.flexwiki.com/default.aspx/FlexWiki/$$$* erhält. Die Änderung muß noch mit *Save* gespeichert werden und schon funktioniert die Verbindungsaufnahme mit *www.flexwiki.com* wie gewünscht.

9.2 DIE BENUTZERSCHNITTSTELLE

FlexWiki funktioniert nun also und jetzt geht es darum, Inhalte zu erstellen. Man arbeitet mit FlexWiki wie mit jedem anderen Wiki auch; aber wie jedes andere Wiki hat natürlich auch FlexWiki seine Eigenheiten. Diese werden nachfolgend ein wenig näher betrachtet.

9.2.1 FlexWiki-Konzepte und Navigation

Wenn man beginnt, sich mit FlexWiki auseinanderzusetzen, muß man sich zuerst einmal ein wenig mit der dazugehörigen Nomenklatur befassen.

- *Federation*: Die Federation ist die oberste Gliederungsebene (Wurzel, root) des Wiki. Von hier aus werden alle weiteren Untergliederungen vorgenommen.

- *WikiBase*: Wird auch als Namensraum (Namespace) bezeichnet. Mit Hilfe der Namensräume, die auch ineinander geschachtelt werden können, kann das Wiki weiter gegliedert werden.

- *Topic*: Dies ist die Ebene, auf der die Einträge erfolgen. Hier setzt dann auch die Mitarbeit der Wiki-Autoren an. Topics können von den Autoren frei angelegt werden, wogegen die übergeordneten Ebenen (Federation, Namespace) durch den Administrator anzulegen sind.

Die Navigation innerhalb des Wikis erfolgt mit Hilfe der Links, die auf weitere Textseiten zeigen. Darüber hinaus gibt es noch drei weitere wichtige Navigationselemente:

- *HomePage*: Jede Federation oder WikiBase kann eine Homepage haben. Sie stellt den Anfangspunkt der Dokumenthierarchie dar.

- *TopicBar*: Hierbei handelt es sich um einen Dokumentbereich, mit dem man einen neuen Topic anlegen oder durch Angabe eines Topicnamens zu einem solchen springen kann. Der TopicBar öffnet sich durch einen Klick und erlaubt dann die Möglichkeit der Eingabe.

Bild 9.7: TopicBar

- *AdressBar*: Eine andere Möglichkeit, zu einem Topic zu verzweigen, besteht darin, den Topicpfad im Adreßbereich des Browsers anzugeben. So könnte man mit folgender Adresse den Topic *Sicherheit* erreichen: *http://www.firma.de/wiki/default.aspx/handbuch.sicherheit*

9.2.2 Das Erscheinungsbild der Oberfläche

Die Grundstruktur des Wiki ist dreigeteilt. Sie kann bearbeitet und umgestellt werden. Im Grundzustand befindet sich auf der linken Seite (_*NormalBorders.LeftBorder*) ein Bereich, in dem sowohl allgemeine Kommandos und Editierkommandos eingegeben werden können als auch eine Topicsuche betrieben werden kann.

Weiterhin befindet sich hier auch die Änderungshistorie der aktuellen Seite. Es besteht die Möglichkeit, auf eine ältere Version zurückzugreifen und diese zur aktuellen Hauptversion des Dokuments zu machen (*Restore Version*).

Daran schließt sich der Darstellungsbereich für die Dokumentinhalte an. Sein Erscheinungsbild ist natürlich von den gewählten Formatierungen und den Einstellungen der CSS-Datei *wiki.css* abhängig.

Show Changes
Edit
Print
Recent Changes
Subscriptions
Lost and Found
Find References
Rename
Search
History
08.08.2005 16:16:45
-192.168.2.113
07.08.2005 20:50:19
-192.168.2.113
07.08.2005 20:46:56
-192.168.2.113
07.08.2005 20:46:38
-192.168.2.113
07.08.2005 20:44:10
-192.168.2.113
List all versions

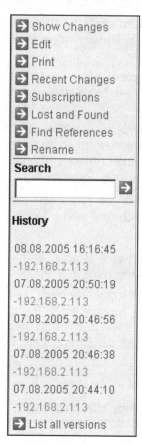

Bild 9.8:
Rechter Darstellungsbereich
der Benutzeroberfläche

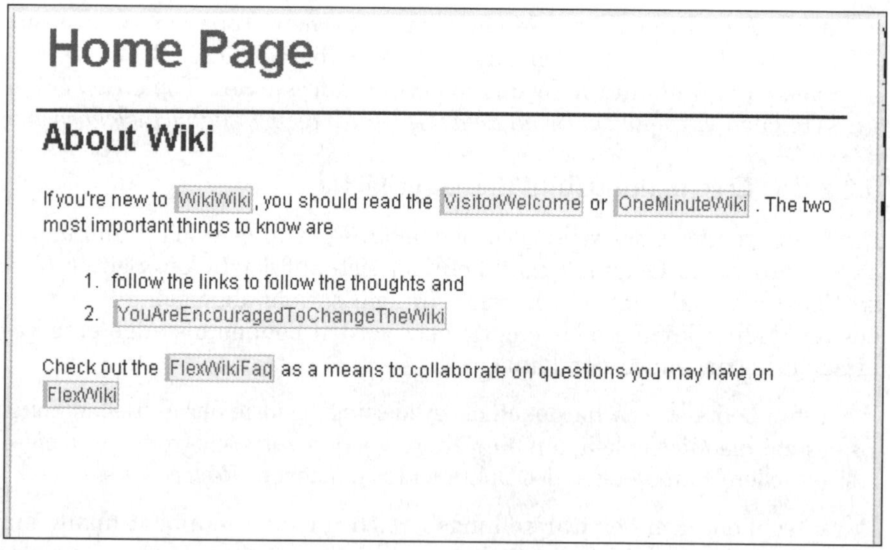
Home Page
About Wiki
If you're new to WikiWiki, you should read the VisitorWelcome or OneMinuteWiki . The two most important things to know are
1. follow the links to follow the thoughts and
2. YouAreEncouragedToChangeTheWiki
Check out the FlexWikiFaq as a means to collaborate on questions you may have on FlexWiki

Bild 9.9: Der Textbereich

Zuletzt bleibt noch ein Bereich, in dem allgemeine Informationen und eine Übersicht über die zuletzt besuchten Topics angezeigt werden (_Normal-Borders.RightBorder). Etwas verwirrend ist, daß die verschiedene Bearbeitungsstände eines Topics alle unter dem allgemeinen Topicnamen angezeigt werden.

9.2.3 Die Standardbefehle der Benutzeroberfläche

Die Benutzeroberfläche stellt einige Befehle zur Verfügung. Nachfolgend wird die Grundkonfiguration besprochen. Es ist nämlich möglich, das Erscheinungsbild der _NormalBorder.RightBorder den eigenen Bedürfnissen anzupassen. Mehr dazu weiter unten im Text.

♦ *Show Changes*: *Show Changes/Hide Changes* zeigt die Unterschiede der aktuellen Topicversion gegenüber der direkten Vorläuferversion auf. Gelöschte und veränderte Texte werden durchgestrichen dargestellt, neue Texte oder Texte, die das Ergebnis einer Veränderung sind, sind grün markiert. Alle anderen Texte bleiben so wie sie sind.

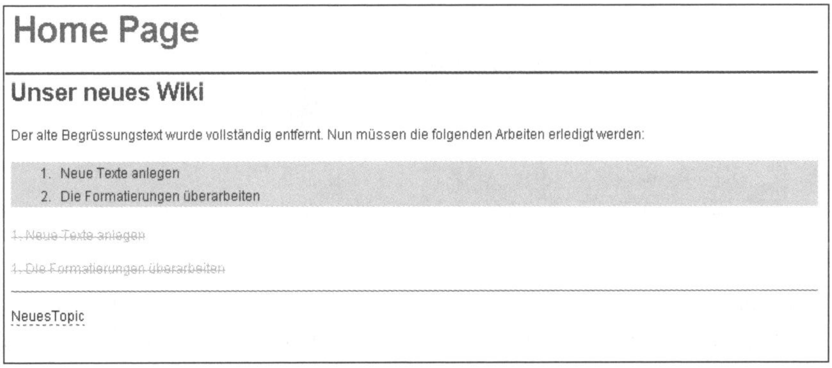

Bild 9.10: Die Änderungen an einem Topic

♦ *Edit*: Mit dem Kommando *Edit* wechselt man in den browserbasierten Editor. Er wird im folgenden Abschnitt genauer betrachtet.

♦ *Print*: Für eine druckerfreundliche Darstellung wählt man *Print* aus. Das Ergebnis ist eine eigene Dokumentseite, die mit den Druckfunktionen des Browsers ausgegeben werden kann.

♦ *Recent Changes*: Dieses Kommando zeigt in einer eigenen Seite eine Liste der Veränderungen an. Dabei handelt es sich um Links zu den jeweiligen Dokumentseiten der Topics. Um die Suche nach Veränderungen einfacher zu gestalten, kann die Liste nach Autorennamen gefiltert werden

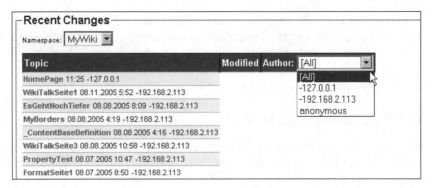

Bild 9.11: Änderungsliste

♦ *Subscriptions*: Die Newsfeeds, mit denen Änderungen am Topic beziehungsweise dem Wiki an interessierte Personen geschickt werden,
werden unter diesem Befehl ermittelt. Ein Klick auf die RSS-Schalt-
flächen zeigt beispielhaft die über RSS übertragenen Informationen.

Bild 9.12: Subscriptions

♦ *Lost and Found*: Mit diesem Befehl erhält man eine Übersicht über
Topics, die nicht innerhalb des Wikis verlinkt sind. Dabei kann es sich
natürlich auch um echte Waisen handeln, die im Rahmen des Bearbei-
tungsprozesses abgekoppelt wurden, oder aber auch um Topics, die
ganz bewußt nicht weiter verbunden wurden. Ein Beispiel für die letzteren sind die *_NormalBorders* oder die *_ContentBaseDefinition*.

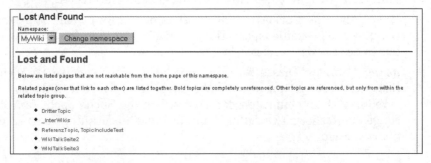

Bild 9.13: Lost and Found

♦ *Find References*: *Find References* öffnet eine Suchseite, in der man den
Suchbegriff, also meist wohl den Topic-Namen, und den zu durchsu-

chenden Namespace angeben kann. Reguläre Ausdrücke sind für die Suchausdrücke erlaubt. Das Ergebnis ist wieder eine Link-Liste, die zu den Fundstellen führt.

♦ *Rename*: Das Umbenennen eines Topics ist eine trickreiche Angelegenheit. Immerhin muß auch dafür gesorgt werden, daß die verschiedenen Referenzen ebenfalls mit aktualisiert werden. Daher ist die einzig sinnvolle Möglichkeit der Umbenennung mit der durch den Befehl aufgerufenen Bearbeitungsseite gegeben. Die Namensänderung und die Aktualisierung der Referenzen sind die Eingabemöglichkeiten, die man hat.

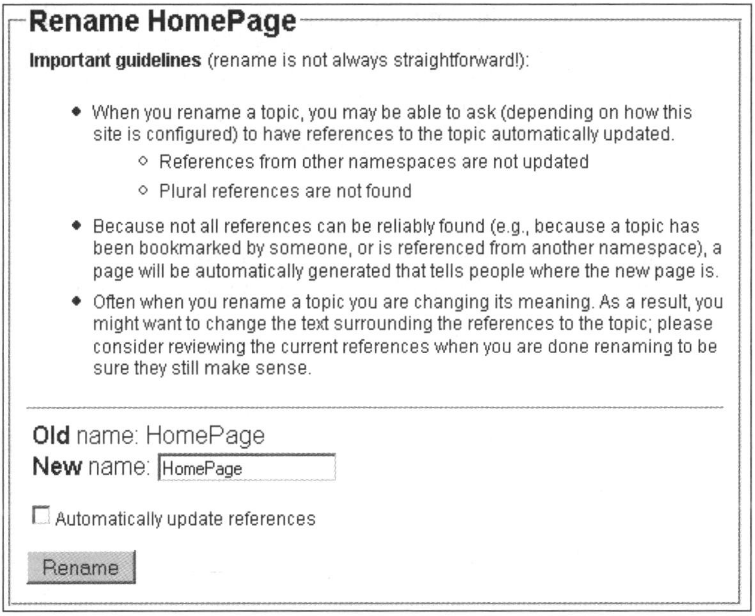

Bild 9.14: Umbenennen der Homepage

Zu den Standardbefehlen gehört auch ein Suche-Eingabefeld (Search). Es funktioniert genauso wie bei der Referenzensuche. Wiederum können Topic-Namen, Texte oder reguläre Ausdrücke eingegeben werden. Das Ergebnis ist dann eine Seite, die genauso aufgebaut ist wie die Seite für die Referenzensuche.

9.2.4 Eine Art Versionsverwaltung

Die Versionsverwaltung von FlexWiki ist in ihrer Grundstruktur recht simpel. Es handelt sich um *.wiki*-Dateien, die mit Datum, Uhrzeit und Autor versehen die aktuelle Seite darstellen. Später wird noch gezeigt, wie der SQL Server für diese Zwecke eingesetzt werden kann, aber in der Grundkonfiguration handelt es sich wirklich nur um einzelne Seiten.

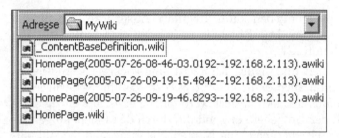

Bild 9.15: Versionsverwaltung mit Dateien

Und so besteht die History, die Änderungsliste, auch aus einer Sammlung von Links auf diese Dateien. Mit einem Klick auf einen Link wird die entsprechende Seite angezeigt. Dabei fällt auf, daß sich der Standardbefehl *Edit* nicht mehr aufrufen läßt; Branches, wie man sie aus Versionsverwaltungen wie CVS kennt, sind in einem Wiki nicht vorgesehen.

Das folgende Bild zeigt eine solche ältere Version, die wieder angezeigt wird. Wie man im URL sehen kann, handelt es sich nicht um die aktuelle Topic-Version. Außerdem wurde *Show Changes* aktiviert, um zu sehen, wie sich die aktuelle und die ältere Topic-Version voneinander unterscheiden.

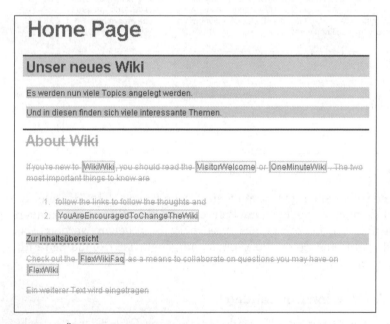

Bild 9.16: Ältere Textversion

Wird nun nach Auswahl einer älteren Version die Schaltfläche *Restore Version* angeklickt, wird diese ältere zur aktuellen Version – eine Option, die durchaus mit Vorsicht zu genießen ist! Man kommt aus der Darstellung der älteren Version mit der *Zurück*-Schaltfläche des Browsers, nicht jedoch durch Auswahl der aktuellen Version in der History!

Bleibt noch der Auswahlpunkt *List all Versions*. Hier wird auf einer eigenen Seite eine Link-Liste auf die vorhandenen Versionsdateien gezeigt. Die aktuelle Version ist mit einem kleinen Pfeil markiert. Man kann nun von hier aus eine ältere Topic-Version auswählen und sie sich ansehen.

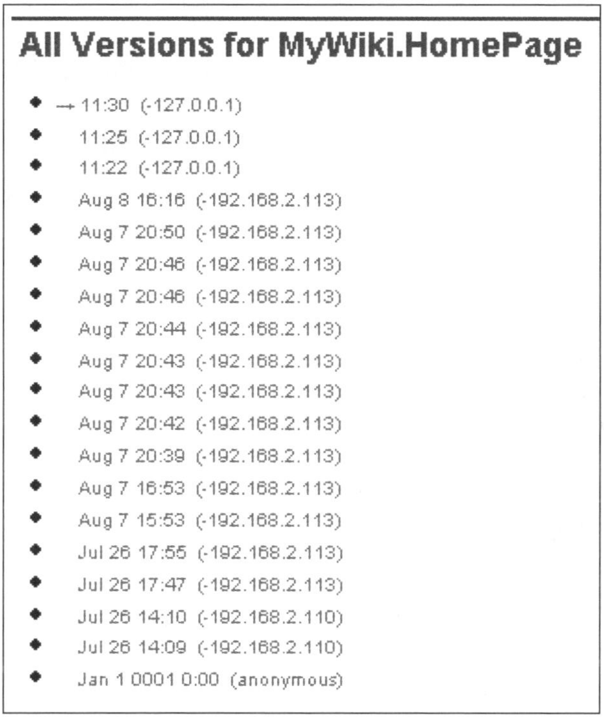

All Versions for MyWiki.HomePage

- → 11:30 (-127.0.0.1)
- 11:25 (-127.0.0.1)
- 11:22 (-127.0.0.1)
- Aug 8 16:16 (-192.168.2.113)
- Aug 7 20:50 (-192.168.2.113)
- Aug 7 20:46 (-192.168.2.113)
- Aug 7 20:46 (-192.168.2.113)
- Aug 7 20:44 (-192.168.2.113)
- Aug 7 20:43 (-192.168.2.113)
- Aug 7 20:43 (-192.168.2.113)
- Aug 7 20:42 (-192.168.2.113)
- Aug 7 20:39 (-192.168.2.113)
- Aug 7 16:53 (-192.168.2.113)
- Aug 7 15:53 (-192.168.2.113)
- Jul 26 17:55 (-192.168.2.113)
- Jul 26 17:47 (-192.168.2.113)
- Jul 26 14:10 (-192.168.2.110)
- Jul 26 14:09 (-192.168.2.110)
- Jan 1 0001 0:00 (anonymous)

Bild 9.17: Alle Versionen in der Übersicht

9.3 TEXTBEARBEITUNG UND TEXTFORMATIERUNG

Nachdem die verfügbaren Standardkommandos soweit bekannt sind, geht es nun darum, wie Inhalte bearbeitet werden. Dazu gibt es zwei Ansätze: direkte Bearbeitung online mit dem Browser oder eine Offline-Bearbeitung mit einem externen Editor.

9.3.1 Der browserbasierte Editorbereich

Mit *Edit* wechselt man aus der normalen Darstellung in eine andere Darstellung, in der der Text in Rohform angezeigt und bearbeitet werden kann. Während der Textbereich den meisten Platz einnimmt, sind rechts einige allgemeine Hilfsinformationen zu den Editorfunktionen zu sehen.

So wird zum Beispiel darauf hingewiesen, ob man einen existierenden Topic bearbeitet oder gerade einen neuen anlegt (*Edit Namespace.Topic*).

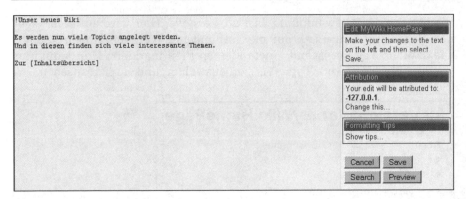

Bild 9.18: Der Editorbereich

Autorenangaben

Weiterhin werden hier auch die Angaben über das Konto, unter dem die Änderung veröffentlich wird (*Attribution*) gemacht. Man gibt dazu einen Nick oder seine E-Mailadresse ein. Die IP-Adresse, von der aus die Änderung erfolgt, wird weiter angehängt.

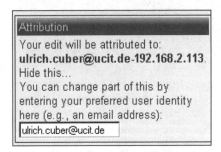

Bild 9.19: Angabe des Autorennamens

Einfache Formatierinformationen

Eine weitere Hilfsinformation, die in der rechten Spalte zu finden ist, ist eine Übersicht über die gängigen verfügbaren Formatierungen (*Formatting Tips*). Man öffnet diesen Bereich und kann dann die Formate anklikken, um weiterführende Informationen zu ihnen zu erhalten. Weiter unten wird noch auf die verfügbaren Formate eingegangen.

Sichern und Abbrechen

Nachdem die Änderungen vorgenommen wurden, kann mit den vier Kommandoschaltflächen des rechten Randes entschieden werden, wie es weitergeht. Mit *Save* wird eine Änderung übernommen, eine neue Dokumentversion wurde erstellt.

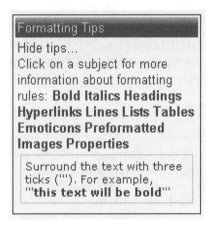

Bild 9.20: Tips zur Formatierung

Preview ermöglicht es, das, was man angerichtet hat, noch einmal in einem eigenen Fenster zu begutachten und dann eventuell mit *Cancel* auf die Übernahme zu verzichten. Wenn man einen neuen Topic angelegt hat, erscheint übrigens eine weitere Schaltfläche namens *Save and Back*.

Topic-Suche

Und mit *Search* öffnet sich eine weitere Seite, mit deren Hilfe im Wiki nach Topics gesucht werden kann. Für die Suche können reguläre Suchmuster eingesetzt werden.

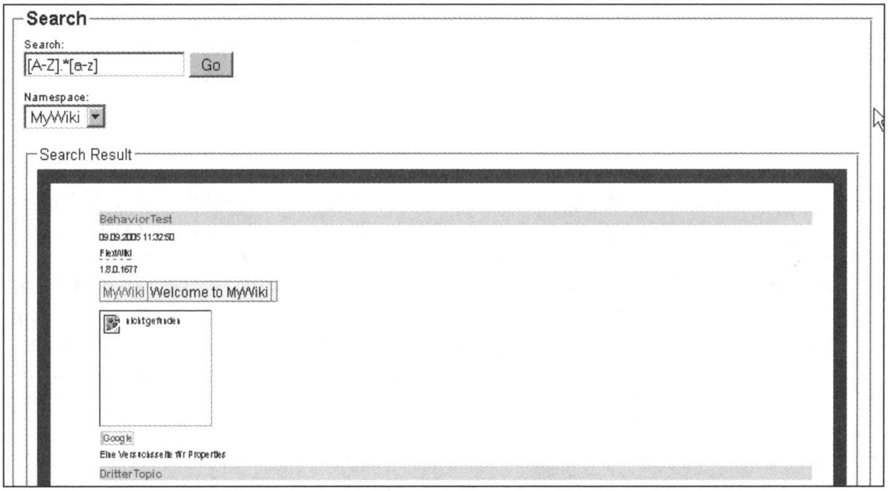

Bild 9.21: Das Suchergebnis

9.3.2 Anlegen, Löschen und Wiederherstellen von Topics

Bevor die verschiedenen Formatierungen und Einsatzmöglichkeiten von Sonderzeichen besprochen werden, wird hier noch gezeigt, wie man einen Topic anlegt beziehungsweise ihn wieder entfernt.

Anlegen auf Wiki-Ebene

Ein Topic ist schnell angelegt. Zum einen kann man in einem existierenden Topic einen Topicnamen definieren und dann durch einen Klick auf diesen Namen sein Dokument anlegen lassen. Topics, die noch nicht realisiert wurden, werden in FlexWiki mit einer gestrichelt unterstrichen, realisierte Topics werden dagegen als normale Links dargestellt.

Für Topicnamen gibt es zwei Regeln: Entweder werden sie in der Pascalschreibweise (*EinTopicName*) angelegt, oder durch eckige Klammern (*[eintopicname]*) als solche ausgewiesen (siehe dazu auch Seite 440).

Eine weitere Möglichkeit zur Anlage eines Topics besteht darin, daß man es im Browser als URL angibt. Wenn der Topic existiert, wird die Seite angezeigt, ansonsten wird ein neuer Topic angelegt und direkt in den Editmodus gesprungen. Diese Vorgehensweise ist ganz praktisch, wenn man unverbundene Topics benötigt, beispielsweise um Skripten oder Templates oder auch Includetexte zu hinterlegen.

Die dritte Möglichkeit zur Anlage eines Topics hat man, indem in den Topictitel (Topicbar) eines existierenden Topics geklickt wird. Dadurch erhält man eine Eingabemöglichkeit für Topicnamen. Existiert der Topicname, wird das dazugehörige Dokument geöffnet, ansonsten wird für den Topic ein neues Dokument angelegt und dieses im Editmodus geöffnet.

Löschen auf Wiki-Ebene

Aber manchmal will man ja auch einen Topic komplett löschen. Das Verfahren dazu hat einen recht eigentümlichen Charme. Und genauso eigentümlich wirkt die Vorgehensweise, um ein gelöschten Topic wieder herzustellen:

♦ *Delete*: Um eine Seite zu löschen, entfernt man zuerst ihre Inhalte und trägt dann den Befehl *Delete* ein. Nach dem Speichern ist der Topic inklusive alle Vorläuferversionen. Allerdings beschränkt sich dieses Löschen auf die Anzeige in der Benutzeroberfläche, denn auf Dateiebene sind die Dateiein noch vorhanden.[1]

♦ *Undelete*: Um nun einen gelöschten Topic wieder sichtbar zu machen, legt man für ihn eine Seite an und trägt dort als einzigen Text *Undelete* ein. Nach dem Speichern werden die Versionsinformationen wieder

---

[1] Wenn man die Homepage mit *Delete* löscht, ist das Ergebnis nicht etwa eine leere Seite, sondern eine Standardseite mit einigen Textvorgaben. Bei anderen Topics zeigt sich dieses Verhalten nicht.

gezeigt, inklusive der Delete- und der Undelete-Version. Nun kann man die gewünschte Vorgängerversion auswählen und zur aktuellen machen.

Löschen auf Dateiebene

Wenn man auch die Dateien entfernt, müssen zwei Varianten unterschieden werden:

♦ Löschen der Dateien ohne Delete: Es wird einfach auf der Dateiebene eine Löschung vorgenommen. Wenn man nun den Browser erneut mit dem Wiki startet, befinden sich noch Einträge in der History. Erst wenn man auf einen dieser Einträge klickt, wird versucht, die gelöschte Seite nachzuladen und entsprechend merkt das Wiki nun, daß die Seiten nicht mehr existieren. Der Grund für dieses Verhalten ist der Wiki-Cache, der bei einer solchen Änderung ebenfalls zu leeren ist.

♦ Löschung mit vorangegangenem Delete: In diesem Fall ist die History ja schon leer. Wenn die Dateiein nun entfernt werden, kommt einem der Cache nicht in die Quere, die History wird korrekt angezeigt. Trotzdem sollte man den Cache auch in diesem Fall leeren, dies könnte eventuell zu Verwirrung bei einem Undelete führen, denn hier bedient sich FlexWiki für die History wieder im Cache.

9.3.3 Verfügbare Formate

Wenn man ein wenig auf der FlexWiki-Homepage herumsucht, findet man unter dem Stichwort *User Guide* einige Informationen über die Formatierungen und die Sonderzeichen, die eingesetzt werden können.

Grundsätzlich gilt, daß mit Hilfe von Sonderzeichenkombinationen und Steuerworten, die ähnlich aufgebaut sind wie die HTML-Tags, der Text direkt formatiert wird. Echte HTML-Tags werden allerdings nicht angenommen, sie werden mit Hilfe der Sonderzeichen »>« und »<« entschärft.

♦ Ausblendesymbole: Als Escape-Symbole stehen die doppelten doppelten Anführungszeichen (""Text"") zur Verfügung. Alle zwischen ihnen stehenden Texte werden vom Wiki-Renderer nicht ausgewertet und bleiben so, wie sie sind.

♦ Rahmen: Wird eine Zeile um einen Tabulatorschritt oder mindestens ein Leerzeichen nach links eingerückt, erzeugt der Renderer automatisch einen doppelzeiligen Rahmen um diese Zeile. Eine andere Möglichkeit der Rahmung wäre, mit einer Wiki Property zu arbeiten.

♦ Kursivschrift: Der Text wird in zwei einfache Anführungszeichen eingebunden (''Text'').

♦ Fettschrift: Der Text wird in drei einfache Anführungszeichen ('''Text''') oder einem Stern (*Text*) eingebunden.

♦ Überschriften: Jede Überschriftenebene wird durch ein vorangestelltes Ausrufezeichen eingeleitet. Die erste Ebene erhält ein Ausrufezeichen (!Text), die zweite dann zwei (!!Text) und so weiter. Dies entspricht der HTML-Konvention mit den Tags <H1>, <H2>, ...

♦ Textiles: Die Website *http://textism.com/tools/textile/index.html* setzt mit speziellen Formatiersymbolen markierten Text in HTML-Dokumente um. Einen Teil der dort beschriebenen Symbole hat man auch in FlexWiki übernommen. Wie schon bei den bisher beschriebenen Formatierungen, werden auch hier wieder Texte zwischen Sonderzeichen geklammert, um damit das Rendering von FlexWiki zu steuern.

Textile	Effekt
Text	Kursivschrift.
Text	Fettschrift.
??Text??	Markierung als Zitat.
-Text-	Gelöschter (durchgestrichener) Text.
+Text+	Eingefügter (unterstrichener) Text.
^Text^	Hochgestellter Text.
~Text~	Tiefgestellter Text.
@Text@	Darstellung als Code, keine Interpretation oder Formatierung.
"Text":Link	Verbindung eines Links mit einem URL.

Tabelle 9.1: Textiles

♦ *Texteigenschaften*: Eine weitergehende Formatierung des Textes wurde bei FlexWiki gemäß der Konventionen von PmWiki realisiert. So kann die Textfarbe gesetzt werden (%Farbname%, %#XXXXXX% (sechs Hex-Werte)), die Textgröße (%big%, %small%). Die beiden Formatierungseigenschaften sind kombinierbar (beispielsweise %color big%). Abgeschlossen wird ein so formatierter Bereich durch das Zeilenende oder mit einem doppelten Prozentzeichen (%%).

♦ *Vorformatierter Text*: Vorformatierter Text ist beispielsweise dann sinnvoll, wenn Quellcodes angegeben werden. Dafür wird die entsprechende Zeile mit einem Leerzeichen oder Tabulatorschritt eingeleitet. Für einfache Texte ist dies ausreichend. Um aber komplexere Textbereiche möglichst komfortabel mit dem <PRE>-Tag zu versehen, gibt es noch eine zweite Möglichkeit, bei der der Text in einen PRE-Block geklammert wird ({@ ... }@, beziehungsweise {@UniqKey ...}@UniqKey, wenn das {@ selber im Text vorkommen soll).

♦ *Linien*: Linien werden mit vier hintereinanderstehenden Bindestrichen ausgewiesen (----), die die Zeile einleiten müssen.

♦ *Listen*: Listen sind einfach anzulegen. Dazu beginnt man die Listen-zeile mit acht Leerzeichen oder einem Tabulatorschritt Abstand zum linken Rand. Wird ein Stern (*) vorangestellt, handelt es sich um eine Stichwortliste. Eine Aufzählungsliste wird durch eine vorangestellte Zahl (1.) markiert. Jede Zeile erhält das gleiche Symbol. Geschachtelte Listen sind möglich, das Listensymbol wird entsprechend angepaßt. Natürlich können die verschiedenen Listentypen ebenfalls geschach-telt werden. Bei Aufzählungslisten schließt eine »Nichtlistenzeile« die-se ab, danach beginnt die Zählung erneut bei »1.«.

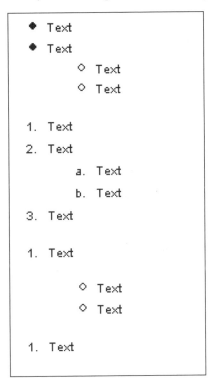

Bild 9.22: Listenformen

♦ *Tabellen*: Tabellen sind recht aufwendige Gebilde. Daher wird ihnen etwas weiter unten noch einmal ein eigener Abschnitt mit erweiterten Informationen über ihren Aufbau gewidmet. Das Anlegen von Tabel-len ist ganz einfach, denn eine Tabellenzeile wird durch Text, der mit dem doppelten |-Zeichen getrennt ist, dargestellt (||Text||Text||). Eine neue Tabellenzeile wird durch den normalen Zeilenumbruch ein-geleitet.

♦ *Bilder*: Bilder werden mit einem Link auf eine Datei mit der Endung *jpg, gif* oder *jpeg* eingefügt.

9.3.4 Sonderzeichen und andere Sprachen

Eine weitere Klasse von Formatierungen sind die Sonderzeichen. Hierzu zählen die ISO-Zeichen, Emoticons und die Unterstützung anderer Sprachen und Zeichensätze.

♦ *Emoticons*: Die bekannten lustigen Symbole stehen natürlich auch in FlexWiki zur Verfügung. Sie orientieren sich an den Symbolen, die im Instant Messenger zu finden sind.

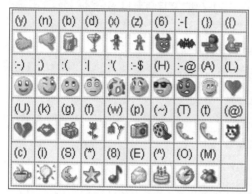

Bild 9.23: Emoticons

♦ *Andere Sprachen*: Mit der Darstellung anderer Sprachen hapert es im Moment noch ein wenig bei FlexWiki. Dies gilt primär für die Darstellung anderer Sprachen, wie der FlexWiki-Seite entnommen werden kann (http://www.flexwiki.com/default.aspx/FlexWiki/InternationalCharacters.html). Dies betrifft vor allem die Darstellung von Links.

♦ *ISO-Sonderzeichen*: Die Einzeldarstellung von ISO-Zeichen ist allerdings recht vollständig (siehe Tabelle auf http://www.flexiki.com/deault.aspx/FlexWiki/CharacterReferenceTable.html).

9.3.5 Links, Bookmarks, Referenzen

♦ *Topic-Links*: Wenn ein Wort in Kamelschreibweise (Pascal-Konvention, zum Beispiels *EinLink*) geschrieben wird, wird es automatisch als Topic-Link betrachtet. Wenn nötig kann dieses Verhalten mit Hilfe der Ausblendesymbole (doppelte Anführungszeichen) unterdrückt werden. Dabei handelt es sich bei diesem neuen Link zunächst einmal um einen Topic-Link, der mit der gestrichelten Linie markiert wird. Ein Klick darauf ruft den Editor für diesen Topic auf. Nach Anlage des Topics wird der Link in der üblichen Art dargestellt.

♦ *Allgemeine Links*: Eine andere Möglichkeit der Anlage von Links besteht darin, daß man den Link in eckige Klammern setzt ([Text]), auch wenn dieses Verfahren von den FlexWiki-Entwicklern nicht favorisiert wird. Oder man bindet den URL mit dem Text des Links ("Text":URL) ein. Die gleiche Syntax funktioniert auch, wenn man ein Bild mit einem URL verknüpfen will ("Image-URL":URL). Und natürlich wird ein einzelner URL immer als Link dargestellt.

♦ *Anchor/Bookmark*: Jede WikiPageProperty (Ankername: Text) oder HiddenWikiPageProperty (:Ankername: Text) wird automatisch ein Anker beziehungsweise Bookmark. Um auf diese zu referenzieren, gibt man den Topicnamen und den Ankernamen in der Form *Topicname#Ankername* an.

♦ *Referenzen*: Mit Referenzen bezieht man sich auf Informationen, die sich nicht im aktuellen Wiki, sondern einem anderen Wiki befinden. Meist sind dies Links. Um die Gestaltung der Links zu vereinfachen, können beispielsweise am Beginn einer Topic-Seite Referenzvariablen angelegt werden (@Referenz=http://Wiki-Teilpfad/$$$). Die Zeichenfolge *$$$* ist darin ein Statthalter für die Werte, die beim Einsatz der Referenz im weiteren Text zu setzen sind (Referenz@Ziel).

9.4 ERWEITERTE TABELLENFORMATIERUNG

Einfache Tabellen sind mit Anweisungen der Form ||Text||Text|| schnell aufgebaut. Allerdings ist das Ergebnis selbst auch recht einfach, weswegen FlexWiki noch einige weitere Formatierungsmöglichkeiten für Tabellen bereitstellt. Diese Formatierungsmöglichkeiten teilen sich für solche auf Zellebene und auf Tabellenebene auf.

9.4.1 Tabellenbezogene Kommandos

Die tabellenbezogenen Kommandos werden mit dem T-Befehl gesteuert. Dazu wird ab der Zeile, ab der die Ausrichtung gelten soll, ein entsprechender Eintrag der Form »||{T^}Text||Text||« vorgenommen:

Befehl	Wirkung auf die Tabelle
T^	Die Tabelle wird zentriert angeordnet.
T[	Die Tabelle wird links angeordnet und vom Text umflossen.
T]	Die Tabelle wird rechts angeordnet und vom Text umflossen.
T-	Die Tabelle wird ohne Rahmen gezeichnet.
TWnn	Die Tabelle bekommt eine prozentual auf den Text bezogene Breite zugewiesen.

Tabelle 9.2: Tabellenbezogene Befehle

9.4.2 Zellbezogene Kommandos

Für die Formatierung auf der Zellebene gibt es leider keinen Hauptbefehl. Hier wird das Erscheinungsbild der einzelnen Zelle mit verschiedenen Befehlssequenzen gesteuert. Außerdem benötigt jede Zelle ihre eigenen Einträge (||{[}Text||{^}Text||{]}Text||).

Befehl	Wirkung auf die Zelle
Rn	Die Zelle dehnt sich über die angegebene Anzahl Zeilen aus.
Cn	Die Zelle dehnt sich über die angegebene Anzahl Spalten aus.
[	Der Zellinhalt wird linksbündig angeordnet.
^	Der Zellinhalt wird zentriert angeordnet.
]	Der Zellinhalt wird rechtsbündig angeordnet.
!	Hervorhebung der Zelle
W	Die Breite der Zelle in Prozent der Gesamttabellenweite.
- +	Deaktivierung/Aktivierung des Zeilenumbruchs in der Zelle (Standard: +).

Tabelle 9.3: Zellenbezogene Befehle

Eine besondere Technik der Tabellenformatierung ist, die einzelnen Inhalte einer Zelle in Form einer Auflistung darzustellen. Dazu werden die einzelnen Auflistungspunkte zusammen mit einem eventuell voranzustellenden Zeichen in eine Auflistung gestellt (Newline und [Tab] steuern Umbruch und Einrückung), die eckigen Klammern und die gesamte Darstellung stammen aus dem Behavior/WikiTalk-Umfeld:

```
||Zwei Auflistungen ohne Symbole||@@["Text", Newline, "Text"]@@||
||Zwei Auflistungen mit Rahmen||@@[Tab, "Text", Newline, Tab, "Text"]@@||
||Zwei Auflistungen mit Symbol||@@[Tab, "* Text", Newline, Tab, "* Text"]@@||
||Zwei Auflistungen mit Ziffer||@@[Tab, "1. Text", Newline, Tab, "1. Text"]@@||
```

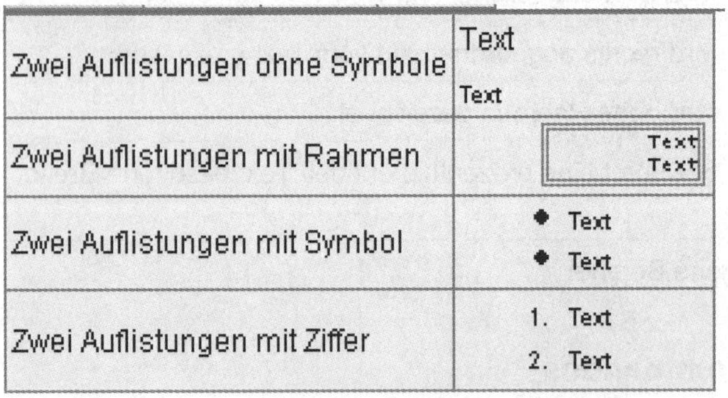

Bild 9.24: Zellen mit Auflistungen

Einige Beispiele verdeutlichen nachfolgend die Auswirkungen der einzelnen Anweisungen und ihr Zusammenspiel.

Tabellenüber-/-unterschrift: Eine Tabellenüber- oder -unterschrift erhält man mit der Formatierung für Fettschrift und der Colspan-Anweisung *Cnnn*.

```
||{^C4}%big%*Testtabelle%%||
```

Spaltenüberschriften: Eine Spaltenüberschrift wird mit Hilfe der Formatierung für Fettschrift (*) und einer zentrierten Anordnung erreicht.

```
||{^}*Spalte1*||{^}*Spalte2*||{^}*Spalte3*||{^}*Spalte4*||
```

Hervorgehobene erste Spalte: Die erste Spalte kann durch das Ausrufezeichen gegenüber den anderen Spalten hervorgehoben werden.

```
||{![}1234.56||Text||Text||Text||
||{![}1234.67||Text||Text||Text||
```

Die einzelnen Zeilen ergeben dann eine Tabelle, die so aussieht wie in Bild 9.25.

Ein wenig Tabellenformatierung

Tabellenüberschrift			
Spalte1	**Spalte2**	**Spalte3**	**Spalte4**
12345.67	Text	Text	Text
12345.89	Text	Text	Text

Bild 9.25: Die Beispieltabelle

9.5 EINRICHTUNG EINES NEWSLETTERS UND NEWSFEED

Ein WikiNewsletter ist eine Sammlung von Topics an eine Liste von Personen, die sich für diese Topics interessieren. Die Topics werden vom Wiki in regelmäßigen Abständen auf Veränderungen untersucht. Werden Änderungen gefunden, sendet FlexWiki Informationen darüber über E-Mail zu den eingetragenen Empfängern des Newsletters.

Die Liste der Newsletter-Empfänger wird in der Property *Subscribers* des zu versendenden Topics eingetragen. Die Daten stehen dort als kommagetrennte Liste von E-Mail-Adressen. Will man den Newsletter empfangen, trägt man sich in dieser Liste ein. Genauso einfach beendet man den Empfang dann auch wieder.

Um herauszubekommen, welche Newsletters ein Wiki anbietet, folgt man dem Subscriptions-Link aus dem linken Menübereich der Wiki-Oberfläche. Er zeigt die Namespaces an sowie die verfügbaren Newsletter für den aktuellen Namespace.

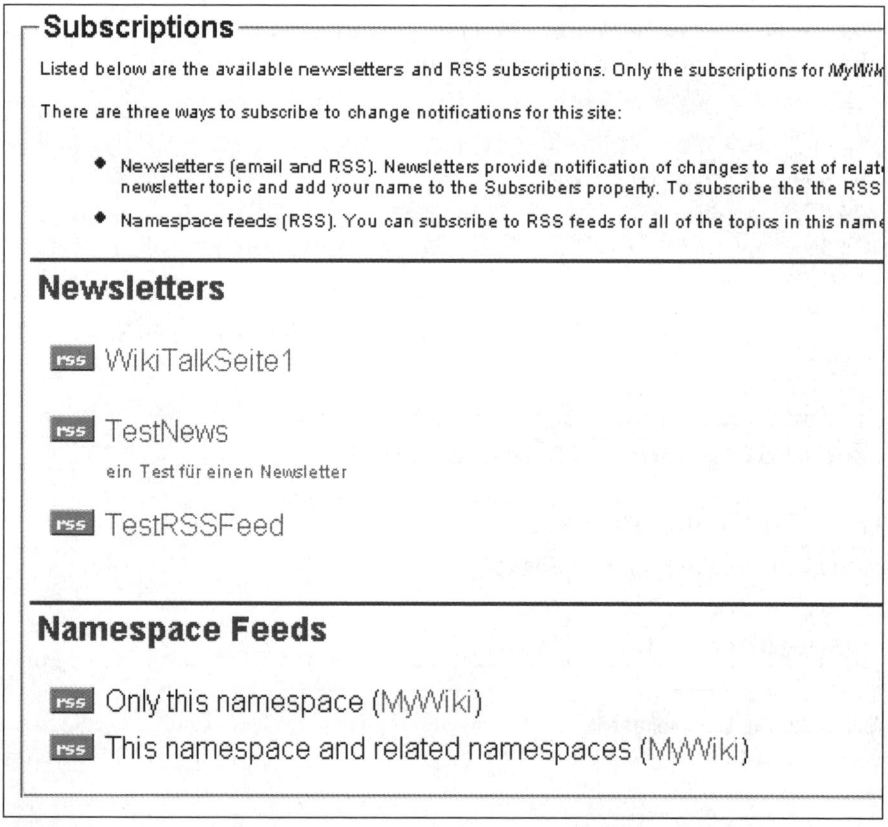

Subscriptions

Listed below are the available newsletters and RSS subscriptions. Only the subscriptions for *MyWiki*

There are three ways to subscribe to change notifications for this site:

- ◆ Newsletters (email and RSS). Newsletters provide notification of changes to a set of relate newsletter topic and add your name to the Subscribers property. To subscribe the the RSS
- ◆ Namespace feeds (RSS). You can subscribe to RSS feeds for all of the topics in this name

Newsletters

[rss] WikiTalkSeite1

[rss] TestNews
    ein Test für einen Newsletter

[rss] TestRSSFeed

Namespace Feeds

[rss] Only this namespace (MyWiki)
[rss] This namespace and related namespaces (MyWiki)

Bild 9.26: Newsletter im Überblick

Die Inhalte eines Newsletters sind gleichzeitig als RSS-Feed zu erhalten. Die verfügbaren Feeds sind ebenfalls in der Übersicht über die Newsletter zu finden und können von dort abonniert werden.

9.5.1 Der Newsletter

Die Anlage eines Newsletters ist einfach. Neben der Definition des Newsletters selbst muß man daran denken, ihn zu veröffentlichen.

Zuerst muß ein Topic definiert werden, der den Newsletter enthält. Dieser kann mit den anderen Seiten des Wiki verbunden sein oder auch nicht.

Dann wird diesem Topic eine Property *Description* hinzugefügt, die eine kurze Einführung in den Newsletter enthält. Dann folgt eine Property, die die Liste der Topics des Newsletters enthält. Mit »*« werden alle Topics des Wiki ausgewählt. Die optionale Property *Exclude* definiert alle Topics, die nicht im Newsletter zu finden sein sollen.

Es gibt verschiedene Strategien für den Einsatz von Topics und *Exclude*. So kann man mit *Topics:* * alle Topics des Wikis einsetzen, um dann mit *Exclude* einzelne Topics zu sperren. Umgekehrt funktioniert dies ebenso.

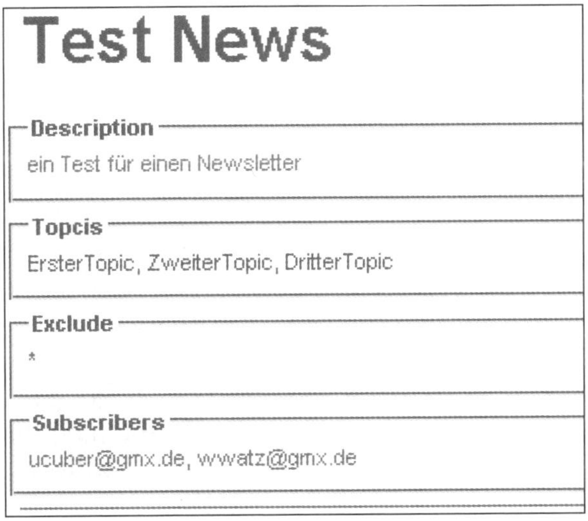

Bild 9.27: Struktur eines Newsletters

Weiterhin ist die *Subscription*-Property zu definieren, in der später die Empfänger des Newsletters stehen werden. Damit sind die nötigen Arbeiten auf Topicseite erledigt.

Damit FlexWiki weiß, daß es sich bei diesem Topic um einen Newsletter handelt, muß er noch im Topic *NewsLetterIndex* eingetragen werden. Sollte dieser Topic noch nicht existieren, legt man ihn einfach an, idealerweise als nicht verbundenen Topic.

Die einzelnen Newsletter werden als Liste von Topicnamen, die durch Komma getrennt werden, angegeben.

9.6 WIKI-TECHNIKEN

Über die einfachen Gestaltungsmöglichkeiten von Texten hinaus, stellt FlexWiki noch einige andere mächtige Werkzeuge bereit, mit denen mittelbar und unmittelbar Einfluß auf die Inhalte und die Darstellung eines Topics genommen werden kann.

9.6.1 Wiki Include

Mit dem *Wiki Include* können die Inhalte eines Topics in einen anderen übernommen werden. Die Syntax ist recht einfach:

```
{{QuellTopicName}}
```

Kommen verschiedene Namespaces ins Spiel, wird die etwas erweiterte Syntax mit Angabe des Namespaces empfohlen:

```
{{Namespace.QuellTopicName}}
```

Ein letzter Problempunkt sind die Topic-Namen. Sie dürfen, im Moment zumindest noch, nicht nur aus einem Wort bestehen, sondern müssen Namen gemäß der Pascal-Schreibweise sein.

Wenn alle Hürden genommen sind, wird der Topic vollständig in die aktuelle Seite übernommen. Dabei kann es sich dann natürlich auch um nicht verbundene Topics oder Topics mit dynamischen Inhalten (Stichwort: WikiTalk) handeln.

9.6.2 Wiki Page Properties

Ein weiteres interessantes fortgeschrittenes Thema sind die Wiki-Properties. Im Zusammenhang mit den Ankern und Bookmarks wurden sie ja schon einmal erwähnt. Aber mit dem dort beschriebenen Einsatz erschöpfen sich die Möglichkeiten der Properties bei weitem noch nicht.

So sind Indizierungsinformationen damit möglich, automatische Weiterleitungen, die CustomBorders werden mit ihnen bearbeitet und definiert und vieles mehr.

Aufbau und Arten von Properties

Propertynamen[1] werden mit einem Doppelpunkt, Unterstrich oder Groß-buchstaben eingeleitet und mit einem Doppelpunkt abgeschlossen. Ge-naugenommen unterscheidet FlexWiki zwischen einfachen Properties, deren Name mit einem Unterstrich oder einem Großbuchstaben beginnt (Name:) und die sichtbar sind, sowie versteckten Properties, deren Name mit einem Doppelpunkt beginnt (:Name:) und die nicht angezeigt werden.

Nach dem abschließenden Doppelpunkt folgen die Informationen, die dar-zustellen beziehungsweise mit der Property zu verbinden sind. In vielen Fällen handelt es sich um einfache, einzeilige kommagetrennte Wortlisten beziehungsweise Sätze. In dem Fall ist die Wertzuweisung mit dem Zei-lenumbruch abgeschlossen.

```
Property: Wort, Wort, Wort
Property: Dies ist ein Text
```

Es können auch mehrzeilige Property-Werte angegeben werden. Dazu wird der Wert zwischen zwei eckige Klammern ([Text]) gesetzt. Für den Abschluß der mehrzeiligen Wertzuweisung ist es wichtig, daß die schlie-ßende Klammer alleine auf der Zeile nach dem Text steht.

```
Property:[
  Text
  Text
]
```

Allerdings führt diese Mehrzeiligkeit bei der Ausgabe dazu, daß die erste Zeile in normaler Schriftgröße dargestellt wird, wogegen der Renderer die Folgezeilen in einer etwas kleineren Schriftart abbildet. Dies ist nicht weiter tragisch, denn mit den bekannten Verfahren zur Textformatierung kann das Erscheinungsbild der Property-Inhalte gesteuert werden.

---

[1] Eine Property, deren Name in der Pascal-Schreibweise geschrieben wird, gilt selber wieder als Topic-Link. Weiterhin ist es möglich, Properties zu schachteln.

```
Property:[
  !!Text
  Normaler Text, *fetter Text*
]
```

Nutzt man die Möglichkeit der Formatierungssteuerung, muß der Text
auf der Zeile nach der öffnenden Klammer beginnen.

Properties

Die Properties sind Teil eines Topics und können daher auch mit Hilfe
eines Programms ausgewertet werden. Diese Tatsache macht sich ein auf
der Website *www.flexwiki.com* zu findendes WikiTalk-Skript zunutze, das
eine dynamische Liste für die Seiten erstellt, in denen die Property *Keywords* genutzt wird.

```
@@
  [
    "||{!}'''Page'''||{!}'''Keywords'''||{!}'''Summary'''||",
    Newline,
    namespace.Topics.Select
    {
        each | each.HasProperty("Keywords")
    }.Collect
    {
        e | [ "||", e.Name, " ||",e.GetProperty("Keywords"),"
        ||",e.GetProperty("Summary"),"||", Newline ]
    }
  ]
@@
```

Natürlich kann dieses Skript bei Bedarf angepaßt werden, um andere
Properties zu suchen. Sehr vorteilhaft ist es in diesem Fall, wenn es eine
verbindliche Namenskonvention gibt, mit der ein Propertyname definiert
wird. Zum Beispiel könnte man das aus der Programmierung bekannte
Prinzip des vorangesetzten Präfixes (hier: *Prop...*) nutzen.

Properties speichern verschiedenste Informationen. Das können Textele-
mente oder Skripten sein, die mit Property-Include oder Wiki-Include auf
anderen Seiten eingebunden werden.

Oder es handelt sich um spezielle vorgegebene Properties, die das FlexWiki-System auswertet beziehungsweise setzt. Metainformationen können in Properties gespeichert werden, die die Seite beschreiben (Description, Summary, Keywords). Und natürlich können auch beliebige benutzerdefinierte Gründe den Einsatz von Properties sinnvoll machen.

Die Auswertung der Properties erfolgt ebenfalls auf verschiedenen Wegen. Einer davon sind die Bookmarks und Anker, die im Zusammenhang mit den verschiedenen Link-Formen beschrieben wurden. In diesem Fall dienen – meistens versteckte – Properties dazu, ein Sprungziel in einer Seite oder einem Wiki festzulegen.

Oder man greift im Rahmen eines WikiTalk-Skripts auf die Properties zu. Ein Beispiel dafür ist das weiter oben stehende Skript, mit dem die Keywords und Summary-Properties eines Wikis ausgelesen werden.

```
@@
topic.PropertyNames.Collect
{ e |
  ["    *", e, Newline].ToOneString
}.ToOneString
@@
```

Bleiben noch die Page Property References als Zugriffsmöglichkeit. Sie orientieren sich in der Schreibweise an den schon besprochenen Wiki-Includes. Die vorgeschlagene Schreibweise *{Wiki.TopicName.Property}* funktioniert nicht. Statt dessen gilt die schon von den Ankern/Bookmarks bekannte Schreibweise:

```
wiki://TopicName#Property
```

Oder man nutzt einen *PropertyBehavior()*-Aufruf. Dazu werden der Topic und die Property angegeben (@@PropertyValue(TopicName, PropertyName)@@). Das Ergebnis ist der Property-Inhalt, der an dieser Stelle ausgegeben wird.

Und zu guter Letzt: Wenn es sich nicht um versteckte Properties handelt, besteht Zugriff auf sie aus dem schlichten Lesevorgang. Und daher werden die Properties auch oftmals als Gliederungsmittel für die Textdarstellung eingesetzt.

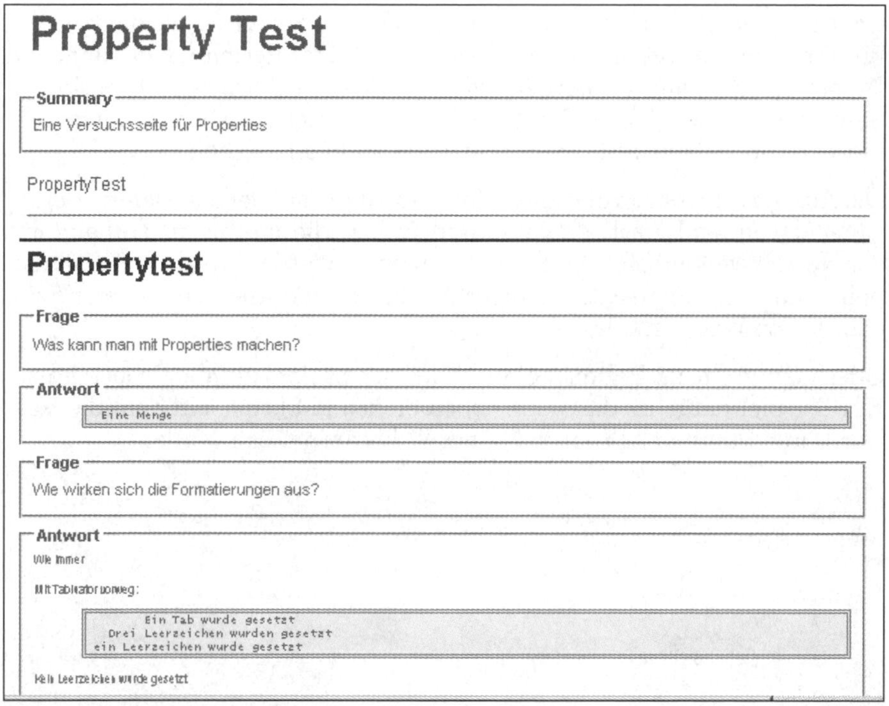

Property Test

Summary

Eine Versuchsseite für Properties

PropertyTest

Propertytest

Frage

Was kann man mit Properties machen?

Antwort

```
Eine Menge
```

Frage

Wie wirken sich die Formatierungen aus?

Antwort

Wie immer

Mit Tabulator vorweg:

```
        Ein Tab wurde gesetzt
    Drei Leerzeichen wurden gesetzt
ein Leerzeichen wurde gesetzt
```

Kein Leerzeichen wurde gesetzt

Bild 9.28: Properties zur optischen Gliederung

Spezielle Properties

Einige spezielle Properties sollen auch noch an dieser Stelle erwähnt werden. Ihnen kommt unter anderem eine Funktion im Rahmen der das Wiki definierenden Programme zu.

Die Property *Summary*, man kann sie sichtbar oder unsichtbar anlegen, enthält definitionsgemäß einige zusammenfassende Informationen über einen Topic. Genutzt wird sie unter anderem mit den TopicTips und beim WikiIndexing.

TopicTips werden für alle Topics automatisch angelegt. Das sind kleine Fenster, die sich immer dann öffnen, wenn man mit dem Mauszeiger über einem Topic steht. Wurde *Summary* für den Topic belegt, erscheint statt des Standardtextes der in Summary festgelegte Text.

Mit *Summary* und *Keyword* werden suchmaschinenfreundliche Metatags erstellt. Auch hier gilt, daß, wenn nichts anderes angegeben wurde, ein Standardsatz von Metainformationen der HTML-Seite erzeugt wird. Wurden die beiden Properties definiert, greift FlexWiki auf ihre Inhalte zurück.

Die Property *Redirect* veranlaßt eine Seitenweiterleitung. Man kann eine externe Webseite anwählen (Redirect: http://www.yahoo.de) oder aber man wählt einen anderen Topic als Ziel (Redirect: TopicName).

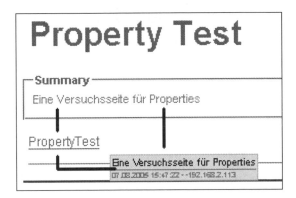

Bild 9.29: TopicTips und Summary Property

Allerdings ist eine solche Topicseite nur noch trickreich zu bearbeiten: Man muß den Namen des Topics, auf dem die Umlenkung steht, in der TopicBar eines anderen Topic eingeben. Dann wechselt FlexWiki auf die Seite und statt sofort die Umlenkung vorzunehmen, wird diese für ein paar Sekunden verzögert.

TopicTitle verändert die Caption des Browsers. Der Inhalt dieser Property wird beim Öffnen des Topics an den Browsernamen angehängt.

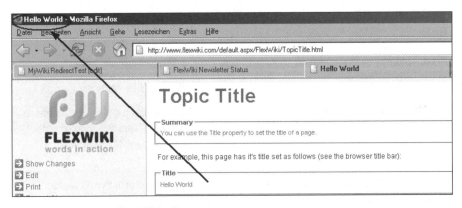

Bild 9.30: Effekt der TopicTitle Property

Implizite Properties

Ganz zum Ende der Betrachtungen zu den Properties soll noch auf einige spezielle für jede Seite immer existierenden Properties hingewiesen werden. Sie können frei ausgelesen werden, sind aber inhaltlich nicht zu ändern und werden stattdessen von FlexWiki selbst mit Werten belegt, siehe Tabelle 9.4.

Property	Bedeutung
_TopicName	Der Topicname.
_TopicFullName	Der vollständige Topicname inklusive Versionsnummer.
_LastModifiedBy	Bearbeiter, der die letzte Änderung vorgenommen hat.
_CreationTime	Anlagezeitpunkt des Topics.
_ModificationTime	Zeitpunkt der letzten Änderung.
_Body	Der Text des Topics.

Tabelle 9.4: Implizite Properties

9.6.3 Wiki Behaviors

Wiki-Behaviors stellen dynamisch erzeugte Inhalte dar. Der Inhalt wird von FlexWiki erzeugt und bereitgestellt. Im Prinzip handelt es sich um eine einfache Art von Funktionen, wie sie in der Programmierung häufig vorkommen.

Behavior	Bedeutung
Now	Aktuelles Datum und Zeit.
ProductName	Der Programmname (FlexWiki).
ProductVersion	Die aktuelle FlexWiki-Version.
AllNameSpacesWithDetails	Tabellarische Auflistung der Namespaces, Beschreibung der Namespaces und der Mailadresse, die dem Namespace zugeordnet ist.
Image(Bild-URL, Text, Breite, Höhe) Image(Bild-URL, Text)	Ein Bild oder ein Alternativtext werden angezeigt.
Property(TopicName, PropertyName)	Abfragen einer beliebigen Property eines Topics.
ErrorMessage(Titel, Text)	Ausgabe einer Fehlermeldung.
Newline	Zeilenumbruch.
Tab	Tabulatorschritt.

Tabelle 9.5: Vordefinierte Behaviors (ClassicBehaviors)

Ein Behavior kann in den Topictext gesetzt werden. Zur Abgrenzung gegen andere Textteile wird der Behavior mit zwei @-Zeichen eingeleitet und auch abgeschlossen (@@Behavior(Parameter)@@). Wenn keine Parameter verlangt werden, können die runden Klammern weggelassen werden. Parameter sind durch Komma getrennt anzugeben und jeder Parameter ist in doppelte Anführungszeichen zu setzen.

Beim nächsten Aufruf der Seite wird an dieser Stelle dann die entsprechende Information ausgegeben. Aber der Einsatz der Behaviors geht auf Kosten der Leistungsfähigkeit, da die mit Behaviors erzeugten Seiten nicht gechached werden können!

Die Zahl der Behaviors ist (noch) nicht so groß, weswegen sie sich einfach in tabellarischer Form auflisten lassen (siehe Tabelle 9.5)

Neben diesen relativ einfachen Behaviors gibt es noch zwei weitere recht interessante Vertreter dieser Gattung: *InterWiki()* und *TopicIndex()*.

InterWiki()-Behavior

Das Behavior *InterWiki()* erlaubt einen Verweis auf entfernte Webseiten. Der Linktext wird im Wiki angezeigt und bei Anklicken wird zur der mit dem Identifier benannten Adresse verzweigt. Interessant ist, daß mit den Parametern *GET*-Parameter an die aufgerufene Seite mitgegeben werden können.

```
@@InterWiki(Identifier, Linktext, Parameter)@@
```

Das Verfahren hat ein wenig Ähnlichkeit mit den externen Wiki-Referenzen, allerdings ist *InterWiki()* leistungsfähiger und einfacher einzusetzen. Während man die Wiki-Referenzen auf jeder Topicseite neu setzen muß und dafür auch jedes Mal die gültige Adresse vollständig zu spezifizieren hat, reicht es bei *Interwiki()* aus, einen Topic *_InterWikis* zu definieren, in dem der Zieladresse ein Identifier zugewiesen wird.

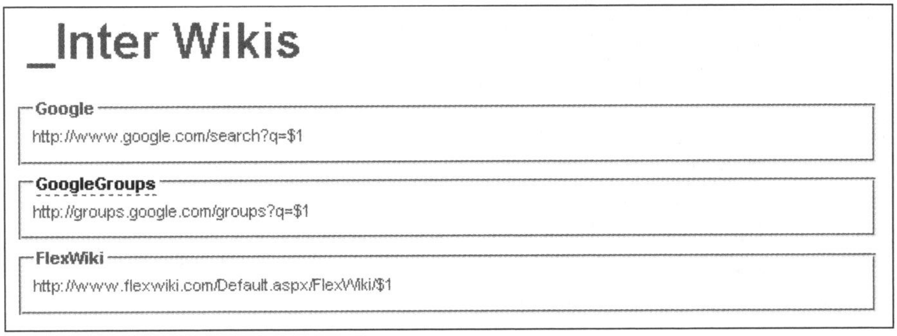

_Inter Wikis

Google
http://www.google.com/search?q=$1

GoogleGroups
http://groups.google.com/groups?q=$1

FlexWiki
http://www.flexwiki.com/Default.aspx/FlexWiki/$1

Bild 9.31: Interwikis auf www.flexwiki.com

Die in _InterWikis_ stehende Adresse kann über Parameter verfügen, die beim Aufruf von _InterWiki()_ mit Werten gefüllt werden. Das folgende Beispiel zeigt, wie so beispielsweise eine Google-Suche definiert werden kann:

```
Google: http://www.google.com/search?q=$1
```

TopicIndex()-Behavior

Ein weiteres interessantes Behavior ist _TopicIndex()_. Es liefert eine Liste von Topics zurück, die nach verschiedenen Kriterien gefiltert werden kann. Diese Liste kann dann ihrerseits beispielsweise zum Aufbau von Metainformationen oder zur Optimierung von Suchmaschinenzugriffen genutzt werden. Oder man baut damit einen Index oder Inhaltsverzeichnis des Wikis auf.

```
@@TopicIndex(Titel|Property, <Regex>|<Propertyname>,<Namespace>)@@
```

In der einfachsten Aufrufform wird lediglich _Title_ als Steueranweisung angegeben. Das Ergebnis ist eine Liste von Topics mit eventuelle vorhandenen Summaries, ein sogenannter »Site Index«.

```
@@TopicIndex("Title")@@
```

Alternativ kann man durch Angabe des zweiten Parameters, der einen regulären Ausdruck darstellt, auch nach Topics suchen lassen, die diesen Ausdruck enthalten. Das Ergebnis ist eine Liste der Fundstellen, was sowohl eine Liste von Topicnamen als auch der beispielsweise der Property _Summary_ zugeordneten Texte sein kann.

Wählt man dagegen als ersten Parameter _Property_ aus, muß mit dem zweiten Parameter, der auch ein regulärer Ausdruck sein kann, genauer spezifiziert werden, welche Propertynamen auszuwählen sind. Das Ergebnis sollte eine Liste von Fundstellen für diese Property sein. Sollte! Denn leider zeigte sich hier zum Zeitpunkt der Drucklegung des Buchs noch ein Bug, so daß diese Indizierung noch nicht funktioniert.

- MyWiki.BehaviorTest
- MyWiki.DritterTopic
- MyWiki.ErsterTopic
- MyWiki.FormatSeite1
- MyWiki.PropertyTest
  - Eine Versuchsseite für Properties
- MyWiki.RedirectTest
- MyWiki.ReferenzTopic
- MyWiki.TestNews
- MyWiki.TestRSSFeed
  - add a one or paragraph summary or des
- MyWiki.TopicIncludeTest
- MyWiki.WikiNewsletterIndex
- MyWiki.WikiTalkSeite1
- MyWiki.WikiTalkSeite2
- MyWiki.ZweiterTopic
- TestWiki.DaddelKram
- TestWiki.HomePage

Bild 9.32: Mit TopicIndex() erzeugte Liste

9.7 SKRIPTING MIT WIKITALK

Bis hierher konnten die meisten Aufgaben mit wenig dynamischen Inhalt gelöst werden. Und in den meisten Fällen wird das für die Alltagsarbeit mit FlexWiki wohl auch ausreichen.

Aber es gibt auf der anderen Seite natürlich auch Vorgänge, die nur mit dynamisch erzeugten Inhalten, also mit Programmierung zu bewältigen sind. Man denke da nur an die Benutzeroberfläche und ihre Gestaltung oder an die eigentlich einfache Aufgabe, eine Übersicht über die Properties einer Seite aufzubauen.

Aus diesem Grund kennt FlexWiki eine eigene Skriptsprache. Und es ist sicherlich von Nutzen, sich die Eigenheiten dieser Sprache einmal etwas genauer anzusehen. Wichtige Übersichten über die Sprachelemente und die Objekte in ihrer Objekthierarchie findet man unter den URLs *http://www.flexwiki.com/default.aspx/FlexWiki/WikiTalkTypeHierarchy-.html* und *http://flexwiki.com/default.aspx/FlexWiki/InstructionCard.html.*

Allerdings sei hier vorausgeschickt, daß diese Skriptsprache eine recht eigenwillige Syntax hat und somit manchmal etwas mühevoll zu entziffern ist. So ist WikiTalk eine objektorientierte Programmiersprache, was ja noch gut zu verschmerzen ist. Wesentlich ungewöhnlicher für den im Umgang mit Skriptsprachen Erfahrenen ist aber die Tatsache, daß es keine eigenständigen Konstrukte für die Ablaufsteuerung gibt. Verzweigungen oder schleifenähnliche Verarbeitungsschritte sind im Prinzip Methoden von Objekten wie dem Array. Formal hat diese Vorgehensweise mehr Ähnlichkeit mit dem Konzept der funktionalen Programmierung als den üblichen Verfahren der OO oder prozeduralen Programmierung.

9.7.1 Codestruktur

Was auffällt, ist, daß für die Umgrenzung des WikiTalk-Codes die gleichen Symbole gewählt wurden wie bei den Behaviors:

```
@@ Code @@
```

Dies ist aber durchaus folgerichtig, denn in einem gewissen Sinn sind die Skripten eine Fortentwicklung der mit den Behaviors eingeführten dynamischen Konzepte. Daher gibt es in WikiTalk auch die ClassicBehaviors.

Wie auch die Behaviors kann der WikiTalk-Code an beliebigen Stellen, beispielsweise in einer Tabelle stehen. Generiert der Code Ausgaben, werden diese beim Rendern des Topics an die Stelle des Codes gesetzt. Dabei unterscheidet WikiTalk zwischen Ausdrücken (Literal, Referenz auf Member oder Variable) und Anweisungen.

Einzeiliger Code

Eine einfache Anweisung wird in die @@-Symbole gesetzt. Danach kann der Code geschrieben werden. Erst wenn die schließenden Symbol erscheinen, gilt die Anweisung als abgeschlossen.

```
@@ Kommandofolge @@
```

Es macht nichts, wenn der Code über mehrere Zeilen durchläuft. Solange WikiTalk in der Lage ist, die einzelnen Elemente korrekt zu erkennen und zuzuordnen, gibt es keine Probleme. Zeilenumbrüche kann man ebenfalls einbringen. Solange WikiTalk in der Lage ist, die Konstrukte korrekt zu analysieren, sind keine Schwierigkeiten zu erwarten.

Mehrzeiliger Code

Um allerdings mehrere Befehle, die nicht durch ihre Syntax miteinander verbunden sind, in einem Block einzusetzen, reicht es nicht aus, wenn man sie durch Zeilenumbrüche voneinander getrennt niederschreibt.

WikiTalk wird versuchen, einen syntaktischen Zusammenhang zu finden, der nicht gegeben ist. Schreibt man also beispielsweise

```
@@ Kommando Kommando @@
```

oder:

```
@@
Kommando
Kommando
@@
```

ist das Ergebnis eine Fehlermeldung. Um den Code trotzdem zu gliedern, muß man sich mit einem Trick behelfen. Man nutzt ein Array, in dem die einzelnen Zeilen durch Komma getrennt angegeben werden. Das Array wird vom Renderer ausgewertet und der darin stehende Code ausgeführt.

```
@@[
Kommando,
Kommando
]@@
```

Obiges Beispiel kann man natürlich auch wieder als Einzeiler schreiben:

```
@@[ Kommando, Kommando ]@@
```

Codegliederung mit Funktionen

Da die WikiTalk-Konstrukte ebenfalls einen recht eigenen Aufbau haben und nicht immer gut zu lesen sind, reduziert man deren Komplexität, indem man sie in Funktionen packt und diese dann im Hauptteil des Skripts mit Hilfe des Array-Tricks aufruft:

```
:Funktion1:{
  Kommando
}

:Funktion2:{
  Kommando2
}

@[
Funktion1,
Funktion2
]@
```

Die Skriptsprache beachtet übrigens die Unterschiede in der Groß- und Kleinschreibung, sie ist casesensitive. Dies ist bei der Eingabe zu berücksichtigen und natürlich auch bei der Fehlersuche.

Kommentare

Ein wenig unangenehm ist die Tatsache, daß es keine ausgewiesenen Kommentarsymbole gibt. Als Workaround wird von den Autoren des FlexWiki empfohlen, einen String einzusetzen, der seinerseits in einem Ausdruck steht, der den Ausdruckswert 0 liefert, wodurch es nicht zu einer Ausgabe durch den Renderer kommt.

Es wird also ein String definiert, der den Ausdruckswert 0 zurückgibt, was dann ungefähr so aussieht, wie im nun folgenden Beispiel:

```
01: {
02:   [
03:     "-- The next line returns a link to the current topic.".Substring(0, 0),
04:     Presentations.Link(federation.LinkMaker.LinkToTopic(topic.Fullname),
         topic.Name)
05:   ]
06: }
```

Die Zeile 3 stellt den Kommentar dar! Der Text bindet an die Stringmethode Substring(), mit der normalerweise ein Teilstring ermittelt wird. Nun liefert dieser Aufruf aber nichts zurück, weswegen der Text oder Teile von ihm nirgendwo erscheinen. Danach geht es in Zeile 4 wieder mit normalem Code weiter.

9.7.2 Datentypen

Von den Eigenheiten der Syntax einmal abgesehen, handelt es sich bei WikiTalk um eine objektorientierte Programmiersprache. Alles ist ein Objekt. WikiTalk kennt insgesamt achtunddreißig Datentypen, von den einfachen Ganzzahlen bis zu solch komplexen Dingen wie Datum und Zeit oder einem Wiki-Topic. Jeder dieser Typen stellt im Prinzip eine Klasse dar, also verfügt ein Typ auch über Eigenschaften und Methoden.

Im Prinzip ist sogar der Code ein Objekt, da er sich ja in der _Body-Property des Topics befindet und beide, Topic und die Property, Objekte sind. Noch deutlicher tritt dieser Effekt zutage, wenn der Code in Blöcke ({ Code }) gesetzt wird, da auch der Block ein Typ ist.

Eigenschaften und Methoden

Die Typen verfügen über Methoden und Eigenschaften, Member genannt. Mit Hilfe der Member kann auf die Inhalte zugegriffen und das Objekt zu einer Handlung veranlaßt werden.

Nehmen wir nun einmal an, daß man eine Eigenschaft eines Objekts zurückerhält. Diese ist natürlich ihrerseits ein Objekt eines Typs mit seinen Members. So kann es zu Zugriffsketten der Art *Typ.Methode.Methode.Eigenschaft* kommen. Und nun muß man sich noch vorstellen, wie der Blocktyp mit ins Spiel kommt: *Typ.{ Code }.Methode.{ Code}.Eigenschaft*.

Alle Bestandteile einer Seite können so über einen objektorientierten Zugriff gelesen und auch manipuliert werden. Einmal angenommen, es gibt im Topic *HomePage* eine Property *Summary*. Dann ist auf ihre Inhalte mit dem OO-Zugriff *@@topics.WikiTalk.Summary@@* zugreifbar:

```
:Summary: Das ist eine Hidden Property
@@topics.HomePage.Summary@@
```

Die Anweisung hat zur Folge, daß an der Stelle, an der sie steht, der zur Property gehörende Text ausgegeben wird. Syntaktisch wird in der Collection der Topics nach dem Topic *HomePage* und für diesen wiederum nach der Property *Summary* gesucht.

- Object
  - Array
    - TopicInfoArray
  - Block
  - BlockParameter
  - Boolean
  - ClassicBehaviors
  - DateTime
  - Federation
  - Home
  - Integer
  - LinkMaker
  - NamespaceInfo
  - Presentation
    - CompositePresentation
    - PresentationPrimitive
      - ErrorMessage
      - FormEndPresentation
      - FormHiddenFieldPresentation
      - FormImageButtonPresentation
      - FormInputFieldPresentation
      - FormSelectFieldPresentation
      - FormStartPresentation
      - FormSubmitButtonPresentation
      - ImagePresentation
      - LinkPresentation
      - StringPresentation
  - Presentations
  - Request
  - String
  - TimeSpan
  - TopicChange
  - TopicContext
  - TopicInfo
  - Type
  - Utility
  - VisitorEvent

Bild 9.33: Die Objekthierarchie

Einfache Datentypen

Ein Beispiel für einen einfachen Typ ist der Integer, die Ganzzahl. Seine Eigenschaften sind nicht so zahlreich, aber dafür kennt er immerhin die Methoden *Add()*, *Subtract()*, *Divide()*, *Multiply()*, mit denen die Grundrechenarten ausgeführt werden, sowie die Vergleichsmethode *Equals()*.

Ein Rechenausdruck sähe dann folgendermaßen aus. Das Objekt, in dem Fall ein Literal vom Typ Integer, wird zusammen mit seiner Methode aufgerufen. Der Methode wird ein weiterer Literal vom Typ Integer übergeben, um eine Addition durchzuführen:

```
@@5.Add(5)@@ => 10
```

Das sieht auf den ersten Blick sicherlich gewöhnungsbedürftig aus, entspricht aber durchaus den Konventionen anderer objektorientierter Sprachen. Ein Vergleich von zwei Zahlen wäre also mit *Equals()* vorzunehmen:

```
@@5.Equals(5)@@ => True
```

Und genauso, wie hier mit dem Integer umgegangen wurde, geht man mit den anderen Typen und den von ihnen abgeleiteten Objekten/Variablen um. Die Kunst besteht daher primär darin, zu wissen, welche Eigenschaften und Methoden der Typ anbietet.

Komplexe Datentypen

Um dies noch ein wenig zu vertiefen, soll noch ein weiterer, etwas komplexerer Typ untersucht werden: *TopicInfo* (siehe auch Tabelle 9.6).

Interessant sind hier die *PropertyNames*, eine Collection, die für einen Topic alle Properties zurückgeben kann (@@topic.PropertyNames@@). Diese Liste kann dann, wie schon an anderer Stelle gezeigt wurde, eine Schleife steuern, die die Properties weiter auswertet (@@topic.GetProperty(Name)@@).

Methode	Bedeutung
Array Changes	Ergibt eine Liste mit der Änderungshistorie des Topics.
DateTime Created	Information wann das Topic angelegt wurde.
Federation Federation	Die Federation des Topics.
String Fullname	Der komplette Name des Topics mit allen ergänzenden Informationen.
Array GetListProperty(String)	Gibt ein Array der Werte der angegebenen Property zurück.
String GetProperty(String)	Gibt die angegebene Property des Topics zurück.
Object HasProperty(String)	Gibt *true* oder *false* zurück, je nachdem, ob die angegebene Property existiert.
String Keywords	Gibt den Inhalt der Keyword-Property zurück.
Array KeywordsList	Gibt ein Array mit allen Schlüsselworten der Keywords-Property zurück.
DateTime LastModified	Gibt an wann das Topic zuletzt verändert wurde.
String LastModifiedBy	Gibt zurück wer das Topic zuletzt geändert hat.
String Name	Der vollständige Topicname.
NamespaceInfo Namespace	Gibt den Namespace des Topic zurück.
Array PropertyNames	Gibt ein Array mit den Propertynamen zurück.
String summary	Gibt den Inhalt der Summary-Property zurück.
String Version	Gibt die Versionsinformation des Topics zurück.

Tabelle 9.6: TopicInfo-Methoden

Übrigens ist es möglich, ein Objekt zu fragen, von welchem Typ es ist (Reflection). Dazu muß nur die Eigenschaft *Type* abgefragt werden:

```
@@5.Type@@
@@topic.GetProperty(Topicname).Type@@
```

Ein weiterer komplexer Typ ist das Array. Es soll hier noch ein wenig genauer untersucht werden, da es für viele ansonsten nur schwer zu realisierende Codes das Herzstück ist, das sie erst möglich macht.

Methode	Bedeutung
Array Collect(Block)	Wertet den übergebenen Block für jedes Element des Arrays aus und erzeugt ein Array mit den Ausdruckswerten.
Integer Count	Gibt die Anzahl der Elemente zurück.
Object IsEmpty	*true* wenn das Array leer ist, ansonsten *false*.
Object Item(Integer)	Gibt das Element an der angegebenen Position zurück.
Array Select(Block)	Wertet den übergebenen Block für jedes Element des Arrays aus und erzeugt ein Array mit den Objekten, für die der Ausdruckswert *true* war.
Array Snip(Integer)	Liefert ein Array mit der angegebenen Größe zurück, das aus dem aktuellen Array erzeugt wird.
Array Sort	Sortiert das Array und gibt ein sortiertes Array zurück.
Array SortBy(Block)	Sortiert das Array gemäß der Blockanweisungen.
String ToOneString	Erzeugt aus den Arrayelementen einen String.
Object ToPresentation	Wandelt das Objekt in ein Presentation-Objekt um.
Array Unique	Liefert die Arrayelemente die nicht doppelt sind.

Tabelle 9.7: Array-Methoden

Ein Array ist eine in eckige Klammern gesetzte Liste von Elementen. Die Einzelelemente werden durch ein Komma getrennt. Werden Arrays geschachtelt, faßt sie WikiTalk zu einem Gesamtarray zusammen.

```
[ 1, 2, 3 ]
[ 1, 2, [ 3, 4]]
```

Da die Liste zur Laufzeit des Skripts ausgewertet wird, können auch Ausdrücke eingesetzt werden, die die Arraywerte erst noch errechnen müssen. Wie schon weiter oben gezeigt wurde, ist dies ein wichtiges Verhalten, das zu Gliederung des Codes eingesetzt wird.

Aber das Array kann auch direkt mit Code verbunden werden, das geschieht mit der *Collect()*-Methode. Bei ihr wird ein Block definiert, der für jedes Element des Arrays einmal ausgeführt wird.

```
[1, 2, 3].Collect{element | ["|", element , "|"] }
```

Wenn das Ergebnis der Blockoperation wieder ein Array ist, kann man daran eine weitere Blockoperation anschließen lassen:

```
["one", "two", "three", "four", "five"].
  SortBy{each | each.Length}.
  Collect{each | [each, Newline]}.
  ToOneString
```

9.7.3 Ablaufsteuerung

Viele Operationen in WikiTalk basieren auf einer Aneinanderreihung von Objektzugriffen. Wie das Beispiel mit dem Array zeigte, reicht das für eine große Zahl von Aufgaben auch aus.

Aber in Fällen, in denen eine Ablaufentscheidung zu treffen ist oder ein mehrfacher Durchlauf realisiert werden muß, kommen die Steuerkonstrukte der Verzweigung und der Schleife zum Einsatz. Ergänzend stehen auch noch der Block und die Funktion für die weitergehende Codegliederung dieser Kontrollkonstrukte zur Verfügung.

Der WikiTalkBlock

Einmal abgesehen von den üblichen Schleifen und Verzweigungen, ist die wichtigste Konstruktion der *WikiTalkBlock*. Gemäß Definition handelt es sich bei einem Block um ein Objekt, das Code enthält, der zur Ausführung gebracht werden soll.

Der Code wird in geschweifte Klammern gesetzt, die Blockbeginn und - ende definieren. Auch für den Block gilt die Einschränkung, daß mehrere syntaktisch unabhängige Befehle mit Hilfe des Arrays zu gruppieren sind.

```
{ Code }
{ [ Kommando, Kommando ] }
[ { Code }, { Code } ]
```

Da es sich um ein Objekt handelt, verfügt der Block auch über eigene Methoden und Eigenschaften. So liefert *Parameters* die dem Block übergebenen Parameter zurück, die durch Objekte vom Typ *BlockParameter* repräsentiert werden.

Blöcke können Blockparameter besitzen. Dabei handelt es sich um Werte, die beispielsweise bei einem *Collect()*-Methodenaufruf mit an den Verarbeitungsblock übergeben werden. Diese Parameter entsprechen klassischen Variablen, haben also einen Namen und einen Datentyp und sind nur im Block bekannt. Um die Parameterdefinition vom restlichen Code zu trennen, wird das |-Symbol eingesetzt:

```
{ param1, param2 | Code }
```

Die Funktionen

Die natürliche Erweiterung des Blocks ist die Funktion. Eine Funktionsdefinition hat sehr viel Ähnlichkeit mit einer Property und setzt technisch wohl auch darauf auf.

Zum Einsatz kommen normalerweise die nicht sichtbaren Properties, an die sich ein Block anschließt. Der Block geht über mindestens drei Zeilen, denn die schließende Klammer muß am Ende auf einer eigenen Zeile stehen, sonst scheint die Funktion nicht zu tun:

```
:Hallo:{ vorname, nachname |
        [
            "Hallo ", vorname, " ", nachname,
            "Heute ist ", DateTime.Now
        ]
}
```

Der Funktionsaufruf erfolgt durch Namensangabe, gefolgt von runden Klammern, in denen die zu verarbeitenden Parameter stehen.

```
@@Hallo("Ulrich", "Cuber")@@

@@[
    Hallo("Ulrich", "Cuber"),
```

```
   Newline,
   Hallo("Willi", "Watz")
]@@
```

Die Verzweigung

Verzweigungen, oder etwas allgemeiner »logische Auswertungen«, basieren auf Objekten vom Typ Boolean. Das heißt, daß man zuerst einmal eine Operation ausführen muß, die einen True/False-Wert, also einen Boolean, zurückgibt. Mit den Methoden dieses Typs wird danach die weitere Auswertung durchgeführt.

Methode	Bedeutung
Object Equals(Object)	Ist das Objekt *true*, wird der Block ausgewertet.
Object IfFalse(Block)	Ist das Object *false* wird der Block ausgewertet.
Object IfFalseIfTrue(Block, Block)	Ist das Objekt *true*, wird der erste Block ausgewertet, ansonsten der zweite.
Object Not	Kehrt den Ausdruckswert dieses Boolean um.

Tabelle 9.8: Methoden des Boolean-Objekts

Bedingt durch dieses Konzept sind Verzweigungen manchmal recht schwer zu analysieren und zuzuordnen. Das folgende Beispiel zeigt, wie das zu verstehen ist.

Zuerst soll mit den Mitteln des Arrays dieses darauf untersucht werden, ob es leer ist oder nicht. Das Ergebnis ist ein Boolean, der dann weiter ausgewertet werden kann:

```
@@ [].IsEmpty.IfTrue{"Leer"} @@
```

Nun soll auch für den Fall, daß etwas im Array abgelegt wurde, eine Meldung ausgegeben werden. Dazu gibt es eine eigene Methode, bei der der True- und der False-Block zu übergeben sind:

```
@@ [].IsEmpty.IfTrueIfFalse({"Leer"},{"Voll"}) @@
```

Nun gibt es dafür aber noch eine alternative Schreibweise, die sich aus der Memberliste des Boolean nicht mehr so einfach erschließt. Bei ihr wird zuerst einmal wieder der Member *IfTrue()* aufgerufen. Daran schließt sich aber der Member *IfFalse()* an, der sich in diesem Fall auf das gleiche Boolean-Objekt bezieht, ohne daß dieses noch einmal explizit erwähnt wird:

```
@@ [].IsEmpty.IfTrue{"Leer"} IfFalse{"Voll"} @@
```

Leider ist das noch nicht alles, was es zu den Verzweigungen zu sagen gibt. Denn beispielsweise gibt es bei manchen Datentypen eigene Testanweisungen, wie beispielsweise *IfNull* bei *topic.Version*. Und die haben zwar letztlich den gleichen Zweck wie die hier bei Boolean beschriebenen Verzweigungen, aber leider wieder eine ganz eigene Syntax:

```
@@topic.Version.IfNull {"'''latest'''"} Else {topic.Version}@@
```

Das obige Beispiel wurde aus der Online-Hilfe von FlexWiki extrahiert. In den Typbeschreibungen (Version ist vom Typ String) wurde keine Erwähnung des *IfNull()*-Members und seiner Syntax gefunden. Er ist auch nicht bei Boolean vermerkt, so daß es sich nach Erachten des Autors um eine undokumentierte Funktion handelt.

Die Schleife

Genauso wie die Verzweigungen nicht als unabhängige Konstrukte existieren und statt dessen an den Boolean-Typ gebunden sind, gibt es auch keine unabhängigen Schleifenkonstrukte.

Zum Teil, man denke nur an das Array-*Collect()*, sind schleifenähnliche Anweisungen direkt beim Typ zu finden. Meisten basieren sie aber auf den Methoden, die im Zusammenhang mit dem Block-Typ zur Verfügung gestellt werden (siehe auch Tabelle 9.9).

Eine einfache Zählschleife kann damit schon zu einer erheblichen Herausforderung werden. Wesentlich leichter lassen sich dagegen Arrays oder andere Collections mit einer Schleife abarbeiten:

```
@@ [1, 2, 3].Collect{ element | [element, Newline ] } @@
```

Methode	Bedeutung
Array Parameters	Ergibt ein Array für alle Parameter des Blocks.
Object Value(...)	Ermittelt den Ausdruckswert durch Ausführen des Blocks.
Object WhileFalse(Block)	Wertet den übergebenen Block aus und macht damit weiter, wenn dessen Ausdruckswert *false* ist.
Object WhileTrue(Block)	Wertet den übergebenen Block aus und macht damit weiter, solange der Ausdruckswert *true* ist.

Tabelle 9.9: Methoden des Block-Objekts

Codebeispiel

Nachdem nun die Grundlagen der Sprache bekannt sind, sollen ein etwas größeres Codebeispiel das übrigens auch auf der FlexWiki-Site zu finden ist, näher analysiert werden. Es handelt sich um TopicPropertyTable (.../FlexWiki/TopicPropertyTable.html), das eine tabellarische Darstellung der Properties eines Topics ausgibt (die Zeilennummern wurden nur zur besseren Orientierung eingefügt):

```
01: :TopicPropertyTable:{ thistopic, listofproperties |
02:   [
03:     "||{!}*Property*||{!}*Value*||", Newline,
04:     "||{!}%purple%*Topic*%%||", "[", thistopic.Name, "]", "||", Newline,
05:     listofproperties.Collect { thisproperty |
06:       [
07:         "||{!}*", thisproperty, "*||", thistopic.GetProperty(thisproperty),
         "||", Newline,
08:       ]
09:     }
10:   ]
11: }
```

Die Zeile 1 leitet das Skript ein und gibt ihm einen Namen. Außerdem werden die beiden Parameter *thistopic* und *listofproperties* vereinbart. Die Zeile 3 gibt die erste Zeile einer Tabelle aus, sie soll als Tabellenüberschrift dienen. Gleiches gilt für die Zeile 4, wobei in ihr der Topicname in einer farblich hervorgehobenen Darstellung ausgegeben wird.

Die Abarbeitung der Liste erfolgt ab der Zeile 7. So wird die Propertyliste, die in WikiTalk durch ein Array repräsentiert wird, über eine Collection in einer Schleife abgearbeitet. Der Block, der auf der gleichen Zeile beginnt, vereinbart den Parameter *thisproperty*, durch den jedes Listenelement in ihn »hineingereicht« wird.

Basierend auf dem angegebenen Propertynamen fragt Zeile 7 den dazugehörigen Wert ab. Propertywert und -name erscheinen dann als Tabellenzeile in der Ausgabe.

Um das Skript zu nutzen, muß man es wie in der folgenden Codezeile gezeigt aufrufen. Die übergebene Propertyliste sollte etwas mit den eventuell als hidden Properties vereinbarten Informationen auf der Seite zu tun haben:

```
@@TopicPropertyTable(topic,["Owner","Age","EyeColour"])@@
```

9.8 ANPASSUNG DER BENUTZEROBERFLÄCHE

In diesem Abschnitt kommen Techniken zur Sprache, die schon sehr stark in den administrativen Bereich hineingehen.

Es geht darum, wie die Benutzeroberfläche von FlexWiki angepaßt und verändert werden kann. Damit ist vor allem der schon bekannte Bereich der _NormalBorders gemeint. Aber auch die Topic-Templates fallen nach Ansicht des Autors darunter, denn natürlich beeinflußt ein solches Template auch die Erscheinung der Oberfläche und ihrer Inhalte.

Allen hier besprochenen Techniken ist gemeinsam, daß ihre Leistungsfähigkeit durch den Einsatz der Skriptsprache WikiTalk wesentlich erweitert werden kann, um die letztlich ja dynamisch erzeugten Elemente anzulegen und darzustellen.

9.8.1 Funktionsweise der CustomBorders

Jede Seite hat bei FlexWiki vier Bereiche, die bei Bedarf modifiziert werden können. Gruppiert um den Textbereich (_Body) befinden sich *TopBorder*, *BottomBorder*, *LeftBorder* und *RightBorder*.

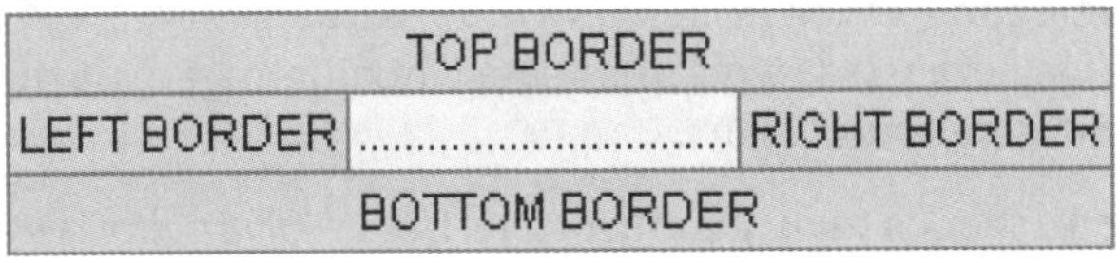

Bild 9.34: Die CustomBorders

Die Anpassungen werden für verschiedene Ebenen mit den Randdefinitionen vorgenommen. Für folgende Ebenen kann man Layouts ihrer Ränder erstellen:

♦ Die gesamte Seite.

♦ Ein einzelner Namespace.

♦ Ein einzelner Topic.

♦ Ein Satz zusammenhängender Topics.

Und was kann man alles in die Randdefinitionen einbringen? Die Antwort darauf ist: Alles! Neben statischen Inhalten können WikiIncludes, Behaviors und natürlich auch WikiTalk-Codes dort stehen. Wenn man die Inhalte von _NormalBorders einmal genauer unter die Lupe nimmt, wird man feststellen, daß hier sehr intensiv mit WikiTalk gearbeitet wird.

9.8.2 Anpassung auf Site-Ebene

Die Anpassung der gesamten Site verlangt, daß man das *<borders>*-Element in der Datei *NamespaceMap.xml* anlegt beziehungsweise abändert. Das folgende Beispiel macht dies, indem es mehrere Topics zur Definition der Ränder, also Bordersets, angibt:

```
<FederationConfiguration>
  ...
  <Borders>MyWiki._NormalBorders,MyWiki.MyBorders</Borders>
  ...
```

Bei den eingebundenen Bodersets handelt es sich um das aus dem Namespace *MyWiki* stammende _NormalBorders und eine eigene Definitionsdatei im Topic *MyBorders* des gleichen Namensraums.

Will man keine grundsätzlichen Änderungen an den Rändern vornehmen, empfiehlt es sich, das aktuelle Layout mit eigenen Definitionen zu erweitern und nicht _NormalBorders zu verändern. Nur bei wirklich grundlegenden Änderungen ist eine Bearbeitung von _NormalBorders sinnvoll. Außerdem muß nach Festlegung eines neuen Layouts dafür gesorgt werden, daß der Servercache geleert wird, weil man sonst noch einige Zeit die alten Layouts gemischt mit den neuen sieht.

Bei *MyWiki.MyBorders* handelt es sich genauso wie bei _NormalBorders um einen FlexWiki-Topic. Hier definiert man mit Hilfe der entsprechenden Properties (BottomBorder, TopBorder, LeftBorder, RightBorder) die gewünschten Änderungen am Erscheinungsbild.

9.8.3 Anpassung auf Namespace- und Topic-Ebene

Um eine Anpassung auf Namespace-Ebene vorzunehmen, greift man wahlweise auf _NormalBorders_ oder _ContentBaseDefinition_ zurück. In diesem Topic wird eine Property namens *:Borders:* angelegt, die auf die Ränderdefinition in einem Topic wie *MyBorders* verweist. Allerdings sollte man die normalen Ränder mit angeben, sonst ist das Wiki möglicherweise nicht mehr funktionsfähig, was seine Oberfläche angeht.

```
...
Borders: _NormalBorders, MyBorders
...
```

Das folgende Beispiel zeigt den *MyBorders*-Topic, in dem für die Ränder kleine Markierungen angelegt wurden und wie sich diese dank des Eintrags in _ContentBaseDefinition_ auswirken.

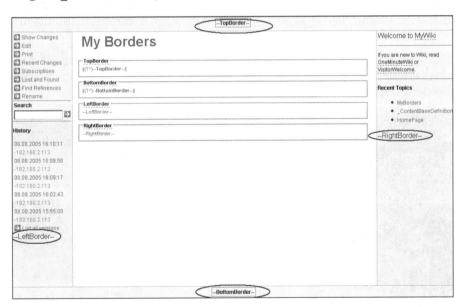

Bild 9.35: Effekt der neuen Ränder

Wenn es mit den Änderungen an den Rändern einmal zu einer Panne gekommen ist, kann dies recht einfach repariert werden, indem man auf der Serverseite die entsprechende Topicdatei beziehungsweise Konfigurationsdatei mit einem normalen externen Texteditor bearbeitet. Danach noch den Cache leeren und alles ist wieder in Ordnung.

Die Anpassung der Ränder auf Topic- beziehungsweise Topicgruppen-Ebene ist ebenfalls nicht so schwer. Dazu muß nur eine Property Borders angelegt werden, die auf den Topic *MyBorders* verweist.

```
:Borders: MyBorders
```

9.9 ADMINISTRATION UND ERWEITERTE KONFIGURATION

Nachdem der Umgang mit der Benutzerseite nun klar sein dürfte, wenden wir uns noch einmal der Administrationsseite zu.

9.9.1 Caching und Updates

Wie schon mehrfach erwähnt, nimmt FlexWiki die erzeugten Seiten in den Cache, um sie beim nächsten Aufruf schneller anliefern zu können. Daneben führt FlexWiki auch eine Änderungsliste, mit der sich ein Administrator einen Überblick über die am Wiki vorgenommenen Inhaltsveränderungen verschaffen kann.

Das Caching hat aber auch Auswirkungen auf das Verhalten der Benutzeroberfläche. So kann es sein, daß Änderungen im Layout erst nach einer Leerung des Caches erfolgreich angezeigt werden.

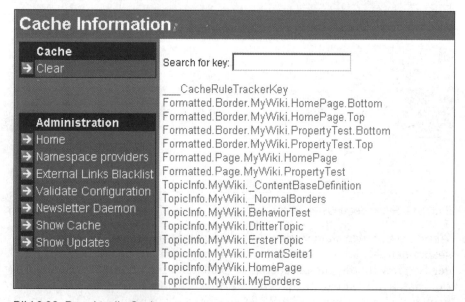

Bild 9.36: Der aktuelle Cache

Betrachtet man den Cache näher, stellt man fest, daß bei Aufruf eines Topics nicht nur dieser in den Cache übernommen wird, sondern auch alle Topics, auf die er direkt zeigt.

Man kann den aktuellen Stand des Caches in der Administrationssicht ansehen und beeinflussen (Administration/Show Cache).

Neben der Möglichkeit, den Cache zu leeren (Clear), kann von hier aus auch Einsicht in die im Cache liegenden Daten genommen werden. Natürlich erhält man nicht die Seiten an sich angezeigt, sondern Metainformationen, die den Veränderungsstatus und die Rohdaten des Topics anzeigen.

```
TopicInfo.MyWiki.Inhaltsübersicht

CACHE RULE:

┌─Composite────────────────────────────────────────────────┐
│ ┌─Composite──────────────────────────────────────────┐   │
│ │ ┌─Topics──────────────────────────────────────────┐ │   │
│ │ │ MyWiki.Inhaltsübersicht                          │ │   │
│ │ └──────────────────────────────────────────────────┘ │   │
│ │ ┌─Topics──────────────────────────────────────────┐ │   │
│ │ │ MyWiki._ContentBaseDefinition                    │ │   │
│ │ └──────────────────────────────────────────────────┘ │   │
│ └──────────────────────────────────────────────────────┘   │
│ ┌─Topics────────────────────────────────────────────────┐ │
│ │ MyWiki.Inhaltsübersicht                                │ │
│ │ MyWiki.Inhaltsübersicht(2005-09-09-11-43-38.9534--127.0.0.1) │ │
│ └────────────────────────────────────────────────────────┘ │
└──────────────────────────────────────────────────────────┘

VALUE

Name      MyWiki.Inhaltsübersicht
```

Bild 9.37: Topicinformationen im Cache

Während der Cache anzeigt, welche Seiten in ihm liegen, stellt die *Update History* (Administration/Show Updates) lediglich eine nicht weiter beeinflußbare Übersicht über die erfolgen Seitenanlagen und -veränderungen dar.

9.9.2 External Link Blacklist

Es gibt immer wieder Fälle, in denen Links eingesetzt werden, die nicht erwünscht sind. Ob es sich dabei um Umleitungen handelt oder um Verweise im Text, ist dabei egal. Die Sperrung solcher Links ist aber recht einfach, indem sie auf eine Blacklist gesetzt werden (Administrator/External Link Blacklist).

Hier trägt man die zu sperrende Adresse im oberen Texteingabebereich ein und nach einem Klick auf *<Save>* gilt der URL als gesperrt.

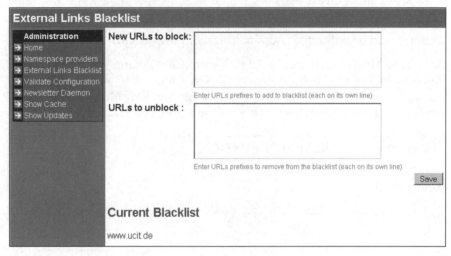

Bild 9.38: Gesperrter URL

Der Effekt ist unmittelbar, wie man sich selbst überzeugen kann. Liegen die Links schon vor, funktionieren sie nicht mehr. Bei der Neuanlage eines Links erhält man eine entsprechende Meldung im Editorfenster.

Bild 9.39: Die Sperrmeldung im Editor

Um einen URL zu entsperren, trägt man ihn auf der Blacklist-Seite im unteren Texteingabebereich ein, klickt auf *<Save>* und damit ist der Link wieder frei.

9.9.3 Namespaces

Namespaces oder WikiBases sind ein Speicherraum, in dem die Wiki-Topics abgelegt werden. Der Namespace stellt einen Namensraum dar, wodurch es bei gleichnamigen Topics keine Probleme gibt, solange sie sich in verschiedenen Namespaces befinden.

NamespaceMap.xml

Um einen neuen Namespace anzulegen, öffnet man die Datei *Namespa-ceMap.xml* mit einem Editor und bearbeitet sie (angemerkt sei, daß sich in dieser Datei alle Administrationsinformationen des Wikis befinden, die mit der Administrationsoberfläche gesetzt werden). Und manchmal ist dies auch die beste Möglichkeit, um Reparaturen am Wiki vorzunehmen.

```
<?xml version="1.0" encoding="utf-8"?>
<FederationConfiguration xmlns:xsd="http://www.w3.org/2001/XMLSchema"
                         xmlns:xsi="http://www.w3.org/2001/XMLSchema-instance">
  <DefaultNamespace>MyWiki</DefaultNamespace>
  <About>Hi</About>
  <WikiTalkVersion>1</WikiTalkVersion>
  <NoFollowExternalHyperlinks>0</NoFollowExternalHyperlinks>
  <DefaultDirectoryForNewNamespaces>.</DefaultDirectoryForNewNamespaces>
  <NamespaceProviders>

    <Provider Id="B75C029B-EE08-4a07-BFBD-F59E99DEA564"
      Type="FlexWiki.FileSystemNamespaceProvider"
      AssemblyName="FlexWiki, Version=1.0.10.4515, Culture=neutral, PublicKeyToken=null">
      <Parameters>
        <Parameter Name="Root" Value=".\MyWiki" />
        <Parameter Name="Namespace" Value="MyWiki" />
      </Parameters>
    </Provider>

  </NamespaceProviders>
  <BlacklistedExternalLinks>
    <Link>www.ucit.de</Link>
  </BlacklistedExternalLinks>
  <Namespaces />
</FederationConfiguration>
```

Bild 9.40: Die Datei NamespaceMap.xml

- *<DefaultNamespace>*: Der Standardnamensraum, der aktiviert wird, wenn beim Aufruf des Wiki kein Namensraum mit angegeben wird.

- *<About>*: Dies ist ein Text, der standardmäßig (_NormalBorders) im rechten Randbereich der Benutzeroberfläche dargestellt wird. Hier kann man Informationen über das Wiki angeben.

- *<WikiTalkVersion>*: Versionsnummer der Skriptsprache. Welche Vorteile eine Änderung hier haben sollte, ist nicht festzustellen.

- *<NofollowExternalHyperlinks>*: Ein True/False-Flag, das zur Unter-drückung von Spam dienen soll. Näheres dazu ist auf der FlexWiki-Webseite zu erfahren.

- *<DefaultdirectoryForNewNamespaces>*: Verzeichnis, das bei Anlage eines Namensraums mit einem Dateisystemprovider gewählt wird. Standard ist ».«.

- *<NamespaceProviders>*: Die Liste der Namespace-Providers, mit denen Namespaces verwaltet werden. Mit einem Namespace-Provider bestimmt man, ob eine Speicherung auf Dateisystemebene oder – seit neuestem – auf Datenbankebene vorgenommen werden soll. Unter anderem werden hier die dem Namensraum zugeordneten übersetzten FlexWiki-Programme (Assemblies) zugeordnet, sowie der Name des Namensraums und das Wurzelverzeichnis im Dateisystem.

- *<BlacklistedExternalLinks>*: Die Liste der URLs, die nicht vom Wiki aus erreicht werden dürfen, also die gesperrten URLs.

Anlage eines Namespace

Für die Anlage eines weiteren Namespace ist es doch angenehmer, auf die Administrationsoberfläche zuzugreifen, um dann von dieser alle notwendigen Einträge vornehmen zu lassen (Administration/Namespace Providers). In der Administrationsansicht werden zuerst einmal die aktuellen Namespaces präsentiert.

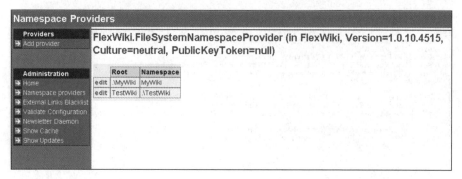

Bild 9.41: Die Verwaltung der Namespaces

Mit einem Klick auf den Edit-Link, der in der Tabelle vor dem Provider steht, können der Name und das Verzeichnis angepaßt werden. Der Providertyp selber ist aber nicht mehr zu ändern.

Um einen neuen Namespace anzulegen, muß das Menükommando *Add Provider* aufgerufen werden. Der ganze Vorgang wird in der von anderen Produkten bekannten Assistentenmanier betreut. Zuerst einmal muß die Entscheidung getroffen werden, welcher Provider zu wählen ist. Von wirklichem Interesse sind wohl nur der SQL-Provider und der Filesystem-Provider.

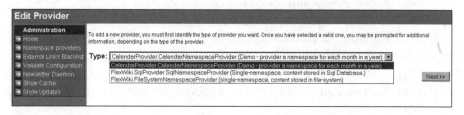

Bild 9.42: Die Providerauswahl

Nun müssen noch der Wikiname und die weiteren optionalen Angaben getätigt werden, und mit *<Create>* wird der Namespace dann angelegt.

Wenn man einen Namespace auf der Dateisystemebene anlegt, wird das benötigte Verzeichnis automatisch mit erzeugt. Dies setzt natürlich voraus, daß der IIS beziehungsweise das FlexWiki zugeordnete Benutzerkonto die entsprechenden Rechte dazu hat.

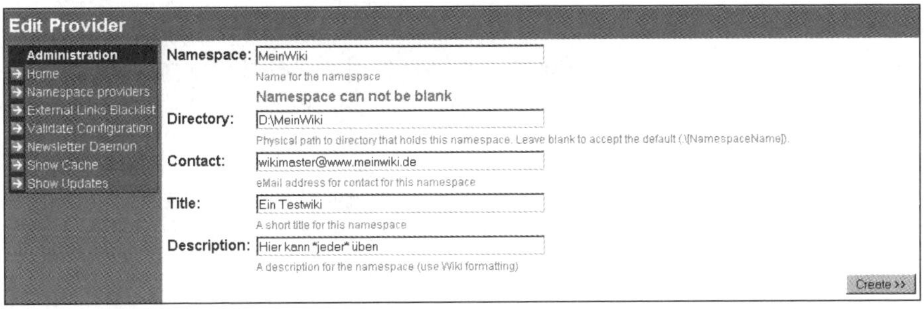

Bild 9.43: Die Wiki-Daten

Zum Abschluß erhält man eine Meldung, ob die Anlage funktioniert hat. In diesem Fall gab es ein kleines Problem, weil kein Mailserver vorhanden war. Aber der Namespace wurde angelegt, wie man auch der *Namespaces-Map.xml* entnehmen kann.

9.9.4 Datenbankanbindung

Seit neuestem können auch der SQL Server beziehungsweise die MSDE für die Verwaltung eines Wikis eingesetzt werden. Auf Dauer ist dies für große Wikis sicherlich die bessere Lösung, da die Versionsverwaltung stabiler wird, der Platzbedarf besser zu steuern ist und vor allem auch das Wiki nicht auf dem Webserver hinterlegt sein muß. Dadurch kann man eine skalierbare Lösung aufbauen, die im Endergebnis eine bessere Performance erreicht als die rein dateisystembasierte Lösung.

Erfreulicherweise ist die Anbindung an eine SQL-Server-Instanz gar nicht einmal so schwierig. Mit Hilfe der vorhandenen Werkzeuge sind die benötigten Datenbankeinträge schnell erledigt. Dann muß nur noch ein Namespace angelegt werden, der statt mit einem Dateisystemprovider mit einem SQL-Provider kommuniziert.

Vorbereitungen

Natürlich muß irgendwo im Netzwerk – oder auf dem Webserver – eine SQL-Server-Instanz ablaufen. Im folgenden Text wird kein Unterschied zwischen dem SQL Server und der MSDE gemacht, da letztere im Prinzip nichts weiter ist, als ein abgespeckter SQL Server. Die hier gemachten Angaben beziehen sich auf den SQL Server 2000.

Dann muß man sich die FlexWiki-Tools beschaffen, da sie das Werkzeug *SqlStoreManagerGui.exe* (ehemals *SqlStoreDatabaseCreationTool.exe*) enthalten, mit dem die benötigte Datenbank angelegt wird. Im Gegensatz zum Dateisystem-Provider kann FlexWiki, zumindest im Moment noch, die benötigte Datenbank nicht anlegen.

Bevor es losgeht, muß auf dem SQL Server ein Konto angelegt werden, das die Datenbank später anlegen und verwalten kann (Scrverrolle: *Database Creator*). Es muß sich um ein Anmeldekonto handeln, das über die integrierte Anmeldung genutzt wird, also auf einem Windows-Konto basiert. Nur so kann sich das Wiki am SQL Server anmelden. Das in Frage kommende Konto ist dasjenige, unter dem die ASP.NET-Anwendungen ausgeführt werden. Auf dem Rechner der Autors, der nicht in einer Domäne angesiedelt ist, handelt es sich um *MEDION/ASPNET*.

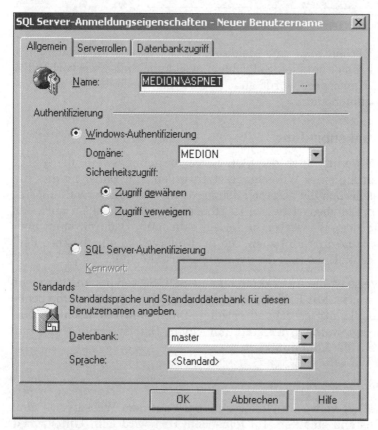

Bild 9.44: Anlage des SQL-Server-Kontos

Danach ruft man *SQLStoreManagerGui.exe* auf, um die Datenbank anlegen zu lassen. Diese Datenbank wird später von allen Namespaces, die auf dem SQL Provider basieren, genutzt werden. Dazu muß die Serverinstanz, ein Speicherort für die Datenbankdateiein und der Name des berechtigten Anmeldkontos angegeben werden.

Das Ergebnis ist eine neue Datenbank *FlexWikiSqlStore*, in der einige Tabellen, Views und Stored Procedures zur Verwaltung der Namespaces angelegt wurden.

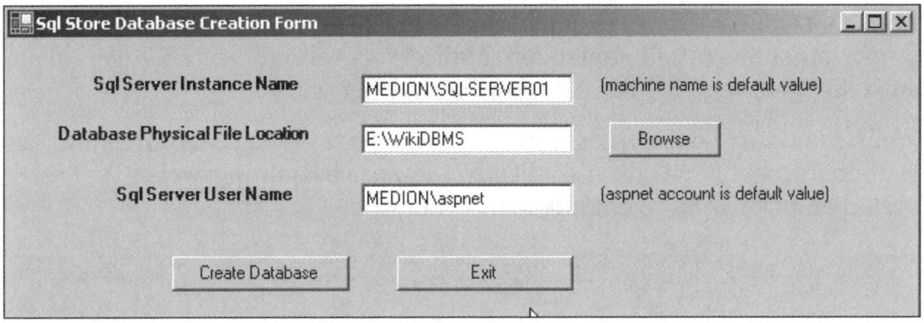

Bild 9.45: Anlage der SQL-Server-Datenbank

Namespace-Anlage

Nachdem die Datenbank angelegt ist, kann nun daran gegangen werden, den Namespace anzulegen. Dazu ist wieder in der Administratoroberfläche der Menüpunkt für die Verwaltung des Namespace *Provider* aufzurufen. Mit *Add Provider* wird der schon bekannte Vorgang zur Anlage eines Namespace gestartet, nur daß statt eines dateisystembasierten Namespace nun ein SQL-Provider-basierter Namespace angelegt wird.

Nun wird es noch einmal ein wenig komplizierter, denn neben den schon bekannten Angaben zum Namespace muß man einen sogenannten Connection-String für die Verbindungsaufnahme mit den Datenbankserver definieren. Er setzt sich zusammen aus dem Instanznamen, dem Datenbanknamen und der Angabe, daß die Anmeldung mit integrierter Sicherheit erfolgen soll.

```
Data Source=Medion\SQLServer01;Initial Catalog=FlexWikiSqlStore;Integrated
Security=true;
```

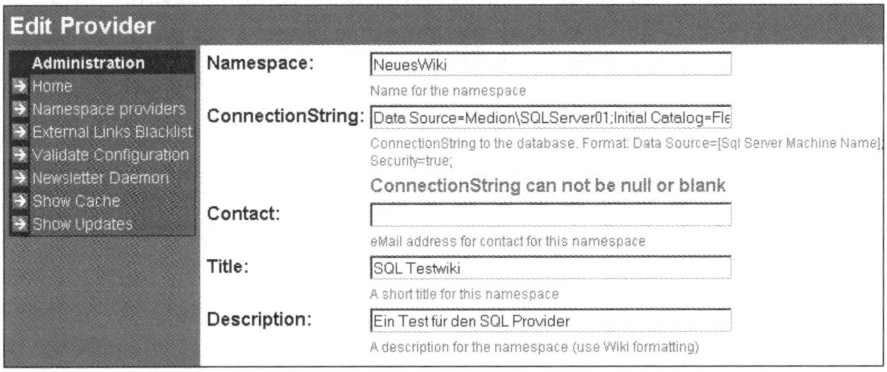

Bild 9.46: Anlage des Namespace in der Datenbank

Danach bekommt man möglicherweise noch eine kleine Fehlermeldung wegen einer eventuell fehlenden Mailserver-Anbindung, aber vor allem auch die Meldung, daß der Namespace angelegt wurde.

Wenn man nun Topics in dem neuen Namespace erzeugt, kann man in der Datenbank sehen, wie die Tabellen *Namespace* beziehungsweise *Topic* sich bezüglich ihrer Inhalte entsprechend ändern.

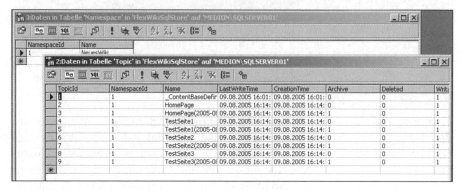

Bild 9.47: Das Wiki in der Datenbank

Gibt es Zugriffsprobleme, gibt man das in der Datenbank befindliche Wiki in der *NamespacesMap.xml* als Standard-Wiki an.

Namespace-Migration

Wenn ein neuer Namespace angelegt wird, muß man nach seiner Einrichtung auf dem Datenbankserver keine weiteren Maßnahmen treffen. Aber manchmal möchte man vielleicht einen existierenden Namespace migrieren. Was dann?

Sieht man sich die Struktur der Datenbank genauer an, wird man feststellten, daß nur zwei Tabellen genutzt werden und diese auch von recht einfacher Struktur sind.

Daher wurde für dieses Buch ein WSH-Skript zusammengestellt, das die hauptsächlichen Schritte zur Migration eines Namespace in eine Datenbank zeigt. Und tatsächlich, es funktioniert, wenngleich es leider noch zu einem Problem mit der Umwandlung von Umlauten (ASCII-ANSI-Problematik) kommt.

Außerdem berücksichtigt das Skript noch nicht den Zustand *deleted*, der sich dadurch auszeichnet, daß die gelöschten Archivversionen zwar noch vorhanden sind, nicht jedoch die aktuell gültige Version des Topics.

```vbscript
' Prototyp eines Skripts zur Migration eine datei-
' basierten Wiki in eine SQL Server-basierte Form.
'
' Anzugeben sind:
' - das Quellverzeichnis der Dateien
' - der Zielnamensraum
'
' Folgendes wird nicht berücksichtigt:
' - gelöschte Seiten: Sie zeichnen sich dadurch aus, daß
'   die Archivseiten (awiki) existieren, nicht jedoch eine
'   gültige Inhaltsseite (wiki)
' - versteckte Seiten: Hier wurde kein Merkmal gefunden, um
'   diese zu identifizieren
'
' Das folgende Programm führt nur minimale Tests aus und
' hat daher auch nur eine minimale Fehlerbehandlung. Es
' ist daher *auf keinen Fall* für Produktionszwecke einzusetzen

source = "E:\FlexWiki\WikiBases\MyWiki"
namespace = "DbWiki"
datasource = "MEDION\SQLSERVER01"

' Verbindungsaufnahme zur Datenbank
Set con = CreateObject("ADODB.Connection")
con.Open "Provider=SQLOLEDB;" & _
        "Data Source=" & datasource & ";" & _
        "Initial Catalog=FlexWikiSqlStore;" & _
        "Integrated Security=SSPI;"

' Ermittlung der NamespaceID
Set rs = CreateObject("ADODB.Recordset")
rs.ActiveConnection = con
rs.Open "SELECT NamespaceID" & _
        " FROM Namespace " & _
        " WHERE Name = '" & namespace & "'"
namespace = rs("NamespaceID")
rs.Close

' Leeren der bisherigen Einträge
Set cmd = CreateObject("ADODB.Command")
cmd.ActiveConnection = con
cmd.CommandText = "DELETE FROM Topic " & _
                " WHERE NamespaceID = " & namespace
cmd.Execute
```

```
' Einfügen der aus dem Dateiwiki übernommenen
' Dateien vorbereiten
Set fso = CreateObject("Scripting.FileSystemObject")
Set dir = fso.GetFolder(source)

' Reguläre Ausdrücke zur Namenszerlegung vorbereiten
Set rex = New RegExp
rex.Pattern = "^(.*)\.(.?wiki)$"
rex.IgnoreCase = True

' Die Dateien nacheinander abarbeiten
For Each file In dir.Files
  Set matches = rex.Execute(file.Name)

  ' Namensbestandteile zerlegen
  name = matches(0).submatches(0)

  ' Archivflag finden
  If matches(0).submatches(1) = "wiki" Then
    archive = 0
  Else
    archive = 1
  End If

  ' Defaultwerte, sollte noch feiner ausgearbeitet werden
  deleted = 0
  hidden = 0
  writable = 1

  ' Inhalt lesen
  Set fhandle = fso.OpenTextFile(file.Path)
  body = fhandle.ReadAll
  fhandle.Close

  ' Ersetzt ' durch '', um die Texteingabe zu ermöglichen
  ' Bedauerlicherweise sind die ' in SQL Stringbegrenzer
  body = replace(body, "'", "''")

  ' Der Einfachheit halber wird die aktuelle Bordzeit
  ' für diese Werte angenommen. Bleibt zu prüfen, ob das
  ' einen Einfluß auf die Funktionsfähigkeit hat.
  lastwritetime = Date
  creationtime = Date

  ' nun wird der Datensatz geschrieben
  cmd.CommandText = "INSERT INTO Topic VALUES(" & _
    namespace & "," & _
```

```
    "'" & name & "'," & _
    "'" & lastwritetime & "'," & _
    "'" & creationtime & "'," & _
    archive & "," & _
    deleted & "," & _
    writable & "," & _
    hidden & "," & _
    "'" & body & "')"

  ' Einfügung erfolgt - hoffentlich
  cmd.Execute
Next

' Das war alles - im Prinzip!
con.Close
```

Mit Hilfe der Kommentare sollte sich erschließen lassen, was das Skript zu welchem Zweck macht. Aber bevor man es nun für ein funktionierende Wiki nimmt, sollte man sich darüber im Klaren sein, daß die Fehlerbehandlung hier mehr als rudimentär ist – sie existiert nicht! Daher muß das Skript für einen produktiven Einsatz noch ein wenig ausgebaut werden.

9.9.5 web.config

web.config ist die zentrale Konfigurationsdatei von FlexWiki. Denn während *NamespacesMap.xml* »nur« für die Namespaces-Einstellungen zuständig ist, werden in *web.config* alle den Wiki-Betrieb direkt betreffenden Einstellungen hinterlegt.

Ohne daß man nun ständig an ihren Inhalten Änderungen vornimmt, sollte man daher als FlexWiki-Administrator ein gewisses Verständnis ihrer Inhalte haben, zumal auch die nachher noch anzusprechende Benutzerverwaltung mit der Hilfe von *web.config* erledigt wird.

<configSections>

Bei *configSections* handelt es sich um eine Art Inhaltsverzeichnis, in dem die Sektion zur Verwaltung der Plugins genannt wird, sowie der Typ, der mit diesen Einträgen verbunden sein soll.

<flexWiki>

In der Sektion *flexWiki* werden Assemblies mit Erweiterungen für Flex-Wiki angegeben. Entsprechende Programmierkenntnisse vorausgesetzt, kann man mit Hilfe der Sprache C# oder Visual Basic.NET und dem FlexWiki-API das System um eigene Komponenten erweitern.

```
07 <flexWiki>
08  <plugins>
09   <!-- Add <plugin> elements that identify plugins that implement WikiTalk
        types -->
10    <!-- <plugin>AssemblyNameGoesHere</plugin> -->
11    <!-- <plugin>CalendarProvider</plugin> -->
12  </plugins>
13 </flexWiki>
```

<appSettings>

Unter der Sektion *appSettings* erfolgen die Einstellungen der lokalen
FlexWiki-Installation. Von Interesse ist hier sicherlich der Eintrag, in dem
der Speicherort der *NamespaceMap.xml* festgelegt wird (~ steht für das
FlexWiki-Basisverzeichnis).

```
16 <!-- PUT THE FULL PATH TO THE NAMESPACE MAP FILE HERE -->
17 <add key="FederationNamespaceMapFile" value="~/WikiBases/NamespaceMap.xml" />
```

Außerdem gibt man hier an, welcher Mailserver unter anderem für den
Newsletter zu nutzen ist. Leider sind diese Einträge ein wenig über die
Datei verstreut, so daß man sie sich zusammensuchen muß.

```
19 <!-- Set this key to identify an SMTP mail server than can deliver mail for
        FlexWiki -->
20 <!-- <add key="SMTPServer" value="smtphost" /> -->
21
22 <!-- The next two keys are needed for wiki newsletters if your SMTP server
        requires authentication
23    If your SMTP server does not require authentication, comment them out. -->
24 <!--
25 <add key="SMTPUser" value="davidorn@flexwiki.com" />
26 <add key="SMTPPassword" value="password" />
27 -->
28
29 <add key="NewslettersFrom" value="wikinewsletters@flexwiki.com" />
30
31 <add key="DisableNewsletters" value="true" />
...
```

```
62 <!-- Setting this to true will cause the newsletters to be sent as HTML
      attachments,
63      rather than as HTML email. -->
64 <add key="SendNewslettersAsAttachments" value="false" />
```

Einige weitere Einstellungen befassen sich mit der Anlage von Namespaces beziehungsweise dem Verhalten, das FlexWiki dann an den Tag legen soll. Dazu gehört auch die Möglichkeit, es so einzurichten, daß Benutzer die Anlage eines Namespace per E-Mail anfordern können.

```
33 <!-- Set this key value to the comma-separated list of namespaces that should
34      be imported into a namespaces newly created through the administration
   UI -->
35 <!-- <add key="DefaultImportedNamespaces" value="Projects.Dog, Projects.Cat"
   /> -->
36
37 <!-- Set this key to a valid email address to enable visitors to
38      request a namespace. If this key is     set, users will be able
39      to fill in a form requesting a namespace and the request
40      will be sent by email to this address. -->
41 <!-- <add key="SendNamespaceCreationRequestsTo" value="admin@yoursite.com" />
   -->
```

Sicherheitsgrundeinstellungen werden ebenfalls hier vorgenommen, wobei man aber im Moment gar keine andere Wahl hat, als die gegebenen Einstellungen zu übernehmen.

```
43 <!-- Security - Used for Forms and Namespace Security
44      Specify the type of security to use.  Currently the only option is
        webconfig which indicates to
45      FlexWiki that the user crudentials are kept in the webconfig.
46 -->
47 <add key="Security" value="webconfig" />
48 <!-- DataProviders for the Security -->
49 <!-- User DataProvider -->
50 <add key="UserDataProvider" value="FlexWikiSecurity" />
51 <add key="UserDataProviderClass"
        value="FlexWikiSecurity.SimpleUserDataProvider" />
52 <add key="UserDataProviderConnection" value="UserData.config" />
53 <!-- Permissions DataProvider -->
```

```
54 <add key="PermissionsDataProvider" value="FlexWikiSecurity" />
55 <add key="PermissionsDataProviderClass"
   value="FlexWikiSecurity.SimplePermissionsDataProvider" />
56 <add key="PermissionsDataProviderConnection" value="PermissionsData.config"
   />
57 <!-- Role DataProvider -->
58 <add key="RoleDataProvider" value="FlexWikiSecurity" />
59 <add key="RoleDataProviderClass"
   value="FlexWikiSecurity.SimpleRoleDataProvider" />
60 <add key="RoleDataProviderConnection" value="RoleData.config" />
```

Danach folgen in diesem Abschnitt noch einige Einstellungen, die sich mit
der Auswahl der CSS-Datei (68) befassen und mit der Darstellung der
Links (71), dem Speicherort der Logdateien (82), sowie dem Klickverhal-
ten zum Öffnen des Editors in der Benutzeroberfläche (91).

```
67 <!-- To use the override style sheet uncomment this line
68 <add key="OverrideStylesheet" value="~/override.css" />
69 -->
70 <!-- To show spaces in wiki links by default change this value to "True" -->
71 <add key="DisplaySpacesInWikiLinks" value="False" />
72
73 <!-- Include the LogPath key to identify a file to record log
74     entries. Path can be absolute. Relative paths are relative to
75     this directory. Note that if you use a relative path to write
76     to the web directory, the file may be able to be downloaded
77     by remote users, allowing them to read the contents of the
78     log file. Using an absolute path is recommended for
79     heightened security.
80 -->
81 <!--
82 <add key="LogPath" value="flex.csv" />
83 -->
84
85
86 <!-- SourceForge Tracker Feature request 1050067:
87     DoubleClickToEdit enables/disables editing via double-click on
88     default.aspx.  The "edit" button is always enabled.  A value of
89     "False" will disable double-click on edit
90 -->
91 <add key="DoubleClickToEdit" value="True"/>
```

<system.web>

Neben den Debuggingeinstellungen, die nur für Entwickler interessant sein dürften, werden in der Sektion *system.web* die gewünschten Sicherheitseinstellungen vorgenommen. Dieser Bereich ist verhältnismäßig gut dokumentiert. Aber wir werden noch sehen, daß es trotzdem einige Besonderheiten zu beachten gibt, die sich aus diesen Informationen nicht so direkt erschließen lassen.

```
================

ALLOW EVERYONE : This setup makes the wiki available to everyone without making
    anyone authenticate.

<authentication mode="None" />
<authorization>
  <allow users="*" />
</authorization>

================

ALLOW AUTHENTICATED USERS ONLY : This setup makes the wiki only available to
    people who have a valid NT login.

<authentication mode="Windows" />
<authorization>
  <deny users="?" />
</authorization>

================

ALLOW ACCESS TO CERTAIN PAGES : This setup depends on the file permissions for
    the individual .wiki files and directories - if the access is allowed for
    the NETWORK SERVICE user (IUSR_machinename under Windows XP/2000), then the
    user will be allowed to access the page. Otherwise, only users with permission
    to access the .wiki file/directory will be allowed to access that topic.

<authentication mode="Windows" />
<authorization>
  <allow users="*" />
</authorization>
<identity impersonate="false" />

================
```

Bild 9.48: Die Sicherheitsgrundeinstellungen in web.config

Danach folgt noch ein Bereich, in dem die Verwaltung des Sessionstate – man erinnert sich vielleicht noch daran, daß http ein zustandsloses Protokoll ist und es einiger Tricks bedarf, um damit umzugehen – und der benutzerdefinierten Fehlermeldungen vorgenommen wird.

```
<!-- We rely on session state, so we need to make sure it's turned on -->
<!--
    If you are running .NET framework 1.0, you must remove the validateRequest
    attribute below.  validateRequest must be false for 1.1, but 1.0 will
    choke on this, so it can't always be present
-->
<sessionState mode="InProc" />
<pages buffer="true" enableSessionState="true"
    validateRequest="false" />

<!-- CUSTOM ERROR MESSAGES
  Set customErrors mode="On" or "RemoteOnly" to enable custom error messages,
  "Off" to disable.
  Add <error> tags for each of the errors you want to handle.

  "On" Always display custom (friendly) messages.
  "Off" Always display detailed ASP.NET error information.
  "RemoteOnly" Display custom (friendly) messages only to users not running
  on the local Web server. This setting is recommended for security purposes, so
  that you do not display application detail information to remote clients.-->
<customErrors mode="RemoteOnly" />
```

Bild 9.49: Sessionstate und benutzerdefinierte Fehlermeldungen

9.10 BENUTZERVERWALTUNG

Was bleibt dem Wiki-Admin noch zu tun? Eventuell will oder muß er redaktionelle Arbeiten leisten, um die verschiedenen Topics zu pflegen und die Benutzerbeiträge nach Qualität zu bewerten und auch einmal eine Versionsänderung zurücknehmen.

Manchmal muß man sich auch gegen zwei Kampfhähne, die ihren Streit im Wiki austragen oder gegen Vandalismus zur Wehr setzen. Und manchmal sind die verschiedenen Themenbereiche auch nicht öffentlich. Daher wird nachfolgend geklärt, wie man mit Hilfe der verschiedenen Wiki- und Windowstechniken den Zugriff der Benutzer auf das Wiki steuern kann.

9.10.1 Die Anmeldeoptionen

Es werden drei Authentifizierungsoptionen unterschieden:

♦ *Keine*: Jeder hat vollen Zugriff.

♦ *Windows*: Basierend auf der Domänenanmeldung.

♦ *Forms*: Basierend auf einem FlexWiki-eigenen Mechanismus.

Ein anderes Unterscheidungskriterium besteht in der Netzwerkart, in der das Wiki eingesetzt werden soll:

♦ *Internet*: Hier können keine Authentifizierung und die Forms-Authentifizierung eingesetzt werden.

♦ *Intranet*: Hier können keine Authentifizierung und schwerpunktmäßig die Windows-Authentifizierung eingesetzt werden. Natürlich könnte man auch Forms nutzen, allerdings ist dies nach Aussage der Flexwiki-Entwickler eher unüblich.

Allen Authentifizierungseinstellungen ist es gemein, daß sie sich in der *web.config* wiederfinden. Hier sind die Grundeinstellungen zu tätigen, wobei allerdings ja nach gewähltem Verfahren auch noch die Windows-Benutzerkonten und die ACLs der Dateisystemobjekte mit einbezogen werden müssen.

9.10.2 Keine Einschränkungen

Die Grundeinstellung des FlexWiki trifft keine Einschränkungen, jeder kann zugreifen und ändern.

Diese Freizügigkeit trifft übrigens auch auf die Administratorseiten zu, die daher unbedingt mit den Mitteln des IIS zu sichern sind. Hier sollte gelten, daß ein Zugriff sowieso nur von *localhost* aus möglich ist, gerade wie bei den Administratorseiten des IIS selber.

Der dazugehörige, in *web.config* stehende Eintrag sieht folgendermaßen aus:

```
<authentication mode="None" />
  <authorization>
    <allow users="*" />
  </authorization>
```

Nun stellt sich die Frage, was die *allow users*-Liste soll, wenn sowieso *mode=None* gesetzt wurde. Ein kleines Experiment bringt da Klarheit. Man trägt einfach einen Namen ein und stellt fest, daß dies keinen Einfluß hat. Man kann die *<authorization>*-Sektion also auch weglassen.

9.10.3 Windowsbasierte Einschränkungen

Die Nutzung der auf Windows basierenden Einschränkungen setzt einige Vorarbeiten voraus. Es handelt sich um eine Kombination der vom IIS festgelegten Autorisierung und der Rechtevergabe über Access Control Lists der Dateien, sowie der in *web.config* getroffenen Einstellungen.

Das Zusammenspiel ist recht komplex, weswegen hier verschiedene Fallstudien durchgesprochen werden sollen. Es wird dabei nicht auf die vielen möglichen unsinnigen oder halb funktionsfähigen Kombinationen der Einstellungsparameter eingegangen, sondern das Interesse konzentriert sich lediglich auf ausgewählte funktionsfähige Kombinationen.

Erste Variante

Für die erste Variante wurde der folgende Eintrag in der Datei *web.config* eingesetzt:

```
<authentication mode="Windows" />
<authorization>
  <allow users="*" />
</authorization>
<identity impersonate="true" />
```

Der IIS wurde so konfiguriert, daß er für das Wiki die anonyme Anmeldung nicht zuläßt.

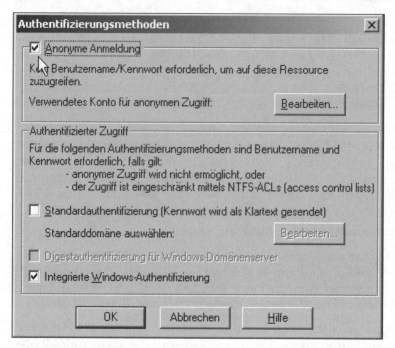

Bild 9.50: Anmeldungssteuerung im IIS

Außerdem wurden die Benutzerkonten den einzelnen ACLs der Datendateien und eventuell auch Verzeichnissen zugewiesen.

Um nun auf das Wiki zuzugreifen, muß man sich mit einem Anmeldedialog authentifizieren, wenn man nicht schon in der Domäne mit einem Konto angemeldet ist. Gleiches kann passieren, wenn man auf einen Topic zugreift, für den das gerade aktuelle Konto nicht gültig ist.

Wenn man am Wiki angemeldet ist, erscheint in der Grundkonfiguration in der linken oberen Ecke eine Angabe über das Konto, unter dem man tätig ist, sowie ein Link, der eine Abmeldung durchführt.

Welcome **MEDION\Administrator**

Log off

Welcome to MyWiki

Bild 9.51: Anmeldeinformation im Wiki

Zweite Variante

Bei der zweiten Variante wurde der folgende leicht abgewandelte Eintrag in der *web.config* gesetzt:

```
<authentication mode="Windows" />
<authorization>
  <deny users="?*" />
</authorization>
<identity impersonate="true" />
```

Die anderen Einstellungen sind ansonsten wieder wie bei der ersten Variante. Erlaubt sei hier die Bemerkung, daß die Zugriffsteuerung aber auch funktioniert, wenn man darauf verzichtet, im IIS die anonyme Anmeldung zu verbieten.

Wenn man nun auf das Wiki zugreift, muß man sich auch erst einmal wieder mit den gültigen Kontodaten anmelden, sofern man nicht schon qua Domänenanmeldung ausreichend berechtigt ist.

Der Unterschied der beiden Varianten besteht nun primär darin, daß die zweite Variante eine Anmeldung am Wiki erzwingt, nach der man sich recht frei darin bewegen kann, wenn *IUSR_Maschinenname* entsprechend in den ACLs eingetragen wurde. Dagegen verlangt die erste Variante eine Anmeldung an jeder Seite, bei der die aktuellen Kontorechte nicht ausreichen.

Bei den meisten anderen Kombinationen der einzelnen Parameter bekommt man überhaupt keinen Zugriff auf das Wiki oder dieser Zugriff ist fehlerhaft und unvollständig.

Ein weiteres Problem kann die Wahl des Browsers sein. Problemlos funktioniert die automatische Anmeldung nämlich nur mit dem Internet Explorer. Wird beispielsweise der Firefox eingesetzt, muß man sich sowieso immer explizit anmelden, da er das microsoft-eigene Kommunikationsprotokoll zur Übergabe der Kontodaten nicht beherrscht.

Allerdings kann man mit dem Eintrag *<identity impersonate>* und dem Benutzerkonto *IUSR_Maschinenname* einige ganz interessante Abweichungen im Verhalten provozieren, die hier nicht weiter verfolgt werden.

9.10.4 Formsbasierte Einschränkungen

Für den Einsatz im Internet ist das Forms-basierte Verfahren das Mittel der Wahl. »Forms« steht für »WinForms«, wie Microsoft seine ASP.NET-Technologie momentan nennt. Es handelt sich also um ein Anmelde- und Zugriffsteuerungsverfahren, das mit der ASP.NET-Funktionalität und der von den FlexWiki-Entwicklern geschriebenen Anwendungen realisiert wird.

Grundeinstellungen

Um mit den auf Forms basierenden Sicherungsverfahren zu arbeiten, müssen ein paar Vorarbeiten getätigt werden. Dazu gehören natürlich auch die obligatorischen Einträge in *web.config*. Bedauerlicherweise findet sich dieses Mal keine Beispielkonfiguration, so daß man die Informationen aus der Online-Hilfe zusammentragen muß.

Der erste Schritt besteht darin, FlexWiki mitzuteilen, wo die Sicherheitseinstellungen stehen. Dies wird mit

```
<add key="Security" value="webconfig" />
```

in *web.config* erreicht. Eigentlich ist dieser Eintrag im Moment noch überflüssig, da es keine Alternativen gibt. Aber die Zukunft wird zeigen, was da noch auf uns zukommt.

Danach wird die schon bekannte Authentifizierungs-Sektion mit den notwendigen Angaben gefüllt:

```
<authentication mode="Forms" >
  <forms loginUrl="login.aspx">
    <credentials passwordFormat="Clear">
      <user name="ucuber@ucit.de" password="geheim" />
    </credentials>
  </forms>
</authentication>

<authorization>
    <deny users="?" />
</authorization>
```

Sieht man sich die Section genauer an, fällt auf, daß sie etwas umfangreicher geworden ist als bei den anderen Formen der Authentifizierung. Und es fällt auch der zentrale Schwachpunkt dieser Lösung auf.

Beginnen wir mit letzterem: Der Benutzername wird in Form eines eindeutigen Namens, meistens wohl der E-Mail-Adresse, und der Klartextkennwortes in der *web.config* hinterlegt! Jedem Sicherheitsverantwortlichen sträuben sich an dieser Stelle die Haare, aber es gibt im Moment keine Alternative zu dieser Form der Einträge.

Nun könnte man meinen, daß wenigstens statt dem Kennwortformat *Clear* eine verschlüsselte Form gewählt werden könnte, aber auch hier gilt, daß im Moment nur diese eine Form zulässig ist. Es bleibt also nichts übrig, als die Datei *web.config* so gut wie nur möglich gegen ungewünschte Zugriffe zu schützen.

Kommen wir nun zu den restlichen Einträgen, die getätigt werden müssen. So ist der Eintrag *deny users* wichtig, da durch ihn eine anonyme Anmeldung vollständig unterbunden wird. Und *loginUrl* verweist auf das Anmeldeformular. Wenn die Administratoren eine eigene Version entwikkeln möchten, steht ihnen das frei, lediglich der Verweis muß dann entsprechend umgesetzt werden. Greift man nun auf das Wiki zu, wird das Anmeldeformular präsentiert.

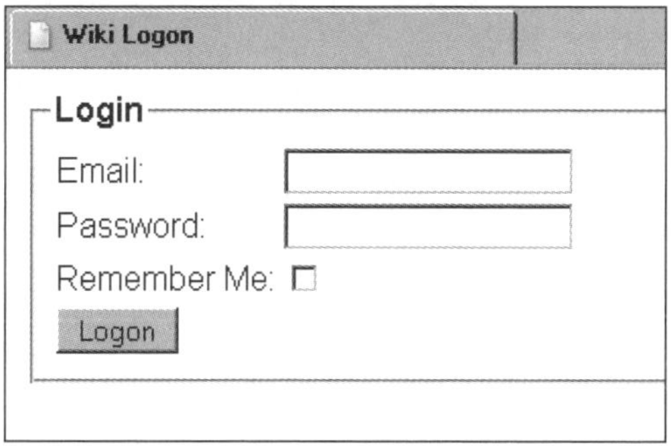

Bild 9.52: Das Anmeldeformular der Form-Anmeldung

Fortgeschrittene Einstellungen

Statt nun das gesamte Wiki anmeldepflichtig zu machen, bietet es sich auch an, nur einzelne Bereich zu schützen. Man geht an diese Fragestellung mit einer Art umgekehrten Logik heran: Zuerst wird das Wiki generell anmeldpflichtig gemacht und dann stellt man in einem zweiten Schritt die Anwendungen frei, die anonym genutzt werden können. Das folgende Beispiel läßt den lesenden Zugriff auf die Topics zu, ohne daß deswegen eine Anmeldung erforderlich wäre. Erst wenn *<Edit>* aufgerufen wird, folgt das Anmeldeformular, da dahinter eine andere Anwendung steht.

```
<location path="default.aspx">
    <system.web>
      <authorization>
        <allow users="?" />
      </authorization>
    </system.web>
  </location>
```

Etwas gewöhnungsbedürftig ist die Tatsache, daß diese Sektion hinter dem Ende von *<system.web>* einzutragen ist.

Eine weitere interessante Möglichkeit der Zugriffsteuerung besteht darin, die Aufrufmöglichkeiten von Inhalten und Kommandos mit der Skriptsprache WikiTalk und der Methode *request.IsAutheticated.IfTrue* { ... } zu steuern.

```
Request.IsAuthenticated.IfTrue
{[
   Kommando,
   Kommando
]}
IfFalse
{[
   Kommando,
   Kommando
]}
```

KAPITEL 10

MARKTÜBERSICHT: WEITERE WIKIS

von Alexander Mayer

Der Markt der Wiki-Engines erreichte innerhalb kürzester Zeit eine erstaunliche Vielfalt und Größe. In nahezu jeder denkbaren Programmiersprache wurden und werden Wikis geschrieben. Darunter befinden sich auch Exoten wie das in Prolog geschriebene ProWiki (http://www.webprolog.com/prowiki/overview.html) oder WikiDoc (http://sourceforge.net/projects/wikidoc/), ein Makro, das Word-Dokumente in Wikis umwandelt. Natürlich reift nicht jedes Projekt zu einem Status, in dem es in einer praxisnahen Umgebung eingesetzt werden kann. Dennoch zeigt jede Wiki-Engine, die neu herauskommt, wie dynamisch die Entwicklung der Wiki-Idee ist und wie sie die Kreativität fördert. In diesem Kapitel werden deshalb einige in der Praxis häufig eingesetzte, aber in diesem Buch sonst nicht ausführlich erklärten Wiki-Engines vorgestellt.

Die vermutlich umfangreichste Übersicht über Wiki-Engines befindet sich übrigens im WikiWiki von Ward Cunningham: *http://c2.com/cgi/wiki?Wiki-Engines*.

10.1 ODDMUSE

Das in diesem Buch bereits angesprochene UseModWiki fungiert als Weiterentwicklung des ursprünglichen Wikis von Ward Cunningham für viele Wiki-Entwickler als Vorbild in puncto Syntax und Funktionsumfang. Die Einfachheit von UseModWiki wird zwar allerseits geschätzt, doch in der Praxis werden einige Features vermißt. Deshalb setzte sich OddMuse (http://www.oddmuse.org/cgi-bin/wiki) sehr schnell als sinnvolle Erweiterung von UseModWiki durch. Ebenso wie das Vorbild ist OddMuse sehr leicht installierbar, da es sich um ein einzelnes Perl-Skript handelt und die Daten nicht in einem Datenbanksystem gespeichert werden, sondern direkt im Dateisystem.

Anders als UseModWiki unterstützt OddMuse Unicode (UTF-8) ebenso wie mehrere Sprachen. Anhand eines regulären Ausdrucks, welcher typische Wörter verschiedener Sprachen enthält, kann OddMuse erkennen, in welcher Sprache eine Wiki-Seite verfaßt ist:

```
%Languages = (
        'en' => '\b(the|that|and|why|what)\b',
        'de' => '\b(der|die|das|und|oder)\b',
        'fr' => '\b(et|une|les|ou|est|que)\b',
        'it' => '\b(il|gli|che|perch|cos)\b',
);
```

So läßt sich beispielsweise die Seite *RecentChanges*, die alle Änderungen im Wiki anzeigt, nach Sprachen filtern. Übrigens erzeugt OddMuse für diese Seite einen RSS-Feed. Anders als in UseModWiki ist auch ein RSS-Feed für jede Einzelseite abbonnierbar. OddMuse kann aber nicht nur RSS-Feeds generieren, sondern auch als Portal für solche fungieren. Mit Hilfe von *<rss URL>* wird beispielsweise der RSS-Feed *URL* in die Wiki-Seite eingebunden.

Da Wiki für möglichst viele Bearbeiter geschaffen ist, kann es natürlich vorkommen, daß zeitgleich mehrere Benutzer dieselbe Wiki-Seite editieren. In einer solchen Situation kommt es zu einem Konflikt, da derjenige, der seine Änderungen als letzter abschickt, »gewinnt«. Die Arbeit der anderen Bearbeiter wäre nur noch über die Historie sichtbar, nicht mehr jedoch auf der aktuellen Seiten. OddMuse versucht solche Editierkonflikte mit Hilfe des Unix-Tools *diff3* zu lösen.

diff3 vergleicht drei Dateien und gibt die Unterschiede aus. Mit diesem Programm gibt es zumindest eine Chance, daß alle gemachten Änderungen in der aktuellen Revision der Seite vereint werden können. Natürlich muß auch dieses Vergleichsprogramm passen, wenn dieselbe Zeile von mehreren Bearbeitern verändert wird. Falls es also nicht möglich ist, alle Änderungen zusammenzufügen, markiert OddMuse die unklaren Stellen mit einem *Conflict Marker*.

SiteMap RecentChanges News Upgrading Issues ChangeLog Plans RSS

Edit Conflicts

When you edit revision X of some page, and somebody else decides to do the same, then you might run into problems when you save the page. The script uses the *diff3* program to merge both changes into one file, if available. Often enough, this works without problems.

When the two of you edited the same *part* of the page, however, the second person to save the page will run into an *edit conflict*. In this case, text saved will include *conflict markers*.

Conflict markers look like this:

```
<<<<<<< you
lines you wrote
||||||| ancestor
the original lines
=======
lines the other person wrote
>>>>>>> other
```

Using these markers, you can find the text where you had a conflict, and resolve it.

If the *diff3* program is not available, then you will just get a warning if another author edited the page in the last ten minutes.

Please leave a note on **Comments on Edit Conflicts** if this is causing problems on your installation. I'm interested in feedback.

Bild 10.1: Eines der Highlights von OddMuse ist die Konfliktlösung bei gleichzeitiger Bearbeitung einer Seite

Da die Benutzerverwaltung von UseModWiki stets für Verwirrung sorgte, entschlackt OddMuse diese Funktionalität. Es gibt so gut wie keine persönlichen Benutzereinstellungen mehr und die verbliebenen Einstellungen werden lediglich im Browser via Cookie gespeichert. Weiterhin gibt es die besonderen Identitäten *Editor* und *Administrator*. Ob ein Benutzer einen solchen Status erhält, entscheidet einzig und allein das Benutzerpaßwort. Entspricht es dem Editor-Paßwort, wird der Benutzer *Editor*, und entspricht es dem Administrator-Passwort, wird der Benutzer Administrator.

Als nicht ganz unwichtiges Argument für OddMuse anstatt UseModWiki wird oft das schicke Standard-Design genannt. Aber auch dieses ist mit Hilfe von Erweiterungen (Modulen) und CSS-Dateien änderbar. Allgemein gibt es eine spezifizierte Möglichkeit, die Wiki-Engine mit Hilfe von Modulen zu erweitern, beispielsweise um die Wiki-Syntax um Graphendarstellung oder LaTeX-Formeln zu bereichern. Auch praktisch ist die Druckansicht, die von jeder Wiki-Seite erzeugt werden kann.

Besonders in großen Wikis kann die Übersichtlichkeit aufgrund der flachen Struktur leiden. Die Suchfunktion, die die regulären Ausdrücke von Perl unterstützt, kann zwar helfen, die Nadel im Heuhaufen zu finden, aber echte Übersicht ist damit nicht erreicht. Aus diesem Grund gibt es die sogenannten Page-Cluster. Besteht die erste Zeile einer Wiki-Seite B nur aus einem Link auf eine andere Wiki-Seite A, so ist B Teil des Page-Clusters A. Auch verwaiste Wiki-Seiten, also Seiten, die nicht erreichbar sind, weil sie nicht verlinkt werden, tragen nicht unbedingt der Übersichtlichkeit bei. Die Seite *OrphanedPages* listet sie übersichtlich auf. Über Wiki-Seiten, die noch geschrieben werden müssen, weil auf sie verlinkt wird, informiert die Seite *WantedPages*.

Die Wiki-Syntax von OddMuse orientiert sich im Wesentlichen an Use-ModWiki. Eine interessante Erweiterung des Funktionsumfangs ist das Feature *Transclusion*. Damit ist gemeint, daß eine Wiki-Seite durch den Befehl *<include "AndereWikiSeite">* in eine andere Seite eingefügt werden kann. Auch das Weiterleiten an andere Wiki-Seiten ist ein dringend benötigtes Feature, das mit *#REDIRECT WikiSeite* möglich ist.

Im Großen und Ganzen ist OddMuse eine schlanke, leicht zu installierende Wiki-Engine für kleine bis mittelgroße Einsatzgebiete. Da die Daten im Dateisystem gespeichert werden, leidet bei großen Wikis mit mehr als zehntausend Seiten jedoch die Performanz. Und wer ein einfach zu bedienendes Content Management System mit ausgefeilter Benutzerverwaltung sucht, wird zu einem anderen Wiki greifen. Aber als klassisches Wiki mit offener Editierfunktion ist das hübsch designte und nicht mit Features überladene OddMuse für viele erste Wahl.

10.2 MoinMoin

Die Wiki-Engine MoinMoin (http://moinmoin.wikiwikiweb.de/) ist ein weiterer Vertreter der Wikis mit einfacherer Installation: Es genügt, das Paket mit den Python-Skripten zu entpacken und das Skript *setup.py* aufzurufen. Die Installationsroutine kopiert schließlich alle relevanten Dateien in das *cgi-bin*-Verzeichnis des Webservers und initialisiert das Verzeichnis, in dem die Wiki-Seiten gespeichert werden. Auch MoinMoin benötigt also kein Datenbanksystem. Ein Webserver wird ebenfalls nicht unbedingt benötigt, da ein solcher optional bereits im Lieferumfang enthalten ist.

Eine besondere Stärke von MoinMoin liegt in den feinkörnig steuerbaren Zugriffsrechten über ACLs (Access Control Lists). Falls die ACL-Funktion eingeschaltet ist (was standardmäßig nicht der Fall ist), läßt sich für jede Seite exakt festlegen, welche Benutzer die Seite verändern, lesen und löschen sowie andere Revisionen wiederherstellen und die Zugriffsrechte ändern dürfen. Für eine bessere Administrierbarkeit unterstützt MoinMoin auch Benutzergruppen und fügt diese elegant in das Wiki-System ein: Um eine Gruppe zu erstellen, muß man eine gleichnamige Wiki-Seite erstellen und die dazugehörigen Benutzer in einer Liste angeben.

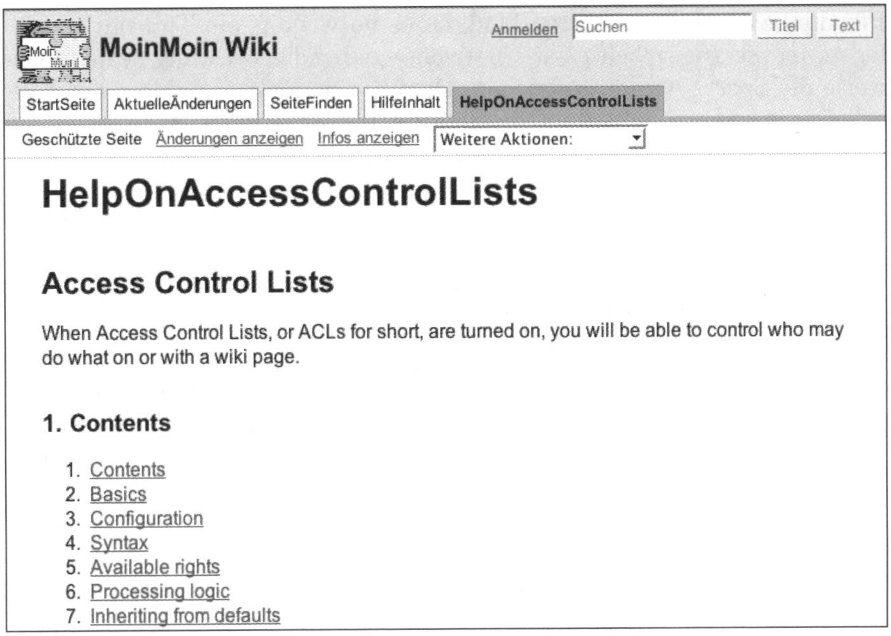

Bild 10.2: Mit den ACLs von MoinMoin sind feinkörnige Zugriffsrechte möglich

Jedem angemeldeten Benutzer bietet MoinMoin umfangreiche Möglich-keiten der individuellen Konfiguration des Wikis. Das Aussehen der Oberfläche kann mit Themes oder CSS beliebig gesteuert werden. Hilfreich ist auch die Einstellung der Länge des Texteingabefelds. Falls der E-Mail-Versand richtig eingerichtet wurde, ist es auch für jeden Benutzer möglich, Wiki-Seiten zu abonnieren. MoinMoin versendet dann automatisch bei jeder Änderung der gewünschten Wiki-Seiten, die mit einem regulären Ausdruck angegeben werden, eine E-Mail an die persönliche E-Mail-Adresse. Eine besonders hilfreiche Funktion sind die Lesezeichen, mit denen sich ein Benutzer merken kann, wann er zuletzt das Wiki besucht hat. Der Vorteil: So lassen sich die Änderungen seit dem letzten Besuch übersichtlich darstellen.

Den Konflikt bei gleichzeitigem Editieren einer Wiki-Seite löst MoinMoin je nach Wunsch mit einer von drei verschiedenen Methoden. Im Modus *warn* wird der Bearbeiter gewarnt, falls jemand anderer bereits editiert. Im Modus *lock* ist es gar nicht erst möglich, daß zwei Bearbeiter zur selben Zeit an einer Seite schreiben. Gar keine Aktion tritt jedoch ein, wenn der Modus *none* aktiviert ist.

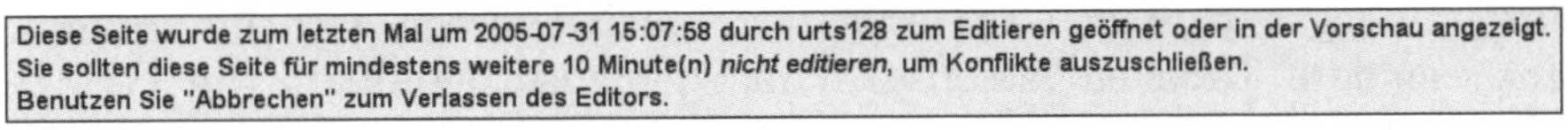

Diese Seite wurde zum letzten Mal um 2005-07-31 15:07:58 durch urts128 zum Editieren geöffnet oder in der Vorschau angezeigt.
Sie sollten diese Seite für mindestens weitere 10 Minute(n) *nicht editieren*, um Konflikte auszuschließen.
Benutzen Sie "Abbrechen" zum Verlassen des Editors.

Bild 10.3: Warnung, beim Versuch, eine Seite zu bearbeiten, die schon jemand anderes bearbeitet

Für die beiden erstgenannten Modi ist es notwendig, ein Timeout festzulegen. Ist die angegebene Zeit verstrichen, wird die Warnung beziehungsweise die Sperre wieder gestrichen. Damit verhindert MoinMoin das dauerhafte Sperren von Seiten, die fälschlicherweise blockiert werden, da beispielsweise der Knopf *Cancel* nicht gedrückt wurde. Damit man auch genügend Zeit für das Editieren hat, ist es möglich, die Sperre durch Anzeigen der Vorschau zu verlängern. Trotz Timeout ist es aber dringend anzuraten, daß man Seiten, die man zur Bearbeitung geöffnet hat, aber doch nicht mehr speichert, mit dem Abbruch-Knopf verläßt, um die Sperre unverzüglich wieder freizugeben.

Unabhängig davon, welchen Sperrmechanismus der Administrator wählt, MoinMoin erkennt einen Editierkonflikt und versucht ihn ebenso wie OddMuse mit Hilfe des diff3-Algorithmus zu lösen. Können die Änderungen nicht zusammengefügt werden, wird die entsprechende Seite nochmals im Editor angezeigt, die konkurrierenden Stellen im Text werden markiert. Übrigens »gewinnt« derjenige Bearbeiter, der als erstes speichert. Nur der zweite Bearbeiter wird gebeten, seine Änderungen mit denen des Vorgängers abzugleichen.

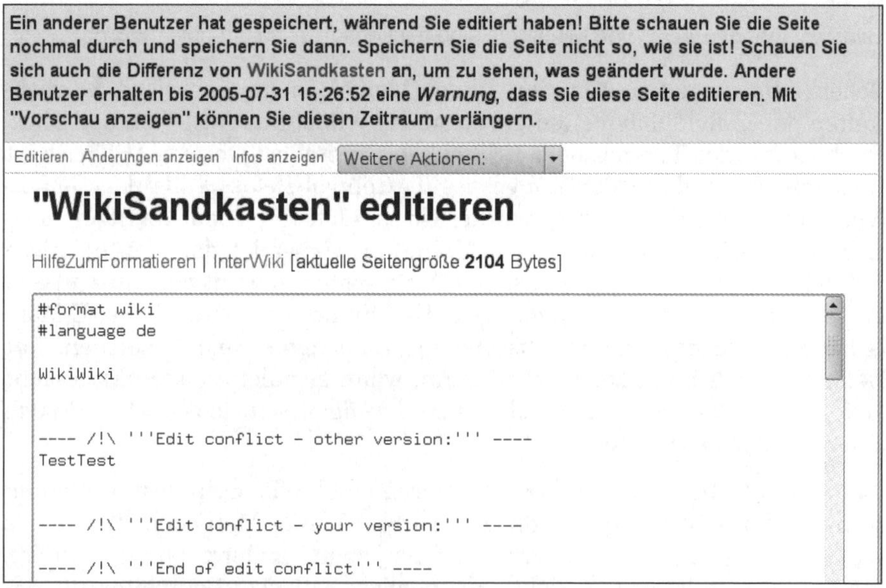

Bild 10.4: Falls es doch zu einem Konflikt kam: Versuch, diesen aufzulösen

Die Wiki-Syntax orientiert sich stark an UseModWiki, der Funktionsumfang hingegen wird deutlich erweitert. Auch Unicode wird unterstützt. Insbesondere Tabellen lassen sich fast genauso detailliert wie HTML-Tabellen formatieren. Kritiker monieren diese enge Koppelung an HTML als zu nahe, schließlich sollte ein Wiki nicht unbedingt HTML-gebunden sein. Die so genannten *processing instructions* ermöglichen vielfältige Zusatzangaben zu einer Wiki-Seite. Beispielsweise läßt sich die verwendete

Sprache mit *#language* angeben. Falls eine Seite überholt ist, kann man sie mit *#deprecated* markieren. Auch die Weiterleitung zu einer anderen Wiki-Seite ist mit *#redirect* möglich.

Mit Makros läßt sich die Funktionalität von MoinMoin beliebig erweitern. Standardmäßig sind bereits einige sehr nützliche Makros dabei. Beispielsweise gibt es für C++, Java, Pascal, Python sowie diverse andere Sprachen Parser, die es ermöglichen, Quelltexte mit Syntax Highlighting lesefreundlich zu formatieren. Auch einige Suchfunktionen lassen sich mit Hilfe von Makros in eine Wiki-Seite einbinden. Da ein Makro nichts anderes als ein Python-Skript ist, dürfte für die meisten Programmierer die Erweiterung von MoinMoin kein großes Problem darstellen.

Die Navigation im Wiki-System erleichtert die Einführung von Kategorien. Zu welcher Kategorie eine Seite gehört, kann mit einem Auswahlmenü bequem ausgewählt werden. Zu jeder Kategorie gibt es eine passende Wiki-Seite, deren Name üblicherweise mit *Category* beginnt. Diese Kategorie-Übersichtsseite wird nicht automatisch generiert, sie kann beliebigen Text enthalten. Möchte man alle zugehörigen Wiki-Seiten anzeigen, so kann man mit dem Makro zur Volltextsuche eine Liste einfügen:

```
[FullSearch(CategoryBeispiel)]]
```

Neben den Kategorien unterstützt MoinMoin wie viele andere Wikis auch Unterseiten, die in einer Hierarchie ähnlich dem Dateisystem gegliedert werden. Natürlich darf für das schnelle Finden von Wiki-Seiten eine Volltextsuche nicht fehlen. Die Suchfunktion von MoinMoin erlaubt die Verwendung von regulären Ausdrücken in Kombination mit booleschen Verknüpfungen (and, or, not). Zusätzlich ist es natürlich möglich, verwaiste oder noch nicht geschriebene Seiten in einer Liste auf einen Blick anzeigen zu lassen.

Schwächen offenbart MoinMoin vor allem bei der manchmal zu strengen Syntaxprüfung. Beispielsweise sind bei einer Überschrift wie = *Überschrift1* = nach dem Gleichheitszeichen keine weiteren Leerzeichen erlaubt. Auch die etwas konzeptlos wirkenden Erweiterungen der Wiki-Syntax werden hin und wieder kritisiert. Die Performanz ist für kleine und mittelgroße Wikis akzeptabel. Allerdings zeigen die Speicherung in Einzeldateien und das Design als CGI-Skript die Grenzen auf. Daß bei jedem Zugriff auf das Wiki Python, das CGI-Skript sowie diverse Bibliotheken neu geladen werden müssen, kann bei großen Wikis zum Problem werden. Theoretisch sollte bei Einsatz des hauseigenen Webservers zumindest das ständige Laden von Python wegfallen und so für eine bessere Performanz sorgen. In empirischen Tests wurde dies aber bisher noch nicht ausreichend belegt. Tatsache ist aber, daß im Internet viele größere Wikis mit MoinMoin betrieben werden.

MoinMoin wird sehr gerne eingesetzt, da die Installation einfach ist, keine schwergewichtigen Datenbanksysteme notwendig sind und die Performanz zumindest in mittelgroßen Wikis stimmt. Ein immer wichtiger werdendes Argument ist die eingebaute AntiSpam-Funktion. Sie versucht, mit Hilfe von Blacklists die zerstörerische Arbeit von Spambots, die automatisiert Wikis mit Werbung vollschreiben, zu verhindern. Auch die feinkörnigen Zugriffsrechte, das zuverlässig funktionierende Sperrsystem bei gleichzeitigen Editieren und die umfangreichen Gliederungsmöglichkeiten machen MoinMoin zu einer für die meisten klassischen Anwendungsfälle idealen Wiki-Engine.

10.3 TWᴉᴋɪ

TWiki (wird englisch »tweaky« ausgesprochen, *http://twiki.org/*) sieht sich selbst als »strukturiertes Wiki« mit Groupware-Fähigkeiten. Laut eigener Auskunft nutzen bereits einige namhafte Firmen TWiki im Intranet als Plattform für die Entwicklung von größeren Projekten. Tatsächlich enthält diese Wiki-Engine einige Features, die gerade für solche Einsätze wichtig sind. Es ist ein Leichtes, mit TWiki Bugreports zu sammeln, die Dokumentation zu gestalten, FAQs zu erstellen oder ganz einfach eine Wissensbasis beziehungsweise eine Plattform zum Nachrichtenaustausch auf die Beine zu stellen.

Basis besonderer Features von TWiki sind die sogenannten TWikiForms. Dabei handelt es sich im Wesentlichen um einen Mechanismus, mit dem es möglich ist, den Inhalt einer Wiki-Seite über ein Formulars zu verändern. Der unbedarfte Anwender muß also prinzipiell nicht einmal wissen, daß er es mit einem Wiki zu tun hat. Er muß – entsprechende Konfiguration vorausgesetzt – lediglich ein Formular ausfüllen. Das eingegebene wird von der Wiki-Engine automatisch in eine Tabelle umgesetzt. Diese Formulartechnik nutzt TWiki auch für zahlreiche administrative Funktionen.

Beispielsweise muß der Administrator des Wikis ein Formular ausfüllen, wenn er ein »Web« erstellen oder löschen möchte. Webs sind in TWiki das Mittel, um thematisch zusammengehörige Wiki-Seiten zusammenzufassen. Hat man zum Beispiel ein Web *Dokumentation* erstellt, kann man alle zur Dokumentation dazugehörigen Wiki-Seiten diesem Web hinzufügen. Das geht sehr einfach über eine Auswahlbox beim Editieren einer Seite. In der URL erscheint ein Web wie ein Unterverzeichnis auf einem Webserver. Im Beispiel könnte eine Seite *Dokumentation/IndexSeite* heißen.

Zugriffsrechte sind vor allem beim Einsatz in größeren Projekten sinnvoll. TWiki bietet deshalb die Möglichkeit, genau festzulegen, welche Benutzer oder Benutzergruppen welche Wiki-Seiten lesen, editieren, löschen oder umbenennen dürfen und welche nicht. Ungewöhnlich ist die Trennung von Authentifikation und Zugriffskontrolle. Möchte man Teile eines Wikis nur für bestimmte angemeldete Benutzer zum Editieren freigeben, so muß man die Benutzerverwaltung an zwei Stellen vornehmen. Für die Authentifizierung verwendet TWiki nämlich den entsprechenden Mechanismus des Webservers. Beim populären Apache geschieht diese Authentifizierungskontrolle mit der Datei *.htaccess*. Mit entsprechenden Einträgen in dieser Konfigurationsdatei muß man dann die gewünschten TWiki-Skripte für beispielsweise Editieren (edit) oder Umbenennen (rename) sperren.

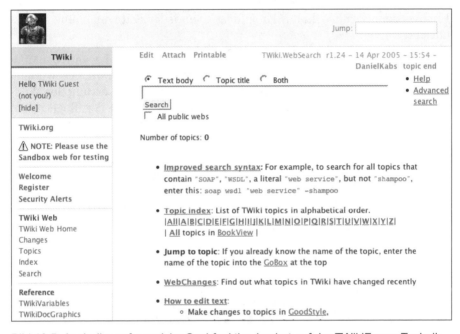

Bild 10.5: Auch die umfangreiche Suchfunktion basiert auf der TWikiForms-Technik

Hat man sich erstmal Zugang über den Webserver verschafft, muß man sich noch mit einem TWiki-Benutzernamen identifizieren. Theoretisch benötigt man für TWiki also zwei Benutzerkennungen: eine für den Webserver und eine für TWiki. Allerdings ist es möglich, diese beiden zu einem zusammenzufassen. Die Zugriffsrechte, die für jede Wiki-Seite einzeln festgelegt werden können, entscheiden ausschließlich über die TWiki-Benutzerkennungen, wer Zugang hat und wer nicht.

Angesichts der engen Verknüpfung mit dem Webserver bei der Authentifizierung verwundert es kaum, daß TWiki lediglich aus einer Reihe von Perl-Skripten besteht, die als CGI-Skript ausgeführt werden. Neben dem Perl-Interpreter benötigt diese unter der OpenSource-Lizenz GPL vertriebene Wiki-Engine noch das Versionierungssystem Revision Control System (RCS) sowie einige nicht in der Standardinstallation von Perl enthaltenen Module. Die Daten speichert das Wiki im Dateisystem, nur die Versionsverwaltung übernimmt RCS. Trotz etwas höherer Systemanforderungen ist die Installation von TWiki nicht sonderlich aufwendig.

TWiki erzeugt gültiges XHTML 1.0 Transitional und stützt sich bei der Gestaltung intensiv auf CSS, so daß auch ältere Browser, die kein CSS unterstützen, keine Probleme bei der Darstellung haben sollten. Darüber hinaus trennt TWiki recht gut zwischen Inhalt und Darstellung. Jede Wiki-Seite basiert auf einer Vorlage, dem sogenannten Template. Ändert man die Vorlage, ändert sich auch das Grundgerüst der davon abgeleiteten Seiten. Die eigentliche Formatierung (zum Beispiel Farben, Schriftgrößen et cetera) kann man mit Hilfe von Skins ändern. Wie viele andere Wiki-Engines generiert TWiki auf Knopfdruck von jeder Seite auch eine Druckansicht.

Auch die Wiki-Syntax von TWiki entspricht weitgehend der von UseMod-Wiki. Der Funktionsumfang kann aber mit Plugins erweitert werden. Ebenso wie MoinMoin ist TWiki sehr streng bei der Auswertung der Wiki-Syntax. Zusätzliche Leerzeichen oder ähnliches sind in der Regel nicht erlaubt. Wie es sich für ein Perl-Skript gehört, unterstützt diese TWiki natürlich für die Volltextsuche die regulären Ausdrücke von Perl.

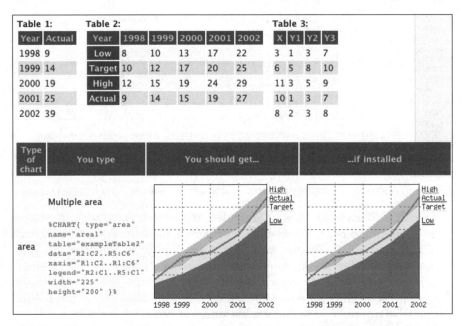

Bild 10.6: Das ChartPlugin kann aus der oben stehenden Tabelle beispielsweise die unten stehende Grafik erstellen

TWiki ist voll und ganz auf Erweiterbarkeit mit Hilfe von Plugins ausgelegt. Bereits in der Standardinstallation sind viele wichtige Funktionen in Plugins ausgelagert, beispielsweise die Unterstützung für InterWiki-Links. Zusätzlich gibt es eine große Anzahl weiterer Plugins mit teilweise herausragenden Features. Zum Beispiel zeichnet ChartPlugin Diagramme aus den Werten einer Tabelle. Die Plugin-Architektur ist so einfach gestaltet, daß immer wieder neue Plugins entstehen, auch für den Eigenbedarf. Eine Übersicht über die verfügbaren Plugins gibt es auf der TWiki-Homepage (http://twiki.org/cgi-bin/view/Plugins/PluginPackage).

Zusammenfassend kann man also sagen, daß TWiki vor allem mit der Formulartechnik und den umfangreichen Anpassungsmöglichkeiten auftrumpft. Ein Wermutstropfen ist die ungewöhnliche und auf den ersten Blick schwierig zu verstehende Authentifizierungs- und Zugriffskontrolle. Als Ersatz für Groupware-Software wie Lotus Notes kann TWiki sich aber trotzdem sehen lassen, zumindest für kleinere bis mittlere Projekte.

10.4 TIKIWIKI

Es ist nicht übertrieben, wenn man behauptet, daß die Wiki-Engine nur einen Teil von TikiWiki (http://tikiwiki.org/) bildet. Die Entwickler selbst sprechen aus diesem Grund auch in der Dokumentation nicht von einem Wiki-System, sondern von einer Web-Applikation, die unter anderem die Fähigkeiten von Content-Management-Systemen und Groupware-Software integriert. Doch auch wenn bei dieser Kurzbeschreibung das Wort »Wiki« nicht vorkommt, ist die zentrale Komponente weiterhin die Wiki-Engine.

Neben der Wiki-Engine enthält TikiWiki noch beispielsweise Unterstützung für das Schreiben von Artikeln, Blogs, FAQs oder HTML-Seiten. Des weiteren ist es möglich, Kalender zu verwalten, Fragespiele abzuhalten, Landkarten anzuzeigen und darin zu suchen, Bildergalerien zu erstellen, Foren oder Chats aufzusetzen und vieles mehr. Diese Auflistung läßt sich beliebig fortführen, zumal die Möglichkeit der Erweiterung durch Plugins besteht.

Bei diesem enorm großen Funktionsumfang ist es nicht verwunderlich, wenn die Installation von TikiWiki mehr Zeit erfordert, als viele andere in diesem Kapitel vorgestellte Wiki-Engines. Da das Programmpaket in PHP geschrieben ist, wird ein Webserver mit aktiviertem PHP benötigt. Für die Datenablage ist ein installiertes und richtig eingerichtetes relationales Datenbanksystem wie beispielsweise MySQL notwendig. Prinzipiell ist jedes Datenbanksystem möglich, das von der Bibliothek ADODB unterstützt wird, das sind auch viele kommerzielle Produkte. TikiWiki selbst ist Open Source (LGPL).

Die Benutzerverwaltung und Zugriffskontrolle von TikiWiki ist außerordentlich umfangreich. Da TikiWiki nicht nur ein Wiki ist, befinden sich alle Einstellungsmöglichkeiten für die Wiki-Engine zusammen mit der Konfiguration der anderen Module zentral auf einer Administrationsseite. Anders als bei den anderen Wiki-Engines müssen also keine Wiki-Seiten erstellt werden, um die Zugehörigkeit zu einer Gruppe zu dokumentieren oder Zugriffsrechte zu spezifizieren.

Die Administration von TikiWiki dürfte im wesentlichen keine große Überraschungen für geübte Systemverwalter darstellen, obwohl die Möglichkeiten mannigfaltig sind: Jeder Benutzer und jede Benutzergruppe kann individuell verschiedene Rechte global, also auf das gesamte System bezogen, erhalten. Beispielsweise kann ein Benutzer zum *Editor* für Wikis ernannt werden und damit alle Wiki-Seiten bearbeiten. Zusätzlich ist es möglich, für jede Wiki-Seite einzeln festzulegen, wer welche Rechte erhält. Eine Einschränkung in gibt es allerdings: Weil das Entziehen von Rechten im Zusammenspiel mit der Vergabe von Rechten schwierige Konflikte ergeben kann, ist es nicht möglich, Rechte zu entziehen.

Besonders für große Wiki-Systeme ist es von Vorteil, daß TikiWiki ein Modul enthält, das umfangreiche Statistiken über die Zugriffe, Bearbeitungen und vieles mehr erstellen kann. Auch wichtig für große Wikis: Vor der gleichzeitigen Bearbeitung derselben Wiki-Seite wird gewarnt, indem der Edit-Knopf rot eingefärbt wird, solange jemand anderer an der entsprechenden Seite arbeitet.

Bild 10.7: Die umfangreichen Statistiken von TikiWiki bieten einen guten Überblick über die Nutzung eines Wikis

Die Wiki-Syntax orientiert sich nicht unmittelbar an UseModWiki. Überschriften werden beispielsweise mit *! Überschrift1* gekennzeichnet und *_fett_* erzeugt Fettdruck. Neben dem üblichen Funktionsumfang führt TikiWiki einige interessante Erweiterungen ein. Textboxen können mit *^ Textbox ^* eingefügt werden. Mit Hilfe von *~~red:Das ist rot~~* lassen sich Textabschnitte farbig markieren. Interessant für Webportale ist auch die Möglichkeit, RSS-Feeds im Text mit *{rss id=n max=m}* einzubinden.

Natürlich ist es in TikiWiki möglich, jede Wiki-Seite einer Kategorie zuzuweisen. Kategorien bilden eine Hierarchie, die mit einem komfortablen

Webinterface vom Administrator leicht erzeugt werden kann. Welcher Kategorie eine Seite zugehören soll, kann man sehr einfach über ein Auswahlfeld beim Editieren einer Seite bestimmen. Mit Hilfe des Kategorien-Browsers ist es ein leichtes, jede gewünschte Wiki-Seite auf Anhieb zu finden.

Je nach Sichtweise könnte man TikiWiki entweder als überladenes Wiki oder als Rund-um-glücklich-Paket bezeichnen. Tatsächlich gibt es kaum Wiki-Engines mit einem derart umfangreichen Funktionsumfang und Repertoire an Lösungen für die unterschiedlichsten Anwendungsfälle. Trotzdem leidet die Übersicht dank einfach zu bedienender Administrationsseiten kaum. Insofern empfiehlt sich TikiWiki vor allem für große Projekte, bei denen die unterschiedlichen Module, die im Paket enthalten sind, auch benötigt werden. Durch die Anbindung über ADODB-Schnittstelle ist auch ein Zugriff auf ein bestehendes Datenbanksystem kein Problem.

10.5 SNIPSNAP

SnipSnap (http://snipsnap.org/) wurde am Fraunhofer Institut für Rechnerarchitektur und Softwaretechnik entwickelt und ist ein sogenanntes WikiLog. Es handelt sich um einen Hybrid aus Blog- und Wiki-Software. Die Funktionalität dieser beiden Module ist so weit wie notwendig getrennt, aber so gut wie möglich miteinander verwoben. Konkret sieht diese Vermischung folgendermaßen aus: Ist man als gültiger Benutzer eingeloggt, erscheint auf der Startseite ein Link namens *Blog abschicken*. Über diesen Link läßt sich ein neuer Eintrag für das Blog verfassen. Das Blog wiederum muß mit dem Ausdruck {*wikilog*} auf einer beliebigen Wiki-Seite eingefügt werden, ansonsten erscheint es nicht.

Das unter der GPL lizenzierte SnipSnap ist in Java geschrieben und benötigt deshalb ein installiertes Java SDK. Mehr ist aber grundsätzlich erst mal nicht notwendig, Datenbanksystem und Webserver sind integriert. Für den Einsatz im größeren Umfeld gibt es aber eine Schnittstelle zu externen Datenbanksystemen. Sehr praktisch für das Testen von SnipSnap: Auf der Homepage gibt es ein Java-Paket, das direkt ohne Installation ausgeführt werden kann.

Wie es sich für ein objektorientiertes Java-Programmpaket gehört, ist die Erweiterung der Engine mit Hilfe von Java-Programmen problemlos. Standardmäßig sind bereits einige Erweiterungen im Paket enthalten. Beispielsweise ist die Verarbeitung von Tabellen vollständig als Makro realisiert. Makros können stets mit der einheitlichen Syntax {*makroname*}...{*makroname*} eingesetzt werden. Ein weiteres Beispiel für ein Makro ist das Syntax-Highlighting für Quelltexte: {*code:sprache*}...{*code:sprache*}. Selbst die Darstellung von Graphen ist mit {*graph*} bereits im Standardumfang enthalten.

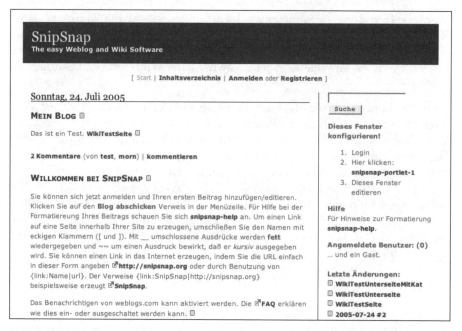

Bild 10.8: Die Vermengung von Blog und Wiki ist in SnipSnap elegant geglückt

SnipSnap enthält eine schlanke, aber funktionale Benutzerverwaltung. Jeder Benutzer kann jede der folgenden Rollen einnehmen: Administrator, Editor und NoComment. Während der Administrator alle Konfigurationen vornehmen kann, die über die Konfigurationsseite möglich sind, also beispielsweise die Verwaltung der Benutzer, erhält der Editor das Recht, Wiki-Seiten zu bearbeiten. Und zwar auch solche Seiten, die vom Administrator gesperrt wurden. Standardmäßig läßt sich jede Seite von jedem Benutzer editieren. Eine über dieses Edit-Lock hinausgehende Zugriffsverwaltung sieht SnipSnap derzeit nicht vor.

Schmerzlich vermißt man in SnipSnap einen Ansatz zur Konfliktlösung bei gleichzeitigem Bearbeiten einer Wiki-Seite. Auch ein Antispam-Mechanismus ist derzeit nicht implementiert. Vollständig integriert ist mittlerweile die Generierung von RSS-Feeds für jede beliebige Wiki-Seite.

Für die Navigation im Wiki bietet SnipSnap einige interessante Konzepte. Beispielsweise wird automatisch ein Inhaltsverzeichnis generiert, das alle Wiki-Seiten sortiert nach den Anfangsbuchstaben der Namen darstellt. Übrigens nennt SnipSnap eine Wiki-Seite *Snip*. Auch eine Volltextsuche mit einfachen Suchmustern fehlt nicht. Um das Wikis besser strukturieren zu können, sind Snips Teil einer Hierarchie. Legt man eine neue Wiki-Seite an, so kann man die »Vaterseite«, also die übergeordnete Seite, angeben. Den Platz eines Snips in der Hierarchie zeigt SnipSnap immer zu Beginn einer Seite an.

Zur besseren Orientierung kann ein Snip zusätzlich noch Teil einer oder mehrerer Kategorien sein. Momentan ist die Zuteilung zu einer Kategorie noch etwas umständlich. Zuerst einmal muß ein Snip mit dem Namen der Kategorie erstellt werden, beispielsweise *MeineKategorie*. Beim Editieren fügt man zusätzlich ein so genanntes Type-Label mit dem Typ *Category* dem Snip hinzu. Labels stellen in SnipSnap eine Möglichkeit dar, einer Seite Zusatzinformationen hinzuzufügen. Soll ein Snip dieser neu erstellten Kategorie *MeineKategorie* zugehörig sein, muß man der Seite ein Label vom Typ *CategoryLabel* hinzufügen und die gewünschte Kategorie *MeineKategorie* aus einer Auswahlliste auswählen. Als weiteres Mittel zur Strukturierung sind ferner Namespaces à la Java in Planung.

SnipSnap hat zweifelsohne Potential. Vor allem die elegante Zusammenfügung der Blog- mit der Wiki-Idee ist sehr vielversprechend. Allerdings muß man auch anmerken, daß der Funktionsumfang derzeit noch Objekt intensiver Bearbeitung ist und viele wichtige Features wie beispielsweise der Sperrmechanismus noch fehlen. Nichtsdestotrotz überzeugen bereits im aktuellen Stadium die elegante, auch mit Themes und CSS anpaßbare Oberfläche sowie die robust erscheinende Implementierung in Java.

10.6 CLIKI

Als echten Exoten kann man getrost das unter der open-source-ähnlichen MIT-Lizenz vertriebene CLiki (http://www.cliki.net/) ansehen. Diese Wiki-Engine ist nicht nur in der funktionalen Programmiersprache Lisp geschrieben, sie übernimmt auch für die Syntax der Wiki-Links die von Lisp bekannten Klammern: _(WikiSeite). Für die Formatierung verwendet CLiki direkt HTML-Code. Ob eine CLiki-Seite zu einem HTML-Standard konform ist, hängt also unter anderem auch vom Bearbeiter der Seite ab. Da es nicht einmal einen speziellen Ausdruck gibt, mit dem man die Wiki-Syntax ausschalten kann (vergleichbar mit *<nowiki>*), muß man sich mit einem Trick behelfen. Man fügt zwischen »_« und *(WikiSeite)* einen HTML-Kommentar ein: _<!-- x -->(WikiSeite)

Zur besseren Orientierung im Wiki-Dschungel ist es möglich, Seiten unter einem Topic zusammenzufassen. Um beispielsweise eine Seite dem Topic Dokumentation zuzuweisen, muß man lediglich auf der jeweiligen Seite einen sogenannten Topic-Marker einfügen: *(Dokumentation). Erstellt man nun eine Seite mit dem Namen *Dokumentation*, erscheinen alle diesem Topic zugehörigen Seiten als Links unter der Überschrift.

CLiki setzt den Wiki-Gedanken des freien Editierens konsequent um: es gibt keine Benutzer oder Zugriffsrechte. Jede Seite kann von jedem editiert werden, leider somit auch Spambots, die automatisiert Wikis im Internet mit Werbung vollschreiben. Auch gibt es keine Möglichkeit, das Aussehen der Oberfläche ohne Veränderung des Quelltextes zu verändern. Eine Druckansicht vermißt man ebenso.

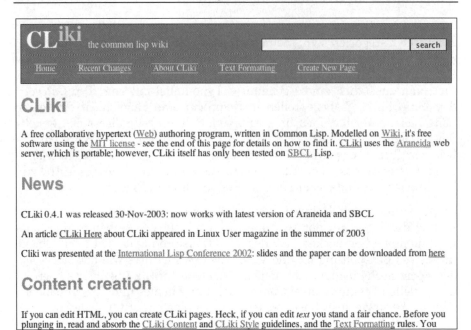

Bild 10.9: Die Oberfläche ist ebenso wie der Funktionsumfang von CLiki schlicht, aber funktionell

Eine der Stärken von Cliki ist die Performanz, da es sich um ein recht schlankes Programmpaket handelt. Auch wurden wichtige Teile intelligent optimiert, beispielsweise ist die Volltextsuche äußerst schnell. Die Installation geht auf den meisten System nicht unbedingt leicht von der Hand. Schließlich ist der SBCL-Lisp-Interpreter in der Regel nicht installiert, ebenso wie die zusätzlich benötigten Bibliotheken. Immerhin ist mit dem Araneida Webserver ein als solide bekannter Webserver im Paket dabei. Daß CLiki nicht als CGI-Skript in Apache arbeiten muß, ist durchaus ein Vorteil für die Performanz.

10.7 TIDDLYWIKI

Klassische Wiki-Engines sind serverbasiert. Der Webbrowser ist lediglich der Client zum Wiki, alle Änderungen an Seiten werden vom Browser direkt an ein CGI-Skript gesendet. Die Inhalte des Wikis speichert die Engine direkt auf dem Server. Einen ganz anderen Ansatz verfolgt TiddlyWiki (http://www.tiddlywiki.com/). Es handelt sich dabei um ein komplett auf dem Client funktionierendes Wiki, das in JavaScript geschrieben wurde. Eine TiddlyWiki-HTML-Seite ist somit ein Dokument, das direkt im Webbrowser editiert werden kann. Und nicht nur das. Im passenden Browser, zum Beispiel Mozilla Firefox, ist es sogar möglich, die Änderungen lokal auf der Festplatte zu speichern. Mit einem TiddlyWiki-Dokument ist ein Editorprogramm somit überflüssig.

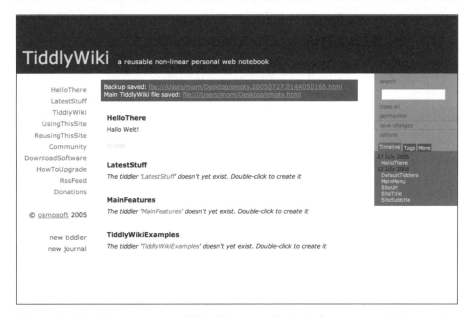

Bild 10.10: Die Möglichkeit, ein HTML-Dokument direkt im Browser zu editieren und anschließend sogar zu speichern, verblüfft immer wieder

Der »Download« von TiddlyWiki ist dem Konzept entsprechend simpel. Eigentlich muß man nur ein bereits bestehendes TiddlyWiki-Dokument, am besten das auf der Homepage vorbereitete leere Dokument, lokal mit *Speichern unter ...* speichern. Mit dem Menüpunkt *Datei|Speichern* sollte ein solches Dokument übrigens nicht gespeichert werden, da einige Browser in diesem Fall nicht eine exakte Kopie sichern, sondern eine leicht bearbeitete, bei der unter anderem der Javascript-Code verschwinden kann.

Öffnet man schließlich das gedownloadete TiddlyWiki-Dokument in einem geeigneten Browser, kann man mit dem Knopf *Edit* die einzelnen vordefinierten Sektionen bearbeiten. Auch neue Sektionen kann man erstellen, indem man in den bereits bestehenden Text CamelCaseLinks einfügt und auf diese dann in der Darstellung klickt. Die aktuelle Version des Dokuments läßt sich direkt mit dem Menüpunkt *Save changes* speichern. Man muß man nur noch eine Sicherheitsabfrage des Browsers bestätigen.

TiddlyWiki ist ein äußerst vielversprechendes Experiment, das nicht nur die Fähigkeiten von Javascript, sondern auch die Vielfältigkeit der Wiki-Idee zeigt. Doch das Konzept ist nicht nur eine Idee: Es kann in der Praxis sinnvoll eingesetzt werden, zumal die Suchfunktion und die Generierung des RSS-Feeds in einfachen Fällen den Einsatz eines Editors überflüssig machen. Als extravagante Notizensammlung ist TiddlyWiki allemal besser als ein einfacher Editor oder ein aufwendiges Wiki.

KAPITEL 11

DER
WIKI-SERVER

von Walter Justen (Kapitel 11.1 bis 11.6)
und Ulrich Cuber (Kapitel 11.7)

Kein Wiki gleicht dem anderen, so erfordern unterschiedliche Wikis verschiedene Voraussetzungen auf dem System, auf dem sie betrieben werden sollen. Einen Webserver braucht das »normale« Wiki in der Regel immer, ebenso ist das Vorhandensein der Programmier- beziehungsweise Skriptsprache, in der es entwickelt wurde, zwingend. Abhängig von der Art und Weise, in der Daten ablegt werden, ist auch noch eine Datenbank nötig.

In den nächsten Kapiteln wird gezeigt, was Sie zu diesem Thema wissen müssen, es werden Tips für die tägliche Praxis gegeben und auf Fallstrikke hingewiesen.

Die Installation der einzelnen Komponenten unter Linux/Unix wird mit dem in der Distribution üblichen und teils für jede Distribution spezifischen Paketmanager vorgenommen. Steht für die eingesetzte Unix-Distribution kein Paket zur Verfügung, ist mit großer Wahrscheinlichkeit das Kompilieren der Quelldateien nötig. Die nötigen Informationen sind in den beigelegten README- oder INSTALL-Dateien der jeweiligen Quellen nachzulesen. Eine detaillierte Darstellung an dieser Stelle würde den Umfang dieses Kapitels sprengen.

Soll eine Installation unter Windows erfolgen, sei darauf hingewiesen, daß für die einzelnen Komponenten mittlerweile gute Setuproutinen im ausführbaren EXE-Format vorliegen, die die meisten Schritte der Installation selbständig durchführen.

11.1 APACHE

Der Apache-Webserver ist bereits seit langer Zeit der meist eingesetzte Open-Source-Webserver im Internet und gehört zum Umfang fast jeder Linux-/Unix-Distribution.

Zum Zeitpunkt der Drucklegung dieses Buchs gab es zwei Versionsbäume, die sich in Funktionsumfang und in der Feinkonfiguration teilweise stark, jedoch in den Schritten der Grundkonfiguration eher gering unterscheiden. Zu empfehlen ist jeweils immer die aktuellste Ausgabe der jeweiligen Version 1.3.x oder 2.0.x. Bestandteil sollten auf jeden Fall die neuesten Sicherheitsupdates sein, da gerade der Webserver einer der meist angegriffenen Dienste im Netzwerk ist.

Die Administration und somit das Starten, Stoppen sowie Neustarten erfolgt mit dem Tool *apachectl*. Je nach eingesetzter Linux-/Unix-Distribution kann *apachectl* an unterschiedlichen Orten zu finden sein. Für die meisten Systeme kommen dafür die Verzeichnisse */usr/local/apache/sbin* oder */usr/sbin* in Frage.

apachectl start	Starten des Webservers.
apachectl stop	Stoppen des Webservers.
apachectl restart	Neustart des Webservers.
apachectl gracefull	Neustart des Webservers, ohne bestehende Verbindungen abzubrechen.
apachectl startssl	Starten des Webservers mit SSL beziehungsweise als https-Server, falls konfiguriert.

Tabelle 11.1: Beispiele zum Aufruf von apachectl

11.1.1 Grundkonfiguration

In die Feinkonfiguration des Apache soll in diesem Buch nicht vorgedrungen werden, jedoch sollen einige grundlegende Konfigurationsoptionen gezeigt werden, damit der Leser ein allgemeines Verständnis für Schritte zur Problembeseitigung erhält.

Die Grundkonfiguration des Apache wird in der Datei *httpd.conf* vorgenommen. Sie ist sehr gut kommentiert und dokumentiert, so sind für die meisten Einstellungen auch direkt in der Datei hilfreiche Informationen enthalten. Zu finden ist die *httpd.conf* wie auch die anderen Teile von Apache je nach Linux-/Unix Distribution meist an verschiedenen Stellen im Dateisystem. Ein Blick in die Dateien */usr/local/apache/conf*, */etc/httpd/ conf* oder */etc* lohnt sich.

In der *httpd.conf* wird auch bestimmt, wo der Konfigurationsbaum des Apache beginnt. Alle in der Datei relativ angegebenen Verzeichnisse gehen von dieser Position als Wurzelverzeichnis aus.

Das Wurzelverzeichnis, unter dem der Apache alle in der Konfiguration relativen Verzeichnisangaben erwartet, ist

```
ServerRoot "/etc/httpd"
```

Eine weiteres wichtige Verzeichniseinstellung ist *DocumentRoot*. Dort wird bestimmt, ab welchem Punkt in der Verzeichnisstruktur die Verzeichnisse unter die Kontrolle von Apache gestellt werden.

Das Verzeichnis, unter dem der Apache-Webserver die Webseiten zur Auslieferung erwartet, ist

```
DocumentRoot "/var/www/html"
```

An dieser Stelle erwartet der Webserver eine Indexdatei, die den Startpunkt der Homepage, die der Webserver ausliefern soll, darstellt. Nicht nur der Name, sondern auch der Typ dieser Datei wird in der Konfiguration mit der Option *DirectoryIndex* bestimmt.

Mögliche Namen und Typen der Directory-Indexdatei sind

```
DirectoryIndex
index.html
index.cgi
index.php
```

Besitzt eine im Verzeichnis befindliche Indexdatei keinen der hier aufgeführten Namen, erscheint beim Aufruf eine Fehlermeldung.

Name	Erläuterung
index.htm	Normale HTML-Seite.
index.html	Normale HTML-Seite.
index.shtml	HTML-Seite mit Server Side Includes (ausführbare Teile im HTML-Code, die zum Beispiel ein weiteres Skript ausführen können).
index.cgi	CGI- beziehungsweise Perl-Skript.
index.pl	CGI- beziehungsweise Perl-Skript.
index.php	PHP-Skript.

Tabelle 11.2: Beispiele für die Namen und Typen einer Indexdatei

Auszuliefernde Webseiten müssen für den Webserver lesbar sein. Skripte, egal, ob Perl oder PHP, müssen ausführbar sein. Per Voreinstellung erlaubt die Webserver-Konfiguration die Ausführung von Dateien aus Sicherheitsgründen nicht in allen Verzeichnissen. Wo es erlaubt ist, kann dies für einzelne Verzeichnisse oder rekursiv für mehrere Verzeichnisse bestimmt werden.

Will man für ein explizites Directory das Ausführen von CGI-Skripten erlauben und dem Apache mitteilen, welche Dateiendung diese haben müssen, gibt man folgendes ein:

```
<Directory /var/www/html/script>
  Options +ExecCGI
  AddHandler cgi-script .cgi
</Directory>
```

Bei vielen Hosting-Providern sind spezielle Verzeichnisse oder Aliase mit Namen wie *cgi* oder *cgi-bin* vorgesehen. Oft hat man keinen Einfluß auf die Konfiguration des Providers und somit können nur in den vorgegebenen Verzeichnissen die Perl- oder PHP-Skripte abgelegt werden. Die entsprechenden Informationen sind beim Provider zu erfragen.

Darüber hinaus muß in der Konfiguration definiert sein, wie der Webserver mit Dateien bestimmter Endung umgehen soll. Dem Apache muß mitgeteilt werden, daß zum Beispiel eine Datei mit der Endung *php* ein PHP-Skript ist. Wird dies nicht definiert, gibt es eine Fehlermeldung beziehungsweise je nach Konfiguration wird die entsprechende Datei in einem falschen Format vom Webserver ausgeliefert.

Ein Beispiel für eine solche Fehlkonfiguration kann sein, daß ein Skript nicht ausgeführt wird, sondern im Browser-Fenster nur der Quelltext des Skripts zu sehen ist. In diesem Fall geht der Apache beziehungsweise der Browser davon aus, daß es sich nicht um ein Skript, sondern um eine normale Textdatei handelt.

Nachfolgend Beispiele zur Zuordnung von Dateiendungen zu Skripttypen. Zu beachten ist, daß für jede Endung nur ein Handler definiert wird.

```
AddHandler php-script    php
# AddHandler php5-script php
AddHandler cgi-script .cgi
AddHandler cgi-script .pl
```

Für einzelne Verzeichnisse kann der Webmaster lokal solche Einstellungen vornehmen, indem er dort eine Datei namens *.htaccess* anlegt, die dieselben Optionen wie ein *<Directory>*-Abschnitt enthalten darf und deren Einstellungen aus der Server-Konfigurationsdatei überschreibt. In der Server-Konfiguration muß dieses Überschreiben allerdings erlaubt werden. Das geht mit einer *AllowOverride*-Anweisung im *<Directory>*-Abschnitt. *AllowOverride None* verbietet das Überschreiben durch *.htaccess*-Dateien ganz, *AllowOverride All* erlaubt, alle Optionen zu überschreiben. Für eine feinere Kontrolle kann man auch einzelne Optionen oder Optionsgruppen angeben, die überschrieben werden dürfen, zum Beispiel *AllowOverride ExecCGI* oder *AllowOverride Limit FileInfo*. Im letzteren Fall wurden zwei Optionsgruppen angegeben: *Limit* umfaßt die Optionen *Allow*, *Deny* und *Order*, die Clients mit bestimmten IP-Adressen oder Domainnamen oder allgemein allen Clients den Zugriff auf Web-Dokumente in diesem Verzeichnis erlauben oder verbieten, die Gruppe *FileInfo* umfaßt unter anderem die oben genannte Option *AddHandler*.

Mit folgenden Zeilen in einer *.htaccess*-Datei verbietet man beispielsweise einfach den Zugriff auf die Dateien im aktuellen Verzeichnis:

```
Order Allow,Deny
Deny from all
```

Die erste Zeile besagt: Alles, was nicht ausdrücklich erlaubt ist, ist verboten, und die zweite Zeile verbietet außerdem jedem Client den Zugriff.

Eine weitere sehr wichtige Einstellung ist der Benutzername und Gruppenname, unter dem der Apache gestartet wird. Wichtig ist diese Einstellung, da der Apache auch Zugriffe zum Beispiel auf das Dateisystem unter diesem User durchführt.

User und Gruppe, unter denen der Apache ausgeführt wird:

```
User apache
Group apache
```

Bei weiteren Problemen mit dem Webserver können die Inhalte der Logdateien eine große Hilfe sein. Der Apache unterscheidet jeweils zwischen dem Access- und dem Error-Logfile.

Lage, Kombination des Inhaltes sowie Format des Inhalts der Logdateien sind konfigurierbar:

```
CustomLog logs/access_log combined
ErrorLog logs/error_log
```

11.1.2 Unix-/Linux-Dateibesitzer und Dateirechte

Nicht allein der Apache bestimmt, ob eine Datei ausgeführt werden darf oder nicht. Sind entsprechende Rechte auf System- beziehungsweise Dateiebene nicht gesetzt, kann die Datei vom Apache weder gelesen noch ausgeführt werden.

Werden vom Webserver im Filesystem Dateien angelegt, zum Beispiel Inhalte von Webseiten oder hochgeladene Grafiken, speichert der Webserver sie unter dem in der Webserverkonfiguration eingestellten Benutzer und der eingestellten Benutzergruppe.

Unter diesem Benutzer und dieser Gruppe liest der Webserver entsprechende Dateien. Sind Benutzer und Gruppe nicht Besitzer der Dateien oder des Verzeichnisses oder besitzen dort keine Lese- oder Schreibberechtigung, können sie auch keine Dateien lesen oder dort speichern.

Unter Unix/Linux stehen zum Setzen dieser Rechte die Befehle *chmod* und *chown* zur Verfügung. Damit werden der Besitzer sowie die besitzende Gruppe der Datei festgelegt. Darüber hinaus wird definiert, welche Rechte der Benutzer, die Gruppe und der Rest der Welt hat.

Im Beispiel gehört die Datei *index.html* dem Benutzer *apache* und der Gruppe *www*:

```
chown apache:www index.html
```

Der Benutzer darf die Datei *index.pl* lesen, schreiben und ausführen (7). Die Gruppe sowie der Rest der Welt darf nur lesen und ausführen (5):

```
chmod 755 index.pl
```

Der Benutzer darf im Verzeichnis *www* lesen, schreiben und ausführen (7). Die Gruppe sowie der Rest der Welt darf nur lesen und ausführen (5):

```
chmod -R  755 www
```

chmod	User	Gruppe	Alle
755	schreiben/lesen/ausführen	lesen/ausführen	lesen/ausführe
750	schreiben/lesen/ausführen	lesen/ausführen	keine Rechte
644	schreiben/lesen	lesen	lesen
620	schreiben/lesen	schreiben	keine Rechte

Tabelle 11.3: Beispiele für weitere übliche Rechte-Kombinationen beim Ausführen von chmod

Möchte man sich die Rechte sowie Besitzer der Dateien in einem Verzeichnis anzeigen lassen, bewirkt dies der Befehl

```
ls -la
```

In der Praxis werden die Webseiten meist unter einem anderen als dem Benutzer des Webservers erstellt. Nutzt man Webspace bei einem Provider, ist dies in der Regel immer der Fall, da sich viele Kunden beziehungsweise Benutzer einen Webserver teilen. Man darf daher nicht vergessen, auch dem Webserver-Benutzer entsprechend benötigte Rechte auf die Dateien zu gewähren.

11.2 PERL

Perl gilt als eine mächtige und überwiegend von Administratoren genutzten Skriptsprache. Also ist es ganz logisch, daß auch die eine oder andere Webanwendung und somit auch Wikis in Perl entwickelt wurden.

Perl ist modular aufgebaut und neben dem eigentlichen Interpreter gehören mittlerweile noch einige weitere Tools und Module zum Umfang eines Perl-Pakets dazu. Hier wichtige in Perl enthaltene Tools:

perl	Der Perl-Interpreter.
perldoc	Hilfsprogramm zum Lesen der Perl-Dokumentation im POD-Format.
perlbug	Bug-Reporting-Tool.
perlcc	Perl-Compiler.

Tabelle 11.4: Die wichtigsten Perl-Tools

Der Perl-Interpreter kann mit verschiedenen Optionen aufgerufen werden. Bei Problemen kann zum Beispiel die Bildschirmausgabe bei der Ausführung eines Perlskripts erhöht werden. Die vermehrte Ausgabe von Warnungen kann eine Hilfe zur Fehlerbeseitigung sein.

perl -v	Perl-Version und weitere Informationen über den Interpreter.
perl -w	Aktiviert die vermehrte Ausgabe von Warnungen.
perl -W	Aktiviert die Ausgabe aller Warnungen.
perl -X	Unterdrückt beziehungsweise deaktiviert die Ausgabe von Warnungen.

Tabelle 11.5: Wichtige Aufrufoptionen für Perl

Ein recht häufig vorkommende Fehlermeldung weist darauf hin, daß der Perl-Interpreter nicht gefunden werden kann. Dies ist darauf zurückzuführen, daß im Kopf eines jeden Perlskripts der Pfad zum Interpreter festgeschrieben ist. Stimmt dieser Pfad nicht mit dem tatsächlichen Pfad auf dem System überein, kommt es zu dieser Fehlermeldung. Dies muß entweder durch eine Änderung im Skript oder auf dem System behoben werden.

11.2.1 Perl und seine Module

Nicht jede Funktion wird in jedem Perlskript gebraucht. Nimmt man eine in Perl geschriebene Wiki-Software, ist mit großer Wahrscheinlichkeit die Möglichkeit des Umgangs mit seriellen Schnittstellen nicht notwendig. Daher werden Perl-Module bei Bedarf, wenn dies so im auszuführenden Perlskript definiert ist, nachgeladen. Ist das vom Skript benötigte Modul nicht auf dem System installiert, bricht der Interpreter die Ausführung des Skripts ab.

Perl-Modul	Funktion
LWP	WWW-Library. Enthält viele Funktion für das Web wie ftp, http und so weiter.
DBI	Datenbank-Interface.
DBD::»Datenbank«	Datenbank-Treiber. Spezifisch für jede Datenbank.
HMTL::Parser	Parser für HTML-Dokumente.
XML::Parser	Parser für XML-Dokumente.
Net::	Verschiedene Module für Aufgaben im Netzwerk wie SSH, Proxy-Dienste oder DNS.

Tabelle 11.6: Oft verwendete Perl-Module im Web und Netzwerk

Neben der Möglichkeit, jedes Perl-Modul individuell zu kompilieren und zu installieren, enthält Perl mit der CPAN-Shell ein Tool, das diesen Vorgang automatisiert.

Ist die CPAN-Shell einmal konfiguriert, kann man damit komfortabel die Nachinstallation oder das Aktualisieren von Modulen durchführen. Die Quelltexte werden vom entsprechenden Server im Internet heruntergeladen, kompiliert und installiert.

Nachfolgend ein Beispiel für die Installation des Moduls *Net::UDP* mit der CPAN-Shell:

```
perl -MCPAN -e 'shell'
cpan shell -- CPAN exploration and modules installation (v1.7601)
cpan> install Net::UDP
  Running install for module Net::UDP
  Running make for S/SP/SPIDB/Net-ext-1.011.tar.gz
  CPAN: LWP::UserAgent loaded ok
  Fetching with LWP:
    ftp://cpan.noris.de/pub/CPAN/authors/id/S/SP/SPIDB/Net-ext-1.011.tar.gz
...
```

11.3 PHP

Wurden über lange Zeit Web-Applikationen überwiegend in Perl entwikkelt, erfreut sich PHP immer größerer Beliebtheit und dürfte mittlerweile die meist verbreitete Skriptsprache für Webanwendungen sein.

Zu den Vertretern der PHP-basierten Wikis gehören PmWiki sowie MediaWiki. Für beide Wikis ist eine neuere Ausgabe der Version PHP 4 empfohlen. Verfügbar war zum Zeitpunkt der Drucklegung dieses Buchs zwar schon eine Version 5.0.x, jedoch konnte diese nur bedingt verwendet werden, da es hier und dort noch zu Problemen im Zusammenspiel mit den vorgestellten Wikis kam. Aktuell steht PHP 4.3.x zur Verfügung, das hier zum Einsatz kommen sollte. Etwas ältere Versionen funktionieren auch, jedoch stehen je nach Wiki- und PHP-Version dann nicht alle Funktionen und Features zur Verfügung.

Bei PHP werden einzelne Funktionen beim Kompilieren von PHP mit eingebunden beziehungsweise aktiviert. In den meisten Fällen ist das in einer Standard-Unix-/Linux-Distribution mitgelieferte PHP mit dessen Funktionsumfang ausreichend. Einige besondere Fälle wie zum Beispiel das Einbinden von Treibern für eine spezielle Datenbank kann das Neukompilieren aus den Quellen nötig machen.

Um die Konfiguration einer vorhandenen PHP-Installation einzusehen, sollte das folgende kurze Skript auf dem Webserver hinterlegt und im Browser-Fenster aufgerufen werden:

```
<html>
<head>
    <title>PHP Test</title>
    <meta http-equiv="Content-Type" content="text/html; charset=ISO-8859-1">
</head>
<body>
    <h2>PHP Information</h2>
    <p>
        <?php phpinfo(); ?>
    </p>
</body>
</html>
```

Dort sieht man neben dem für diese PHP-Installation beim Kompilieren verwendeten *configure*-Aufruf auch viele Informationen über die Konfiguration und die aktivierten Funktionen.

PHP Version 4.3.10

System	Linux orkney.wjus.net 2.6.9-1.6_FC2 #1 Thu Nov 18 22:03:19 EST 2004 i686
Build Date	Dec 21 2004 10:30:44
Configure Command	'./configure' '--host=i386-redhat-linux' '--build=i386-redhat-linux' '--target=i386-redhat-linux-gnu' '--program-prefix=' '--prefix=/usr' '--exec-prefix=/usr' '--bindir=/usr/bin' '--sbindir=/usr/sbin' '--sysconfdir=/etc' '--datadir=/usr/share' '--includedir=/usr/include' '--libdir=/usr/lib' '--libexecdir=/usr/libexec' '--localstatedir=/var' '--sharedstatedir=/usr/com' '--mandir=/usr/share/man' '--infodir=/usr/share/info' '--cache-file=../config.cache' '--with-config-file-path=/etc' '--with-config-file-scan-dir=/etc/php.d' '--enable-force-cgi-redirect' '--disable-debug' '--enable-pic' '--disable-rpath' '--enable-inline-optimization' '--with-bz2' '--with-db4=/usr' '--with-curl' '--with-exec-dir=/usr/bin' '--with-freetype-dir=/usr' '--with-png-dir=/usr' '--with-gd' '--enable-gd-native-ttf' '--without-gdbm' '--with-gettext' '--with-ncurses' '--with-gmp' '--with-iconv' '--with-jpeg-dir=/usr' '--with-openssl' '--with-png' '--with-pspell' '--with-regex=system' '--with-xml' '--with-expat-dir=/usr' '--with-dom=shared,/usr' '--with-dom-xslt=/usr' '--with-dom-exslt=/usr' '--with-xmlrpc=shared' '--with-pcre-regex=/usr' '--with-zlib' '--with-layout=GNU' '--enable-bcmath' '--enable-exif' '--enable-ftp' '--enable-magic-quotes' '--enable-safe-mode' '--enable-sockets' '--enable-sysvsem' '--enable-sysvshm' '--enable-track-vars' '--enable-trans-sid' '--enable-yp' '--enable-wddx' '--with-pear=/usr/share/pear' '--with-imap=shared' '--with-imap-ssl' '--with-kerberos' '--with-ldap=shared' '--with-mysql=shared,/usr' '--with-pgsql=shared' '--with-snmp=shared,/usr' '--with-snmp=shared' '--enable-ucd-snmp-hack' '--with-unixODBC=shared,/usr' '--enable-memory-limit' '--enable-bcmath' '--enable-shmop' '--enable-calendar' '--enable-dbx' '--enable-dio' '--enable-mcal' '--enable-mbstring=shared' '--enable-mbstr-enc-trans' '--enable-mbregex' '--with-apxs2=/usr/sbin/apxs'
Server API	Apache 2.0 Handler
Virtual Directory Support	disabled
Configuration File (php.ini)	/etc/php.ini

Bild 11.1: Sicht auf Daten und configure

PHP Core

Directive	Local Value	Master Value
allow_call_time_pass_reference	Off	Off
allow_url_fopen	On	On
always_populate_raw_post_data	Off	Off
arg_separator.input	&	&
arg_separator.output	&	&
asp_tags	Off	Off
auto_append_file	*no value*	*no value*
auto_prepend_file	*no value*	*no value*
browscap	*no value*	*no value*
default_charset	*no value*	*no value*
default_mimetype	text/html	text/html
define_syslog_variables	Off	Off
disable_classes	*no value*	*no value*
disable_functions	*no value*	*no value*
display_errors	Off	Off
display_startup_errors	Off	Off
doc_root	*no value*	*no value*
docref_ext	*no value*	*no value*
docref_root	*no value*	*no value*
enable_dl	On	On
error_append_string	*no value*	*no value*
error_log	*no value*	*no value*

Bild 11.2: Weitere PHP-Konfiguration (Teil 1)

Darüber erlaubt PHP auf Kommandoebene den Aufruf mit bestimmten Optionen, um Informationen zu erhalten.

php -v	Ausgabe des Versionsnummer.
php -i	Ausgabe der Konfiguration als HTML-Datei.

Tabelle 11.7: Aufrufoptionen für die Ausgabe von Informationen

ftp	
FTP support	enabled

gd	
GD Support	enabled
GD Version	bundled (2.0.28 compatible)
FreeType Support	enabled
FreeType Linkage	with freetype
GIF Read Support	enabled
GIF Create Support	enabled
JPG Support	enabled
PNG Support	enabled
WBMP Support	enabled
XBM Support	enabled

gettext	
GetText Support	enabled

gmp

Bild 11.3: Weitere PHP-Konfiguration (Teil 2)

11.4 DATENBANKEN

11.4.1 MySQL

MySQL hat sich zur meist genutzten Open-Source-Datenbank entwickelt. So ist es auch nicht verwunderlich, daß der Großteil der datenbankbasierenden Webanwendungen auch diese Datenbank unterstützt.

Bei der Drucklegung dieses Buchs stand MySQL aktuell in der Version 4 für den produktiven Einsatz zur Verfügung, Version 5 stand als Beta kurz vor der Fertigstellung. Findet man auf dem eigenen System beziehungsweise bei seinem Provider noch einen MySQL-Server der Version 3.2x vor, sollte einem dies jedoch nicht erschrecken. Natürlich gibt es in der Version 4 viele Neuerungen und viele neue Funktionen. Ob diese jedoch für die eingesetzte Anwendung wie die hier vorgestellten Wikis tatsächlich erforderlich sind, sollte man je nach Einsatzgebiet jedoch kritisch hinterfragen. Im Normalfall spricht deswegen auch nichts zwangsläufig gegen den Betrieb etwas älteren Version, wenn bereits vorhanden.

Eine MySQL-Distribution enthält neben dem Datenbank-Server auch den MySQL-Datenbank-Client sowie weitere nützliche Tools. Server und Client beziehungsweise die betriebene Webanwendung müssen dabei nicht auf einem System laufen. In der Praxis findet man oft einen zentralen Datenbankserver vor. So betreiben die meisten Hostingprovider auch zentrale Datenbanken für viele Kunden.

Die Administration und somit das Starten, Stoppen sowie Neustarten erfolgt mit dem Shellskript *safe_mysqld*. Je nach eingesetzter Linux-/Unix-Distribution ist das Skript an unterschiedlichen Orten zu finden. Für die meisten Systeme kommen dafür die Verzeichnisse */usr/local/bin* oder */usr/bin* in Frage. Der Vorteil dieses Skripts ist, daß die Datenbank während der Laufzeit von ihm kontrolliert wird. Dabei werden unter anderem Logdateien geschrieben und die Datenbank bei Bedarf automatisch neu gestartet.

Einige grundlegende Konfigurationsoptionen wie der Pfad zu den Datenbanken oder der Name des Anwenders, unter dem der Dienst läuft, können in der Datei *my.cnf* definiert werden. Auch die Lage dieser Datei ist abhängig von der eingesetzten Distribution. */usr/local/etc* und */etc* könnten die jeweiligen Verzeichnisse sein.

Neben der Datenbank und dem im nächsten Kapitel erwähnten Administrationswerkzeug *mysqladmin* und dem MySQL-Client *mysql* bringt MySQL noch weitere kleine Helfer mit.

Prüfen, analysieren und reparieren von Teilen oder ganzer Datenbanken:

```
mysqlcheck -c test
mysqlcheck -a test
mysqlcheck -r test
```

Ausgabe einer MySQL-Datenbank in SQL-Statements. Umgeleitet in eine Datei entsteht so eine Sicherung, die bei Bedarf wieder eingespielt werden kann:

```
mysqldump test
mysqldump test >> backup.sql
```

Ausgabe der MySQL-Struktur mit Namen der vorhandenen Datenbanken und Zahl der Tabellen:

```
mysqlshow -v
```

Die Kommandozeilen-Clients mysqladmin und mysql

Die beiden Werkzeuge *mysqladmin* und *mysql* werden im Umgang mit der Datenbank oft eingesetzt. Der Vorteil dieser Kommandozeilentools ist die Verfügbarkeit auf eigentlich jedem MySQL-System, da sie automatisch mit der Datenbank mitinstalliert werden. Natürlich spricht nichts gegen Vertreter aus dem GUI- oder Web-Bereich, jedoch sollte man sich für den Ernstfall auch mit diesen beiden Werkzeugen vertraut machen.

Ausgabe von Informationen wie Version des Servers:

```
mysqladmin -p version
```

Erstellen oder löschen einer Datenbank:

```
mysqladmin -p create DATENBANK
mysqladmin -p drop DATENBANK
```

Voreingestellt kommt MySQL ohne ein gesetztes Paßwort daher. Als erstes sollte man also am besten ein solches setzen:

```
mysqladmin -u root password NEUESPASSWORT
```

Ebenso ist das Setzen eines neuen Paßworts bei einem bereits vorhandenem Paßwort möglich:

```
mysqladmin -u root -pALTESPASSWORT password NEUESPASSWORT
```

Datenbank herunterfahren:

```
mysqladmin -p shutdown
```

Das Programm *mysql* bietet dem Anwender die Möglichkeit, Änderungen direkt in MySQL- und SQL-Anweisungen durchzuführen. Selbstverständlich sind auch andere SQL-Querys wie SELECTs damit ausführbar.

Anwender in MySQL haben voreingestellt nur das Recht, von localhost, also nur vom lokalen System zugreifen zu können. Nutzt man einen Client auf einem anderen System beziehungsweise die Datenbank befindet sich nicht auf dem gleichen System wie die Webanwendung, muß der Zugriff durch diesen User vom jeweiligen System freigeschaltet werden. MySQL setzt für die Userverwaltung eine eigene Tabelle in der Datenbank *mysql* ein. Diese muß dann um einen entsprechenden Eintrag erweitert werden.

User-Privilegien in der User-Tabelle ändern:

```
mysql -u root -p mysql
mysql> INSERT INTO user (Host,User,Password) \
                     ('HOSTNAME.CLIENT','root','PASSWORT');
mysql> FLUSH PRIVILEGES;
```

Wie bereits kurz erwähnt, kann mit *mysqldump* eine Datenbank als SQL-Anweisung in eine Textdatei geschrieben werden. Sie kann bei Bedarf mit MySQL auch wieder zurückgeschrieben werden. Dies ist eine Möglichkeit zur Wiederherstellung einer defekten Datenbank oder um eine Datenbank zu einer anderen MySQL-Instanz zu kopieren.

Datenbank wegschreiben und wieder einlesen:

```
mysqldump -u root -p testdb > testdb.sql
mysql -u root -p testdb < testdb.sql
```

Grafische Clients und Web-Clients

Neben einigen kommerziellen GUIs für MySQL gibt es natürlich auch freie Vertreter dieser Gattung. Oft finden die grafische Oberfläche *MySQL Administrator* und das webbasierte *phpmyadmin* Verwendung.

MySQL Administrator wurde von den MySQL-Entwicklern programmiert. Es ist ein noch recht junges Tool und steht im Quelltext und für die Betriebssysteme Linux, Windows und MacOS zur Verfügung. Mit diesem ab der Datenbank Version 4 arbeitenden GUI lassen sich die meisten anfallenden Verwaltungsarbeiten erledigen. Über Userverwaltung und Healthmonitor, der die Nutzung der Verbindungen und die Belegung des Speichers der Datenbank darstellen kann, bietet es auch die Möglichkeit, ein Backup beziehungsweise Restore der Datenbank durchzuführen.

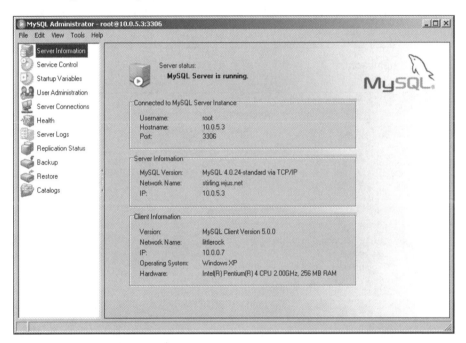

Bild 11.4: MySQL Administrator

Bei *phpmyadmin* handelt es sich um eine in PHP geschriebene Webanwendung. Zum Betrieb sind also ein Webserver sowie PHP erfoderlich. Der Funktionsumfang ist sehr hoch und stellt auch für den ambitionierten Datenbank-Administrator ein hilfreiches Werkzeug dar. phpmyadmin ist daher im Hosting- und Webumfeld recht häufig anzutreffen.

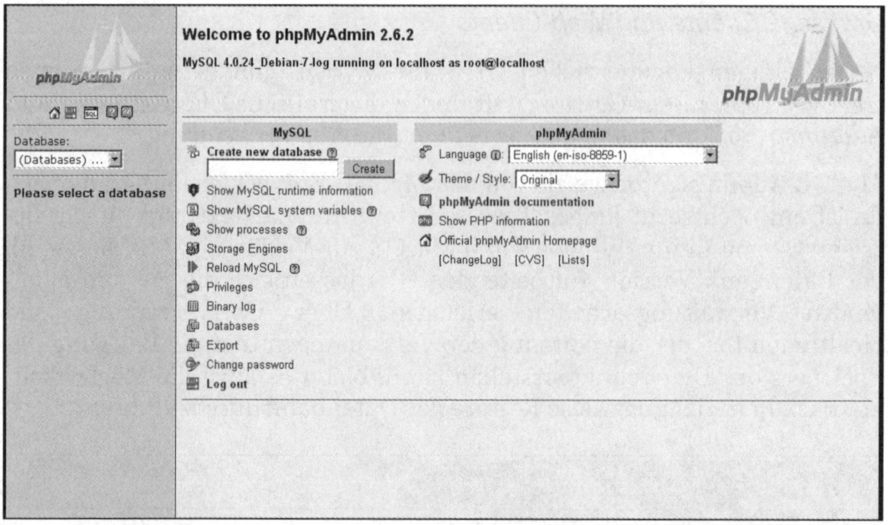

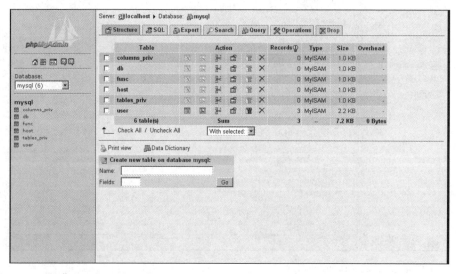

Bild 11.5: phpmyadmin

Bild 11.6: Überblick über die Datenbank

11.5 DATENSICHERUNG

Eine regelmäßige Sicherung der Daten eines Wikis ist unabdingbar. Der Ausfall des Datenbank oder des Webservers und der Verlust aller Daten kommt oft einer Katastrophe gleich.

Dabei ist die Anschaffung einer teuren Backup-Lösung meist nicht unbedingt nötig. Wie eine MySQL-Datenbank gesichert werden kann, wurde bereits im Kapitel zu MySQL angesprochen. Darüber hinaus sollten auch alle Daten auf Filesystemebene zum Beispiel im *DocumentRoot* des Webservers, Konfigurationen der eingesetzten Anwendungen sowie mit *mysqldump* erstellte Sicherungen der Datenbank gesichert werden.

```
$   mysqldump -u "Benutzer" \
            -p "WikiDatenbank" > Dateiname.sql
```

Im Dateinamen sollten Sie der Übersicht halber den Namen der gesicherten Datenbank sowie das Datum beziehungsweise gegebenenfalls eine fortlaufende Nummer mitgeben. Mit der Option *-p* verhindern Sie, daß Programm wegen unbekanntem Zugangspaßwort abbricht, stattdessen fragt es dieses vor dem Sichern ab.

Linux/Unix bringen bereits einige Werkzeuge mit, die die Sicherung von Dateien und ganzer Verzeichnisstrukturen in ein Archiv ermöglichen. Als Vertreter dieser Tools wird hier kurz *tar* und *cpio* vorgestellt. Erstellt man solche Archive regelmäßig und speichert diese in eine zweite, vom Datenbank beziehungsweise Webserver unabhängige Datenquelle ab, ist ein sehr großer Schritt in Richtung Datensicherheit getan.

So erstellt man ein Archiv mit *tar*:

```
tar cvfz archivname.tgz /zu_sicherndes_Verzeichnis
```

Die Option *c* steht dabei für *create* und das Erstellen eines Archivs. Daß das neue Archiv auch gleich mit *gzip* komprimiert wird, ermöglicht die Option *z*.

Um dieses Archiv wieder zu entpacken, ist ein Aufruf von *tar* mit der Option *x* nötig:

```
tar xvfz archivname.tgz
```

Ein weiteres, jedoch mittlerweile nicht mehr so sehr verbreitetes Werkzeug zur Archivierung ist *cpio*. Die Arbeitsweise unterscheidet sich etwas von der bei *tar*. Verwendet man *cpio*, wird in der Regel die Ausgabe eines anderen Befehl nach *cpio* umgeleitet. Im Beispiel wird mit *ls* der Inhalt eines Verzeichnisses nach *cpio* umgeleitet und *cpio* angewiesen, mit der Option *o* diese Dateien zu archivieren.

```
ls | cpio -ov > archivname.cpio
```

Das Entpacken eines *cpio*-Archivs geschieht mit der Option *i*:

```
cpio -iv < archivname.cpio
```

11.6 SKALIERBARKEIT UND VERFÜGBARKEIT

Je nach Einsatzgebiet und Erfolg des eigenen Wikis sollte man sich auch ein paar Gedanken über die Zukunft und somit auch über die Skalierbarkeit des eingesetzten Systems machen und über Themen wie Lastverteilung über mehrere Systeme oder Verfügbarkeit durch mehrere Systeme nachdenken. In der Regel sind alle Lösungen für »normale« Datenbank- und Webserver auch für solche Systeme, die ein Wiki beherbergen, einsetzbar. Zu beachten gilt jedoch, daß auf ein Wiki nicht nur lesend, wie bei einer statischen Webseite, sondern auch schreibend zugegriffen wird.

Neben nicht billigen Hardwarelösungen – als Vertreter seien an dieser Stelle Hersteller wie F5, Alteon (Nortel), Radware und Cisco genannt – zum Realisieren verteilter Systeme, gibt es auch Möglichkeiten, dies mit Software zu tun. Zum Thema Verfügbarkeit seien Projekte wie Heartbeat und LVM (Linux Virtual Server) genannt. Weitere aktuelle Informationen zu Projekten dieser Art findet man unter *http://linux-ha.org/*.

Lösungen zur Geschwindigkeitssteigerung und Entlastung der Systeme können die verschiedenen Werkzeuge und Anwendungen aus der Cache-Familie sein. Abhängig davon, welche Wiki-Software eingesetzt wird, stellt diese auch verschiedene Schnittstellen für Caching-Software zur Verfügung. Weitere Informationen dazu auch in Kapitel 8.9.5.

Auch eine Mischung oder der Einsatz aller genannten Möglichkeiten kann in Betracht gezogen werden. Für den Anfang könnte ja auch schon die Möglichkeit eines Round Robin über DNS genügen.

Um bei verteilten Systemen auch deren Webinhalt gleichzuhalten, könnte dieser von System zu System zum Beispiel mit einem Tool wie *rsync* synchronisiert werden. Ebenfalls wäre der Einsatz eines zentralen NFS-(Network File System) Servers möglich, der zum Beispiel die oben genannten Tools verfügbar gemacht wird. Jedes der verteilten System könnte über ihn den Webinhalt in das lokale Filesystem einhängen.

Aus Datenbanksicht sei noch erwähnt, daß mittlerweile die meisten Datenbanken eine eigene Lösung zur Verfügbarkeit oder Lastverteilung mitbringen. Bei MySQL sollte ein Blick auf die Möglichkeiten der Datenbankreplikation geworfen werden. Hierzu siehe auch Kapitel 8.8.

11.7 XAMPP

Wikis für Unix und Linux gibt es wie Sand am Meer. Der Grund dafür sind die Verfügbarkeit der benötigten Datenbanken und natürlich der leistungsstarke Apache-Webserver, sowie die ebenfalls freien Skriptsprachen Perl und PHP. Diese Anwendungsumgebung steht aber auch dem Windowsanwender zur Verfügung, und das gleich in mehreren verschiedenen Varianten.

Da die Unix/Linux-Wikis durch ihre weite Verbreitung gut getestet und auch vielen Anwendern und Administratoren wohlvertraut sind, stellt sich natürlich die Frage, ob es möglich ist, eines der bekannten Wikis auch unter Windows einzusetzen.

Eine Möglichkeit bestände in einer Portierung beispielsweise mit Access oder dem SQL Server als Datenbank. Als Webserver kommt der Microsoft Internet Information Server zusammen mit der Skriptsprache ASP oder ASP.NET zum Einsatz.

Das Ergebnis ist ein natives Windows-Wiki und der Aufwand dieser »Portierung« dürfte einer Neuentwicklung nicht nachstehen. Außerdem kann man sich diese Mühe sparen, denn mit FlexWiki liegt genau solch ein Wiki fertig vor. Es wird in diesem Buch ja ausführlich behandelt.

Statt das Wiki zu portieren, kann man aber auch die Basiswerkzeuge auf Windows übertragen. Auf den ersten Blick schein dieser Ansatz mit mehr Aufwand verbunden, aber da Perl, PhP, mySQL und Apache teilweise schon vor langer Zeit angepaßt wurden, ist diese Vorgehensweise tatsächlich der einfachere Weg.

Bei dieser Portierung der Systemumgebung kann man drei verschiedene Varianten und Grade der Anpassung an Windows unterscheiden:

♦ Binäre Übertragung der Werkzeuge: Hierbei werden die Werkzeuge an die Schnittstellen von Windows angepaßt und entsprechend neu übersetzt. Der Vorteil ist die gute Einbindung in Windows, der Nachteil kann darin bestehen, daß teilweise Funktionalität, die unter Unix/Linux verfügbar ist, unter Windows nachgebildet werden muß. Die heute verfügbaren Portierungen sind aber so gut, daß diese Nachteile nicht mehr ins Gewicht fallen.

♦ Anlage einer vermittelnden Zwischenschicht: Es wird eine Zwischenschicht definiert, die die Unix-Systemschnittstellen auf Windows abbildet. Dies kann entweder in Form einer Bibliothek erfolgen, wie es bei Cygwin der Fall ist. Dann müssen die Anwendungen neu übersetzt und an diese Bibliothek gebunden werden. Oder man nutzt das unter Windows verfügbar POSIX-Subsystem, das als eigenständiges Teilsystem von Windows läuft. In dem Fall muß möglicherweise noch eine einfache Übersetzung der Werkzeuge erfolgen, allerdings ohne weitergehende Anpassung.

♦ Parallelausführung von Linux und Windows: Für die Parallelausführung von Windows und Linux gibt es Emulatoren wie VMware oder PCWare. De facto handelt es sich um eigenständige virtuelle Rechner, so daß hier keinerlei Rücksicht mehr auf die Eigenheiten von Windows genommen werden muß. Eine etwas exotischere Variante ist coLinux, ein angepaßter Linux-Kernel, der unter Windows als Dienst ausgeführt wird. Auch hier liegt ein vollständig getrenntes Linux-System vor, allerdings ohne den Aufwand der Emulation zu betreiben. Unter dem Aspekt der Sicherheit sind diese Lösungen sicherlich die interessantesten, aber hinsichtlich des Ressourcenverbrauchs leider auch die teuersten.

Eine interessante Hilfe für die Einrichtung von Systemumgebungen für Wikis ist XAMPP. Es handelt sich dabei um ein Paket, in dem die Werkzeuge Apache, MySQL, Perl und PhP in einer gut aufeinander abgestimmten Version vorliegen. Darüber hinaus sind in XAMPP noch FileZilla (FTP-Client), SQLite (Datenbank), PEAR (PhP-Bibliothek), Mercury (Mailserver), OpenSSL, Python, phpMyAdmin, Webalizer und noch eine Menge weiterer Werkzeuge enthalten.

Das X in XAMPP steht für Linux, Unix, Solaris, Windows, ... das Betriebssystem eben, auf dem das Paket installiert werden soll (LAMPP – Linux, WAMPP – Windows, usw.).

Damit ist der Einsatz von XAMPP nicht auf Windows beschränkt, wenngleich die folgenden Zeilen zeigen, wie XAMPP unter Windows eingesetzt wird. Der Grund für die Wahl von Windows ist ganz einfach: Unter Linux und den verschiedenen Unix-Derivaten stehen die Systemwerkzeuge mit großer Wahrscheinlichkeit in einer aktuellen Version bereit, unter Windows dagegen eher nicht.

Der beste Startpunkt für den Download von zum Beispiel WAMPP ist die Website *www.apachefriends.org*, der deutsche Download steht unter *www.apachefriends.org/de/xampp-windows.html*. Es gibt drei verschiedene Versionen zum Herunterladen: *Installer*, *ZIP* und *EXE*. *Installer* ist ein selbstinstallierendes Archiv, wozu ein funktionierender Windows-Installerdienst vorausgesetzt wird. *ZIP* ist ein normales ZIP-Archiv und bei *EXE* handelt es sich um ein selbstentpackendes ZIP-Archiv.

Für die weiteren Ausführungen wird die Installer-Version eingesetzt, das Zielsystem ist ein Windows 2000 Server.

11.7.1 Installation und Konfiguration

Zum Start der Installation reicht ein Doppelklick auf das Programmsymbol. Zuerst wird die zu benutzende Sprache – in unserem Fall Deutsch – abgefragt.

Dann folgt die übliche Belehrung, daß man andere Programme beenden soll. In diesem speziellen Fall sollte man daran denken, daß ein Webserver installiert wird, weswegen es vorteilhaft ist, eventuell vorhandene andere Webdienste dauerhaft zu beenden. Nichts ist ärgerlicher, als wenn der Internet Information Server und Apache um den gleichen Socket konkurrieren und man selber den Fehler suchen darf.

Nachdem diese kleine Problemquelle beseitigt wurde, kann man in Ruhe das Installationsverzeichnis bestimmen:

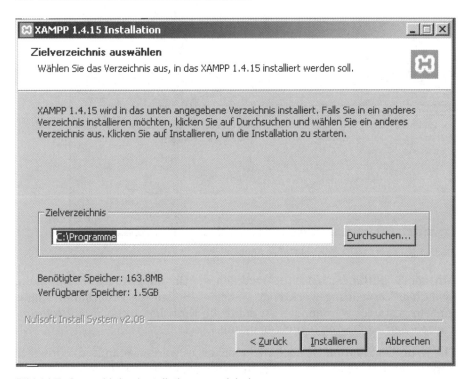

Bild 11.7: Auswahl des Installationsverzeichnisses

Und das war es auch schon, was an Auswahlmöglichkeiten angeboten wird. Nun läuft die Installation durch. Zum Abschluß grüßt noch eine Textkonsole und damit ist XAMPP installiert. Das Zielverzeichnis, in dem sich alle Werkzeuge befinden, wenn die Vorgabe *C:\Programme* übernommen wird, heißt *C:\Programme\XAMPP*.

Nach Abschluß der Installation folgt ein Konfigurationsdialog, der anfragt, ob Apache, FileZilla (FTP Server) und MySQL einzeln als Dienst installiert werden sollen. Solange nicht andere Web- oder FTP-Server laufen, steht dem nichts im Wege. Er folgt ein Test, ob die benötigten Ports frei sind und dann erfolgt die Installation der Dienste.

Die weitere Konfiguration kann nun mit Hilfe der XAMPP Control Panel Application vorgenommen werden.

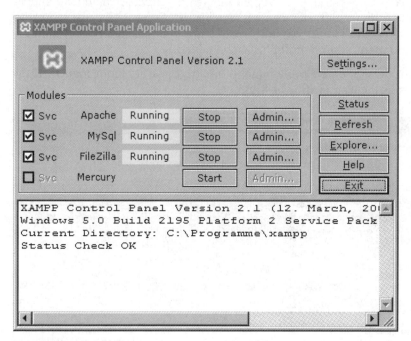

Bild 11.8: Die XAMPP Control Panel Application

Mit der Schaltfläche *<Admin>* werden die für die jeweilige Anwendung typischen Verwaltungswerkzeuge gestartet. Sollen die Programme später einzeln gestartet werden, stehen dafür die Einträge unter *Start\Programme\apachefriends\xampp* zur Verfügung.

Die Grundinstallation ist noch nicht sicher, es werden Standardkennworte benutzt und die Dienste und Wartungsprogramme sind alle vom Netz aus erreichbar. In einer produktiven Umgebung sollte daher das Skript *http://localhost/security/xamppsecurity.php* aufgerufen werden, um diese Lücken zu schließen. Es wird extra darauf hingewiesen, daß die Absicherung von FileZilla und Mercury Mail davon nicht betroffen ist und daher noch extra vorzunehmen ist.

Hat die Installation geklappt? Diese Frage läßt sich leicht beantworten, indem man sich die mit *http://localhost/xampp/index.php* erzeugte Seite ansieht. Wenn jetzt noch der Aufruf von *phpinfo()* erfolgreich ist, kann die Installation eines Wiki vorgenommen werden.

Hinweis: XAMPP wird mit der PHP Version 5.x installiert. MediaWiki beispielsweise benötigt aber PHP 4.x. Um die PHP-Version umzuschalten, ist das Skript *php-switch.bat* im *xampp*-Verzeichnis auszuführen.

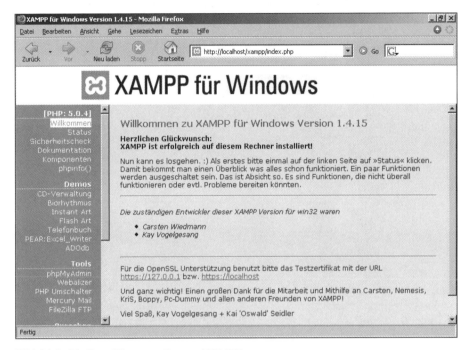

Bild 11.9: Die Begrüßungsseite von XAMPP

Sieht man die XAMPP-Begrüßungsseite des Webservers, war die Installation erfolgreich. Damit steht nun eine Werkzeugumgebung zur Verfügung, in der ein beliebiges auf PHP, Perl oder Python basierendes Wiki eingesetzt werden kann.

KAPITEL 12

PROGRAMMIEREN MIT PHP – MINIWIKI

von Nikolaj Schumacher

Zugegebenermaßen ist bei Wikis das Funktionieren der Gemeinschaft wesentlich beeindruckender als die der Software zugrundeliegende Technik. Zwar hat die MediaWiki-Software der Wikipedia durch die reine Masse an Daten technische Glanzleistungen zu vollbringen, jedoch sind die grundlegenden Prinzipien schlicht genug, um selbst mit Implementierungen von wenigen Zeilen (fast) einsatzfähige Wikis zu ermöglichen.

Im Sinne des »Verstehens durch Auseinandernehmen« soll in diesem Kapitel ein kleines Wiki vorgestellt werden, das zwar keinen Anspruch auf Einsetzbarkeit erhebt – es ist keine Administrationsmöglichkeit oder Schutz vor Bearbeitungskonflikten eingebaut –, aber die Wiki-Prinzipien umsetzt[1]. Geschrieben ist es in einfachem PHP, das ohne Erweiterungen auskommt. Die Implementierung ist zur besseren Übersicht auf mehrere Dateien verteilt:

wiki.php	Die Benutzerschnittstelle.
conf.inc.php	Einige Konfigurationsmöglichkeiten.
xhtml.inc.php	XHTML-Kopf und -Fuß.
menu.inc.php	Menüverwaltung.
article.inc.php	Darstellung von Artikeln.
versions.inc.php	Versionsmanagement.
edit.inc.php	Die Eingabemaske.
cgi	Das Protokoll.
errors	Die Fehlerausgaben.

12.1 DER AUFBAU

Eins der grundlegenden Wiki-Prinzipien ist die einfache Bedienung, die auch Ausgangspunkt für die nachfolgende Implementierung sein soll. Prinzipiell muß die Schnittstelle die Auswahl des Artikels, der Version (meistens die aktuellste) und die gewünschte Aktion (darstellen, bearbeiten und so weiter) ermöglichen. Außerdem muß natürlich ein ganzer Artikel übertragen werden können, und zwar in beide Richtungen.

12.1.1 CGI

Bis auf das Übertragen bearbeiteter Artikel können alle Aktionen über die URL übertragen werden. Dies ist natürlich nur der Fall, solange das Wiki (wie unseres) von Hand im Dateisystem verwaltet wird. Über das Web darf dies natürlich nicht ungeschützt geschehen. Das Thema Authentifizierung im Web füllt jedoch eigene Bücher, weshalb hier nicht näher darauf eingegangen wird, wir verweisen auf entsprechende Fachliteratur.

Die Syntax läßt nicht viel Raum für Kreativität:

---

[1] Auf der Seite *http://downlode.org/wiki/* finden Sie den Perl-Quelltext (knapp 300 Zeilen) des Ur-Wikis von Ward Cunningham, unter *http://c2.com/cgi/wiki?ShortestWikiContest* im WikiWikiWeb weitere Beispiele für sehr kleine Wikis.

```
wiki.php?a=Artikelname
wiki.php?a=Artikelname&ver=1105452860
wiki.php?a=Artikelname&do=edit
```

a spezifiziert den Namen des gewünschten Artikels. *ver* gibt die Version an, die über den Unix-Zeitstempel – die Zeit der Sekunden seit dem 1.1.1970 – identifiziert wird. *do* unterscheidet die verschiedenen möglichen Aktionen. Dazu später mehr. Sinnvollerweise impliziert das Fehlen der Argumente die Option *Betrachten* beziehungsweise die aktuellste Version.

```
function get_article() {
  $a = $_REQUEST['a'];
  return isset($a) ? $a : START_PAGE;
}

function get_version() {
  return $_REQUEST['ver'];
}

function get_action() {
  return $_REQUEST['do'];
}
```

Listing 12.1: Listing aus cgi.inc.php

Der Quelltext tut nicht viel mehr, als die Schnittstelle zu abstrahieren. *START_PAGE* ist dabei eine Konstante, die den Artikelnamen der Hauptseite definiert. Man darf sich von den nachfolgende Konstanten nicht verwirren lassen, ihr genauer Wert ist meistens unwichtig. Beispiele befinden sich in der Datei *conf.inc.php* am Ende dieses Kapitels (ab Seite 565.)

12.1.2 Kopf und Fuß

Lange bevor man sich nun an die tatsächliche (beziehungsweise virtuelle) Auslieferung des Artikels begeben kann, müssen noch einige Grundlagen eingerichtet werden. Dazu gehört auf unterster Ebene die passende (X)HTML-Struktur und darüber gehören einige Navigationselemente, da sich manche Internetnutzer standhaft weigern, die Überlegenheit der Adreßleistennavigation anzuerkennen ;-)

```php
function print_header($title) {

  header("Content-Type: text/html; charset=UTF-8");

  echo '<!DOCTYPE ';
  echo 'html PUBLIC "-//W3C//DTD XHTML 1.1//EN" ';
  echo '"http://www.w3.org/TR/xhtml11/DTD/xhtml11.dtd">';

  echo "<html xmlns='http://www.w3.org/1999/xhtml' xml:lang='de'><head>\n";
  echo "<link rel='stylesheet' type='text/css' href='wiki.css' />\n";
  echo "<meta name='description' content='a small wiki' />\n";
  echo "<title>".WIKI_NAME.": $title</title>\n";
  echo "</head><body>\n";
  echo "<h1>$title</h1>\n";

}


function print_footer() {

  echo "<p><a href='http://validator.w3.org/check/referer'>valid? ";
  echo "<abbr>html</abbr></a></p>\n";
  echo "</body>\n";
  echo "</html>\n";

}
```

Listing 12.2: Listing aus xhtml.inc.php

Daran ist zunächst nichts Bemerkenswertes, außer der Tatsache, daß alle
Daten im Unicode-Zeichensatz UTF-8 kodiert werden sollen, und versucht
wird, gültiges XHTML zu erstellen. Aus diesem Grund wird gleich der
offizielle Validator verlinkt, um dies überprüfen zu können. Einige Formatierungen sind in einem externen CSS-Stylesheet definiert, die Erklärung erfolgt am Ende dieses Kapitels.

Bild 12.1: Anzeige einer Seite

12.1.3 Menü

Das Menü ist als eine Map realisiert, die die Menüpunkte auf eventuell vorhandene Links abbildet. Die folgende Prozedur iteriert über das Menüverzeichnis und wandelt es in eine HTML-Liste um. Außerdem werden noch diejenigen Verweise hinzugefügt, die ohnehin allgegenwärtig sein sollen.

```php
function print_menu($items) {
  echo "<div class='menu'><ul>";
  foreach ($items as $item => $link)
    // Falls Link-Angabe vorhanden entsteht ein Link
    if (isset($link))
      echo "<li><a href='$link'>$item</a></li>\n";
    else
      echo "<li span='info'>$item</li>\n";

  // Standardlinks für jede Seite
  echo "<li><a href='?a=".START_PAGE."'>".START_PAGE."</a></li>\n";
  echo "<li><a href='?a=".HISTORY_PAGE."'>".HISTORY_LABEL."</a></li>\n";
  echo "</ul></div>";

}
```

Listing 12.3: Listing aus menu.inc.php

12.1.4 Die Schaltzentrale

Nach diesen Vorbereitungen kann nun die Struktur des Hauptprogramms skizziert werden. Einige Funktionalitäten wurden aber noch nicht besprochen.

```php
$article = get_article();
$version = get_version();

// Seitentitel ausgeben
if (isset($version))
  print_header($article.' ('.format_time($version).')');
else
  print_header($article);

switch (get_action()) {

  // [...]

default:
  // Artikel anzeigen
  if (version_exists($article, $version))
    print_article($article, $version);
  else if (article_exists($article))
    print_error(ERR_VERSION_NOT_FOUND);
  else
    print_error(ERR_ARTICLE_NOT_FOUND);
}

print_footer();
```

Listing 12.4: Listing aus wiki.php

Wie bereits angedeutet, soll beim Fehlen weiterer Angaben der Artikel einfach dargestellt werden. Die verwendeten Prozeduren werden im nächsten Abschnitt näher beleuchtet. Will man später weitere Anfragearten hinzufügen, beschränkt man sich auf die Angabe eines passenden *case*-Zweigs für diese Datei.

12.2 ARTIKEL UND VERSIONEN

Zentraler Aspekt der Wiki-Programmierung ist die Verwaltung der Artikeldatenbank. Viele Wikis greifen auf vorhandene Datenbankimplementierungen zurück. Besonders beliebt ist CVS, das in der Softwareentwicklung seit langer Zeit exakt die selbe Problematik löst. Im Interesse der

Lesbarkeit, aber auf Kosten der Leistungsfähigkeit, soll hier aber darauf verzichten werden und unsere eigene Struktur verwendet werden, die auf der gebräuchlisten aller Datenbanken basiert: dem Dateisystem.

Sollen Artikel- als Dateinamen verwendet werden, sind die Möglichkeiten plötzlich stark eingeschränkt. Je nach Typ des Dateisystems dürfen bestimmte Zeichen nicht verwendet werden und Sonderzeichen werden ebenfalls nur eingeschränkt akzeptiert. Eine Lösung dieses Problems stammt aus der Welt der elektronischen Post (E-Mail). Auch dort ist nur die Übertragung von wenigen sicheren Zeichen garantiert, weshalb es längst Algorithmen zur eindeutigen Umwandlung erweiterter Zeichensätze in ASCII-Zeichen gibt. Eine Routine zur Base64-Codierung ist sogar in PHP enthalten, was sie ideal für unsere Zwecke macht. Einzig verbleibende Bedingung ist nun, daß das Dateisystem Groß- und Kleinschreibung unterscheidet, weil sonst Überschneidungen möglich sind. Für Windows-Systeme muß man sich daher eine andere Zuordnung einfallen lassen.

```php
function filename($article) {
  return WIKI_PATH.'/'.base64_encode($article);
}
```

Listing 12.5: Listing aus versions.inc.php

Weitere zu den Artikeln gehörende Daten werden in eigenen Dateien gespeichert. Dazu wird an den bereits bekannten Dateinamen ein Punkt sowie eine weitere Zeichenkette angehängt. Ist diese Zeichenkette ein Unix-Zeitstempel, handelt es sich um eine spezielle Version des Artikels, *ver* enthält eine Liste aller Versionen mit Autoreninformationen. Damit kann man schon einmal leicht prüfen, ob Artikel existieren:

```php
function article_exists($article) {
  return file_exists(filename($article));
}

function version_exists($article, $version) {
  // Existiert Artikel in bestimmter Version? (leere Version = aktuellste)
  $filename = filename($article);
  return file_exists("$filename.$version")
    || !isset($version) && file_exists($filename);
}
```

Listing 12.6: Listing aus versions.inc.php

Außerdem ist es wünschenswert, daß nicht alle Artikel von jedem Nutzer bearbeitet werden können. Auch kann man ähnlich einfach verwirklichen. Dazu legt der Administrator eine (leere) Datei mit dem Artikelnamen plus *.lock* an. Im Beispiel-Wiki ist allerdings nur die Seite mit den letzten Änderungen gegen Bearbeitungen gesperrt.

```php
function lock($article) {
  // Artikel sperren
  touch(filename($article).'.lock');
}

function unlock($article) {
  // Artikel entsperren
  unlink(filename($article).'.lock');
}

function is_locked($article) {
  // ist Artikel gesperrt?
  return file_exists(filename($article).'.lock');
}
```

Listing 12.7: Listing aus versions.inc.php

In der eigentlichen Ausgabe muß man nun noch einige passende Menüpunkte erzeugen (deren Bedeutung teilweise erst weiter unten erklärt wird) und natürlich den Inhalt der passenden Artikeldatei ausgeben. Letzteres wird von der Funktion *render* übernommen, die im nächsten Abschnitt noch detailliert betrachtet wird.

```php
function print_article($article, $version) {

  if (!version_exists($article, $version))
    return false;

  // Menü
  if (is_locked($article)) {
    // Hinweis auf Sperrung hinzufügen
    $menu = array(LOCKED_LABEL => null);
  } else {
    $menu = array(VERSIONS_LABEL => "?a=$article&do=versions");
    if (isset($version)) {
      // Artikel wiederherstellen
      $menu[RESTORE_LABEL] =
```

```
           "?a=$article&ver=$version&do=restore";
      // Link zur aktuellen Version
      $menu[CURRENT_LABEL] =
        "?a=$article";
    } else {
      // Bearbeitungsmaske
      $menu[EDIT_LABEL] = "?a=$article&do=edit";
    }
  }

  print_menu($menu);

  // richtige Version finden
  $text = file(filename($article).(isset($version)?".".$version":''));

  // Ausgabe des formatierten Artikels
  render($text);

}
```

Listing 12.8: Listing aus article.inc.php

Zum Abschluß der Versionsverwaltung fehlt noch die Versionsübersicht. Dies erledigt der Befehl *?do=versions*.

```
case 'versions':
  // Versionsübersicht anzeigen
  if (article_exists($article))
    print_versions($article, null);
  else
    print_error(ERR_ARTICLE_NOT_FOUND);
  break;
```

Listing 12.9: Listing aus wiki.php

In der Versionsdatei *Artikelname.ver* sollen alle Versionen mit jeweiligem Autor und einem Kommentar gesichert werden. Dazu bietet sich eine zeilenbasierte Aufteilung an: Jeder Artikel besteht aus einer Zeile mit Zeitstempel, Autor, Kommentar, jeweils getrennt durch eine binäre Null, die durch die PHP-Funktion *explode* leicht getrennt werden kann.

```php
function print_versions($article) {
  // Übersicht der verfügbaren Versionen des Artikels anzeigen

  echo "<h2>".VERSIONS_LABEL."</h2>\n";
  echo "<ul>\n";

  $lines = file(filename($article).'.ver');

  // Jede Zeile enthält Informationen über genau 1 Artikel
  foreach ($lines as $line) {
    print_versions_line($article, $line);
  }

  echo "</ul>\n";

}
```

Listing 12.10: Listing aus versions.inc.php

Die Prozedur *print_versions_line* nimmt nun die Trennung der Zeileninformationen vor und gibt sie als Listenelement mit passendem Link aus:

```php
function print_versions_line($article, $line) {
  // Listenelement mit Metadaten einer Artikelversion sowie Link ausgeben

  list($time, $author, $comment) = explode("\0", chop($line), 4);

  echo "<li><a href='?a=$article&ver=$time'>";
  echo format_time($time);
  echo "</a>\n";
  if ($author)
    echo $author;
  if ($comment)
    echo " ($comment)";
  echo "</li>\n";
}
```

Listing 12.11: Listing aus versions.inc.php

Hauptseite

Versionen

- <u>2005-08-08 20:28</u> Administrator (neu angelegt)
- <u>2005-08-08 20:30</u> Troll (asdf)
- <u>2005-08-08 20:30</u> Administrator (revert)
- <u>2005-08-08 20:31</u> Wickie (Informationen hinzugefügt)

<u>valid? html</u>

Bild 12.2: Anzeige der Versionen

12.3 FORMATIERUNGEN

Ein weiteres Wiki-Prinzip ist die Möglichkeit zur Textformatierung ohne spezielle Kenntnisse. Dazu spezifizieren wir in diesem Buch eine eigene Layout-Sprache, in der die Artikel geschrieben werden, sie wird bei der Ausgabe (in der Prozedur *render*) in passenden HTML-Code umgewandelt.

12.3.1 Sprache

Die Sprache orientiert sich an gängigen Standards für Wikis und sollte leicht verständlich sein:

- ! Überschrift

- !! kleinere Überschrift

- * Listen

- ** Unterlisten

- "kursiv"

- '''fett'''

- [[Artikel]] — Verweis

- [[Artikel|Wort]] — Verweis mit anderem Text

- doppelte Leerzeile — neuer Absatz

- \\ — neue Zeile

Bei der Umwandlung wird in der folgenden Reihenfolge vorgegangen: Zunächst werden etwaige HTML-Sonderzeichen durch die passenden Entities ersetzt, dann werden leere Zeilen als Absätze erkannt, Verweise durch HTML-Links ersetzt und überprüft, ob wir es sich um eine Überschrift oder Liste handelt. Als letztes wird fetter und kursiver Text erkannt. Dies geschieht mit jeder Zeile des Textes, abschließend mit einer leeren Zeile, durch die eventuell offene HTML-Tags geschlossen werden.

```php
function render($text) {
 // Formatiert gespeicherten Text zur Ausgabe
 echo "<div class='article'><p>\n";
 foreach ($text as $line) {
  // HTML-Sonderzeichen
  $line = htmlspecialchars($line);

  if (!new_paragraph($line))
    // wir überspringen Leerzeilen zwischen Absätzen
    continue;

  // Verweise durch Links ersetzen
  find_links($line);

  // Überschriften und Listen erledigen
  if (!header_check($line))
    list_check($line);

  // fett und kursiv
  format($line);

  echo $line;
 }

 // zum Abschluß alle Tags schließen lassen:
 $last_line = '';
 list_check($last_line);
 echo $last_line;

 echo "</p></div>";

}
```

Listing 12.12: Listing aus article.inc.php

12.3.2 Absätze erkennen

Da *htmlspecialchars* eine PHP-Funktion ist, wird als erstes *new_para-graph* betrachtet. Diese Funktion enthält einen kleinen endlichen Automaten, dessen Zustand dadurch definiert ist, ob man sich innerhalb oder außerhalb eines Absatzes befindet. Ändert sich der Zustand, so daß die Frage nun positiv beantwortet werden kann, wird ein *</p><p>* als Absatz-Trenner eingefügt.

```
function new_paragraph(&$line) {
  static $in_paragraph = true;

  if (!preg_match("/^\s*$/", $line)) {
    if (!$in_paragraph) {
      $line = '</p><p>'.$line;
      $in_paragraph = true;
    }
    return true;
  }

  $in_paragraph = false;
  return false;
}
```

Listing 12.13: Listing aus article.inc.php

12.3.3 Verweise ersetzen

Beide Arten von Verweisen haben gemeinsam, daß sie von zwei eckigen Klammern umschlossen werden, also kann man nach ihnen anhand eines regulären Ausdrucks suchen. Die PHP-Funktion *preg_match_all* liefert alle Treffer in einem Array, das dann durchlaufen werden kann. Für jeden Verweis bleibt zu überprüfen, ob die Bezeichnung gleich dem Artikelnamen ist und ob der Artikel bereits existiert. In beiden Fällen sieht der Link ein wenig anders aus. Ist die passende HTML-Variante schließlich gefunden, wird sie als entsprechende rechte Seite einer Ersetzungsliste hinzugefügt.

```
function find_links(&$text) {
  // Ersetzt Links in $text

  $trans = array();

  // alle Verweise finden
  preg_match_all("|\[\[(.*?)\]\]|", $text, $out);

  // out[0] Array mit '[[Links]]'
  // out[1] Array mit 'Links'

  // Testen ob der Artikel existiert
  foreach ($out[1] as $key => $link) {
```

```
    // Suche nach Links im Format [[Artikel|Bezeichnung]]
    list($article, $title) = explode('|', $link, 2);
    if (!isset($title))
      $title = $article;

    $format = "<a href='?a=$article";
    if (!article_exists($article))
      // als noch nicht existenten Artikel markieren
      $format = $format."&do=edit' class='new'>$title</a>";
    else
      // normaler Artikel
      $format = $format."'>$title</a>";

    // und zur Ersetzungsliste hinzufügen
    $trans[$out[0][$key]] = $format;


  }


  $text = strtr($text, $trans);
}
```

Listing 12.14: Listing aus article.inc.php

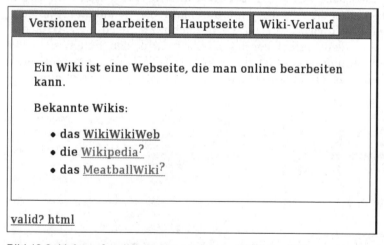

Bild 12.3: Links auf vorhandene und nicht vorhandene Seiten

12.3.4 Listen und Überschriften

Sowohl Listen als auch Überschriften sind durch eine bestimmte Anzahl gleicher Zeichen am Zeilenanfang zu erkennen. Diese Aufgabe übernimmt eine Hilfsfunktion namens *count_char*.

```
function count_char($char, &$line) {
  // Zählt die Anzahl der $char am Anfang von $line und entfernt sie

  $count = 0;
  while ($line[$count] === $char)
    $count++;

  if ($count > 0) {
    $line = substr($line, $count);
  }

  return $count;

}
```

Listing 12.15: Listing aus article.inc.php

Die Erkennung von Überschriften ist nun sehr einfach: Falls sich zwischen einem und sechs Ausrufezeichen am Zeilenanfang befinden, wird die Zeile in entsprechende HTML »Header«-Tags eingebettet.

```
function header_check(&$line) {
  // Überschriften erkennen und taggen

  $count = count_char('!', $line);
  if ($count > 0 && $count < 6) {
    $count++;
    $line = "<h$count>$line</h$count>";
    return true;
  }

  return false;
}
```

Listing 12.16: Listing aus article.inc.php

Leider ist die Situation bei Listen nicht so einfach, denn diese können verschachtelt sein. Das bedeutet, daß bei jedem Wechsel in der Anzahl der Sternchen eine oder mehrere Listen geschlossen oder geöffnet werden müssen. Außerdem dürfen Listen in HTML nicht innerhalb von Absätzen stehen, so daß diese ebenfalls entsprechend geschlossen und geöffnet werden müssen.

```php
function list_check(&$line) {
  // Listen-Tags

  static $depth = 0;                    // letzte Listentiefe

  $count = count_char('*', $line);     // neue Listentiefe

  if ($count) {
    if ($depth == 0)
      // erste Liste geöffnet, Absatz schließen
      $prepend = '</p>';
    // in eine Liste, also Zeile zum Listenelement machen
    $line = '<li>'.$line.'</li>';
  } else if ($depth) {
    // letzt List geschlossen, Absatz wieder öffnen
    $append = '<p>';
  }

  // Listentiefe hat sich erhöht, neue Listen öffnen
  while ($depth < $count) {
    $depth++;
    $line = '<ul>'.$line;
  }

  // Listentiefe hat sich reduziert, entsprechend viele Listen schließen
  while ($depth > $count) {
    $depth--;
    $line = '</ul>'.$line;
  }

  // Absatz-Tags, falls vorhanden, müssen ganz nach außen
  $line = $prepend.$line.$append;

  return $depth;
}
```

Listing 12.17: Listing aus article.inc.php

12.3.5 Fett und kursiv

Bei der Verarbeitung einfacher Textformatierungen stößt man immer
wieder auf Probleme, wohlgeformtes HTML daraus zu erzeugen. (Zumindest einige Wiki-Entwickler haben diese Probleme anscheinend nicht erkannt oder ignorieren sie wohlwissend.)

In HTML müssen Tags sauber geschachtelt sein. Das bedeutet, daß
<*b*>*fett*<*i*>*fettkursiv*</*b*>*kursiv*</*i*> kein legales HTML ist. Aber natür-
lich hält den Nutzer des Wikis nichts davon ab, Entsprechendes einzugeben. Die optimale Lösung wäre, die falsche Stelle entsprechend den
Absichten des Nutzers umzuformen (also <*b*>*fett*<*i*>*fettkursiv*</*i*></*b*>
<*i*>*kursiv*</*i*>), wie es beispielsweise das MediaWiki tut. Da damit aller-
dings nicht unerheblicher Parsingaufwand verbunden ist, wird sich hier
auf eine Lösung beschränkt, die Schachtelung ganz unterbindet, dafür
aber durch reguläre Ausdrücke formuliert werden kann:

```php
function format(&$text) {
  // Font-Formatierungen wie ''Text'' nach <i>Text</i>
  // Überschneidungen wie <b><i></b></i> darf es aber eigentlich nicht geben

  $from = array("/'''(.*?)'{2,3}/",
    "/''(.*?)'{2,3}/",
    "/\\\\\\\\/"); // das sind nur 2 Backslash!
  $to = array("<b>\\1</b>",
    "<i>\\1</i>",
    "<br />");
  $text = preg_replace($from, $to, $text);

}
```

Listing 12.18: Listing aus article.inc.php

12.4 BEARBEITEN

Zur Bearbeitung von Artikeln benötigen wir gleich zwei Aktionen: Zum
einen muß eine Eingabemaske aufgerufen werden, zum anderen muß die
Eingabe verarbeitet werden, entweder als neue Version oder als Vorschau.
Die Übertragung der Artikeldaten geschieht über die *POST*-Methode des
HTTP-Protokolls.

12.4.1 PHP hintergehen

Jeder, der schon einmal in PHP programmiert hat, ist vermutlich den
sogenannten *Magischen Anführungszeichen* begegnet, einer Option, die
dafür sorgt, daß Anführungszeichen automatisch maskiert werden. Un-
glücklicherweise ist die Einstellung dieser Option dem Administrator
überlassen, so daß dem unbescholtenen Programmierer nichts anderes
übrig bleibt, als sie zu umgehen:

```
function no_slashes($var) {
  return get_magic_quotes_gpc() ? stripslashes($var) : $var;
}
```

Listing 12.19: Listing aus cgi.inc.php

12.4.2 Das Interface

Neben dem neuen Artikel werden die (freiwilligen) Felder *Autorenname* und *Kommentar* übertragen. Der Zeitstempel wird automatisch erzeugt, sobald die Daten eintreffen, so daß die Daten für die Versionsübersicht vollständig sind.

```
function get_text() {
  return no_slashes($_REQUEST['text']);
}

function get_author() {
  return no_slashes($_REQUEST['author']);
}

function get_comment() {
  return no_slashes($_REQUEST['comment']);
}
```

Listing 12.20: Listing aus cgi.inc.php

Natürlich kann es noch sein, daß die Änderung noch nicht übernommen werden soll, sondern der Nutzer den Vorschau-Knopf gedrückt hat. Um diesen Fall erkennen zu können, definieren wir eine weitere Funktion:

```
function is_preview() {
  return isset($_REQUEST['preview']);
}
```

Listing 12.21: Listing aus cgi.inc.php

12.4.3 Die Eingabemaske

Die Eingabemaske unterscheidet sich nur dadurch von der Artikeldarstellung, daß ein HTML-Formular an Stelle der Ausgabe tritt. Die Funktion *print_form* tut genau dies, wobei sie diverse Default-Werte akzeptiert. Besondere Aufmerksamkeit muß dabei nur der Maskierung von Anführungszeichen in den Werten der *value*-Attribute von *input* zukommen, da diese sonst im HTML-Code ein vorzeitiges Ende der Strings bedeuten:

```php
function mask_quotes($text) {
  $trans = array('&' => '&', '"' => '"', "'" => '&apos');
  return strtr($text, $trans);
}


function print_form($article, $text, $author, $comment) {
  // Bearbeitungsfeld ausgeben und mit $text, $author, $comment füllen
  if (is_locked($article))
    // Hinweis auf Sperrung zum Menü hinzufügen
    print_menu(array(LOCKED_LABEL => null));

  echo "<form method='post' action='?a=$article&do=submit'>\n";
  echo "<p><textarea name='text' rows='20' cols='60'>\n";

  if (isset($text))
    echo $text;
  else
    @readfile(filename($article));

  $author = mask_quotes($author);
  $comment = mask_quotes($comment);

  echo "</textarea></p>\n";
  echo "<h3>".AUTHOR_BTN."</h3>\n";
  echo "<p><input type='text' name='author' value='$author' /></p>\n";
  echo "<h3>".COMMENT_BTN."</h3>\n";
  echo "<p><input type='text' name='comment' value='$comment' /></p>\n";
  echo "<input type='submit' name='preview' value='".PREVIEW_BTN."' />\n";
  echo "<input type='submit' value='".STORE_BTN."' /></p>\n";
  echo "</form>\n";

  // Bedienungshinweise
  echo EDIT_HELP;
}
```

Listing 12.22: Listing aus edit.inc.php

Aufgerufen wird diese Prozedur wie üblich im Hauptprogramm und läuft unter dem Namen *edit*.

```
case 'edit':
  print_form($article, null, null, null);
  break;
```

Listing 12.23: Listing aus .inc.php

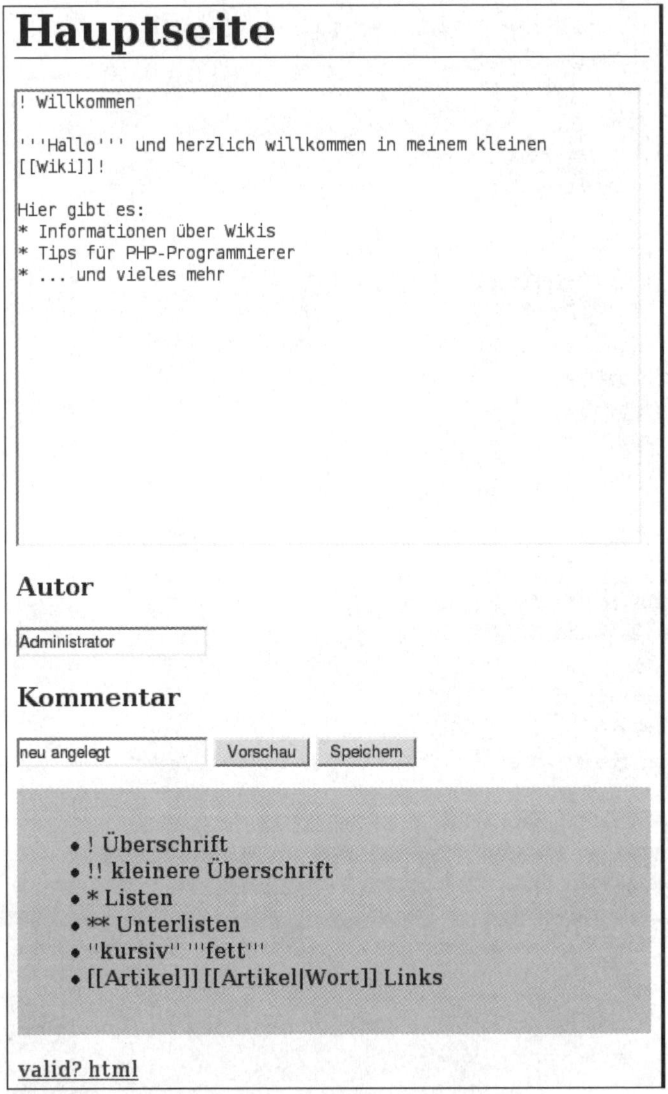

Hauptseite

```
! Willkommen

'''Hallo''' und herzlich willkommen in meinem kleinen
[[Wiki]]!

Hier gibt es:
* Informationen über Wikis
* Tips für PHP-Programmierer
* ... und vieles mehr
```

Autor

Administrator

Kommentar

neu angelegt   Vorschau   Speichern

- ! Überschrift
- !! kleinere Überschrift
- * Listen
- ** Unterlisten
- ''kursiv'' '''fett'''
- [[Artikel]] [[Artikel|Wort]] Links

valid? html

Bild 12.4: Eine Seite bearbeiten

12.4.4 Datenübertragung

Bei der Verarbeitung der übertragenen Dateien müssen zwei Fälle unterschieden werden. Bei einer Vorschau werden die Eingaben fast identisch zur Artikelausgabe ausgegeben, zusätzlich jedoch auch eine Eingabemaske, um Korrekturen zu ermöglichen.

```
function print_preview($article) {
  // Hinweis aus Preview ins Menü
  print_menu(array(PREVIEW_LABEL => null));

  // Ausgabe des formatierten Artikels
  $text = get_text();
  render(explode("\n", $text));

  // Eingabemaske für Korrekturen
  print_form($article, $text, get_author(), get_comment());

}
```

Bild 12.5: Listing aus article.inc.php

Die Vorschau ist damit abgearbeitet, bei einem tatsächlichen Update kommt hingegen noch einiges an Arbeit auf den Programmierer zu. Die Statistiken des Artikels müssen aktualisiert werden und die Eingabe muß in eine neue Datei geschrieben werden. Ersteres geschieht über die Funktion *update_history*, für letzteres wird einfach eine Datei mit dem korrekten Zeitstempel geöffnet, beschrieben, und als allgemeine Version (ohne Zeitstempel) verlinkt (sofern dies möglich ist).

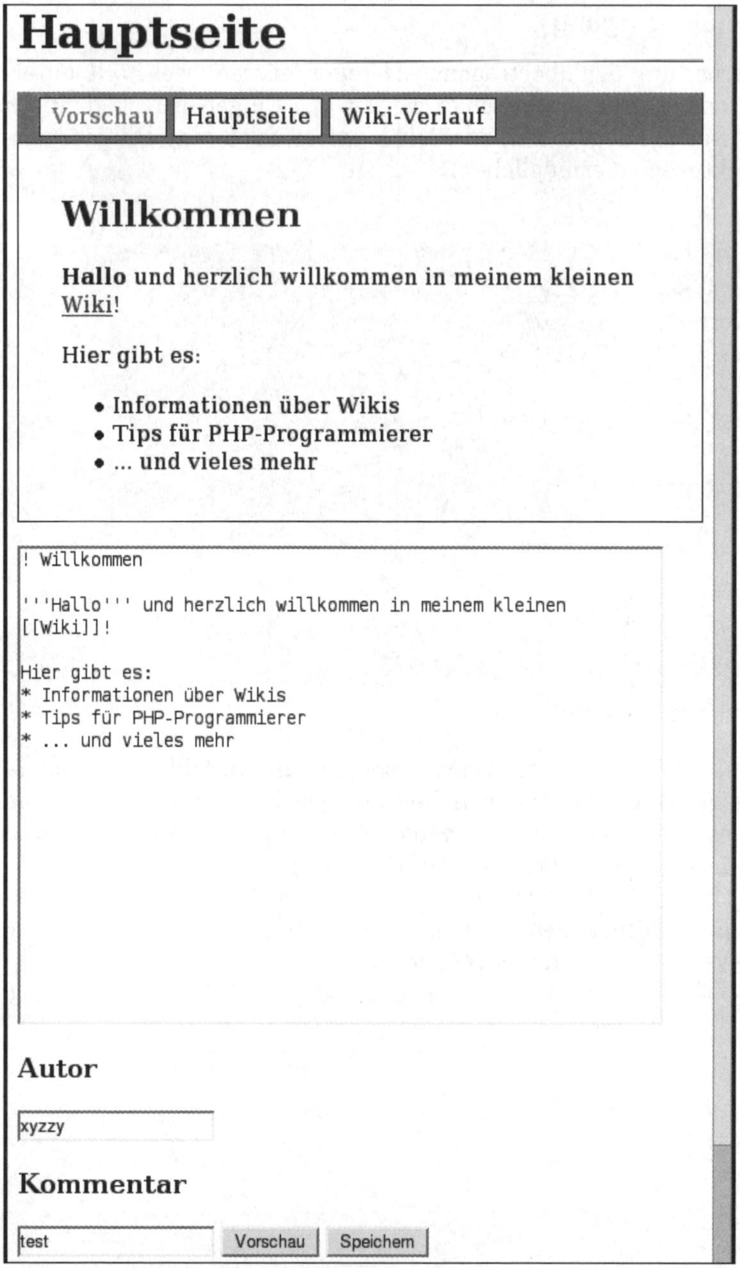

Hauptseite

| Vorschau | Hauptseite | Wiki-Verlauf |

Willkommen

Hallo und herzlich willkommen in meinem kleinen Wiki!

Hier gibt es:

- Informationen über Wikis
- Tips für PHP-Programmierer
- ... und vieles mehr

```
! Willkommen

'''Hallo''' und herzlich willkommen in meinem kleinen
[[Wiki]]!

Hier gibt es:
* Informationen über Wikis
* Tips für PHP-Programmierer
* ... und vieles mehr
```

Autor

xyzzy

Kommentar

test | Vorschau | Speichern

Bild 12.6: Vorschau einer Seite

```php
function update_article($article) {
  if (is_locked($article))
    return false;

  $author = get_author();
  $comment = get_comment();
  $time = date('U');

  // Wiki-Verzeichnis anlagen, falls nicht vorhanden
  if (!file_exists(WIKI_PATH)) mkdir(WIKI_PATH);

  // Verlauf aktualisieren
  update_history($article, $author, $comment, $time);

  // neue Version schreiben
  $filename = filename($article);

  $fp = fopen("$filename.$time", 'w');
  if (!$fp)
    return false;
  fputs($fp, get_text());
  fclose($fp);

  // und verlinken (bzw. kopieren, falls Links nicht unterstützt werden)
  @unlink($filename);
  if (!@link("$filename.$time", $filename))
    copy("$filename.$time", $filename);

  return true;
}
```

Listing 12.24: Listing aus versions.inc.php

Um genau zu sein, aktualisiert die Funktion *update_history* gleich zwei Statistiken: Zum einen müssen die Versionsinformationen des Artikels (Endung *.ver*) erweitert werden, zum anderen soll eine globale Übersicht über die letzten Änderungen am Wiki verwaltet werden. Da für letztere keine getrennte Funktionalität zur Verfügung gestellt werden soll und sie auch gewissermaßen keine Interaktivität benötigen, kann man sie einfach in einem normalen (gesperrten) Artikel mit dem Namen *HISTORY_PAGE* verwalten. Dadurch wird der Code für die Darstellung eingespart.

```php
function update_history($article, $author, $comment, $time) {
  // Die Versions-Info ist ein Unix-Zeitstempel gefolgt von Autor und
  // IP-Adresse, getrennt durch Oen.

  // Zeile mit Infos über neuste Version anhängen
  $fp = @fopen(filename($article).".ver", 'a');
  if ($fp) {
    fputs($fp, "$time\0$author\0$comment\n");
    fclose($fp);
  }

  // die globalen Änderungen werden als gesperrter Artikel verwaltet

  $history = filename(HISTORY_PAGE);
  $changes = @file($history)
    or lock(HISTORY_PAGE);

  $fp = fopen($history, 'w');

  // neuer Eintrag
  fputs($fp, "* [[$article]], ");
  fputs($fp, format_time($time));
  if ($author)
    fputs($fp, " von $author");
  if ($comment)
    fputs($fp, " ($comment)");
  fputs($fp, "\n");

  // n alte Zeilen kopieren
  for ($i = 0; $i < HISTORY_CHANGES; $i++) {
    fputs($fp, "$changes[$i]");
  }
  fclose($fp);
}
```

Listing 12.25: Listing aus versions.inc.php

Die beiden Funktionen *print_preview* und *update_article* werden aufgerufen, wenn der *do*-Parameter *submit* lautet. Die Unterscheidung erfolgt je nach gedrücktem Knopf mit der Funktion *is_preview*, die bereits besprochen wurde.

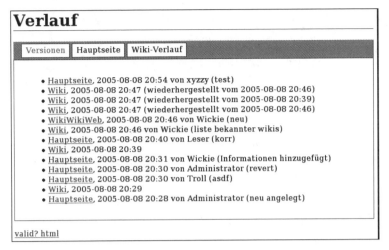

Bild 12.7: Anzeige der letzten Änderungen

```php
case 'submit':
  // Artikel aktualisieren
  if (is_preview()) {
    // nur Preview, nichts verändern!
    print_preview($article);
  } else if (!update_article($article)) {
    // Update gescheitert
    print_error(ERR_COULD_NOT_STORE);
    print_preview($article);
  } else {
    // Erfolg! neuen Artikel ausgeben
    print_article($article, null);
  }
  break;
```

Listing 12.26: Listing aus wiki.php

12.4.5 Korrekturen

Wichtig für ein Wiki ist die Möglichkeit, Zerstörungen schnell rückgängig machen zu können. Dies erlaubt die Prozedur *restore_article* beziehungsweise der *do*-Parameter *restore*:

```php
case 'restore':
  // Artikelversion wiederherstellen
  if (restore_article($article, $version))
```

```
    print_article($article, null);
else
    print_error(ERR_VERSION_NOT_FOUND);
break;
```

Listing 12.27: Listing aus wiki.php

Das eigentliche Wiederherstellen ist nur eine neu gemixte Variante der *update_article*-Prozedur. Die neue, alte Version wird mit einem Hinweis auf die wiederhergestellte Fassung kommentiert und als aktuelle Version verlinkt:

```
function restore_article($article, $version) {

  if (!version_exists($article, $version))
    return false;

  $time = date('U');

  // Wiederherstellungshinweis als neue Versionsinfo
  update_history($article, '', RESTORED_LABEL.format_time($version), $time);

  // Link wieder auf vorherige Version zeigen lassen
  $filename = filename($article);
  unlink($filename);
  if (!@link("$filename.$version", "$filename.$time"))
    copy("$filename.$version", "$filename.$time");
  if (!@link("$filename.$version", $filename))
    copy("$filename.$version", $filename);

  return true;
}
```

Listing 12.28: Listing aus versions.inc.php

12.5 DER REST

Während nun der Großteil des Wikis damit abgeschlossen ist, fehlen noch einige Kleinigkeiten, die stillschweigend verwendet wurden, um die Implementierung abzurunden.

Zunächst gibt es die Funktion *print_error*, die wenig überraschend eine Fehlermeldung ausgibt. Diese muß aber in das HTML sauber eingebettet werden, wozu in unserem Fall einfache Absatz-Tags genügen. Denkbar wäre auch eine besonders auffällige Markierung, von einem Einsatz des *BLINK*-Tags soll rücksichtsvollerweise abgesehen werden.

```
function print_error($err) {
  echo "<p>$err</p>";
}
```

Listing 12.29: Listing aus errors.inc.php

Außerdem wurde eine ganze Reihe von Konstanten verwendet, deren Bedeutung hoffentlich spätestens mit der folgenden Belegung (für die deutschsprachige Version) klar werden sollte:

```
define('START_PAGE', "Hauptseite");
define('WIKI_NAME', "Wiki");
define('WIKI_PATH', "./wiki");
define('TIME_STRING', 'Y-m-d H:i');
define('HISTORY_CHANGES', 20);
define('HISTORY_PAGE', "Verlauf");
define('HISTORY_LABEL', "Wiki-Verlauf");
define('EDIT_LABEL', "bearbeiten");
define('RESTORE_LABEL', "wiederherstellen");
define('RESTORED_LABEL', "wiederhergestellt vom ");
define('VERSIONS_LABEL', "Versionen");
define('LOCKED_LABEL', "Versionen");
define('CURRENT_LABEL', "aktuelle Version");
define('PREVIEW_LABEL', "Vorschau");
define('AUTHOR_BTN', "Autor");
define('COMMENT_BTN', "Kommentar");
define('STORE_BTN', "Speichern");
define('PREVIEW_BTN', "Vorschau");

define('EDIT_HELP',
  "<div class='format'><ul>\n".
  "<li>! Überschrift</li>\n".
  "<li>!! kleinere Überschrift</li>\n".
  "<li>* Listen</li>\n".
  "<li>** Unterlisten</li>\n".
  "<li>''kursiv'' '''fett'''</li>\n".
  "<li>[[Artikel]] [[Artikel|Wort]] Links</li>\n".
  "</ul></div>\n");

define('ERR_ARTICLE_NOT_FOUND', 'Artikel existiert nicht!');
define('ERR_VERSION_NOT_FOUND', 'Version existiert nicht!');
define('ERR_LOCKED', 'Dieser Artikel ist gesperrt!');
```

Listing 12.30: Listing aus conf.inc.php

Mit dem folgenden Stylesheet *wiki.css* wurden Überschriften, Artikel und
Menüs formatiert:

```css
/* Die Seitenüberschrift */
h1 {
  /* eine dünne Linie anzeigen */
  border-bottom: thin solid black;
}

/* Das Menü */
.menu {
  border-right: thin solid black;
  padding: .5em 1em;
  background-color: grey;
}
.menu ul {
  display: inline;
  padding: 0;
  margin: 0;
}
.menu li {
  display: inline;
  padding: .2em .5em;
  margin: 0;
  border: thin solid black;
  background-color: white;
  color: red;
}
.menu a {
  color: black;
  text-decoration: none;
}
.menu a:hover {
  color: grey;
}

/* Der Seiteninhalt */
. article {
  border: thin black solid;
  padding: 1em 2em;
}

/* Die Bearbeitungshilfe */
.format {
  background-color: #fc8;
```

```
  padding: 1em;
}


/* Links auf nicht vorhandene Seiten */
a.new {
  /* Rot wie im MediaWiki... */
  color: red;
}
a.new:after {
  /* ... und ein Fragezeichen dahinter wie bei UseMod */
  vertical-align: super;
  content: "?";
}
```

Listing 12.31: Das Stylesheet

GLOSSAR

Administrator

Als Administratoren (kurz: Admins) eines Wiki-Projekts werden zwei Personen(gruppen) bezeichnet:

♦ Der Server-Administrator richtet die Wiki-Software und gegebenenfalls die Datenbank auf dem Server ein.

♦ Der Wiki-Administrator moderiert die Arbeit im Wiki, er räumt die Wiki-Seiten mit den normalen Bearbeitungsfunktionen auf und darf beispielsweise Benutzer sperren, die sich nicht an die Regeln halten.

Aktion

In einem Wiki gibt es für jede Seite mehrere Ansichten, auch Aktionen genannt. Die Standard-Aktion ist das Betrachten der formatierten Seite; außerdem gibt es die Bearbeitungsansicht, die Anzeige der Versionsgeschichte, oft auch eine Anzeige der Unterschiede zwischen zwei Versionen, eine Anzeige des Seitenquelltextes und eine Druckansicht. Spezielle Aktionen sind eine Suchanfrage oder das Hochladen einer Datei. Bei den meisten Wikis gibt man die gewünschte Aktion in einem URL-Parameter der Art *?action=AKTION* an.

Bot

Kurz für »Robot«, ein Programm, das autonom Internet-Dienste fernsteuert, um einfache Aufgaben zu automatisieren. Kann in einem Wiki verwendet werden, um über die Web-Schnittstelle der Software automatisierte Änderungen an Seiten vorzunehmen.

Captcha

Bitte tragen Sie die in der Grafik abgebildeten
Buchstaben und Zahlen in das darunter stehende
Eingabefeld ein. Mit diesem Verfahren sollen
automatische Einträge verhindert werden.

Text in der Grafik:

Captchas verfolgen den Zweck, Menschen von maschinenbasierten Benutzern zu unterscheiden, heutzutage meist unter Verwendung von Bildern. Sie sind nicht ganz unumstritten, da sie bestimmte Voraussetzungen an den Probanden Benutzer stellen, die nicht immer vorhanden sind, obwohl dieser ein Mensch ist. So sind beispielsweise optische Captchas für Blinde kaum zugänglich. Zudem erfordert das Implementieren effizienter Captchas fundierte Kenntnisse im Bereich der Künstlichen Intelligenz und der Erkennung von Mustern wie Text oder Sprache.

CC-...

Abkürzung für eine →Creative-Commons-Lizenz, zum Beispiel CC-BY-SA (Nennung des Urhebers, Weiterverbreitung nur unter derselben Lizenz).

CGI

Common Gateway Interface, Spezifikation für die Datenübertragung von Formularinhalten aus dem Browser zu einem Programm auf Webserver. Der Webserver stellt die Programm die Daten über Umgebungsvariablen oder die Standardeingabe zur Verfügung. Eine beliebte Programmiersprache für CGI-Programme ist →Perl.

Content Management System

... kurz CMS, ist eine Software zur Verwaltung von Inhalten einer Website oder einer anderen Informationssammlung. Ein Content Management System trennt den Inhalt vom Layout und sollte im Idealfall auch für Anwender ohne Programmierkenntnisse bedienbar sein.

Copyleft

Anspielung auf Copyright; ein Schutzverfahren für freie Inhalte (ursprünglich für freie Software), das die Freiheit eines Werks gewährleistet, wenn es weiterverbreitet oder bearbeitet wird. Eine Copyleft-Lizenz erzwingt die Weitergabe unter gleichen Bedingungen, verhindert somit die unfreie Vereinnahmung eines zuvor freien Werks und ermutigt Autoren, freie Werke zu produzieren. Wichtige Copyleft-Lizenzen sind die GPL für Software, die GNU FDL und die CC-BY-SA-Lizenz für (Wiki-)Inhalte.

Creative Commons

Gemeinnützige Organisation, die unter *http://creativecommons.org* mehrere Standard-Lizenzverträge unter anderem für Wiki-Inhalte entworfen hat. In den wichtigsten Creative-Commons-Lizenzen, die auf der Homepage jeweils in Form einer kurzen Zusammenfassung, einer juristisch verbindlichen und an nationale Rechtsprechungen angepaßten Langfassung und an RDF-Metadaten für Suchmaschinen zur Verfügung stehen, kann man wählen, ob...

◆ eine kommerzielle Nutzung des Werks erlaubt sein soll oder nicht (NC = non-commercial = nichtkommerziell),

◆ Veränderungen des Werks erlaubt, nicht erlaubt oder nur bei Verwendung derselben Lizenz (Share Alike, entspricht der →Copyleft-Idee, abgekürzt SA) sind.

In jedem Fall muß bei der Nutzung des Werks der Name des Urhebers genannt werden (BY im Kurznamen der Lizenz).

CSS

Cascading Style Sheets, eine Sprache zur Formatierung und optischen Gestaltung von →HTML- oder XML-Dokumenten. Durch CSS wird die Darstellung eines Dokuments von seinem Inhalt getrennt, um beides besser wartbar zu machen.

Cygwin

Cygwin ist eine ursprünglich von Cygnus Solutions entwickelte und inzwischen von mehreren Red-Hat-Mitarbeitern vorangetriebene Umgebung für Windows-Systeme, die weitgehend quelltextkompatibel zu Linux ist. Das heißt, ein im Quelltext vorliegendes Linux-Programm kann in der

Regel ohne größere Änderungen auch in der Cygwin-Umgebung übersetzt und ausgeführt werden. Neben vielen unix- beziehungsweise linux-üblichen Werkzeugen wie beispielsweise der Bourne Again Shell *bash*, der GNU Compiler Collection oder X Window werden auch einige Gerätetreiber emuliert. Man findet Cygwin unter der Adresse *http://www.cygwin.com/*.

Editwar

Bearbeitungskrieg, der entsteht, wenn zwei Wiki-Benutzer gegenseitig ihre Änderungen an einem inhaltlich umkämpften Artikel rückgängig machen (→Revert). Hier sollte ein Administrator mäßigend eingreifen.

HTML

→Hypertext→Markup Language, das Dokumentenformat für Hypertext im Web. Das Dokumentenformat HTML war ursprünglich in der Metasprache SGML definiert, das heute aktuelle XHTML ist in der einfacheren und saubereren Sprache XML definiert.

Hypertext

... ist eine nicht-lineare Organisation von Textdokumenten, die durch logische Querverweise, genannt Hyperlinks, miteinander verbunden sind

JavaScript

Objektbasierte clientseitig ausgeführte Skriptsprache, die von Netscape erfunden wurde, um zu →HTML-Dokumenten dynamische Aktionen und Interaktivität hinzuzufügen. JavaScript ist nicht zu verwechseln mit der Programmiersprache Java, hat allerdings eine ähnliche Syntax.

Markup

... ist eine Auszeichnung für Text, die das verarbeitende Computerprogramm anweist, eine bestimmte Formatierung vorzunehmen. Markup-Sprachen sind unter anderem →HTML und Wiki-Text.

MeatballWiki

Das MeatballWiki (http://www.usemod.com/cgi-bin/mb.pl) ist ein Forum für kollaborative Hypermedien, insbesondere Wiki-Communities. Ein wichtiges Thema ist soziales Verhalten in Wikis.

Meta-Wiki

Das Wikimedia Meta-Wiki (http://meta.wikimedia.org), kurz auch *Meta*, in dem sich die offizielle Dokumentation zum MediaWiki befindet und die Wikimedia-Projekte (Wikipedia, Wiktionary, …) organisiert und diskutiert werden

Namensraum (Namespace)

Logischer Ordner, in dem Wiki-Seiten zusammengefaßt sind. Bei einigen Wikis liegen Seiten mit der gleichen Funktion (zum Beispiel Artikel, Diskussionsseite, Dokumentation, Bildbeschreibung, Benutzer-Homepage oder Wiki-Konfigurationsseite) im gleichen Namensraum, bei anderen Wikis thematisch verwandte Seiten. Zwei Namensräume *WeltRaum* und *KofferRaum* können Seiten mit den gleichen Namen enthalten, die durch Voranstellen des Namensraums unterschieden werden, etwa *WeltRaum.HauptSeite* und *KofferRaum.HauptSeite*.

PDF

Portable Document Format, ein von Adobe entwickeltes Format zum Austausch druckfertiger Dokumente. PDF-Dokumente können eingebettete Schriftarten enthalten, ein Inhaltsverzeichnis und Hyperlinks.

Perl

Practical Extraction and Report Language, eine mit C und verschiedenen Unix-Kommandozeilenwerkzeugen verwandte Skriptsprache. Eine besondere Stärke ist die Verarbeitung von Zeichenketten mit →regulären Ausdrücken; außerdem gibt es eine riesige Bibliothek von Zusatzmodulen, unter anderem für Webserver-Programmierung (→CGI).

Permalink

Ein Permalink ist im Sinne des Wortes eine Adresse (ein →URL), unter der ein Artikel auf einer Webseite, also auch eine Seite in einem Wiki, *permanent* erreichbar ist, auch wenn neuere Versionen davon veröffentlicht wurden.

PHP

Abkürzung für »PHP: Hypertext Preprocessor« (ursprünglich: Personal Home Page Tools): Skriptsprache zur Programmierung dynamisch auf dem Webserver erzeugter Seiten. Die Syntax ähnelt den Sprachen C und →Perl.

Redirect

Automatische Weiterleitung von einer (leeren) Wiki-Seite zu einer anderen, auf der sich der gesuchte Inhalt befindet

Regulärer Ausdruck

englisch regular expression, oft als regex, regexp oder RE abgekürzt: Muster zur Beschreibung einer regulären Sprache, das heißt, einer Menge von Zeichenketten, die gewissen Regeln genügt. Bestimmte Zeichen haben in regulären Ausdrücken eine besondere Bedeutung:

- . steht für ein beliebiges Zeichen
- * steht für eine beliebig häufige Wiederholung des vorangegangenen Zeichens oder der vorangegangenen Gruppe, z. B. a*
- + wirkt wie *, aber der vorangegangene Ausdruck (Zeichen oder Gruppe) muß mindestens einmal vorkommen
- ? — der vorangegangene Ausdruck kann einmal oder keinmal vorkommen
- [...] erlaubt eines von mehreren einfachen Zeichen:
  - [abxy] erlaubt a, b, x oder y
  - [a-z] erlaubt alle Zeichen von a bis z
  - [A-Za-z] erlaubt alle Groß- und Kleinbuchstaben (Groß-/Kleinschreibung wird fast immer unterschieden!)
  - [^a] findet jedes Zeichen außer a
- (...) gruppiert mehrere Zeichen zu einem Ausdruck. Beim Ersetzen von Text steht \1 (manchmal auch $1) für den in der ersten Gruppe gefundenen Text, \2 für den der zweiten Gruppe usw.
- | erlaubt Alternativen, meist innerhalb einer Gruppe, beispielsweise (Pm|Flex)Wiki.
- \ nimmt dem folgenden Zeichen seine Sonderbedeutung; so steht beispielsweise * für einen Stern.
- ^ steht für den Zeilenanfang, $ für das Zeilenende.

Der reguläre Ausdruck ^!+.*$ erkennt Überschriften in der Syntax von PmWiki und FlexWiki: am Zeilenanfang ein Ausrufezeichen oder mehr, dann bis zum Zeilenende beliebiger Text. Die meisten Programmiersprachen, so auch →PHP, haben die regulären Ausdrücke der Sprache →Perl übernommen, die auch als Perl Compatible Regular Expressions (PCRE) bezeichnet werden. Wenn Perl installiert ist, zeigt Ihnen der Befehl *perldoc perlre* die vollständige Dokumentation.

Revert

Wiederherstellung einer alten Version einer Seite, falls diese mutwillig beschädigt oder verfälscht wurde. In vielen Wiki-Communities ist dies die Aufgabe von Administratoren und wird von der Software direkt unterstützt. Vorsicht! Wenn zwei Benutzer ihre Änderungen gegenseitig revertieren, kann ein →Editwar entstehen.

Skin

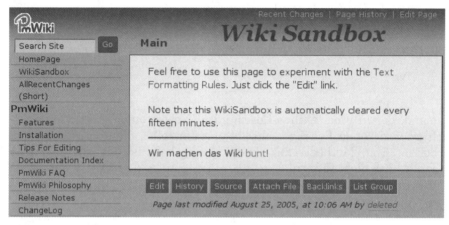

von englisch *skin* für Haut: Konfiguration für ein Programm, die das Aussehen der Benutzeroberfläche festlegt, auch Theme genannt. Skins für Wikis enthalten meist Stylesheets, Grafiken und legen die Anordnung der Navigationsleisten, der →Aktionsknöpfe und des Textbereichs einer Wiki-Seite im Browser fest.

SQL

Structured Query Language, eine Programmiersprache zum Abfragen und Administrieren relationaler Datenbanken wie zum Beispiel MySQL oder Microsoft SQL Server.

TourBus

Virtueller Reisebus, der auf verschiedenen Routen zu bekannten Wiki-Communities fährt. Der zentrale Busbahnhof befindet sich unter *Tour-BusStop* im →MeatballWiki.

Troll

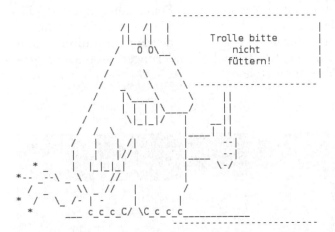

Jemand, der in einer Online-Community (Newsgroup, Wiki, ...) absichtlich provozierende Beiträge schreibt (herumtrollt), ohne konstruktiv zu arbeiten. Eine Methode, mit ihnen umzugehen, ist, sie zu ignorieren (»Trolle bitte nicht füttern!«).

URL

Uniform Resource Locator (deutsch *einheitliche Ortsangabe einer Ressource*), im Zusammenhang mit Wikis die Adresse einer Webseite: *http://<server>[:<port>]/<pfad>[?<anfrageparameter>]#<sprungmark e>*. Ein Anfrageparameter hat die Form *name=wert*; mehrere Parameter werden mit & aneinandergehängt.

Wiki

Sammlung von →Hypertext-Seiten, die online bearbeitet werden können. Der Begriff bezeichnet zweierlei:

♦ Die Seitensammlung selbst, auch WikiWeb genannt.

♦ Die Software, die die Seiten darstellt und ihre Bearbeitung ermöglicht, auch Wiki-Engine genannt.

Der Begriff kommt vom Hawaiianischen »wiki wiki« für »schnell«.

Wikifizieren

Eine Wiki-Seite gemäß den im jeweiligen Wiki geltenden Konventionen formatieren und verlinken.

Wikipedianer

Bezeichnung für jemanden, der aktiv an der Wikipedia mitarbeitet.

STICHWORT-VERZEICHNIS

Stichwortverzeichnis

Wenn Sie sich für Alternativen zu den herkömmlichen Betriebssystemen interessieren oder Linux- oder BSD-Anwender oder Administrator sind, ist **freeX** genau das Richtige für Sie!

In **freeX** schreiben erfahrene Autoren ausschließlich über Unix-Derivate, darunter Linux, FreeBSD, NetBSD, OpenBSD, Darwin/MacOS X, und Solaris.

Zu jeder Ausgabe gehört eine CD-ROM, die ein freies Unix-System und weitere Software enthält.

Die regelmäßigen redaktionellen Themen der **freeX** sind:
* Unix-Systemsicherheit,
* Unix im lokalen und weltweiten Netzwerk,
* Programmierung in der Shell, mit Skriptsprachen, C und C++,
* Tips und Tricks zu Installationen und Anwendungen,
* Grundlagen und Weiterführendes zur grafischen Oberfläche.

freeX erscheint zweimonatlich im C&L-Verlag für 10 Euro und ist am guten Kiosk und im Bahnhofsbuchhandel erhältlich.

Überzeugen sich selbst anhand eines kostenlosen und unverbindlichen Probexemplars, das Sie beim Verlag ordern können:

freeX Abo-Service CSJ
Frau Baumgart
Stichwort: Probeheft
Postfach 140220
80552 München
Telefax: 089/200281-15
E-Mail: freex@csj.de

Vergessen Sie aber Ihren Absender bei der Bestellung nicht!
Oder überzeugen Sie sich unter http://www.freex-online.de. Dort finden Sie Probekapitel, Inhaltsverzeichnisse und weitere Informationen zur **freeX**